Carl Schmitt
Die Militärzeit 1915 bis 1919

Carl Schmitt.

Carl Schmitt
Die Militärzeit 1915 bis 1919

Tagebuch Februar bis Dezember 1915
Aufsätze und Materialien

Herausgegeben von
Ernst Hüsmert und Gerd Giesler

Akademie Verlag

Frontispiz:
Carl Schmitt 1917

ISBN 3-05-004079-3

Das eingesetzte Papier ist alterungsbeständig nach DIN/ISO 9706.

Satz: Werksatz Schmidt & Schulz, Gräfenhainichen
Druck und Bindung: Druckhaus „Thomas Müntzer", Bad Langensalza

Printed in the Federal Republic of Germany

Inhalt

Abbildungen, Briefe und Materialien

Anhang

Vorwort

Mit der Einberufung zum Militärdienst unterbricht Carl Schmitt Mitte Februar 1915 sein großformatiges Tagebuch (Nachlass Carl Schmitt im Landesarchiv Nordrhein-Westfalen, Hauptstaatsarchiv Düsseldorf, Signatur RW 265-21629) und verwendet ab dem 25. des Monats ein kleines handliches Notizbuch (RW 265-21630), das in die Taschen seines Uniformrocks passt. Erst als dieses Notizbuch am 6. Mai 1915 voll geschrieben ist und er sich seiner Position im Büro des stellvertretenden Generalkommandos in der Herzog Max Burg in München sicher sein kann, nimmt er das alte Tagebuch wieder zur Hand und schreibt darin weiter. Das kleine Notizbuch bezeichnet er nach der Stätte seiner militärischen Grundausbildung „Tagebuch aus der Türkenkaserne", obwohl die Eintragungen seit Ende März bereits seine Tätigkeit in der Herzog Max Burg betreffen. Das nächste Tagebuch wird Anfang Dezember erforderlich (RW 265-19585). Aber bereits zum Jahreswechsel, vermutlich nachdem der Ruf an die Universität Straßburg ergangen ist, entsagt er dem täglichen Selbstprotokoll, vernichtet, wie der unvermittelte Abbruch mitten im Satz am 29. 12. vermuten lässt, einige Seiten und benutzt wenige weitere im Juli 1916 in Straßburg, um wichtige Gedanken festzuhalten. Seinen Entschluss, nicht mehr Tagebuch zu führen, macht er 1917 zum Thema seiner Satire „Die Buribunken".

Die den Tagebucheintragungen folgende Auswahl von Dokumenten des stellvertretenden Generalkommandos des I. bayerischen Armee-Korps aus dem Kriegsarchiv München bestätigt und vertieft die Berichte Carl Schmitts über seine dienstlichen Aufgaben und gibt dem Leser einen umfassenden Einblick in seine viereinhalb Jahre währende Tätigkeit im Referat P6, das er seit dem Sommer 1916 leitet und dessen Aufgabe besonders die Überwachung von Pazifisten und Linksradikalen mit Gleichgesinnten in der neutralen Schweiz ist. Dabei erscheinen in Anbetracht seiner Inanspruchnahme durch das Generalkommando Carl Schmitts gleichzeitige Tätigkeiten als Dozent an der Universität Straßburg und Autor wissenschaftlicher Bücher und Aufsätze als eine den militärischen Zwängen abgerungene außergewöhnliche Leistung, die in diesem Buch durch eine Auswahl aus Veröffentlichungen der Jahre 1915 bis 1919 dokumentiert wird, ganz zu schweigen von seinen Büchern über das „Nordlicht von Theodor Däubler" (1915/16) und die „Politische Romantik" (1918/19).

Carl Schmitt hielt sich an seinen Vorsatz, kein Tagebuch zu führen, bis 1921. Danach finden sich in seinem Nachlass datierte Notizzettel, die sich Mitte 1922 zu täglichen Notierungen verdichten und schließlich wieder zu einer Folge regelrechter Tagebücher werden. Zur Überbrückung des dazwischen liegenden, wenig dokumentierten Zeitabschnitts vom Ende der Militärzeit im Sommer 1919 bis zu den weiteren Tagebüchern werden Dokumente der beruflichen Karriere, noch vorhandene Korrespondenzen und literarische Zeugnisse seiner Münchener Freunde in einem biographischen Ausblick berücksichtigt.

Nachdem der vorliegende Band und die bereits veröffentlichten Tagebücher der Jahre 1912 bis 1915 die Lebensabschnitte Carl Schmitts in Düsseldorf und München erfassen, ferner die ersten Jahre post captivitatem in seiner Heimatstadt Plettenberg bis 1951 in ähnlicher Form als „Glossarium" bezeugt sind, plant der Akademie Verlag, die Notate aus den Jahren 1921/22 und die folgenden Tagebücher bis 1934 in mehreren Bänden zu publizieren.

Von seinem stets gespaltenen Verhältnis zu Tagebüchern und ihren Schreiben künden nicht nur die bereits erwähnten „Buribunken" aus dem Jahr 1917, sondern auch 30 Jahre später seine Bemerkungen im „Glossarium" zu diesem Thema. So notiert er am 11.2.1948 „Meine Abneigung gegen Tagebücher und Tagebuchschreiben ist zu groß. Die meisten Tagebuchschreiber kommen mir vor wie Kinder, die an ihren Fingern saugen und an allem saugen, was sie in ihre Finger bekommen. Doch gibt es auch herrliche Tagebücher wie die von Delacroix, und große Buchhalter des Absoluten wie Léon Bloy. Aber die anderen, die belesenen und literarisch gebildeten Pepysse sind wirklich nur Säuglinge, auch wenn sie arge Selbstquäler sind und nicht, wie Samuel Pepys, Narzisse" und am 5.4.1948 „Aber für den Typus des Tagebuches sind die Tagebücher von Léon Bloy prototypisch, ich könnte sogar sagen konstituierend, weil sie romantisch impressionistische Seelenwühlerei mit einem Schlag wie nichts hinter sich lassen, weil sie die Verwechslung von ‚Strahlungen' und ‚Spiegelungen' außer Zweifel stellen und dem sonst ins Leere zerflatternden Aphorismus eine Situation geben. Sein Geheimnis war die symbolische Exegese." Vielleicht trifft die Eintragung vom 19.4.1948 seine eigenen Aufzeichnungen und die Intention der Herausgeber am Genauesten: „Diese Tagebücher sind keine Memoiren; sie sind nichts als materia prima: Rohmaterialien eines Buches; buchhändlerisch-publizistische Verwertung des noch nicht Geformten! Fotokopien der Palimpseste statt Editionen."

Bei der erstaunlichen Resonanz auf die ersten veröffentlichten Tagebücher Carl Schmitts spielten seine Freundschaften mit Juden und seine Kritik am jüdischen Wesen eine wichtige Rolle. Anlässlich der Veröffentlichung der hier folgenden Tagebuchtexte erlauben wir uns den Hinweis, dass sich darin diese Thematik fortsetzt und Carl Schmitt die Frage nach dem spezifisch Jüdischen zur existentiellen Frage an sich selber macht. Damit erweist sich die Methode, ihn pauschal antisemitisch abzustempeln, als oberflächlich. Sie sollte durch eine differenzierte wissenschaftliche Betrachtung korrigiert werden, wie sie etwa bei der Beurteilung Max Webers üblich ist.

Als Beispiel der fast vergessenen Gabelsberger Stenografie, die Carl Schmitt lebenslang verwendete, wird die letzte Seite des Tagebuchs der Serie 1912 bis Ende 1915 abgebildet. Der auf dem Gebiet der Kurzschriften hervorragend informierte Stenografie-Sachverständige Hans Gebhardt aus Eckersdorf bei Bayreuth teilte den Herausgebern seine Befriedigung darüber mit, dass Carl Schmitt nach dem Gabelsberger System und nicht nach dem System Stolze-Schrey geschrieben hatte, das bei kleiner und schlechter Handschrift viel schwieriger zu entziffern ist. Er weist darauf hin, dass beide Systeme hinsichtlich ihrer Leistungsfähigkeit miteinander konkurrierten und sich heftig befehdeten. Nach den Wirkungsstätten der Systemfinder, Gabelsberger in München, Stolze in Berlin und Schrey in Wuppertal, herrschte die Gabelsberger Stenographie im süddeutschen Raum vor, während die von Stolze-Schrey im Norden und Westen gebräuchlicher war. Für die Stenografie Carl Schmitts, der sie Ende des 19. Jahrhunderts von seinem Vater in Plettenberg in Westfalen erlernte, ergibt sich aus dem „Korrespondenzblatt, der amtlichen Zeitschrift des Königlich-stenographischen Instituts zu Dresden" (51. Jg., 1906) der interessante Aspekt, dass es in Westfalen 112 Stenografievereine mit rund 2500 Mitgliedern nach dem System Gabelsberger gab. Weit über diese Informationen hinaus ist Hans Gebhardt für sein unermüdliches Engagement bei der Bewältigung der Transkription der vorliegenden und im Werden befindlichen Tagebücher zu danken.

Ein besonders schwieriges Problem bei der Transkribierung ist die richtige Deutung von Familiennamen, das in manchen Fällen nur unter Zuhilfenahme anderer Quellen zu lösen ist. Die Herausgeber müssen die Leser und Nutzer um Verständnis dafür bitten, dass in dem bereits vorliegenden Band der Tagebücher von 1912 bis 1915 die Namen der Schwester und der Nichte des Geheimrats Hugo am Zehnhoff, Hammenstede und Schröder, fälschlich als Gammenstedt bzw. Schneider übertragen wurden und wissen dem entfernt mit dem Geheimrat verwandten Familienmitglied, Prof. Dr. Hans-Werner am Zehnhoff, Antwerpen, Dank für die Richtigstellung.

Für die Kennzeichnung nicht eindeutig lesbarer und unleserlicher Schriftzüge wird die im bereits vorliegenden ersten Band der Tagebücher bewährte Methode beibehalten. Sofern nicht Eindeutiges aus dem Sinnzusammenhang bestimmt wird, stehen die Wörter bzw. Passagen zwischen spitzen Pfeilen (> <), während sinngemäße Hinzufügungen zwischen offenen Pfeilen (< >) gekennzeichnet sind. Grundsätzlich werden sämtliche von Carl Schmitt angestrichenen Stellen kursiv gedruckt. Spätere Hinweise Carl Schmitts auf eine abermalige Lektüre sind als Nachtrag in den Text eingefügt worden. Klammern im Original werden als rund Klammern übernommen, Zufügungen der Herausgeber stehen in eckigen Klammern. Da die Interpunktion oft variabel gehandhabt wird, was hauptsächlich Komma und Semikolon betrifft, ist eine Vereinheitlichung im Sinne der von Carl Schmitt am häufigsten gebrauchten Verwendung angestrebt worden. Die Rechtschreibung wird entsprechend der neuen deutschen Rechtschreibung geändert, sofern zitierte Originale nicht frühere Schreibweisen geboten.

Als Herausgeber haben wir zunächst dem Nachlassverwalter Carl Schmitts, Prof. Jürgen Becker, für das uns entgegengebrachte Vertrauen und besonders für die Abdruckerlaubnis aller Carl Schmitt betreffenden Archivalien zu danken. Dem Landesarchiv Nordrhein-Westfalen, Hauptstaatsarchiv Düsseldorf und dem Bayerischen Hauptstaatsarchiv München, Abteilung IV Kriegsarchiv danken wir für die freundliche Unterstützung bei den Archivarbeiten und ebenfalls für die Erlaubnis zum Abdruck der jeweiligen Materialien zu Carl Schmitt. Großen Dank schulden wir vor allem den beiden herausragenden Carl Schmitt-Kennern unserer Tage, Prof. Piet Tommissen und Günter Maschke, für ihre Hilfe am Zustandekommen und bei der Kommentierung diese Buches. Prof. Tommissen danken wir für seine stetige Hilfsbereitschaft und die Zugabe der Münchener Vorlesung Carl Schmitts über Jean Bodin. Günter Maschke hat bei den Nachweisen der von Carl Schmitt zitierten Personen und Quellen sein reiches Wissen selbstlos zur Verfügung gestellt. Mit unserem Dank hoffen wir, ihm mit diesem Buch weitere Bausteine für seine Thesen zu der von ihm herausgegebenen und kommentierten Auswahl von Schriften Carl Schmitts „Frieden oder Pazifismus. Arbeiten zum Völkerrecht und zur internationalen Politik 1924–1978. Duncker & Humblot, Berlin 2005“ zu geben. Besonderer Dank gilt Prof. Wolfgang Schuller für seine kontinuierliche Unterstützung und für viele Korrekturhinweise. In mannigfaltigen Zusammenhängen haben wir zu danken Dr. Giancarlo Caronello, Dr. Jean-Louis Feuerbach, Prof. Klaus Goebel, Dr. Edith Hanke, Dr. Axel Koppetsch, Dr. Reinhard Mehring, Prof. Reinhard Mußgnug, Prof. Renate Prochno, Dr. Angela Reinthal, Prof. Norbert Simon und Dr. Florian R. Simon, P. Wolfgang Hariolf Spindler OP, Dr. Eberhard Straub, Dr. Christian Tilitzki und Dr. Wolfgang Till.

Berlin und Herscheid am 10. 7. 2005 — Gerd Giesler und Ernst Hüsmert

Seltsamer Affekt, Wut auf das Militär und diesen menschenunwürdigen und bestialischen Zwang.
O, würde doch einmal dieses Tagebuch gelesen, das wäre etwas anderes als die gedruckten Heldenverehrungen.

Tagebucheintrag vom 21. Juli 1915

Einführung

Carl Schmitt hält in seinem Tagebuch des Jahres 1915 das Psychogramm einer Höllenfahrt bis an den Rand des Wahnsinns fest. Er wähnt sich in der Hölle Swedenborgs, die Hölle in der eigenen Brust, denn „nach ihrem leiblichen Leben verwandeln sich Hass und Grausamkeit der Menschen so, dass alle Ausgeburten ihrer Phantasie Wirklichkeit werden“ [1]. Sein Dienst beim Militär wird zur Strafe für die Überhöhung des Staates in seiner Schrift „Der Wert des Staates und die Bedeutung des Einzelnen“ und die extravagante Ehe mit einer vermeintlich adeligen Dame zum entwürdigenden Gefängnis des Minderprivilegierten. Im Spannungsfeld zwischen Ehe und Militär erfährt er sich als Sklave und Prolet. Das ist der äußere Rahmen seiner verzweifelten Existenz, in der Wirklichkeit und maßlose Ansprüche meilenweit auseinanderklaffen. Er leidet darunter, dass seine Position im stellvertretenden Generalkommando nicht seinen intellektuellen Fähigkeiten entspricht und ihm als dem immerwährenden Gefreiten Arbeiten zugemutet werden, die ihm oft Tadel und Verachtung einbringen. Er lebt mit seiner Frau von der Hand in den Mund, angewiesen auf die Unterstützung der jüdischen Hamburger Verleger Eisler und seines reichen Onkels und Grundstückmaklers André Steinlein aus dem Elsass. Mit seinem Wagnis, die Haushaltskasse durch Weitergabe von Zeitungsinformationen aus dem Feindesland, die ihm in seiner Dienststelle zugänglich sind, aufzubessern, riskiert er, der Not gehorchend, seinen Posten in der sicheren Etappe, wenn nicht Schlimmeres.

Anspruchsvollere Aufgaben im stellvertretenden Generalkommando laufen den eigenen Ambitionen diametral entgegen. Ausgerechnet er, dessen gemein-

[1] Emanuel Swedenborg (1685–1772), De coelo et eius Mirabilibus, et de Inferno, ex Auditis et Visis. Londini 1758; siehe auch Ernst Hüsmert (Hg.), Carl Schmitt. Tagebücher Oktober 1912 bis Februar 1915. 1. Aufl., Akademie Verlag, Berlin 2003, 2. Aufl. 2005 (nachfolgend kurz „TB 1“ genannt), S. 159, Anm. 2. Carl Schmitt hat diese Stelle in der von Walter Hasenclever unter dem Titel „Himmel, Hölle, Geisterwelt“ (Verlag Die Schmiede, Berlin 1925) herausgegebenen Nachdichtung am Rand angestrichen.

sam mit Fritz Eisler verfasste Satire „Gottfried von Bouillon“ sich gegen den Kaiser richtete[2], soll Werkzeug der Rache an Ludwig Quidde[3] sein, der 1894 mit seinem Pamphlet „Caligula“ Wilhelm II. zur Zielscheibe des Spottes der Nation gemacht hatte. Hausdurchsuchungen bei Quidde beunruhigen ihn, als wäre er selber davon betroffen. Der Besitz des von seiner Frau besorgten, anonym erschienenen Buches „J'accuse“[4], dessen Beschlagnahme er selber veranlasst hat, bringt ihn in tausend Ängste. Seine Mitwirkung am Verbot der Zeitschrift „Das Forum“ des pazifistischen Schriftstellers Wilhelm Herzog[5] und die Überwachung der Korrespondenz Herzogs treiben ihm die Schamröte ins Gesicht.

„Das hält kein Mensch aus“, sagt er sich immer wieder, doch nicht allein das bringt ihn an den Rand des Wahnsinns, sondern persönliche Beleidigungen im Dienst, Misshelligkeiten in der Ehe und Angstgefühle, die sich zum Alpdruck ausweiten, dem cauchemar, wie er ihn französisch benennt, bescheren ihm Suizidzwänge und Ausbrüche von Wahn. Weshalb, fragt er sich, kam er mit solcher Angst auf die Welt; aber es ist gerade diese Feigheit, die ihn am Selbstmord hindert.

Auf der Suche nach den Ursachen seiner Charakterschwächen forscht er nach ererbten Eigenschaften. Der väterlichen Linie misst er dabei geringeren Anteil zu und vergleicht die Bedeutung seines Vaters mit der Bedeutungslosigkeit des Vaters von Hindenburg gegenüber dem überragenden Sohn. Dagegen erkennt er sich mütterlicherseits in drei Brüdern seines Großvaters, die im Ruf standen, sehr eigenwillige, schwierige Charaktere zu sein. Das waren die katholischen Pfarrer Nikolaus (1821–1894), Andreas (1823–1897) und Peter Steinlein (1825–1892)[6], und deshalb bezeichnet Carl Schmitt seine eigenen Anwandlungen von Missmut, Bosheit und Zerrissenheit auch als „Steinleinerei“.

In der Steinlein-Akte des Diözesanarchivs Trier machte man bezeichnenderweise keinen Unterschied zwischen den Brüdern und sammelte Standessachen und Beschwerden nur unter dem Namen Andreas Steinlein[7]. Dabei geht es sowohl um letztlich unbewiesene Vorwürfe, während des Kulturkampfes als Staatspfarrer der königlich preußischen Regierung unter Missachtung der päpst-

---

[2] Siehe Ingeborg Villinger, Carl Schmitts Kulturkritik der Moderne. Text, Kommentar und Analyse der ‚Schattenrisse‘ des Johannes Negelinus. Akademie Verlag, Berlin 1995, S. 201 ff.

[3] Ludwig Quidde, siehe S. 122, Anm. 146

[4] Zu „J'accuse“ siehe S. 69, Anm. 77.

[5] Wilhelm Herzog, siehe S. 127, Anm. 153.

[6] Siehe „Der Weltklerus der Diözese Trier seit 1800“, hg. vom Diözesanarchiv Trier, Trier 1941; dieselbe Quelle bei Gregor Brand, „Non ignobili stirpe procreatum: Carl Schmitt und seine Herkunft“ in Piet Tommissen (Hg.), Schmittiana V, Verlag Duncker & Humblot, Berlin 1996, S. 281–283 und 291–293.

[7] In der Personalakte Abt. 85, Nr. 1760 Andreas Steinlein wird auch auf Gemeinden Bezug genommen, in denen er nie Pfarrer gewesen ist.

lichen Entscheidung Versprechungen gemacht zu haben, als auch um massive Beschwerden benachbarter Geistlicher und Gemeindemitglieder über ein die katholische Kirche schädigendes persönliches Verhalten. Bezeichnend für den Ruf der Steinleins scheint der Umstand zu sein, dass in den Berichten über den antipreußischen Widerstand Trierer Priester keiner der Brüder erwähnt wird[8]. Carl Schmitt muss durch seine Mutter von dem beschädigten Ansehen seiner Verwandten gewusst haben, denn sie wohnte nach klösterlicher Erziehung bis zu ihrer Heirat im Haushalt ihres Onkels Nikolaus in Hontheim.

Zu den ererbten Eigenschaften gehört auch seine Rastlosigkeit, die er zwar nicht offen anspricht, sich aber hinter seiner ständigen Unzufriedenheit und Ungeduld verbirgt. Trotz aller Zweifel an sich und der Welt rafft er sich auf, die lange gehegte Idee einer mehrfach begonnenen, unbefriedigend und ungedruckt gebliebenen Schrift über das „Nordlicht"[9] seines Dichterfreundes Theodor Däubler erneut auszuführen, gerät aber dann während dessen Anwesenheit in München im täglichen Umgang mit diesem exzentrischen Narziss, rabiaten Anarchisten und ungepflegten Renommisten in unerträgliche Abneigung zum Autor des Gegenstandes seiner Huldigung. Trotzdem gelingt der Wurf. Mehr noch! Letztendlich gerade deshalb. Die im Einzelnen geschilderte Verfertigung des Buches macht deutlich, wie er einen Stoff verinnerlicht und rücksichtslos dem Zwiespalt in der eigenen Brust aussetzt; wie der Stoff durch sein Wesen und seinen Geist Gestalt gewinnt. Nicht anders ergeht es dem jungen Antimilitaristen und Verächter des Preußentums bei seiner staatsrechtlichen Studie „Diktatur und Belagerungszustand"[10], und für den Kenner seines Œuvres lässt sich absehen, mit wie viel dialektischem Engagement er in seinem nächsten Buch „Politische Romantik"[11] der eigenen Sentimentalität abschwört.

Carl Schmitt wäre nicht Carl Schmitt, wenn nicht auch sein religiöses Empfinden entsprechend intellektuell geprägt wäre. Zwar bedauert er den Verlust seines Kinderglaubens, möchte manchmal gerne wieder katholisch sein, aber im Bewusstsein der Realität des Bösen drängt sich ihm ein gnostischer Gottesbegriff auf. Die Krise göttlicher Ordnung, der Erdensturz Luzifers, gibt dem Teufel begrenzte irdische Gewalt und verlagert den Kampf um die Seelen der Menschen in die armselige menschliche Kreatur. Die Rolle des Teufels ist der des Mephisto im Faust vergleichbar, Carl Schmitt aber kein Dr. Faust und

---

[8] Z. B. Karl Kammer, Trierer Kulturkampfpriester. Verlag Paulinus, Trier 1926.

[9] Carl Schmitt, Theodor Däublers „Nordlicht". Drei Studien über die Elemente, den Geist und die Aktualität des Werkes. Georg Müller, München 1916, 80 S. 2. Aufl. Duncker & Humblot, Berlin 1991, 74 S.

[10] Carl Schmitt, Diktatur und Belagerungszustand. Eine staatsrechtliche Studie, Zeitschrift für die gesamte Strafrechtswissenschaft, Bd. 38, 1916, S. 138–162. Übernommen in: Staat, Großraum, Nomos, S. 3–23. Hg., mit einem Vorwort u. Anmerkungen versehen von Günter Maschke, Duncker & Humblot, Berlin 1995, XXXIX + 668.

[11] Carl Schmitt-Dorotić, Politische Romantik. Duncker & Humblot, München, Leipzig 1919, 162 S. 2. bearbeitete und erweiterte Auflage, München, Leipzig 1925, 234 S.

Goethe kein Gnostiker. Indessen ist Carl Schmitt dank seiner Harnackstudien[12] profunder Kenner des damaligen Wissens über den Gnostizismus. In seiner Nordlichtschrift beruft er sich auf Marcion, den nach katholischem Verständnis Erzvater aller Häresie, wenn der armen menschlichen Seele in ihrer ganzen Hilflosigkeit nichts anderes bleiben könnte, als mit „Marcion die Welt restlos als Werk des Teufels zu erklären"[13]. Für diesen wirkungsmächtigsten Gnostiker des zweiten Jahrhunderts, dessen Einfluss von der Rhône bis zum Euphrat reichte, ist der strenge rächende Gesetzesgott der Juden unvereinbar mit dem christlichen Gott der Liebe. Marcion geht folglich von zwei verschiedenen Gottheiten aus und verwirft für seine Anhänger das Alte Testament. Bei Carl Schmitt, der sich zwar nicht explizit zu Marcion bekennt[14], sich aber unbefangen als Gnostiker bezeichnet, könnte in der Ablehnung des Judengottes ein Grund für seine skeptische Haltung gegenüber dem Judentum liegen. Doch gibt es dafür in den Tagebüchern keine Anhaltspunkte. Eher für das Gegenteil. Als er in einer Nacht den Gott dieser Welt, den Gott des Rechts erkennt, fragt er sich: „Du rätselst über Ungerechtigkeit? Also glaubst du an den Gott dieser Welt. Du bist kein Christ! (Kein Gnostiker)"[15].

Jüdisches und Judenkritisches sind im Wesen Carl Schmitts miteinander verbunden. Seine Hochachtung vor jüdischen Freunden und Bekannten, wie den Brüdern Eisler, Alexandre Kojève, George Schwab oder Jacob Taubes hindert ihn nicht, an seinen jugendlichen judenkritischen Äußerungen lebenslang festzuhalten. Was aber später in seinen Plettenberger Gesprächen immer deutlicher wurde, war sein Interesse am jüdischen Selbsthass, z.B. bei Karl Marx, Theodor Lessing und besonders bei Otto Weininger, mit dessen Geschlechtermetaphysik und Judenkritik er seit seiner Referendarzeit vertraut war[16].

Carl Schmitt akzeptiert die von Otto Weininger stammende These, dass *Mann und Weib wie zwei Substanzen sind, die in verschiedenem Mischungsverhältnis, ohne daß je der Koeffizient der einen Substanz Null wird, auf die lebenden Individuen verteilt sind*[17]. Das beweist auch sein durchweg unbefangener Umgang mit Homosexuellen. Er folgt Weininger auch darin, *das Judentum nur für eine Geistesrichtung, für eine psychische Konstitution, zu halten, welche für alle Menschen eine Möglichkeit bildet und im historischen Judentum bloß die grandioseste Verwirklichung gefunden hat*[18]. Seine zahlreichen Freund-

---

[12] Adolf von Harnack, Lehrbuch der Dogmengeschichte. 3 Bde., Mohr, Freiburg 1886–1890. Siehe auch TB 1, S. 127 und Wolfram Kinzig, Harnack, Marcion und das Judentum. Evangelische Verlagsanstalt, Leipzig 2004.

[13] Wie Anm. 9; über Marcion Kapitel III, S. 68., 2. Aufl. S. 62.

[14] Siehe Richard Seewalds Schilderungen in seinen Autobiographien, wiederabgedruckt S. 524 ff.

[15] Zitat vom 16. 3. 1915, S. 29.

[16] Siehe TB 1, insbesondere S. 33

[17] Otto Weininger, Geschlecht und Charakter. Eine prinzipielle Untersuchung. Wilhelm Braumüller Universitätsbuchhandlung, Wien u. Leipzig 1903, S. 10.

[18] a.a.O., S. 402.

schaften und wissenschaftlichen Kontakte mit Juden lehren ihn, wieviel Jüdisches in ihm selber steckt. Indikator für jüdisches Wesen ist ihm das Handeln „ad alterum", ein Handeln, das einzig darauf gerichtet ist, in den Augen der anderen Anerkennung zu finden. Über eine entsprechende Beobachtung an sich selber gibt es bereits im ersten Tagebuch eine Randnotiz[19]. Im Tagebuch von 1915 macht er zwei Nichtjuden für diese angeblich typisch jüdische Handlungsweise aus: Richard Wagner und Julien Sorel aus Stendhals Roman „Le Rouge et le Noir". Bald darauf kommentiert er im Hinblick auf Wagner: „Man sollte über Wagner weder schimpfen, noch sollte man ihn loben, sondern ganz allgemein als eine rein interne jüdische Angelegenheit betrachten"[20]. Dieser Satz muss ohne die frühere Aussage über das „ad alterum" bei Julien Sorel und Richard Wagner[21] unverständlich bleiben[22]. So aber legen zum einen Carl Schmitts Fixierung auf das Handeln „ad alterum" bei der Frage nach dem Wesen des Jüdischen und zum anderen sein Festhalten an den Thesen Weiningers den Schluss nahe, dass sein jüdischer Komplex ein durch Weininger introjizierter jüdischer Selbsthass ist. Er hasst das Judentum eigentlich nicht, sondern befeindet sich selbst. Was den Antisemiten Richard Wagner betrifft, attestiert er ihm bei dessen Handeln „ad alterum" ein im Grunde sauwohles Gefühl[23]; für den eigenen Versuch, sich davon zu befreien, kommt er bei seinen sporadischen Vergewisserungen mit Hilfe seines Tagebuchs zu keinem befriedigenden Ergebnis und staunt über den Langmut Gottes.

Als Carl Schmitt Anfang Dezember ein neues Tagebuch benötigt, bilanziert er: „Das vorige Buch war das Buch eines unglücklichen Mannes." Das schreibt er in der Hoffnung auf ein gutes, glückliches neues Jahr mit der Aussicht auf den Ruf an die Universität Straßburg. Aber nach drei Wochen vergeblichen Wartens registriert er wieder den sklavischen Effekt des Hinblickens auf andere, die Abhängigkeit von der Meinung anderer, das ekelhafte ad alterum. Dennoch kündigt sich in dem neuen Tagebuch, auf das er nach drei Wochen überhaupt verzichten wird, ein gefestigter und selbstbewusster Charakter an. Stolz betrachtet er seine Abhandlung über Theodor Däublers Nordlicht, die frisch gedruckt auf dem Tisch liegt neben den Aufsätzen des Heinrich von Treitschke[24] und Christian Dietrich Grabbes Tragödie „Don Juan und Faust". Er ist begeistert

---

19 TB 1, S. 91

20 Siehe S. 164.

21 Siehe S. 124.

22 In diesen Zusammenhang gehört eine Äußerung des Bruders von Carl Schmitt aus der Zeit August 1933. Dr. Josef Schmitt hat seinem Bruder in abendlicher Runde vorgeworfen, er sei selber ein Jude. Das damals peinliche Ereignis blieb ohne Folgen und wurde mit dem Hinweis auf den alkoholisierten Zustand des Bruders kaschiert, beeinträchtigte indessen das gute Verhältnis zwischen den Brüdern nicht. Nachlass Carl Schmitt, Landesarchiv Nordrhein-Westfalen, Hauptstaatsarchiv Düsseldorf (nachfolgend LAV-HSAD genannt) RW 265-21640.

23 Siehe S. 177.

24 Heinrich von Treitschke, Historische und politische Aufsätze. 6. Aufl., Leipzig 1903.

von Treitschkes vorbildlicher Art, Geschichte[25] zu schreiben und traut ihm trotzdem, von sich selbst auf den anderen schließend, nicht über den Weg, wenn er bei dem konservativen Reichstagsabgeordneten und Exponenten des Berliner Antisemitismusstreites „judenhafte Anhurerei“[26] vermutet. Die Parallele zum Antisemiten Richard Wagner, dem er das judenhafte Handeln ad alterum ankreidet, ist zum Greifen nah.

Grabbes „Don Juan und Faust“ konfrontiert indessen Carl Schmitt noch einmal mit den schrecklichen Höllenvisionen des vergehenden Jahres. Jetzt aber eröffnet dieser unerhörte Versuch, Goethes Faust durch die Verbindung mit dem Don Juan da Pontes zu überbieten, der Hölle Carl Schmitts eine andere Qualität. Ganz im Sinne eines neuen Selbstverständnisses exzerpiert er abseits des Tagebuchs am 15. Dezember 1915: „Ich bin ein Deutscher und Gelehrter, und die beobachten auch in der Hölle“[27].

Carl Schmitt 1915 (Assessorexamen und Beginn der Militärzeit in München)

1915 fängt für Carl Schmitt ein neuer Lebensabschnitt an. Seine Zeit in Düsseldorf geht plötzlich zu Ende. Mit der Einberufung zum Militär wird München für sieben Jahre seine neue Heimat. Das kommt für ihn selber überraschend, denn seit dem 2. Januar ist er dabei, eine angemietete Wohnung in Düsseldorf zu möblieren. Gleichzeitig steckt er in den Vorbereitungen für das mündliche Assessorexamen, das Gott sei Dank erst am 25. Februar in Berlin stattfinden soll. Da erreicht ihn die Nachricht seines Doktorvaters Friedrich van Calker[28] aus München, der als Major im königlichen Infanterie-Leibregiment dient, dass er ihm dort einen Posten verschaffen kann. Er fährt sofort nach München, meldet sich als Kriegsfreiwilliger und wird zum 15. Februar einberufen. Die Einberufung ermöglicht eine Kriegstrauung mit Cari von Dorotić am 13. Februar nachmittags in Köln. Am nächsten Tag stellt Carl Schmitt sich in München beim Rekrutendepot II des Ersatz-Bataillons des Infanterie-Leibregiments, wo ihm bis zum Assessorexamen Urlaub gewährt wird. Noch fünf Tage Düsseldorf, eine kurze Flitterwoche, dann reist er nach Berlin und nach bestandenem Examen direkt nach München.

In München empfängt ihn sein Freund Georg Eisler, der für ihn als Refugium außerhalb der Kaserne ein privates Zimmer anmietet. In den ersten Münchener

[25] Heinrich von Treitschke, Deutsche Geschichte im 19. Jahrhundert. 5 Bde., Leipzig 1879f.

[26] Siehe S. 170.

[27] Christian Dietrich Grabbe (1801–1836), Don Juan und Faust. Eine Tragödie in vier Akten. Hermannsche Buchhandlung C. F. Kettembeil, Frankfurt am Main 1828; 3. Akt, 2. Szene. Nachlass Carl Schmitt, Konvolut „1. Nordlicht. 2. Typ des Deutschen“. LAV-HSAD RW 265-20115.

[28] Friedrich van Calker (1864–1957), Strafrechtler, Doktorvater von Carl Schmitt, Major, später Oberst im Infanterie-Leibregiment. Siehe TB 1, Kurzbiographie, S. 393.

Tagen kontaktiert Carl Schmitt Freunde und Verwandte Theodor Däublers und findet Anschluss im Kreis des Malers Otto Th. W. Stein[29], einem Schwager des Dichters. Dazu gehören auch die Maler Willi Nowak[30] und Hugo Troendle[31], denen er sich enger anschließt. Seine in Düsseldorf gebliebene Frau besucht derweil die Familie Eisler in Hamburg und ihre Familienangehörigen in Wien, wo sie bei Verwandten der Eislers wohnt. Hoffnungen auf eine Erbschaft von ihrer Seite erfüllen sich nicht. Alles läuft darauf hinaus, die Wohnung in Düsseldorf aufzugeben und in München neu zu beginnen. Sehnsüchtige Briefe Carl Schmitts aus der ihm schier unerträglichen vierwöchigen Rekrutenzeit vom 25. Februar bis zum 23. März verfehlen ihre Wirkung nicht. Dann veranlasst der väterliche Freund Major van Calker die Versetzung aus der Türkenkaserne in das stellvertretende Generalkommando des I. bayerischen Armee-Korps in der Herzog Max Burg. Jetzt hat er Ausgang bis 24 Uhr, kann in seinen eigenen vier Wänden wohnen, schläft im eigenen Bett. Seine Frau löst die Düsseldorfer Wohnung auf, stellt das vorhandene Mobiliar im Lager eines Möbelspediteurs unter, wird inzwischen krank und zieht schließlich am 24. April nach München. Sie wird jedoch im Kreis der Künstler, dem sich auch Carl Schmitts Freund Georg Eisler anschließt, nicht vorbehaltlos akzeptiert. Insbesondere bei den sonntäglichen Ausflügen der Freunde nach Dachau kommt es zu offenen und verdeckten Spannungen. Ein arger Reibungspunkt ist Caris Eifersucht auf Carl Schmitts enge Freundschaft mit Georg Eisler und dessen Schwester Lilly.

Im Büro des stellv. Generalkommandos tut sich Carl Schmitt ungewöhnlich schwer. Er reagiert beleidigt auf das Bestreben der Kollegen, ihre Pfründen zu wahren und seine daraus resultierende Unterbeschäftigung mit untergeordneten Arbeiten. Das macht ihn nervös, unzufrieden und lustlos. Darunter leidet auch die anfängliche Übereinstimmung mit dem Leiter seiner Dienststelle, Hauptmann Roth. Nachdem Carl Schmitt Mitte Mai Gefreiter geworden ist, entspannt sich dann langsam die Atmosphäre. Mit der Erledigung von Sonderaufgaben, wie Vorschlägen zur Verfolgung von Lebensmittelvergehen, Erlassen von Einfuhr- und Verbreitungsverboten feindlicher Schriften, der Überwachung der Korrespondenz Wilhelm Herzogs und der Beurteilung der Friedensschrift von Ludwig Quidde, vor allem aber mit seiner staatsrechtlichen Studie „Diktatur und Belagerungszustand“ überzeugt er schließlich Vorgesetzte und Kollegen. Aus solcher Position heraus kann er sich leisten, Teile seines Buches über das Nordlicht von Theodor Däubler während der Bürozeit zu verfassen. Für weitere Aufgaben im stellv. Generalkommando, wie das Studium ausländischer Zeitschriften und die Überwachung der Korrespondenz arrivierter pazifistischer Schriftsteller ist er schon wegen seiner Sprachkenntnisse und seiner erstaunlich breiten literarisch-philosophischen Bildung geradezu prädestiniert.

29 Otto Th. W. Stein, siehe S. 26, Anm. 17.
30 Willi Nowak, siehe S. 27, Anm. 19.
31 Hugo Troendle, siehe S. 55, Anm. 65.

Während sich die Stellung Carl Schmitts in der Militärbehörde festigt, bringen ihm die Misshelligkeiten der Ehe Wahnsinn und Verzweiflung zurück. Seine Hoffnung, in einem gemeinsamen Alpenurlaub bei Oberaudorf in Begleitung des Vetters André wieder zur Normalität zu finden, geht nicht in Erfüllung. Auch weitere Besuche des reichen Onkels André aus dem Elsass mit seinem gleichnamigen Sohn in München dienen keineswegs der Harmonisierung der Ehe. Ausgleichend wirken demgegenüber die nahezu täglichen gemeinsamen Mittags- oder Abendtische in Lokalen an der Peripherie Schwabings, wo Carl Schmitt z. B. in der „Neuen Börse" seine Kollegen privatim erlebt und vertrauten Umgang mit Künstlern und Kunstkennern pflegt. Das sind, um nur die wichtigen zu nennen, von den Kollegen Dr. Georg von Schnitzler, Baron von Freyberg und Dr. Alexander Münch und über den Kreis der Künstler um Th. W. Stein hinaus noch der Maler Walter Einbeck, der Kunstmäzen Albert Kollmann und der Museumskustos Dr. Hans Rupé.

Als sich gegen Ende des Jahres 1915 die Entfremdung der Ehepartner abzeichnet, obwohl angesichts der Einkommensverhältnisse keiner der beiden an eine vorübergehende Trennung denken kann, ist es wieder der Doktorvater Friedrich van Calker, der mit dem Plan einer Freistellung Carl Schmitts vom stellv. Generalkommando für eine Privatdozentur an der Universität Straßburg unverhofft eine neue Perspektive eröffnet. Abermals steigert sich Carl Schmitt in die bedingungslose Liebe zu seiner Frau, während ihm gleichzeitig in seiner Begeisterung für Grabbes Drama „Don Juan und Faust" die Abgründe der Leidenschaft bewusst werden.

Carl Schmitt 1916–1918
(Soldat und Schriftsteller in München, Dozent in Straßburg)

Der Leser des Tagebuchs, das am 29. Dezember 1915 unvermittelt abbricht, erfährt von den Zusagen der Universität Straßburg und des stellv. Generalkommandos nicht mehr direkt, doch ergibt sich aus der ersten Anmerkung seines Aufsatzes über die „Die Einwirkungen des Kriegszustandes auf das ordentliche strafprozessuale Verfahren"[32], dass es sich um den Inhalt seiner Probevorlesung vom 16. Februar 1916 vor der juristischen Fakultät in Straßburg handelt. Nach Erteilung der venia legendi innerhalb der Rechts- und Staatswissenschaftlichen Fakultät zeigen die Lehrpläne der Universität, dass ab Sommersemester 1916 bis zum Wintersemester 1917/18 darin der Privatdozent Dr. Carl Schmitt kontinuierlich verzeichnet ist. Seine Straßburger Adresse lautet über die ersten drei Semester unverändert Sternwartstraße 4/I. Für das Wintersemester 1917/18, mit dem der Lehrauftrag endet, wird davon abweichend „Assessor beim stellv. Generalkommando I Bayer. A–K, Prannerstraße 14, München" angegeben. Lehr-

[32] Siehe S. 418 ff.

fächer waren Strafrecht und Strafprozessrecht. Auf einer Visitenkarte des Privatdozenten Dr. Carl Schmitt an der Kaiser Wilhelms-Universität Straßburg steht außerdem handschriftlich vermerkt das Fach Rechtsphilosophie. Freundliche kollegiale Beziehungen pflegte er mit dem Nationalökonomen Prof. Werner Wittich[33] und dem Privatdozenten und Wirtschaftshistoriker Dr. Fritz Kiener[34].

Aus den archivierten Akten des stellv. Generalkommandos im Kriegsarchiv München wird für die Zeit der Straßburger Dozentur klar ersichtlich, dass ihn das Militär fest im Griff hat. Anfang August 1916 nimmt er nach der Lehrtätigkeit in Straßburg den Dienst sofort wieder auf. Am 23. September erhält er das Ludwigskreuz für Heimatverdienste und wird vor Beginn des Wintersemesters 1916/17 am 5. Oktober 1916 zum etatmäßigen Unteroffizier befördert. Carl Schmitt ist im stellv. Generalkommando vor allem zuständig für die Überwachung der Zusammenarbeit von revolutionären radikalsozialistischen Politikern und Anhängern der Friedensbewegung in der neutralen Schweiz mittels Zensur ihrer Korrespondenz mit Gleichgesinnten in Deutschland und der Recherche ihrer Veröffentlichungen in der feindlichen und neutralen Presse, ferner für die Formulierung der Verbote für Ein- und Ausfuhr inkriminierter Dokumente sowie für die Kontrolle der Einhaltung entsprechender Zensurerlasse.

Seine Erkenntnisse aus der Beobachtung gemeinsamer pazifistischer und linksradikaler Aktivitäten in Deutschland und der neutralen Schweiz fasst Carl Schmitt im April 1917 in einem als „geheim" eingestuften, handschriftlichen Memorandum für das Kriegsministerium zusammen. Später entwirft er zum gleichen Thema einen Vortrag für eine Pressekonferenz im Mai 1918. Beide Vorgänge stimmen in ihrer Diktion so sehr überein, dass trotz Maschinenschrift und fehlender Paraphe auch für den Entwurf des Vortrags nur Carl Schmitt als Autor in Frage kommt[35]. Sein Resümee: Das Primat des Politischen bewirkt, dass der pazifistische Gutmensch letzten Endes immer dem Revolutionär in die Hände spielt. Die zur gleichen Zeit von ihm verfasste „Politische Romantik" profitiert auf ihre Weise von solcher politischen Verschärfung.

Inhalte und Umfang der Straßburger Vorlesungen sind leider nicht überliefert. Aber auch davon abgesehen ergibt sich für ihn in den zwei bis drei Jahren, zwischen München und Straßburg pendelnd, ein kaum vorstellbar großes Arbeitspensum. Neben der Lehrtätigkeit an der Universität schreibt er von 1917 bis 1918 die große literatur- und ideengeschichtliche Untersuchung „Politische Romantik"[36], davor hat er die für seine Habilitation[37] und Probevorlesung[38] erforderlichen Formalitäten erledigt. Um zu verstehen, wie Carl Schmitt

[33] Siehe Anm. 9 zu den Briefen S. 500.

[34] Siehe Anm. 27 zu den Briefen S. 505.

[35] Siehe S. 393 ff.

[36] Siehe dazu den Briefwechsel mit dem Verlag Duncker und Humblot S. 501 f.

[37] Carl Schmitt, Der Wert des Staates. 2. Auflage, Hellerauer Verlag Jakob Hegner, Dresden-Hellerau 1917, als Habilitationsschrift gedruckt.

[38] Siehe Anm. 32.

neben zwei Vollzeittätigkeiten das notwendige Lesepensum erfüllt, muss man sich an seine Lesewut vor dem Abitur erinnern, als er, vom Attendorner Konvikt verwiesen, täglich mit der Bahn von Plettenberg zum Gymnasium nach Attendorn fuhr und seiner Schwester Auguste darüber berichtet: „Das Nomadenleben auf der Eisenbahn behagt mir kolossal. Wenn Du Weihnachten kommst, wirst Du Dich über meine Bibliothek wundern“[39]. Zum Vergleich: Die Bahnfahrt von Plettenberg nach Attendorn dauerte 1906 ungefähr 40 Minuten, die von München nach Straßburg etwa 9 Stunden[40].

Außerdem beginnt 1917 die Zusammenarbeit mit dem vielseitigen Schriftsteller und Zeitschriftengründer Franz Blei. Die ersten Früchte dieser Zusammenarbeit sind drei Beiträge Carl Schmitts für die Vierteljahresschrift „Summa“[41]: „Recht und Macht“ in Nr. 1 (1917) „Die Sichtbarkeit der Kirche. Eine scholastische Erwägung“ in Nr. 2 (1917) und „Die Buribunken. Ein geschichtsphilosophischer Versuch“ in Nr. 4 (1918). Alle drei sind in ihren Ursprüngen, teils in den Briefen an seine Schwester, teils in den Tagebüchern nachzuweisen. Die folgenden Bemerkungen zu den Summa-Aufsätzen beschränken sich auf deren Zusammenhänge mit den Briefen und Tagebüchern.

In „Recht und Macht“ erweitert Carl Schmitt unter Berücksichtigung des Machtbegriffs die knappen Ausführungen im ersten Tagebuch vom 28. November 1912 zu Norm und Interesse[42], ebenso die Fragen nach der Autonomie des Rechts gegenüber dem Interesse, dem Zweck des Rechts und der Persönlichkeit im Recht gemäß dem Katalog, den er am 27. 12. 1912[43] notiert und gibt auf die Frage, ob das Recht Zweck oder Norm ist, im Anhang dieses Tagebuchs am 29. 12. 1912[44] die Antwort, dass der Zweck nicht in die Definition des Rechts gehört.

In Carl Schmitts scholastischer, urchristlicher Erwägung „Die Sichtbarkeit der Kirche“ geht er auf das in den Tagebüchern aufgeworfene Problem des menschlichen Handelns „ad alterum“ ein und stellt klar: „Sein (des Menschen) Verhältnis ‚ad se ipsum‘ ist nicht möglich ohne sein Verhältnis ‚ad alterum‘. Denn in der Welt sein, heißt mit anderen sein, alle Sichtbarkeit liegt für eine geistige Betrachtung darin, dass sich eine Gemeinschaft konstituiert.“ Am Ende des Aufsatzes gewinnt ein weiteres Thema der Tagebücher, der Antichrist als Nachäffer Christi, entscheidende Bedeutung, wenn „an die Stelle der sichtbaren Kirche eine Kirche des Sichtbaren tritt, eine Religion der Handgreiflichkeiten; und diese Menschen, die alles Offizielle ablehnten, kommen zu etwas, das in

---

39 Carl Schmitt, Jugendbriefe, Briefschaften an seine Schwester Auguste. Ernst Hüsmert (Hg.), Akademie Verlag, Berlin 2000 (nachfolgend kurz „Jugendbriefe“ genannt), S. 58.

40 Reichs-Kursbuch Anfang Juni 1917, Verlag von Julius Springer, Berlin 1917.

41 Summa. Eine Vierteljahresschrift, Franz Blei (Hg.). Hellerauer Verlag Jakob Hegner, Dresden-Hellerau 1917/18. Die Beiträge sind S. 432–473 abgedruckt.

42 TB 1, S. 55.

43 TB 1, S. 62/63

44 TB 1, S. 64–66

sich verlogener ist als alles Offizielle, zur offiziellen Ablehnung des Offiziellen." Dazu machte sich Carl Schmitt bereits 1912 auf der letzten Seite seines ersten Tagebuchs Randnotizen[45].

In der Satire „Die Buribunken" thematisiert Carl Schmitt seine Erfahrung als Tagebuchschreiber. Selbstironisch liefert er das Gerüst einer Wissenschaft dieses Metiers, der so genannten Buribunkologie, greift zu deren geschichtlicher Verankerung auf Vermerke vom 19.12.1915 über Grabbes „Don Juan und Faust" zurück (10 Tage bevor er sein Tagebuchschreiben vorläufig einstellt) und macht aus Don Juans registrierendem Begleiter Leporello den Erzvater des Buribunkentums. Sodann erfindet Carl Schmitt auf dem Umweg über Marc Aurel, Augustinus, den älteren Plinius und insbesondere Richard Wagner den erfolgreichsten Buribunken namens Ferker: Ein wahres Ferkel im übertragenen Sinne, weil dessen „sonst so sichere Linie der charakterologischen Eindeutigkeit durch eine handgreifliche Inkommensurabilität unterbrochen wird." In der Nachfolge des gestrauchelten Ferker ist es das Werk der von Carl Schmitt erfundenen Romanfigur Schnekke, „die Inkonsequenz überwunden und das Buribunkentum in ätherklarer Reinheit zu historischer Tatsächlichkeit gestaltet zu haben."

Schnekke treibt bereits sein Unwesen in den Briefen an die Schwester Auguste. Am 16.1.1910 schreibt Carl Schmitt ihr aus Straßburg zum ersten Mal über ihn: „In den Ferien haben wir Theater gespielt. Das meiste von Schnecke [sic]. Er hat einen Wasserkopf und einen hohlen Zahn; wenn er Durst hat, saugt er einfach daran." Im Brief vom 28.11.1911 berichtet Carl Schmitt der Schwester: „André hat den Wein geschickt. 6 wunderbare Flaschen. Von Zeit zu Zeit trinke ich abends und nachts ein paar Gläser und schreibe dabei an unserem Schnekkeroman, der von mir zu Kluxen, Eisler und Rosenbaum zirkuliert." Das sind also die realen Buribunken: ein jüdisch-katholisches Team bestehend aus den Freunden Fritz Eisler/Eduard Rosenbaum zum einen und Franz Kluxen/Carl Schmitt zum anderen. In ihrem Namen agiert nun der inkonsequente Buribunke Carl Schmitt mit dem Mittel der mimischen Satire, die ihm schon aus der despektierlichen Lektüre des David Friedrich Strauß im katholischen Konvikt ein Begriff ist. Nun vollendet er mit den „Buribunken", was Eisler und er unter dem Pseudonym „Negelinus" begonnen hatten, jenem beziehungsreichen Namen, den sie in den Dunkelmännerbriefen von Hutten und Crotus Rubanus gefunden hatten, und es gelingt ihm ein Kunstwerk, das sich als solches in seiner weiten Interpretierbarkeit erweist[46].

---

[45] TB 1, S. 91, 3. Absatz. Das dort nach „identifiziert" als nicht lesbares Wort klassifiziert sollte sinngemäß „Nachahmung" heißen; der Satz lautet vollständig: „Hass gegen das Offizielle, das identifiziert Nachahmung mit Arrangement".

[46] Piet Tommissen weist mehr als zehn Interpretationen der Satire nach; siehe „Über die satirischen Texte Carl Schmitts" in: Volker Beismann und Hans Joachim Klein (Hg.), Politische Lageanalyse, Festschrift für Hans-Joachim Arndt. San Casciano Verlag, Bruchsal 1993, S. 339–380.

In den Rahmen der Gemeinsamkeiten von Carl Schmitt und Franz Blei gehört Carl Schmitts Beteiligung an der in mehreren Auflagen veröffentlichten Literatursatire „Das große Bestiarium der Literatur". In dessen 1. Auflage „Bestiarium Literaricum, das ist: Genaue Beschreibung Derer Tiere Des Literarischen Deutschlands" befindet sich bereits die dem Pseudonym Carl Schmitts „Dr. Negelinus" zugeschriebene Satire „Die Fackelkraus" über Karl Kraus[47]. Wie Franz Blei im Vorwort zur 1. Auflage vermerkt, ist der Beitrag auf Spezialstudien gegründet, was nichts anderes bedeutet als einen Hinweis auf „Die Buribunken".

Carl Schmitt im 1. Halbjahr 1919 (Ende der Militärzeit im republikanischen München)

Den Zusammenbruch der Monarchie und das Ende des Krieges erlebt Carl Schmitt in München. Als sich am Nachmittag des 7. November 1918 von der Friedensdemonstration auf der Theresienwiese eine Gruppe um Kurt Eisner zu den Kasernen in der Münchener Innenstadt aufmacht und praktisch ohne Widerstand innerhalb weniger Stunden die Revolution proklamiert und der König aus der Stadt flieht, geht die alte Ordnung unter. Kurt Eisner ruft mit Unterstützung jener Radikalsozialisten, die Carl Schmitt jahrelang im Visier hatte, den Freien Volksstaat Bayern aus. Seine Befürchtungen sind Realität geworden. Doch Eisners sozialistischer Revolution geht nach der umstrittenen Aktenveröffentlichung zur alleinigen Kriegsschuld Deutschlands und dem Abbruch der Beziehungen Bayerns zum Auswärtigen Amt in Berlin die Luft aus. Es regenerieren sich SPD und die bürgerlichen Parteien. Das spiegeln die Ergebnisse der Landtagswahl vom 1. Dezember, aus denen die Bayerische Volkspartei mit 35 %, die SPD mit 33 % und die Deutsche Demokratische Partei mit 15 % der Stimmen hervorgehen, Eisners USPD jedoch hinter anderen Parteien nur 2,5 % der Stimmen erhält. Im stellv. Generalkommando beschäftigt man sich derweil mit der Rückgabe beschlagnahmter Bücher und Unterlagen.

Mit der Ermordung Eisners am 21. Februar 1919 kehrt die Revolution mit Generalstreik und Ausnahmezustand nach München zurück. Arbeiter-, Bauern- und Soldatenräte tolerieren linksgerichtete provisorische Regierungen. Am 7. April wird in München die Räterepublik proklamiert. Die Regierung verlegt ihren Sitz nach Nürnberg und später nach Bamberg. Dann überschlagen sich die Ereignisse in München, als am nächsten Tag Ernst Toller von der USPD den Vorsitz im Revolutionären Zentralrat übernimmt: Einsetzung von Revolutionstribunalen, Entwaffnung der Bürger, Bewaffnung der Arbeiter, Aufstellung der Roten Armee, Bürgerkrieg.

---

[47] Siehe S. 472 f.

In diesen Tagen wird der Unteroffizier Carl Schmitt vom stellv. Generalkommando zur Stadtkommandantur versetzt. Auf dem Höhepunkt der bewaffneten Kämpfe Ende April gerät er zwischen die Fronten und in äußerste Lebensgefahr[48]. Über Einzelheiten gibt es weder Berichte noch Aufzeichnungen. In seinem Gesang des Sechzigjährigen aus „Ex Captivitate Salus, Erfahrungen aus der Zeit 1945/47"[49] berichtet er indirekt darüber in der 5. Strophe: „Dreimal saß ich im Bauche des Fisches" und vergleicht demnach seine persönliche Gefährdung durch die Rätediktatur mit dem Angriff der SS auf ihn im Jahr 1936 und seiner Inhaftierung durch Russen und Amerikaner 1945–1947.

Ausblick
Carl Schmitt Juli 1919 bis Sommer 1921 (Dozent in München)

Ende Juni 1919 wird Carl Schmitt aus dem Militärdienst entlassen[50]. Zunächst bemüht er sich dank des wieder hergestellten Kontaktes zum Geheimrat Hugo am Zehnhoff, der nun preußischer Justizminister in Berlin ist, mit Erfolg um eine Position im neu errichteten Wohlfahrtsministerium, die er aber absagt, als ihm eine Dozentur an der Handelshochschule in München angeboten wird[51]. So kann er in seiner Münchener Wohnung Schraudolphstraße 5 bleiben, die das Ehepaar sich mit den vorübergehend in Düsseldorf eingelagerten Möbeln eingerichtet hatte.

Über seine Vorlesungen an der Handelshochschule macht sich Carl Schmitt Notizen und Aufzeichnungen, die er später seinem Bibliographen Piet Tommissen zur Verfügung stellt. Davon liegt der Komplex „Thomas Hobbes/ Baruch Spinoza" in der Schriftenreihe „Schmittiana" bereits vor[52]. Die von Tommissen edierte Vorlesung: „Die Idee des Einheitsstaates. Jean Bodin" wird in diesem Buch abgedruckt[53].

Dem Maler und Schriftsteller Seewald verdanken wir eine einprägsame (allerdings in Details über die späteren Jahre falsche) Schilderung der Atmosphäre

---

[48] Ob diese Ereignisse mit der nachträglichen Verleihung des Eisernen Kreuzes II. Klasse an Carl Schmitt zusammenhängen, ist möglich, aber nicht nachgewiesen.

[49] Greven Verlag, Köln 1950.

[50] Siehe S. 511.

[51] Siehe die Korrespondenz S. 515 u. 517. Nach Mitteilung von Carl Schmitt an Piet Tommissen hatte am Zehnhoff ihm auch den Auftrag vermittelt, einen Entwurf für die Litauische Verfassung zu machen, der aber nicht über erste Stadien gedieh. Siehe Piet Tommissen, Bausteine zu einer wissenschaftlichen Biographie, in: Complexio Oppositorum. Über Carl Schmitt. Helmut Quaritsch (Hg.), Duncker & Humblot, Berlin 1988, S. 76.

[52] Piet Tommissen (Hg.), Schmittiana. Bd. VII, Duncker & Humblot, Berlin 2001, S. 9ff.

[53] Siehe S. 476–485.

um Carl Schmitt in München[54], in der besonders Carl Schmitts tiefe religiöse Neigung zur frühchristlichen Gnostik beeindruckt. Carl Schmitt selber war es im Rückblick auf seine Münchener Zeit[55] wichtig, dass eines der Stammlokale die griechische Weinstube Akropolis war und nicht das berühmte Café Stefanie, um sich auch damit von der Schwabinger Bohème zu distanzieren. An den Gesprächskreisen nahmen nicht nur Theodor Däubler, Franz Blei, Albert Paris Gütersloh, Theodor Haecker und Hans Rupé, sondern auch der Philosoph Otfried Eberz[56] teil, mit dem er sich zum Thema Matriarchat auseinandersetzte, und der Musiker Walter Harburger[57], mit dem er 1918/1919 über den damals viel diskutierten antibürgerlichen Psychoanalytiker Otto Gross gesprochen hat.

Die wenige, noch vorhandene Korrespondenz dieser Tage vermittelt den Eindruck eines immens fleißigen und vielseitigen Gelehrten. Briefe seines nach dem Krieg in Straßburg gebliebenen Kollegen Fritz Kiener mahnen ihn, Arbeitstempo und -Umfang zu reduzieren und an seine Gesundheit zu denken[58]. Carl Schmitt selbst hat in seiner Tischrede zum 50. Geburtstag 1938 diese Zeit als eine „schlimmster Verzweiflung und aussichtsloser Depression" erwähnt und sich sehr warmherzig bei seinen damaligen Münchner Freunden Georg Alexander Krause und dessen Frau bedankt[59]. In einem Brief von Carl Schmitts Medizin studierendem Bruder werden Anfang 1920 hauptsächlich Krankheitsprobleme erörtert und in Brandbriefen des Freundes Georg Eisler aus dem September 1921 werden der Bruder und der Vetter André Steinlein aufgefordert, sich unverzüglich um den chronisch an einer Ruhrinfektion lei-

---

[54] Siehe S. 524–527.

[55] Hansjörg Viesel, Jawohl der Schmitt. Zehn Briefe aus Plettenberg. Verlag der Supportagentur Gabler & Lutz, Berlin 1988.

[56] Otfried Eberz (1878–1959), Geschichts- und Religionsphilosoph, gehörte zum Kreis um die Zeitschrift „Hochland".

[57] Walter Harburger (1888–1967), Komponist und Schriftsteller, entwickelte in seiner 1919 veröffentlichten „Metalogik" eine an Husserls Phänomenologie orientierte Interpretation von Rhythmus und Harmonie in der tonalen Musik. Siehe Ralph Martin Steffen, Metalogik: The Music Theory of Walter Harburger. University of California, Santa Barbara, 1999. – Im Protokoll der Verhaftung Ernst Tollers am 5. 6. 1919 ist festgehalten, dass eine Leihkarte auf den Namen Harburger in Tollers Unterkunft gefunden wurde; Harburger wohnte im selben Haus. Siehe Hansjörg Viesel, Literaten an der Wand – Die Münchner Räterepublik und die Schriftsteller. Büchergilde Gutenberg, Frankfurt a. M. 1980, S. 370.

[58] Carl Schmitt hatte sich während des Militärdienstes eine Osteomyelitis (Knochenmarkentzündung) zugezogen, s. S. 515, an deren Folgen er zeitlebens litt. Nicht dagegen ist in der einschlägigen Kriegsstammrolle ein mehrfach in der Literatur vermuteter Sturz vom Pferd vermerkt, sondern Carl Schmitt als kriegsverwendungsfähig eingetragen.

[59] Siehe Piet Tommissen (Hg.), Schmittiana. Bd. V, Duncker & Humblot, Berlin 1996, S. 9 f.

denden Carl Schmitt persönlich zu kümmern[60]. Doch bleibt davon anscheinend sein Arbeitseifer wenig berührt, denn ein Brief Hugo am Zehnhoffs vom 26. 2. 1920 beweist, dass Carl Schmitt bereits an seinem nächsten Buch arbeitet, da der Schreiber gespannt darauf ist, was Schmitt über das Thema Diktatur[61] sagen wird. In der Tat sorgt die Ankündigung des Buches in Fachkreisen für großes Aufsehen. Georg Eisler berichtet darüber aufgeregt nach einem Besuch bei Carl Schmitts späterem Bonner Kollegen Erich Kaufmann in Freiburg am 9. Dezember 1920[62].

Schon acht Tage zuvor schrieb Eisler in diesem Sinne: „Lassen Sie nur erst Ihr Buch erscheinen, dann können Sie sich aussuchen, wohin Sie gehen wollen. Es scheint auch alles daraufhin zu deuten, daß Ihr Aufenthalt in München, der eigentlich schon längst beendet sein sollte, jetzt wirklich bald zu Ende sein wird"[63]. Eisler reagiert mit dieser Äußerung auf Ankündigungen über strukturelle Änderungen der Handelshochschule, die der Technischen Hochschule unter einschneidenden Veränderungen des Lehrplans angegliedert werden soll. Allerdings verkennt er die Faszination, die seinen Freund an das revolutionär aufgeheizte München fesselt. Vor allem sind es die Vorträge des in München lehrenden Soziologen und Nationalökonomen Max Weber, der auf ihn großen Einfluss ausgeübt hat[64]. Er hört die später so berühmt gewordenen Reden „Wissenschaft als Beruf" (7.11.1917), „Deutschlands politische Neuordnung" (4.11. 1918) und „Politik als Beruf" (28.1.1919). Ferner nimmt er im Wintersemester 1919/1920 an dessen Vorlesung „Abriss der universalen Sozial- und Wirtschaftsgeschichte"[65] sowie am Dozentenseminar zusammen mit Melchior Palyi, Karl Rothenbücher u. a. teil[66]. Carl Schmitt lernt Max Weber in diesem Seminar als

---

60 Brief des Bruders vom 2.2.1920, Nachlass Carl Schmitt, LAV-HSAD RW 265-13826; Brief Georg Eisler an Dr. Jupp Schmitt vom 6.9.1921, Nachlass Carl Schmitt, LAV-HSAD RW 265-3168/3.

61 Carl Schmitt, Die Diktatur. Von den Anfängen des modernen Souveränitätsgedankens bis zum proletarischen Klassenkampf. 1. Aufl. Duncker & Humblot, München, Leipzig 1921, XV + 210 S. Zum Brief am Zehnhoffs siehe S. 503.

62 Brief Georg Eisler an Carl Schmitt, Nachlass Carl Schmitt, LAV-HSAD RW 265-3118.

63 Brief Georg Eisler an Carl Schmitt, Nachlass Carl Schmitt, LAV-HSAD RW 265-3116.

64 Siehe G. L. Ulmen, Politischer Mehrwert. Eine Studie über Max Weber und Carl Schmitt. VCH, Weinheim 1991

65 Siehe Viesel (wie Anm. 55), S. 20. Die Vorlesung im Januar 1920 nahm in der aufgeladenen Atmosphäre nach dem Todesurteil des Kurt Eisner-Mörders Graf Arco am 16.1.1920 (er wurde begnadigt) tumultartige Züge an, als Weber das Todesurteil öffentlich billigte. Carl Schmitt hat auf der Rückseite des auf S. 517 abgedruckten Briefes vom 13.11.1919 Teile der Vorlesung in Stenogrammform festgehalten.

66 Melchior Palyi hat nach Max Webers Tod für das Dozentenkolloquium einen Kondolenzbrief im Namen folgender Teilnehmer verfasst: [Prof. E.] v. Aster, [Geheimrat Prof.] Cosack, [Prof.] M[oritz] Geiger, [Prof. Sigmund] Hellmann, [PD. Dr.] Janowski, Leo Jordan, [Prof. Dr.] Klensing, [Prof. Theodor] Kroyer, [Dr.] Carl Landauer, [Geheimrat Prof.] W[alther] Lotz, [Prof. Karl] Rothenbücher, Karl Schmitt

radikalen Revanchisten kennen, der gegen den Versailler Vertrag polemisiert, und unterhält sich am 24.1.1920 mit ihm über Oswald Spengler und das gerade erschienene Werk „Der Untergang des Abendlandes“[67]. Dass Max Weber gesinnungsethischen Pazifismus und die Moralisierung der Politik in seinen Reden und Aufsätzen scharf bekämpft und gegen einen romantisch-ästhetischen Persönlichkeitsbegriff zu Felde zieht, dürfte Carl Schmitt in seinen analogen Auffassungen bestärkt haben[68].

Prägend war u. a. Max Webers Vorstellung von charismatischer Legitimität, einer Thematik, mit der sich Carl Schmitt zeitlebens befaßt hat und die er später als auffälligstes Beispiel neuester Politischer Theologie bezeichnet[69]. Weber selbst war für ihn ein Politische Theologie treibender Historiker[70]. In der Carl Schmitt eigenen geschichtsphilosophischen Betrachtungsweise, mit einer „Großen Parallele“ zu vergangenen Epochen die eigene Zeit zu verstehen, beschrieb er eindringlich die Anfang des 20. Jahrhunderts herrschende protestantisch-deutsche Geschichtsinterpretation von Troeltsch, Max Weber und Harnack: Die tiefe Unsicherheit gegenüber jedem Außenseiter, jedem „Irrationalen“, sollte sich nicht wiederholen, wie es damals in der Zeitenwende unter Augustus den hochgebildeten Griechen, Römern und Juden geschehen war, nämlich den Träger eines Charismas zu verkennen[71]. Als einziges zeitgenössisches Beispiel dafür nannte Max Weber in seinen Schriften Kurt Eisner.

Als Hugo Ball 1919/1920 auf einer Reise von Bern nach Berlin in München Station macht, lernt Carl Schmitt den Schriftsteller kennen, der in einer der ersten zeitgenössischen Analysen der frühen Werke Carl Schmitts und ihres Autors wenige Jahre später nicht nur das berühmt gewordene Diktum „In der Gewissensform seiner Begabung erlebt er die Zeit“ formuliert, sondern auch das Buch „Politische Romantik“ als Auseinandersetzung seines Autors mit sich selbst charakterisiert: „Der Todfeind Romantik, als den Schmitt sich gelegentlich erweist, bekämpft in ihr die irrationale Gefahr seines eigenen schöpferischen Fonds, dessen Klärung seine Schriften sämtlich gewidmet scheinen. Der Charakter des Organischen, den diese Schriften zeigen, weist darauf hin. … Sein Werk entfaltet sich unter Schmerzen nicht nur technischer Natur, in einem bunten Nacheinander von grimmiger Diatribe und objektiver Untersuchung von definierendem Diktat und kunstvoller Apologie. Die Resultate sind schritt-

---

[sic!], [Prof. Karl] Vossler. Mitteilung von Dr. Edith Hanke, Arbeitsstelle der Max Weber-Gesamtausgabe München.

[67] Siehe Piet Tommissen, Bausteine (wie Anm. 51), S. 78.

[68] Max Weber, Wissenschaft als Beruf, Politik als Beruf. Wolfgang J. Mommsen u. Wolfgang Schluchter (Hg.), MWG I/17, Mohr (Siebeck), Tübingen 1992, S. 42. Siehe auch Ulmen (wie Anm. 64), S. 119ff. zu übereinstimmenden und differenzierenden Auffassungen Webers und Schmitts zur Romantikkritik.

[69] Siehe Carl Schmitt, Politische Theologie II. Duncker & Humblot, Berlin 1970. S. 62.

[70] Siehe Piet Tommissen, Bausteine (wie Anm. 51), S. 78/79.

[71] Siehe Viesel (wie Anm. 55), S. 20 und die Abb. S. 495.

weise errungen aus Konsequenzen; ein Neben- und Übereinander der Stimmen begleitet die Konzeption. Eine gewisse Aphoristik weist auf Vereinsamung hin, doch von den Gefahren eines abseitigen Individualismus ist Schmitt durch eine Welt getrennt. Die soziale Natur der Rechtsbegriffe sichert ihm eine stete Verbundenheit mit der Norm, und so tritt klarer und schärfer mit jedem Werke die Grundform hervor, nach der das System sich entfaltet. Der irrationale Fond einer großen Persönlichkeit und ihrer Zeit wird aus den Naturfesseln sowohl wie aus der Ekstase völlig in den Begriff überführt. ... Die beiden Bücher [*Politische Theologie* und *Politische Romantik*] verhalten sich zueinander wie etwa die „Kritik der reinen Vernunft" sich zur „Kritik der praktischen Vernunft" verhält, und nicht nur, weil die Titel Kongruenzen aufweisen. Letzten Endes war die ganze Untersuchung in „Politische Romantik" unternommen, um die großen politischen Theologen Burke, Bonald und de Maistre vor einer ferneren Verwechslung mit Talmipolitikern und Adapteuren wie Adam Müller und Fr. Schlegel zu schützen"[72].

Dem ist höchstens hinzuzufügen, daß sich in dem hier veröffentlichten Tagebuch aus dem Jahr 1915, den Dokumenten aus seiner Militärzeit und den beigefügten Briefen genau das abzeichnet, was Hugo Ball scharfsinnig aus dem frühen Werk Carl Schmitts analysiert. Der von Dada über die Politik zum Katholizismus rekonvertierte Ball erkennt in ihm seinen Bruder im Geiste, der dem Dadaismus und aller romantischen Subjektivität entsagt. Dieser für seine geistige Entwicklung entscheidende Schritt Carl Schmitts geht notwendig zusammen mit dem allmählichen Abschied von München und seinem illustren Freundeskreis, den sein kluger jüdischer Freund Georg Eisler längst für überfällig hält. Was ihn mehr und mehr den Künstlern und Ästheten der Weinstube Akropolis entfremden mußte, war seine radikale Denkweise nach der Devise: „Der Gebildete denkt konkret, der Ungebildete abstrakt.".

Aus dieser Zeit seines Abschieds von München erzählte der alte Carl Schmitt gern folgende Geschichte, die seine fortschreitende Distanzierung vom Kreis seiner Münchener Freunde deutlich macht. Eines Tages fragte er den Mehrfachkünstler Paris Gütersloh, wie er ausgerechnet auf Gütersloh in seinem Pseudonym gekommen wäre. Der gab zur Antwort: „Rein phonetisch! Weil mir der Klang dieses Namens gefällt". Carl Schmitt erwiderte: „Und ich dachte, weil sie gerne Pumpernickel essen, denn in Gütersloh wurde der Pumpernickel erfunden". Doch ausschlaggebend für seinen Abschied ist schließlich seine Berufung als Ordentlicher Professor der Rechts- und Staatswissenschaftlichen Fakultät an der Preußischen Universität Greifswald zum 1. Oktober 1921.

---

72 Siehe Hugo Ball, Carl Schmitts Politische Theologie, Hochland, 21. Jg., 9. Heft 1923/24, S. 263–286. Wieder abgedruckt in: Religionstheorie und Politische Theologie. Jacob Taubes (Hg.), Bd. 1. Der Fürst dieser Welt. Carl Schmitt und die Folgen. Wilhelm Fink Verlag, München 1983, S. 100–115. Zum ersten Gespräch mit Hugo Ball, das der Beginn eines intensiven geistigen Austausches bis zum Jahr 1925 wurde, siehe Viesel (wie Anm. 55), S. 9.

Das sich mit dieser Entwicklung gleichzeitig vollziehende Ende der Ehe mit der angeblich adeligen Paola (Cari) von Dorotić und deren rätselhaftes Verschwinden liegt weiterhin im Dunkeln. Dem Brief eines Münchener Anwaltbüros[73] ist zu entnehmen, dass 1920 ein Verfahren wegen Urkundenfälschung und anderer Delikte gegen sie läuft. Wie Alice Berend gegen Ende ihres Romans „Der Glückspilz"[74] schildert, sind beide ihrer Wege in unterschiedlichen Bekanntenkreisen gegangen. Ein Zusammenleben der Ehepartner ist aber noch bis Mitte 1921 wahrscheinlich. In den Briefen Georg Eislers an Carl Schmitt wird im November 1921 von einer schriftlich vereinbarten Erledigung einer Geldsache unter den Ehepartnern berichtet. Zu dieser Zeit hatte Carl Schmitt seine Professur in Greifswald bereits angetreten. Die Absicht einer Scheidung wird in dem Briefwechsel erstmalig im April 1922 erwogen[75], allerdings im Zusammenhang seiner Liaison mit der australischen Literaturwissenschaftlerin Kathleen Murray. Vermutlich wird Carl Schmitt bei den Recherchen in der Scheidungssache Mitte 1922 seine Frau als Hochstaplerin erkannt haben[76]. Darauf reagiert sie im August mit maßlosen Forderungen und ihrerseits mit der Androhung einer Scheidungsklage, bevor sie im Frühjahr 1923 für ihn und die Justiz nicht mehr erreichbar wird.

---

[73] Hauptstaatsarchiv Düsseldorf, LAV-HSAD RWN 260-359.

[74] Auszug aus dem Roman „Der Glückspilz" von Alice Berend siehe S. 521 ff.

[75] Brief Georg Eisler an Carl Schmitt vom 7.4.1922, Nachlass Carl Schmitt, LAV-HSAD RW 265-3130.

[76] Aus der Matrik der evangelischen Pfarrgemeinde in Wien-Gumpendorf geht hervor, dass Carl Schmitts erste Frau, getauft auf die Vornamen Paulina Maria, die am 18. Juli 1883 geborene uneheliche Tochter von Auguste Marie Franziska Schachner war, die durch die nachfolgende Ehe mit dem Spengler (Klempner) Johann Dorotic aus Agram legitimiert wurde. Aus den Akten des bischöflichen Offizialats Köln, die die angestrebte, aber nicht erzielte Nichtigkeitserklärung seiner am 18.1.1924 geschiedenen Ehe enthält, wird deutlich, dass Carl Schmitt bis August 1921 mit seiner Frau zusammenlebte und sie Mitte 1922 als Betrügerin entlarvte.

Tagebuch
aus der Türkenkaserne

Februar 1915

25. Donnerstag

Assessor-Examen; es dauerte lange, bis 3 Uhr. Nicht besonders gut abgeschnitten. Ich war froh, jetzt dem Examen entwischt zu sein. Abends >beisammen<, beendet! Gross in Südende[1]. Heftige Sehnsucht. Nachts nach München gefahren.

26. Freitag

Morgens 1/2 10 in München angekommen, alleine herumgelaufen, traurig, müde; Kaffee getrunken, ein paar Briefe geschrieben. Nachmittags eingekleidet. Schön, gebadet, >ausgeruht< auf dem Strohsack.

27. Samstag

5 Uhr aufstehen, in der >Kantine< Kaffee geholt, alles wie ein Traum und Spuk, aber noch zum Aushalten. Nachmittags Reinigungsdienst. Exerziert, müde ins Bett. Zimmer 287.

28. Sonntag

Morgens Appell usw. Nachmittags nach Hause. Gott sei Dank. Ich könnte weinen vor Freude, für eine Stunde wieder frei zu sein von der Sklaverei. Schrieb Cari. Ging ins Kasino essen, <ins> Wittelsbacher Café Kaffee trinken.

---

1 Heinrich Gross, Freund von Carl Schmitt und Mitkandidat beim Assessorexamen in Berlin, hatte dort vorübergehend eine Zweitwohnung in der Nähe der S-Bahn-Station Südende. Siehe TB 1, S. 18, Anm. 48.

März 1915

1. Montag

Telegramm von Cari. Sie reist nach Wien. Aufgeregt. Wenn sie nur <treu ist> und Geld bringt. Vielleicht eine Erbschaft? Schach mit Moldenhauer[2]. Freute mich sehr kameradschaftlich.

2. Dienstag

Cari kam; ich wurde vom Kasernenhof geholt. Schönes, liebes Kindlein. Sie hat mit Calker gesprochen. Lieb und klug, sehr fein. Aßen im Franziskaner. Kaffee im Wittelsbacher Café. Telegrafierte Eisler, dass er von Partenkirchen kommt.

3. Mittwoch

So geht die Woche herum. Eisler besuchte mich mittags, aber wir waren schweigsam. Ich kann nichts mehr sprechen. Er besorgt einen Pass. Ich war traurig. Cari im Theater. Komplex.

5. Freitag

fuhr Cari nach Wien, verabschiedeten uns herzlich. Mir ist ein Gewehr auf den Fuß gefallen. Ich hatte Schonung. Traf den Hauptmann. Gemein. Traurig. Sonntag Nachmittag zu Däublers Schwester[3]. Eine unfreundliche, etwas kokottenhafte Malergattin. Mich interessiert natürlich, woher die Leute das Geld für solche Sachen haben. Freute mich wieder einmal, etwas von Geist zu spüren. Nachher, im Wittelsbacher Café, Huebner[4]; welcher Zufall. Glaube bestimmt, <er wars>. Ging nicht hin; warum nicht? Nachher noch zu Stein in der Glückstraße. Graphik-Verlag[5].

---

[2] Zu Moldenhauer, der später Unteroffizier wird, S. 86 f.

[3] Helene Stein, geb. Däubler (1880–1935), nach ihrer Scheidung 1929 von Otto Th. W. Stein verheiratet mit dem Maler Willi Nowak, siehe S. 27, Anm. 19.

[4] Friedrich Markus Huebner (1886–1964), Journalist. Siehe TB 1, S. 14, Anm. 38 und S. 277, Anm. 108.

[5] Die Graphik-Verlag GmbH wurde um 1912 in München gegründet und adressierte Glückstraße 5. 1914/15 hatte sie die Geschäftsführung der Neuen Münchener Sezession inne. Ihre wichtigste Verlagspublikation war die Halbmonatsschrift „Zeit-Echo – Ein Kriegstagebuch der Künstler"; ab Jg. 2 ohne Untertitel. Den Verlag erwarb 1914 der Modefachmann Otto Haas-Heye, der darin 1916 seine „Graphischen Modeblätter" herausgab. Die ab April 1915 erschienenen Hefte des „Zeit-Echo" nennen in ihren Impressa Otto Haas-Heye als Herausgeber, Friedrich M. Huebner als verant-

8. Montag

Ausmarschiert; ich war sehr müde. >Training<, d. h., dass wir vom Unteroffizier gejagt werden sollen. Morgens entsetzlich kalt; Ausmarsch. Entsetzlich. Ich halte es nicht mehr aus.

9. Dienstag

kam Cari von Wien, erzählte, wie unglaublich laut die Verwandten Eislers sind, bei denen sie gewohnt hat. Wir gingen zusammen; sie ist sehr schön, hat etwas von der Wiener Umgebung angenommen, eine elegante Dame. Sie hat mich lieb. Ich kam mir als elender Soldat vor. Wir aßen >bei< Geißlers, dann im Wittelsbacher Café Kaffee. Herzlicher Abschied.

10. Mittwoch

Total erkältet, kann kaum sprechen. Es stinkt in der Kaserne. Die Kameraden stinken; eine Schweinerei. Zum Glück war Dienst in der Kaserne.

Ich liege nachts oft lange wach und denke dann über die Dinge nach, die mich angehen: Das Leben in der Kaserne, meine gänzliche Verunstaltung durch die Uniform, das Kommando der Unteroffiziere, alles erscheint mir als ein Traum, ein Spuk, eine Verzauberung, eine Hölle; Swedenborgs Hölle[6]. Oft rege ich mich wahnsinnig auf, dann wieder bin ich stumpfsinnig. So unmenschlich, ohne Geist wie bisher, bin ich noch nie gewesen. Dieser Tage bekam ich eine Karte von Bab[7]. Darüber habe ich mich sehr gefreut.

Die Unteroffiziere sind unsicher mir gegenüber. Sie mögen mich nicht leiden. Ich fühle mich oft als Prolet, aber es ist nicht mehr so drückend wie sonst. Die militärische Ausbildung wird für meinen Charakter von großem Nutzen sein; der Steinlein[8] und der Gustav[9], beide >haben es< nötig.

---

wortlich für die Schriftleitung und O. Th. W. Stein als verantwortlich für die künstlerische Leitung. Näheres darüber in: Olaf Thormann, Der Maler und Zeichner Otto Th. W. Stein (1877–1958), Leben und Werk. Verlag Peter Lang, Frankfurt a. M. 1992, S. 67–73.

6 Emanuel Swedenborg: „Himmel, Hölle und Geisterwelt", siehe Einführung, S. 1, Anm. 1 und TB 1, S. 159, Anm. 2

7 Julius Bab (1880–1955), Theaterkritiker und Schriftsteller. Siehe TB 1, S. 278, Anm. 111.

8 Mädchenname der Mutter Carl Schmitts. Zur „Steinleinerei" siehe S. 2.

9 Anspielung auf das Begehrliche in „Madame Bovary" und das Romantische bei Gustave Flaubert. Siehe TB 1, S. 252, Anm. 90.

11. Donnerstag
Wir räumten den Saal des Münchner Kindl aus. In dem Saal habe ich als Münchner Student Naumann[10] sprechen hören. Ich drückte mich, so gut es ging, setzte mich in eine Ecke und schlief; war todmüde. Gestern haben wir eine Stunde lang Kniebeugen machen müssen. Ich kann mich über das alles nicht einmal empören. – Ich wollte, ich käme einmal dazu, einen Glauben zu haben. Wenn der sehr fundamental wäre wie mein jetziger Zweifel und meine Verzweiflung, so wird es eine großartige Sache. Fange an zu hoffen; wie kommt das?

Oder werde ich nur ein Theoretiker? Weiß alles und kann nichts. Bin nur beleidigt, weil ich alles verstehe, sogar an jeder Beleidigung etwas Richtiges finde. Keine Selbstachtung?

Wie wird der Weltkrieg ausgehen. Deutschland wird das Land der Gerechtigkeit, der Vernichtung des Einzelnen, es verwirklicht genau das, was ich in meinem Buch über den Staat[11] als Ideal des Staates aufgestellt habe. (Die katholische Kirche konnte es nicht, weil sie die reale Macht nicht hatte oder nicht durchsetzen konnte, weil sie zuviel Mutter war.) Das ist schrecklich. Ich bin inzwischen das Opfer, werde dafür geflucht; es ist schauerlich. Lieber Gott, hilf mir.

Und als Gegenpol bleibt vielleicht Russland, der Slawe. Ich habe eine Slawin zur Frau.

Einleitung zu einer Rezension des Nordlichts[12].

Der Rezensent ist an sich in einer angenehmen Lage, aber diesem Werk gegenüber in einer besonders angenehmen. Er kann beweisen, dass es nichts Vergleichbares gibt. Das Werk hat 35.000 Verse, der Dichter ist 35 Jahre alt;

---

[10] Friedrich Naumann (1860–1919), nationalliberaler dt. Politiker, gründete 1917 in Berlin die ‚Staatsbürger-Hochschule', aus der 1920 die ‚Deutsche Hochschule für Politik' hervorging. Er schrieb u. a. das einflussreiche Buch „Mitteleuropa" (1915). Carl Schmitt war im Sommersemester 1908 Student in München.

[11] Carl Schmitt, Der Wert des Staates und die Bedeutung des Einzelnen. 1. Aufl. Mohr, Tübingen 1914 (nachfolgend kurz „Der Wert des Staates" genannt).

[12] Theodor Däubler (1876–1934), Das Nordlicht. Florentiner Ausgabe, 3 Bde., Georg Müller, München und Leipzig 1910 (entstanden 1898–1910); Genfer Ausgabe, 2 Bde., Insel, Leipzig 1921. Siehe TB 1, Kurzbiographie von Däubler, S. 393–399. Die hier begonnene Rezension gehört in eine Reihe von Däubler-Aufsätzen Carl Schmitts, die, teils verlorengegangen, teils erhalten (siehe TB 1, S. 348–363), seiner Däublerschrift vorausgingen: Carl Schmitt, Theodor Däublers „Nordlicht". Drei Studien über die Elemente, den Geist und die Aktualität des Werkes. Georg Müller, München 1916, 2. Aufl. Duncker & Humblot, Berlin 1991 (nachfolgend kurz „Theodor Däublers Nordlicht" genannt).

rechnen wir die Sonntage mit 200 (Kaisers Geburtstag, Sedantag usw. abgerechnet,) ergeben sich mehr als <20> pro Tag.[13] Das ist entschieden zu viel. Bei Hofmannsthal sind es >höchstens 3< [Rest wegen unleserlicher Schrift nicht deutbar.]

Die meisten Dichter der Gegenwart .... [Rest wegen unleserlicher Schrift nicht deutbar.]

12. Freitag
Der Geist, der in Herrn Rosenbaums[14] Furz wohnt. Der Mann trug sein Gesäß mit >brennender< Unerschütterlichkeit.

Russen >staunen<, Engländer fluchen, ekelhaft.

Ich schreibe dies in einer Ecke des Münchner-Kindl-Saales, wo ich mich vor der Arbeit drücke. Eine unglaubliche Vergeudung an Zeit, unschön, sinnlos. Oft habe ich Sorge, ich ginge dabei zugrunde, würde ein elender, kleiner Mensch und wäre meiner herrlichen Cari nicht mehr würdig. Cari ist staunenswert klug, sie weiß alles, aber ich komme mir allmählich verloren vor und habe Angst, ihr nichts mehr geben zu können. Das wäre fatal. Es ist gut, dass ich mich eher körperlich vergleichen kann.

Nachher drückte ich mich, schlich in die Küche des Kindlkellers, trank dort Kaffee und aß Kuchen. Saß träumend und traurig unter den Küchenweibern und kam mir wie verzaubert vor. An meine schöne Frau wage ich gar nicht zu denken. Inzwischen bin ich der Gegenstand des Mitleids und Interesses des Küchenpersonals. Aber der Kaffee hat mir gut getan. Ich fühle mich stark und habe schon wieder großartige Träume. Ich bete, ich glaube, dass alles zu meinem Besten gerät.

Nachmittags musste ich exerzieren, in den Dreck legen. Ekelhaft. Ich kann nicht schlafen. Abends mit Moldenhauer in die Kantine Kaffee getrunken, an den heißen Ofen gesetzt. Dann ins Bett, gut eingewickelt.

13. Samstag
Um 5 Uhr plötzlich Wecken; erschrak. Ich hatte gerade von Exerzitien und von der mathematischen Aufgabe im Abitur geträumt. Todmüde auf. Kann kaum den Mund auftun, doch heute musste ich wieder ausrücken. Aber zum Glück

[13] Demnach unterstellt Carl Schmitt für die Zeit von 1898–1910, in der der vagabundierende Däubler am „Nordlicht“ schrieb, einen komprimierten Arbeitsaufwand von 4 Jahren, d. h. ein Drittel dieser Zeitspanne.

[14] Eduard Rosenbaum (1887–1979), siehe TB 1, Kurzbiographie, S. 405 ff.

ist Arbeitsdienst. Also wieder zum Münchner Kindl. Ich hatte Posten, d.h. ich passte auf, dass der Oberleutnant die Unteroffiziere nicht in der Schänke überrascht. Ich selbst ging derweil in die Küche und aß und trank Kaffee, Kuchen. Mittags dann wurde mir wieder besser, ich las die Zeitung, über Strindberg[15] und seine wüsten Exzesse, hasste und verachtete dieses ganze Literatengesindel. Aber wem verdanke ich die Überlegenheit darüber? Meiner schönen, edlen Cari. Nach dem Mittagessen putzte ich meine Sachen; dann ging es wieder ins Kindl. Ich musste wieder aufpassen, lief aber in die Küche, trank zwei Tassen Kaffee, aß Brötchen mit Marmelade. Dann setzte ich mich auf meinen Posten, ließ mir von anderen aus den Läden etwas holen. Welch ein Leben!

Die Feldkompanie Lammerzahn[16] ist gebildet. Ich gehöre nicht dazu. Habe gestern Calker geschrieben. Bin gespannt, was es gibt. Calker muss bald ins Feld. Vielleicht habe ich nicht recht daran getan, meine ganze Existenz auf ihn zu setzen. Es liegt vielleicht in meiner Natur, alles ruhig abzuwarten und mich dann zu bewegen. Dachte oft mit Schrecken daran, ob ich überhaupt geeignet bin, eine Frau zu haben, weil ich mir psychisch ganz leer und nichtig vorkomme.

14. Sonntag

Um 6 wurden wir aus dem Bett geschrieen, der Morgen ging ziemlich bequem vorbei mit Kleiderputzen, Schuhe wichsen; ich setzte mich mit Moldenhauer eine halbe Stunde in die Kantine und trank Kaffee, hörte dort, dass Calker nicht ins Feld kommt und war sehr zufrieden und wieder glücklich. Wie elend ist das. Mittags nach dem Appell nach Hause in die Gabelsberger Straße, dort geschlafen bis 1/4 nach 3. Wie bin ich erschrocken über den Stumpfsinn, der allmählich von mir Besitz ergreift. Aber ich will inzwischen schlafen. Dabei bin ich nicht müde, denn die letzten 3 Tage habe ich nichts getan. Elend. Um 1/2 4 ging ich zu Stein[17]; die beiden Schwestern Däublers[18] waren da, der Schwager

[15] August Strindberg (1849–1912), siehe TB 1, Literaturverzeichnis, S. 418.

[16] Von Lammerzahn, Hauptmann. Siehe TB 1, S. 318.

[17] Otto Th. W. Stein (1877 in Prag–1958 in Friedland (Frytland, CSR)), sudetendt. Maler, zweites Kind des dt.-jüdischen Kaufmanns Ignac Stein, studierte in Triest, Neapel (1895–1899), München, Wien (1899–1900), Karlsruhe (1900–1903), Prag (1903–1906), freischaffender Künstler in Karlsruhe, Dresden und München (1906–1915), war beteiligt an den ab 1915 erschienenen Heften der Zeitschrift ‚Zeitecho' (siehe Anm. 6), Kriegsdienst (1915–1918). Stein war Schwager des Dichters Theodor Däubler, Mitbegründer der Münchner Neuen Secession (1910–1915), arbeitete nach dem Krieg in Wien, Berlin und Chemnitz, emigrierte 1935 in die CSR, wurde dort verhaftet und war 3 Jahre im KZ Theresienstadt, danach ansässig in Frytland. Ausführlicheres in Olaf Thormann, Der Maler und Zeichner Otto Th. W. Stein (s. Anm. 5). Bei Thormann findet sich ein ausführliches Verzeichnis der Werke Steins.

Stein und ein Maler Nowak[19]. Wir unterhielten uns meist über Däubler. Ich fand den Maler Stein sehr interessant; er ist glänzend angezogen, lässt aber schnell nach und stellt sich dann als netter, ziemlich unbedeutender Mensch heraus. Huebner kam auch, ich ging aber sofort weg. Er ist genau wie mein Vetter André[20]; ein lächerlicher, eitler, intriganter, wichtigmacherischer und deshalb ziemlich gefährlicher, aber immer widerlicher Kerl. Stein ging noch mit mir. Wir tranken im Wittelsbacher Café eine Tasse Kaffee; es wurde 1/4 8. Ich aß schnell, schrieb meiner lieben, schönen Cari, (die besonders lieb, nicht ich). Die beiden Schwestern Däublers; selbstsüchtige, bürgerliche Weiber, das Geld verehrend, frech lächelnd, die ältere misst mit neidischem Blick das auffallende, knitterhafte Kleid der jüngeren. Ich war froh, wieder allein zu sein. Habe immer das Gefühl, mich beschmutzt zu haben, wenn ich so viel und so lange bei Fremden war; ging schnell nach Hause und in die Kaserne. Freute mich, mit Moldenhauer eine Viertelstunde zu sprechen. Konnte nicht einschlafen, weil ich nicht müde genug und der Strohsack zu hart war.

15. Montag,
Wieder Arbeitsdienst. Schön. Ich drückte mich in der Küche herum, was mir doch allmählich zum Ekel wird. Um 10 Uhr gingen wir schon wieder nach Hause. Einige Soldaten machen hämische Bemerkungen über mich. Mittags verabschiedet sich Lammerzahn. Ich habe Zimmerdienst, kehrte den Gang. Nachmittags wieder Stubendienst. Mit Moldenhauer in der Küche Kaffee getrunken; während des Appells größte Wut, weil ich vom Feldwebel Reiter zum Gangposten bestimmt wurde. Aber es ist wohl nur verletzte Eitelkeit. Ich werde sehr leidselig. Hoffentlich bleibt dabei aber überhaupt etwas von mir übrig. Abends mit Moldenhauer in der Kantine schön Omeletts gegessen, die

18 Die andere Schwester Däublers war Edith Schamberg, geb. Däubler (1888–1955), Witwe des Berliner Fabrikanten Egmund Schamberg. Sie hatte ihren Wohnsitz seit 1908 in Berlin, war während des Ersten Weltkriegs zeitweilig Sekterärin in Herwarth Waldens Galerie „Der Sturm“, verlobte sich 1916/17 vorübergehend mit dem Dichter Johannes R. Becher (1891–1958) und heiratete nach dem Krieg den mit Theodor Däubler befreundeten Maler Robert Michael (Bob) Bell (1891–1983), von dem sie sich in den zwanziger Jahren wieder scheiden ließ. Siehe Thomas Rietzschel, Theodor Däubler. Reclam, Leipzig 1988, S. 361, Anm. 83.

19 Willi Nowak (1886–1977), dt.-böhmischer Maler und Lithograf, studierte in Prag, München und Holland, war bis 1915 in München und von 1929–1939 Prof. an der Prager Akademie. 1929 heiratete er Helene, die Schwester Theodor Däublers, nach deren Scheidung von Otto Th. W. Stein (siehe Anm. 3). Arbeiten in Nationalgalerie und Stadtgalerie Prag. Lithographische Folgen: Idyllen (10 Bl.), Leipzig 1910, Ariadne auf Naxos (39. Druck der Marées-Gesellsch.), München 1924. Siehe Formánek Václav, Vilém Nowak, Prag 1977 und Barbara Neumann, Vilém Nowak – Zehnte Kabinett-Ausstellung im Albertinum, in: Dresdener Kunstblätter. 17. Jg. 1973/Heft 17.

20 André Steinlein jun. (1891–1964), siehe TB 1, Personenregister, S. 430.

der Opernsänger Meier gebacken hat. Dann hinauf. Der Unteroffizier schalt uns, weil wir nicht genug kameradschaftlich seien. Ein Zustand. Müde ins Bett. Freute mich über den geschickten Bauern Kopfmüller[21], der mir das Bett schön gemacht hatte und behilflich ist. Große Angst, nach Landau zu kommen.

16. Dienstag

Wieder Arbeitsdienst, herumgedrückt. Moldenhauer weiß die Leute anzustellen; das ist großartig. Lungerte in der Küche herum, dachte nach, wie ich es am besten einrichte, um endlich aus dieser Schweinerei herauszukommen. Denn wenn ich, (was geschehen würde, wenn ich nichts dagegen unternehmen würde) hier im Kindlsaal mit 700 Mann übernachten müsste, würde ich wahnsinnig werden. Die Betten stehen dicht aneinander, kein Schrank für die Kleider usw.; der Gestank wird noch schlimmer sein, es ist nicht zum Aushalten. Ich fühle doch, wie ich ein Unterschichtenkerl, ein schlauer, listiger Mitmensch bin; überlegend, aber nicht überlegen.

Nachmittags Arbeitsdienst, herumgefaulenzt; habe es aber gut. Welcher Stumpfsinn! Abends erfolgte die neue Einteilung. Ich kam zum 1. Depot. Also morgen um 4 Uhr umziehen. Ich brachte ein paar Sachen nach Hause, (ging aus, ohne den Unteroffizier vom Tag um Erlaubnis zu fragen,) nahm ein Paket mit, das mir meine liebe Cari geschickt hatte, öffnete es zu Hause mit größter Rührung und hätte am liebsten geweint, wenn ich daran denke, dass ich morgen wieder unter diese ekelhaften fremden Proleten komme und ihnen ausgesetzt bin. Wann hört dieser schauderhafte Unsinn endlich auf?

Nachts von 11–1 Gangposten. Lief herum, dachte nach über den Staat, den Militarismus, den Heiligen Augustinus. Ich <geriet> wieder <in> Wut; vergewaltigt, welche Schande. Wie grauenhaft ist der Staat, und die Kirche duldet das, aus Trägheit. Es kommt immer darauf an, nichts problematisch zu lassen, jeder das <wissen>, was er zu tun und zu lassen hat. Das ist der Sinn des Militärs. Es wird die Welt erkennen; es hat den Gott dieser Welt, das Recht, begriffen. Aber der Gott leidet nicht. – Ich werde Gnostiker, sterbe für meine Überzeugung.

Ein Unteroffizier kommt vorbei, ich habe ihn nicht erkannt. Er brüllt mich an: Warum machen Sie keine Ehrenbezeigung? Machs Maul auf, du Lümmel, du dummer Rekrut.

Ich habe geweint vor Wut. Welch eine brutale Vergewaltigung.

---

[21] Kopfmüller, Bauer, Rekrut.

Ich will beten, Gott erkennen, ich ahne, dass dies eine wichtige Prüfung ist. Gott lass mich sie bestehen. Hilf mir und meiner lieben Cari.

In dieser Nacht erkannte ich den Gott dieser Welt, den Gott des Rechtes, und dass er sie mit Liebe trägt und seine Schönheit und Wohlgestalt. Ich wusste, der Gott der Liebe aber kann ihm gegenüber nur schweigen. Er kann ihn nicht wiederlieben. Du rätselst über Ungerechtigkeit? Also glaubst du an den Gott dieser Welt. Du bist kein Christ! (Kein Gnostiker).

Überall in der Kaserne herrscht ein Geruch, als würden Schweine geschlachtet.

17. Mittwoch

Morgens um 4 Uhr auf, eingepackt. Um 6 Uhr standen wir schon auf dem Kasernenhof. Welche Zeitvergeudung; warteten dort herum, stundenlang. Mit vollem Tornister. Ich war müde und verzagt. Endlich entscheidet es sich, dass wir zum 1. Depot kommen. Ich war angstvoll; wie kommt das? Immer habe ich Angst vor dem, was ich noch nicht dreimal ausprobiert habe (kann das nicht sagen, denn ich kenne alles schon vorher). Ich wurde Zimmerältester, kopierte den Moldenhauer, wurde eifrig, lief herum. Nachmittags Reinigungsdienst, brauchte nichts zu tun. Abends schien zum ersten Mal die Frühlingssonne warm und freundlich. Ich hätte am liebsten vor Sehnsucht geweint. Wir sitzen in Zimmer 193, müde und schläfrig. Heute Nachmittag fiel ich fast um, so schläfrig. Zum Glück geht es im 1. Depot beinahe gemütlich zu. Wir stehen erst um 6 Uhr auf. Schrieb meiner süßen Cari sehnsüchtig, schnell an Georg Eisler nach dem Essen in der Kantine. Der Kantinenfeldwebel kannte mich schon; ich habe ein großes Glück bei der ganzen Schweinerei. Aber ich schwang mich auf, bin nicht auf der Höhe. Die Leute auf dem Zimmer sind nett, artige Jungens, die sich schön unterwerfen.

Müde ins Bett, auf den Strohsack. Gleich eingeschlafen. Gut, dass sie nicht ins Münchner Kindl gekommen sind.

18. Donnerstag

Erst um 6 Uhr auf. Empfand das als ein Verschwenden, so spät aufzustehen. Alles ging ziemlich bequem zu, ich bin faul und wir exerzieren; alle Feldwebel usw. sind außerordentlich freundlich. Aber mich geniert das. Ich werde es wahrscheinlich sehr gut haben. Nach dem Essen Kaffee getrunken; mit dem Schauspieler Meier und den Feldwebeln gesprochen. Ich habe schon wieder Angst vor dem merkwürdigen Glück und traue ihm nicht. Auch fühle ich mich wieder als Prolet und weiß, dass die anderen es merken. Was tue ich denn? Ich schaue meinem Vordermann auf den Mützenbund. Nachmittags enge Stiefel, zwänge sie und exerziere herum, ging abends fröhlich aus, in größter Eile eingekauft, in der Buchhandlung gesprochen, renommiert, schnell im Wittelsbacher-Passage-Café Käse gegessen und Kaffee getrunken, zu Hause meiner lieben Cari geschrieben (o Gott, wie soll ich leben, wir haben ja kein Geld und ich verdiene keinen Pfennig; große Geldangst und Brotsorgen). Eilig in die Kaserne zurück, welche Hetzerei; ich werde meines Lebens nicht froh. Eingepackt, fühlte mich wieder etwas wohler.

19. Freitag
Um 1/2 6 auf, nachts auf den Abort, danach fröhlich im Bett und mich sehr wohl gefühlt. Nachher ausmarschiert, Wiesenfeld, herumgelaufen, nicht allzu anstrengend, aber schließlich doch eine Vergewaltigung. Mittags nach Hause, ich wusch mich, hantierte etwas herum, trank schön Kaffee, ging hinüber zu Moldenhauer, der wie ein Unteroffizier sich eingerichtet hat und mich mit Kaffee wunderschön bewirtete. Er ist ein feiner, vornehmer Kerl, weiß sich immer oben zu halten. Ich hatte etwas Bange und fühlte mich klein und hässlich. Nachmittags exerziert, nicht zur Leichenparade; abends schnell heraus, auf einem Feldpostbrief die Anzeige an den Oberlandesgerichtspräsidenten in Düsseldorf geschrieben, meiner lieben Cari einen herzlichen Brief, dann gegessen und der Abend war schon vorbei. Ich seufzte.

20. Samstag
Wir standen um 1/2 6 auf, marschierten nach Wiesenfeld hinaus, dort bei großer Kälte (gegen die ich aber durch die Sorge meiner Cari schön geschützt war), herumexerziert, gelaufen. Manchmal war es mir so dumm, dass ich fast ausgebüxt wäre. Allmählich wurde das Wetter klar, herrliches Blau am Himmel, die Soldaten, die roten, blanken Dächer der weißen Häuser, alles ist freundlicher; das sah schön aus. Fröhlich marschierte ich nach Hause. Nach dem Mittagessen Reinigungsdienst, doch wurde ich geschont, trank komfortabel Kaffee in der Kantine, mit Butter und Marmelade, lief herum. Beim Appell große Angst und Wut über die kommandierenden Feldwebel, die mir Angst machen. Aber ich sehe, dass es sich nur darum handelt, sich nicht Angst machen zu lassen. Heute sagte mir der Feldwebel, ich solle stenografisch Berichte aufnehmen und käme dauernd zur Kanzlei. Hoffentlich kommt das von Calker.

Ich ging abends aus (hatte aber schon wieder Sorge, weil gesagt war, keiner dürfe ausgehen); kaufte Bürsten. Habe Sorgen wegen meines morgigen Ausgangs. Schrieb im Café Wittelsbacher Passage an meine liebe Cari (sie hat einen Brief heute geschickt), an Georg Eisler und an Frau Stein, die ich morgen wieder besuchen will. Alles in große Hetze. Es ist eine unglaubliche Sache, das Militär; anspruchsvoller als die katholische Kirche. Morgen dürfen wir bis 7 Uhr schlafen; daraufhin fröhlich ins Bett.

21. Sonntag

Nachts geträumt. Cari ist plötzlich fremd zu mir, macht spottende Reden, sagt immer, es sei ihr alles nicht gut genug, z. B. das Hotel Prinz Alexander. Ich bin in heftigster Aufregung und machtlosester Verzweiflung, habe Angst. Außerdem fühle ich mich ohnmächtig, weil sie mit mir verheiratet ist. Ich stand des nachts wie gewöhnlich auf, ging dann wieder ins Bett und dachte nach.

Morgens um 1/2 nach 6 auf, in Ruhe gewaschen, ein wunderschöner Frühlingsmorgen. Traurig, weil ich in der Kaserne eingesperrt bin. Gereinigt, geputzt, geistig fühlte ich mich frisch und munter. Freude an Gedanken. Ich sehe die Probleme; es handelt sich darum, eine neue Einteilung der Menschen zu finden. Zwei Sorten Menschen gibt es. Das fühlte auch Dostojewski, der Menschenkenner im biologischen Menschheitsbegriff. Es gibt eine Unterscheidung. Für die einen ist der Staat, wie ich ihn mir denke, das Richtige, für andere aber nicht. Das ist der Sinn des Lebens, eine Einteilung. Mittags spät Appell; ekelhaft. Dann nach Hause, schrieb schnell einen Brief an meine Cari (was ich niemandem sage, sage ich ihr, meiner schönen, lieben Frau); dann (etwas verlegen) zu Stein, Däublers Schwager; traf sie zu Hause. Unterhielt mich gut, doch kam mir der Stein etwas schwächlich und unbedeutend vor. Er liest aber mein Buch; das machte mich glücklich. Dann mit den Frauen im Café Parade. Die Schwestern Däublers erzählen von Onkel Brehmer[22]. Ich fühlte mich nicht recht wohl, befangen und schlechter als Prolet und fürchte diese Klatschweiber; dagegen sprach ich gern mit dem Maler Stein. Ich aß bei Steins zu Abend, hörte zu meiner Freude, dass Stein mein Buch dem Hausenstein[23] empfehlen will. Ging fröhlich und eilig in die Kaserne, trank im Café Stefani noch eine Tasse Kaffee, dann in die Kaserne zurück. Welche Sklaverei. Morgen also wieder Dienst.

---

[22] Arthur Brehmer (1858–1923), zeitweilig Herausgeber des Corriere Veneziano, Bruder der Mutter von Theodor Däubler; Näheres über ihn siehe Thomas Rietzschel, Theodor Däubler, wie Anm. 18, S. 36ff.

[23] Wilhelm Hausenstein (1882–1957) (Pseudonym: Johann Armbruster), dt. Kunstschriftsteller, Essayist und Diplomat, 1949–1955 Botschafter in Paris. Hausenstein lebte seit 1903 in München und war ein wichtiger Vermittler von Kunst und Literatur. Unter seiner Leitung wurde 1913 die Münchner Neue Secession gegründet; er war mit Rilke, Annette Kolb, Paul Klee, Franz Marc u. a. bekannt. Hausenstein war linker Sozialdemokrat und wie Paul Klee von der 2. bayerischen Räteregierung als Kunstkommissar vorgesehen; nach deren Scheitern gab er seine Begeisterung für linke politische Überzeugungen und für moderne Kunst auf. Siehe Otto Karl Werckmeister, Kairuan: Wilhelm Hausensteins Buch über Paul Klee, in: Ernst-Gerhard Güse (Hg.), Die Tunisreise. Klee, Macke, Moillet. Verlag Gerd Hatje, Stuttgart 1982, S. 76–95. Siehe auch Carl Schmitt, Glossarium, Eintragung vom 28. 5. 50.

22. Montag
Wie geht das: Wenn der Feldwebel in der Instruktionsstunde etwas vom König erzählt und nicht weiter kommt und seine Zigarre ansteckt; schauen sie mit einem gläubigen Blick zu. Psychologisch ändert sich nicht das Geringste. Schreien den ganzen Tag, eine Qual, eine Vergewaltigung. Hoffentlich machen es die Engländer, dass sie die allgemeine Wehrpflicht nicht einführen. Das ist noch [Satz ist nicht zu Ende geführt.]

Kleider fassen für die morgige Besichtigung; feldmarschmäßig ausgerüstet. Lust, mich photographieren zu lassen wie Dehmel[24]. Abends in der Kantine gegessen, wichtig und richtig, <dann> ins Bett.

23. Dienstag
Um 4 Uhr auf, Besichtigung; 3 Stunden mit dem Tornister. Schwindel, Qual, schauerliche Vergewaltigung. Antimilitarist. Mittags in der Kantine Kaffee getrunken. Moldenhauer kam zu meiner Freude. Plötzlich kommt ein Gefreiter: Ich soll um 2 Uhr zu Calker kommen. Was mag es sein? Ziehe mich an, sehe übel genug aus, warte vor dem Kasino, wo Klavier gespielt und gut gegessen wird (ich rechter Prolet, aber ich war sehr philosophisch). Calker kam, von einem guten Essen animiert, heraus. Ich musste mich umdrehen (elende Figur), dann erklärte er, meine Ausbildung sei abgeschlossen; ich komme zum Generalkommando! Ging aufgeregt davon. Ich kann es eigentlich nicht annehmen. Ich habe nichts mit dem Staat und dieser ganzen Gesellschaft zu tun; ich müsste vielmehr sagen, dass mir alles gleich ist und dass ich keinen Verwaltungsposten annehme. Aber ich war stolz und machte eine beruhigte Figur auf dem Kasernenhof. Ich wurde neu eingekleidet, fuhr mit dem Auto zum Generalkommando, wurde freundlich aufgenommen; vier Assessoren, die auch nicht viel tun. Werde mich schon zurechtfinden. Bekam die Erlaubnis, draußen zu wohnen und bis 12 Uhr auszugehen! Glücklich zur Kaserne zurück, zu Moldenhauer. Trug in einer Tasche meine Sachen aus der Kaserne nach Hause in die Gabelsberger Straße (hatte trotz allem immer Angst, weil ich kein Geld habe), dann mit Moldenhauer ins Café Wittelsbacher, nett unterhalten, ich blieb noch sitzen, schrieb meiner lieben Cari, glücklich und selig ins Bett; o Wahn, ein weiches Bett. Wäre nur mein süßes Kindlein da.

24. Mittwoch
Ein Uhr, oft wach, Angst, etwas zu versäumen. Um 1/2 7 auf, zur Kaserne, meine Sachen zurückgegeben, dann langsam bei wunderschönem Frühlingswetter zum Generalkommando. O Glück, o Freiheit. Kaufte mir Schokolade,

[24] Richard Dehmel (1863–1920), dt. Schriftsteller, von Carl Schmitt in den „Schattenrissen“ traktiert. Siehe S. 2, Anm. 2.

arbeitete vormittags mit den Assessoren etwas, mittags im Automaten; ich habe kein Geld, ließ mir eine schöne Uniform machen bei Schwarz, ich armer Prolet. Bin vernichtet vor Geldsorgen. Kaffee getrunken, nachmittags etwas gearbeitet, nicht viel; mich schnell eingewöhnt. Ich will ruhig und ganz bescheiden sein, wie ein Japaner, denn ich habe Feinde, das fühle ich. Abends schnell zu Stein (hoffentlich schadet er mir nicht), [3 Wörter nicht deutbar], die Frau krank im Bett, der arme, liebe Stein; ich habe ihn gern, er ist intelligent und gut. Bis 10 Uhr, dann noch ins Café Wittelsbach, um 11 nach Hause. Meiner lieben Cari schön geschrieben und an Georg Eisler. Ich ging behaglich ins Bett. Was gehen mich inzwischen die Proleten in der Kaserne an; das .... [3 Wörter nicht deutbar] ihrem Geist; wie weit bin ich von ihnen. Das ist aber mein Fehler. Ich vergesse bereits alles, fühle mich permanent wohl oder total traurig. Ging also behaglich ins Bett. Es war, als hätte ich etwas Schuldbewusstsein und schlechtes Gewissen; in der Kaserne ist es eigentlich leichter.

25. Donnerstag

Schlief durch bis 1/2 7, habe mich also ganz wieder ins Zivilleben gewöhnt und denke oft sehnsüchtig daran, wie schön es war, morgens um 6 Uhr auszumarschieren. Rasierte mich und fühlte mich noch nicht recht wohl, weil ich kein Geld habe, was <bei> mir in München zu traurigen Erinnerungen an meine frühere Zeit führt. Ging zum Büro, herumgefaulenzt, wenig zu tun, aber immer herumgehorcht; fühlte mich nicht wohl, war aber eigentlich doch bange, trotzdem noch fortwährend Sorge; mittags wieder im Automaten, dann behaglich im Fürstenhof Kaffee getrunken.

Tintenglas gekauft, nachmittags herumgelesen, an den Onkel[25] geschrieben, Cari geschrieben; der Hauptmann kam. Ich hatte Angst, sprach mit ihm, er war freundlich. Aber ich habe ein schlechtes Gewissen. Abends zu früh nach Hause, deshalb wieder Angst; zu Abend in einer kleinen Kneipe, dann zu Hause an Cari geschrieben, kein Brief von ihr. Was mag los sein? Brief von Georg Eisler, der Geld schickt; Gott sei Dank, große Hilfe. In Wittelsbacher Passage Kaffee getrunken, herumgelesen, todmüde ins Bett. Ich bin also einfach unfähig zu arbeiten. Trotzdem fühle ich mich heimlich wohl. Wie viel besser bin ich <gestellt> als die ganze Gesellschaft, wenn ich nur meine Ruhe hätte, nämlich vor dem Militär. ....[1 Satz nicht deutbar.] Kann nicht arbeiten.

26. Freitag

Geschlafen, müde, faul; Sucht nach schönem Behagen. Um 7 1/4 auf, Brief von Georg Eisler, der Sonntag kommen will, aber keiner von Cari. Sehr traurig,

[25] André Steinlein, sen. Grundstücksmakler.

betrübt. Das Leben in der Ehe ist ein Kasernendienst, ebenso erzieherisch und ebenso schwer. Die Traurigkeit, die mich inzwischen befällt, macht mich ernst und ist mir sehr nötig.

Heute scheinen die jungen Leute nicht mehr so bequem und froh zu sein. Sie sehen und fühlen alle, dass die Gemütlichkeit und das Behagen, dem man sich früher überlassen durfte, nur vom Staat auf beliebigen Widerruf konzediert und das Schwert immer über allem hängt.

Cari hat mir heute wieder nicht geschrieben. Viel Sorge und Angst deswegen; ganz primitives Gefühl. Ich bin müde, krank energielos, kann kaum die Hand heben und weiß in der Tat nicht, wie ich dieses Leben ertrage. Im Generalkommando wenig zu tun. Ich habe immer Angst, man tut mich da fort, weil ich ganz überflüssig bin. Dann muss ich also wieder in den Krieg. Der Baron Freyberg[26] ist sehr eifersüchtig und lässt einen nichts lernen, um alles in der Hand zu behalten. Aber heimlich weiß ich, dass ich doch allmählich der Beherrschende werde. Ich halte mich jetzt noch sehr zurück. Aß den ganzen Tag Schokolade, aus lauter Schwäche, kann immer schlafen, bin ohne jede Kraft. Laufe herum und weiß nicht, was ich tue. Welch ein Zustand. Abends Wittelsbacher Café, aus lauter Unfähigkeit, mich zu etwas zu entschließen. Kann kaum ins Bett gehen.

Denke viel an den heiligen Augustinus, der auch in solchem Zustand gewesen sein muss. Wäre nur Cari hier, dann ginge es besser; dann hätte ich einen Halt. Was kann nur mit ihr vorgehen, dass sie nicht schreibt.

Ich erinnere mich den Tag über oft daran, wie Calker, nach einem guten Mittagessen, mir mit Augenzwinkern erklärte: Es ist Krieg und es kommt auf kleine Rechtswidrigkeiten nicht an. Er ist sich untreu geworden; er lernt die Gemeinheit und die Verlogenheit dieser Welt, aber er hat Angst um sein Wohlergehen und geht nun einen Pakt mit dieser Welt ein; nun tröstet er sich damit, dass es einmal so ist und findet eine Art Genugtuung darin, dass ich es anscheinend auch so mache. Aber bei mir ist es doch etwas anders. Ich gleite durch alles hindurch wie ein Kind; vor mir teilt sich das Rote Meer dieser Gemeinheit, weil ich alles besser kenne und nicht die Kraft zu einem Pakt habe. Ich bin überhaupt kein Kontrahent in den Augen dieser Welt. Die Welt will mich nicht und wirft mich weg; deshalb bleibe ich auch von ihr verschont.

Warum habe ich Angst, wenn ich einen Maler sehe, der nur an sich denkt und alles andere für sich aussetzt. Weil ich es selbst so mache und Angst

[26] Freiherr von Freyberg, Generalmajor im stellvertretenden Generalkommando des I. bayerischen Armeekorps (nachfolgend stellv. Gen. Kdo. abgekürzt), Leiter der Abteilung II b1.

habe, alle mögen so denken; dann geraten mir meine Schwindeleien nicht mehr.

27. Samstag
Vereidigung. Brief von Cari. In der Kantine zu Mittag mit dem Meier, der Koch und Opernsänger ist. Dann Kaffee im Central; Schnitzler[27] aß hier. Nachmittags auf dem Büro, fast nichts zu tun, Angst deswegen, kaufte Schokolade und fraß; morgens 100 Mark von Cari, viel Geldangst; kaum zum Aushalten; abends zu Stein, dort gegessen, kam mir elend dabei vor. Der Maler Nowak kam, wir unterhielten uns; fast zu spät nach Hause. Fuhr im Auto, um nicht zu spät zu kommen. Schrecklich, wie ich Geld ausgebe. Die neue Uniform; war sehr stolz. Sie sitzt sehr gut. Abends müde ins Bett; heftige Gier. O Gott, was hält mich noch zusammen; warum zerstäube ich nicht in alle Winde?

28. Sonntag
Zum Büro; gemütlich, nichts zu tun, herumgefaulenzt. Mittags Georg Eisler zu Hause getroffen, freue mich darüber. Wir aßen zusammen im Domhof; unterhielten uns gut. In Cafés herumgelegen. Ich setzte meine Theorie vom Gott der Gerechtigkeit und Gott dieser Welt auseinander. Er hat viel Verständnis und ist gut und klug. Abends ging er in die Matthäuspassion, ich zu Steins, gab unnütz Geld aus und ärgerte mich deswegen. Aber ich bin zu schwach. Oft dachte ich an den heiligen Augustinus; aber ich kann nichts, weiß nichts, wage nichts, unternehme nichts; bin einfach nichts. Freute mich meiner neuen, eleganten Uniform, ich Kind. Mit Stein im Café Parade, geschwätzt; über Österreich gelacht, Georg Eisler kam, der liebe Junge saß unter der Bande; wir gingen um 1/2 12 nach Hause. Mir wurde es zum Ekel. Will nicht mehr hingehen. Diese gefühllosen Weiber; die ganze Art ist mir unmöglich, unzuträglich. Ich verstehe die robuste Lebensbejahung der Leute nicht und dachte sehnsüchtig und zärtlich an meine liebe, schöne Cari.

29. Montag
Mit Georg zur Bahn, seine Schwester[28] abholen. Wir trafen sie beinahe nicht; frühstückten dann zusammen; es ist ein gutes, freundliches Mädchen. Ich ging um 1/2 9 zum Büro, bekomme jetzt etwas mehr Arbeit. Calker kam plötzlich,

---

[27] Georg von Schnitzler (1884–1962), Kollege von Carl Schmitt beim stellv. Gen. Kdo., Leiter des Subreferats P 5, später ordentliches Vorstandsmitglied der IG-Farben, bekannt als „der Diplomat und Erste Verkäufer der IG“. 1945 verhaftet und 1948 durch das amerikanische Militärtribunal in Nürnberg zu 4 Jahren Gefängnis verurteilt.

[28] Lilly Eisler (gest. 1929), verheiratet mit dem Prof. der Rechte Rudolf Isay (1886–1956).

erkundigt sich nach mir, war freundlich und leutselig; ich wusste nichts zu sagen und hatte das Gefühl, dass er wohl Schuldbewusstsein und schlechtes Gewissen haben muss, weil er so gut gegen mich ist. Traf mittags Georg Eisler und seine Schwester. Wir aßen im Stachus, tranken dann Kaffee bei Fahrig. Ich regelte die Geldfrage, verabschiedete mich und dann zum Büro. Wieder Schokolade, ich halte es sonst nicht aus. Hatte sehr viel zu tun, war froh darüber, aber ich bin schnell müde. Abends zu Hause, Wurst und Brot; endlich einen Abend für mich allein. Das tat mir gut. Schrieb Cari sehr schön, führte Tagebuch und fühlte mich wohl in meinem Zimmerchen. Unter Menschen bin ich schlecht und böse, weil ich gehorsam bin und feige; fürchte sie.

Die pfiffigen, schlauen Arier lachen, die Hochstapler und Schwindler. Sie alle könnten keine menschliche Gesellschaft bilden, sie sind Parasiten; die guten und anständigen Menschen (d. h. das Gute und Anständige, das viele Menschen haben) ist der Grund, auf dem alles steht und ruht. Oft wundert man sich über den Umfang, den das Parasitentum annehmen kann, aber es bricht schnell zusammen; sie werden dann der böse Dünger (viele der Affen, viele Juden, deren Väter vielleicht Bankiers sind und die selber kraftlose, schwache, weltflüchtige Existenzen sind).

Dass der Mensch sein Schicksal durch seine Gesinnung und sein Verhalten bis ins einzelne bestimmt, ist mir so selbstverständlich über jeden Zweifel klar, dass ich gar nicht mehr davon spreche. Ich fürchte nur meine Schwachheit.

Heute war eine Slawin auf dem Generalkommando, eine kleine, schwarze Frau mit Augen so feurig wie mein Kindlein. Sie war mit einem Rechtsanwalt verheiratet, der gestorben ist; ich dachte an meine Cari und hatte mein Kindlein so lieb. Ich möchte einen Sohn haben; als ob ich mich dadurch mit meiner Verehrung für Cari verewigen möchte.

Die Wahrheit ist morgens eine andere als abends, und tags eine andere als nachts.

30. Dienstag

Schlief bis 7 1/4, fühlte mich wohl, ging artig zum Büro, bekam 2 wunderschöne Briefe von meinem Herzenskindlein, die mich froh machten; dann kaufte ich eine Stopfsticknadel, Pinsel, Schokolade, ging zum Büro, hatte viel zu tun, fühlte mich allmählich sicher, arbeitete mich ein, las Briefe und Zeitungen; mittags im Spaten zu Mittag gegessen, dann behaglich im Fürstenhof Kaffee und Zeitungen gelesen, nachmittags mit dem Hauptmann[29], der ein herzens-

[29] Hauptmann Christian Roth (1873–1934), Vorgesetzter von Carl Schmitt, nach dem Krieg bayerischer Justizminister, zu seinem Lebenslauf siehe S. 519. Als Justizminister

guter Kerl ist, herumgesprochen, nicht viel getan, etwas angefangen Schreibmaschine zu schreiben, um 1/4 8 nach Hause (froh, dass ich den hässlichen Mantel zum letzten Mal anhabe); dann nach Hause, dort Wurst und Brot, darauf meiner Cari geschrieben, 2 Photographien beigelegt, die ich heute Abend abgeholt habe und die mir nicht einmal so übel gefallen. Der neue Mantel kam, das Mädchen von Engels[30] ist entzückt darüber. Ich fühlte mich sicherer, brachte den Brief an den Kasten und ging dann ziemlich ruhig wieder auf mein Zimmerchen und ins Bett. Ich bin glücklich, mich wieder etwas sammeln zu können.

31. Mittwoch

Bis 1/2 8 geschlafen, aber glücklich, mich wieder zu beherrschen. Langsam angezogen, Brief von Cari, das arme, liebe Kindlein ist krank; wäre ich doch bei ihr. Brief von Georg Eisler, ziemlich kühl; es wird ihm anscheinend schon zuviel mit seiner eigenen Güte; Karte von Däubler. Zum Generalkommando, Schokolade gekauft, fröhlich gearbeitet, fühle, dass ich allmählich dazugehöre. Mittags in der Neuen Börse. In die Kaserne, Moldenhauer nicht getroffen, in seine Wohnung Türkenstraße, im Hintergebäude haust er mit seinem Verhältnis, anscheinend eine Artistin, ungebildet, eingebildet. Suchte ihn dann im Café Alte Börse auf, traf ihn unter seinen Vereinsbrüdern. Sie schmauchten, es ist ekelhaft, soviel Behagen und Schweinerei noch in Deutschland zu sehen; zum Generalkommando, herumgefaulenzt, Cari geschrieben, Bab eine Karte, schön gearbeitet, schrieb schön etwas Schreibmaschine, interessant, abends ins Café, las, dann mit Moldenhauer und seinem Verhältnis zum Café Fürstenhof. Unzufrieden, aufgeregt, Musik bis 2 Uhr erlitten, aufgeregt herumgelaufen, schließlich nach Hause. Gewaschen und wieder vernünftig.

Welcher Zufall. Inzwischen hat der Moldenhauer ein Verhältnis mit einer Artistin und lebt seit Jahren mit ihr herum.

Wie schmutzig kommt mir jetzt in der Erinnerung das Verhältnis mit Moldenhauer vor. Ekelhaft. Ich will nicht mehr daran denken.

Ich will ein Buch schreiben unter dem Pseudonym Carl Dorotić.

Das Kunstwerk leitet sich von Gott ab, in unzähligen Zwischengliedern bis auf sich selbst hinunter.

---

wurde er in der Frankfurter Zeitung angegriffen. Daraufhin traten seine ehemaligen Untergebenen Carl Schmitt und Georg von Schnitzler (siehe S. 35, Anm. 27) in der Münchner Post vom 7. 8. 1920 für ihn ein (siehe S. 518–519).

[30] Engels, Zimmervermieter.

Der Darwinist leitet sich von nichts, von der Niedrigkeit ab in unzähligen Zwischengliedern bis auf sich selbst hinauf und behauptet dabei, noch bescheiden zu sein.

Wie entsetzlich ist das Leben, kaum zum Aushalten. Dabei gibt es noch Menschen, die ins Theater gehen, als ob sie noch nicht genug von diesem menschlichen Theater des Lebens hätten.

April 1915

1. Donnerstag
Morgens todmüde von der Übererregung gestern Nacht. Um 1/2 8 erst auf. Zum Büro, Schreibmaschine geschrieben; das macht mir wieder Freude. Sonst bin ich nicht viel mehr wert. Mittags im Domhof, gut zu Mittag; oft traurig an Cari gedacht, dann schändlich herumgelaufen, bei Tietz, im Café, usw., meinem Gehorsam und meiner Vernichtung mich überlassen. Dann auf dem Büro, ziemlich fröhlich und sicher, ein Jude kam, dessen Korrespondenz durchgelesen, mich wiedererkannt; es ist unheimlich.

Melde >Roth<: Die Briefe seiner Frau an einen Mann, der herumreist, Geschäfte macht und Tripper hat, Wein trinkt und Huren benutzt. Bis abends 9 Uhr. Dazu Schokolade. Nach Hause, ein Stück Brot gegessen, dann herumgelaufen, aufgeregt, nichts, elend, leere Straßen; um 1/2 1 zu Hause. Wie schön ist es zu Hause, wäre erst Cari hier.

Nachmittags, als ich in die Schreibstube des Generalkommandos hinein musste, sah ich ein Dutzend fauler Schreiber herumsitzen und hämische Bemerkungen machen. Ich erschrak und lief hinaus, Angst vor dem Niedrigen, Unterschichtentum, vor den Proleten, den Schreibern.

2. Karfreitag,
Karfreitag. Zu lange geschlafen, bis 1/4 8; schnell angezogen, zum Generalkommando, schnell fertig, schön Schokolade gegessen, Schreibmaschine mit Eifer geschrieben, Karten an Cari, Lamberts[31], Fräulein Eisler. Mittags im Paulanerbräu gut und billig gegessen, dann gleich ins Generalkommando zurück. Todmüde, etwas geschlafen, Cari geschrieben, herumgefaulenzt, wenig getan, Schokolade gegessen, oft Geldangst, dann wieder gleichgültig und schläfrig. Abends mit Schnitzler gut unterhalten. Merkwürdig, wie ich mich

[31] Die Familien des Unternehmers Arthur Lamberts und des Justizrats Hugo Lamberts, beide in Mönchengladbach, waren Förderer des jungen Carl Schmitt. Siehe „Jugendbriefe“ und TB 1, Personenregister, S. 427.

immer wieder nach Carilein >sehne<. Zu Hause, zweifelnd, ob ich heraus soll. Müde. Jup geschrieben. Schöner Brief von Cari und ein gleichgültiger von Georg Eisler.

Wie bin ich, >Schein<? Jemand leitet mich wie ein Blinder, das fühle ich.

Aber ich wandle so sehr im Traum; alles, was ich erlebt habe, erscheint mir so als Zweck und Zauberspiel, als blauer Dunst und Pfennigswert, dass ich über die >Zumutung< lache statt etwas ernst zu nehmen.

3. April, Karsamstag,

Schlief bis 1/4 8; aufgeregt, unzufrieden. Nicht recht gesund, etwas erkältet. Schnell angezogen und wieder munter. Auf dem Büro wenig getan, herumgefaulenzt und wieder Angst, bald davon zu müssen. Mittags wieder im Paulaner zu Mittag, dann im Fürstenhof Kaffee, Zeitung gelesen, faul, begehrlich willenlos, sensationslüstern. Zum Polizeiamt wegen der Photographie, die Georg Eisler verloren hat. Traf dort sonderbarerweise Nowak; mit ihm Kaffee getrunken; er erzählte von Bosnien, ich fühlte mich nicht recht wohl, wusste nicht, was ich tun sollte, ging zum Büro zurück, ordnete etwas herum, tat wenig, blieb aber bis 1/2 9; hatte noch etwas zu schreiben. War traurig und fühlte mich allein, aber auf dem Heimweg plötzlich sehr stolz und selbstbewusst. Es muss doch etwas Besonderes aus mir werden; ich bin inzwischen in dem Stadium, dass ich ein armes, alles >hassendes< schwaches Kind bin. Ich werde schon wieder stark, ein Leib, der wieder großartig wird. Es *kann* gar nicht anders sein. Es wäre sonst zum Lachen. Als ich nach Hause kam, stand ein Paketchen da; ich dachte erst von Cari, aber es war aus Dresden, von Frau Bienert[32]! Mit einem großen Osterei voll Schokolade! Ich war ganz erstaunt, voller Freude, sah schon die Möglichkeit, wieder Geld zu bekommen! Stolz und fröhlich. Aber ich will es gleich meiner lieben Cari schicken, ich kann ihr damit eine Freude machen! Schrieb ihr einen schönen Brief, ging dann noch etwas auf die Straße. Es ist schöne Luft und schönes Wetter; dann zerrissen, aufgelöst nach Hause. Welch ein Dasein. Hoffentlich kommt mein Kindchen bald. Todmüde, aber zu faul, ins Bett zu gehen. Welcher Zustand!

Die Menschen sind zu komisch, zum Totlachen. Drollig ist zu sehen, wie sie Schlüsse ziehen können. Da schließt ein kleiner Pinsel von Literat aus der Heftigkeit seiner Affekte auf die Größe seiner Begabung, wie ein libidöser

---

32 Ida Bienert (1870–1966), Frau des Dresdener Mühlenbesitzers Erwin F. Bienert (1859–1930), war eine passionierte Sammlerin und großzügige Mäzenin vieler Künstler. Angeregt und beraten von Theodor Däubler stellte sie eine umfangreiche Sammlung moderner Kunst zusammen. Siehe dazu Theodor Däubler, Die Sammlung Bienert Dresden, in: Das Kunstblatt, Jg. 3 (1919), H. 6. Will Grohmann (Hg.), Privatsammlungen neuer Kunst. Bd. 1: Sammlung Ida Bienert, Dresden u. Potsdam 1932. Fritz Löffler, Ida Bienert und ihre Sammlung, in: Der Jahresring 71–72, Stuttgart 1971, S. 187–198.

Greis aus seiner Libido auf seine Potenz, ein ehrgeiziger Schweinsaffe aus seinem Ehrgeiz auf seine Bedeutung, ein Geliebter aus der Intensität seines Affektes auf die >Verwirklichungsbereitschaft< des geliebten Objekts. Auch eine Art >Verwirklicher< der >Verwirklichung< des Don Quijote[33].

4. Ostersonntag

Spät auf, auf dem Büro herumgelegen, fühlte mich nicht recht wohl da. Selbstbewusst und doch klein. Nach dem Mittagessen zu Hause, mich geputzt und gesammelt. Cari geschrieben, dann Kaffee getrunken (das hätte ich besser nicht getan), zur Bahn[34], tief erschrocken vor Begierde.

Was ich jetzt lesen möchte: gut geschriebene Broschüren von Menschen, die das Leben kennen und alles gut beobachten und vor allem kombinieren. Nichts wäre mir mehr zuwider als Beschreibungen, psychologische Feinheiten und [1 Wort nicht deutbar], das kann ich alles selber und langweilt mich. Die Menschen etwas machen zu sehen, aber eine überraschende Synthese, eine politische Kombination, das regt mich auf.

Ich fühle, dass mein Blick so voll der tiefen Erkenntnis wird und >Wahrnehmungen< wie der Blick eines Tieres.

Merk es dir, die Tiere, deren Fleisch man isst, sind gehorsame Tiere und dumme Tiere: Kühe, Schweine, Geflügel.

*

Am Murnausee hatte ich zum ersten Mal den Eindruck von Gebirge. Leider verderben die unerträglichen Bürger mit ihrem Geschmeide, ihrem Lachen und Fotografieren alles. Mein Menschenhass ist schauerlich. Ich kann keine mehr sehen. Sie sind mir alle Irrsinnige oder Schufte. Ihre Dummheit oder Gemeinheit ist so vielseitig, dass ich immer erstaunte Augen machen muss, wenn ich sie sehe.

Der Vater unterhielt sich mit seinem Sohn; sie schlagen sich gegenseitig auf die Schenkel. Die Mutter zitierte Schiller. Der Vater sagte dazu: Aus. [1 Satz nicht erkennbar.]

---

[33] Die Gedanken dieses Absatzes übenahm Carl Schmitt zum Teil in sein Buch „Theodor Däublers Nordlicht", S. 66 heißt es: „Es ist eine für Geister minderen Ranges typische Verwechslung, dass sie aus der Heftigkeit ihres Affektes auf die aesthetische oder historische Wichtigkeit seiner Äußerung, aus ihrem Ehrgeiz auf ihre Kraft, aus ihrer libido auf ihre Potenz schließen."

[34] Wie sich aus dem Fortgang der Handlung ergibt, fuhr Carl Schmitt mit der Bahn nach Partenkirchen, wo sein Freund Georg Eisler wohnte.

Das Gebirge erscheint mir oft wie ein Wall, eine unerträgliche Einengung; dann wie ein riesiger Aschenhaufen eines Eisenwerkes, dann eine Kathedrale, eine furchtbare Schlange.

Nordische gebildete Worte steigen >auf<. Schwindel, Quatsch, unwiderleglicher Quatsch. Warum ärgert mich das so? Diese allgemeine Bildung. Vielleicht bin ich noch nicht hoch genug darüber. Ich halte es noch für wichtig; der Fall Kraus[35].

Traf Georg und Fräulein Eisler; wie freundlich sind beide; wir unterhielten uns gut. Ich war lebendig, als ich meine Theorie auseinandersetzte. In der Post[36]; Angst vor den Leutnants und was da alles sonst saß. Sprach über Preußen und den Sinn der Geschichte. Spät ins Bett. Knabe mit und ohne Hose gelesen.

<Am> anderen Morgen heftige Begierde. Wir gingen spazieren, schöner <Anblick, dachte> (ausgerissene Stelle im Papier) an Plettenberg, an meine Cari. Beim Gschwandtner[37] Bauern. Abends zum Riesser See.

5. Montag
Sprachen abends auf dem Spaziergang zum Riesser See von Mond und über Schicksale der Ermordeten, las zufällig in der Zeitung, dass eine Gemeindeschwester, Christiane Christensen mit Namen, in Lübeck ermordet worden ist und Lustmord vorliegt. Schrecklich, ich will es überwinden. Warum immer meine Ahnungen im Gebirge; wie damals in Schirmeck[38]?

Ich hatte wieder Vorsätze; heftige Sehnsucht nach Ruhm und Erfolg. Es muss doch endlich kommen. Ich bin doch stark und nicht schlecht, und weiß und fühle und leide und bewältige mehr als andere Leute; das kann doch nicht gleichgültig sein.

Wir gingen nachts bei herrlichem Sternenhimmel von Riessersee nach Partenkirchen zurück, sprachen viel und munter, tranken noch Kaffee im Bahnhofshotel. Ich sprach noch mit Georg bis 1/2 2; muss morgen um 4 Uhr auf sein; las noch im Bett, dann müde eingeschlafen, kann nur eine Stunde schlafen. Abends Angst vor Engländern.

---

35 Karl Kraus (1874–1936), öster. Schriftsteller, der in seiner Zeitschrift „Die Fackel" (37 Jge., 1899–1936) gegen die „Verlotterung der Sprache" kämpfte.

36 Post-Hotel Partenkirchen, Ludwigstraße 49, noch heute existierendes Hotel in Garmisch-Partenkirchen.

37 Noch heute existierendes Lokal, Gschwandt 1, Garmisch-Partenkirchen.

38 Carl Schmitt erwähnt schon 1914 in seinem Tagebuch das Städtchen Schirmeck am Fuß der Vogesen, TB 1. S. 194.

6. Dienstag

Um 4 1/2 auf, schnell angezogen, fühlte mich munter, ging mit Georg zur Bahn, fuhr nach München zurück. Herrlich sind die Berge; ich kann gar nicht glauben, dass ich da war. Las im Zug. Von der Bahn sofort zum Generalkommando, ziemlich herumgearbeitet, aber müde, schmutzige Schuhe. Mittags zu Hause geschlafen, kam nicht zum Kaffee trinken; 2 Briefe von Cari. Im Künstlerhaus gegessen; schauerlich, wie viel Geld ich brauche. Abends müde nach Hause. Zu Hause Brot und Wurst, an Cari geschrieben. Zu mehr kam ich nicht vor Müdigkeit; ins Bett. Vorsätze. Aber schwach und müde.

7. Mittwoch

Geschlafen bis nach 7 Uhr, erst um 1/4 vor 8 auf, aber fröhlich und ausgeschlafen. Morgens ohne Schokolade; es ging. Gut gearbeitet, mittags zu Hause, gelesen: Die Bestie von Arnold Zweig[39], der schreibt von einem belgischen Metzger, der 3 deutsche Soldaten schlachtete, sie ausweidete und immer findet, dass die Menschen den Schweinen so ähnlich sind. Ich fühlte es in meinen Eingeweiden; ein Meer exsultat. Keinen Kaffee getrunken. Auf dem Büro fast tot vor Begierde nach Kaffee, aber es ging doch. Habe einen Erlass zu bearbeiten, abends mit von Schnitzler nach Hause, dort gegessen (Brötchen und Wurst, habe eine Brotkarte), dann Briefe an Cari, Däubler, Frau Bienert, Georg Eisler und an Mohr[40], um 2 Bücher geschrieben. Lust Kaffee zu trinken, ungezügelt zu sein, aber merkwürdige Hemmungen. Brachte die Briefe an den Kasten und ging wieder nach Hause. Führte Tagebuch, dann ins Bett.

Fühle, wie ich erkalte, erstarre, nüchtern werde. Las wieder den Namen, „Christensen“ in der Zeitung. Sonderbar.

Mir ekelt vor meinem Fleisch. Ich fühle mich ans Fleisch genagelt. Widerlich. Ich muss sterben, faule, stinke, weg; es hilft nichts.

8. Donnerstag

Schlief trotz meiner vielen Arbeit und meiner Vorsätze bis 1/4 8, zog mich schnell an. Ein Brief von Georg Eisler; lief zur Maxburg, schrieb an dem Entwurf eines Schreibens über Brotkarten. Unterhielt mich nett mit dem Hauptmann, <schrieb> auf der Schreibmaschine; so verging der Vormittag. Mittags wieder im Automaten billig gegessen, Brot gekauft, zu Hause mich gewaschen,

---

[39] Arnold Zweig (1887–1968), Die Bestie, Erzählung. Zuerst in „Die Schaubühne“, Nr. 50 vom 17.12.1914 gedruckt, dann unter gleichem Titel mit anderen Erzählungen in Langens Kriegsbücher, München 1914.

[40] Mohr, Verleger von Carl Schmitts Buch „Der Wert des Staates“. Siehe TB 1, S. VII, Anm. 3.

zu Bab gegangen, der heute in München ist, im Reichscafé Kaffee getrunken, sonst ziemlich beherrscht, keine Schokolade. Nachmittags wieder an dem Entwurf gearbeitet, schön unterhalten, über den bescheidenen Kerschensteiner[41] mich gefreut. Erst nach 8 nach Hause. Die Frau des Hauptmanns war da, eine unansehnliche, kleine, figurlose Frau; meine liebe Cari ist ungleich schöner. Abends zu Hause gegessen, Cari geschrieben. Solovjeff[42] über die Juden gelesen; der erstaunte mich. Durch die Wiener Straße über die Augustenstraße, mir die Kammerspiele mal angesehen, ekelhafte Weiber, müde durch die Straßen; wie elend bin ich. Traurig, müde nach Hause. Wäre doch mein Kindlein hier.

Oft habe ich entsetzlich Angst, um mein Auskommen, vor den Menschen. Ich kann das nicht überwinden, es ist eine Krankheit, eine unheimliche Krankheit. Ich kann ihr nicht entgehen; das bringt mich zur Verzweiflung, bis ich eines Tages sterbe.

Wie komisch sind die Menschen, ich muss mich halten, um nicht einfach munter zu lachen. Ich bitte dringend: sieh dir nur einmal ruhig die Gesichter an, wenn die Menschen aus dem Theater kommen. Es ist ein unvergleichliches Schauspiel. Man kann es in einer größeren Stadt unentgeltlich jeden Abend haben, es wird einem auf die Dauer Angst, denn es ist zum Verrücktwerden, wie dumm, >dreist<, läppisch, böse und dreckig die Menschengesichter sind. Wenn ich dann an die herrliche Vornehmheit meiner lieben Cari denke, bin ich sehr stolz. Schau dir die Frauen und die Männer an. Wer ist der Armselige? Immer der Mann. Die Frau ist gehorsam, sie glaubt an den Mann, aber dieser elende Schlingel kann ihr nichts geben und kommt sich bei seinem Dreck noch wichtig vor. Der Schweinsaffe als Mittler zwischen Gott und der Frau!

9. Freitag

Wieder zu lange geschlafen. Uhr angekauft, um den Mann hereinzulegen; kann noch nicht handeln. Ärgerte mich, fühlte mich stolz und wohl, weil ich die

[41] Kerschensteiner, Kollege von Carl Schmitt im stellv. Gen. Kdo. Von Carl Schmitt als „Junge" bezeichnet, kann es sich nicht um den Pädagogen Georg Kerschensteiner (1854–1932) handeln, vielleicht aber um einen nahen Verwandten.

[42] Wladimir Solowjeff (1853–1900), russischer Philosoph und Dichter (zur Schreibweise: Auch Wladimir Solowjew, inzwischen, nach wissenschaftlicher Transkription Solov'ev). Besonders berühmt wurde seine „Kurze Erzählung vom Antichrist", dt. zuerst 1904. Anzunehmen ist, dass Carl Schmitt nicht nur diese Schrift, aus der dessen judenfreundliche Haltung nur nebenbei hervorgeht, gelesen hat, sondern auch den Aufsatz aus dem Jahr 1884: „Das Judentum und die christliche Frage". Zum Einfluss Solowjeffs und Dostojewskis auf Carl Schmitt siehe Théodore Paléologue, Sous l'œil du grand inquisiteur. Carl Schmitt et l'heritage de la théologie politique. Les Éditions du Cerf, Paris 2004.

beiden Tage fleißig und ziemlich beherrscht war. (zweimal!). Ziemlich gearbeitet, mittags schnell bei Humplmayr gegessen, dann nach Hause, gereinigt, zu Bab in die Brünner Straße. Aber er war nicht zu Hause. Egal. Zur Bibliothek am Justizpalast, die Besprechung meines Buches in Schmollers Jahrbuch[43]. Das bedeutet jedenfalls etwas.

Zum Büro, wenig getan, faul, wieder Schokolade gegessen. Heute Morgen war ein Zivilgefangener aus Russland da. Er war in Wologda interniert, wurde wahnsinnig; in einer Nacht erhängten sich drei. Entsetzlich. Nachmittags zeigte mir Schachinger[44] einen Brief, der den Prinzen Prosper[45] betraf; der hat <einen> Geheimratskomplex. Wurde wieder lebendig; zufällig sah ich dann eine Karte an Mühsam[46] (dessen Korrespondenz überwacht wird), in der Däubler erwähnt wurde. Welcher Zufall. Und als ich schließlich abends zum Theater kam, sah ich Schnitzler mit seiner eleganten, aber grässlichen Frau, und gerade vor mir war das Theater ausverkauft, sodass ich Bab nicht mehr hörte! Ich ging nach Hause. Will meiner lieben Cari schreiben. Ich lebe ganz „nach der anderen Seite". Ich fühle mich im Zusammenhang mit der arbeitenden Welt und habe eigentlich keine Sorgen mehr. Ich war gestraft worden, die Kaserne war ein Zuchthaus für mich; gebe Gott, dass ich ein guter Mensch werde.

Schrieb munter an W. Köhler, der mein Buch besprochen hat: „Heute, in der Elektrischen, las jemand, mir gegenüber, das letzte Heft von Schmollers Jahrbüchern; so lernte ich Ihre Besprechung meiner Abhandlung über den Staat kennen. Das Militär ist anspruchsvoller noch als die katholische Kirche; so blieb mir nichts übrig als ein flüchtiger Blick und diese Empfangsbestätigung. Ich weiß nicht, ob Sie Soldat sind oder waren. Darum muss ich es darauf ankommen lassen, wenn ich Ihnen trotz Ihrer Vorbehalte für Ihre Besprechung vorbehaltlos einfach danke (und meinem günstigen Stern, dass es zufällig meine Abhandlung war, die, wie Sie wohlwollend andeuten, Ihnen aus der Menge der rechtsphilosophischen Bücher als Exempel rezensionswert erschien). Mein

[43] Schmollers Jahrbuch für Gesetzgebung, Verwaltung und Volkswirtschaft im Deutschen Reich, 39. Jg, 1915, S. 451–453: Walther Köhler (1870–1946), Rezension zu Carl Schmitt, Der Wert des Staates (nachgedruckt in TB 1, S. 377–380).

[44] Schachinger, Leiter des Subreferats P 4 im stellv. Gen. Kdo.

[45] Prinz Prosper von Arenberg. Siehe TB 1, S. 179, Anm. 21.

[46] Erich Mühsam (1878–1934), dt. Schriftsteller, trat seit 1901 mit radikalsozialistischen und anarchistischen Gedichtbänden hervor, gab 1911–1914 und 1918/19 die Zeitschrift „Kain" (5 Jge.) heraus, mit der er für seine gesellschaftskritischen und kulturpolitischen Ansichten warb: Befreiung des Menschen von Knechtschaft, Ungerechtigkeit und Fremdbestimmung. Im November 1918 war er Mitglied des Revolutionären Arbeiterrates, in der 1. Räterepublik Referent für Ungarn und Rußland, am 13.4.1919 verhaftet und zu 15 Jahren Festungshaft wegen Hochverrats verurteilt. 1934 ist er im KZ Sachsenhausen ermordet worden.

Dienst nimmt mich sehr in Anspruch. Ich habe kaum Zeit, die Fülle der juristischen und philosophischen Anregungen, die er mir bietet, flüchtig zu ordnen. Ich bitte Sie daher, freundlichst zu vergeben, wenn ich eine wichtige Besprechung und Kritik, etwas Gutes also, mit einem rasch dahingeworfenen Brief (auf alle Fälle etwas Böses) vergelte, mich, zur Beruhigung meines Gewissens, auf eine andere, behagliche Zeit vertröstend. Jedenfalls bitte ich Sie, die Versicherung meiner größten Hochachtung entgegenzunehmen. Ich zeichne als Ihr sehr ergebener."

Die Sehnsucht nach der Mutter, unmoralisch. Falsch dem Weib gegenüber. Man will Kind sein, nichts, faul, sich seiner Pflicht entziehen, gemein.

Der Zivilgefangene aus Russland, der heute morgen Erklärungen mir zu Protokoll gab, hieß Arthur van Lehntner und schrieb genauso wie Herr Arthur Lamberts.

Beim Soldaten wagt keiner zu sagen: Was hast du davon, dass er stirbt (heimlich sagen es sich manche), beim Dichter fragen sie alle: Was hat er davon, wenn er erst nach seinem Tod berühmt wird. Ist das nicht komisch, gerade beim Künstler so zu sprechen? Aber wer tut es: der Künstler selbst.

10. Samstag

Um 1/2 8 auf, auf dem Büro nicht viel getan, mittags zu Hause ein Stück Brot und Wurst, fröhlich darüber, Kaffee in der Brünner Straße, oft aufgeregt herumgelaufen, gegrunzt vor Sehnsucht, mittags zu Calker wegen [3 Wörter nicht erkennbar]. Nachmittags in der Bibliothek des Oberlandesgerichts etwas gelesen, meine Rezension natürlich; abends zu Steins, bei einer Flasche Bier gut unterhalten über mein Buch. Wie sonderbar, dass über mein Buch ernst gesprochen wird. Das schmeichelte mir sehr. Ich ging um 1/2 12 nach Hause. Müde ins Bett.

11. Sonntag

Wieder spät auf, um 8 1/4 zum Büro, fröhlich; Cari schrieb aus Hamburg, dass sie traurig ist. Am Generalkommando nichts zu tun, herumgefaulenzt, Gewissensbisse. Mittags in dem elenden Lokal gegessen, dann schön gerichtet, Cari und Frau Eisler geschrieben, zu Steins. Wir gingen mit Nowak zum Café Odeon, dann in das Restaurant Neue Börse Abendessen. War ein nichtiger lockerer Tag, was für ein dummes albernes Geschwätz. Ich kam mir sehr überflüssig vor und der ganze Familienklüngel wie sonst; zu fünf Mann hoch auf der Straße; es ist unglaublich, wie lächerlich. Abends wurde ich daher schlechter Laune, besonders da Frau Stein sagte, ihr Bruder sei inzwischen völlig ungläubig. Ich ging also mit dem Vorsatz nach Hause, für mich zu bleiben. Nur dann fühle ich mich anständig, ruhig und zufrieden. Traurig ins Bett. „Christus hat den lieben Gott gemanagt". .... [1 1/4 Zeile nicht erkennbar; danach heißt es vielleicht], der Engländer Both, warum Christus gemanagt wurde.

12. Montag

Zu lange geschlafen, auf dem Büro, zur Polizei, Bibliothek, herumgelesen. Wie schön und angenehm, es ist unglaublich. Eine schöne Arbeit über die Zuständigkeit der Schwurgerichte bei Pressedelikten. Mittags zu Hause, Kaffee getrunken im Wittelsbacher Café. Auf dem Büro wieder fröhlich, ohne jede >Unstimmigkeit<, nicht abgelenkt. Abends zu Hause gegessen. Schrieb an Ernst Lamberts[47] und Cari. Karte von Däubler (ziemlich dumm und frech), schöner Brief von Cari, es gefällt ihr inzwischen gut, sie geht ins Theater. Sie hat drei Kisten als Eilgut geschickt, das kostet 18 Mark, wie dumm! Waren umsonst! Davon hätten sich 12 Mark sparen lassen, es ist zu dumm. Wütend. Wie armselig bin ich doch.

Fing an im Jüngling von Dostojewski[48] zu lesen. Schön aufregend; erkenne mich natürlich immer selber. Unheimlich, diese Russen.

Schrieb abends noch der „Jugend"[49] den Witz von Eisler „Er passt gerade in meine Hose".

13. Dienstag

Zu lange geschlafen. Brief von Cari: Sie ist krank, meint sie sterbe. Frau Eisler bringt sie zum Arzt. Große Sorge und Sehnsucht. Ich würde nicht mehr leben können, entsetzlich, habe Angst davor, suche es mit aller Gewalt zu vermeiden, dass es eintritt. Aber einmal ...

Auf dem Generalkommando mein Gutachten über die Zuständigkeit der Schwurgerichte geschrieben, froh darüber, ganz nett gearbeitet. Mittags wieder

[47] Ernst Lamberts, ältester Sohn von Arthur Lamberts. Siehe TB 1, Personenregister, S. 427.

[48] Fjodor Dostojewski, Ein Werdender, Roman 1875, dt. 1909 unter dem Titel „Der Jüngling". Carl Schmitt hatte sich schon früher, siehe Nachweise in Tb 1, mit Dostojewski befasst. Dessen Werke wurden von der Schwägerin Arthur Moeller van den Brucks, Less Kaerrick (Schwester seiner zweiten Frau), unter dem Pseudonym E. K. Rahsin übersetzt und veröffentlicht. Siehe dazu u. a. Jacob Taubes, Ad Carl Schmitt. Gegenstrebige Fügung. Merve Verlag, Berlin 1987, S. 15.

[49] Jugend, illustrierte Kulturzeitschrift (1896–1940), Verlag G. Hirth, München.

bei Humplmayr billig gegessen, dann zu Haus schnell gerichtet. Die Korrespondenz von dem Josef[50] aus Essen (Hilden) ist da, eine Beleidigungssache, nicht schwierig, aber unklar. Kaffee in der Wittelsbacher Passage, Brief von Gross, der mich freute. Aufs Generalkommando, auf der Maschine geschrieben, herumgelaufen. Nicht gefaulenzt, aber auch nicht intensiv gearbeitet. Kerschensteiner und Schachinger sind Gefreite geworden. Kerschensteiner ist ein drolliger Junge. Er schrieb: >Die Befreiung der Kotzendorfer Hofdamen<, worüber wir sehr lachten, der Hauptmann am meisten. Abends nett mit dem Hauptmann gesprochen. Dann müde und hungrig nach Hause, Brot und Wurst und etwas Kuchen gegessen, Cari geschrieben, innige Sehnsucht. Traurig, tief zerrissen und unzufrieden. Der „Jüngling“ von Dostojewski macht mir wieder Mut und Kraft zur Illusion. Sonderbar. Es kann doch nichts spezifisch Russisches sein. Früh ins Bett, schön gewaschen, gereinigt, fühlte mich wohl und zufrieden und möchte niemanden sehen. Hätte ich nur Geld. Es ist unglaublich, meine Lage.

14. Mittwoch

Traum: Von Däubler und Moeller van den Bruck[51].

Schlief bis 8 Uhr! Schnell angezogen, kein Brief, zum Büro, auf der Maschine mein Gutachten über die Schwurgerichte geschrieben, freute mich oft, oft misstrauisch und verzweifelt. Heute ziemlich krank und danieder. Große körperliche Schwäche. Mittags billig im Automaten, zu Hause rasiert und gewaschen, Kaffee getrunken (sah die Schwester Däublers vorübergehen). Auf dem Büro fleißig, eine Stunde zur königlichen Bibliothek, wohl eine kostbare, wunderschöne Stunde, dachte an mein Kindlein, das mir heute geschrieben hat; ich habe es täglich lieber. Abends bis 1/4 9 auf dem Büro, der Hauptmann ist ein guter Kerl; zu Hause gegessen, Cari geschrieben, an Gross und Kluxen[52]. Artig ins Bett.

15. Donnerstag

Früher auf, Brief von Georg Eisler; die „Jugend“ schickt den Brief zurück. Recht so. Karte von Direktor Nörrenberg[53], Kuchen gekauft, nachher zum

---

[50] Josef Schmitt, vermutlich Sohn des in Essen wohnenden Onkels Valentin. Siehe „Jugendbriefe“, S. 61.

[51] Arthur Moeller van den Bruck (1876–1925). Siehe TB 1, S. 276, Anm. 101.

[52] Franz Kluxen (1887–1968), Gymnasial- und Studienfreund von Carl Schmitt. Siehe TB 1, Kurzbiographie, S. 403/4.

[53] Constantin Nörrenberg, Direktor der Landes- und Stadtbibliothek Düsseldorf. Siehe TB 1, Personenregister, S. 428.

Generalkommando, zur Bibliothek, den „Pan“[54] geholt, Angst, die entsetzlichste Panik und Angst, die Rezension von Brinkmann[55] in der DLZ[56] gelesen. Das Buch wird als edle und empfindsame Regung des Fichteschen Geistes erwähnt. Großartig. (Gleich denke ich heimlich: Inzwischen kann ich doch eigentlich nicht mehr verhungern!).

Mittags bei Humplmayr, Kaffee im Wittelsbacher, Brief von Cari, sie will Samstag kommen; das ist mir zu früh. Nachmittags ziemlich gut gearbeitet, habe genug zu tun, Erlasse soll ich machen. Traf abends den Gefreiten Behne, ging mit ihm, dummerweise. Ließ mich wieder verführen; wir aßen in der Akropolis, dummes Geschwätz, ein elender Affe ist er, und ich hielt ihn für einen bedeutenden Menschen, und war beinahe versucht, ernst mit ihm zu reden. Heftige Wut hinterher, Ärger und Besorgnis; 2 Mark hat mich der Dreck gekostet. Schrieb meiner lieben, schönen Cari in Sehnsucht. Um 12 ins Bett.

16. Freitag

Bis 8 geschlafen, zu dumm. Schöner, lieber Brief von Cari. Sie will Samstag schon kommen! Das ist nicht klug und mit dem Geld weiß ich mir nicht mehr zu helfen und denke schon ans Totschießen. Auf dem Büro, an dem Schreiben ans Kriegsministerium wegen der Grafen Königsmarck herumgedöst; mittags zur Bibliothek gelaufen, Zeitschriften gelesen, auch die Besprechung von Brinkmann, todmüde, hungrig. Brot gekauft, die Schwester Däublers getroffen, zu Hause ein Stück Brot und Wurst als Mittagessen, „Pan“ von Kerr[57] gelesen, schnell Kaffee. Heftige, verrückte, entrückte Gier nach Geld; ich weiß nicht, wie mir ist, ich bin ganz wie von einem Taumel fortgerissen, in sinnlosem, blödem Hunger. Drauf lostappen, zufassen. Ich schüttle mich, ich zittere an allen Gliedern. Auf dem Büro wieder sehr langsam gearbeitet. Angst vor den Menschen, ich hasse sie, setzte mich beiseite und brauche sie doch und bin viel zu gutmütig und schwächlich. Abends Angst, als es hieß, ein Flieger hat wieder mit Erfolg Bomben auf Rottweiler Pulverfabrik geworfen. Traurig, Angst wegen des Geldes; nach Hause. Ziemlich an den Geheimrat gedacht. Es war dumm, dass ich ihn fallen ließ und doch überaus richtig. Wenn ich nur nicht dabei verhungere. Aber das ist doch Proletenangst. Zu Hause zu Abend ge-

[54] Die 1910 von Paul Cassirer (1876–1921) gegründete kulturell-politische Halbmonatsschrift Pan wurde ab April 1912 bis zur Einstellung (1915) von Alfred Kerr (siehe Anm. 57) herausgegeben.

[55] Carl Brinkmann (1885–1954), dt. Nationalökonom und Soziologe, Prof. in Heidelberg, Berlin, Erlangen und Tübingen.

[56] DLZ = Deutsche Literaturzeitung, hier Jg. 1915, Nr. 10 vom 6. März.

[57] Alfred Kerr (1887–1948), dt. Schriftsteller, zeitweilig Hg. der avantgardistischen Zeitschrift Pan, siehe TB 1, S. 292, Anm. 124.

gessen, herumgelesen, Kerr regt mich entsetzlich auf, macht mich misstrauisch, launisch, frech, genussgierig; ein widerlicher Patron. Aber von den Juden wohl der Verrückteste derjenigen, die noch ein Bedürfnis nach intellektueller Ehrlichkeit haben. Schrieb schnell einen Brief an Cari (spürte die Wirkung von Kerr) und an Georg Eisler. Müde. Machte dem Leutnant auf. Was bin ich für ein elender, feiger Kerl.

17. Samstag
Welche Grausamkeit, welcher hässliche Stumpfsinn ist die Manier, mit der in der Verwaltung, bei dem Gerichte, auf allen Staatsbehörden „verfügt" wird, über Menschen und ihre Schicksale, ohne Liebe, nur nach dem „Recht", nach der Maschine.

Der Glaube, mit dem ich jedem Zweifel nachging, ...

Ich wurde früh wach, stand 1/2 8 auf, ein schöner Brief von Cari, eine Karte von Ernst Lamberts, sonst war nichts da. Ging zum Büro, hatte dort ganz nett zu tun. Wir werden morgen alle noch einmal untersucht; wenn wir felddienstfähig sind, müssen wir ins Feld! Ich merkte Kerschensteiner an, dass er sehr bang und verlegen war, aber sich natürlich nichts merken lassen wollte. Ich hatte große Angst, doch war es noch nicht allzu schlimm. Mittags aß ich noch ziemlich vergnügt im Vegetarischen, richtete mich zu Hause schön, trank nachher Kaffee, es war ein Sang an Mailand[58] von Däubler da, ich sah herein und war gleich sehr aufgeregt. Nachmittags auf dem Büro kam es heraus, was die Untersuchung eigentlich für eine ernste Sache ist. Ich kann mich nicht gut drücken, es ist entsetzlich. Ich zitterte an den Händen, muss vielleicht wieder in die Kaserne, mein Gedärm war ganz erschüttert; konnte nichts mehr arbeiten, faulenzte so herum und las die Zeitung. Galgenhumor, ganz aufgelöst. Aber ich fange ja an, diesen Zustand zu kennen. Ging um 8 nach Hause, aß etwas Wurst, kaufte mir für 70 Pfennig Kuchen usw. Wie verrückt! Las zu Hause Dostojewski und weinte, weil ich an meine schöne, edle Cari dachte. Dann schrieb ich ihr einen langen, schönen Brief, sprach darin nur von mir und war glücklich. Hinterher war mir sehr leicht, ich brachte den Brief an den Kasten, es war eine herrliche, frische, würzige Frühlingsluft, wurde ruhiger, aber immer noch eine entsetzliche Angst; die Schauer der Vernichtung fühlte ich schon. Ich dachte dann, dass es an Däubler liegen muss, und nahm mir vor, nichts mehr mit ihm zu tun zu haben. Ich sah Eisler, wie Cari ihn im Traum gesehen hatte. Ich werde ernst, zerknirscht, knie, bete. Und liebe meine Cari aus ganzer Seele mit Inbrunst. Inzwischen sehe ich, dass meine Liebe zu ihr gut

[58] Theodor Däubler, Sang an Mailand, erschien 1916 in „Hymne an Italien", Verlag Georg Müller, München.

ist, denn ich schäme mich ihrer nicht, während ich mich jeder Hässlichkeit und Gemeinheit schäme. Ich will wieder ein guter Mensch werden, mich frei halten von jeder Faulheit, aller Behaglichkeit und Genusssucht, von allem Verleugnen und Unsoliden, Frechheit und Geilem. Auch von Däubler bleibe ich weg. So ist es gut. Das ist mein Vorsatz. Ich bin inzwischen ernst. Wahnsinnige Angst vor der Kaserne, den brüllenden Feldwebeln, den gemeinen Proleten wie Reiter, über deren Wohlwollen man sich noch freuen sollte! O Gott, welch ein Elend ist das, welche brutale Vergewaltigung des Menschen, welch ein Hohn auf alles Edle und Anständige!

18. Sonntag
Morgens zwischen 7 und 1/2 8. Da stehe ich nun, gehe wie ein gefangenes Tier in dem kleinen Zimmerchen herum und zerreibe mich in Befürchtungen und Gedanken. Und das Elend ist, dass ich eines Tages aufhöre und tot bin. Wir trafen uns vor der Kaserne, ich ging gleich hinauf, da stand schon das ganze Depot in einer langen Reihe; wir kamen zuerst dran, Gott sei Dank. Mir war, als würde ich hingerichtet. Ich spielte meine elende Rolle, die Ärzte hatten Mitleid; allgemeine Körperschwäche, garnisonsverwendungsfähig. Ich konnte es nicht glauben. Ging noch immer bedrückt zum Generalkommando, wurde aber allmählich munterer und fröhlicher, schließlich fidel. Aber ich will mich beherrschen, es soll mir eine Lehre sein. Mittags bei Humplmayr billig gegessen, zu Hause schöner Brief von Cari. Die Schwestern Däublers waren da, um mich für den Nachmittag einzuladen, aber ich habe keine Zeit dafür; las zu Hause den Jüngling von Dostojewski, ging nicht Kaffeetrinken; dann zum Generalkommando, arbeitete für mich herum, war schläfrig, schrieb Cari, der Baron Freyberg kam; er ist ein netter Kerl, ich traue ihm freilich nicht. Blieb bis 6 Uhr da, ging dann nach Hause, ins Vegetarische essen, Kaffee trinken im Wittelsbacher, früh ins Bett, müde nach Hause, dachte sehnsüchtig an mein schönes, liebes Kindlein und war traurig, dass ich kein Geld habe. Aber ich habe heimlich Vertrauen.

19. Montag
Früh wach, um 1/2 8 auf, viele Briefe, Karte von Köhler, der bei einer Maschinengewehrabteilung ist; nichts von dem Onkel in Büssingen[59]. Merkwürdig. Auf dem Büro fleißig, Bericht in der Sache Kohn, vorher in der Bibliothek. Wie schön ist das alles. Allein, weil die anderen exerzierten. Fühlte mich schon wieder ganz sicher, und die Untersuchung am Sonntagmorgen scheint mir wie ein böser, aber fürchterlicher Traum. Mittags hatte ich zu arbeiten, kaum Zeit,

[59] Wohnort des Onkels André Steinlein bei Rosslingen in Lothringen, siehe „Jugendbriefe", S. 158/59 und 84.

in der Löwengrube[60] (wo ich einmal Kluxens Schwester zu sehen mich weigerte) schnell zum Essen. Habe kein Geld mehr, fühle den Hunger, die letzten Groschen; dabei muss ich noch 20 M für den Spediteur zahlen! Bis 3 Uhr an dem Bericht der Grafen Königsmarck geschrieben, dann nach Hause, im Café Stefanie Kaffee getrunken, zur Bibliothek, schön herumgelesen, gute Einfälle, nachher zum Büro zurück, gut gearbeitet, mit dem Hauptmann gesprochen, abends allein mit ihm; er ist ein guter Kerl. Wir gingen zusammen zur Bahn, ich war diensteifrig und zutraulich, ihn schien das zu freuen; lief dann noch einmal zurück, weil ich das Heft „Russland" für Fräulein Eisler vergessen hatte; traf sie am Bahnhof. Sie ist gut und anständig, ich hatte herzlich Sympathie für sie, weil sie anständig ist und für Gutes empfänglich. Aber wir hatten noch nicht lange gesprochen, da kam Onkel Robert[61], der homosexuelle Schriftsteller, der eine reiche Berlinerin geheiratet hat. Ein ekelhafter, selbstgefälliger, liebenswürdiger Kerl, mir ganz zuwider. Ich wurde rot, knabenhaft, ging früh weg und war stolz, als ich allein war. Trank noch in Wittelsbacher Passage Kaffee. Aufgeregt ins Bett.

20. Dienstag

Kein Geld mehr, entsetzlich. Davon soll ich heute Mittag essen? Die 18 Mark, die ich noch habe, gehen für den Spediteur drauf. Schlief ziemlich lange, ging zum Büro, herumgelesen, geschrieben, Frankfurter Zeitung, die ich inzwischen täglich lese, das ist sehr angenehm. Sah in den „Kantstudien", dass der Geheimrat am Zehnhoff im Mitgliederverzeichnis steht und hatte großes Mitleid, sah auch schon wieder ein Zeichen darin. Mittags traf ich Einbeck[62], wie im Wahnsinn ging ich mit ihm, wir aßen in der Neuen Börse, tranken dann im Café Parade Kaffee, entsetzlich, waren beide überdrüssig und ließen uns aus Trägheit so beieinander. Entsetzlich. Bin ich verrückt? Dann nach Hause, froh allein zu sein. Dann wieder zum Büro, Frankfurter Zeitung gelesen, die Angelegenheit des Vetter Josef in Hilden erledigt, schnell geschrieben und das Paket auf der Post einschreiben lassen; Gott sei Dank, dass es weg ist. Schokolade gekauft! Und habe kaum noch einen Pfennig. Entsetzlich. Abends hörte ich von Schachinger, dass er damit rechnet, in die Kaserne zu müssen, weil er für felddienstfähig erklärt wurde. Welches Glück habe ich gehabt; ich fasse mich an den Kopf und weiß nicht, was ich dazu sagen soll. Meine liebe, schöne Cari, ich will ihr immer vertrauen. Abends sagte mir zu Hause die Frau Engels, dass erst am 1. Mai Zimmer frei würden. Ich schrieb also Cari, ob sie nicht noch 8 Tage in Hamburg bleiben will. Oft hatte ich aber Angst und wünschte, dass

[60] Das vegetarische Restaurant Ceres befand sich in der gleichnamigen Straße.

[61] Robert Eisler, naher Verwandter der Eislers.

[62] Walter Einbeck (1890–1968), dt. Landschafts-, Bildnis- und Figurenmaler. Siehe Ernst Voss, Walter Einbeck. Verlag die Schönheit, Dresden 1924.

sie so bald wie möglich kommt, denn ich bin ja nie sicher und weiß nicht, ob ich nicht jeden Tag hinaus muss und in der Kaserne wohnen. Welch ein Zustand. Man bilanziert so herum. Schrieb Cari, brachte den Brief an die Bahn, warme, weiche Luft vor dem Regen. Dann müde nach Hause.

21. Mittwoch

Im Generalkommando, Briefe gelesen, Zeitungen, oft gefaulenzt, nichts getan. Mittags ein Stück Brot zu Hause und Wurst. Der Koffer ist angekommen, ich bezahlte meine letzten 20 Mark dafür. Nun habe ich also kein Geld mehr. Aber es kam ein Telegramm von Georg Eisler, dass er heute Abend kommt. Das ist schön. Freue mich darauf, richtete mich schön, aß etwas zu Abend, holte Georg ab, wir aßen im Restaurant Geißler; er ist müde und sieht gesund aus. Er schlief bei mir auf dem Zimmer. Wir unterhielten uns. Ich war viel zu lebhaft und schüttete ihm schon auf dem Weg vom Bahnhof in der Elektrischen mein Herz aus. Ich habe zu lange geschwiegen. Ich traue ihm nicht, er sieht mich oft feindlich an und eines Tages wird er nicht mehr einsehen, warum wir monatlich 200 Mark bekommen.

22. Donnerstag

Umständlich aufgestanden; mit Georg in dem kleinen Zimmer. Das war lustig. Wir gingen zur Herzog-Max-Burg. Es regnete. Er ist lustig und eigensinnig wie Kluxen. Mir wird es leicht zu dumm. Aber er ist besser und weicher als Kluxen. Arbeitete auf dem Büro an dem Bericht in der Brot- und Mehlangelegenheit; konnte nicht arbeiten, aß Schokolade. Mittags holte Georg mich ab, wir aßen in der Neuen Börse, traf zum Glück Einbeck nicht. Keinen Kaffee getrunken. Zimmer gesucht; in der Glückstraße ein elendes gefunden. Dann ging ich ziemlich missmutig wieder zum Büro; arbeitete nichts. Das Tagebuch des gefallenen französischen Dragoneroffiziers durchgelesen. Ein Kerl wie der Vetter. War todmüde und krank. Feines Telegramm von Cari: sie kommt, wie sie telegraphiert, „morgen Samstag". Aber morgen ist Freitag. Das regte mich entsetzlich auf, bekam fast einen Herzschlag. Wäre sie hier, so würde es eine Szene gegeben haben. Welche Dummheit von mir. Ich bin ein hässlicher, böser Mensch.

Mit Georg zur Akropolis, dort Shakes getrunken und Spaghetti gegessen. Wir waren aber schnell müde, missmutig nach Hause. Ich habe keine rechte Freude mehr.

23. Freitag

Um 1/4 8 auf, todmüde. Nachher wurde es besser. Beim Waschen wohlgefühlt. Ging bei Georg in der Glückstraße vorbei, dann zum Büro, konnte nichts tun, ging ins vegetarische Restaurant etwas essen. (Ich habe von Georg 20 Mark geliehen bekommen, Gott sei Dank). Dann an meinem Bericht herumgedrückt. Mittags im Paulanerbräu elend gegessen. Heimliche Freude, dass Cari morgen schon da ist. Nachmittags Kaffee im Wittelsbacher Café, Haare schneiden, umständlich, zu teuer (1 Mark); dann wieder etwas besser gearbeitet. Briefe von Kluxen und Vaihinger[63], sehr darüber gefreut. Ich wollte Steins treffen, kam aber nicht dazu zu telefonieren. Abends mit Georg in der Neuen Börse gegessen. Wir unterhielten uns gut über Mozart, er weiß alles; es ist abscheulich, weil er immer meint, er hätte es gefunden. Doch schließlich nur der >verweichlichte< Junge wie der Vetter. Dann tranken wir im Wittelsbacher Café eine Tasse Kaffee, Don Juan gepfiffen, müde nach Hause. Aufgeregt. Morgen ist Cari hier.

24. Samstag

Auf dem Büro, herumgefaulenzt, gelegentlich etwas gearbeitet. Mittags mit Georg zu Mittag; abends schnell rasiert, umgezogen und zur Bahn. Traf mein schönes Kindlein. Sie ist sehr krank und schwach. Armes Kind. Ich habe sie sehr lieb. Wir gingen in die Neue Börse essen. Georg brachte den Koffer nach Hause. Artig ins Bett, müde.

25. Sonntag

Morgens zum Büro. Wie liebe ich mein Kindlein, wenn es aufwacht. Auf dem Büro, wenig getan. Mittags aßen wir alle in der Neuen Börse und kauften ein Abonnement. Es ist herrliches Wetter. Nachmittags gingen wir in den Tierpark Hellabrunn. Schöne Tiere, die mich an alles Mögliche erinnerten. Schachinger kommt mit seiner Frau daher. Mein Carilein sah leidend und krank aus. Armes Häslein. Georg Eisler wird mir unerträglich. Wir gingen die Isar entlang zurück und wurden schön müde. Aßen zu Hause billig zu Abend.

26. Montag

Auf dem Büro, in der Neuen Börse gegessen. Cari ging in die Bibliothek. Wir wohnen in den beiden kleinen Zimmerchen. Oft gerieten wir in Streit, um nichts; strindbergsche Szenen, ich konnte mich dann nicht beherrschen. Brief von Kluxen und Vaihinger; fröhlich darüber. Wie dumm, oft hatten wir unsere Missklänge. Abends aßen wir zu Hause und gingen dann noch schön spazieren. Als ich in der Passage von Eliasberg[64] sprach, weinte Carilein, weil sie nichts mit solchen Leuten zu tun haben will. Ich ärgerte mich, dabei hat sie Recht. Es ist zu dumm.

---

[63] Hans Vaihinger (1852–1933), dt. Philosoph. Siehe TB 1, S. 129, Anm. 49.

[64] Alex. Eliasberg, Schriftsteller, Keferstr. 8d, München

27. Dienstag

Ein schöner Tag, es wird täglich schöneres Wetter. Nachmittag allein auf dem Büro, herumgelaufen, viel zu tun, Eliasberg kam, ein Affe. Trotzdem war ich etwas befangen. Aber ich rechne mir immer aus, dass die Leute einem nützlich sein können. Abends mit meinem Kindlein schön spazieren gegangen. Hätten wir nur etwas Geld. Cari hat einige hundert Mark mitgebracht, aber wenn ich den Schneider bezahlen wollte, wäre nicht viel mehr da.

28. Mittwoch

Um 8 Uhr gehe ich immer zum Büro. Das schöne Wetter tut mir leid; wie elend bin ich eingesperrt. Und habe dabei kaum zu leben. Schrieb französische Zeitungen ab in der Hoffnung, das einmal verwerten zu können; es ist aber auch sehr interessant. Könnte ich nur einmal meine Meinung sagen. Abends mit Georg in der Neuen Börse gegessen. Georg wird immer unerträglicher, selbstgefälliger, unduldsamer und rücksichtsloser. Aber heute habe ich von ihm 50 Mark bekommen.

29. Donnerstag

Morgens war der Hauptmann nicht da, ich machte mich frei und ging zur Bibliothek, eine Stunde. Dann traf ich zufällig Stein, aß mit Carilein in der Neuen Börse zu Mittag. Wir hatten uns mit Steins unter den Arkaden verabredet. Ein wunderschöner sonniger Tag. Hoffentlich ist mein Kindlein bald wieder gesund. Stein kam endlich. Ich freute mich, dass Cari freundlich zu ihm war. Dann kam auch Frau Stein, etwas peinlich, kokottenhaft, aber lustig. Ich ging dann fort zum Generalkommando, während Cari mit Frau Stein ging und einen Hut kaufte. Ich arbeitete ganz nett auf dem Büro. Oft traurig, oft gleichgültig, heimlich Sehnsucht nach Literatur und freier Philosophie. Ich habe Menschen wie Stein sehr nötig und vertrockne ohne das. Entsetzlich. Abends hatte Cari einen schönen Hut, der ihr gut stand, sie sieht elegant darin aus. Ich freute mich und bezahlte gern 50 Mark dafür. Aber als wir Georg trafen und er meinte, die 8 Mark (wie wir ihm vorlogen) seien zu teuer, hatte ich schon wieder Angst. Wir aßen eine Kleinigkeit in der Neuen Börse (ich bin etwas spät nach Hause gekommen; vorher mit dem Hauptmann freundlich über meine Haushaltungssorgen gesprochen), schön mit Cari spazieren gegangen, im Mondenschein durch den Hofgarten. Wie artig und lieb ist mein Kindlein. Aber oft bin ich misstrauisch, meine, sie fängt an, mich zu belügen, weil sie so unheimlich ehrlich ist, kurz Strindberg: Juckpulver.

30. Freitag

Fröhlich auf, wie schön ist mein Kindlein. Wenn nur ihr Gesichtchen bald wieder gesund würde. Wie herrliches Wetter. Lief für einen Moment auf die Straße und kam mir wie erlöst vor; aber sofort muss ich wieder in das Gefängnis, und dabei geht es mir herrlich im Vergleich zu fast allen anderen. Welch ein Leben. Wie hasse ich diese Zeit und dieses Land und diese Menschen. Welche Feigheit und Unehrlichkeit. Oft geriet ich plötzlich in Streit mit Cari, strindbergisch wurde mir zu Mute. Jähzornig, dumm aufgeregt und aufgebracht, abends in dem engen Zimmer. Gott sei Dank, dass es morgen zu Ende ist. Ich habe eine furchtbare Angst vor meiner Wut und möchte aufbrausen. Ich komme mir dann so elend und hässlich vor gegenüber der schönen Cari und fühle mich als Prolet. Dann wird es noch schlimmer.

Mai 1915

1. Samstag
Auf dem Büro. Oft tat es mir leid, vor Traurigkeit, bei schönem Wetter hier eingesperrt zu sein und die alberne Arbeit tun zu müssen. Heute ziehen wir um, Cari hat die Wohnung wunderschön gemacht. Ich bin jetzt im 3. Stock, ganz beiseite und für mich; es ist zu schön. Ich fühlte mich wohl, wir aßen schön zu Abend; Georg Eisler war dabei. Ich ging noch mit ihm, wir sprachen über Paulus, unterhielten uns gut. Er ist ein ernster Junge. Dann ging ich fröhlich zu meiner Cari.

2. Sonntag
Morgens zum Büro, nachdem ich wunderschön Kaffee getrunken hatte. Mein Kindlein ist lieb und schön. Aber ich bin böse und hässlich, aufbrausend, Prolet. Cari erschien, weil ich „nichts von ihr übrig lasse", alles immer von anderen erkläre. So rächt sich alles. Auf dem Büro so herumgearbeitet. Mittags mit Cari und Georg Eisler schön in der Neuen Börse gegessen. Dann trafen wir am Bahnhof Steins und fuhren mit ihnen nach Schleißheim. Der Maler Troendle[65] war dabei, in Zivil, obwohl der Soldat ist. Ich war sehr schlechter Laune, ärgerte mich dummerweise über Cari; erst allmählich wurde mir besser. Wir besahen das Genre. Ich hielt es kaum aus unter den Menschen; auf dem Heimweg wurde mir besser, als Troendle mit großartigem Humor erzählte und über den

[65] Hugo Troendle (1882–1955), Maler und Lithograf, studierte an der Karlsruher Akademie und in Paris 1907–1912; 1923 Dürerpreis der Stadt Nürnberg, 1952 Kulturpreis der Stadt München, 1955 Gedächtnisausstellung Kunstverein München. Arbeiten in: Städtische Kunstsammlungen Freiburg i. Br., Kunsthalle Karlsruhe, Gemäldegalerie. Kassel, Neue Staatsgalerie und Lenbach-Galerie, München und Staatsgalerie Stuttgart. Siehe Peter Stadler: Nur Idylle? Hugo Troendle, Maler und Graphiker. Dachauer Museumsschriften. Dachau 1988, hg. vom Museumsverein Dachau e.V.

preußischen Militarismus schimpfte. Ich ging noch etwas mit Stein allein; dann wieder in die Neue Börse, wir lachten noch viel. Vielleicht kommt Troendle nach Dachau, mit Georg Eisler; das würde mich freuen. Dann ging ich mit Cari nach Hause. Ich hatte Sorge, dass sie nicht mehr in mich verliebt sei, glaubte immer den Einfluss von Frau Stein zu erkennen; meine Eitelkeit war gekränkt. Kurz: ich war wieder klein.

Als Troendle erzählte, er sei aus Söcking, fragte ich: Ist es denn wirklich wahr, dass es so schön gewesen wäre.

Troendle über den preußischen Militarismus: die neutrale Blödigkeit; der Mensch wird zur Maschine; wie schön, wenn er grüßt: kein Gesicht; finstere Schnödigkeit; das Auge wird gerollt (der Unterschied zwischen Hamburg und Preußen: Der Hamburger schmunzelt mit der unteren Gesichtshälfe freundlich. Der Preuße dagegen verhält diese in neutraler Blödigkeit, wenn das Auge gerollt wird; man schaut mit gerolltem Auge den Vorgesetzten an. Deshalb muss man ihn ruhig betrachten, als Objekt, ohne jede Angst und ohne jede Schnödigkeit, dann werden sie verlegen).

Die Kinder lernen nichts mehr, wenn die Natur verfremdet; ein Baum ist nichts mehr als eine Deckung; dass die Milch von der Kuh kommt, wissen sie kaum noch; die Milch ist etwas, das von selbst geliefert wird.

Der Preuße meint, alles sei zu lernen, die rhythmische Gymnastik. Nichts anderes.

Es gibt keinen Zweifel, der tiefer wäre als mein Zweifel; nichts bleibt mehr übrig: ich zweifle sogar, dass mein Zweifel der tiefste ist (denn sonst wäre es ja gar nicht der tiefste)[66].

3. Montag

Ich sah eine Italienerin, die ein Oberstleutnant geheiratet hatte, ihrer schönen Augen wegen. Die Augen waren groß, tief; wie schwarze Räder gingen sie <mit> eindrucksvoller Beweglichkeit hin und her. Und doch weiß ich, dass sie einer dummen Gans gehören und mich entsetzlich anwidern würden, sobald

---

[66] Diesen Gedanken variiert Carl Schmitt in seinem Buch „Theodor Däublers Nordlicht“, S. 65: „Nachdem Relativismus und Analyse so fundamental gewirkt haben, daß der Zweifel sich selbst auftrieb (sic) und der Zweifel auftauchte, ob der Zweifel auch gründlich genug sei, – der Punkt, an dem der Zweifler, um nicht glauben zu müssen, anfing, witzig zu werden und zweifelte, ob sein Zweifel der letzte und tiefste wäre, weil er ja sonst nicht der tiefste wäre – erscheint das ‚Nordlicht‘ als die Negation der letzten und universalsten aller Negationen.“

meine Wünsche erfüllt wären. Nun bin ich froh, dass ich das weiß und freue mich meiner geistigen Überlegenheit.

Noch 3. Montag

Auf dem Büro, herumgelesen, geschrieben, guter Dinge; morgens Georg Eisler verabschiedet, der nach Partenkirchen reist. Mittags in die Neue Börse (uns sind 50 Mark weggekommen); dann mit Cari etwas durch den Hofgarten spazieren gegangen, im Café Wittelsbacher Passage Kaffee getrunken. Ich war rauh und grob zu Cari, sie weinte. Ich kam mir elend vor; es ist entsetzlich. Abends ein Brief vom Vetter; er will Geld schicken. Ich war ganz glücklich. Wir blieben schön zu Hause, erzählten usw. Ich führte Tagebuch und war ganz zufrieden.

4. Dienstag

Heftige Angst habe ich eigentlich immer nur vor Menschen; besonders vor der Polizei und Arrestierungen. Ich selbst würde alles ertragen, aber den Menschen gehe ich aus dem Weg.

Plötzlich überfällt mich diese Angst, ganz unvermittelt; als schlüge mich jemand um die Ohren. Also ist es etwas ganz Fremdes, das sich mir auf die Sinne legt. Davor werde ich niemals Ruhe finden. Ich muss aus der Welt fliehen, um dem zu entgehen.

Welch ein Adel (wie der preußische), der sich von Juden bezahlen und philosophisch rechtfertigen lässt. Welch ein gemeines, proletarisches Zeitalter, dass solch ein Schauspiel möglich.

Rhythmus beim Essen, Rhythmus beim Trinken, Rhythmus beim Verdauen, Rhythmus in allen Lebenslagen.

Die Geschichte von Friedrich dem Großen und dem treuen Beamten, der ihm die Mätresse wieder holte und als Lohn die Versicherung bekam, dass er seine Pflicht erfüllt habe.

Noch 4. Dienstag

Mittags beim Essen in der Neuen Börse Troendle getroffen. Wir tranken zusammen Kaffee, sprachen nett. Verabredeten uns für den Abend. Ich musste um 1/2 schon wieder auf dem Büro sein, weil ich allein da war und die anderen eine Übung machten. Mir graust davor, dass ich das auch einmal müsste, aber ich weiß mich zu drücken. Schrieb dem Vetter. Heute morgen ist Geld von Hamburg gekommen. Ich habe also wieder Geld und fühle mich sehr wohl. Nachmittags traf Cari mit Frau Stein zusammen. Ich traf um 1/2 10 Troendle im Café Wittelsbacher Passage; er erzählte schön von Frankreich, ich hatte ihn sehr gern. Im 11 Uhr ging ich zu meiner Cari zurück; sie schlief schon. Ging langsam zu ihr ins Bett.

5. Mittwoch

Wie regelmäßig ist inzwischen mein Leben: Um 7 1/4 auf, ich richte den Kaffee für mein Kindlein und mich, dann bin ich um 8 1/4 im Büro, arbeite bequem und langsam herum, ärgere mich, dass ich die schöne Zeit so vertrödle, freue mich, dass ich überhaupt noch zu essen habe. Mittags esse ich mit Cari in der Neuen Börse. Wir trafen heute Troendle wieder, sprachen nett; ich habe ihn sehr gern. Er will heute nachmittag nach Dachau. Hoffentlich gerät es ihm, in das Sanatorium von Dr. Blank zu kommen. Cari und ich tranken schön Kaffee unter den Arkaden und freuten uns des schönen Wetters. Dann ging ich zum Büro zurück, schrieb den Brief an Zinn[67] mit den Auszügen aus ausländischen Zeitungen. Hatte viel zu tun, las aber trotzdem die Zeitungen. Abends geriet ich in heftige Wut über die Art und Weise, wie die Feldpostbriefe behandelt werden. Welch grauenhafte Vergewaltigung. Man darf kein Wort schreiben über Teuerungen oder Schiebungen. Die ganze Gruppe Experten schmeißen sich auf jeden einzelnen Brief, streichen darin herum; es bleibt einem nichts mehr für sich übrig. Und welche Stimmungen sprechen aus den Briefen. Ein Infanterist Kracker von Schwarzenfeld schreibt: Wofür kämpfen wir denn; für Deutschlands Ehre? Nur die Journalisten und arme Lieferanten reden noch daher „durchzuhalten“ bis zum letzten Blutstropfen. Ich war empört. Ging in heftigster Wut nach Hause.

Wie soll ich mich rächen? Wenn ich schon sterbe, will ich nicht als dummer Trottel sterben. So werden heute Millionen Anarchisten. Zu Hause traf ich mein liebes, schönes Kindlein. Wir aßen fröhlich zusammen; Cari erzählte dann: wie ihr die Menschen oft als glückliche Spieler vorkommen, als Phantome. Sie hat einen tieferen philosophischen Blick, sie weiß alles. Ich staunte über ihre Weltüberlegenheit und ihre metaphysische Neigung. Dann fühlte ich das Bedürfnis, ruhig mich zu sammeln und zu schreiben.

Mein linkes Bein tut mir weh. Im Oberschenkel habe ich ein sonderbares Drücken, nicht schmerzlich, beinahe angenehmes Kitzeln, aber bösartig warnend. Hoffentlich bekomme ich keinen Schlaganfall.

Die hunderttausend Russen, die heute sterben: Tausende von ihnen haben so gelebt wie du: sich gefreut, gespielt, gebetet, haben gute Vorsätze gefasst und

[67] Redakteur der „Hamburger Woche“, der diese Auszüge aus ausländischen Zeitungen in der Rubrik „Aus dem Lager unserer Feinde“ veröffentlichte, siehe S. 403 ff.

sie gebrochen, haben sich mit Sophismen beruhigt und nicht daran gedacht, dass sie einmal sterben könnten.

Ich erschrak vor dem Tod. Ich sah ihn in seiner ganzen Größe und ich fühle ihn in mir, in meinem Gedärm. Ich schleppe ihn mit mir herum. Welches Elend. Und jeder >trägt ihn in< sich, wenn er sich noch so bläht, ob er Schlächter lernt oder eine Latrine reinigt, es ist kein Unterschied; alle sind arm und bemitleidenswert oder zuletzt komisch.

[Ende des Tagebuchs aus der Türkenkaserne. Auf der letzten Seite hatte Carl Schmitt bereits vor Ostern die Adresse seines Bruders Jup notiert: Inf. Reg. 88, 56. Div. 7. Komp. 112. Brigade. Es folgen Namen von Personen, denen er zu Ostern geschrieben hat: Jup, Bab, Hamisch, Stein, Nörrenberg, Lamberts, Gross, Haas, Moldenhauer, Däubler, Frau B. [Bienert], Calker.]

Tagebuch
vom 6. Mai bis 29. Dezember 1915

Mai 1915

6. Donnerstag

Todmüde, aber frisch zur Arbeit gegangen; wenig getan, kann nicht intensiv arbeiten, drücke so herum. Bericht über die Zuständigkeit des Militärbefehlshabers in Bayern; ekelhafte Sache. Mittags mit Cari und Troendle in der Neuen Börse. Nachher unter den Arkaden. Gut unterhalten. Habe den Troendle gern, meine aber immer, er sei mir gegenüber etwas verlegen und beinahe schüchtern. Brief von Kluxen, der mich ärgerte, weil er nur von sich spricht. Nachmittags wieder gefaulenzt, geschlafen vor Müdigkeit, herumgearbeitet an meinem Bericht bis abends 8 Uhr; dann nach Hause. Schöner Brief vom Vetter. Er schickt mir Geld und bittet mich, es zu nehmen. Ich weiß gar nicht, warum er so freundlich ist. Aß schnell zu Abend; dann mit Cari zur Bahn, Georg Eisler abgeholt; ärgerte mich über seine Gleichgültigkeit, hatte ein heftiges Einsamkeitsbedürfnis. Wir aßen auf unserem Zimmer zu Abend, ich war müde und gleichgültig. Ärgerte mich über das freche, dumme Benehmen von Georg Eisler. War todmüde.

Den ganzen Nachmittag in der Erwartung der Kriegserklärung Italiens. Dachte an die ersten Augusttage. Welch eine Zeit, es ist rein zum Verrücktwerden. Ob es wohl nirgends eine Revolution gibt?

7. Freitag

Froh auf. Wie herrlich bei meiner Cari. Ich war stolz und wohlgemut, weil ich bei meiner schönen Frau geschlafen habe. Auf dem Büro ziemlich gearbeitet, aber nicht viel. Ich schrieb dann Aufsätze aus französischen Zeitschriften ab und tat etwas für mich selbst. Mittags mit Cari und Georg Eisler in die Neue Börse. Georg Eisler ist launisch, selbstgefällig und unwissend. Wir tranken Kaffee unter den Arkaden. Dort traf zufällig der Onkel Eisler, Robert, mit ihm zusammen. Er lud uns ein. Ich nahm an in der festen Sicherheit, dass ich doch nicht hingehen würde. So bin ich. Unglaublich. Nachmittags auf dem Büro Briefe gelesen. Nicht viel getan. Fühlte mich einsam und nahm mir vor, mich still für mich zu halten und nicht aufzufallen, damit ich diese schreckliche Zeit überstehe. Aber wird es jemals anders werden? Die Vernichtung des Einzelnen, die plumpe Vergewaltigung des Privatlebens ist schon so furchtbar, dass es wohl nie besser gehen wird. Nun erwarten wir die Kriegserklärung Italiens. Dann sitzen wir im Hexenkessel drinnen, kein Ausweg. Das Bild von Mackensen[68] macht mir Stolz und Mut, er sieht aus wie ein Wolf. Abends spät nach Hause, es war schon alles vorbereitet für die Kriegserklärung. Der Hauptmann fühlte sich schon sehr wichtig. Ging zu meiner Cari. Georg Eisler zu Hause; sonderbarerweise wird er immer launisch, sobald ein anderer da ist. Dabei ist meine liebe Cari viel tiefer und bedeutender als Georg Eisler. Er benahm sich sehr schlecht. Ekelhaft. Schrieb dem Vetter, der heute 100 Mark geschickt, ganz herzlich. Dann müde ins Bett.

8. Samstag
Stand schon um 1/4 7 auf, wusch mich, fühlte mich wohl, dass ich einmal eine Stunde für mich hatte; nur einsam; keinen anderen Wunsch habe ich. Führte mein Tagebuch, dachte an den Krieg, unsere schreckliche Lage, welche schwere Zeiten uns bevorstehen.

Ich lese einen mir gänzlich fremden Brief; es kam irgend etwas darinnen vor von einem Fräulein Jung, der nach Aussprechen seiner Bitte jeder Ehrgeiz fehlt. Sofort fühlte ich mich gehoben und erwarte, gelobt zu werden, weil ich anders bin.

Werde ich wohl einmal wieder einen Vormittag für mich haben? Ich erschrak vor dem schauerlichen Mechanismus des täglichen Berufslebens, in den man eingespannt ist. Ob ich die Kraft habe, mich einfach zurückzuhalten? Aber das Geheimnis ist immer, sich still beiseite zu halten, nichts zu sagen und doch bestimmen zu wollen. Sich unauffällig machen. Im Generalkommando, tief traurig, dass ich so beiseite stehe, nur ein halber, aufgeblasener und gemeiner Bürger Schachinger. Mittags mit Cari und Eisler zu Mittag in die Neue Börse; Cari ist unwohl. Einbeck kam und erzählte, dass Stein bei der Musterung genommen <worden> ist. Wir tranken Kaffee in den Arkaden, sahen die Frau Huebners; ich regte mich sehr darüber auf, weil sie eine freche Kokotte und er ein Zuhälter ist. Ging dann wieder zum Generalkommando, nichts getan, herumgefaulenzt, Zeitung gelesen. Tief traurig, tief gleichgültig, heimlich Sicherheit und Ruhe. Abends erst um 1/2 9 nach Hause; eine wunderbare Luft, die mich an Saarburg erinnerte. Zu Hause schön zu Abend <gegessen>. Cari war launenhaft, wohl wegen ihrer Menstruation. Ich war todmüde. Als ich etwas lange mit Georg Eisler sprach, klopfte sie an die Tür; es war peinlich; sie

[68] August von Mackensen (1849–1945), preuß. Generalfeldmarschall, eroberte Mai bis Juni 1915 das von den Russen besetzte Galizien zurück.

ist eifersüchtig und tyrannisch und behält immer recht, weil sie weint. Es ist also das Elend da. Ich krieche immer mehr in mich selbst. Was soll ich tun; draußen ist Weltkrieg, keine beruhigende Beschäftigung, nichts, was mich erhebt und begeistert, ich weiß nicht, wie ich das aushalte. Das schlechte Leben kenne ich nun, die heimliche Crux, es wird einmal etwas Größeres kommen, wird mich zerbrechen, unversehens sterbe ich. Ist es nicht würdiger, bewusst ein Ende zu machen, den Selbstmord als Mittel zur philosophischen Läuterung benutzen – und wie erbärmlich hängt man am Leben.

Als ich dann nachher ins Bett ging (weil Cari mich rief), war sofort alles wieder gut. Sie ist lieb. Sie ist ergeben und gehorsam; >da< sie meint, sie müsste fortbleiben, geht sie weg. Es ist nur Anhänglichkeit, dass sie bei mir bleibt und nur Pflicht. Strindberg.

9. Sonntag

Aufgestanden, behaglich angezogen, Kaffee für mein Kindlein zurechtgemacht. Einige Minuten an den Schreibtisch gesetzt. Welches Behagen. Aber sofort muss ich wieder zum Generalkommando; es ist schrecklich. Und keine Aussicht, jemals wieder diese jugendliche Freiheit zu erhalten. Ich kann nur noch klagen. Ging zum Büro, tat nicht viel, las herum. Mittags in der Neuen Börse, Cari fährt mit Steins nach Dachau. Wir tranken Kaffee unter den Arkaden (sah eine sehr schlanke Frau und war böse), dann zum Büro zurück, während Cari nach Hause ging. Auf dem Büro bequem herumgelegen, Vaihinger geschrieben, um 6 wieder nach Hause. Georg getroffen; ein Gefühl unglaublicher Freiheit, Ungebundenheit (meine Frau ist in Dachau); mit Georg gesprochen, ich war eifrig, gesprächig, produktiv. Abends gingen wir zur Bahn, holten Steins ab, die mit Cari von Dachau kam, gingen in die Neue Börse, sprachen und schwätzten über den Krieg, lachten über ein paar furchtbare alte Weiber; angeregt und aufgeregt nach Hause.

10. Montag.

Schaler Traum: Der Rechtsanwalt Junker[69] in Köln erklärt mir, das Verfahren sei eröffnet.

Fröhlich auf. Morgens sehr produktiv; wie wohl tut mir meine Frau. >Überlegte< mir Bücher über den Dualismus. Gleichgültig im Generalkommando. Durchschnitt, übersehe sie alle. Mittags zur Ausstellung bei Goltz[70], Cari

[69] Junker, Rechtsanwalt in Köln, vertrat die wegen Diebstahls angezeigte Cari, siehe TB 1, Personenregister, S. 427.

[70] Goltz, Galerie und Buchhandlung in München.

wurde krank, etwas geärgert. Aber schnell wieder gut. Brachte sie nach Hause, pflegte sie schön, dann zum Büro zurück. Manchmal wird es mir zuviel. Aber es ist doch besser als die Kaserne. Las dort etwas; abends früher nach Hause. Wir aßen bei uns, Georg ging dann fort, wir ins Café Luitpold, wo wir Hausenstein trafen, einen liebenswürdigen, anscheinend nicht bedeutenden Menschen. Unterhielt mich, sprach viel, zu viel, hatte nachher wieder schreckliche Gewissensbisse und sah mich schon ertappt. Das wäre ein interessanter Affekt (der Geheimrat hat wohl Ähnliches). Ich will ein Buch über das Nordlicht schreiben. Sehr schön, einverstanden. Ich bringe dann alles Mögliche an.

11. Dienstag

Stand um 7 Uhr auf. Wieder unternehmend und guter Dinge. Eine Karte von Jup. Er ist in den Karpaten; harter Junge. Zum Büro, dort an Däublers Aufsatz geschrieben. Fühlte mich aber sehr beiseite gesetzt. Stolz und gleichmütig. Ging, als der Hauptmann eine Stunde weggegangen war, auf die Straße, sah in einem Buchladen zufällig ein Buch von Kierkegaard und kaufte es: Kritik der Gegenwart[71]. War ganz aufgeregt vor Freude (der Übersetzer heißt Theodor Haecker[72] und wohnt in München), las darin herum und arbeitete effektiv nichts. Mittags in der Neuen Börse gegessen mit Cari und Georg, dann tranken wir Kaffee im 1. Stock des Café Bauknecht. Cari ging zum Arzt, ich zum Büro. Entsetzlich die Faulenzerei; etwas für Däublers Schrift, aber es wird noch nichts. Kierkegaard eifrig gelesen. Abends fröhlich nach Hause. Es ist wunderschönes Wetter. Zu Hause traf ich Georg. Cari war zu Bett und krank. Sie hatte sich erbrochen. Sie blieb zu Bett, während wir zu Abend aßen; ich sprach noch mit Georg, war es aber bald leid, las noch etwas im Nordlicht und ging dann müde auch ins Bett.

12. Mittwoch

Um 6 Uhr schon auf, aber tief müde. Nachdem ich mich gewaschen hatte, schlief ich noch etwas. Kein Brief; zum Büro, nichts getan. Es wird mir allmählich Angst, ich fühle mich allein, beiseite, wie Strindberg. Schrieb viel an dem

---

[71] Sören Kierkegaard, Kritik der Gegenwart, übersetzt und mit einem Nachwort versehen von Theodor Haecker in: Der Brenner, Innsbruck, 15. Mai und 15. Juni 1915, S. 691–712 und 797–817, auch als Broschüre erschienen im Brenner Verlag, Innsbruck 1914; inzwischen zusammen mit „Der Pfahl im Fleisch" (siehe S. 75, Anm. 84) neu aufgelegt unter dem Titel „Kritik der Gegenwart/Der Pfahl im Fleisch", Karolinger Verlag, Wien 1988. Über die Zeitschrift „Der Brenner", die 1910–1954 in Innsbruck erschien, siehe Karl Otto Thieme, „Der ‚Brenner' in der Finsternis", in: Alfred Döblin (1878–1954) (Hg.), Minotaurus. Dichtung unter den Hufen von Staat und Industrie. Franz Steiner Verlag, Wiesbaden 1953, S. 131–140.

[72] Theodor Haecker (1879–1945), dt. philosophischer Schriftsteller, Essayist und Kulturkritiker, Übersetzer von Werken Kierkegaards, Newmans und Vergils.

Buch für Däubler. Mittags in der Neuen Börse gegessen. Dann in den Arkaden Kaffee getrunken, etwas Zank mit Cari, war böse und wollte oft sagen „zu dumm“. Aber Cari ist schön. Sie hat sich neue Schuhe gekauft. Nachmittags auf dem Büro; entsetzlich. Ich schrieb an Zinn (aus französischen Zeitungen[73]), dann etwas gearbeitet. Ich kann kaum eine Minute bei der Arbeit bleiben. Abends meiner Cari schöne Sachen gekauft; wir aßen wunderschön zu Abend. Georg Eisler mit Muschelseife eingerieben. Ich arbeitete dann fürs Buch von Däubler, las Schelling[74]; stolz und unternehmend. Sicher kein Zufall, dass ich in München bin, wo auch Schelling <gewesen> ist. Wieder stolz und zuversichtlich. Oft Angst wegen des Militärs. Lust, Briefe zu schreiben. Jeder Brief ist ein >Sagnicken<. Ich schrieb an Schelling[75], warf ihn, <den Brief>, in den Kasten und habe eine Bedingung gesetzt, ich wachse dann weiter und eines Tages bekomme ich eine Antwort. Wie interessant. Ich hatte schon ganz vergessen, dass ich einen Brief geschrieben habe.

Ich kann mir ausrechnen: ich hätte so und soviel Geld, wenn ich Cari nicht kennen <würde>; aber ich könnte doch ein armer Teufel sein. Ich hätte es sicher schnell wieder durch eine Dummheit verloren. So aber fühle ich, dass mein jetziges Schicksal im Rhythmus meines Lebens bleibt, es gehört zu mir. Es ist nichts anders geworden (und es wäre anders geworden, wenn ich Cari nicht kennen <würde>), als <ein solcher Mensch> und ich will ruhig sein. Ein Mensch, der einsam ist, hat das Bedürfnis zu fressen. (Sich zu fressen[76].)

13. Donnerstag

Büro, Mittagessen in der Neuen Börse; heute ist Christi Himmelfahrt. Ich blieb nachmittags zu Hause, Cari ging mit Steins in den >Koch<-Garten. Ich arbeitete schön an dem Aufsatz über Däubler, also für mich, war munter und fröhlich. Sprach mit Georg, traf im >Außengärtl< Steins und Cari, Frau Stein wurde ohnmächtig; mir wurde es beinahe zu dumm; dann um 9 Uhr nach Hause.

---

[73] Die Hamburger Woche, Nr. 20 vom 19.5.1915. In der Rubrik „Aus dem Lager unserer Feinde“ Zitate aus einem Aufsatz in der bekannten illustrierten Zeitschrift „Les Annales“: „Wie man die Sprache der ‚boches‘ spricht“, nachdem Fremdwörter in Deutschland nicht mehr erlaubt sind. Ferner macht André Lichtenberger (1870–1940), frz. Schriftsteller und Soziologe, in „Les Annales“ eine Geschichte von Jules Verne zeitgemäß, in der der junge elsässische Ingenieur Marcel die Hauptfigur ist. Siehe hierzu S. 169, Anm. 207.

[74] Friedrich Wilhelm Joseph von Schelling (1770–1854), dt. Philosoph.

[75] Fiktiver Brief an Schelling.

[76] Anspielung auf die erste Strophe des Gedichtes „An Leonore“ von Johann Christian Günther (1695–1723): Wie manche schöne Nacht sieht mich der blasse Mond / in stiller Einsamkeit am Kummerfaden spinnen! Ich fresse mir das Herz, die Angst, so mich bewohnt / lässt keinen Augeblick mich Lust und Luft gewinnen.

14. Freitag
Büro, Calker kam mittags und ernannte mich zum Gefreiten; freute mich. Mittags Troendle getroffen, aber nicht gut unterhalten. Wir tranken Kaffee bei Bauknecht. Ich wurde allmählich stumm und kann nichts mehr reden. Nachmittags auf dem Büro, abends zu Hause gearbeitet, mit Cari allein, über Georg Eisler und seine Launenhaftigkeit geärgert.

15. Samstag
Büro, entsetzlich, der Aufsatz über Däubler geht nicht vorwärts, ich habe keine Zeit, habe im Büro zuviel Arbeit. Heute soll die Feldkompanie fort. Kaufte Grand Marnier (7 Mark!) und schenkte ihn als Gefreiteneinstand. Ich mache mich beliebt. Bin so scheu und schweigsam und verliere allmählich die Fähigkeit, mit Menschen umzugehen, bin schwach, kindisch und [1 Wort nicht deutbar]. Zu Hause zu Abend gegessen, etwas gelesen; nachher kam Georg. Die Unterhaltung über die Regelung des Bierkonsums in Bayern sehr angeregt. Spät ins Bett. Mein liebes Carilein.

16. Sonntag
Früh zum Büro, müde, schläfrig. Habe wenig geschlafen. Arbeitete etwas, kam nicht zum Arbeiten. Mittags in die Neue Börse. Cari und Georg fahren nach Dachau zu Troendle. Ich muss nachmittags zum Büro, meinen Bericht diktieren. Ging hin, faulenzte herum, aß Schokolade, las, diktierte den Bericht und war stolz, als er fertig war. Abends vom Büro zur Bahn, Cari abgeholt. Sie war traurig und stolz, großartig; ich <erkundigte> mich über Stein und Troendle, geahnt, dass ich der >Pate< von einer eigennützigen und [1 Wort nicht deutbar] Berechnung wurde und ging früh nach Hause. Cari erzählte mir, wie nachlässig und gleichgültig man sie in Dachau behandelt hat. Das tat mir von Herzen leid. Mein liebes, einsames, stolzes Kindlein. Nahm mir fest vor, nichts mehr mit Stein zu tun zu haben, die ganze Bande war mir Qual, ich hatte Angst vor ihrer Gemeinheit.

Ich bin ich und du bist du,
also lass mir meine Ruh.

Müde ins Bett. Brief von Ritter, er kommt vielleicht doch.

17. Montag
Traum: Ein Reh in der Schlinge. Ich machte es los, das Blut fließt wieder in den Leib. Ich nehme es auf die Hand. Wunderschön.

Stand etwas spät auf, musste mich Hals über Kopf anziehen. Lief zur Bibliothek, las herum, arbeitete sehr langsam. Mittags im Büro. Fröhlich. Oft Angst und Furcht vor Cari. Angst, sie würde mich stören in meiner Arbeit (Dummheit ist das, romantisierungssame, strindbergische Wut und Unehrlichkeit).

Kaffee im Rathauscafé, zum Generalkommando, das Buch J'accuse[77] vom Generalkommando aus bestellen, großartig. Stolz. Machte den Bericht über die Zuständigkeitsfrage. Diktierte ihn noch. Fröhlich nach Hause. Die „Weißen Blätter“[78] mitgenommen. Warum regt mich der Gedanke an die modernen Literaten so furchtbar auf, warum richtet sich mein Ehrgeiz nach dieser Richtung, obwohl ich doch weiß, wie einfallslos und machtlos diese hässlichen, eitlen Affen sind? Dann spät nach Hause. Mit Cari schön gegessen, mit >Genk< noch 1/2 Stunde in der Café-Wittelsbacher-Passage, wo Dr. >Gantik< dienstfreier Wirt ist, dann um 1/2 11 munter nach Hause. Muss noch viel arbeiten. Viele Bücher, um den Aufsatz über das Nordlicht zu Ende zu führen. Arbeitete etwas, müde ins Bett, die anspruchsvolle Cari. Todmüde eingeschlafen.

18. Dienstag,
Früh wach, munter, aber noch etwas im Bett der Cari; schön gefrühstückt; kein Brief. Zur Bibliothek. Das Buch J'accuse bekommen; es war mir doch manchmal Angst; dann zum Büro. Aus der spanischen Zeitschrift ein schönes Bild. Gewissensbisse. Trotzdem mache ich es. Mittags in der Neuen Börse. Zu Hause Kaffee getrunken, launisch, geärgert, selbstsüchtig, Bedürfnis, für mich zu sein. Las das Buch J'accuse in großer Aufregung. Es reißt mich aus dem Däubler-Komplex heraus. Nachmittags auf dem Büro rein gar nichts getan. Herumgefaulenzt, gegähnt, geschlafen, nichts gehört. Da telefonierte es von der Kaserne: ich soll morgen vorbeikommen. Die größte Angst, Aufregung, obwohl ich mir als vernünftiger Mensch sage, dass es gar keine Bedeutung haben kann. Traf abends zufällig Georg Eisler, dann auch Stein und Einbeck. Sonderbar. Verabredete mich. Wir aßen dann zu Hause (Georg, Cari und ich), traurig zu Abend. Ich traf noch Stein im Café Adlon, weil er mir das Manu-

---

77 „J'accuse“, ursprünglich Titel des offenen Briefes von E. Zola (1840–1902) in G.B. Clemenceaus (1841–1929) Zeitung „L'Aurore“ vom 13. Januar 1898, mit dem er in die Dreyfusaffäre eingriff. Hier handelt es sich um das anonym erschienene Buch „J'accuse! von einem Deutschen“, Payot & Co., Lausanne 1915, 278 S. Es gibt zwei englische Ausgaben: J'accuse. By a German, Transl. by Alexander Grey, Hodder and Stoughten, London, New York and Toronto, 1915, VIII/448 und J'accuse, George H.S. Doran, New York 1915, 445 S. Der Anonymus war Richard Grelling (1853–1929), Dramatiker und Rechtsanwalt. Er wurde August–Oktober 1914 in Berlin von Eduard Bernstein (1850–1932), Hugo Haase (1863–1919) und Karl Kautsky (1854–1938) dazu angeregt, über die Kriegsursachen zu schreiben. Siehe auch Dokumente 1, S. 191 ff. und Exkurs „Pressebesprechung“ S. 393 ff.

78 Die Zweimonatsschrift „Die Weissen Blätter“ wurde 1913–1915 von Erik-Ernst Schwabach (1891–1933) herausgegeben, 1915–1920 von René Schickele (1883–1940). Wahrscheinlich handelte es sich hier um Jg. 2, 1915, zweites Quartal, Heft V, Verlag der Weißen Bücher, Leipzig, u.a. mit dem Aufsatz von Wilhelm Hausenstein „Das Bild der englischen Weltpolitik“ und Gedichten von Gottfried Benn (1886–1956), „Ikarus“ (3 Gedichte).

skript von Huebner[79] zeigen wollte. Es ängstigte mich, denn es war routiniert geschrieben. Ging um 10 nach Hause, weil ich es Cari versprochen hatte. Ärgerlich. Noch etwas mit Eisler über das Buch J'accuse gesprochen, dann auf meinem Zimmer etwas geschrieben. Angst, ich müsste morgen wieder in die Kaserne. Es ist nicht zum Aushalten, dieses Leben. Keine Gewissheit, keinen Tag Ruhe, alles wird fertig von einem verlangt. Wofür? Für nichts, fürs Vaterland; o Gott, welch ein Zustand, und man ist machtlos. Wenn es einen Grund gibt, sein Leben zu opfern, dann ist es der, einen Zustand zu schaffen, dass man es nicht unnütz opfern muss. Das liegt in der „Natur der Sache". In der Natur des Zustandes, denn es ist besser, sein Leben zu opfern, als sich töten zu lassen, und wenn man das Leben doch verlieren soll, ist es schon besser, man verliert es nicht für einen Dreck, nicht als Schaf oder Lamm, sondern als freier Mensch aus freiem Entschluss (der einem hier doch eigentlich nicht schwer fallen kann).

Wie kommt das? Und dabei finde ich ausgesprochen deutlich, ein beruhigender Dreck, denn das ganz klar einzusehen, diese Erkenntnis beruhigt.

19. Mittwoch,
In Erwartung der Kriegserklärung Italiens. Unheimliche Angst. Auf dem Büro furchtbar gefaulenzt. War in der Kaserne, es handelte sich lediglich um leise Gespräche. Mittags mit Einbeck in der Neuen Börse Mittag gegessen; ein Hauptmann stellte mich dumm zur Rede, weil ich ihn nicht gegrüßt hatte („Na, wie wär's! So, das meine ich auch"). Zu Hause geschlafen, Mokka getrunken, das Buch J'accuse mit großem Eifer und großer Aufregung gelesen. Auf dem Büro wieder nichts getan. Ich fühle mich aber ziemlich sicher und mache mir nichts mehr daraus. Abends früh nach Hause. Schön gegessen. Mit Georg >befremdliche< Reden geführt, dass mir sehr bang wurde. Aber es ist unerhört, in welch einem Zustand wir uns befinden. Abends früh ins Bett, müde. Cari wird immer schöner und gesünder, zu meiner großen Freude.

20. Donnerstag
Früh auf, schön rasiert, etwas geschrieben, dann wieder ins Bett. Welche Wonne. Morgens kein Brief, traurig. Auf dem Büro herumgeschrieben, etwas getan. Meist gefaulenzt, an Zinn eine kleine Sache abgeschickt. Mittags kam Cari mit <einem> Brief. Rechtsanwalt Junker hat von Köln geschrieben: leider >aufgeregt<. Eigentlich schön. Aber der ganze Komplex wurde wieder aufgerührt, Cari ist wieder ganz krank geworden. Ich könnte fluchen, wenn ich an

[79] Friedrich Markus Huebner: „Hesperien" in „Die Weissen Blätter", 2. Jg. Nr. 7, 1915, S. 1048, siehe S. 22, Anm. 4.

den Geheimrat denke. Nach dem Essen im Wittelsbacher Café Kaffee getrunken, mit Einbeck und Eisler, gut unterhalten. Wir zeigten ihm das japanische Bildchen. Ich musste früh wieder zum Büro, Cari ging zum Arzt. Auf dem Büro herumgelesen, nichts getan. Gegähnt, gefaulenzt (meine Zähne stehen mir arg im Wege). Dann abends nach Hause. Gegessen, mit Georg unterhalten, dann geschlafen. Immer der wütende Gedanke, der mich nicht loslässt: Ich lasse mich doch für die Kerls in Berlin nicht totschießen. Cari war beim Arzt, der ihr gesagt hat, sie sei ganz gesund. Das liebe Kind freut sich darüber und ist ganz glücklich und fröhlich. Ich habe große Lust zum Arbeiten, fühle mich aber sehr schwach. Das entsetzliche Generalkommando.

Welch unermessliches Behagen, kein Examen mehr machen zu müssen, sich sagen zu können: Dir kann keiner mehr was wollen!

21. Freitag

Morgens todmüde, Traum vom Vetter André. Wir klettern einen senkrecht steilen Weg, bis oben, wo ein Buch liegt, in das wir uns einschreiben. Ich schlage nach und erinnere mich meiner Sekundaner- und Primanerzeit (Erlösung Wüst[80].)

Todmüde, zerschlagen. Rückenmarksschmerzen. Auf dem Büro nichts getan, ich fühlte mich beiseite gesetzt. Mittags in der Kaserne. Als ich aber sah, dass Löhnungsappell war, mit großem Schrecken wieder zurück. Fühlte mich oft traurig. Entsetzlich, wie mir die Zeit gestohlen wird. Arbeitete etwas für Däublers Aufsatz. Abends zu Hause, gleich geschlafen.

22. Samstag.

Wieder müde und zerschlagen; ich schlafe zu wenig. Telegramm: vom Vetter irgend etwas. Auf dem Büro herumgeschrieben. Nicht viel. Mittags mit Cari zu Hause, Kaffee getrunken. Das aufregende Buch J'accuse zu Ende gelesen. Schnell zum Generalkommando. Schokolade gegessen. Mir tun aber schon die Beine weh vom vielen Zuckeressen. Immer noch keine Kriegserklärung von Italien, obwohl alles vorbereitet ist. Oft Wut und Erbitterung. Ich fühle mich zurückgesetzt (weil ich nicht der Erste bin), dabei faul und phlegmatisch. Cari ist ins Theater mit Frau Schamberg (es wurde Strindberg: Rausch[81] gegeben.

---

80 Josef Wüst (geb. 1878) Pädagoge und Schriftsteller. Volksschullehrer, schrieb Bücher über Körperkultur, Bushido etc. Carl Schmitt war seit seiner Schulzeit mit ihm befreundet.

81 „Rausch“, auch „Verbrechen und Verbrechen“ betitelt, schwedisch „Brott och Brott“, Komödie von August Strindberg in vier Akten, 1899.

Ich freue mich, dass sie hin war. Sie war großartig frisiert, >schön< und großartig und erschrak vor uns; unheimliche Schönheit).

23. Sonntag.
Pfingstsonntag. Den ganzen Tag auf dem Büro. Es ist entsetzlich, so eingespannt zu sein; eine lächerlich dumme Arbeit, Polizeistunden-Verfügungen, albern, Korrekturen vom Hauptmann. Ich halte es kaum aus. Werde mürrisch und verliere alle Objektivität. Mittags in der Neuen Börse gegessen. Georg hat seinen Schein bekommen, dass er dauernd untauglich ist. Großartig. Er fuhr mit Cari zum Starnberger See. Abends trafen wir uns. Ich habe abends eine Stunde zu Hause gelegen, geschlafen, meinen Erinnerungen freien Lauf gelassen und gesehen, wie man nichts vergisst. Wie unheimlich ist das, sich dem hinzugeben. Traf Cari, auch Georg, wir tranken im Café Wittelsbacher-Passage eine Tasse Kaffee. Ging dann müde nach Hause. Mein Kindlein, mein Rehchen ist todmüde. Ich wusch ihr die Füße, berauschte mich an ihrer herrlichen Schönheit (welches Glück, eine solche Frau zu haben); dann ging sie artig zu Bett, während ich noch mein Tagebuch führte. Oft habe ich Angst vor Cari, sie könne plötzlich fremd sein, mir aus den Händen entkommen, aber ich fange sie immer wieder ein.

Des Nachts um 12 Uhr sind die Leute auf die Straße gelaufen, sangen die Internationale. Ich wusste sofort, dass Italien den Krieg erklärt hatte. Ich hatte gerade Däublers „Indische Symphonie“ gelesen, die unerhörte Stelle von der Geburt des Buddha und fühlte, dass Däubler all dem furchtbaren Eindruck des Krieges standhält und <ein> großer Dichter ist. Ich weckte Georg Eisler, ging dann mit ihm zum Generalkommando. Cari schlief schon. Ich habe sie so herzlich lieb und wenn ich nachts mich von ihr verabschieden müsste, um in den Krieg zu gehen, so würde ich lieber uns beide töten. An dem Generalkommando wurde ich von dem jungen Major Kress von Kressenstein[82] süffisant angefahren (es sind schon 2 >Schreiber< da!). Der Hauptmann wusste auch nichts für mich zu tun. Ich fühlte mich beiseite gesetzt, ging dann noch mit Georg etwas über die Straßen, wir unterhielten uns lange (über Däubler); darüber wurde es 1/4 vor 3.

Ich fühle den Gegensatz zwischen dem Generalkommando und Cari. Ich flüchte zu Cari und fühle mich doch verpflichtet, keine schlechte und anomale Rolle in der Welt zu spielen. Sie glaubt an mich, das heißt, sie meint, ich hätte in der Welt etwas zu sagen, und ich bin doch ein so schwacher, verarbeiteter Mensch. Das tut mir weh; wenn ich sie anschaue, wie sie stolz und fröhlich auf mich schaut, schmerzt es mich. O Gott, hilf mir. Mein Herz ist übervoll.

---

[82] Kress von Kressenstein, Major im stellv. Gen. Kdo., Vorstand der Abteilung II.

24. Montag

Den ganzen Tag auf dem Büro, todmüde, entsetzlich. Wut auf den Hauptmann. Ich werde schlecht und ungerecht behandelt. Es ist nun einmal alles, was ich mache, >„zopfert“< . Mittags in der Neuen Börse, nachmittags um 6 Uhr frei. Georg Eisler ist mit Cari in den Zoologischen Garten. Ich war allein zu Hause. Schrieb etwas aus französischen Zeitungen ab. Dann kamen Georg und Cari. Wir aßen schön zu Abend, Georg Eisler sah ein, dass es Zweck hat, für Cari Geld auszugeben. Wir waren sehr fröhlich und guter Dinge. Dann fuhren wir im Auto zur >Bahn<, verabschiedeten uns schön und herzlich, Georg fuhr 2. Klasse nach Hamburg. Ich war todtraurig auf dem Bahnhof und dachte an den Tod, an die unheimliche, unbeschreibliche Nichtigkeit des menschlichen Lebens und alles Treibens. Müde nach Hause. Noch ein Glas Bier im Wittelsbacher Café. Dann gleich eingeschlafen.

25. Dienstag

Lange geschlafen, bis 1/2 8 Uhr. Eine Feldpostkarte von Frau Hamisch[83] aus Südende, wie schön. Ich war ganz gerührt. Auf dem Büro, etwas gearbeitet, gekränkt und traurig. Mittags mit meiner lieben Cari, ich habe sie unbeschreiblich lieb. Wir aßen in der Neuen Börse, froh, alleine zu sein. Pfahl im Fleisch[84] erhalten. Bei Jaffe vorbei, aber er gab mir das Buch „J'accuse“ nicht. Ich werde heute Nachmittag die Beschlagnahmeverfügung entwerfen. In Hamburg ist es schon beschlagnahmt. Merkwürdiger Zufall. Telefonierte an den Rechtsanwalt Morgenroth[85], er war felddienstfähig (Fräulein Ache wollte, dass ich mich seinetwegen bemühte). Abends traf ich mich zum Gespräch mit ihm, unterhielt mich gut. Dann zu meiner lieben Cari. Wir lasen im „Brenner“. Ich habe Cari unbeschreiblich lieb, vergehe vor Liebe und Sehnsucht. Sie ist ein schönes, unbeschreiblich kindlich schönes Mädchen mit hingebendem Gemüt.

26. Mittwoch

Auf dem Büro, wie gewöhnlich, geärgert, gekränkt, geflucht. Zu dumm alles. Konnte kaum noch etwas tun. Mein Rückenmark tut mir arg weh. Verfügte die Beschlagnahme des Buches „J'accuse“. Mittags trafen wir Troendle. Ich ging früh nach dem Büro, wir besahen sein Atelier und freuten uns über wirklich schöne Bilder. Besonders die Aquarelle sind herrlich, ich möchte immer welche haben. Cari ist enthusiasmiert. Ich ging wieder zum Büro, traurig, dass ich ein

---

[83] Vermutlich eine Bekannte oder Verwandte von Heinrich Gross, der vorübergehend in Berlin-Südende gewohnt hat. Siehe TB 1, S. 12, Anm. 48.

[84] Sören Kierkegaard, Der Pfahl im Fleisch, übersetzt und mit einem Vorwort von Theodor Haecker herausgegeben in: Der Brenner, Innsbruck, 1. und 14. Juli 1914, S. 815–849 und 869–909, siehe S. 66, Anm. 71.

[85] Dr. Max Morgenroth, Rechtsanwalt, Klarstr. 1, München.

so elendes Leben führen muss; zum Buch über Däubler komme ich gar nicht mehr. Schrieb schnell die Sache für die „Hamburger Woche“[86], dann die Beschlagnahme. Als ich abends (früh) nach Hause kam, hatte Cari das Buch „J'accuse“ bekommen. Bei Goltz! Ich war erstaunt, dann erwachte wieder Angst. Ich mache aus allem eine Szene, schimpfte, war wütend, kam mir elend und betrogen vor. Es ist unglaublich mit mir. Das gute, liebe, schöne Kind. Nachts wunderschön mit Cari. Welch ein herrlicher Leib!

Brenner[87], Cari schrieb Trakl-Gedichte ab.

27. Donnerstag
Müde, geschlafen, auf dem Büro gelangweilt. Welch ein Leben. Und doch bin ich glücklich, wenn mich einer freundlich anredet und sofort wieder ausgesöhnt. Hatte nicht viel zu tun. Mittags Cari verfehlt, sie war im Zoologischen Garten. Wir trafen uns endlich, aßen in der Neuen Börse, verabredeten uns mit Nowak für Montag; zu Hause Kaffee, herumgefaulenzt, „Pfahl im Fleisch“ von Kierkegaard auf dem Büro gelesen; Haecker, der Herausgeber, ist so einer wie ich. Abends sehnsüchtig zu Cari, schön gegessen, Bier geholt (Paulaner), dann müde, aber mich aufgerafft.

Oft bin ich verlegen, weiß nicht, soll ich zum Glauben hin, und wende mich verlegen von jeder religiösen Frage ab.

28. Freitag
Aufstehen, müde Bewegungen, Büro usw. wie immer. Wie lange wird das noch gutgehen. Komme mir als Verräter vor. Habe die typische Angst, dass das doch unmöglich dauern kann. Mittags in der Neuen Börse, Kaffee getrunken, darüber geärgert, dass alles soviel Geld kostet. Nachmittags wieder zum Büro, herumgefaulenzt. Abends kam Stein, wir unterhielten uns gut, tranken Bier dazu, nachher Kaffee. Ich freute mich, mich mit Stein zu unterhalten. Aber er ist hämisch und hinterlistig. Man darf ihm nicht trauen. Doch regte mich die Sache an, weiter an dem Buch über Däubler zu arbeiten.

---

[86] Die Hamburger Woche, Nr. 22 vom 2.6.1915: In der Rubrik „Aus dem Lager unserer Feinde“ der Artikel „Spione und Zeppeline“ aus dem „Daily Sketch“ als charakteristisches Dokument englischer Spionagefurcht. Siehe S. 405 f.

[87] Im Brenner Jahrbuch 1915, (Brenner-Verlag, Innsbruck, eigentlich der 5. Jg. der Zeitschrift „Der Brenner“, siehe Anm. 71), bezeichnet als Erinnerungsband für den Dichter Georg Trakl, befinden sich S. 9–14 seine letzten Gedichte: „Die Schwermut“, „Heimkehr“, „Klage“ (Juli 1914), „Nachtergebung“, „Im Osten“, „Klage“ (September 1914) und „Grodek“.

29. Samstag

Büro, entsetzlich langweilig; hörte das doch einmal auf. Tief in mir alles gleichgültig; ich könnte dann die größten Dummheiten machen. Dabei habe ich es doch eigentlich unglaublich gut. Kein Brief, grässlich. Mittags im Wittelsbacher Café mit Einbeck. Zu Hause. Auf dem Büro geärgert, stiller für mich, aber das kann doch nicht auf die Dauer so gehen. Ein französisches Skandalbuch über den Kaiser gelesen, Le véritable Guillaume II[88], abends müde nach Hause, gegessen, herumgelegen, nichts getan (Pillen habe ich gekauft) mein Kindlein gewaschen, sie ist herrlich, wunderschön. Ich dachte immer an den Jup, den armen, lieben Jungen, und war außer mir vor Wut, dass man ihn so herumschmeißt in der Welt und für nichts achtet, sondern für Kanonenfutter.

30. Sonntag

Müde auf. Morgens auf dem Büro eine Beschlagnahme der Broschüre „Der Hauptfeind steht im eigenen Land!“[89]. Hätte sie gerne gesehen, aber möglicherweise ist es eine alldeutsche Veranstaltung. Mittags mit Einbeck zu Mittag. Viele Briefe, darunter auch von Kluxen, der seine Bronze verkaufen will für 4 bis 6000 Mark. Das ist ja kolossal viel, aber es würde mich freuen, wenn ich es machen könnte. Natürlich kommt der Vetter inzwischen nicht mehr dafür in Betracht. Angst vor Kluxen, manchmal habe ich ihn dann wieder gern. Einbeck trank mit uns Kaffee. Ich setzte mich dann hin und freute mich, in Ruhe einmal wieder zu Hause arbeiten zu können. Welches Glück. Inzwischen fangen die >Raupen< auch an, dann kommt sicher ihre tolle Zeit. Wie mag es mir ergehen? Wie schön. Ich <bin> gleichgültig und ruhig. Ich arbeitete den ganzen Nachmittag, gut; abends wurde ich nervös. Nach dem Abendessen gingen wir gleich zu Bett. Spazieren bin ich gar nicht gegangen.

31. Montag

1/2 8 auf. Gott sei Dank, dass ich mich einmal ausgeschlafen habe; verliebt in Cari, holte ihr Schlagsahne ans Bett. Sie liest im Bett die Zeitung. Zum Büro.

---

88 Henri de Noussane, Le véritable Guillaume II. Verlag Tallandier, Paris 1915.

89 Es handelt sich um einen Aufruf von Karl Liebknecht (1871–1919), im Mai 1915 von der „Gruppe Internationale“ verteilt. Die Kernsätze lauten: „Der Hauptfeind jedes Volkes steht in seinem eigenen Land! – Der Hauptfeind des deutschen Volkes steht in Deutschland: der deutsche Imperialismus, die deutsche Kriegspartei, die deutsche Geheimdiplomatie. Diesen Feind im eigenen Land gilt's für das deutsche Volk zu bekämpfen, zu bekämpfen im politischen Kampf, zusammenwirkend mit dem Proletariat der anderen Länder, dessen Kampf gegen seine heimischen Imperialisten geht.“ Text des Aufrufes in: Dokumente und Materialien zur Geschichte der deutschen Arbeiterbewegung. Dietz Verlag, Berlin 1958, Reihe II, Bd. 1, S. 162–166; dazu auch: Ernst Rudolf Huber (1903–1990), Dt. Verfassungsgeschichte seit 1789. Kohlhammer, Stuttgart, Bd. V, 1978, S. 174/75.

Dort ziemlich gut gearbeitet; die „Aktion“[90] von Däubler geschickt bekommen. Interessierte mich sehr. Eine Wohltat, so etwas auf dem Büro des Generalkommandos zu lesen. Bald sah ich aber, dass es Literatur-Dreck ist. Mittags erfuhr ich, dass ein Hauptmann sich beschwert hat, weil ich ihn nicht gegrüßt habe. Aufgeregt deshalb, aber schnell beruhigt. Ich bin doch kein Weltmann. Ich kann nicht mit Menschen umgehen. Mit Einbeck zusammen gegessen. Wir besuchten sein Atelier, es war mir >lüstern<, ich habe Angst vor diesem unverschämten, rücksichtslos frechen Kerl. Die Maler sind immer die Amoralischsten. Wenn ich sehe, dass jemand kein Verhältnis zur Moral hat, wird mir ganz Angst >und flau<. Nachmittags auf dem Büro, fleißig gearbeitet, abends todmüde. Nach dem Abendessen englische Zeitungen gelesen, um sie für die Hamburger Woche zu schreiben. Aufgeregt, nervös, reizbar, kaum noch das Gefühl, ich selbst zu sein. Kopfschmerzen. O Gott, welches Elend. Wäre ich wenigstens allein im Bett. Entsetzlich, eine Frau immer um sich zu haben, und doch beruhigend.

Juni 1915

1. Dienstag

Büro unerträglich. Ich darf inzwischen nicht einmal mehr gehen und mir gelegentlich Schokolade kaufen. In der Neuen Börse, zu Hause Kaffee, wie schön; nicht traurig, dann wieder leicht besänftigt. Abends kam Einbeck, trank ein Glas Kognak, wir unterhielten uns gut, ich kam aber nicht dazu, Ausschnitte aus englischen Zeitschriften für die „Hamburger Woche“ zu machen[91]. Wie schade. Müde ins Bett. Cari war großartig. Manchmal habe ich Angst, ich bin ein böser Mensch.

2. Mittwoch

Müde und zerschlagen auf; mittags im großen Theaterrestaurant; böse, weil Cari weiße Schuhe zum schwarzseidenen Kleid trug, mir fiel ein, wie böse der Geheimrat schimpfte. Ich sah immer nach fremden Leuten, es ist entsetzlich.

---

[90] Das 1911 von Franz Pfemfert (1879–1954) gegründete und bis 1932 herausgegebene Periodikum „Die Aktion. Wochenschrift für freiheitliche Politik und Literatur“ (ab 1915, Nr. 15: Wochenschrift für Politik, Literatur und Kunst und ab 1918: Zeitschrift für revolutionären Kommunismus), hier wahrscheinlich 5. Jg., 1. Mai 1915, mit Theodor Däublers „Sang an Mailand“, Sp. 217–225. Siehe S. 49, Anm. 58.

[91] Die Hamburger Woche, Nr. 23 vom 9. 6. 1915: In der Rubrik „Aus dem Lager unserer Feinde“ der Artikel „Japan im Urteil eines Amerikaners“ aus der amerikanischen „Satorday Ivening Post“ [sic], siehe S. 406 f.

Zu Hause Kaffee. Auf dem Büro; Hoffnung, morgen frei zu bekommen, weil morgen Fronleichnam ist. Abends ging Cari ins Theater, „Gespenstersonate“[92], ich verschlief mich! Auf dem Sofa. Mir war Rilke[93] begegnet, als ich um 8 Uhr nach Hause ging. Die arme Cari kam weinend heran. Sie erzählte ekelhafte Sachen von der Gespenstersonate. Mir wurde bang. Jeder trägt so seine Schuld; an seiner Frau zeigt sich die Schuld, die Frau ist die Schuld des Mannes, die Buße, es wird solange vorwärtsgestolpert, schließlich hat es mich gepackt.

3. Donnerstag, Fronleichnam
Morgens zum Büro, wenig getan, herumgeschwänzt mich überflüssig gefühlt, beiseite. Mittags in der Neuen Börse schön gegessen. Uns geht allmählich wieder das Geld aus. Empfinde die Abhängigkeit von Eislers drückend. Nach Dachau gefahren, Troendle getroffen, schön spazieren. Herrliche Landschaft in Dachau, frische Luft, wie schön; ich freute mich der Gespräche mit Troendle, fühlte mich wieder sicherer, abends traurig und tiefsinnig. Wir fuhren heim. Ich war wahnsinnig vor Wut über die Preußen, den Militarismus, hätte die ostentativsten Befehlsverweigerungen begehen können. Wie scheußlich, als Individuum in einem solchen Gefängnis zu sitzen. Und die Dummheit und Gemeinheit wächst, deren wir uns >gewärtigen< können. Ach, in welchem rasselnden Ofen ich sitze. Ich will noch einen kleinen Vorteil dabei erhaschen! So also sind die Menschen, so fängt man sie, so einfach und so plump. Gib ihnen zu fressen und zu saufen und sie kommen in Scharen angelaufen.

4. Freitag
Liebe Cari, oft habe ich Angst vor ihr, oft bin ich zu Tränen gerührt wegen ihrer Schönheit, oft meine ich, sie als Inkarnation meiner Schuld zu erkennen, oft komme ich mir als ihre Schuld vor. Zum Generalkommando, der Hauptmann brüllte herum, aber ich war sofort besänftigt, als er uns in Schutz nahm. Wir sollten um 2.50 zum Appell; ich hatte schon Angst, wurde aber ausgenommen. Behaglich zum Mittagessen, traf dort mit Cari Troendle, freute mich, zeigte ihm Kluxens >Statue< und war froh, dass er sie lobte. Wir tranken Kaffee im Hofgarten (ich hatte kein Geld bei mir; Eisler und der Vetter haben noch nichts geschickt!), dann nach Hause, geschlafen. Zum Generalkommando, herumgefaulenzt, Harnack[94] gelesen, mit dem Hauptmann herumgeredet wegen des Brau-

[92] August Strindberg, Die Gespenstersonate, Kammerspiel in 3 Akten, Uraufführung Stockholm 1908.

[93] Rilke lebte von 1914 bis 1919 in München. Siehe „Unter den großen Städten die sympathischste, duldsamste und weiteste“. Rilke und München, Rudi Schweikert (Hg.), Blätter der Rilke-Gesellschaft, Bd. 25, Insel Verlag, Frankfurt 2004.

[94] Adolf von Harnack (1851–1930), siehe TB 1, S. 96, Anm. 7.

erlasses usw. Welch ein Elend. Ich kam mir gefangen und eingesperrt vor, war traurig und schweigsam; ich gehöre nicht dazu. Was der Calker wohl von mir denkt. Abends traf ich zufällig Stein und Einbeck, freute mich darüber. Ich erzählte von meiner Arbeit am „Nordlicht“, aß schön zu Hause zu Abend, nachdem ich im Paulaner Bier geholt hatte. Dann behaglich am Schreibtisch. Cari hat sich einen >schicken< Anzug gekauft und malt und zeichnet herum.

5. Samstag
Sehr früh auf, traurig, weil Cari mich grob genannt hat; arbeitete etwas, las im „Nordlicht“, ging zum Büro, hatte dort die Bierbeschlagnahme zu entwerfen; bin dumm, unfähig mit Menschen umzugehen, weltfremd und verträumt. Mittags traurig, zu Hause geschlafen, dann wieder zum Büro. Welches Leben; der Hauptmann ist ein gewalttätiger, unbeherrschter Mensch, nicht ohne gute und anständige Regungen, aber herrisch und rechthaberisch, eine Spur Knabenhaftigkeit, die ihn sympathisch macht. Abends nach Hause, sofort geschlafen, wir gingen gleich ins Bett, waren todmüde. Oft streiten wir uns, ohne Worte, aber in Blicken. Ich gehe abseits und stöhne. Welch ein Elend; habe Selbstmordgedanken. (Jup ist leicht verwundet und liegt in Tauer im Lazarett).

6. Sonntag
Morgens herumgelaufen, um Brot zum Frühstück zu holen. Wütend. Auf dem Büro nicht viel zu tun. Etwas geschrieben, mittags in der Neuen Börse. Nach einigem Überlegen nicht nach Dachau gegangen, sondern zu Hause geblieben, geschlafen, Kaffee getrunken, dann schön am Nordlicht gearbeitet, während Cari malte, zeichnete und sich unterhielt. Sie ist ein wunderschönes, geschmackvolles Kindlein. Man darf sie nicht hart anfassen, sondern muss sie spielen lassen, dann ist sie wunderschön und lieblich; habe sie wieder gern und schäme mich meiner proletenhaften Brutalität. Staune über Däublers Nordlicht und fühle mich groß, sein >Interpret< zu sein. Ich arbeitete sehr schön, wurde wunschlos, wohlbehaglich, stolz und erhaben, las Pascal[95] und trank Kaffee. Abends gingen wir zur Neuen Börse und aßen zu Abend. Wir trafen Steins, blieben bei ihnen; ich erzählte schließlich von meinem Buch über Däubler, ärgerte mich über die Schwatzhaftigkeit der Gesellschaft, besonders über die dicke, eingebildete Frau Stein, die Schwester Däublers, dieses widerliche Strindberg-Geschlecht; ging fröhlich mit meiner schönen Cari nach Hause. Die Korrespondenz von dem Herausgeber des „Forum“, Wilhelm Herzog[96], soll beschlagnahmt werden; das interessiert mich und regt mich auf.

---

[95] Blaise Pascal (1623–1663), frz. Mathematiker und Philosoph. Carl Schmitt las vermutlich dessen „Pensées“.

[96] Wilhelm Herzog, Pseudonym Julian Sorel (1884–1960), dt. Publizist und Dramatiker. Er gründete 1914 die Zeitschrift „Das Forum“, die wegen ihrer pazifistischen Hal-

7. Montag

Erkältet, müde, verschnupft. Tagsüber ziemlich viel gearbeitet, alles gibt mir die alten und langweiligen Sachen; wütend. Kopfschmerzen. Mittags Streit mit Cari, ebenso abends. Es ist gar nicht mehr zum Aushalten. Wenn ich nur wüsste, was ich überhaupt anfangen soll. Es ist zum Verzweifeln mit dem blödsinnigen Krieg. Abends mit Cari spazieren, versöhnte sie schön durch eine vernünftige Rede. Wir gingen ruhig ins Bett. Wenn sie leidend und abgehetzt aussieht, habe ich sie so gern.

8. Dienstag

Elend, dieser Krieg. Wäre doch ein Ende; welch ein gemeines, entwürdigendes Leben. Im Generalkommando, als Gefreiter! Als Schreiber behandelt, in dem elenden Loch, 10 Stunden des Tages eingespannt. Ich bekomme alle die elenden Krankheiten des >Stabangehörens<. Widerlich diese Menschen, der pikierte Prolet Schachinger, der sich als Beamter wichtig fühlt, der großsprecherische Schnitzler, der Aufpasser Kerschensteiner, alles so kleine Bornierte und ohne jeden Horizont, das ist zum Verrücktwerden. Abends mit Cari spazieren, dann müde nach Hause; wir tranken noch Limonade in der Wittelsbacher Passage. Mein Carilein ist ein liebes, zutrauliches, schmeichlerisches Kätzchen.

9. Mittwoch

Kein Brief, traurig deswegen, nichts vom Vetter, der kein Geld schickt, nichts von Eisler; schrieb mittags schnell eine kleine Sache aus dem Englischen über die Zeppelinfurcht nach Hamburg[97]. Abends las ich spanische Zeitungen und steckte etwas davon ein, freute mich diebisch darüber. Oft erschrecke ich, wenn ich daran denke, wie ich inzwischen arbeite. Was ich mir oft heimlich wünschte, spionieren, überwachen, heimliche Macht, alles habe ich. Es ist zum Bangewerden.

Abends trafen wir Kollmann[98], ein Gespenst, ein unheimliches, altes Kerlchen, der geheimnisvollste Mensch, den es gibt, verschlossen, hinterlistig, über-

---

tung 1915 verboten wurde, jedoch 1918–1929 wieder erschien. Herzog war Mitgründer der Zeitschrift „Pan" und Redakteur der Zeitschrift „März", siehe Dokument 29, S. 286 ff.

[97] Die Hamburger Woche, Nr. 24 vom 16.6.1915: In der Rubrik „Aus dem Lager unserer Feinde" der Artikel „Englischer Galgenhumor" aus dem Londoner Witzblatt „London Opinions" über die Zeppelinfurcht der Engländer. Siehe S. 408 ff.

[98] Albert Kollmann (1837–1915), Kunstmäzen und Entdecker von Edvard Munch, wanderte 1912 gemeinsam mit Theodor Däubler und Carl Schmitt durch das Rheinland und das Elsass. Siehe TB 1, S. 4, Anm. 14. Zu Kollmann siehe Helga Thieme, „Die Dinge sterben ab, die Rätsel bleiben." In: Ernst Barlach/Theodor Däubler, Ausstellung zum 125. Geburtstag Theodor Däublers. Ausstellungsforum Ernst Barlach Stiftung Güstrow, 2001, S. 79–100.

aus höflich und fein; er saß im vegetarischen Restaurant. Cari sprach in sein Hörrohr Banalitäten; so zu schreien ist peinlich. Aber wir unterhielten uns gut. Ich gab ihm die Schattenrisse mit dem Schattenriss Rathenaus[99], habe mir dadurch vielleicht viel verdorben. K. erzählte von Rathenau, Rom, Bülow[100]. Wir brachten ihn nach Hause, er küsste die Hand und wollte morgen seine Aufwartung machen. Wir gingen nach Hause und erzählten über ihn. Nachts bis 1/2 1 gearbeitet, französische Zeitschriften.

10. Donnerstag

Arbeitete bequem herum, las die revue des 2 mondes de Paris, ein Brief von Brinkmann, der mich sehr erfreute und erregte; ich werde ihm gleich schreiben. Hatte ziemlich zu tun, nicht allzu Unangenehmes; mittags zu Hause geschlafen, todmüde. Nachmittags <ist> Cari zum ersten mal schwimmen gegangen. Sie erzählte mir abends davon, wie ein munteres kleines Mädchen. Ich war ganz gerührt und entzückt, wie artig und freundlich sie ist. Abends fröhlich ins Bett, Pille, wunderschön. Welch ein herrliches Kind habe ich. Und doch tief Angst, die Angst der Ehe.

11. Freitag

Brief von Eisler und dem Vetter, der dummen Vorschlag macht. Tiefe Angst, aber es geht schnell vorbei. Cari geht es großartig. Mittags wieder geschlafen, entsetzlich müde. Komme nur selten dazu, etwas im Nordlicht zu schreiben. Auf <dem> Büro Briefe gelesen von >Hofdamen< und anderen Leuten. Auf die Dauer ist es sehr langweilig, gelegentlich wieder interessant; ich fühle mich sicher, aber eben doch Prolet. Habe zerrissene Hosen. Wenn ich schlecht behandelt werde, sehe ich mit Scham den Ring an meinem Finger und denke an meine Frau, die an mich glaubt. Welch ein Elend gibt es in der Welt. Las neutrale Urteile über Deutschland. Oft wütend, doch viel ruhiger und gleichgültiger. Habe an den Vetter und Jup geschrieben. Oft habe ich Sehnsucht nach Jup, wieder einmal in Plettenberg mit ihm spazieren zu gehen. Abends Steins getroffen, Stein ist zur Abreise bereit, er muss Soldat werden. Welch ein Leben: er glaubt an nichts, und nun packt es ihn; wie entsetzlich. Ich habe Angst um ihn. Die Frau ist großartig angezogen in einer Art Balltoilette und macht Eindruck, etwas kokottenhaft, schweinisches Fleisch. Wir unterhielten uns gut. Cari war stumm und offenbar mies gestimmt, das ärgerte mich oft. Um 10 gingen wir nach Hause. Cari war vornehm und schweigsam, oft sagte ich mir,

---

[99] Nachdruck in TB 1, S. 333–335.

[100] Wahrscheinlich der 1909 entlassene Reichskanzler Bernhard Prinz von Bülow (1849–1929), der 1914 erfolglos versuchte, Italien zu einer Allianz mit Deutschland und der Donaumonarchie zu bewegen.

das würde mir zu dumm. Aber schließlich laufe ich doch immer mit. Ich zerreibe mich vor Repressionen und vor Wut über meine Willenskräfte und Entschlussunfähigkeit. Die Welt ist ein Gefängnis. Aus nichts entstehen Dinge, man wird in Geschichten verwickelt, weiß nicht wie. Nichts wie Ärger, Aufregung, Angst. Cari schweigt, ist stolz und albern.

12. Samstag.

Auf dem Büro herumgearbeitet, ich vertrottele jeden Tag mehr, Angst, entdeckt zu werden. Schwach, nervös, aufgeregt, kein frisches Laufen, kein Bad, keine geistige Erregung. Den Tag über 10 Stunden eingesperrt. Es kamen die französischen Zeitungen, verschleppte sie nach Hause und nahm ein paar, besonders den homme enchaîné[101]. Traf abends, als ich todmüde und aufgelöst vom Generalkommando nach Hause ging, den Rolf [geb. 1904], den Sohn von Stein, auf der Straße, kaufte ihm eine Tafel Schokolade für seinen Vater und ging dann nach Hause, las die Zeitungen, empörte mich; traurig und zerschlagen ins Bett. Georg Eisler hat einen Eilbrief geschrieben wegen einer Geschäftssache, ich antwortete ihm noch schnell.

13. Sonntag

Morgens über alle Beschreibung müde und traurig. Im Generalkommando, herumgelesen, großer Rückstand, Zeitung gelesen. Mittags vegetarisch gegessen, Cari war sehr satt, nach Hause gegangen, geschlafen bis 5 Uhr, dann Kaffee getrunken und gearbeitet. Mein Buch über das Nordlicht wird wohl nicht fertig werden. Verzweifle am Nordlicht. Es kommt mir roh und barbarisch, ungeschlacht und ziemlich gerafft vor. Vieles ist sehr schön, das Ganze ist ohne klare Komposition und Kontur. Las wieder französische Zeitungen, habe eine sonderbare Freude, wenn der Feind siegt. Erwarte das Schlimmste. Arbeitete zu Hause am Nordlicht, schlief aber meistens, doch komme ich etwas voran in der >iranischen Mythologie<. Abends schön zu Hause, bescheiden, mit Cari einen langen Spaziergang in den Englischen Garten gemacht, sehr schön gesprochen, habe sie sehr lieb, bin dann plötzlich grob und zornig. Ich weiß nicht, was das ist. Abends sehnsüchtig, traurig, philosophisch. Ein schöner Abend, welch ein braves Kind ist meine Cari.

14. Montag

Schöner Brief von Jup an Cari, er ist noch gesund. Wir haben sehr viel an ihn gedacht. Mittags im vegetarischen Restaurant, das bekam uns ausgezeichnet.

---

[101] „L'Homme enchaîné", nach der Zeitschrift „L'Aurore", in der Emile Zolas „J'accuse" erschien, ein weiteres Presseorgan von G. B. Clemenceau. Siehe auch S. 69, Anm. 77.

Ich bin oft böse und unfreundlich, Cari ist dann leicht und schnell beleidigt. Das ist hässlich und ein dummer Zustand. Auf dem Büro nicht viel zu tun. Oft total beleidigt und gekränkt über den Hauptmann, dann wieder schnell gut. Es ist kaum zum Aushalten. Könnte ich doch einmal meinen Arbeiten nachgehen; so bin ich jetzt gezwungen, die dümmste Sache mit halbem Interesse zu machen und den Tag 10 Stunden zu verlieren.

15. Dienstag

Brief vom Vetter, hoffentlich kommt er, Angst vor dem Staat, traurig auf dem Büro herumgesessen, dabei kann ich noch froh sein. Im vegetarischen Restaurant Ceres. An Troendle Brief geschrieben, aber nicht abgeschickt. Müde, oft traurig, weil ich zu keiner Arbeit komme, die mir behagt und mich befriedigt. Abends geschlafen, ohne viel zu tun ins Bett, französische Zeitungen gelesen und mich sehr aufgeregt über die Hohenzollern. Welch ein Zustand.

16. Mittwoch

Kein Brief, müde zum Büro, Todesgedanken. Meine liebe Cari zärtlich behandelt, weil ich dachte, sie könnte einmal sterben, und dann wäre es entsetzlich, ihr wehgetan zu haben. Auf dem Büro herumgearbeitet; ein Hundeleben. Mittags im vegetarischen Restaurant, nach Hamburg[102], an Troendle und an Kluxen geschrieben. Erwarte sehnsüchtig Brief. Mein Aufsatz über Däubler liegt bei dem unverschämten <Held>[103] und erscheint nicht. Es ist zum Blödsinnigwerden! Abends holte mich Cari am Generalkommando ab, zu Hause bescheiden gegessen, mit Heimburg-Limonade, kein Bier, kaufte meinem Kindlein Erdbeeren; da war sie froh wie ein Kind und erzählte, wie sie schwimmen lernt. Ich bin oft hässlich und böse, <z. B.> als Cari die schöne Hornbrille, die sie mir gekauft hat, zerbrach. Wie dumm war das von mir. Aber der Teufel fährt in mich. Schlief nachher; also wieder nichts an dem Buch über das Nordlicht getan. Einmal muss ich doch anfangen. Müde. Heute ist die Korrespondenz von Wilhelm Herzog beschlagnahmt worden. Eine diebische Angst und Furcht, entdeckt zu werden; ebenso, wenn ich Liebesbriefe lese. Ich schäme mich und komme mir wie ein Prolet vor. Würde jemand mich ausschelten, würde ich eine dumme Rolle spielen.

---

[102] Die Hamburger Woche, Nr. 25 vom 23. 6. 15: In der Rubrik „Aus dem Lager unserer Feinde" wird aus dem letzten Maiheft der französischen „Revue des deux mondes" ein Aufsatz des Physiologen Charles Richet (1850–1935) über die Entvölkerung Frankreichs referiert, siehe S. 410 f.

[103] Hans Ludwig Held, Schriftsteller, Leopoldstr. 44, München. Lt. Emil Preetorius, Geheimnis des Sichtbaren, Piper, München 1963, war Helds Arbeitszimmer ein Raum gegenseitiger Aussprache.

17. Donnerstag

Tagsüber auf dem Büro, nervös, leicht verletzt und gekränkt, oft mit Cari gezankt, aber plötzlich wieder gut. Wenn ich auf dem Büro bin, habe ich sie lieb, wenn ich bei ihr bin, werde ich böse. Wie kommt das? Die ersten Briefe von Herzog gelesen. Abends geschlafen. Geld vom Vetter.

18. Freitag

Fritz Eislers Geburtstag. Müde auf dem Büro herum, teuere Bonbons gekauft, egal, oft traurig. Abends in das Requiem von Mozart, das in der Frauenkirche aufgeführt wurde. Herrlich. Aber Cari war mir unerträglich, weil sie Gesichter schnitt. Ihr Geist hat nicht die Macht über den Körper; so sagte sie mir. In Wahrheit machte ich mir Vorwürfe, dass ich so sprach. Zerrissen, emporgerissen vom Requiem. Die Auferstehung der Toten: herrlich und furchtbar. Cari sagte: Sehr schön. Ich entlief ihr geistig. Mein Geist ging seiner Wege. Das fühlte sie und wurde gereizt, kleinlich, beleidigt. Gleichmütig. Wir tranken eine Tasse Kaffee in der Neuen Börse, gingen dann nach Hause. Ich war froh, lachte, sang und fühlte mich stolz und frei. Aber welche Zeitvergeudung. Doch habe ich Cari lieb und will ihr nichts Böses tun.

19. Samstag

Morgens standen wir zusammen auf; auf dem Weg zum Generalkommando trafen wir Georg Eisler, sprachen nett mit ihm. Er sieht großartig, fast schwärmerisch aus. Ich ging traurig zum Generalkommando, faulenzte herum, las Briefe und schrieb Verfügungen. Mittags aßen wir zusammen in der „Ceres", suchten Troendle vergebens. Nachher Kaffee getrunken unter den Arkaden, dann Troendle gesucht, in der Giselastraße, ich ging unterdes zu Held in der Leopoldstraße wegen meines Manuskripts, traf ein kleines, fettes, weißgewaschenes Schwein, einen Pharisäer, ekelhaften Stunks, der mir physische Übelkeit verursachte und in dessen Nähe ich nicht gerne atme. Er wollte mir das Manuskript schon schicken. Na ja, welch eine korrupte Gesellschaft. Dann zum Generalkommando zurück. Abends mit Cari gegessen, ich war traurig und empört darüber, dass Frau Stein so weit ausgeschnitten war. Ich traf auf der Straße Troendle und verabredete mich mit ihm in der Neuen Börse; wollte Cari nicht mitnehmen, ging also allein; Cari schien nicht traurig deswegen zu sein. Unterhielt mich in der Neuen Börse mit Troendle und Frau Stein und Einbeck ganz gut. Dann um 11 nach Hause. Cari schlief schon, das liebe, süße, kindliche Mädchen. Ich arbeitete noch, las Herodot und Ktesias[104] und war ganz hingerissen von der Arbeit.

---

104 Ktesias, griechischer Historiograph des 5./4. Jahrhunderts, lebte seit etwa 405 siebzehn Jahre lang als Leibarzt am Hof des Perserkönigs Artaxerxes und verfasste nach

20. Sonntag

Müde auf, nach dem Frühstück zum Generalkommando gerannt, ekelhaft; und doch muss ich zufrieden sein. Nicht viel getan. Biererlass gemacht. Habe immer mehr zu tun. Mittags früh nach Hause. Traf zu meiner Überraschung Cari wie verändert. Sie war kühl und gleichgültig, gab mir kurze Antworten, gab zu verstehen, dass ich ihr gleichgültig sei. Ich war erstaunt, wollte freundlich sein, dann war es mir zu dumm, einen Moment wäre ich beinahe wütend losgefahren, aber ich beherrschte mich. Wir gingen endlich zusammen essen, in das Restaurant Gisela. Dann tranken wir Kaffee in der Wittelsbacher Passage, Cari blieb gleichgültig. Versuch mittags. Was soll ich tun. Ich stöhne, ich trample, ich bin wütend, es hilft nichts. Armer Ehekrüppel. Traurig zum Generalkommando. Verabschiedete mich kühl. Arbeitete dort nichts, schlief herum, der Hauptmann kam mit seinen 3 Kindern, döste und wartete auf den Abend, um Cari wiederzusehen. Was ist mit ihr los. Hat sie etwa in Schellings Leben gelesen und sich mit Karoline[105] identifiziert, die sonst >nur< Geister gemacht. Dabei fühle ich mich schuldig als elenden Proleten neben ihr; habe noch Freude an ihrer Schönheit. Um 1/2 7 nach Hause, sie war fort, ich trank eine Tasse Kaffee, dann wieder nach Hause, sie kam bis 3/4 8 nicht. Ich schrieb Tagebuch. Heute habe ich einen Brief von Kluxen bekommen, sehr herzlich und freundlich, dann habe ich Kollmann gesehen und einen Moment gesprochen. Das gehört vielleicht alles in diesen Zusammenhang. Abends lange auf Cari gewartet. Endlich kam sie, unnahbar, fremd, allmählich freundlich; ich arbeitete etwas, machte fleißig Notizen an dem Buch über das Nordlicht; es wird vielleicht etwas werden. War traurig.

21. Montag

Morgens war Cari wieder freundlich. Es ist wunderschön, wenn sie aufwacht und wie ein Kind sagt: O, was mir geträumt hat. Auf dem Büro viel zu tun, Entwürfe; ich drücke mich, so gut es geht. Aber es ist schwer; schrieb Eisler nach Dachau. Im vegetarischen Restaurant in der Kellerstraße. Cari schwimmt fleißig. Ich ärgere mich darüber. Abends wieder frei.

---

der Rückkehr in die Heimat eine dreiundzwanzigbändige persische Geschichte in prosaischer Erzählweise.

105 Karoline Schlegel (1763–1809), dt. Schriftstellerin, heiratete 1784 den Bergarzt Böhmer in Clausthal, lebte nach dessen Tod 1788 in Göttingen und Marburg, befreundete sich 1790 mit dem Anhänger der frz. Revolution Georg Forster (1754–1794), wurde 1793 in Königsstein im Taunus inhaftiert, heiratete 1796 August Wilhelm Schlegel (1767–1845) und nach der Scheidung von ihm 1803 F. W. J. Schelling (1775–1854).

Die französische Offensive im Westen. Die Zuckerfabrik von Souchez. Dieser Krieg: das Judentum in der Politik.[106]

Montag nach 12 Uhr [in der Nacht]. Cari hat Weinkrampf. Was will ich machen. Sie schreit immer weh, weh. Laut und heftig, hysterisch. Ich elender, armer Teufel. Verdammt, reingefallen. Das ist die Hölle, nachts so herumzulaufen und nicht helfen zu können, und zweifle, ob hier überhaupt etwas zu helfen ist. Eine weinende Frau, es ist zu dumm.

22. Dienstag

Vegetarisches Restaurant, herumgedrückt, etwas getan, ich trödle. Auf irgendeine Weise packt einen der Staat doch. Abends ausländische Zeitungen gelesen, Korrespondenz Herzog ist sehr interessant. Ich komme mir aber schamlos vor und habe eine ganz gemeine Angst. Wie ein Dieb, ein hinterlistiger Schleicher. Ich erröte vor Scham. Gelegentlich der Zeitungen wegen.

23. Mittwoch

Herumgedrückt. 10 Stunden täglich auf dem Büro, es ist unglaublich. Welcher Stumpfsinn. Und allmählich fühle ich mich wohl. Lerne den Schnitzler besser kennen und finde ihn sympathisch, fühle, dass er mich auch sympathisch findet. Er ist ein anständiger Kerl. Abends sprachen wir über Herzog; ich habe dadurch, dass ich seine Korrespondenz überwache, doch eine gewisse Stellung bekommen. Endlich. Mittags eine kleine Sache nach Hamburg geschrieben[107], abends geschlafen. Ich bin furchtbar müde. Wurde zum Wehramt bestellt. Sofort Angst, obwohl es nichts war; telefonisch erledigt.

24. Donnerstag

Georg Eisler kam mittags. Ich traf ihn unterwegs, erzählte eifrig; gleich zu meinem Kind, viel zu eifrig. Dadurch werde ich dann sofort subjektiv und

---

106 Die punktiert unterstrichenen Bemerkungen wurden mittels einer ondulierten Linie durchgestrichen; vermutlich sind es Notierungen von Stichworten. Auch die folgende nicht durchgestrichene Notierung gehört anscheinend dazu: Die Geschmacklosigkeit und Protzenhaftigkeit in der Politik.

107 Die Hamburger Woche, Nr. 26 vom 30.6.1915: In der Rubrik „Aus dem Lager unserer Feinde" wird über den embusqué, den Drückeberger referiert, eine Figur, deren Ausarbeitung erst während dieses Krieges und eigentlich nur in Frankreich erfolgt ist. In seiner Zeitung „L'Homme enchaîné" (Der gefesselte Mensch) hatte Clemenceau eine ständige Rubrik: „Carnet des embusqués" (Journal der Drückeberger) eingerichtet, in der er Leute, die sich vor dem Dienst in der Front zu drücken wussten, mit genauen Angaben kenntlich machte. Nach dieser Vorabinformation werden Beispiele für Drückebergerei aus der Zeitschrift „l'Humanité" angeführt. Siehe S. 412 f.

verliere alle Klarheit. Habe mir ein paar ausländische Schriften bestellt. Ging abends frühzeitig nach Hause, wir aßen zusammen zu Abend, unterhielten uns dann über die >Zeitungs<-Geschäfte des alten Eisler (mir wurde ganz schlecht, ich bin gespannt, wie lange wir noch Geld von ihm bekommen), brachte ihn dann zur Bahn. Waren uns einig über den Wahnsinn der Zeit und die Machtlosigkeit der Vernunft und des Guten. Entsetzlich. Fuhr nach Hause. Mein Kindlein wartete artig auf mich. Wie schön ist es, wenn wir zu Hause sind und Cari artig näht oder liest. Sie schreibt mir inzwischen die Visionen der hl. Hildegard über den Antichrist ab[108].

25. Freitag,

Morgens 100 Mark von Eisler aus Hamburg. Kein Brief sonst. Schade. Zum Büro gelaufen. Dort den ganzen Morgen gearbeitet, Korrespondenz von Herzog. Seine Frau schrieb (Lieber Goldfasan, sie braucht monatlich 1200 Mark). Aufgeregt. Mit Cari, vegetarisch im „Ethos", dann zu Hause Kaffee. Geschlafen, zum Büro, herumgependelt, nichts getan, mit Schnitzler geschwätzt; heute hielt Herzog Vortrag! Dabei ist er im Sanatorium in Ebenhausen, um militäruntauglich zu werden! Ich nehme mir immer wieder vor, ruhig und ganz <unauffällig> zu sein, aber es gelang mir nicht. Abends spät nach Hause (habe Antworten an den Gastwirteverband zu schreiben und dergleichen. Der Hauptmann ist sehr kritisch, was stilistische Eleganz angeht, mir ist alles egal). Zu Hause ein Brief vom Vetter, er kann kein Geld mehr schicken und fragt mich nach den Aufgaben. Ich antwortete ihm sofort mit Eifer, schickte den Brief noch denselben Abend ab. Freue mich über meine liebe, schöne Cari, habe sie herzlich lieb und vergehe vor Traurigkeit, wenn ich sie so artig sehe. Kam lange nicht mehr zu meinem Buch über das Nordlicht.

26. Samstag

Morgens auf dem Büro müde, mittags geschlafen. Moldenhauer kam als Vizefeldwebel mich besuchen. Das freute mich. Er erzählte von sich; ein netter, freundlicher Kerl. Cari benahm sich sehr schön. Wir gingen zusammen zum

[108] Hildegard von Bingen (1098–1179) hl., dt. Mystikerin. Cari schrieb vermutlich die lateinische Urfassung ab; z. Zt. aktuelle Quelle: Hildegardis Bingensis, Scivias. Lateinische textkritische in: Corpus Chistianorum Continuatio Mediaevalis 43, 43 A, edd. Adelgundis Führkotter OSB et Angela Carlevaris OSB, Brepols, Turnholti 1978. Eine vollständige Übersetzung liegt vor unter dem Titel: Hildegard von Bingen, Scivias. Wisse die Wege. Eine Schau von Gott und Mensch in Schöpfung und Zeit. Übersetzt und hrsg. von Walburga Storch OSB, 3. Auflage, Pattloch, Augsburg 1997. Den Ablauf des Endes der Zeiten, bei dem die Erscheinung und die Vernichtung des Antichrists, des Nachäffers Christi, eine zentrale Rolle spielt, schildert die Mystikerin in der 11. Vision des 3. Teils (S. 553–577).

Generalkommando; ich kaufte noch französische Zeitungen und die Frankfurter Zeitung[109] (in der ein Artikel über den Antichrist steht), las rum, tat fast nichts. Abends müde und aufgeregt nach Haus. Früh ins Bett, schrecklich.

27. Sonntag

Morgens auf dem Büro; gar nicht mehr zum Aushalten; ich werde noch wahnsinnig. Ich schikaniere mein schönes, liebes Kindlein. Mittags mit Cari nach Dachau. Auf der Straße gezankt, unglaublich: Brief Georg Eisler. Auf seinem Zimmer Kaffee getrunken, herrlich. herumgeschwätzt, gelesen. >Sie< freuen sich, dass die Sozialdemokraten anfangen, von Frieden zu sprechen. Angst vor dem Sog des Preußentums. Was mag daraus werden? Dann gingen wir spazieren, trafen bei Hörhammer auf der Veranda noch die Stein und Einbeck, setzten uns zusammen, der Hauptmann Roth kam. Ich wusste eigentlich nicht, wie wir uns benehmen sollten; abends schon zurückgefahren. Georg Eisler ist ein lieber Junge, ich habe ihn sehr gern.

28. Montag

Also wieder in die Tretmühle, ins Büro, wo ich verkomme und vertrödele. Schreibe Bericht über Höchstpreise für Eier, Biermarken, Ausschankzeiten, zwischendurch heimlich an dem Buch über das Nordlicht. Welche Situation. Drucksachen an Jup, Korrespondenz Herzog gelesen, französische Bücher und Zeitungen. Abends endlich angefangen, an dem Buch über das Nordlicht den ersten Entwurf aufzuschreiben. Habe Angst, es kommt mir einer zuvor, namentlich seitdem Hardekopf[110] in der „Aktion" Däubler den großen europäischen Dichter genannt hat. Cari zum Namenstag Obst gekauft; ganz glücklich vor Freude. Brief von Kluxen, gleich beantwortet.

29. Dienstag

Caris Namenstag. Ich war sehr lieb und Cari belohnte es mit unbeschreiblicher Dankbarkeit. Ich machte meine Sache auf dem Büro ab, so gut es ging, drückte mich, so gut ich konnte, philosophierte herum über die Beamten, denen ich nicht über den Weg traue. Herzog hat sich beschwert, weil die Briefe verspätet ankommen! Der Hauptmann ist manchmal unfreundlich, manchmal ganz nett. Abends müde, Leibweh, gleich geschlafen. Die Franzosen scheinen sich mit

---

[109] Frankfurter Zeitung vom 26.6.15; der Artikel über den Antichrist wird für Carl Schmitt wegen des fehlenden theologischen Bezugs nicht relevant gewesen sein.

[110] Ferdinand Hardekopf (Pseudonym Stefan Wronski) (1876–1954), dt. Dichter, 1910–1916 Parlamentsstenograf in Berlin, gehörte zum Kreis der Zeitschrift „Aktion" (siehe S. 76, Anm. 90.) um R. Schickele und F. Pfemfert.

ihrer Offensive schon erschöpft zu haben. Ich habe mit Einbeck gewettet, dass eine Balkanmacht uns bis zum 15.7. den Krieg erklärt, aber ich glaube sicher, dass ich die Wette verliere.

30. Mittwoch
Müde, kein Brief. Auf dem Büro. Heimlich an dem Buch über das Nordlicht geschrieben. Mich gedrückt, so gut es ging. Bericht über Ausschankzeiten. O Gott, ja. Brief gelesen. Nachmittags kamen für Herzog Aphorismen von Rudolf Leonhard[111] durch. Ein gescheiter, verstandeskräftiger Jude. Ich schickte ihm durch Georg Eisler mein Buch über den Staat, weil er stets über gesellschaftliche philosophische Probleme und manches über Unschuld treffend sagt. Regte mich bei der ganzen Sache außerordentlich auf. Wahnsinniger Wunsch nach Macht und Wirkung. Nervös, krankhafte Beamtenpsychose. Zu Hause zu Abend gegessen. Der Major Hessert[112] in Zivil grüßte mich freundlich. Ich erkannte ihn nicht und grüßte ordentlich wieder. Große Aufregung, für nichts. Ich konnte sie ablenken; aber Angst vor plötzlichem Affront. Arbeitete dann zu Hause am Nordlicht. Meine liebe, schöne Cari ist etwas krank. Welch ein unbeschreiblich schönes Kind ist sie. Mir vergeht das Herz vor Sehnsucht, wenn ich sie so lieb sehe. Kam mit dem Nordlicht nicht vorwärts. Eifrig und ehrgeizig. Hoffentlich wird es etwas.

Dachte zuweilen mit Abscheu und Schrecken an die Zeit beim Geheimrat. Verstehe nicht, dass ich die Atmosphäre physisch ertrug. Wenn es ganz <arg> wird und ich sitze in der schönen, friedlichen Ruhe meiner Arbeit, so erinnere ich mich plötzlich daran, dass ich um diese Zeit beim Geheimrat Wein in mich hineinsoff, für nichts und wieder nichts, vor lauter Angst, kein Geld mehr zu bekommen; aus reiner Feigheit.

Nun in der Stille meiner Arbeit komme ich zu mir. Ich will ruhig sein und nicht mehr klagen. Ich habe eine liebe, schöne Frau und einige Stunden des Tages für mich. Mehr darf man heute nicht verlangen.

---

[111] Rudolf Leonhard (1889–1953), Jurist, Kriegsfreiwilliger, später Pazifist, dt. Dichter, schrieb 1914 den Gedichtband „Über den Schlachten", lebte ab 1927 in Paris; Vater des Sowjetspezialisten Wolfgang Leonhard (*1921). Siehe Dokument 22, S. 263 ff.

[112] Hessert, Major im stellv. Gen. Kdo., Leiter der Abteilung II b2.

Juli 1915

1. Donnerstag
Müde zum Büro, etwas geschrieben an der Broschüre zum Nordlicht. Es geht langsam vorwärts, aber Hoffnung. Herumgeplagt. Rückstände ruhig liegengelassen; gemein, geärgert. Ich werde täglich nervöser. Abends geschlafen, auch mittags.

2. Freitag
Georg Eisler war da. Ich kaufte Schokolade, wir tranken zusammen Kaffee bei Fahrig, kaufte Zeitungen. Was ist er ein netter, freundlicher Junge. Leider habe ich nicht viel Zeit, war traurig und krank. Dieses ekelhafte Büro. Wäre der Krieg erst zu Ende. Für nichts und wieder nichts. Eine Mark fünfzig pro Tag, 10 Stunden arbeiten, mich für dumm halten lassen, nur ungefährliche philosophische Spiele, und mich für halb geisteskrank hergeben, um überhaupt die nötigste Ruhe zu haben. Es ist entsetzlich.

3. Samstag
Morgen womöglich nicht einmal frei, weil ein Bericht gemacht werden soll. Es ist zum Verrücktwerden. Müde, traurig den ganzen Tag. Cari ist lieb und freundlich zu mir, ich bin launisch und böse. Kein Brief, keine Nachrichten. Heute Mittag habe ich an Däubler und Frau Bienert geschrieben. Hoffentlich wird es etwas. Große Angst, es kommt mir jemand zuvor. Namentlich als ich mit Angst in den „Weißen Blättern" etwas von [1 Wort nicht lesbar] über den >Zweifel< las, was sich mit einem meiner Sätze deckte.[113] Unglaublich. In höchster Aufregung. Abends kaufte ich mir einen Strohhut, weil ich morgen in Zivil gehen will. Hätte fast an Manuel[114] geschrieben.

4. Sonntag
Morgens auf dem Büro, mittags im Ethos, freundlich zu Cari. Dann nach Dachau gefahren. (Ein Kommerzienrat im Coupé sagte: Ich kümmere mich nicht um mein Geschäft, ich habe überhaupt keine materiellen Erlöse mehr; ich denke nur noch an gutes Essen und Trinken). In Dachau schön Kaffee getrunken, etwas gearbeitet, geschwätzt. Dann kam das Gespräch auf die Cari,

---

113 Die Weissen Blätter, 2. Jg., 1915, S. 814, Rudolf Leonhard, Die Politik und der Dichter (Mit einem Nachwort des Herausgebers René Schickele: Der „Pan" im Krieg).

114 Emanuel Leonard (1854–1922), Festungsbausachverständiger, ab 1915 Leonhard von Elmenau. Siehe TB 1, S. 98, Anm. 12 und S. 177, Anm. 17.

die Leute, die sie nicht leiden <können> und sie so beleidigend ignorieren. Das kränkte sie. Heftige Diskussion. Sie sah mich hasserfüllt <und> böse an und sagte: sie hat nun endlich genug von mir. Ich verstehe sie sehr gut. Aber ich blieb ruhig, ließ mich nicht beirren. Kam mir als guter Mensch vor und hielt einfach aus. Allmählich wurde sie ruhiger. Cari schien krank zu sein, sagte, sie hätte Leibweh. Wir trafen Steins und Einbeck nicht mehr, aßen zu Abend bei Hörhammer auf der wunderschönen Veranda. Müde nach Hause. Wir saßen noch in einem Garten am Bahnhof, waren aufgelöst, Cari sprach dumm mit Georg Eisler. Ich >stammelte< über die Ehe und kam mir vor wie ein Verrückter in der Hölle. Militär und Ehe; zwei schöne Institutionen.

5. Montag

Traurig wieder in Uniform. Grauenhafte Sklaverei. Kein Brief, müde, geschlafen. Erlass über Lebensmittelverbrechen. Aufregung. Der Hauptmann trieb herum, fühlte sich wichtig und ist sehr eitel; wenn er in einer Zeitung oder von irgendeinem Proleten gelobt wird <und> eine Stunde darüber spricht. Es ist zum Lachen. Und diese Bande lacht mich hochmütig und überlegen aus. Las ausländische Zeitungen, wusste mir nicht zu helfen, war die ganze Geschichte von Herzen leid und wünschte mir nur Ruhe und Erholung. Wir bekommen nicht einmal Urlaub, weil die eifrigen Beamten Freyberg und Schachinger es nicht für nötig halten und meinen, man müsste durchhalten. Unglaublicher Stumpfsinn. Das einzige, was mich interessiert, ist die Korrespondenz Herzog. Aber es ist so gemein und eine Schleicherei, mich so in die Geheimnisse dieses Menschen zu >denken<. Ich komme mir oft elend dabei vor. Mittwoch hält er einen Vortrag, möchte wohl hingehen; aber wenn ich mit Cari gehe, kostet es 4 × soviel, weil ich bessere Plätze nehmen muss und es 2 sind. Also gehe ich gar nicht hin. Das Buch über das Nordlicht geht ganz langsam weiter. Wäre ich erst freier.

6. Dienstag

Der große Lebensmittelberichterlass wurde fertig, und ging heraus. Ich war froh darüber. Ich bin doch sehr schwach und leicht zufrieden, wenn ich gut behandelt werde. Fühlte mich ziemlich sicher und wohl. Kein Brief; was mag das sein. Vielleicht kommt alles in die Kaserne. Cari war tief traurig, aber gut und freundlich. Sie hat schlechte Kleider, das ärgert mich, und ich Prolet lasse meine Wut an ihr aus! Wir essen wieder in der Neuen Börse, treffen gelegentlich Einbeck. Das übliche Geschwätz. Cari begeistert sich für Solovjeff. Abends langes Gespräch. Ich erkannte meine psychische Lage, meine Zerrissenheit, meine Wut und den Zorn, dass ich mir nicht zu helfen weiß, dass ich eine elende Rolle im Generalkommando spiele und nichts werde und nichts zu essen habe. Sie hatte Mitleid. Sie ist ein gutes, liebes Kind, aber hartnäckig und nicht geistig beweglich; aber das ist gleichgültig, ich habe sie sehr lieb.

7. Mittwoch
Brief vom Vetter. Seine Arbeit ist wieder nicht genügend. Der arme Kerl. Eisler schickte die Antwort von Leonhard: Ein außerordentlich interessantes Buch. Aber der eitle Kerl will vor allem wissen, welchem Zusammenhang er die Zusendung verdankt. Ich bin natürlich freudig erregt, wie ich denn jeden Abend mich auf den anderen Morgen freue, weil ein Brief kommt. Wie bin ich abhängig von anderen. Ich habe Cari unendlich lieb, wenn sie bei mir im Zimmer ist und wir ruhig miteinander arbeiten. Aber seitdem die Beziehung auf fremde Menschen eintritt, bin ich um den Eindruck besorgt, ist mir nichts mehr gut genug, auch ich selbst nicht. Und dann werde ich gemein. Im Büro der übliche Schwindel. Mir wird schon ganz schlecht, ich bekomme Kopfschmerzen, Schwindelanfälle, ekelhaften Geschmack im Mund usw. Wir haben einen armen, kleinen Vogel mit nach Haus genommen. Schrieb mittags schnell etwas für die Hamburger Woche, abends hatte ich große Angst, der große Generalstab komme dahinter und es käme heraus. Cari ist gut und lieb. Abends schlief ich vor Ermüdung sofort ein und ging nachher gleich ins Bett. Ein Liebesbrief von Herzog war heute dabei. Überall dieselbe Sache, wie von >dem< Bernstein[115] geschrieben.

8. Donnerstag
Traum: „Josef Wüst“. Schrak um 5 Uhr auf, aus >englischer Zeitschrift< abgeschrieben, um für nächste Woche etwas zu haben, was ich der Hamburger Woche schicke. Wieder kein Brief. Schrecklich. Zum Büro, >Schlagrahm< verboten. Elend. Heruntergeputzt wie ein Schuljunge. Ich kann nichts mehr tun. Mein Buch über Däubler kommt nicht weiter. Mittag mit Cari und Einbeck in der Neuen Börse. Nachher unter den Arkaden. >Hausentein< getroffen, ein armer, nervöser Kerl. Tat mir leid. Sprach viel, aber unglaublich unbedeutend, dass mir ganz angst wurde. Dagegen ist Rosenbaum ja noch tief. Zu Hause etwas geschlafen, dann wieder zum Büro, zur Bleikammer; ekelhaft. Wäre dieser widerliche Krieg erst herum. Die Menschen sind verrückt, dass sie es sich gefallen lassen. Aber ich selbst bin ja auch verrückt, und die Gemeinheit besteht darin, dass man Gehorsam nicht gewinnt, dass man befiehlt. Alle sehen zu, wie du fertig wirst. Oft sehnsüchtig an meine liebe, treue Cari gedacht. Abends zu Hause, Zeitungen gelesen, etwas geschlafen; Cari ging ins Bett, ich schrieb noch etwas, führte Tagebuch, war aber sehr müde. Abends noch etwas geschrieben, schließlich ins Bett.

[115] Vermutlich Henry Bernstein (1876–1953), frz. Dramatiker, schrieb erfolgreiche Theaterstücke aus dem Leben der vornehmen Gesellschaft vor und nach dem Ersten Weltkrieg; gewandter Dramentechniker und Meister des brutalen Schockeffekts. Sein Drama „Der Dieb“ erschien 1907 in deutscher Sprache.

9. Freitag

Um 5 Uhr auf, an dem Buch über Däubler geschrieben, langsam angezogen. Ein Brief von Eisler, sonst nichts. Traurig. Wir frühstückten schön; dann ging ich zum Büro, arbeitete schön, las ein Buch von Edschmid[116], dann an der Herzog Korrespondenz vergnügt und erbaut, an seiner Feinheit und Neuheit. Ich war allein, weil die anderen Schießübungen machen, und genoss ein paar Stunden. Nachher war ich schnell müde. Mittags mit Cari zum Restaurant Ethos. Bei Kollmann, der nichts hören kann und von Walther Rathenau[117] erzählte, [3 Wörter nicht lesbar], dass er eine Gedächtnisrede beim Tod des Vaters gehalten hat, was ich als geschmacklos empfand. Wir tranken nachher noch stumm Kaffee unter den Arkaden. Kollmann ist sehr beschwerlich. Ich ging schließlich zum Büro. Nachher kam Cari nach, weil ich einen Schlüssel mitgenommen hatte. Ich arbeitete dann sehr gemütlich, erledigte aber ziemlich viele Sachen, fühlte mich allmählich wohl und ziemlich sicher. Dann abends nach Hause. Da lag ein Brief aus Hamburg. Die Druckerei Hartung verlangt das Geld für die Lithos, „Portraits", ich war erschrocken, wütend, außer mir, besonders böse Gedanken wegen Cari, redete über unsere schlimme Lage und das arme Kindlein konnte nur weinen. Wir aßen zu Abend, mir wurde besser, schließlich überlegten wir wegen der >Möbel< und ich brachte nach langem Versuch Cari dazu, morgen ihre goldene Tasche zu versetzen. Sie weinte. Sie sagte: ich wasche sie dann schön. Mir selbst tat es sehr leid, aber wir brauchen 300 Mark für die Lithos, ich muss sie bezahlen. Schon Eislers wegen und weil Eisler gefährlich ist (er hat in Dülmen noch davon gesprochen). Sein Vater darf nichts davon wissen. Das kleine Vögelchen, das Cari so lieb gepäppelt hatte, war tot, als ich nach Hause kam. Es lag in dem Taschentuch von Fritz Eisler (das erinnerte mich an den Traum, den Cari in Düsseldorf im Februar hatte). Gleichzeitig war eine Karte da von Däubler, ganz pessimistisch. Wir lasen etwas die Bibel; ich hatte Cari unbeschreiblich lieb. Sie war gut und hingebend. Ich weiß mir schon nicht mehr zu helfen, ich bin böse und rücksichtslos. Nun werden wir also morgen die schöne goldene Tasche versetzen. Wie schrecklich ist das[118]. Wie unbequem und wie stört es einen aus der täglichen Ruhe. Aber

---

[116] Kasimir Edschmid (1890–1966), dt. expressionistischer Schriftsteller. Seinerzeit aktuell: „Die sechs Mündungen", Novellen. Verlag Kurt Wolff, Leipzig 1915.

[117] Walther Rathenau (1867–1922), dt. Industrieller und Politiker. Siehe TB 1, S. 251, Anm. 88 und 270, Anm. 95. Carl Schmitt hatte nicht nur 1912 Rathenaus Buch „Kritik der Zeit" in der Zeitschrift „Die Rheinlande" (22. Jg., S. 323–324) rezensiert, sondern auch brieflich versucht, Rathenau für die Förderung Däublers zu gewinnen; er erhielt aber nur zwei distanzierte Antworten. Albert Kollmann berichtete Carl Schmitt, Rathenau habe sich nicht betroffen gefühlt. Siehe dazu und zu Carl Schmitts Satire „Walther Rathenau" in den „Schattenrissen" (wie S. 2, Anm. 2) Kap. 5 „Behrens und Rathenau", in: Industriekultur. Peter Behrens und die AEG 1907–1914. Tilmann Buddensieg (Hg.), Gebr. Mann Verlag, Berlin 1979, S. 85, Anm. 147.

[118] Auf der goldenen Tasche befand sich eine Gravur des Wappens derer von Dorotić.

ich bin entschlossen, reine Bahn zu machen und bezahle die 300 Mark. Ich war abends sehr aufgeregt und fand überall seltsame Beziehungen, glaubte, die Schicksale der Menschen auf dieser Welt klar zu durchblicken.

Traum von Jup: Ich sehe ihn in einem roten Talar.

10. Samstag
Auf dem Büro, ekelhaft, kaum zum Aushalten. Däubler [4 Wörter nicht deutbar]: dagegen an meinem Buch über das Nordlicht; auf dem Büro, gearbeitet. Beides wird nur halb fertig. Abends Geburtstagstraum. Cari war unbeschreiblich lieb und gut. Sie hat mir Blumen, >Schere<, Bücher geschenkt, alles sorgfältig überlegt. Es war großartig. Ich war ganz erschöpft vor Rührung. Wir spielten zusammen Schach.

11. Sonntag
Herumgefaulenzt. Der Geburtstag also. Brief von Däubler, der mich freute. Nach dem Mittagessen nach Hause; ich sagte, ich hätte in Zivil zu fahren, weil Freyberg nach Dachau gehen will, also in Uniform; sehr lustig. Bei Georg Eisler Kaffee getrunken, etwas geschrieben, während Cari zum Baden in die Amper ging. Ich ging ihr nach. Erst hatte ich Abscheu davor, endlich herein. Ekelhaft, das Familienbad. Es ist zum Rasendwerden. Wir froren nachher und es wurde uns schlecht. Wir gingen noch lange spazieren, verspäteten uns. Aßen bei Hörhammer auf der Terrasse zu Abend; Streit mit Cari, nicht zum Aushalten, diese Dummheit. Im Café wütend, beinahe verrückt, Mütze auf die Erde geworfen und geschimpft. Es war nicht mehr zum Aushalten; traurig nach Hause. Das arme Kindlein; ich mache sie ganz verrückt und irre.

12. Montag
Schrieb an den Brauerbund über Biermarken. Viel zu tun. Entsetzlich diese Arbeit für den Hauptmann. Mir ist ganz schlecht. Dabei hatte ich Angst, wieder in die Kaserne zu müssen, Angst vor dem Militär und jeder Vereinsamung. An dem Buch für Däubler etwas getan, Zeitungen abgeschrieben, um etwas für die Hamburger Woche zu haben. Abends früh ins Bett, müde. Cari lieb und gut, aber ihr Bein tat zu weh.

13. Dienstag
Um 5 Uhr auf. Georg Eisler war da. Abends von Frau Stein verabschiedet und Einbeck; schade. Ihn haben die Leute sehr gern. Muss jetzt schön arbeiten an dem Buch über das Nordlicht, woran ich länger schon geschrieben habe. Es gefiel mir nicht mehr. Aber es muss heraus. Es ist doch etwas anderes gewor-

den als der Aufsatz. Immerhin nicht viel. Besser als [Name nicht deutbar]. Der Hauptmann war heute nicht da, also eine kleine Erholung. Welch ein Elend, dieser Militarismus. Und darum allein muss der Krieg noch schlimmer werden. Ich möchte nach Spanien oder Russland! Nur fort. Kann man denn nirgends hin; aber man kann sich aufs Irdische nicht verlassen. Bis nachts 1/2 2 gearbeitet, todmüde, aber war etwas fleißig.

Erschrocken vor Caris Gehorsam (sie will <Mirwald> schreiben, hat gar kein Verhältnis zur bürgerlichen <Arbeit>; ich habe sie deshalb sehr lieb, obwohl sie oft töricht ist.)

Inzwischen habe ich nicht mehr so den Wunsch, dass die Franzosen etwas erleichtert <werden>, dass ein Balkanvolk anfängt. Habe Wette gemacht mit Einbeck, dass die Italiener am 15. August in Triest sind (das glaube ich selbst nicht), dass eine >Revolte< vorausgehen kann, das schon gar nicht.

14. Mittwoch

Morgens um 7 Uhr auf, müde, kein Brief, noch immer abhängig. Auf dem Büro gehört, dass der Hauptmann nicht da ist. Welche Freude. So wird man ruiniert und ich verdumme. Ganz kindliche und entwürdigende Affekte erwachen in einem. Man fühlt sich als Knabe in der Schule oder im Konvikt. Ekelhaft. Es geht dabei bis in die höchsten Stellen so. Ein Manuskript Dillmann wurde einbehalten, welches >ausdrücklich< offen[119] <war> und der erklärt: ich schreibe täglich gut eine Stunde an dem Buch über das Nordlicht. Das klang sehr schön. Las herum, tat eine Kleinigkeit, Cari aß wieder in der Neuen Börse, Einbeck (zum letzten Mal). Einbeck ging noch mit uns. Er nahm Abschied. Es tat uns sehr leid, dass er ging. Er machte beim Abschied den Eindruck eines überaus bescheidenen, etwas verlegenen Jünglings und Knaben (er wird schon ein gerissener Kerl sein). Nachmittags wenig getan. Schnell die Sache für Hamburg erledigt, Ärger auf den Proleten Kerschensteiner, der mir alles aus der Hand nehmen möchte. Ein bornierter, fleißiger und intelligenter Kerl. Aber ich ließ es nicht aufkommen. Fühlte mich doch in die Ecke gedrückt. Zu Hause gelesen, mein Kindlein war sehr lieb und artig; sie ist hingebend schön. Erzählte von Frau Stein mit Herrn Nowak. Dann gingen wir froh ins Bett und hatten uns sehr lieb.

15. Donnerstag

Um 3/4 5 auf, erst müde, dann kamen die Nachtgespenster. Ich erschrak heimlich vor meinem Schwindel, hatte Cari, das Kind, das da schlief, unendlich lieb,

[119] Offensichtlich ein harmloser Scherz

wusste, dass wir elend einer grausamen Notwendigkeit überlassen sind und gab mich ihr widerstandslos hin. Was kann man tun. Ich blieb auf, um an dem Buch über das Nordlicht zu arbeiten, mit dessen Niederschrift ich heute Mittag beginnen will. Kein Brief, das irritiert mich schon. Auf dem Büro erfuhr ich, dass Montag eine neue Untersuchung der Garnisonsdiensttauglichen ist. Mir fuhr der Schreck in die Glieder. Ich konnte nicht mehr arbeiten, der Himmel verfinstert. Ich sehe mich schon von einer Granate zerrissen (das ist es nicht eigentlich; die Angst, wieder in die Kaserne unter die stinkenden Proleten zu müssen, den ganzen Tag Wache, Gewehrputzen und immer derlei Dinge, grauenhaft). Mittags erzählte ich es meiner lieben Cari. Ich hatte sie sofort noch tausendmal lieber als sonst. Wir aßen in der Neuen Börse und waren todtraurig. Mittags fing ich an, an dem Buch über das Nordlicht zu schreiben, als wäre es mein Tod, mein Testament (ich habe Angst, das Buch zu schreiben, es ist ein Schicksal dabei; vielleicht kann ich es zwingen dadurch, dass ich das Buch auf jeden Fall fertig mache; ich will die Nacht durcharbeiten). Nachmittags herumgesessen, Genehmigungen entworfen. Ich war aber froh darüber, weil ich etwas zu tun habe, was mich immer stärkt. Abends bei meiner lieben Cari, wir aßen zusammen, ich war todmüde, schrieb etwas, schlief dann ein, wir gingen ins Bett und hatten uns lieb. Aber wenn ich an die Untersuchung denke, zittern mir sofort die Glieder und der Himmel ist verfinstert. O dieser verfluchte Militarismus, diese gottverfluchte Sklaverei, schlimmer als alles, was je da war. Mir ist das ein besonderer Grund zur Wut, dass ein König wie Friedrich Wilhelm I.[120] diese Pfeffervampire in die Welt gesetzt und die ganze Welt gezwungen hat, es mitzumachen.

16. Freitag

Um 7 1/4 auf, Brief von Georg Eisler, der nach Gemmern fragt; zum Büro. Noch immer Schreck wegen der Untersuchung, die rücksichtslos sein wird. Cari ist nach Reisach gefahren. Ich fühlte mich auf dem Büro sehr zurückgesetzt, schrieb aber schnell das Gutachten für Calker. Ging mittags zur Kaserne. >Wut< bekommen, aber meine Wut wurde schnell beseitigt, als Calker sehr freundlich war und mir sagte, wenn ich felddiensttauglich würde, käme ich ja wieder zu ihm. Ich erkundigte mich nach einem Vogel in einer Vogelhandlung, dann aß ich zu Hause ein Stück Brot mit Wurst und schrieb eifrig an meinem Buch über das Nordlicht ins Reine. Es geht sehr schön inzwischen, ich bin froh und stolz. Trank in der Wittelsbacher Passage Kaffee, zum Generalkommando, dort nichts getan, Kerschensteiner verdrängt mich auf einmal von allen wichtigen Erlassen, niemand kümmert sich mehr um mich. Ich hätte am liebsten geweint, namentlich wenn ich an mein schönes Kindlein dachte. Ich bin anscheinend verloren für diese Welt, obwohl ich alles durchschaue. Ich armer

120 Friedrich Wilhelm I., König von Preußen (1688–1740), der Soldatenkönig.

Kerl. Traurig abends nach Hause. Wut auf die Proleten und Kerschensteiner, der die Tochter des Personalienrates seiner Behörde geheiratet hat; nach Haus. Zu Hause schrieb ich wieder fleißig, holte um 10 Uhr mein Kindlein ab, hatte es herzlich lieb. Wir tranken noch eine Tasse Kaffee. Cari scheint nicht sehr ermüdet von ihrer Reise zu sein, aber es war gut, dass sie einmal gefahren ist. Wir gingen dann müde ins Bett. Ich blieb etwas bei ihr, dann schrieb ich bis 1/2 3 weiter an dem Buch. Es wird wohl schon fertig werden. Ich bin sehr stolz darauf, es ist gut geschrieben. Nachts um 3 Uhr 10, als ich noch schrieb, glaubte ich einmal meinen Vornamen „Carl" von meinem Vater gesprochen zu hören, einmal ganz kurz und schnell: Carl. Nicht warnend, leise rufend. Ich will dem Vater morgen schreiben.

17. Samstag
Müde auf dem Büro, herumgeschlafen, etwas getan, Bericht geschrieben und korrigiert, oft in heftiger Wut, dann schnell wieder versöhnt; es ist gar nicht mehr zum Aushalten. Abends schlief ich von selbst ein. Kein Brief von Kluxen. Abends Caris Geburtstag schlicht gefeiert, Vogel gekauft.

18. Sonntag
Caris Geburtstag, wir freuten uns sehr darüber, aßen in der Neuen Börse, wie gewöhnlich. Nachmittags nach Dachau, kleiner Streit, es wurde immer schlimmer; um 9 Uhr fuhren wir schon nach Hause. Ich habe fleißig an meinem Buch geschrieben. Vielleicht wird es etwas, aber ich sehe noch gar keine Ende und stöhnte herum. Erwarte die Untersuchung für Dienstag. Schrecklich, in Todesangst.

19. Montag
Hörte vormittags, dass die Untersuchung erst am 15. August stattfindet. Empfand es als Geschenk und dachte gleich daran, dass mein liebes Carilein gebetet hat. Wie schön ist das. War glücklich, es ihr zu sagen. Aber wir geraten oft wegen Dummheiten in Wortwechsel. Ich war ziemlich fleißig im Generalkommando, las die Korrespondenz Herzog und notierte mir alles, las, es ist sehr interessant, oft erschrak ich dabei aber; das ist eine Schweinerei, eine Hinterlist. Nachts gearbeitet.

20. Dienstag
Kein Brief, nichts; müde und aufgeregt, weil ich nachts immer arbeite. Ich werde nicht fertig. Ich arbeitete nachts wieder durch bis 1/2 4. Müde, ich könnte nur schlafen. Würde es doch fertig. Woran soll ich glauben. Ich muss nichts, ich will nichts. Mein armes, liebes Carilein ist wunderbar lieb und schön und gläubig. Sie weiß alles und glaubt alles.

21. Mittwoch
Ein Tag wie der andere. Zum Generalkommando, in die Neue Börse zu Mittag, zu Hause Kaffee, abends vor Müdigkeit eingeschlafen oder die Nacht durchgeschrieben bis 4 Uhr. Ich muss fertig werden, dann bin ich frei. Seltsamer Affekt, Wut auf das Militär, diesen <menschenunwürdigen> und <bestialischen> Zwang. O, *würde doch einmal dieses Tagebuch gelesen, das wäre etwas anderes als die gedruckten Heldenverehrungen.* Ekelhaft. Mittags an die Hamburger Woche geschrieben.

22. Donnerstag
Im Generalkommando fleißig, Berichte geschrieben, dreimal geschrieben, ausgefeilt, Briefe gelesen. Herumgeschwätzt. Aus Zeitungen eine Kleinigkeit abgeschrieben. Ich bekam 26 Mark Löhnung und war ganz glücklich darüber. Wir haben wieder einmal kein Geld mehr, seitdem wir Hartung bezahlt haben, welch ein Elend.

23. Freitag
Ich wurde fertig mit meiner Arbeit über das Nordlicht. Cari las sie und war skeptisch. Das ärgerte mich, aber sie hat recht. Ich feilte viel herum, machte manches besser und wusste nicht, woran ich war. Ich schrieb an Hausenstein, dass er mir einen Schreiber angibt. So machte ich mir Sensationen, in der Öde des Generalkommandos.

24. Samstag
Müde; morgens wieder um 5 Uhr auf und an der Arbeit herumgefeilt, aber sie wird fertig. Mittags geschlafen, plötzlich kam ein Telegramm: Der Onkel kommt mit dem Vetter. Das freut mich, aber ich bin misstrauisch, es kommt mir mit Georg Eisler ziemlich dumm herein. Ich holte den Onkel ab. Cari ist ziemlich krank und jammert viel. Sie hat hohes Fieber, erkältet und entzündet und konnte nicht schlafen. Ich bin ein armer, geplagter Ehemann, groß aufgelebt und kaum noch zusammen. Lief zur Bahn, fand die beiden, sie gingen ins Hotel Excelsior. Nachher zum Café Fahrig, wo es sehr voll war.

25. Sonntag
Heute den ganzen Tag zum Büro, hatte Jour, viele Rückstände, arbeitete so herum, mittags den Onkel und den Vetter in der Neuen Börse getroffen. Cari war dabei, sehr freundlich. Georg Eisler kam und las mein Manuskript, ich traf ihn abends allein in der Wittelsbacher Passage. Er war ganz ergriffen. Das hob mich ungeheuer. Wir gingen zusammen ins Bürgerbräu, der Onkel, der Vetter und Georg Eisler und ich. Unterhielten uns nett. Der Onkel renommierte mit

seinem Geld. Das ist sehr gefährlich. Ich brachte Georg Eisler zur Bahn, der durchs Gespräch ganz aus der Stimmung meines Buches herausgekommen war. Schade. Cari ist ziemlich krank und erkältet.

26. Montag

Cari den ganzen Tag im Bett. Mittags im Excelsior. Der Onkel fährt nach Dachau, um sich portraitieren zu lassen. Ging abends mit dem Vetter in die „Gespenstersonate". Ich traf Georg Eisler, als er eben zum Arzt ging. Später kam er dann zu uns, aber es war kein rechtes Gespräch. Doch nimmt er alles ernst. Ich war stolz auf mein Buch. Einen Titel hat es noch nicht. Morgen bringe ich es zur Maschinenschreiberin, die Hausenstein mir empfohlen hat. Cari ist krank und klagt. Sie ist tief ungeduldig. Kam mir öde und zerrissen vor. Brief an Jup, geweint über die Sklaverei, in der wir leben.

27. Dienstag

Auf dem Büro, Höchstpreise für Käse, herumgehetzt, elende Geschichte. Mittags den Onkel in der Neuen Börse getroffen, dann nach Hause zu Cari, während der Onkel und der Vetter alleine spazierengingen. Abends war Georg Eisler wieder da und wir sprachen über Orient und Okzident und das Recht Gottes. Aber er ist ein Skeptiker, wie seine Mutter. Abends kam der Vetter und hielt uns ab. Schade. Ich brachte Georg Eisler an die Bahn und sah, wie der Zug aus der Bahnhofshalle hinausfuhr. Unheimlich. Ich halte es nicht mehr länger auf dieser Erde aus. Mir kommen schon immer deutliche Erscheinungen, die so stark sind wie irgendein gegenwärtiger Eindruck. Ich bin ein alter Mann. Cari war den ganzen Tag krank. Sie war wieder eifersüchtig auf Georg Eisler und ließ ihn das törichterweise merken. Ich war bang, dass Georg Eisler etwas von meinem reichen Onkel merkt.

28. Mittwoch

Herumgehetzt mit Berichten usw. Welch ein Elend. Oft heftige Wut, dann wieder gleichgültig. Mittags Neue Börse. Abends aßen der Onkel und der Vetter bei uns; es war sehr unterhaltend. Wir diskutierten über die Kunst; ich musste furchtbar lachen. (Der Vetter fragte: Kann denn ein gemaltes Pferd stehen? Darauf der Onkel: Kannst Du denn fliegen?) Ich lachte. Cari doziert mir etwas zu wenig frauenhaft, wie eine Stiftsdame. Ich bin ein armer, nervöser und zerrissener Prolet. Wir brachten den Onkel in sein Hotel, tranken noch Kaffee bei Schwarzhaupt in der Wittelsbacher Passage, sprachen ziemlich ernst und gingen dann zu Bett. Todmüde und nicht ausgeschlafen. Der Vetter begeistert sich für Einbeck.

29. Donnerstag
Kein Brief, nichts. Morgens das Manuskript geholt mit dem Vetter. Ich habe die Erlaubnis, etwas in die Bibliothek zu gehen. Was ein herrlicher Morgen! Das Manuskript war wunderschön geschrieben, ich war glücklich und fröhlich. Ging in die Bibliothek, fand leider nicht, was ich suchte. Traurig zum Generalkommando. Es rückten gerade Soldaten ins Feld, Frauen weinten, ein Mann weinte auch. Ich war ergriffen und fühlte den Moloch wieder. Ich war außer mir und hätte mich totschlagen lassen können, um gegen diesen brüllenden Unsinn zu demonstrieren. Mittags war Cari wieder auf, wir aßen in der Neuen Börse (der Onkel bezahlt immer). Cari war noch etwas erkältet. Wir tranken dann bei uns Kaffee, ich las in dem Manuskript, ging mit meinem Vetter zum Generalkommando, dort herumgesessen, herumgehetzt (meine Hose ist zerrissen, ich wage kaum mich zu bewegen), ein Brief von Lohmann[121] an Herzog kam durch, in dem davon die Rede war, dass der Staatssekretär W ... [122] eine Politik gegen Annexionen macht. Weil nun das Militär gegen den Reichskanzler intrigiert und Falkenhayn[123] für die Annexion ist, muss der Brief dem Großen Generalstab vorgelegt werden. Wir müssen also die Intrigen dieser Bande und Klugscheißer unterstützen. Kerschensteiner brachte kaltblütig das Argument: wenn wir Militärbehörde sind, müssen wir uns auf Seite der Militärbehörde stellen, und der Hauptmann als Polizist, sagte natürlich sofort: selbstverständlich, der Schmitt wollte wieder warten. Alles lachte. Ich machte eine dumme Figur. Schnitzler meinte mit Ruhe, das sei überhaupt keine militärische Angelegenheit, passte sich aber schnell an und meinte, man dürfe nicht warten, sondern muss den Brief sofort vorlegen. Ich war sehr erregt. Ist es denn überhaupt noch zum Aushalten mit dem Blödsinn der Welt? Abends aßen wir zusammen bei mir zu Hause; es war sehr schön. Cari war nachmittags mit dem Onkel spazierengegangen. Sie hat sich anscheinend gut unterhalten. Wir sprachen über Geschäfte, Politik; dann brachten wir den Onkel nach Hause und gingen ziemlich froh um 11 Uhr ins Bett. Ich bin erleichtert und

---

121 Lohmann, Bekannter von Wilhelm Herzog.

122 Der Name des Staatssekretärs ist in Stenographie geschrieben. Das unstrittige W am Anfang verweist auf Arnold Wahnschaffe (geb. 1865), der von 1909 bis August 1917 und Oktober/November 1918 Unterstaatssekretär in der Reichskanzlei war, ein enger Mitarbeiter von Reichskanzler Bethmann-Hollweg.

123 Erich Georg von Falkenhayn (1861–1922), von Juli 1913 bis August 1916 preußischer Kriegsminister, ab Juli 1914 bis August 1916 auch Chef des Generalstabes. Bei der Behauptung, dass Falkenhayn für Annexion sei, handelt es sich, wie auch Carl Schmitt vermutet, um eine Intrige, denn Falkenhayn war ein erklärter Gegner von Annexionen. Er plädierte für einen mitteleuropäischen, blockadefesten Staatenbund unter deutscher Führung (so in einem Schreiben an Bethmann-Hollweg v. 28. 8. 1915); dieser Bund sollte Deutschland, Österreich-Ungarn, Bulgarien und die Türkei umfassen und möglichst ausgeweitet werden; die ungenügende politische und militärische Kooperation sollte zu einer „Integration“ geführt werden.

froh, dass das Manuskript schon bei mir liegt. Ging abends müde ins Bett und schlief sofort ein.

30. Freitag

Müde auf, sehr schläfrig. Wenn ich doch einmal ausschlafen könnte und in Ruhe einen Vormittag für mich arbeiten könnte! Auf dem Büro, Zeitungen erledigt, Briefe geöffnet und geschlossen; so ging der Vormittag schnell vorbei; ich war ziemlich für mich.

Mittags mit dem Onkel, Cari und dem Vetter zusammen im Excelsior gegessen; der Onkel und Cari fuhren nach Schleißheim. Ich ging mit dem Vetter Kaffeetrinken unter den Arkaden, dann nach Hause. Wir lasen zusammen meinen Aufsatz über Däubler, dann musste ich wieder zum Büro. Dort kam in der Korrespondenz Herzogs ein Manuskript eines Unteroffiziers Deubel[124] durch. Ich war aufgeregt, verkrampft, wütend. Ich konnte mir kaum noch helfen und war selbst dem Wahnsinn nahe. So werde ich einmal, wegen einer Dummheit und Kleinigkeit, lostoben und irrsinnig werden. Der Irrsinn ist der Tod. Ich verzweifle fast. Hatte dann noch Dummereien zu schreiben, musste lange, bis 8 1/4, bleiben. Wütend, hätte fast vergessen, dass Georg Eisler mich zu Hause erwartet. Lief dann aufgeregt nach Hause, traf den Vetter und Georg auf meinem Zimmer, nachher kamen Cari und der Onkel. Wir gingen zusammen zur Neuen Börse, dann holten Georg und ich Fräulein Eisler ab. Cari war böse, dass ich Fräulein Eisler abhole. Gott o Gott. Ich bin ein armer Teufel und freue mich jeder Sekunde, die ich für mich einsam verbringen kann. Fräulein Eisler war ziemlich arrogant und behandelte mich schlecht. Ich bin ja der Parasit. Sehr traurig und böse. Sie ging nicht mit zur Neuen Börse, sondern fährt gleich nach Dachau weiter. Ich ging allein zur Neuen Börse zurück, traf den Onkel und Cari dort, war traurig und gelangweilt, schämte mich der Zeitvergeudung; so gingen wir nach Hause. Ich komme nicht zu mir selbst. Welch ein Elend. Ich bin glücklich, dass Georg Eisler mein Manuskript so schön findet.

---

[124] Werner Deubel (1894–1949), Schriftsteller u. Essayist, Schüler von Ludwig Klages (1872–1956). Über den Wahnsinn Hölderlins. Es ist vermutlich das Manuskript des später erschienenen Aufsatzes: „Hölderlins Untergang" in: „Feuer – Monatszeitschrift für Kunst und künstlerische Kultur", Jg. 1, 1919, H. 2/3; Nachdruck in: W. Deubel, Im Kampf um die Seele. Wider den Geist der Zeit. Essays und Aufsätze, Aphorismen und Gedichte. Felicitas Deubel (Hg.), Verlag Bouvier, Bonn 1997, S. 199–207.

31. Samstag
Büro. Fast gänzlich untergebrochen[125]. Schmitt = Hindenburg[126] = Sohn so zum Hohn. Ich halte es nicht mehr aus. Abends kam Troendle. Verabredeten uns, trafen uns in der Neuen Börse, während Cari zu Hause blieb, weil sie schwer erkältet ist. Wir unterhielten uns in der Neuen Börse ziemlich gut; ich war müde. Der Onkel, der Vetter, Troendle und ich schimpften. Es war um 1 Uhr. Wir brachten den Onkel nach Hause. Als ich zu Hause ankam, hatte Cari die Tür abgeriegelt. Ich klopfte, machte Radau, weckte das Haus, aber Cari hörte nicht. Ich musste also zum Vetter. Schlief dort auf dem Sofa. (O wahres Glück, ein Ehemann zu sein.) Morgens 1/2 4 holte mich Cari.

August 1915

1. Sonntag
Morgens auf dem Büro, mittags aßen Troendle, der Vetter und ich (der Onkel ist nach Traunstein) in der Neuen Börse. Ich ging dann nach Hause, mich umziehen, schlief aber auf dem Sofa ein. Ich fuhr erst 4.25 nach Dachau, kam dort an und wurde sofort von Cari mit Beschlag belegt. Wir saßen im Garten >Ostjowski<, sprachen mit uns. Ich ging dann mit Georg hinauf auf sein Zimmer. Cari kam nach und legte sich aufs Sofa und schwätzte. Ich konnte deshalb nicht spazierengehen, sondern musste bei ihr bleiben. Das tat ich aber gerne. Als Fräulein Eisler kam und sagte, ich solle doch spazierengehen, da ich die ganze Woche im Büro arbeiten müsste, sie selbst wolle solange bei Cari bleiben. Tat das. Cari berührte dieser Vorschlag von Fräulein Eisler und fand ihn frech! Ich traute meinen Ohren nicht, aber ich blieb ruhig. Als wir beim Essen im Esszimmer saßen, sprach ich einmal lebhaft mit Troendle und Fräulein Eisler, dann wieder mit Cari. Sie sagte sofort beleidigt: Inzwischen merke ich, dass ich auch da bin. Es ist zu dumm, ungerecht und so widerlich kleinlich, dass mir vor Empörung das Blut stockt. Also in einer elenden Falle gefangen, ein Narr, ein Hanswurst. Ich kann nicht mehr frei herumlaufen. Wir fuhren nach Hause, Cari blieb für sich, ich kam todmüde zu Hause an, Cari kümmerte sich nicht um mich. So gingen wir zu Bett. Welch ein Leid!

---

125 Im Sinne von zusammengebrochen.

126 Vgl. S. 133, Anm. 163. Paul von Beneckendorff und von Hindenburg (1847–1934), preuß. Generalfeldmarschall (seit 1914) und Reichspräsident (1925–1934). Hindenburg wurde 1911 als Kommandierender General verabschiedet und 1914 reaktiviert. In den Schlachten bei Tannenberg (23.–31. 8. 14), an den Masurischen Seen (5.–15. 12. 14) und in der Winterschlacht in den Masuren im Februar 1915 schlug er gemeinsam mit seinem Stabschef Erich Ludendorff (1865–1937) die tief nach Ostpreußen eingedrungenen Russen vernichtend.

Soll ich das Fenster herunterspringen! Nein, ich habe Angst vor den 2 Sekunden, die der Sturz dauert. Totschießen ist besser. Da ist keine Gefahr, dass man es bereut. Das geht in einer Sekunde. Ich werde verrückt, tück, tück, tück.

Warum kam ich mit dieser Feigheit auf die Welt. Ich richte meine Wut gegen mich selbst, weil ich vor jedem anderen Angst habe.

2. Montag

Todmüde auf, ich habe nicht ausgeschlafen, bin zerrissen und todmüde. Auf dem Büro sehr fleißig, viele Sachen erledigt. Ich armer Sklave der Arbeit, ich „erledige" Sachen. Ich war still und bescheiden für mich. Mittags in der Neuen Börse, mit Cari, dem Vetter, Troendle, Graf; wir unterhielten uns nett. Schließlich kam auch Kollmann. Man ging zum Atelier Troendles, ich ging nach Hause, machte das Manuskript in Ordnung. Dann zur Bahn, holte Eisler und seine Schwester ab und ging dann zum Generalkommando. Wieder arbeiten, Sachen erledigen, mir vom Hauptmann vorhalten lassen, dass ich nichts kann; wie dumm und armselig bin ich doch für mich, keine Hoffnung, kein Ende. Es wird immer schlimmer. Abends müde nach Hause. Als ich kam, lag Cari im Bett und stöhnte und jammerte. Ich pflegte sie, kaufte Wein und Wasser. Traf Georg Eisler. Wir pflegten zusammen Cari. Ich machte ihr einen Umschlag, sie trank Glühwein und schwitzte. Dann Georg das Manuskript gebracht; Cari stöhnte und Georg Eisler gab mir 30 Mark. Gott sei Dank. Ich habe ihn sehr lieb. Aufgeregt, aber ich fühlte mich trotzdem sehr munter. Nachher kam der Vetter noch, erzählte mit Begeisterung von Troendle, was das für ein Kerl wäre. Ich freute mich darüber, aber ich traue Troendle nicht über den Weg; er ist kein Mann. Cari liegt im Bettchen und ist drollig munter gewesen, nachdem sie geschwitzt hat. Ich ging spät zu Bett, schlief endlich ein.

3. Dienstag

Fröhlich auf, es geht mir heute besser. Aber ich habe Angst vor dem Büro und der drohenden Untersuchung. Das ist ein Leben, kaum noch zum Ertragen. Brachte das Manuskript für Diederichs[127] in Ordnung, gab es schnell zur Post (nicht Einschreiben), und war froh, dass das erledigt ist. Auf dem Büro einen Zeitungsartikel über Käsehöchstpreise geschrieben. Ich werde nicht geachtet auf dem Büro, für dumm und lächerlich gehalten und schäme mich fast dieser elenden und kläglichen Rolle. Was soll ich tun. Ich armer Teufel. Ich bin doch

[127] Eugen Diederichs (1867–1930), Verleger in Jena, Hg. der Zeitschrift „Die Tat", Förderer der Jugendbewegung, verheiratet mit der Dichterin Lulu von Strauß und Torney (1873–1956).

ein Philosoph. Mittags mit dem Onkel, Vetter und Troendle zu Mittag gegessen. Wir haben uns gut unterhalten. Cari war nicht da; wir trafen sie mittags. Sie sieht in dem schwarzen Schal großartig aus. Wir aßen noch etwas, tranken Kaffee in der Neuen Börse, ich ging zum Büro; ekelhaft, dieses Büro. Wie ertrage ich das nur. Ich bin schon ganz nervös und erregt, wenn ich daran denke. Verachtet, ausgelacht, als Narr noch gerade gut genug; alles wird <für> zu dumm gehalten, nichts wird anerkannt, ich bin nichts, ich kann nichts, wie soll man mich qualifizieren? Müde und ermattet vor lauter dégoût, und dabei noch froh, dass ich nicht eingezogen werde und irgendwo in einem Schützengraben verrecke. Verflucht diese Zeit. Dieser wahnsinnige, blödsinnige Militarismus. Abends beim Vetter und Cari zu Hause zu Abend gegessen, Eisler geschrieben wegen der GmbH, dann kam der Onkel noch; gut unterhalten. Ich dachte plötzlich an den Geheimrat und daran, wie anständig ich bei ihm behandelt wurde, während ich jetzt den dummen Jungen mache. Hatte etwas Sehnsucht nach ihm und wollte ihm schon schreiben. Las dann noch etwas für die Nacht, schrieb mein Tagebuch und dachte über die lächerliche Eitelkeit der Bienert nach. Nachts bei der Lampe ist es am schönsten.

4. Mittwoch

Morgens auf dem Büro herumgearbeitet, müde und ziemlich erschöpft. Ich habe inzwischen viele Briefe zu lesen und werde oft ungeduldig darüber. Mittags kam Cari vom römisch-irischen Schwimmbad. Wir aßen mit dem Onkel, Vetter und Troendle zusammen. Unterhielten uns gut. Calker im Generalkommando gewesen, er hat mit Wilhelm II. gesprochen und von mir erzählt, dass ich den berühmten Lebensmittelerlass[128] entworfen habe. Vielleicht will er ins Hauptquartier. Da war ich stolz und Wilhelm II. kam mir ganz anders vor. Wie unglaublich kläglich ist das! Nachmittag fröhlicher gearbeitet, stolz und selbstbewusst. Abends war Cari wieder im Bett, sie ist krank geworden; ich war oft ungeduldig und kam mir elend vor. Ich bin kaputt durch die Ehe, aufgerieben, komme zu nichts mehr, ein armer, zerriebener Mensch. Ich bewirtete den Onkel und Vetter kläglich. Cari ist nebenan und wacht eifersüchtig darüber, dass ich auch öfters zu ihr komme. Um 1/2 11 (wir hatten Troendle vergeblich erwartet) gingen die beiden, ich schlief auf der Ottomane.

5. Donnerstag

Der Hauptmann war nicht da, deshalb war ich den ganzen Tag fröhlich und guter Laune. Wie elend ist das alles. Las Briefe und ging völlig unter in dieser

[128] Bei dem „Lebensmittelerlaß" ging es um eine Verordnung des stellv. Gen. Kdos. vom Juli 1915, in dem die Bekämpfung von Lebensmittelvergehen, wie z. B. Brotkarten-Missbrauch, geregelt wurden (Kriegsarchiv München, Akten Kriegsministerium, MKr 12821).

stumpfsinnigen Arbeit. Allmählich naht der Tag der neuen Untersuchung auf Militärtauglichkeit. Der cauchemar[129] lastet drückend auf mir. Wäre doch erst Friede! Aber das bedeutet nur, dass die Leine, an der der Staat einen hält, ein kleines Stückchen länger wird. Weiter nichts. Mittags in der Neuen Börse mit dem Onkel und dem Vetter, die beide nach Dachau fuhren; dann zu Cari, die zu Hause gegessen hat; die beiden, Onkel und Vetter, in Troendles Arbeitszimmer gebracht. Auf dem Büro Schokolade gegessen und freundlich gearbeitet; ein Brief von dem Hauptmann ist da. Ich hoffe schon, er ist für mich. Cari ist lieb und freundlich. Abends kamen der Vetter und der Onkel. Wir bewirteten sie sehr schön, wir spielten Schach und unterhielten uns gut. Aber der Onkel will Intensiveres genießen.

6. Freitag

Morgens müde auf. Ich bin bald fertig. Zum Büro, der Hauptmann ist wieder da. Ich werde abgekanzelt wie ein Schuljunge, muss mir demütigende Korrekturen gefallen lassen, werde ausgelacht und nicht ernst genommen, und wenn es heißt, ich soll jemand vertreten, so bricht alles in Gelächter aus. Ich bin sehr neugierig, wie lange ich das noch aushalte. Mittags kam Cari spät zum Essen, weil sie plötzlich zum Zahnarzt gegangen war. Was kostet das viel Geld! Ich bin ein armer, hereingefallener Teufel. Wenn ich noch wenigstens für einige Stunden meine Ruhe hätte; aber nein. Georg Eisler hat nicht antelefoniert. Was fehlt ihm wohl? Nach dem Essen nach Haus, Cari zu Bett gebracht, die schließlich umfällt vor Schlaf. Dann zum Büro, fleißig gearbeitet, viele Briefe gelesen und schließlich ganz versumpft vor lauter Arbeit. Oft heftige, sinnlose Wut zur Wirkung. Aber was hilft das alles. Lieber Gott, hilf mir. Ich armer, elender Mensch. Abends traurig nach Hause. Siegesfeier[130], o Gott. Sehr elend. Auf meinen Grabstein lasse ich schreiben: Er starb, weil er den Anblick der Dummheit, der Schwäche nicht länger ertragen konnte. Es ist schauerlich. Da standen sie vor dem Palast und grölten die Wacht am Rhein. Ekelhaft. Ich ging schnell nach Hause, ging mit Cari zur Neuen Börse (sie muss Schleimsuppe essen, weil sie nicht kauen darf). Wir warteten lange auf die Suppe. Ich geriet in Wut über meine elende Lage, raufte mir die Haare und ballte die Faust; Cari weinte; da wurde es noch schlimmer. Dann holte ich den Onkel und den Vetter.

---

[129] Frz.; dt. Alptraum

[130] Während an der Westfront die Initiativen des Jahres 1915 im Stellungskrieg erstarrten, kam im Osten die Front durch den großen deutsch-österreichischen Feldzug vom April bis Oktober in Bewegung. In der sog. 3. Phase dieser Operation wurde die russische Verteidigungslinie an der Weichsel durchbrochen, Warschau am 5. August, Brest-Litowsk am 25. August erobert und die russische Armee in die Pripjetsümpfe getrieben. An den Erfolgen war die zu Beginn vor Warschau liegende bayerische 9. Armee Prinz Leopold wesentlich beteiligt. Der Fall Warschaus dürfte Anlass für die Siegesfeier am 6. August in München gewesen sein.

Der Onkel schien Lust zu haben, sich zu amüsieren und wenig Lust, zu meiner armen Frau zu gehen. Mir ist alles egal. Wir unterhielten uns leidlich. Der Vetter schimpfte über seinen Vater. Ich war dumm genug, ihm recht zu geben. Wir gingen um 1/2 12 nach Hause. Ich führte Tagebuch.

Der Alpdruck des Krieges, des Stumpfsinnes und Blödsinns der Masse, der bornierten Beamten. Las in der Rechtsphilosophie von Radbruch[131]. Mein Buch Über den Staat muss ihm doch imponieren. Erschiene nur erst das Buch über Däubler.

7. Samstag

Mit dem Vetter zum Büro, dort Briefe von Schachinger gelesen. Oft böse. Mit gutmütigem Spott wurde ich behandelt; man fürchtet mich nicht, respektiert mich nicht, ich trotte so weiter. Meine Augen tun mir weh. Dabei werde ich wohl nächstens felddienstfähig. Der cauchemar. Welche Angst hat der Mensch in diesem Glauben schon ausgestanden, Todesfurcht und Todesschreck. Alles haben sie ausgehalten, weil sie nicht nachdenken können. Mittags mit dem Onkel und dem Vetter zu Mittag in der Neuen Börse, nachher kam Cari, der Vetter brachte sie nach Hause, ich ging noch etwas mit dem Onkel durch die Straßen an den Läden vorbei. Der Onkel ist so nett und ich vernünftig. Zu Hause schlief ich noch 1/4 Stunde todmüde. Ich habe an die Pension Schweiz telefoniert, wo Moeller van den Bruck und seine Frau sich aufhalten. Ich möchte mit Moeller van d. B. noch über mein Manuskript sprechen. Ich greife in meiner Verzweiflung nach jedem Hoffnungsschimmer. Nachmittags wieder auf dem Büro, müde herumgelesen, mürbe; wenn ich schon die Stimme des Hauptmanns höre, wird mir Angst; ausgelacht, nichts wert, traurig, verärgert, klein. Ich kaufte dann mit dem Vetter ein, holte im Restaurant Gisela Suppe für Cari, unterhielt mich gut mit dem Vetter, dann aßen wir bei uns zu Abend; der Onkel ist reizend anspruchslos und freundlich, vernünftig, solange er nicht renommiert. Cari war im Bett, verwundet und das Gesicht verbunden, weil sie sich jetzt einen zweiten Zahn hat ziehen lassen. Ich hatte sie sehr lieb, wie sie so artig und kindlich dasaß, das anschmiegsame Kindlein. Ich war sehr müde, der Onkel las etwas im Journal d'un bourgeois de Paris >von Ohnel<. Dann ging er um 1/2 11, ich schlief auf der Ottomane gleich ein (ich bin nicht normal genug).

Abends war ein Brief von Frau Bienert angekommen, sehr freundlich und interessant. Darüber geriet ich in große Freude und Stolz. Eislers haben wegen der 100 Mark geschrieben; dass ich heute gleichzeitig von Moeller van den

131 Gustav Radbruch (1878–1949), Grundzüge der Rechtsphilosphie. Siehe TB 1, S. 241, Anm. 76.

Bruck aus München und einen Brief von der Frau Bienert erhielt, ist sehr merkwürdig. Die Nacht darauf habe ich von Däubler geträumt, freundlich; wir sind in einem großen Flussbad.

8. Sonntag

Morgens um 1/2 5 rasiert, ekelhafte Gedanken. Wie immer des Morgens Angst vor dem Tod, dem Erschossenwerden, dem elenden Ende. Wäre nur dieser furchtbare Krieg aus. Man wird verrückt vor dem Alpdruck. Ich darf mein liebes, schönes Kindlein nicht ansehen, ich werde zu traurig. Welche unsägliche Quälerei, einen von der Seite der Frau zu reißen. Aber der Utilitarismus, mit dem der Staat dem Einzelnen gegenübersteht und ihn kaputt macht für elende und gleichgültige Zwecke ist geradezu zynisch geworden. Wer hält das aus. Man zerbricht ja unter der Angst, bevor es einen trifft. Ich rasierte mich und ging dann zu Cari ins Bett, schlief bis 1/2 8. Müde zum Büro, dort gearbeitet, Berichte, vom Hauptmann getadelt und korrigiert, weil ich es nicht fertigbringe, die „Formalitäten" zu beachten, degoutiere. Wie lange halte ich das wohl noch aus. Mittags in der Neuen Börse gegessen, sofort Streit mit Cari, als es sich darum handelte, Eisler in Dachau zu besuchen. Mir wird es bald zu dumm. Cari wird anmaßend und hochmütig. Wir fuhren wieder nach Dachau (sie hat beim Onkel sich über mich beklagt; wie töricht). Dort besahen wir das Portrait vom Onkel bei Mirwald[132]; es gab sofort wieder Streit, als ich mit Eisler zu seiner Schwester ging. So etwas Kleinliches und Dummes habe ich noch nicht erlebt. Ich zerre also an zwei Leinen: das Militär und die Ehe, der Staat und meine Frau. Ich gehe drauf dabei. Wir tranken Kaffe, es gelang mir, Cari durch sorgfältige Liebenswürdigkeit bei einigermaßen guter Laune zu halten; sie wurde jedoch bei der kleinsten Freude oder auch einer liebenswürdigen Antwort, die ich Fräulein Eisler gab, frech und operettenhaft; sie bat den Dr. Blank um Hustentropfen; sehr peinlich. Hörte von Fräulein Eisler, dass der Geheimrat am Zehnhoff in Arosa ist. Dann ging ich mit Georg, über den Vertrag Heyer sprechen. Wir unterhielten uns gut. Darauf mit dem Vetter und Cari zu der Veranda von Ziegler, wir aßen dort zu Abend. Cari war leicht beleidigt, machte mir Vorwürfe, über deren Berechtigung ich nachdachte; schließlich wurde es mir zu dumm. Wir fuhren nach Hause, Cari, wie immer, beleidigt mich öffentlich und mit außerordentlich dummen Anspielungen, die mir auf die Nerven fallen. Aber ich zwang mich, ruhig zu sein; denn sie ist

[132] Ferdinand Mirwald (1872–1948), Maler, Zeichner und Holzschneider in Dachau, fühlte sich eigentlich zum Landschaftsmaler berufen, verdiente indessen seinen Lebensunterhalt mit gefälligen Portraits. Siehe Norbert Göttler, Ferdinand Mirwald, Maler Zeichner und Holzschneider, Dachauer Museumsschriften, Band 11, Museumsverein Dachau e.V. in Zusammenarbeit mit der Verlagsanstalt „Bayernland" Dachau (Hg.); Ottilie Thiemann-Stoedtner, Dachauer Maler – Der Künstlerort Dachau von 1801–1946. Klaus Kiermeier (Hg.), Verlagsanstalt „Bayerland", Dachau 1981, S. 95–99.

meine Frau und ich habe sie außerordentlich lieb. So ist es mir unmöglich, auf ihre Herrschsucht und Verständnislosigkeit einzugehen. Ihr Hochmut ist größer als ihre Liebe. Das Ende: sie geht ins Bett und setzt mich dadurch ins Unrecht, dass sie weint. Ich liege auf der Ottomane, elend, kläglich, gerate in Wut über mein Schicksal; so muss das enden. Ich werde von einem Mädchen zum Narren gehalten. Ich habe mich finanziell, psychisch und moralisch kaputt machen lassen für nichts und wieder nichts. Dabei ist noch Donnerstag in 8 Tagen die Untersuchung, vor der mir schon lange graut. Welch ein Elend. Soll ich mich nicht erschießen? Der liebe, gute Georg Eisler versprach mir, mir mehr zu schicken. – Nun ist es 1/2 12. Ich komme vor Angst und Aufregung nicht zum Schlafen; gleich gibt es im besten Fall wieder eine Auseinandersetzung. Ist es nicht zum Blödsinnigwerden. Ich raufe mir die Haare vor ohnmächtiger Wut, aber meine Ohnmacht liegt nur in meiner Feigheit. Ich habe Cari lieb, weil sie ein gutes Kind ist, und erschrecke, wann ich merke, dass sie genau wie eine Münchner Bürgersfrau spricht und sich so klein und herrschsüchtig wie unsere Tante benimmt.

Dachte oft an den Geheimrat, zähle die Monate, da ich nichts mehr von mir hören ließ. Welch eine Dummheit; ich, der ich ihn habe Cari zuliebe betrogen und das nicht mal zugebe, dass es eine Dummheit war. Inzwischen ist er in der Schweiz. Warum macht mich das bange und ungemütlich, dass er in der Schweiz ist. Er wird nichts mehr nach mir fragen. Oft ist meine Sehnsucht um ihn groß. Ich habe ihn so gemein verlassen; ich hatte es doch angenommen, sein Testamentsvollstrecker zu sein. Nur für Cari habe ich es getan, aus Furcht vor ihr, und so werde ich inzwischen belohnt. Alle Freunde hat sie mir entrissen, weggenommen; will alleine herrschen. Als ich ihr den Tod von Fritz Eisler mitteilte, sagte sie: Dann sind wir wenigstens jetzt ganz für uns allein. Was bedeutet das? Ist das egoistisch, ist das die höchste Liebe? Ich kann es mir nicht denken.

Du kannst leider dieser Welt nicht entrinnen. Suche dir freundliche Gemächer, schöne Bilder, angenehme Frauen und eine liebliche Umgebung. Es ist alles nur aufgeschoben. Wenn es dich treffen soll, trifft es dich. Du trägst den Tod im eigenen Leib mit dir und pflegst ihn, bis er dich packt, und die Todesangst, die du so ängstlich vermeidest, dich erfasst und deine Augen sich verdrehen.

Welches Mittel dazu gewählt wird, ist gleichgültig. Haben tatsächlich die Belgier geglaubt, sie könnten sich auf ihre Neutralität verlassen und für sie sei das 1000-jährige Reich nun angebrochen. Was hatten sie sich eingebildet, wie sauwohl fühlten sie sich, und nachher sind viele erschossen worden, aus den Betten gerissen.

Wie mancher, der im Granatfeuer elend verendet.

Du kannst dem Leid nicht entrinnen, es steckt in dir; in der Welt, von der du ein Teil bist.

(Stein: Transponentes am Rockknopf ziehen.)

9. Montag

Morgens um 5 von meiner Ottomane frierend auf, rasierte mich und hatte schon wieder Angst vor dem Staat. Ich bin schon ganz aufgelöst. Am 17., dem Tag der Untersuchung, ist Liberatus[133]! Ist das ein gutes Vorzeichen? Cari schläft. Sie hat auf dem Gesicht Trotz: Ich liebe sie sehr, ich denke an 1. Cor. 13, 7.[134] Aber was hilft es, wenn sie keinen Verstand hat und ihr Hochmut größer ist als ihre Liebe. Ich denke oft daran, wie sie sich bei ihrer Tante benommen haben mag, an ihre doktrinäre Art zu reden, beinahe hässlich, ihre Selbstgerechtigkeit und Stolz und Erhabenheit. Dabei kann sie ein solches Kind sein! Warum leide ich solche Qualen in solchem Zwiespalt. Welcher Teufel schüttelt mich? O Gott, hilf mir, ich werde irrsinnig. Manchmal scheint mir der Irrsinn eine Beruhigung, eine gnädige Zuflucht. Ich habe alle Hoffnung aufgegeben, Cari retten zu können. Sie ist stolz, ist größer. Welch ein Leben steht mir bevor. Sie geht bestimmt wieder ans Theater. Ich zittere.

Ich ging früh zu Cari ins Bett, sie schlief ruhig weiter. Sie sagte, als ich sie fragte, warum sie denn nicht freundlich zu mir sein will: Ich <bin es lange genug> zu dir gewesen. Ich fragte sie: Bist du denn nicht meine Frau? Sie sagte ausweichend: „doch“. Das Ganze ist so dumm und albern, dass ich außer mir gerate. Dazu Bedenken >wie<: So verrinnt eine Stunde nach der anderen. Um 8 Uhr muss ich wieder zum Büro, zum Generalkommando. 10 Stunden Arbeit wie ein Lasttier. Derweilen liegt meine Frau zu Hause und rechnet sich aus, wie schlecht sie behandelt wird. Mir aber gehen die schlaflosen Nächte, die Aufregungen, die sinnlosen Wutanfälle, die Arbeit auf die Nerven. Ich muss doch verrückt werden; wieder überkommt es mich. Dann schlage ich mich an den Kopf, dann laufe ich herum und meine, ich müsste eine Gewalttat begehen. Was hilft es? Ich habe ja als bohrenden Parasiten meinen Selbstbeobachter, der mir droht und <mich> warnt und [Rest der Zeile nicht lesbar].

---

133 „Liberatus“ (der Befreite), Abt und Märtyrer aus Karthago, vermutlich am 7.8.483 unter dem Vandalenkönig Hunerich umgebracht; ein gleichnamiger Erzdiakon v. Karthago lebte im 6. Jh. und schrieb über die Häresien.

134 1.Cor.13,7: „… sie (die Liebe) verträgt alles, sie glaubet alles, sie hoffet alles, sie duldet alles.“

Mir fällt plötzlich ein: Das Drolligste ist die Szene in der Zauberflöte, in der Papageno vor dem Mohren, und der Mohr vor Papageno so erschrickt[135]. Das ist ein drolliges Bild der Ehe. Der Mohr und Papageno sind in Gefahr, ein Akteur und ein Vogel und die sind gegenseitig keine Teufel. So erschrecken sie voreinander, laufen weg und halten sich gegenseitig für den Teufel, sind aber beide nicht zu fürchten [Der Rest des Absatzes ist überschrieben und nicht lesbar.]

Was <für> ein blödsinniger Spruch: „Wie ein albernes Kind: Wissen Sie Fräulein, es ist sehr unvornehm, verrückt zu werden, es beweist Mangel an Erziehung, es ist armselig. Die gebildeten Leute tun das nicht. Aber das ist doch selbstverständlich! Jawohl, lieber Mann, na, na! So, dann entschuldigen Sie bitte, gnädiges Fräulein, dass ich verrückt werde."

Was wird aus einem schon werden, der vor Wut und Verzweiflung über seine Lage sich das Hemd zerrissen hat, aber auf dem Höhepunkt der Wut innehalten wird durch die >Vergewisserung< , dass er nicht in der Lage ist, sich ein neues Hemd zu kaufen.

---

135 Wolfgang Amadeus Mozart, Die Zauberflöte, Oper in zwei Aufzügen, Text von Emanuel Schikaneder.
1. Aufzug, 11. Auftritt; Monostatos, Pamina, die von Sklaven hereingeführt wird. Monostatos, der Mohr im Dienste Sarastros, hat die fliehende Pamina eingeholt. Nun bedroht er ihr Leben, wohl aber nur, um damit ihre Liebe erpressen zu können. Mit dem großen Aufschrei auf „Barbar!" sinkt Pamina in Ohnmacht. Die Musik drückt hierauf aus, wie Monastatos sie lüstern umschleicht. In diese tastende Tonfolge werden Papagenos tastende Schritte eingebaut.
1. Aufzug, 12. Auftritt; Die Vorigen, Papageno.
Papageno (Papageno am Fenster von außen, ohne von Monastatus bemerkt zu werden):

Wo bin ich wohl? Wo mag ich sein?
Aha, da find' ich Leute!
Gewagt, ich geh hinein. – (Tritt ein)
Schön Mädchen, jung und fein,
Viel weißer noch als Kreide!

Musikalische Erläuterung: Als er Leute erblickt, wird Papagenos Melodie frohgemut; es sind seine spielerischen „Vogelfänger"-Klänge, mit denen er Pamina entdeckt. Sie werden unterbrochen, als er und Monastatos einander erblicken: In grotesker Weise erschrecken sie voreinander, stammeln erbärmlich mit fast sichtbarem Herzklopfen im abgehackten Duett, und laufen, von der Musik witzig untermalt, in entgegengesetzter Richtung von der Bühne
Monastatos, Papageno (Erschrecken voreinander):

Hu! Das ist der Teufel sicherlich!
Hab Mitleid – Verschone mich!
Hu! Hu! Hu!
(Laufen beide davon.)

[Eine Zeile nicht zu entziffern, danach folgt:] Wer sich nicht drückt, der wird verrückt.

Noch 9. Montag

Auf dem Büro fast verrückt geworden. Mittags mit Cari in der Neuen Börse; Cari kam auch vom Zahnarzt. Wir tranken zu Haus Kaffee und haben kein Geld mehr. Der Vetter ist mit seinem Freund Scheler, der Onkel für sich. Zu Hause Briefe von Einbeck, Moeller van den Bruck und der Hamburger Woche. Ich war froh darüber. Dann kam der Onkel. Wir gingen zusammen zu >Caspari<, Einbecks besehen. Ich zum Büro, müde und gleichgültig, aber Angst vor der nahenden Untersuchung. Auf dem Büro ziemlich fleißig, aber schlecht behandelt und ausgelacht. Abends zur „Akropolis". Mit Moeller van den Bruck gut unterhalten. Er erzählte, was er vom Generalstab wusste, und will bald nach Riga. Der Onkel kam mit Cari; Cari sah großartig aus, ganz spanisch. Ich war wieder froh und stolz. Wir brachten sie nach Hause, gingen dann mit dem Onkel und Moeller van den Bruck noch etwas spazieren, tranken in der Neuen Börse eine Flasche Wasser. Dann nach Hause. Kopfschmerzen von dem griechischen Wein.

10. Dienstag

Morgens wieder todmüde. Auf dem Büro Angst und Wut. Mittags in der Neuen Börse mit dem Vetter. Zu Hause Tee. Cari ist wieder krank und schläft auf der Ottomane. Der Vetter sagte mir, wie ihm das imponiere, dass Cari jede leichte Freundschaft mit Eislers ablehnt. Sehr bedenklich. Bekam vom Vetter 60 Mark. Von Eislers kommt auch Geld. Ein neuer Vizefeldwebel ist auf dem Büro; ich hatte erst Angst, aber es wird sich schon machen. Man darf sich nur nicht bange machen lassen. Der Hauptmann ist freundlicher. Ich habe aber Misstrauen. Georg Eisler kam nicht. Diederichs hat das Manuskript ohne ein Wort zurückgeschickt. Abends zu Hause gegessen, eingekauft mit dem Vetter zusammen. Ich schlief aber sofort auf der Ottomane ein und wurde von Cari ins Bett gebracht. Liebes Kindlein.

11. Mittwoch

Morgens 1/4 nach 6 auf, rasiert, Brief geschrieben, etwas für Hamburg aufgeschrieben[136]; so war es 7 Uhr. Bedürfnis zu arbeiten, dass es Donnerstag gut

[136] Die Hamburger Woche, Nr. 33 vom 18.8.1915: In der Rubrik „Aus dem Lager unserer Feinde wird ein Artikel aus „Les Annales": Gefährlicher Snobismus (von Alfred Capus), über die Geringschätzung von Richard Strauß in Frankreich referiert. Außerdem Kurioses über Franzosen und Russen aus „Le Flambeau". Siehe S. 413 f.

geht. Wieder ins Bett. Zum Büro, viel zu tun; große Rückstände, die mich sehr bedrücken. Mittags in der Neuen Börse mit dem Vetter und Cari. Cari unterhielt sich großartig mit dem Vetter über Kinder usw. Der Vetter will ihr ein neues Kleid kaufen. Wir tranken im Hofgarten Kaffee. Diederichs hat mir geantwortet und das Manuskript ungelesen zurückgeschickt. Ich geriet in heftige Aufregung und schrieb ihm sehr eindringlich wieder. Nachmittags zu Hause geschlafen, wieder zum Büro, es hängt mir zum Halse heraus, aber ich habe Angst vor der Untersuchung. Schöne Konfitüre gekauft, geschleckt; ekelhafte Rückstände, ein unfreundlicher Hauptmann, der aber vielleicht im Grunde ganz gut ist. Abends schön zu Abend gegessen, mit dem Vetter über einen Fehler gesprochen, gut unterhalten, Cari schlief auf dem Sofa ein. Immer lastet auf mir der Alpdruck, der cauchemar, die nahende Untersuchung. Ich will nicht gestört sein. Müde ins Bett, sehr gut geschlafen.

12. Donnerstag
Früh auf, Brief von Eisler. Heftiges Gespräch mit Cari über Eisler, sie distanziert sich unglaublich; mir wurde ganz schlecht, als sie soviel Richtiges sagte und soviel Dummes durcheinander, dass mir bei dem bloßen Gedanken an eine Widerlegung schon physisch schlecht wird. Auf dem Büro fleißig gearbeitet. Der Vormittag verging schnell. Der neue Vizefeldwebel ist ein sonderbarer Kerl, aus dem ich noch nicht klug bin. Anscheinend ein Schwärmer mit bürgerlicher Normalität als Grundstimmung. Mittags kam mir Cari todmüde entgegen. Sie hatte schon wieder geweint (weil Eisler heute Abend kommt). Wir aßen zu Mittag; Cari weinte ununterbrochen. Wenn ich vom Büro komme, werde ich so empfangen. Und worum dreht sich die ganze Geschichte? Um ihre Eifersucht auf Eisler. Ich werde total verrückt. Ich habe keine Sekunde mehr Ruhe, keine Sekunde Einsamkeit und muss mir schnell eine Minute stehlen, um dies aufschreiben zu können, damit ich es nicht vergesse und eines Tages meine, ich hätte eine glückliche Zeit erlebt. Denn ich bin von Natur gutmütig und leicht beschwingt. Man darf mich schwer beleidigen, ich bin leicht wieder versöhnt und kann mir nicht abgewöhnen, immer das Beste und Schönste zu glauben. Wenn Cari weint, muss ich mich zwingen einzusehen, um welch kleines Ding es sich eigentlich handelt. Und damit werde ich dann belästigt. Andere Leute arbeiten, gehen ihrem Beruf nach, sind fröhlich und erreichen etwas. Ich schleppe mich den ganzen Tag von einem Druck in den anderen. Ich komme nicht heraus aus dem Elend. Meine Nerven sind völlig zum Verrücktwerden.

Cari macht mir Vorwürfe, dass ich dem Geheimrat nicht mehr schreibe, und dass ich ihr einmal gesagt habe, dass ich das ihr zuliebe tue. Sie will es also machen! So wird ihr armer Prolet fein hereingelegt. Der kann sich abrackern sein Leben lang; du darfst alles opfern und wegschmeißen, zum Schluss bist du doch nur der taktlose Mensch, der die seelischen Feinheiten der Frau nicht zu schätzen weiß. Wäre ich ein Hochstapler, ginge es mir besser diesen seelischen Feinheiten gegenüber.

Irgendeine Geheimratstochter macht geltend, sie leide unter dem Schlagrahmverbot viel mehr als ein Soldat im Schützengraben überhaupt verstehen könnte.

13. Freitag

Mit dem Vetter zum Büro, dort herumgearbeitet, ziemlich fleißig. Der neue Mitarbeiter, Feldwebel und Assessor Schätz, ist ein fleißiger, intelligenter, drauflos arbeitender Verwaltungsbeamter. Sehr komisch. Er erinnert an >Ostermann<[137] und ist weder zu widerlegen noch zu bestätigen. Er ist auch katholisch. Mittags aßen Cari, der Vetter und ich in der Neuen Börse; unterhielten uns gut, tranken, nachdem wir einen Regenschirm gekauft hatten, im Fürstenhof Kaffee. Gott, wie langweilig; ich sehne mich immer nach der Einsamkeit, mich einmal strecken zu können, damit ich Ruhe habe. Dann zum Büro, teure Pralinees gefressen, herumgezerrt, aber meine Arbeit taugt ja doch nichts. Müde nach Hause, dort gegessen, Vetter spielte mit Cari Schach, ich lag auf der Ottomane und schlief. Früh ins Bett, von Cari besorgt.

14. Samstag

Bald kommt die Untersuchung. Ich möchte mich am liebsten ganz frech drücken und sagen, ich hätte es vergessen. Schickte morgens das Manuskript an Däubler. Auf dem Büro fleißig. Der Hauptmann reist heute Nachmittag ins Hauptquartier. Mein Traum ist also zerronnen. Mittags mit dem Vetter und Cari gegessen. Im Odeon Kaffee getrunken. Ekelhaft, die ganze Sache; wäre ich doch allein. Angst vor Leuten wie K. Hiller[138]. Gefühl meines Berufes: frei herumzuphilosophieren und mich nicht binden zu lassen. Aber ich bin ja gebunden. Der Staat und die Frau halten mich an einer engen Leine. Nachmittags auf dem Büro probiert, ob man sich mit einem Infanteriegewehr selbst in den Kopf schießen kann. Ekelhaft, Angst, Selbstmord; konnte nichts tun. Der Assessor Schaetz belehrt mich, dass man fleißig sein muss. Ob aber dieses „Tätigsein" alles ist. Ich werde total verrückt. Ich schaue sehnsüchtig zum Fenster hinaus, kann nicht mehr sagen: O Gott, hilf mir. Bin einfach fertig, keine Kraft, ich werde herausgedrückt von fleißigen Unterschichtenstrebern. Wohin gehöre ich dann eigentlich? Und dabei eine Frau zu haben. Wie lächerlich: der Vetter merkt, dass ich Zeichen eines beginnenden Irrsinns habe (der

---

[137] Hotelier in Plettenberg.

[138] Kurt Hiller (1885–1975), dt. Publizist, Kritiker und Essayist. Siehe TB 1, S. 158, Anm. 1.

Irrsinn ist längst da; ich brauche nur 9/10 meiner Kraft, um zu verhindern, dass er ausbricht). Schrieb an Gross und Eisler einen Brief; müde nach Hause, nach dem Essen geschlafen, während der Vetter mit Cari Schach spielt. Cari sehr dozierend und aufs Gelernte stolz. Gefiel mir nicht. Nur wenn sie ein Kind ist, ist sie lieb. Wir gingen ins Bett; müde.

15. Sonntag

Morgens wunderbare Ejakulation auf meiner lieben Cari. Herrlich. Erschöpft eingeschlafen. Um 1/2 8 auf. Mit dem Vetter zum Generalkommando, dort fast nichts getan, einige Kleinigkeiten erledigt. Der Hauptmann war nicht da. Ging um 11 Uhr auf die Straße. Mittags traf ich Cari und den Vetter. Ich wurde von Cari sofort mit schulmeisterlichen Ausführungen darüber begrüßt, wie ich mich zu verhalten hätte. Mir wurde schlecht. Ekelhaft. Ich >hörte< und brummte wie der hysterische Jude, der neulich auf dem Generalkommando war und ein Programm mitgebracht hatte, während des ganzen Essens. Ich werde fast verrückt. Wenn Cari dann erklärt, auch verrückt zu werden, wenn sie anfängt zu weinen, steigt meine Wut auf einen solchen Grad, dass ich zerspringe. Ich weiß wahrhaftig nicht, was ich anfangen soll. Ich armer Teufel. Der Vetter war freundlich. Cari ist unerträglich, herrschsüchtig, selbstgefällig, doktrinär, dumm; aber schön und stolz; imponierend. Ich bin ein Prolet neben ihr. Ich helfe mir, indem ich mich kindisch stelle. Nach dem Essen nach Hause. Dort geschlafen. Wieder Streit mit Cari, weil ich ihre sorgsame Stichelei nicht vertragen kann. Dann zum Generalkommando. Hätte gern Eisler getroffen, er hat aber nicht telefoniert. Mit Kerschensteiner herumgeredet, etwas erledigt, traurig mich in meiner Einsamkeit gefühlt, vergebens bei Moeller van den Bruck antelefoniert. Dann nach Hause, umgezogen. Ich brülle vor Sensationsgier, ich halte es nicht mehr aus, ich weiß mir nicht zu helfen, wenn ich eine Frau und einen interessanten Mann sehe.

Cari erzählte heute morgen die Geschichte eines Jungen, der Höcker hatte, weil ihm Engelschwingen wuchsen. Ich machte ihr klar, wenn dieser Junge eine liebende Mutter oder Frau gehabt hätte, so hätte sie ihn zu einem tüchtigen Chirurgen geschickt; er hätte ihm den Höcker und damit die Engelschwingen amputiert.

Aussicht gewesen auf Frieden. Wie verachte ich die Menschheit, dass sie das erträgt, diese dumme, nichtswürdige Metzelei.

Ich durchschaue den ganzen Schwindel, wie es Napoleon nicht richtiger und überlegener hätte durchschauen können. Aber ich habe nicht die Kraft, einer Ordonnanz einen Befehl zu geben.

16. Montag
Arbeiten im Büro, müde, ich werde verrückt. Der feudale Vetter. Georg Eisler telefoniert, dass er nicht komme.

17. Dienstag
Wie gewöhnlich, schwere Tage, unerfreulich. Georg Eisler kommt wieder nicht. Der Hauptmann ist nicht da. Traurig, müde, oft zum Verzweifeln, Simson und Delila[139].

18. Mittwoch
Schrecklich, abends um 6 Uhr nach Hause. Auf den Straßen herum. Niederrheinisches Wetter. Traurig, sehnsüchtig, müde. Gierig, auseinanderberstend vor unbefriedigtem Tatendrang und doch schwach und kleinlich.

19. Donnerstag
Immer Angst vor der Untersuchung. Aber sie kam nicht. Sonderbar. Der Hauptmann noch nicht zurück. Auf dem Büro herumgelungert. Einiges erledigt.

20. Freitag
Traurig; der liebe Vetter nimmt sich meiner Frau an, will ihr ein weißes Füchslein kaufen. Wie schön; ich bin ganz dumm, blöd, laufe herum. Georg Eisler kam, abends, zusammen gegessen. Brachte ihn nach Hause ins Hotel Wolff, er brachte mich zum >Schillerfelsen<. Schöner Brief von Däubler. Glücklich darüber. Streit mit Cari.

21. Samstag
Hauptmann zurück. Zum Glück noch keine Untersuchung, höre wenigstens nichts davon. Gott sei Dank. Morgen Urlaub! Weiß noch nicht, wohin. Mittags im Excelsior mit dem Vetter und Cari beim Essen. Nachher Kaffee im Odeon. Wieder Szene mit Cari. Diese Dummheit; zum Verrücktwerden. Fleißig gearbeitet, um morgen zum Urlaub fertig zu sein. Abends zu Hause. Müde, während der Vetter mit Cari Schach spielt.

[139] Das Buch der Richter, Kapitel 16, Vers 16: „Da sie (Delila) ihn (Simson) aber drängte mit ihren Worten alle Tage und ihn zerplagte, ward seine Seele matt bis an den Tod."

22. Sonntag

Gib einer Katze Baldrian und sie singt dir das Preislied aus den Meistersingern von Richard Wagner.

Zum Generalkommando. Immer das alte Lied. Der Hauptmann hat mir eine Karte geschrieben, bedanke mich sofort. Ich bin ein hochmütiger und schwacher Mensch. Mittags in der Neuen Börse. Der unvermeidliche Streit; es ist zum Wahnsinnigwerden. Wenn Cari doch nicht so peinlich dumm wäre bei ihrer Herrschsucht. Unterhielten uns gut. Ich fühlte mich sehr wohl, aber musste nach Hause zu meiner Frau; wurde mit Vorwürfen empfangen, wir gingen zusammen essen in die Neue Börse. Cari und der Vetter spielten Schach, ich unterhielt mich mit Georg. War gerührt von der Schönheit einer Lortzingschen Melodie. Geriet in Wut über den Juden Wagner, und schließlich gingen wir nach Hause. Ich war aufs höchste aufgeregt und stürzte fast vor Erregung. Wie schrecklich ist das. Ich bin verrückt. Wie halte ich das aus und dabei eine ganz verständnislose, herrschsüchtige Frau, die aus meiner Ehe eine kitschige Idylle machen möchte.

23. Montag

Schlief etwas länger. Wir packten ein; gut, dass Cari da war; wie sie so schön besorgt ist; kaufte noch etwas ein. (Troendle >traf< ich leider nicht.) Wir fuhren mit Auto zur Bahn. Traf dort Eisler, bekamen noch den Zug, der sehr überfüllt war. Im Speisewagen wieder Tränen; dann ging es leidlich. In Oberaudorf ging es nach Reisach. Dort bei Wollers, wo wir wohnen wollten. Ganz furchtbar. Schrecklich selbstmörderisch. Ich erschrak, sie weinte; Cari war empört und <ich> weinte auch (weil ich mich nicht vor ihr blamieren wollte). Wir gingen dann noch am Inn vorbei (auch eine drohende, gefährliche Gegend mit rauschendem Wasser), gaben bei Woller das Zimmer auf. Gingen nach Oberaudorf zurück. In Oberaudorf waren nur Soldaten. Es war furchtbar. Ich bekam Anfälle, wenn ich einen Soldaten sah. Der Vetter erklärte mich energisch für verrückt. Gut, dass er da war. Ich wurde infantil, sah Soldaten an dem Abhang des >Greifenlochs< klettern und dachte mir, dass ich mich schon einmal in Todesangst an einem solchen Berg im Traum gesehen habe. Cari weinte, war wütend. Warum? Weil sie fühlte, dass man sich nach mir drehte und nicht nach ihr. Es war schön. Wir tranken in einem kleinen Cafégarten Kaffee. Ich ging zur Bahn und war glücklich, einige Minuten für mich allein zu sein. Besorgte das Gepäck nach Kiefersfelden. Dann gingen wir zu Fuß, ein schöner Weg. Nach langem Suchen blieben wir aber im Gasthof Mesner, wo es sehr billig war (90 Pfennig das Bett, und gut zu sein scheint). Herrliche Gegend. Wir waren alle sehr zufrieden, aßen schön zu Abend, gingen noch an die Bahn, der Mond schien prachtvoll aufs Kaisergebirge; dann gingen wir früh ins Bett. Wunderschön, zufrieden.

Ich weiß nicht, wie das mit Cari enden soll. Ich gebe immer nach und bin vernünftig. Sie ist ein Kind. Eitel, anspruchsvoll, ohne jede Fähigkeit zur Selbstbeurteilung und Selbstbeobachtung, immer bereit, sich als einzig dastehend und als Frau zu empfinden und mich als ihren Beleidiger und einen Feind ihrer Vornehmheit und ihres Tones. Dabei soll ich selbst der Ton sein. Mann, Mann.

24. Dienstag

Um 8 Uhr auf, angezogen und rasiert; es wäre wunderschön gewesen, wenn nicht Cari schon wieder prinzipiell geworden wäre. Immer die alte Geschichte, wenn man nicht genau das tut, was sie will und nicht im Mittelpunkt jedes Gesprächs stehen lässt; wer sie nicht bewundert und bedient, beleidigt sie. Sie weint solange, bis sie recht behält. Was soll ich davon sprechen; es ist die alte Geschichte, tausendmal erzählt, bald humoristisch, bald wütend, wie von Strindberg, wie er fühlte, dass er dabei kaputt ging. Ich war ihr endlich glücklich entronnen und fühlte mich beruhigt, sie nicht mehr zu sehen. Sie zieht sich nebenan an und ich sitze bei wunderschönem Wetter auf der kleinen Veranda und freue mich, geistig atmen zu können. In der Gegenwart meiner Frau kann ich das nicht. Was wird das wieder für ein Tag werden. Es wäre vielleicht doch besser gewesen, ich hätte eine Jüdin geheiratet als dieses prachtvolle, aber herrschsüchtige und kindische Mädchen. Gefrühstückt in der herrlichen Sonne unten auf der Veranda. Da wurde es sofort besser. Wir gingen spazieren, durch Felder, etwas den Fluss entlang, legten uns auf eine Bank. Brachte dem Vetter etwas Jurisprudenz bei. So ging es sehr angenehm, obwohl Cari in jedem Gespräch die wichtigste Rolle spielen wollte. Mittagessen bei Mesner; sehr gut. Nachher schliefen wir. Ich wachte eher auf, machte mich zurecht und setzte mich, während Cari und der Vetter noch schliefen, auf die kleine Veranda und genoss meine Einsamkeit mit größtem körperlichen Behagen. So vergeht eine Sekunde nach der anderen Sekunde; nichts grauenhafter als die einzelnen Sekunden. Aber angesichts dieser großartigen Natur kann man das vergessen, sehr vergessen, dass es fast nicht richtig zu sein scheint, wie gegenüber einem großen Kunstwerk.

Es gibt eine Betonung des Sprechens, die rein soziologisch ist: Er spricht von sich und findet Verständnis. Liebe ist Gewöhnung.

Wir aßen mittags im Gasthof Mesner, tranken schön und bequem Kaffee in einer kleinen Konditorei an der Linzstraße, gingen nach Kufstein zu in die König-Otto-Kapelle, dann zur Fähre am Inn, dem Kaiser gegenüber, wo ein großartiger, farbenprächtiger Grenzaufseher Wache hatte, fuhren mehrmals über und photographierten den Grenzer (Franz Zuckriegel aus Kufstein). Dann fröhlich nach Hause, erzählt, geschwätzt; früh ins Bett.

25. Mittwoch

Morgens wenig getan, spazierengegangen und geärgert, dass wir nicht mehr tun. Mittags wieder gut im Mesnerhof gegessen, nachmittags nach dem Brünnstein, vorher Kaffee mit Kuchen, Schokolade gekauft. Nach Oberaudorf gefahren, beim Anblick der Sonne dort wieder einen Anfall. Aber nicht so schlimm, wenn man mich gleich in Ruhe lässt (Beruhigung: ein Jude wie Weininger[140] hat Selbstmord begangen; das steht mir also immer noch frei). Dann beschwerliche Wanderung bergauf, am Waldgrabenbauern vorbei, ein kleiner Bauernbursche, Anderl, der den Berg hinaufkroch, begleitete uns. Wir schenkten ihm Schokolade. Endlich kamen wir todmüde um 7 Uhr am unteren Stiftshaus an; dort ist es teuer, aber schön. Dachte daran, wie leicht man mit Mädchen reisen kann, ohne sie als seine Frau ausgeben zu müssen. Wir aßen zu Abend, reichlich, aber nicht besonders gut. Tranken Tiroler Wein, ich wurde etwas betrunken. Dachte an den Geheimrat und was ich mir mit ihm verscherzt habe; hatte Wut, etwas durchzusetzen und ging schließlich todmüde ins Bett. Gleich geschlafen.

26. Donnerstag

Um 2 wach, oft Angst vor dem Krieg, meinem Leben, an Demosthenes gedacht, zu Cari ins Bett; dann frühstückten wir. Wir sahen die Berge und beneideten die Leute, die sie jeden Tag sehen und in ihnen leben können. Beim Frühstück Zank mit Cari, weil ich an Eisler eine Karte geschrieben habe. Wir brachen dann auf, gingen auf die Spitze des Brünnsteins, einen ziemlich steilen Felsenweg hinan. Oben ist ein Kirchlein, eine herrliche Aussicht; unvergleichlich, erhebend. Dachau ist ein Schmarrn dagegen. Monumentale Linien der Berge, >isonische< Farben, schwellende Wiesen. Ich war ganz hingerissen. Cari freute sich, dass es ihr so gut gefiel. Wir gingen dann herunter, der Vetter machte einen kleinen Zank und stellte sich eigensinnig. Dann kamen wir an die Himmelmoser Alm, tranken dort Milch. Geschlafen (ich hatte den Magen etwas verdorben), ging endlich (Cari hat sich mit dem Moidl großartig unterhalten) todmüde; der Abstieg war beschwerlich. Wir badeten in einem kleinen Bach, tranken in der >Hochfelln<-Quelle Kaffee. Wieder Stunk wegen Eislers. Ich fürchtete heimlich, er würde in Kiefersfelden sein, wenn wir dort ankommen; gingen dann nach Hause, ruhten uns aus, aßen schön zu Abend, spielten Schach. Ich brachte Cari ins Bett und ging mit dem Vetter noch etwas spazieren. Er erzählte von seinem Vater. In mir erwachte wieder die seltsame Scheu und Angst vor dem Reichtum. Müde.

---

140 Otto Weininger (1880–1903), österr. Schriftsteller und Psychologe, entwarf eine Philosophie der Geschlechter („Geschlecht und Charakter“, 1903), siehe Einführung S. 4.

27. Freitag

Nachts mehrere Male wach geworden, schön geschlafen, Cari ist sehr lieb und freundlich. Ich stand auf, wusch mich und fühlte mich unglaublich wohl, so wohl, dass ich ganz optimistisch wurde und anfing, selbst den Krieg in Ordnung zu finden und auf mein Schicksal zu hoffen, ohne Angst, ohne jede Angst. Wir gingen morgens an den Bach und bauten einen Wall aus Steinen. Das war unterhaltend und gesund. Ich dachte an nichts mehr, nicht an den Krieg; wunderschön. Aßen bequem zu Mittag, schliefen etwas, behaglich Kaffee getrunken in der kleinen Dorfkonditorei. Viel Kuchen gegessen, von der Zukunft geschwärmt, dann wieder im Bach Steine aufgetürmt. Abends verlangte der Vetter plötzlich, dass ich Sonntag mit ihm alleine zusammen sein soll und nicht mit Eisler gehe. Ich sah sofort, dass er es liebt, mir eine Szene zu machen, aus Übermut, Frechheit, um uns seine Macht fühlen zu lassen. Ich war empört, stand auf und lief herum, fühlte mich einsam in der prachtvollen Gegend, unter den Bergen; war sehr stark und stolz. Ging dann nach Hause; einen Moment dachte ich daran, zu Eisler nach Prien zu reisen, vielleicht sogar zu Fuß zu gehen, aber ich blieb. Obwohl ich verrückt wurde vor Aufregung, ging ich ins Bett. Heftige Erregung. Cari bekam hysterischen Weinkrampf diese Nacht, wie hält man sie aus.

Ich bin verrückt, ich sehe schon schwarze Gestalten, schwarze Männchen vor mir laufen, zum Greifen deutlich, dann wieder Marionetten, winzig, sehe alle Menschen ekelhaft als Dreckpöbel. O, ich werde verrückt.

28. Samstag

Mir wurde besser, Cari ist gut und freundlich, sie hilft mir. Mit dem Vetter ging es dann wieder, wir sprachen nicht mehr von gestern Abend, gingen zum Bach und arbeiteten wieder an dem Wall bis Mittag. Prachtvolles Wetter, diese glühende Sonnenhitze. Mittags nach dem Essen schrieb ich dem Onkel einen Brief, in dem ich ihn um 100 Mark bat.

Ich habe Angst vor dem Vetter, vor seiner Unberechenbarkeit, seiner femininen Bosheit, seinem Intrigantentum, seiner intriganten Schlauheit und Frechheit. Ich freue mich, morgen den guten Eisler zu sehen, der mir die Zauberflöte geschickt hat. So freundlich und aufmerksam!

(Die <Versuchung> des heiligen Antonius: Wie kitschig und albern, sie in einem schönen Mädchen zu sehen!) Es ist die Furchtbarkeit und der Besitz dieser Welt. Grauenhaft. Gestalten, die einen wahnsinnig machen, wenn man sie sieht, wenn sie da sind.

Die große Linie des gewaltigen Berges übertönt jede Farbe. So viel schöne Farben da sind, sie kommen nicht auf vor den schönen Linien. Dieses Verhältnis von Lyrik zu Epik?

Abends tranken wir Wein, feierten Augustinus. Am Nachmittag haben wir an dem Bach gespielt. Cari hat mit den Dorfmädchen geschwafelt, wunderschön. Mit dem Vetter habe ich mich gut unterhalten. Wir tranken Wein; ich wurde müde und ging früh ins Bett, Cari kam nach.

29. Sonntag

Morgens früh auf; fröhlich angezogen, allein zur Bahn, in Rosenheim Georg Eisler getroffen und mit ihm schön ein paar Stunden verplaudert über die Juden, die Schwere der Zeit, über Franzosen. Ich war ganz glücklich, von ihm zu hören, und habe ihn sehr gern. Hatte aber Angst vor meiner Frau. Sie kam um 1/2 11 mit dem Vetter. Wir aßen im Wartesaal. Bekam von Georg Eisler 50 Mark. Wir fuhren dann nach München und Dachau, besahen das Bild des Onkels bei Mirwald, dann nach München zurück. Es regnete etwas, ärgerten uns, wieder eine kleine Szene mit Cari; es wird mir sehr schwer, das auszuhalten. Ich ging dann Billetts für die Zauberflöte kaufen (Cari weiß, wieviel mir daran liegt, dass wir eine schöne Aufführung mitmachen, aber es liegt ihr nichts daran, einfach zu Hause zu bleiben und das als Zwangsmittel zu verwenden). Ich ging zum Theater, kaufte schöne Plätze, 3. Reihe Parkett! 18 Mark! Wir aßen eine Kleinigkeit in der Teestube, Cari sah sehr gut aus; dann hörten wir die herrliche Aufführung. Ich war sehr begeistert und verstand zum ersten Mal die ganze Handlung, die mir sehr gut gefiel; ich sehe auch, wie unverschämt Wagner gestohlen hat. Nachher fuhren wir mit dem Auto zur Weinstube Akropolis, tranken dort Samos, sprachen schön, über das Examen, der Vetter war sehr nett. Ich schrieb unter den Hassgesang von Lissauer[141], der an der Wand hing, neben einem Vorsprung „nebbich“[142]; wir gingen dann vergnügt um 12 Uhr nach Hause. Unterwegs wurde ich von einem Feldwebel angesprochen, der mich fragte, ob ich Zivilurlaub hätte; ich sagte ziemlich ruhig (aber für Cari nicht frech genug): „Fragen sie bitte Herrn Hauptmann Roth vom Generalkommando.“ Ließ mich nicht aufregen und ging nach Hause. Schlief gleich ein. (Rechnung vom Zahnarzt schon vergessen; kein Geld mehr).

30. Montag

Zur „Akropolis“ gelaufen und „nebbich“ ausradiert. Also wieder zum Generalkommando; doch fühlte ich mich frisch. Nicht viel zu tun; keine Veränderungen. Mittags mit dem Vetter und Cari in der Neuen Börse. Wir tranken

---

141 Ernst Lissauer (1882–1937), Hassgesang gegen England, zuerst 1914, jetzt in: Thomas Anz/Joseph Vogel (Hg.), Krieg – Die Dichter und der Krieg. Deutsche Lyrik 1914–1918. Verlag Carl Hanser, München 1982, S. 185f.

142 (Gaunersprache, aus dem Jiddischen entlehnt) leider!, schade! (Umgangssprache) nun wenn schon! was macht das!

dann zu Hause Kaffee. Alles sehr nett und freundlich. Nachmittags auf dem Generalkommando böse Ahnung, ich ging aufs Zimmer 138 von Schätz und Schnitzler ans Fenster. Die wirtschaftlichen Sachen hat man mir abgenommen; Unteroffizier bin ich noch nicht geworden. Mir ist alles gleich. Manchmal, weil ich wieder gesund bin, denke ich daran, ruhig zu sterben. Im großen und ganzen ist es doch wieder aus mit mir. Die Ehe und das Militär. In dieser schauderhaften Doppelklammer werde ich wohl zerrieben werden. Welch ein Elend. Aber verdient. Ich fühle, dass ich an alles glaube, allem recht gebe, keine Widerstandskraft mehr aufbringe, vertrödele und schlafe, aus Angst und Feigheit, keinen Satz auszusprechen vermag. Feigheit vor allen Menschen, vor meiner Frau; wie elend. Abends schön zu Hause gegessen. Der Vetter hat kein Geld mehr; ich gebe ihm mein letztes (wissend, dass ich damit Eindruck mache).

31. Dienstag
Vetter reist ab. Ich sehr traurig, fühlte mich allein. Cari freute sich darüber, dass wir inzwischen wieder für uns; kein Geld mehr, ganz elend, und dabei die verrückten Ausgaben meiner Frau! Aber ich darf nicht daran denken, sonst sause ich eines Tages in den Abgrund des Irrsinns, an dessen Rand ich inzwischen noch einigermaßen mich halte. Auf dem Generalkommando ruhig; ziemlich freundlich mit Cari gegessen, hinterher geschlafen. Kaffee zu Hause getrunken, wieder zum Generalkommando, die alte Arbeit, aber meine Rückstände aufgearbeitet. Abends zu Hause, gleich geschlafen und früh ins Bett.

September 1915

1. Mittwoch
Glaubte, Eisler zu sehen! >Traurig<. Herbstwetter, >vernebelt<, ruhige, verklärte, bunte Herbststimmung. Fröhlich zur Arbeit. Alles ist mir gleich. Ich bin ruhig und gelassen. Arbeitete den Vormittag, aß mit Cari in der Neuen Börse. Wir gingen dann fröhlich nach Hause, tranken Kaffee, ich schrieb die Sachen für Hamburg[143] und war glücklich, als ich sie fertig hatte. Dann schnell zum Generalkommando, etwas gearbeitet, schlechte Figur gemacht. Ich bin ein armes Luder, ein armer Troddel. Nichts mehr wert, verschlissen, aufgerieben. Manchmal noch literarischer Ehrgeiz, das ist auch alles. Kaputt. Müde nach Hause. Cari war freundlich, bis die Rede auf Fräulein Eisler kam; dann wird sie

[143] Die Hamburger Woche, Nr. 36 vom 8.9.1915: In der Rubrik „Aus dem Lager unserer Feinde“ werden Anmerkungen über die Stimmung gewisser englischer Kreise aus der englischen illustrierten Zeitschrift „The Bystander“ zitiert. Siehe S. 415 f.

wild, sagt nichts mehr, geht einfach ins Bett und lässt mich einfach da sitzen. Das ist nun eine schöne Liebe. Ich werde dumm dabei, habe immer Angst, ich werde verrückt. Sie braucht ja nur anfangen zu weinen, dann werde ich tatsächlich verrückt. Was kann ich da machen, als mich beklagen! Welch ein Vergnügen, dieses Leben, welch eine Gemeinheit, die Ehe. Welch eine Schande. Aber das ist die Strafe für meinen Gehorsam. Ich bin Kreti und Pleti gehorsam. Also fällst du herein! *Du hast nicht die Kraft, einsam und für dich zu sein; also fällst du herein.* Wer tausend Herren dient, wird bald verrückt vor Angst, keinem dienen zu können. Du zerreißt dich zwischen deinen tausend Herren und Göttern, die du anbetest, du bist ein armer Fetzen. Dann sah ich Cari und war erstaunt über ihre Schönheit und Weiblichkeit. Hatte sie sehr lieb. Brachte die Briefe zum Kasten und ging fröhlich ins Bett.

2. Donnerstag

Brief von Eisler, er kommt heute noch nicht. Munter auf; auf dem Büro in der Stimmung ruhigen Strebens. Dachte an den alten Herrn Arthur Lamberts und war diesem gehorsam. Ruhig, bezwang meine Lust nach Schokolade; ließ mich schlecht behandeln. Ich werde schon vorwärts kommen. Mittags brachte Cari ein Buch von Däubler mit, „Der sternhelle Weg"[144] ist erschienen. Große Freude, wollte es gleich kaufen. Wir gingen durch die herbstlichen Straßen, noch an der Pension Rüb vorbei, um nach Eislers Briefen zu fragen, dann Streit, weil ich Cari vorwarf, sie sei nicht sparsam genug. Wieder versöhnt, tranken Tee, fühlte mich elend, weil wir keinen Pfennig Geld haben und ich ein armer Teufel bin; auch keine Aussichten, vorwärts zu kommen. Dann zum Generalkommando, dort ziemlich gearbeitet, ruhig. >Oft< Sucht zu schwätzen, meist überwunden; abends nach Hause. Eigentlich bin ich doch elend daran. Cari war ernst, nachdenklich. Ich staunte über ihre Schönheit und ihre Weisheit. Wir unterhielten uns etwas, ich schrieb an M E. Mayer[145] nach Straßburg, um mich des Vetters anzunehmen, einen feinen Brief, aber etwas gewagt; schickte ihm mein Buch über den Staat, brachte alles an den Kasten und war sehr froh. Die Gedichte von Däubler sind sehr schön. Aber ich darf nichts mit ihm zu tun haben, dann verdrießt er mich. Dachte viel an Fritz Eisler und seinen Tod im Herbst.

3. Freitag,

Auf dem Büro fröhlich gearbeitet; ziemlich hoffnungsvoll. Mittags mit Cari in der Neuen Börse; dann nach Hause, dort geschlafen, zum Büro, den ganzen

[144] Dresden-Hellerau, Hellerauer Verlag Jakob Hegner, 1915; Jakob Hegner (1882–1962), Verleger von Carl Schmitt, Römischer Katholizismus und politische Form, 1. Auflage 1923. Siehe auch S. 430.

[145] Max Ernst Mayer, Jurist, a. o. Prof. an der Universität Straßburg.

Nachmittag wieder ziemlich gearbeitet. Ich habe keine besonderen Rückstände mehr und bin ziemlich munter. Abends um 1/2 8 nach Hause; Georg Eisler war da, wir unterhielten uns; Caris Gegenwart bedrückte das Gespräch, aber es war nett. Er ist fast verrückt und ganz aus dem Umgang mit Menschen heraus. Mir wurde Angst, als ich es sah; wir gingen zusammen zur Bahn, der Zug hatte große Verspätung, wir plauderten so herum; schließlich fuhr er ab. Ich ging traurig und einsam nach Hause. Oft geilt mir. Müde ins Bett zu meinem schönen, lieben Kindlein.

Wenn ich König wäre, schaffte ich mir einen recht dummen Menschen an, der mich dreimal täglich unerwartet knuffen müsste. Dann bleibe ich auf dieser Erde. Wenn ich der Mensch wäre, der das zu tun hätte, so würde ich mich großartig unterhalten, und einmal alle hintereinander knuffen lassen.

4. Samstag

Fröhlich auf, zum Büro, guter Laune. Mittags schön gegessen, etwas herumgelaufen, neue Wohnung gesucht, aber nichts gefunden. Zu Hause Kaffee. Dann zum Büro. Passierschein für Gräfin Carton de Viart, geborene Gräfin Fugger-Babenhausen, ausgestellt; eine freundliche, hübsche, vernünftige junge Frau. Etwas zu artistenhaft. Ich brachte es nicht fertig, die Formulare auszufüllen. Der Hauptmann schimpfte, dass ich überhaupt nichts kann. Wie stand ich da! Ein elender Prolet! Ich kann nichts, man schmeißt mich heraus. Es wäre meine Pflicht, wegzugehen. Ich weinte. Saß da und fraß meine Wut in mich hinein. Dabei ist es so lächerlich ungerecht und das Ganze eine ekelhafte Korinthenkackerei. Ohne jede Großzügigkeit. Gott straft mich schrecklich. Es wurde allmählich besser. Ich schrieb einen Brief der Korrespondenz Quidde[146] ab, die ich inzwischen überwache, und überzeugte mich, dass die <Opposition> mit ihrer Bekämpfung jeder Annexion Unrecht hat. Abends nach Hause. Ich weiß nicht, wie ich mich dem Hauptmann gegenüber verhalten soll. Als ich „Guten Abend" sagte, antwortete er nicht, sondern sah mich höhnisch und verächtlich von oben bis unten an. Ich schlich hinaus, kroch hinaus; vernichtet, wütend. Es ist nicht zum Aushalten. Selbstmord. Im strömenden Regen nach Hause. Weinte, wenn ich an Cari dachte. Cari ist über jede Beschreibung freundlich und gut. Sie bezwang ihre >Tränen<, war zärtlich, sprach davon, mit mir zusammen zu

[146] Ludwig Quidde (1858–1941), Historiker, gründete 1888 die „Deutsche Zeitung für Geschichtswissenschaft". Die Veröffentlichung seines Pamphlets „Caligula" (1894), in dem er Kaiser Wilhelm II. karikierte, bedeutete das Ende seiner wissenschaftlichen Laufbahn. 1907 begründete er den zweiten Weltfriedenskongress auf deutschem Boden in München. Quidde war bayerischer Landtagsabgeordneter und nahm gegen ihn gerichtete Zensurmaßnahmen nur unter Protest hin. S. 132, Anm. 162. 1914–1929 war er Vorsitzender der Deutschen Friedensgesellschaft. 1927 erhielt er den Friedensnobelpreis, gemeinsam mit Ferdinand Buisson (1841–1932).

sterben. Erst als ich wieder ruhiger wurde, fing sie selbst an zu weinen. Sie will zu Calker gehen, damit ich vom Generalkommando wegkomme. Mir ist alles recht. Ich weinte. Dann beruhigte ich mich wieder. Welch ein Leben! Wäre dieser verfluchte Krieg doch endlich zu Ende. Ich kann dabei jeden Augenblick eingezogen werden. Dann geht es mir schlecht. Dabei einen solchen Christian Maske[147] zum Feind haben! Nicht zum Aushalten. Ich hatte Angst und Sorge. Am liebsten hätte ich mich totgeschossen. Meine Cari ist über jede Beschreibung schön und zärtlich. Ich wurde deshalb ruhiger.

Der Hauptmann hat mich offen beleidigt; so gemein, wie nur ein arrivierter Prolet beleidigen kann. Ich halte es nicht aus.

Cari: Aber man hat doch Christus bespieen und er hat es ertragen.
Ich: Das ist wahr.

Was den streberischen Proleten auszeichnet: Der Instinkt fürs Nützliche im Umgang mit Menschen. Er weiß sofort, wer ihm nützen kann, wer Beziehungen hat, wessen Bekanntschaft der Mühe wert ist. Er verliert sofort das Interesse, wenn diese Nützlichkeit aufhört, wird gemein. Auch seiner Frau gegenüber, seinen Verwandten gegenüber.

5. Sonntag
Fröhlich auf, oft Angst vor dem Hauptmann, dann wieder ruhig und stolz. Auf dem Büro ging alles gut, ich machte den Bericht in Sachen Herzog, wurde anständig behandelt und war zufrieden. Sonderbar. Mittags schön gegessen. Aber Dienstag ist die Untersuchung! Angst. Aber schnell wieder ruhig, als ich Rotwein getrunken hatte. Zu Hause Kaffee, sehr behaglich. Cari ist lieb und wie ein zärtliches Kind. Ich habe sie zu Tode gern. Nachmittag zum Büro, fleißig an dem Bericht gearbeitet, mit großem Interesse. Der Hauptmann ist freundlich. Ich war sehr beruhigt. Abends nach Hause, Cari ist lieb und gut. Wir spielten Schach und waren glücklich. Welch eine ruhige Stille. Ganz plötzlich, auf der Straße bricht ihre Leidenschaft plötzlich wieder aus. Früh ins Bett. Vielleicht kommt Jup bald. Das wäre schön. Sehnsucht nach Ungebundenheit. Plötzlich dann wieder Zerrissenheit und Lebensüberdruss.

Warum kann Thomas Mann[148] in einer schönen, ruhigen Wohnung leben und hat keine Wanze, keine Geldsorgen, keine Vermieterin, alle diese Gemein-

---

[147] Christian Maske, literarische Figur von Carl Sternheim aus dem Schauspiel „Die Hose".

[148] Der Gedanke an Thomas Mann kam Carl Schmitt zu diesem Zeitpunkt nicht von ungefähr. Eine Drucksache aus der Schweiz für Thomas Mann in Bad Tölz, die das

heiten nicht zu fürchten? Aber Mozart hatte alles das und noch Schlimmeres zu fürchten. Also sei nicht bange. Und denke an Jesus Christus.

6. Montag
Man könnte ein Buch schreiben: Der Prolet, oder: Der Plebejer. Es ist sonderbar, dass dieser Titel von Stendhal, Rouge et noir, schon längst festgelegt wurde, dass aber er gerade in Frankreich triumphiert und regiert. Sein Instinkt: sich zu ducken und sich zu strecken, wie es kommt. Er ist ad alterum. Braucht immer fremde Menschen (Richard Wagner wartete immer nach seinem Tagebuch auf Briefe und Zeitungen!), frisst sie, untersucht sie auf ihre Nützlichkeit, beutet sie aus, geschickt, heuchlerisch, verlogen, lässt sie kaltblütig sitzen; all sein Tun ist für die Sekunde, was er gerade braucht. Sein Wesen: Nützlichkeit und Eitelkeit. Er will die Frau der höheren Stände, will sie entkleiden, herunterreißen, gleichzeitig <sich> vor ihr niederschmeißen, treten lassen und sie treten; daher die Wichtigkeit der Kleidung für ihn selber und für andere. An der Frau schätzt er nur die Kleider, soziologisch.

Zum Büro, den Bericht Herzog geschrieben, fröhlich und eifrig deswegen; es wird schön; nett unterhalten, mittags mit Cari in der Neuen Börse, nachher zu Hause Kaffee, todmüde, geschlafen. Zum Büro, Bericht beendigt, herumgearbeitet, nicht viel, aber immer beschäftigt. Also morgen um 1/4 8 ist die Untersuchung. Mir klapperten die Glieder. Ich verabredete mich mit Schnitzler. Der Hauptmann ist wieder freundlich zu mir. Abends zu Hause war Cari sehr traurig und anschlussbedürftig; ich wäre gern für mich alleine gewesen und hätte mich gern gesammelt fürs morgige Ereignis. Aber ich hielt mich zurück. Das liebe, arme Kindlein. Ich brachte sie ins Bett, stand wieder auf und las. Stendhal R. & N. Schön, diese >Entlösung<! Der Poet, wie er im Buche steht. Und glaubt, und die Welt hat sich nicht geändert und 100000 solcher Jünglinge klettern noch immer unerkannt herum. Dazu fiel mir dann plötzlich die morgige Untersuchung ein; manchmal war ich munter (was kann mir denn geschehen), dann wieder Angst vor dem Tod im Krieg und einem elenden, jungen Ende für nichts und wieder nichts. Cari ist sehr besorgt. Inzwischen aber schläft sie. Ich hätte mir am liebsten am Fenster eine kleine Rippenfellentzündung geholt. Aber es wird doch nichts daraus. Wäre nur die Prozedur erst vorbei. Es ist ekelhaft, dieser Zustand der Angst, das cauchemar.

---

verbotene Buch „J'accuse“ enthielt, war Anfang September vom Generalkommando beschlagnahmt worden. Mit Schreiben vom 8.9.15 gestattete sich Thomas Mann die Anfrage, „ob die Drucksache eingelaufen ist, ob sie geprüft wurde und ob die Behörde bereit ist, sie mir auszufolgen“. Siehe Dokument 2, S. 193 f.

Er will <den> Geheimnissen der Welt beikommen, indem er die Welt analysiert: Wie ein Lustmord die Schönheit einer Frau ergründen will, so mag er ihr den Bauch aufschlitzen.

<Noch> Montag, 6.9.1915, 2 Uhr
Wann hört diese Qual und Angst vor dem Tode auf? Erst mit dem Tod? Wann zittere ich nicht mehr um mein Leben? Wenn das eingetreten ist, um das ich allein zittere.

Ich brauche nur an die Untersuchung zu denken, die in einigen Stunden beginnt und ich bin schon halb gestorben vor Todesangst. Entsetzlich, dieser Zustand. Und ich werde es büßen.

Ich sehe aus Stendhals R. u. N., dass es immer so war, immer Knechtschaft, Gemeinheit, Niedrigkeit, ohne Mitte; wie rettet mich die katholische Kirche, der preußische Staat, das japanische System[149]...

Um 8 Uhr war ich bereit, Selbstmord zu begehen, in der Welt der Nacht und <in der> Stille zu versinken, mit ruhiger Überlegenheit; dann dachte ich nur daran, in der Welt Karriere zu machen. Einige Stunden später war mir alles gleichgültig und ich wollte gern Soldat werden – es ist zum Verrücktwerden, diese Zusammenhanglosigkeit; was soll ich tun? Ich werde mich in einer Stunde vor Wut über meine Nichtigkeit erschießen.

7. Dienstag
Untersuchung in der Kaserne. Ekelhaft. Mit Schnitzler unterhalten. Felddiensttauglich; ein Prolet von Stabsarzt. Ich bin ein armer Tropf. Zerknickt und ziemlich trübselig zum Generalkommando. Ruhig gearbeitet, der Hauptmann war freundlich. Viel Arbeit. Mittags mit Cari gegessen. Frau Schamberg teilt mit, dass Müller[150] das Buch nehmen will. Nachher geschlafen, todmüde. Nachmittags: Bericht über das Belagerungszustands-Gesetz[151] machen. Begründen, dass man den Belagerungszustand noch einige Jahre nach dem Krieg beibehält. Ausgerechnet ich! Wofür mich die Vorsehung noch bestimmt hat.

---

[149] Das japanische System. Siehe den von Carl Schmitt verfassten Beitrag in der Rubrik „Aus dem Lager unserer Feinde" der Hamburger Woche, Nr. 23 vom 9.6.1915: „Japan im Urteil eines Amerikaners" mit der Feststellung: „Es herrscht ein liebliches System gegenseitiger Spionage". Siehe S. 406.

[150] Georg Müller (1877–1917), Verleger von Carl Schmitt, „Theodor Däublers Nordlicht". Zum Verlag Georg Müller siehe S. 143, Anm. 174.

[151] Aus diesem Bericht ist der Aufsatz hervorgegangen: Carl Schmitt, Diktatur und Belagerungszustand. Eine staatsrechtliche Studie. Zeitschrift für die gesamte Strafrechtswissenschaft, Bd. 38, 1916, S. 138–162. Siehe S. 3, Anm. 10.

Und ich bin feige und gebe nach, obwohl doch alles durch Widerspruch erreicht wird. Ach ja, müde, abends eifrig, der fleißige Schätz steckt mich an. Zu Hause, bei meiner lieben Cari. Früh ins Bett. Angst vor der Kaserne. Ekelhaft. Welch ein Zeitalter.

8. Mittwoch

Fröhlich auf, ausgeschlafen. Brief von Däubler. Ich soll Geduld haben; jawohl! Zu dumm. Ich fühle mich allmählich in der ganzen Sache als betrogen. Ich schreibe ein schönes Buch und will mich hinterher mit ein paar Belobigungen abspeisen lassen. Im Generalkommando wieder fleißig, Schnitzler näher gekommen. Zu Mittag mit Cari. Frau Schamberg hat ein Telegramm bekommen: Frau Bienert und Frau Stein (die in Würzburg bei Frau Bienert ist) wollen aus meiner Abhandlung zu Propagandazwecken etwas abdrucken. Ich bekomme die helle Wut, namentlich auf Frau Stein. Ich werde gemein behandelt, nebenbei, als der >gute< Tropf. Ekelhaft. Ich will nichts mehr mit der ganzen Blase zu tun haben, will Müller schreiben, dass ich 500 Mark verlange. Zu Hause wütend. Zu Hause war der Pelz, welchen der Vetter gekauft hat. Ein >Hermelinpelz<. Cari war sofort besänftigt und ganz glücklich. Zum Generalkommando, Frankfurter Zeitung gelesen, über Belagerungszustand, Hauptmann war freundlich, Schnitzler und Schätz auch; wie nett; wenn ich nur nicht in den Krieg brauche; manchmal Angst, vor der Kaserne und den Feldwebeln. Nach Hause, Brief geschrieben[152], zum Kasten gebracht, fröhlich, unternehmend, gesund; Cari freute sich über den schönen Pelz. Wir entdeckten, dass die Vermieterin aus unserer schönen Daunendecke die Daunen gestohlen hat. Ekelhaft. Wann komme ich endlich aus dieser Kleinlichkeit heraus, und mein armes, stolzes, liebes Kindlein. Es ist zum Verzweifeln. Die vornehmen Leute wissen gar nicht, wie gut sie es haben.

9. Donnerstag

Fröhlich zum Generalkommando, herrliches Wetter, ein glücklicher Morgen. Nett gearbeitet, fühlte mich wohl und war dankbar. Leider kein Geld. Mittags zu Hause Kaffee getrunken, von dem neuen Kleid Caris gesprochen, nachmittags Schokolade gegessen, geplaudert, Schnitzler nähergekommen. Abends spät nach Hause. Mit Frau Engels gestritten, ekelhaft. Ich bin wieder aufgeregt, dass mir die Hand zittert. Welch ein Zustand. Ein Glück, dass meine liebe Cari so klug und gut ist.

---

152 Vermutlich an die Hamburger Woche, Nr. 37 vom 15.9.1915 für die Rubrik „Aus dem Lager unserer Feinde", dort werden Zitate aus dem „Daily Mirror" und dem „Buffalo Express" gedruckt, siehe S. 416.

10. Freitag
Wieder ein wunderschöner Morgengang zum Generalkommando. Nett gearbeitet, Passierscheine ausgestellt, mittags in der Neuen Börse. Nachmittags zu Hause Kaffee, mit Cari etwas spazieren, wieder zum Generalkommando. Der Tag vergeht schnell und in regelmäßiger Arbeit. Schätz ist ein netter Kerl, aber korrekt. Mein Bericht über Herzog hat zur Wirkung gehabt, dass das „Forum“ [153] eingestellt wird. Tirpitz [154] wird entlassen. Hoffentlich wird bald Frieden. Ein rührender Brief des alten Herzog an seinen Sohn, der sich von ihm losgesagt hat. Wut auf Herzog (d.h. auf mich selbst). Abends Zeitungen gelesen für Schnitzler, der in [2 Wörter nicht lesbar] ist. Geil, abwechslungssüchtig.

11. Samstag.
Fröhlich auf dem Generalkommando gearbeitet, den ganzen Tag, die Zeit vergeht schnell, Passierscheine ausgestellt, mich des Einvernehmens mit Schätz gefreut, zu Abend gegessen, abends fröhlich nach Hause, Pillen gekauft, durch die Straßen gelaufen, kein Geld mehr, Aktion gekauft mit dem Aufsatz von Däubler über Picasso [155] und einer Erwiderung von Blei [156] an Haecker, die mich wieder literarisch interessierte. Früh ins Bett, ausgeschlafen. Stendhal r & noir [sic] gelesen. Mit Julien identifiziert.

12. Sonntag
Auf dem Generalkommando wieder fröhlich gearbeitet; ich fange an, Schnitzler zu imponieren, freute mich dessen, bin ganz glücklich. Mittags mit Cari, nach dem Essen im Hofgarten Kaffee getrunken, nicht bezahlt, wie drollig, ganz vergessen. Dann geschlafen, Stendhal gelesen, Cari an die Bahn gebracht, sie fährt zum Tiergarten; ich selbst ging langsam zum Generalkommando, unterhielt mich gut mit Schätz, dem ich heute morgen mein Buch über den

---

153 Brief des Kriegsministeriums an den Herausgeber der Zeitschrift „Das Forum“, Wilhelm Herzog, Schriftsteller, München, vom 11.9.1915. Siehe Dokument 29, S. 291 ff.

154 Alfred von Tirpitz (1849–1930), 1898 preußischer Marineminister, seit 1900 dt. Großadmiral und Politiker, forcierte mit Unterstützung des Kaisers den Aufbau der Schlachtflotte. Nach der Seeschlacht bei den Falklandinseln war das Ansehen der Admiralität so gesunken, dass trotz der großen Erfolge deutscher U-Boote Gerüchte über eine bevorstehende Abberufung des Großadmirals aufkamen. Als Tirpitz sich mit seinem Konzept weiterer Verschärfung des U-Boot-Krieges beim Kaiser nicht durchsetzen konnte, trat er 1916 aus Protest zurück.

155 Die Zeitschrift Die Aktion, 5. Jg. vom 21. August 1915, Sp. 409–419; der Aufsatz wurde in die Sammlung „Der neue Standpunkt“, 2. Aufl., Insel, Leipzig 1919, S. 145–163, übernommen. Einen früheren Aufsatz über Pablo Picasso (1881–1973) veröffentlichte Däubler in „Die neue Kunst“, 1. Jg. 1913, S. 231–241.

156 Franz Blei, Der Krieg und die Führer des Geistes, ebd., S. 427–430.

Staat gebracht habe, das alle zu interessieren schien; guten Eindruck gemacht auf Schätz, froh darüber. In den Tiergarten gegangen, lange auf die Elektrische gewartet, mit Cari fröhlich zurück. In der Elektrischen wieder nicht bezahlt; bei Kollmann vorbei, dann nach Hause, bescheiden gegessen. Abends Pille genommen; wie schön.

13. Montag
Im Generalkommando gut gearbeitet, das Forum ist eingestellt! Stolz darauf. Eigentlich müsste ich mich schämen vor Schnitzler. Wir unterhielten uns viel. Mittags nach dem Essen zu Hause Tee getrunken, herumgelesen, zum Büro zurück. Beim Hauptmann große >Käsekonferenz<, währenddessen arbeitete ich wieder an dem Buch über Belagerungszustand. Ich habe inzwischen schöne Bücher, interessant; abends mit Cari zu Hause gegessen, Briefe geschrieben, an der Neuen Börse vorbei, wo Fräulein Eisler mit Graf sitzt, brachte den Brief allein zur Bahn, kam dann zurück; unterhielt mich gut, Cari war artig und lieb, aber es ist ihr unangenehm, sich mit Fräulein Eisler zu unterhalten. Die Hauptsache ist, dass wir unser Geld bekommen und nicht durch Fräulein Eisler gestört werden. War tief traurig deswegen. Abends müde nach Hause.

14. Dienstag
Passierscheine ausgestellt, fleißig gearbeitet, ziemlich lange, Schokolade gegessen, mit Münch[157] nach Hause, mit Schnitzler gut unterhalten; so ging alles gut. Abends schön geschlafen und früh ins Bett. Also eigentlich ein ganz fröhlicher Tag. Cari war in der Kinovorstellung mit dem neuen Pelz; sie sieht großartig aus. Rot und Schwarz von Stendhal.

15. Mittwoch
Brief von Eisler. Er hat in einem kleinen Hotel Nacht genächtigt, weil er mit einem Mädchen dort war; der Wirt hat ihm eine Szene gemacht. Ich erschrak. Immer die alte Geschichte. Brief von Troendle; mir unangenehm, wie ich inzwischen wieder mit seinem Staat übereinstimme. Sonderbar, wie mich das peinlich berührt. Zum Büro, fleißig gearbeitet. Mit Schätz gut unterhalten, auch mit Schnitzler. Schokolade gegessen. Dem Sohn des Hauptmanns, Hermann Roth, ein Paket gemacht. Der Hauptmann ist freundlich und sehr mild; also bin ich zufrieden. Ich bleibe wohnen. Mit der Vermieterin wieder freundlich; was will ich mehr wünschen. Also ich habe meine Ruhe. *Traum: Ich schrieb eine Abhandlung; Begründung des Antrages beim Generalkommando, am Grab der Soziologie eine Leichenrede halten zu dürfen.*

---

[157] Dr. Alexander Münch (geb. 1885), Jurist, Leiter des Subreferats P 7, korrespondierte mit Carl Schmitt noch 1926.

(Beilage)
Berlin-Zehlendorf-West, Hermannstraße 17
Als Motto vor Adolf Knoblauchs[158] „Die schwarze Fahne“, [Eine Dichtung]
Verlag „Der Sturm“, 1915, steht:

Gefolgschaft.
Wisst, es ist eine Widervergeltung, Rache wartet Eurer.
Und wenn Ihr zu Tausenden irgend an einem Orte zusammenkommt in der anderen Welt, so braucht es weiter keinen Teufel – ihr Jagos, ihr werdet euch Teufels genug sein. Gott – Gott bewahre, mich vor eurem Garne, vor eurer Gesellschaft und vor eurem Teil in der Ewigkeit. Meine Seele komme nicht in euren Rat und euer Bild sei ein Panzer für meine Brust, dass kein falscher Gedanke hineinfliege.

15.9.1915 Der arme Mann im Tokkenburg[159] (1735–1798).

16. Donnerstag
Kein Brief, 100 Mark von Eisler. Zum Büro, fröhlich. Schlecht gearbeitet, faul, müde. Bericht über Belagerungszustands-Gesetz. Mittags in der Neuen Börse plötzlich Troendle getroffen und Graf. Wir aßen zusammen, Cari kam mit neuem Pelz, wie dumm! Ich ärgerte mich, denn es war warm und die Sonne schien. Wir tranken Kaffee, ich ging dann nach Hause, ruhte mich etwas aus. Wieder zum Büro, herumgefaulenzt, gelesen, abends zu Hause schön gegessen, dann zur Neuen Börse, wieder mit neuem Pelz, gut unterhalten mit Georg Eisler, der plötzlich aus Hamburg wiedergekommen ist, um in Dachau zu sein während der neuen Musterungen, wir unterhielten uns nett, Cari war freundlich und liebenswürdig, aber zweimal affektiert. Abends wieder Zank, so unsäglich dumm, dass mir physisch schlecht wurde. Wer hält das aus. Es geht alles wieder los. Sie ist >hochmütig< und gibt nicht nach.

Wie drollig: Dienstag sagte ich ihr: Zieh den neuen Pelz nicht an; sie zieht ihn Dienstag doch an. Ich sagte ihr Dienstagnachmittag, sie möge doch den Pelz nicht mehr anziehen; sie sagt: ach ja, das hast du doch heute morgen schon gesagt, ich ziehe ihn nicht mehr an. Am Mittwoch, einem warmen, sonnigen Tag, zieht sie den Pelz sogar über Mittag an. Ich bitte sie nochmals, vor Oktober den auffälligen weißen Pelz nicht anzuziehen. Sie sagt: du gönnst mir keine Freude. Ich ziehe ihn doch nicht mehr an; warum wiederholst du alles in so

[158] Adolf Knoblauch (1882–1951), gehörte 1914–1918 dem „Sturm“-Kreis an.

[159] Der arme Mann im Tokkenburg = Ulrich Bräker (1735–1798), Schweizer, 1756 Diener eines preußischen Werbeoffiziers, wurde zur preußischen Armee gepresst und desertierte während des Siebenjährigen Krieges; seine bedeutende Autobiographie „Lebensgeschichte und natürliche Abentheuer des Armen Mannes im Tokkenburg“ erschien erstmals 1789.

beleidigender Weise. Dann zieht sie den Pelz wieder an. Ich machte sie darauf aufmerksam, dass sie mir versprochen habe, den Pelz nicht vor Oktober anzuziehen; sie sagt: Du gönnst mir keine Freude, es ist geradezu entsetzlich, der Vetter ist viel vernünftiger in solchen Dingen; am liebsten würfe ich den Pelz fort. (Morgen wird sie ihn wieder anziehen, wenn es regnet, weil es regnet, wenn es nicht regnet, weil es nicht regnet).

Welch ein Vergnügen, Ehemann zu sein. Cari ist in der Tat sehr vornehm und edel, sie ist millionenmal großartiger als Fräulein Eisler. Gross schrieb eine Karte: Er wird in die Türkei gehen!

17. Freitag

Müde auf, Karte von Däubler, auf dem Büro meinen Bericht geschrieben, ziemlich unbehelligt, englische und französische Bücher gelesen. Mittags todmüde gegessen, mit Georg Eisler, Troendle usw. Apathisch und teilnahmslos. Zu Hause geschlafen, todmüde, auf dem Büro, Schokolade gegessen, todmüde, Bericht geschrieben, faul, wenig geleistet. Abends wieder Zank mit Cari, schnell wieder gut. Manuel, ist, wie ich im Jüdischen Echo las, unter dem Namen „von Elmenau“ in den erblichen bayerischen Adelstand erhoben worden. Der ganze Komplex „Geheimrat“ erwachte heftig. Niedere Karrieresucht. Dann sah ich wieder meine schöne, stolze Cari und die Sache kam mir zu dumm vor. Schrieb Manuel eine Gratulation, in einem seltsamen Fieber; nachher kam es mir peinlich vor. Schrieb dem Vetter einen freundlichen Brief. Lust zu arbeiten, aber dann wieder sehr faul. Wäre nur erst Frieden. Dieser entsetzliche Alpdruck. Aber vor dem Militarismus gibt es keine Rettung und keine Hilfe; nach dem Krieg wird es immer schlimmer werden. Der Einzelne ist nichts; schauerlich.

18. Samstag

Fleißig im Generalkommando gearbeitet. Oft tödliche Müdigkeit, ich bin wieder nervös und krank. Mittags ließ ich mir eine neue Hose anmessen; sie kostet 35 Mark. Aber die alte ist total zerrissen. Es ist schrecklich. Als ich zur Tür heraustrat, kam ein Eilbote mit einem eingeschriebenen Brief von Kluxen, der wissen will, wie man sich drückt! Unglaublich. Mir wurde ganz schlecht und ich bekam wieder Angst vor dem Militär und dem ganzen Betrieb. Sah, wie nahe ich dem Tod bin. Antwortete Kluxen gleich auf dem Büro, arbeitete etwas, las, ging abends müde und krank nach Hause (wir haben heute wieder zu Hause zu Mittag gegessen; eine Tasse Tee und ein paar Butterbrote, um zu sparen), müde. Unterhielt mich lange mit Cari; schrieb etwas ab aus einem französischen Buch von Daudet[160], dann ins Bett.

---

[160] Vermutlich bezieht sich Carl Schmitt auf den Sohn von Alphonse Daudet, den politi-

19. Sonntag
Spät auf, sehr müde, auf dem Büro fleißig herumgearbeitet. Keine Schokolade gegessen. Mittags wieder zu Hause ein Butterbrot und eine Tasse Tee; ich werde allmählich nervös. Kein Geld. Freut mich, nachher Eisler zu sehen. Cari schlief etwas, dann tranken wir Kaffee, der uns prachtvoll schmeckte; ich brachte Cari zur Elektrischen. Sie geht wieder in den Tiergarten. Ich ging zum Hotel Excelsior, wo Eisler war. Nicht da; aufgeregt. Lief herum, müde, schleppte kaum noch meine Beine mit, eine ganze Stunde lang, vergebens. Ich halte es nicht mehr aus, komme mir verlassen vor, kann mir schon denken, dass die ekelhafte Schwester gesagt hat: „Ach was, wenn du keine Lust hast, kann Schmitt warten." Na ja. Fuhr traurig nach Hause, am Generalkommando vorbei, hinter einer kleinen gepuderten Ziege her, kostete mich eine Viertelstunde; aufgeregt, vernichtet, dabei immer bewusst, wie lächerlich dumm das ist: meine Hand zitterte, ich konnte kein Wort sprechen, die Kehle war trocken; zu dumm. Schließlich müde nach Hause. Ich bin zu der Erkenntnis gekommen, dass ich meinen Drang nach Vernichtung überwunden habe. Das ist das Leben. Wenn ich das nicht kann, werde ich sterben, werde ich gleichgültig, ob durch eine Granate oder durch Selbstmord. Zu Hause sammelte ich mich und war glücklich, wieder eine Stunde für mich zu sein; Eisler hatte ich schon vergessen. Nur Angst, ich bekomme von ihm kein Geld mehr.

Als ich den Geheimrat näher kannte, konnte ich nicht mehr mit ihm sprechen, nichts herausbringen, benahm mich dumm und langweilig; genauso beim Hauptmann Roth; wie kommt das? Wenn es sich darum handelt, eine neue Beziehung anzubahnen, bin ich obenauf, anpassungsfähig, großartig bewandert. Sonderbar.

Dachte viel an Kluxen und seine Angst vor dem Militär. Ich habe sie selbst. Ich komme mir vor wie in einem Gefängnis. Jede Freude ist mir unmöglich, alles atmet den Tod. Und nie komme ich aus dem Gefängnis heraus, denn der Militarismus wird erstarken. Es wird immer schlimmer werden. Die ganze arme Erde wird diesem furchtbaren System unterworfen werden. Keine Freude und keine Fröhlichkeit mehr. Entsetzlich. Es ist aus. Manchmal habe ich die Hoffnung, das Schlimmste wäre vielleicht schon vorbei; aber die Empfindung ist schwach. Und ich selbst arbeite an der Vollendung dieser Entwicklung und mache schöne Berichte! Ich tröste mich damit, dass ich mir sage: das ist der Gang der Geschichte, jeder einzelne ist dabei nur ein Werkzeug.

Es ist mit der Erfüllung längst gehegter Wünsche wie mit der Wertung der Gewöhnungen, die man plötzlich vergessen hat und nicht wieder finden kann.

---

schen Schriftsteller Léon Daudet (1867–1942). Er war führendes Mitglied der Action Française und strikt anti-deutsch; mit dem Titel seines Buches „La guerre totale" (Nouvelle Librairie Nationale, Paris 1918), prägte er die Formel „totaler Krieg".

Man sucht lange, sie werden immer seltsamer und geheimnisvoller, immer interessanter, und wenn man sie dann plötzlich findet, unerwartet findet, so erkennt man sie kaum wieder. So langweilig und gleichgültig: banal sind sie.

Cari ist wunderbar >unbeweglich<, hat zum Geld gar kein Verhältnis, ist ein Kind, und wenn man sie in das richtige Milieu bringt, wird sie großartig werden. Ich ärgere mich so oft über sie, weil ich ein gemeiner Streber und ein Prolet bin.

Abends holte ich Cari ab. Wir aßen artig zu Hause und gingen fröhlich und früh ins Bett.

20. Montag

Auf dem Büro herumgearbeitet. Es ist eine lästige, gehirnzerstörende Arbeit; Passierscheine ausfüllen, in der Landtagsbibliothek und die >Materialien< zum Kriegszustandsgesetz bestellt, usw. Keine Schokolade, gut beherrscht. Mittags in der Neuen Börse gegessen. Dann nach Hause, geschlafen, Kaffee getrunken, das Wiener Jahrbuch gekauft. Auf dem Büro ging die Zeit schnell und unnütz vorbei. Abends kam Eisler. Wir trafen Georg und seine Schwester in der Neuen Börse, unterhielten uns gut; Cari war launisch und krank; brachte Fräulein Eisler an den Zug nach Berlin, Georg an den nach Dachau und ging todmüde nach Hause. Cari war schweigsam, hochmütig und behandelte mich schlecht. Aber sie hat doch recht und ist viel vornehmer und tiefer als wir alle.

21. Dienstag

Kein Brief, es ist schrecklich. Schickte Haecker die Schattenrisse[161]; bin so gespannt, was daraus wird. Auf dem Büro, Karte von Manuel, der sich bedankt. Calker kam, sprach aber kaum mit mir; bei Quidde wieder Haussuchung[162]! Mir wird doch allmählich angst. Mittags zu Hause, neue Hose, Gott sei Dank. Sehr sparsam. Nachmittags wollte ich um 6 Uhr Schokolade kaufen, es war herrliches, melancholisches Herbstwetter. Auf der Straße sah ich

[161] Schattenrisse, Skiamacheten, Auslieferung Otto Maier, Leipzig 1913, Parodien unter Carl Schmitts Pseudonym „Johannes Negelinus mox doctor“ in Zusammenarbeit mit Fritz Eisler. Siehe S. 2, Anm. 2.

[162] Ludwig Quidde war auffällig geworden durch die Anfang September 1915 erfolgte Beschlagnahme seiner als Manuskript gedruckten Schrift „Reale Garantien für einen dauernden Frieden“, in der er gegen die Annexion eroberter Gebiete Stellung bezog. Mit Schreiben vom 8.9.15 und 9.9.15 an das stellv. Gen. Kdo. beantragte Quidde die Aufhebung der Beschlagnahme, führte Beschwerde über die Verhängung der Briefsperre und deren Handhabung. Zu dem ablehnenden Bescheid mit der Begründung nach einem handschriftlichen Briefentwurf von Carl Schmitt vom 15.9.15 siehe Dokument 30, S. 300.

plötzlich Cari und ging auf sie zu; so kam es, dass ich keine Schokolade kaufte. Wie sonderbar! Vielleicht hängt von solchen Kleinigkeiten viel ab. Jedenfalls hatte ich innige Liebe zu Cari, die so einsam herumläuft und friert. Sie klagt, sie sei so „alleinig". Ging traurig zum Büro zurück, um 8 Uhr nach Hause, dort schön gegessen, etwas geschrieben, während Cari schlief.

22. Mittwoch

Fröhlich auf, sehr gesund und frisch. Aber vielleicht bin ich bald tot; wer kann das wissen in diesen schrecklichen Zeiten. Schickte der Frankfurter Zeitung den Antrag Hindenburg[163] aus dem Jahr 1849, arbeitete viel, füllte Passierscheine aus, schrieb herum und war nachher müde. Sagte zu Schnitzler, der mir von dem >Militärgrußverein Rudolstadt> vorlas, dass wir ja gar nicht wissen können, ob wir nicht eines Tages gezwungen werden, das alles mitzumachen. Wenn man einem französischen Kavalier des 18. Jahrhunderts gesagt hätte, dass er einmal jeden Prolet mit Mr. anreden und sich von jedem mit Mr. anreden lassen müsse, so würde er das auch für unmöglich gehalten haben. Schnitzler ist Individualist und betrachtet die ganze Entwicklung sehr pessimistisch als die Ausbildung des demokratischen Sozialismus übelster Form. Mittags in der Neuen Börse gegessen mit meiner lieben, schönen Cari, die mir so gut gefiel. Wir fotografierten etwas und ich kaufte nochmals das „Wiener Jahrbuch", das ich glücklicherweise noch vorfand, schrieb zu Hause schnell für die „Hamburger Woche"[164], froh, das erledigt zu haben, brachte es zum Kasten, trank zu Hause Kaffee. Auf dem Büro wieder viel zu tun, bis 1/2 9, todmüde nach Hause, dort ein Telegramm der Frau Kluxen, ich solle telegrafieren, wie er sich zu verhalten habe. Das Telegramm hätte wahrhaftig eigentlich angehalten werden müssen, Schachinger hätte es dann gelesen! Wie peinlich. Ich wurde wütend, auch da-

[163] Vermutlich der Vater des Generalfeldmarschalls Paul von Hindenburg, Leutnant, später Hauptmann von Hindenburg im 18. preußischen Infanterieregiment. Der Sohn berichtet in seiner Autobiographie „Aus meinem Leben" (1919), S. 17, dass im Jahr 1848 der polnische Aufstand auf die Provinz Posen übergegriffen hatte und sich die Polen vorübergehend der Herrschaft in der Stadt bemächtigten, in die ihr Führer Miroslawski am 22. März 1848 feierlich Einzug hielt, während der Vater Hindenburgs mit seinem Regiment zur Bekämpfung dieser Bewegung ausgerückt war. Nach der Niederschlagung des Aufstandes führte „das Los des Soldaten, zu wandern", wie Hindenburg schreibt, „meine Eltern von Posen nach Graudenz, Köln, Pinne im Bezirk Posen, Glogau und Kottbus." Vermutlich haben diese Versetzungen mit dem Antrag des Vaters aus dem Jahr 1849 zu tun. 1915 ergibt sich dann die kuriose Situation, dass Hindenburg als Oberbefehlshaber der 8. Armee vorübergehend in seine Geburtsstadt Posen zurückkehrt (S. 106). Vergleiche auch Carl Schmitts Gleichung: „Carl Schmitt = Hindenburg = Sohn so zum Hohn", S. 101.

[164] Die Hamburger Woche, Nr. 39 vom 22. 9. 1915. In der Rubrik „Aus dem Lager unserer Feinde" Zitate aus den amerikanischen Zeitungen „Evening Wisconsin" über Kurioses und „Saturday Evening Post" (Philadelphia) über Japan. Siehe S. 416 f.

rüber, dass man mir Ersatz der Kosten der Rückantwort versprach. Unglaublich. Dabei Ekel vor der duckmäuserischen Schlauheit der Frau Kluxen. Aber ich schrieb nach einigem Überlegen vorsichtig zurück, er solle in Münster bleiben, werde morgen noch telegrafieren. Wurde durch die ganze Geschichte angeregt und schrieb noch etwas. Es ist sehr kalt, Cari friert. Ich habe sie sehr lieb, solange sie lieb und kindlich ist. Aber manchmal spricht sie so schlecht und wichtig. Doch macht das nichts. Das wichtigste ist, dass sie sich vor niemand als vor mir so kindlich gibt. Wie wunderbar schlanke, zierliche Beine hat mein Carilein.

Mir wird Angst vor der Willkür; ich sehe, auf die Gnade welcher Leute man angewiesen wird. Wie leicht mir eine Haussuchung, ein Verdacht, eine Verurteilung <droht>, wie lächerlich ist das alles und welch ein Strohhalm das Recht! O Gott, mir zittert alles vor Angst.

Heute Abend war in einem Brief an Herzog, den Paul Adler[165] aus Hellerau geschrieben hatte, Däubler erwähnt. Das berührte mich seltsam und machte mir Angst. Während ich dies schreibe, marschiert draußen ein langer Zug Soldaten vorbei und singt: Da kam ein stolzer Reiter und brach sie ab. Herr des Himmels und der Erde. Wann hört das auf.

23. Donnerstag.
Telegrafierte morgens an Kluxen, schrieb ihm einen Brief, er solle seinen Zivilberuf „Privatgelehrter“ angeben; ging dann fröhlich zum Generalkommando und kam mir wichtig vor. Wie dumm. Arbeitete ziemlich gut, fing wieder an, Schokolade zu essen; mittags zu Hause gegessen, nachher geschlafen, dann wieder zum Büro. Abends kam Georg Eisler; wir fingen gerade an zu essen, da kam ein Telegramm: Um 9.24 kommt Jup. Wir waren ganz aufgeregt vor Freude, Cari hüpfte wie ein Kind, so fröhlich war sie. Mir tat Georg Eisler leid, weil er doch sicher an seinen Bruder denken musste. Cari ging an die Bahn, Jup zu holen, ich blieb mit Georg Eisler allein. Wir sprachen etwas, schauten auf die Straße, schließlich kam Jup mit Cari im Automobil. Ich war ganz glücklich, gerührt, küsste Jup und wusste nicht, wie mir war. Dachte dabei an den toten Fritz Eisler und wusste nicht, was ich Jup Liebes tun sollte. Wir plauderten, Georg Eisler hätte beinahe den Zug versäumt. Ich begleitete ihn nicht zum Bahnhof, wir sprachen noch etwas, dann gingen wir zu Bett, nachdem wir noch gespielt hatten. Brachte Jup in das Zimmer nebenan. Der gute Junge.

---

[165] Paul Adler (1878–1946), theosophisch-metaphysischer Epiker, lebte in Hellerau und veröffentlichte dort im Jakob Hegner Verlag z. B. den Gedichtband „Elohim“, 1914, und in der Zeitschrift „Summa“. Siehe S. 430.

24. Freitag
Morgens unausgeschlafen auf, kein Brief, holte Käschen und Marmelade, brachte Jup etwas zu essen, wollte ihm imponieren, freute mich, dass er so ruhig und vernünftig war. Ging dann zum Büro, arbeitete, mittags aßen wir in der Neuen Börse; hinterher im Hofgarten Kaffee; alles so nett. Ich schlief noch etwas zu Hause, dann wieder zum Generalkommando. Hörte, dass auf die telefonische Anweisung Falkenhayns die gesamte Korrespondenz nach Österreich überwacht wird; dafür werden 20 Mann abkommandiert an die Überwachungsstelle! Was so ein Mensch doch fertigbringt und wie berechtigt es ist, vor dem Militärregime Angst zu haben und eine Trennung der Gewalten und gegenseitiger Kontrollen einzuführen. Aber das alles ist zweckloses Ressentiment. Ich tat nicht mehr besonders viel, ging abends müde nach Hause, wir aßen schön zu Abend, plauderten mit Jup, Cari spielte mit ihm Schach, ich schlief ein und ging früh ins Bett. Der Hauptmann ist sehr freundlich zu mir.

25. Samstag
Fröhlich auf, Brief von Müller, er lässt das Buch über Däubler drucken! Glücklich. Sofort aber wieder böse, da ich kein Honorar verlange. Ich wollte schon 500 Mark verlangen, besann mich dann auf 300, überlegte. Wollte mittags zu Cari, um Jup vielleicht an die Überwachungsstelle zu bringen; recht fröhlich, ging aber nicht zu Calker, weil die 20 Leute schon abkommandiert sind. Schrieb an Müller; ich dankte ihm für seine freundliche Bereitwilligkeit und möchte ihn nur bitten, mir mitzuteilen, ob er mir das Honorar in einer festen Summe oder in einer nach der Zahl der verkauften Exemplare zu berechnenden Summe zu zahlen sich entschlossen habe. Warf den Brief in den Kasten. Zur Neuen Börse, dort aßen wir, tranken Kaffe, Cari und Jup hatten sich im Deutschen Museum gut unterhalten und waren etwas spät gegangen. Nach dem Kaffee ging ich mit Jup etwas herum, Cari besorgte die Fotografien, die wir gemacht hatten. Jup äußerte dann Gedanken, die ich längst hatte (lieber sollte man einen erschlagen wie einen [1 Wort nicht deutbar]! Er will nicht umsonst sterben, nicht feige Selbstmord begehen usw.). Ging zum Generalkommando, arbeitete fleißig, Zigeuner-Erlass, Bericht über Quidde. Morgen soll ich den ganzen Tag frei haben. Ich war glücklich! Wenn ich nur wirklich frei hätte und nicht immer durch Cari gestört würde.

Habe heute Mittag an Georg Eisler telefoniert. Er war sehr schweigsam. Will morgen und Montag allein sein! Mit Recht. Abends bis 1/2 9 auf dem Büro, der Herzog Carl Theodor braucht Passierschein. Mürrisch nach Hause. Schlechter Laune aber bald nach dem Essen wieder besser. Brief von Eisler, der 20 Mark schickt. Von Kluxen, der sehr freundlich und guter Laune schrieb und mich wieder fasziniert. Er schickt ein Portrait von Fritz Eisler, das mir auf die Nerven geht. Die Frankfurter Zeitung schickt den Artikel über „Antrag Hindenburg" zurück. Schrieb eifrig an Kluxen und Georg Eisler, freute mich über den großartigen Jup. (Jup zeigte mir eine rührende Fotografie des Vaters, die er immer bei sich trägt in seiner Brieftasche, die ganz durchlöchert ist), er spielte mit Cari Schach, sie entwickelten Fotografien. Ich lag so herum und freute mich. Brachte die Briefe zum Kasten und dann müde.

Die große Offensive der Engländer und Franzosen im Westen hat begonnen. Wenn sie nur den lieben Jup nicht aus seinem Urlaub holen. Die ganze Geschichte fährt einem ekelhaft in die Glieder.

26. Sonntag

Morgens Brief von Eisler, er will doch abends kommen. Ich war den ganzen Vormittag zu Hause, schrieb Briefe an den Onkel, den Vetter [1 Name nicht deutbar], Kerschensteiner arbeitete an französischen Sachen und ich war wieder munter und fröhlich, arbeitsam und ergeben in mein Schicksal. Cari und Jup gingen spazieren. Wir wollten uns in der Neuen Börse beim Essen treffen. Ich ging bei schönem Herbstwetter dahin, unterwegs hatte ich den Wunsch, Calker zu sehen und zu sprechen, aber er kam nicht da, wo ich ihn erwartet hatte, wohl aber einige Minuten später, an der Wiener Straße, ganz allein; wir sprachen ein paar Minuten, ich erzählte, dass ich an dem Buch über den Belagerungszustand schreibe, fragte, warum ich noch nicht Unteroffizier sei (das geht inzwischen nicht mehr wegen der Ministerialerlasse), er war sehr zuversichtlich wegen der neuen Offensive und lobte Falkenhayn etwas ostentativ. Das ganze Gespräch tat mir gut, ich kam mir wieder etwas wichtiger vor. Ging fröhlich zum Essen, sprach freundlich mit Jup und Cari, wir tranken hinterher zu Hause Kaffee, nachdem Jup und ich noch eine halbe Stunde allein spazierengegangen waren. Wir wurden todmüde, ruhten uns zu Hause bei schönem Mocca aus, dann schickte ich die beiden weg, weil ich Eisler erwartete. Es ging auch alles programmmäßig, Georg Eisler kam, wir unterhielten uns schön, er hat Angst vor der Untersuchung; dann kamen die beiden zurück, wir gingen zusammen zur Neuen Börse essen, Georg bezahlte, wir plauderten, Jup erzählte; Georg Eisler übernachtet hier; wir blieben bis 2 Uhr auf, erzählten uns, Jup von seinen Erlebnissen im Krieg, wie er bei Beaurejon den Schwarzen gegenüberlag. Ich brachte Georg Eisler auf sein Zimmer, wir dachten daran, dass Fritz vor einem Jahr gefallen ist. Es ist ekelhaft. Ich halte es nicht mehr aus, diesen blödsinnigen Krieg. Unerträglicher Druck. Le cauchemar.

27. Montag

Kein Brief, müde zum Generalkommando, nachdem ich noch Kuchen gekauft habe für Georg und Jup. Georg will nach Schleißheim und von da nach Dachau. Wie anständig. Ich arbeitete etwas auf dem Büro an dem Bericht über Quidde[166]. Mittag aßen wir wieder in der Neuen Börse; Jup wollte abends

[166] Der Landtagsabgeordnete Ludwig Quidde hatte in seinen Eingaben gegen die Be-

schon fahren, aber er blieb noch einen Tag. Ich hatte immer Angst, es würde ein Telegramm kommen, dass er zurück muss. Tranken Kaffee zu Hause, ich musste wieder zum Büro, komme nicht dazu, in Ruhe mit Jup zu sprechen. Doch freue ich mich, dass Cari so lieb und freundlich zu ihm ist. Nachmittags am Bericht Quidde herumgedruckst, wenig getan, abends mit Münch über Däubler gesprochen und dabei zu meiner Freude gesehen, dass er viel Verständnis hat; dann nach Hause, allein, denn Cari ist mit Jup im Theater „Der große Moment". Es ist eine köstliche Stunde; ich arbeitete etwas, las in meinem Aufsatz über das >Ordnungsrecht< und war selbst erstaunt, dass er so gut und schön ist. Dann zum Theater, traf die Beiden. Jup ist gefallen und hat sich ziemlich heftig am Knie verletzt. Wir tranken Kaffee im Odeon-Café, wo es Jup gar nicht gefiel; er ist überhaupt ein vernünftiger, ergreifender Junge, ein Prachtkerl. Müde nach Hause. Dachte viel an Fritz Eislers letzte Tage und erschrak vor dem Tod.

28. Dienstag
Brief von Georg Müller; er schlägt mir vor, von jedem abgesetzten Exemplar einen Teil zu geben. Das freut mich, aber ich hätte lieber Gesamtsumme gehabt. Telefonierte vom Generalkommando aus. Am Telefon war Müller ziemlich unfreundlich. Was geht das Ganze mich an. Ich arbeitete an meinen Bericht Quidde. Mittags mit Jup und Cari zusammen gegessen. Schön zu Hause Kaffee, dann wieder fleißig zum Büro. Die Antwort des Kriegsministers auf die Frage nach der Postüberwachung (die er nächstens im Landtag zu vertreten hat) entworfen (die gesamte Auslands-Korrespondenz wird, wie allgemein bekannt ist, überwacht. Briefe, die in das Ausland gehen, müssen deshalb offen aufgeliefert werden, aus dem Ausland kommende unterliegen gleichfalls der Kontrolle usw.). Der ganze Schwindel des „Regierens" und die Wichtigmacherei wurden mir klar. Hatte nachts noch etwas zu schreiben. Wurde böse und traurig. Münch half mir zu meiner Überraschung; er ist ein feiner, lieber Kerl. Wir gingen zusammen, er erzählte mir, dass ein Gedicht aus dem Sternhellen Weg, nämlich „Der Augenblick" einen tiefen Eindruck auf ihn gemacht habe. Ich wurde sehr erregt und konnte nicht abwarten, bis mein Buch über das Nordlicht erscheint. Zu Hause mürrisch, nach dem Abendessen besser, sprachen noch etwas zusammen, dann wurde es Zeit zur Bahn zu gehen. Wir wurden traurig, brachten den lieben Jungen an die Bahn, er kam gerade recht zu dem Zug nach Frankfurt (vielleicht ist er doch komplizierter als wir ahnen und nur zu anständig, davon zu sprechen; wie traurig er oft wird). Kaufte ihm

---

schlagnahme seiner Schrift „Reale Garantien für einen dauernden Frieden" und die verhängte Briefsperre angedroht, „die Angelegenheit im Landtag zur Sprache zu bringen", was dann auch geschah und einen zusammenfassenden Bericht Quidde seitens des Generalkommandos erforderlich machte. Siehe Dokument 30, S. 295 ff.

noch Zigaretten und eine Zeitung, dann fuhr er ab. Cari weinte, das liebe Kind. Wir gingen traurig nach Hause, verfluchten den Krieg. Traurig zu Bett. Ich wusch Cari noch die Füße, die sie sich so wehgetan hat, dann führte ich Tagebuch und wurde selbst auch sehr müde.

Kerschensteiner erzählte aus der Instruktionsstunde seines Bruders: Der Soldat muss sein wie der Blitz: geschmeidig, treu, zuverlässig, >ja oft verschieden<. Kerschensteiner hat es >jetzt< fertiggebracht, dass Adolf Bassermann, der am Generalkommando beschäftigt ist, herausgeekelt wird.

29. Mittwoch
Müde, auf dem Generalkommando fast eingeschlafen. Der Hauptmann nicht da, wenig zu tun; alte Rückstände. Mittags zu Georg Müller, mit mir >Edelhart< Hundert, ein alberner, misstrauischer, hinterhältiger junger Mann mit snobistischen Einschlag. Aber höflich und ehrlich. Verlangte 150 Mark für alle Auflagen. Er will dieser Tage Nachricht geben. Ich war hinterher müde und durstig, aber doch eigentlich ziemlich zufrieden. Zu Hause gegessen, Kakao getrunken, dann geschlafen, tödliche Müdigkeit und Schlaftrunkenheit. Auf dem Büro wieder nicht viel. Um 6 herumgelaufen auf den Straßen, ein unheimlich mystisches Wetter, die Frauen sind grauenhaft, ich suchte eine Nummer des Temps, in dem eine intelligente Französin ein paar Stunden, die sie auf dem Generalkommando warten musste, schön beschrieben hat, besonders auch den Hauptmann. Abends war Georg Eisler bei uns zu Hause; ich freute mich. Wir unterhielten uns gut, Cari war freundlich, er hat Marmelade und Heringe mitgebracht, Gott sei Dank. Wir spielten die Ouvertüre aus der Zauberflöte; das freute ihn. Wir gingen dann zusammen langsam zur Bahn, sprachen sehr schön und angeregt; mir wurde klar, dass dies der Kampf Orients mit dem Okzident wird; dann nach Hause, oft aufgeregt und gierig. Zu Hause wusch ich Cari die Füße, dann todmüde ins Bett.

30. Donnerstag
Auf dem Büro so herumgearbeitet, Passierscheine, Schreibmaschine, etwas getan. Schätz ist freundlich. Mittags war ich auf einmal wütend und empört darüber, dass in der Norddeutschen Allgemeinen Zeitung die Friedensgerüchte als „bösartig und der Sicherheit des Reiches gefährlich“ bezeichnet werden. So geht es also zu. Ohnmächtig bist du, ohnmächtig sind die Einzelnen. Ein paar wissen von der Verwüstung zu profitieren; wie schrecklich. Cari hat Kopfschmerzen; sie ist lieb, zart und schön. Wir aßen wieder zu Hause.

Heute morgen war ein Brief von Däubler gekommen. Ich bekomme 300 Mark von Frau Bienert. Wenn ich jetzt noch 150 von Müller kriege, ist das eine großartige Sache. Ich war sehr froh und aufgeräumt. Der Brief hat mir überhaupt viel Freude gemacht. Kluxen schrieb, er wolle bald kommen; dann eine Karte von Gross mit seinem Bild. Welch eine schöne Korrespondenz.

Abends kam im Generalkommando ein Brief vom Onkel an, freundlich, gesprächig. Auch der freute mich. Aber ich werde nervös, aufgeregt, glaube immer zu zerspringen und vermag mich kaum zu halten. Das Leben ist ein „teurer Prozess", ich fühle mich >blank<. Aber alles umsonst, elend, keine Möglichkeit zur Entfaltung; Gefreiter! Bei jeder Regung deiner Kraft wirst du eingezwängt und belehrt, wo du lebst. Erbärmlich gelöchert. Nächstens wird es so gemacht, dass ein Dr. Soundso, von der Garnisonskompanie, abkommandiert wird, um Mozart wieder zu adeln. So wird heute die Welt organisiert. Abends todmüde heim. Gegessen, dem Vetter und Gross geschrieben, schnell zum Kasten gebracht. Cari fotografiert und entwickelt eifrig. Oft tief traurig an den armen Jup gedacht. Mein armer, lieber Bruder gerät in diese scheußliche Umzingelei und Maschen. Ich denke daran, wie er ein Eichkätzchen gezähmt hat, dass es jeden Abend zu uns kam und morgens wieder weglief.

Ein Brief eines armen Bauern an den Papst: Es soll Frieden werden. Mit Gelächter und Witzen im Büro gelesen.

Oktober 1915

1. Freitag

Auf dem Büro täglich nervöser. Mittags in der Neuen Börse gegessen, zu Hause Kaffee, todmüde geschlafen. Nachmittags wieder müde auf dem Büro herumgelungert, wenig getan, Briefe der neuen Korrespondenz >über< Liebig[167], sehr interessant. Abends nervös nach Hause, Streit mit Cari, wie dumm, wegen ihres Hutes, der mir zu groß schien. Ich stehe da als dummer Ehemann. Müde ins Bett. Geldsorgen. Gross hat mein Buch über den Staat gelesen und scheint es sehr bedeutend zu finden.

2. Samstag

Auf dem Büro etwas besser gearbeitet, aber ich bin schon wieder vollständig erschöpft mit meinen Nerven. Mittags zu Hause gegessen, Butter und Kakao,

[167] Hans Freiherr von Liebig (gest. 1931), Die Politik von Bethmann Hollweg, o. O., o. J. (1915); Nachdruck 1919, Lehmann, München. Seine „Alldeutsche Politik" war eine der schärfsten Schmähschriften gegen von Bethmann Hollweg, deren Verbot s. Zt. von den Pazifisten begrüßt wurde.

dann geschlafen. Ich bin immer todmüde. Nachmittags Korrespondenz Liebig und Herzog (an Harden[168]), Theodor Wolff[169] (vom Berliner Tagblatt) unterstützt, das Verbot des „Forums" aufzuheben. Eifrig. Schätz noch etwas geholfen, dann müde nach Hause. Besser als allein. Der Onkel hat 100 Mark geschickt; wie schön. Ich arbeite etwas an dem Reinach Belagerungszustand[170]. Dann müde ins Bett. Es ist schon kalt; ich friere. Plötzlich tauchen mir riskante Situationen aus der Vergangenheit auf; es ist, als ob ich aufgelöst wäre, und erschien alles noch einmal. Die Gegenwart verschwindet, die Zeit verschwindet. Auf einmal bin ich wieder in Düsseldorf, in Plettenberg, in Straßburg. Schrecklich. Oft ungeduldig wegen des Buches über das Nordlicht. Müller antwortet nicht.

3. Sonntag
Im Generalkommando die übliche Arbeit, Passierscheine ausstellen, Schreibmaschine schreiben; mittags zu Hause gegessen, sehr schön, dann eilten wir zur Bahn, um nach Dachau zu fahren. Es regnete heftig. Eisler holte uns ab. Wir blieben den ganzen Nachmittag auf seinem Zimmer, schön, tranken Kaffee, erzählten, empfanden Cari als sehr störend, unterhielt mich mit Georg Eisler über den Staat und über die Nichtigkeit von Recht und Freiheit. Er ist sehr klug und interessiert und hat einen erstaunlichen Sinn für methodische Klarheit. Dann wieder Streit mit Cari; nicht zum Aushalten. Ich werde noch verrückt. Wir aßen bei Hörhammer zu Abend. Ich dachte an Plettenberger Verhältnisse und viele Gesellen- und Vereinsabende in Attendorn. Ekelhaft. Ich wollte Bier trinken, weil ich traurig war. Wurde allmählich munter, erzählte Witze; wir gingen dann zur Bahn. Cari war sehr einsilbig. Ich bin der Dumme. Traurig ins Bett. Zum Verrücktwerden.

4. Montag
Auf dem Büro, zum Blödsinnigwerden. Ich fluchte über den Krieg und die größere Dummheit, die ihn regiert. Ultimatum Russlands an Bulgarien. Wäre es nur erst aus! Mittags in der Neuen Börse, zu Hause geschlafen wie ein Toter, ich werde immer aufgeregter und nervöser, weiß mir nicht mehr zu helfen (inzwischen wieder gar keine Lust mehr, ein Buch über den Belagerungszu-

---

168 Maximilian Harden, eigtl. Felix Witkowski (1861–1927), Publizist und Schriftsteller, Hg. der Wochenzeitung „Die Zukunft". Siehe TB 1, S. 96, Anm. 4 und 277, Anm. 107.

169 Theodor Wolff (1868–1943) dt. Schriftsteller und Publizist, Chefredakteur des „Berliner Tageblatts" von 1906 bis 1933.

170 Théodore Reinach (1860–1928), De l'état de siège et des institutions de salut public à Rome, en France et dans les législations étrangères. Eds Pichon, Paris 1885, 305 S. Siehe auch TB 1, S. 249, Anm. 86.

stand zu schreiben, sondern ich will freier Schriftsteller werden, philosophischer, nach nichts fragen).

Das Attest für den Drückeberger[171] Herzog kam. Er ist garnisons- und arbeitsverwendungsunfähig, neigt zum Wahnsinn, Selbstmord, hat heftige Affektkrisen. Ja, du lieber Himmel, das habe ich doch alles dreimal so schlimm. Und ich ärgere mich, dass dieser Jude es gut hat und ich hier wie die ekelhaften Sklaven herumstöhnen muss. Wann komme ich heraus! Abends zu Hause mit Cari schön gesprochen; sie ist ein liebes, gutes Kindlein. Großartig; ich komme mir dumm >neben ihr< vor; brachte sie ins Bett, wir unterhielten uns schön, dann schrieb ich noch im kalten Zimmer, müde und traurig, las die Abenteuer X des Dr. Kostelanyi, die im Manuskript an Herzog geschickt wurden; sehr interessant. Dann die Psychologie des Militärs, eine antimilitaristische französische Schrift, und stöhne in meiner Ohnmacht. Wer hält das aus.

5. Dienstag
Frisch auf, mein Carilein ist sehr lieb und schön. Zum Büro, dort schnell müde, aber besser denn als gestern. Mittags zu Hause gegessen, Karte von Däubler, er kommt also dieser Tage; ich will Müller telefonieren. Mittags etwas geschlafen mit meinem lieben, süßen Kindlein, so kindlich, hingebend und zärtlich war Cari. Dann wieder zum Büro, interessant gearbeitet, dazwischen Passierscheine ausgestellt; es hieß, dass die Felddienstfähigen bald in die Kaserne zurückkommen. Ekelhaft. Mir wurde wieder schlecht. Ich fühlte die grauenhafte Menschheit. Hätte mir gern das Leben genommen und konnte mir nicht mehr helfen. Abends zu Hause gegessen. Es wurde besser, als ich ruhig bei der Lampe saß und arbeitete und Cari freundlich neben mir nähte und strickte. Sie ist ein liebes, schönes Kindlein. Ich schrieb aus einem französischen Buch über den Niedergang Frankreichs ab.

Ich wüsste nicht, was ich tun würde, wenn plötzlich Frieden wäre. Ich weiß überhaupt nichts. Ziellos von einem Tag zum anderen lebe ich. Es ist nicht zum Aushalten. Und dabei immer die Gefahr, totgeschossen zu werden für nichts und wieder nichts. Ekelhaft. Welch ein Zustand. Heute fährt der arme Jup wieder nach Mainz zur Kaserne. Wann hört denn endlich diese blödsinnige Umzieherei auf. Und in Sachsen gibt es noch Leute, die Bücher drucken wie Hindenburgs Einmarsch in London[172]! Und vom „Frischen Durchhalten“ und andere. Es ist zum Verrücktwerden.

---

[171] Siehe über den embusqué, den Drückeberger, S. 85, Anm. 107.

[172] Paul Georg Münch, Hindenburg's Einmarsch in London. Verlag Grethlein, Leipzig 1915, 260 S.

Dass Däubler kommt, bedeutet nichts Gutes.

Ich will ein ernster und ruhiger Mensch werden.

6. Mittwoch

Morgens Traum von Karl Lamberts: Ich bin mit ihm in Amsterdam und habe ein ganz neues, sonderliches, unbekanntes Gefühl [4 Wörter nicht lesbar.]

Im Generalkommando, erkältet; mittags in der Neuen Börse gegessen, Cari musste zum Gericht, den Eid schwören. Es ist alles schön glatt gegangen und ich bin sehr zufrieden und erleichtert. Nachmittags auf dem Büro, abends waren Troendle und Georg Eisler zu Hause, als ich kam. Wir aßen zusammen, plauderten, gingen um 1/2 10 weg. Zu Kurz, tranken dort Rheinwein (ich dachte >bei dem Weinsaufen< an den Geheimrat); dann fuhr Eisler ab. Ich blieb mit Troendle bis 12 Uhr. Habe den Troendle ziemlich satt. Dann nach Hause, etwas angenebelt, was meiner Erkältung vielleicht ganz gut tut. Cari war freundlich und lieb. Ich habe sie unbeschreiblich gern.

7. Donnerstag

Erwartete Däubler. Mittags mit Troendle und Gross[173] in der Neuen Börse. Hörte, dass der „Simplicissimus" etwas gegen Herzog unternehmen will. Sehr schön. Nachmittags ziemlich interessant auf dem Büro. Wenig zu tun, herumgelesen, Broschüren, illustrierte Zeitungen. Abends nach Hause, zur Bahn, Däubler getroffen. Er wohnt bei uns. Ich habe oft Angst vor seinen anarchistischen Reden und seinem wüsten Aussehen. Er benimmt sich wie ein hysterisches Weib, ich kann ihn kaum noch ansehen; wir plauderten bis nachts 12 Uhr. Er gab mir deutlich zu verstehen, dass ich die Sache mit Müller verdorben hätte. So eine Eselei. Ich war ziemlich ruhig und sicher. Ich halte es nicht mehr länger aus.

8. Freitag

Müde, total erkältet. Zum Büro; dort ließ man mich schon um 11 Uhr gehen. Däubler hat schon gefrühstückt und mit Cari geplaudert. Wir gingen zu Müller, er war aber nicht zu Hause; ziemlich bedrückt. Dann in die Neue Börse, aß mit Troendle und Cari zu Mittag. Wir beide gingen früh nach Hause, ich schlief etwas, dann holte ich Däubler bei Troendle ab (sah Troendle fotografiert mit nackten Weibern), trank dort Tee und aß Kuchen; Ekel und Angst, Weihnachtsstimmung. Däubler und ich gingen zu Müller. Unterhalten; Däubler ist

173 Gross, vermutlich Bekannter aus dem Umkreis Troendles.

entsetzlich (ein quatschendes Weib). Ich halte es nicht mehr länger aus. Aber Müller will unabkömmlich werden, hörte, dass ich im Generalkommando bin; das scheint für ihn von Bedeutung zu sein, dass wir uns einigen. Müller druckt das Buch sofort. Ich bekomme 15 %. Dann kam auch noch Dr. Kauffmann[174], den ich vom Generalkommando her (als kleiner Engländer) kannte. Freute mich darüber, sprach mit ihm und wir gingen dann fort, ich langsam zum Generalkommando zurück.

Es ist Herbst. Wie sonderbar ist das alles. Ich verstehe nichts mehr davon. Wie im Traum, hin- und hergeschoben bewege ich mich wie ein Automat. Ging zum Büro, arbeitete etwas und wurde überaus freundlich behandelt und wusste nicht, wie mir geschah. Aß zu Hause zu Abend. Cari ist sehr freundlich; wäre am liebsten zu Hause geblieben. Aber ich habe Eisler und Däubler versprochen, in die „Akropolis" zu kommen. Das will ich tun. Es wäre schön, wenn ich für Müller etwas unternehmen könnte. In der Akropolis Karlin Sohn[175]. Eisler übernachtete bei Troendle.

9. Samstag

Zum Büro; Däubler ist eine schwere Last. Ich tat nicht viel. Mittags trafen wir uns beim Essen in der Börse. Cari und ich gingen aber nach Hause, Kaffeetrinken, Däubler trank mit. Nicht soviel zu tun, aber ich war sehr müde und nervös, aufgeregt. Abends brachte Däubler seine Schwester mit. Wir aßen zu Abend, ziemlich klägliche Unterhaltung, Däubler schimpfte laut auf die Preußen und die Österreicher. Mir ist das grässlich, ich halte es kaum aus und werde sehr nervös. Zum Glück gingen sie um 10 Uhr. Über alles wird geschimpft, über Frau Bienert, jeder Mensch ist feige, der sich nicht ganz für ihn einsetzt. Ich weiß schon, wie er über mich herfällt, wenn es nicht nach Wunsch geht. Sehr erkältet.

10. Sonntag

Morgens auf dem Büro, herumgeschwänzelt; was mag es wohl geben? Wie lange hält man mich noch auf dem Büro? Mittags in der Neuen Börse, Troendle,

---

174 Der Berliner Kunsthistoriker Dr. Arthur Kauffmann war ab 1913 durch bedeutende Einlagen Teilhaber des Verlages Georg Müller. In der Literatur wird Kauffmann für Betrugsaffären während der letzten Lebensjahre Müllers verantwortlich gemacht. Georg Müller starb am 29.12.1917. Bekannt war aber auch, dass der Verleger ohne auf seine Kapitaldecke Rücksicht zu nehmen, das Buchprogramm erweiterte. Siehe dazu Eva von Freeden, Rainer Schmitz (Hg.), Sein Dämon war das Buch. Der Münchner Verleger Georg Müller. edition monacensia im Allitera Verlag, München 2003. Kauffmann war Unterzeichner eines Briefes des Verlages vom 24.7.1915 an das Kriegsministerium (Kriegsarchiv München MKr 13978).

175 Karlin Sohn, wohlhabender Geschäftsmann.

ein Dr. Ackermann, der mir viel Freude machte durch seine Rede über die Reinlichkeit und andere Dinge. Sehr sympathisch. Ich ging nicht mit nach Schleißheim, holte Georg Eisler ab. Wir tranken zusammen Kaffee bei Glasl, unterhielten uns über Weiber. (>Krönigers< Vater hat Däubler einen Identitätsschwindler genannt). Dann zu Hause; Cari wurde beleidigt, große Auseinandersetzungen, ich werde verrückt. Ich ging einmal nebenan aufs >Vorzimmer<, und dort hätte ich mich am liebsten totgeschossen. Dann gingen wir zur Akropolis. Unterwegs benahm sich Cari so, dass ich plötzlich weglief und auf eine Elektrische sprang. Auf der nächsten Station stieg ich aber schon wieder aus. Begegnete Cari und Eisler, weinte, Georg ging fort. Dann zur Akropolis, ziemlich gut unterhalten. Cari war freundlich und gut und weinte auch und <wir> miteinander. Wir suchten noch Eisler am Bahnhof; dann müde ins Bett. O Gott, ja.

11. Montag

Auf dem Büro, erkältet, todmüde. Kein Brief. Däubler war frech, anspruchsvoll, rücksichtslos und verlangte für sich die zärtlichste Rücksicht. Am liebsten zöge ich meine >Arbeit< zurück. Damit entfällt für mich die Aussicht, 300 Mark zu erhalten. Abends mit Däubler lange und schön unterhalten, über das Nordlicht, den Antichrist[176] usw.

12. Dienstag

Müde auf, aber besser dann. Bei Däubler vorbei; wäre er erst fort. Dann zum Büro. Mittags zu Hause gegessen, wieder über Däublers anmaßende Ansprüche geärgert. Er kam, ich kümmerte mich aber nicht um ihn. Auf dem Büro traurig, meine Arbeit getan; habe immer Angst, man setzt mich heraus. Schätz ist freundlich und nett, aber ein zielbewusster Streber. Abends ganz vernichtet und erschüttert vor mir und [1 Wort nicht erkennbar] und doch, wie zwecklos wäre eine Einsicht, meine Gelüste zu erfüllen. Es ist nichts, zu dumm und albern. Aß zu Abend, dann kam Däubler, wir haben uns ziemlich gleichgültig unterhalten. Er ging um 1/2 10; morgen will er nach Augsburg fahren. Ich schrieb noch Tagebuch. Cari war lieb und gut, so nah. Sie wollte zum Roten Kreuz, das liebe Kind, um mir nicht zur Last zu fallen.

Ich möchte gern eine Satire schreiben: Das Weltgericht bricht an. Die Preußen arrangieren es. Herr Eduard Fuchs[177] schrieb ein Buch: Das Welt-

---

[176] Siehe hierzu die Ausführungen Carl Schmitts über den Antichrist in seinem Buch: „Theodor Däublers Nordlicht“, S. 61, 62 und 70.

[177] Eduard Fuchs, Schriftsteller und Sammler, besonders von Karikaturen, u. a. von Daumier. (Verfasser des Werkes „Die Karikaturen der europäischen Völker“, 2 Bde.,

gericht in der Karikatur. Ein Kinematographenbesitzer erhält das Monopol, Fotoapparate aufzustellen und zu photographieren. Im Berliner Tageblatt äußern sich die wichtigsten Persönlichkeiten über den mutmaßlichen Verlauf.

Der Weltkrieg: Die Presse wird von der Zensurstelle angewiesen, über das Weltgericht nichts zu bringen (und nicht über die Reise der Kronprinzessin nach Gelbsand).

13. Mittwoch

Tagesarbeit, abends Georg Eisler. Wir unterhielten uns schön. Dann kam Däubler. Wir gingen zusammen zur Bahn, ich hatte genug von Däubler, der von den Futuristen Italiens erzählt. Georg Eisler ist klug und abwartend ihm gegenüber. Er will Geld schicken. Ich bin sehr gedrückt. Es tut mir leid, dass er wegfährt. Welch ein Elend in der Welt, überall Soldaten. Täglich Tausende von Toten und der Betrieb geht weiter, das ist die Hauptsache. Traurig nach Hause, dann noch etwas geplaudert, müde ins Bett.

14. Donnerstag

Passierscheine ausgestellt, Verfügungen gemacht, Zeitungen gelesen. Mit Schätz und Schnitzler unterhalten. Oft Angst, ich müsste wieder in die Kaserne. Aber es scheint gut zu gehen. Ich halte mich ziemlich ruhig. Möchte Müller empfehlen, damit er unabkömmlich wird. Ärgere mich, dass von Müller noch keine Druckbogen kommen. Mittags in der Neuen Börse gegessen. Zu Hause Kaffee, abends mit Däubler zu Hause geplaudert. Angeregt. Däubler erzählt von seiner politischen Tätigkeit. Jup ein Paket geschickt.

15. Freitag

Namenstag des Königs[178]. Musste Helm tragen. Nachmittags jour, mittags zu Hause gegessen, nett gearbeitet, mit dem Hauptmann zusammen, meine Sache von Müller vorgetragen, aber es kam nicht dazu. Ich kann nicht durchgreifen. Müde nach Haus, dort nach dem Essen wieder mit Däubler geplaudert, Cari ging ins Bett. Über die Frauen gesprochen, gut verteidigt.

I: Vom Altertum bis zum Jahre 1848, II: Vom Jahr 1848 bis zum Vorabend des Weltkrieges. Langen, München 1908). Berühmt wurde der Aufsatz von Walter Benjamin, „Eduard Fuchs, der Sammler und Historiker", zuerst in: Zeitschrift für Sozialforschung, 2/1937, S. 346-381.

[178] Gemeint ist der bayerische König Ludwig III. (1845–1921), ab 1913 Prinzregent, 1913–18 bayerischer König.

16. Samstag

Arbeit. Freyberg kommt wieder. Ich kann mich nicht vorwärtsbringen und drängen, die anderen machen stillschweigend unter der Hand alle möglichen Gespräche, ich bleibe der arme Trottel und räche mich durch Christentum, Weltverachtung usw. Aber das kann doch nicht gehen, so kann ich mich doch nicht selbst täuschen. Mittags wieder zu Hause gegessen und Kaffee getrunken. Ich schlafe mittags immer wie todmüde ein. Nachmittags Zeitungen gelesen, Etwas gearbeitet, fröhlich, weil ich zur Zeit keinen Feind habe und mich mit aller Welt in Frieden weiß. Abends mit Däubler, Frau Schamberg und Cari in die Akropolis; auch der Sohn war da. Wir unterhielten uns über Ideen (warum fühle ich mich in der Gesellschaft eines wohlhabenden, bürgerlich gut fundierten Menschen so wohl?). Abends nach Hause in angenehmer Stimmung. Mit Däubler noch bis 1 Uhr auf seinem Zimmer gesprochen. Er erzählt mir seine Gespräche mit der Frau Bienert – er ist der Achte! – der Eifersucht des Herrn Bienert, das hurenhafte Benehmen der Frau, was sie mit >seinem< Geld aushält und bezahlt. Eine ekelhafte Geschichte. Ich will nichts damit zu tun haben.

17. Sonntag

Heute frei. Bis 1/2 9 im Bett, dann schön gewaschen und mich sehr wohl gefühlt. Mit Däubler über die Elendigkeit des guten Literaturbetriebes gesprochen; dann Tagebuch geführt. Ekelhafter Zank mit Cari. Mit Frau Schamberg und Däubler in den Englischen Garten; herrlicher Tag, aber was habe ich davon, wenn ich zu Hause hocke und mich schulmeistern lassen muss. Mittags entsetzliche Szene, Cari weint; wir aßen in der Neuen Börse, gingen nicht zu Däubler. Dann wieder zu Hause, Versöhnung, zusammen in die „Gespenstersonate“, >Grand Guignol<; der alte Hummel[179] erinnerte mich aber an den Geheimrat. Hinterher Café Glasl, dann in den Englischen Garten spazierengegangen. In der Akropolis zu Abend gegessen, früh nach Hause, todmüde und verstimmt.

18. Montag

Auf dem Büro, wenig zu tun, Passierscheine, Freyberg ist wieder da; kein gutes Zeichen. Oft Angst wegen Däubler. Mittags zu Hause gegessen, Müller telefoniert (nachher geschlafen, dann wieder zum Büro, Schokolade gegessen; die Schokolade wird immer schlechter, es ist eine ekelhafte Zeit). Abends zu Hause. Müde. Däubler ist in das Isartal <gereist>.

[179] männliche vampyrartige Hauptrolle in Strindbergs Kammerspiel.

19. Dienstag

Müde auf, beim Waschen wohl. Traum: Ich rauche eine Zigarre, Ernst und Carl Lamberts spielen irgendeine Rolle dabei. Auf dem Büro faul, der Hauptmann ist in Berlin zur Butter- und Käsebesprechung. Mittags in die Neue Börse; schön gegessen. Freundlich mit Cari, wir haben uns etwas lieb, gingen im Englischen Garten spazieren, tranken im Glasl Kaffee. Cari ist auf die >Dult<. Sie kaufte mir Gabeln und einiges Geschirr. Ich kam abends müde nach Hause, schlechter Laune. Wir aßen schön, dann wurde mir besser. Däubler ist schon zurück, weil es ihm zu kalt im Isartal ist. Brief an Georg Eisler geschrieben. Bücher gekauft, Illustrationen bestellt bei Jaffé. Kein Brief. Schrecklich. Däubler erzählt von Hausenstein, dem Streberlein. Ich bekam die Wut, hatte aber gleichzeitig Angst vor seinen Intrigen. Müde ins Bett.

20. Mittwoch

Auf dem Büro wenig zu tun, das beunruhigt mich etwas. Über den Belagerungszustand etwas gelesen und notiert. Morgens vom Geheimrat geträumt, viel an ihn gedacht. Kein Brief. An Müller geschrieben: dass ich am Montag telefoniert habe und ohne Nachricht bin; ersuche um umgehende Mitteilung, ob ich bis Ende des Monats die ersten Druckbogen erwarten darf oder nicht. Ich muss ihm Bange machen. Schön zu Hause gegessen, Hammelkoteletten und Tee. Wie angenehm ist das. 35 Mark von Georg Eisler. Der liebe Junge. Auf dem Büro Brief an den Vetter geschrieben, die Korrektur des neuen Buches von Däubler gelesen; gefiel mir gut. Aber ich geriet in Wut über Leute wie Hausenstein, der todsicher jedes meiner Worte niederhält. Es ist grässlich: Die Unfähigkeit, im Leben fertig zu werden. Immer dasselbe, als wäre die Welt vom Teufel erschaffen. Kein Fortschritt, keine Besserung, immer dasselbe. Heute noch schlechter als irgendwann. Heute machen sich Gauner das Bestreben der Menschheit, diesen >ewigen Fluch< zu vermeiden, schlau zunutze und spielen sich als verkannte Genies auf: Wunderkinder, Eulenberg[180]. Der Requisit des großen Mannes. Geschäft ist Geschäft; Literatur ist Geschäft. Abends traurig zu Hause, ohne Mut. Was soll ich tun?

21. Donnerstag

Büro, zum Verrücktwerden, verkomme, werde trottelig und lasse mich auslachen. Hoffentlich kapitulieren die Serben und ist der Krieg bald aus. Mittags zu Hause, nachmittags geschlafen, wieder Büro, es ist zum Kotzen. Abends mit Däubler gesprochen. Er hat Erfolg, es wird Reklame für ihn gemacht. Ich bekomme wieder Lebendigkeit, aber alles ist schwach und skeptisch. Schrieb abends Georg Eisler über juristische Fragen. Wäre ich doch Rechtsanwalt in einem schönen Büro.

---

180 Herbert Eulenberg (1876–1949), dt. Schriftsteller. Siehe TB 1, S. 54, Anm. 21 und 22.

22. Freitag
Müde, in der Neuen Börse gegessen. Bin sehr lieb und freundlich zu Cari, wie sie zu mir. Sie ist gut und schön. Kaffee im Glasl, etwas mit Däubler spazieren. Wir sind sehr angeregt. Müller schreibt, er werde diesen Monat noch drucken. Das ermunterte mich. Schokolade gegessen vor Verzweiflung.

23. Samstag
Büro, Wahnsinn. Ich werde noch verrückt. Zu Hause gegessen, mittags, dann geschlafen. Nachmittags wieder Büro. Wer hält das aus, und dann wieder Angst, in die Kaserne und ins Feld zu müssen, denn es kommen schon die Felddienstfähigen fort. Mir wird ganz schlecht. Abends in der Akropolis, den Maler Laubscher[181] kennengelernt, von den Schattenrissen erzählt, aber müde. Hätte am liebsten geschwiegen vor Müdigkeit und Kopfschmerzen, psychischer Aufregung.

24. Sonntag
Bis 1/2 8 geschlafen, todmüde auf; beim Waschen etwas erkältet. Auf dem Büro ziemlich gearbeitet, an Georg Eisler geschrieben, mittags in der Neuen Börse, hinterher zu Hause Kaffee. Däubler war schon da. Wir unterhielten uns ziemlich flau; Frau Schamberg kam, wir tranken zu Hause Kaffee. Mein liebes Carilein tut alles mir zuliebe und ist sogar gegen unsympathische Leute freundlich. Cari und Frau Schamberg gingen dann zur Dult, ich ging mit Däubler im Englischen Garten spazieren. Das Gehen tat mir gut. Wir unterhielten uns ausschließlich über Däublers Dichtkunst. Oft ist es mir sehr interessant und anregend, aber schließlich bin ich doch nicht dafür da, andere Leute zu rühmen und mich für andere zu opfern. Wir kamen um 1/2 7 in die Akropolis. Der Vizefeldwebel Dehme[182] saß da, ich sprach einige Minuten mit ihm, weil ich in Zivil war und das Schwein mich sicher angezeigt hätte, wäre ich nicht freundlich zu ihm gewesen (vielleicht zeigt er mich trotzdem an). Er erzählte von Moldenhauer; dass dieser ihn enttäuscht habe. Ich erschrak über diesen unverschämten, frechen und arroganten Menschen. Seitdem er Vizefeldwebel ist, lässt sich überhaupt nichts mehr gegen ihn machen. Dann kamen Cari und Frau Schamberg; wir unterhielten uns leidlich. Ich war bald wieder müde und angegriffen. Däubler erzählte sehr schön und zum Lachen von Neapel und Italien (die Aufführung des FS[183]-Dramas in Neapel, die Geschichte mit dem Pfaffen und dem Affen). Um 10 Uhr nach Hause. Zu Hause noch etwas gesprochen dann eingeschlafen.

---

[181] Neander Laubscher, Maler.
[182] Dehme, Vizefeldwebel, vermutlich ein ehemaliger Vorgesetzter aus der Türkenkaserne.
[183] Evtl. Friedrich Schiller.

25. Montag

Wieder todmüde auf. Auf dem Büro immer mehr Arbeit, viele Bücher, ich werde kaum fertig. Mittags zu Hause Butterbrot gegessen. Georg Eisler schrieb einen Brief, Jup auch, Frau Eisler hat ein Paket geschickt. Sehr schön. Zu Hause geschlafen, Kaffee, nachmittags noch mehr Arbeit; es ist kaum zum Aushalten. Bis abends 8 1/4 ununterbrochen herumgewühlt, Verfügungen entworfen. Manchmal freut es mich, weil ich mich als tüchtigen Verwaltungsbeamten fühle, manchmal aber weiß ich, dass man mich verachtet und nur halb nimmt. Inzwischen habe ich Passierscheine und Leichenüberführungen. Der Staatsanwalt Karl Bühlheller aus Passau, dem ich vor 8 Tagen einen Schein nach Peone zum Besuch seines schwerverwundeten Sohnes ausgestellt habe, hat seinen Sohn nicht mehr angetroffen und sich frühmorgens in seiner Wohnung in Passau, als er vorbeimarschierende Soldaten singen hörte, erschossen. Das steht ganz ausführlich in den Passauer Zeitungen. Abends mit meiner lieben Cari zusammen, wohl und glücklich. Ich wäre ohne sie längst verrückt vor Aufregung und Anstrengungen. Schlief, tat nichts. Früh ins Bett. Mit großem Interesse einige Seiten von Sembat[184] faites un roi gelesen. Wir haben teure Billetts für Rigoletto.

26. Dienstag

Um 1/2 5 mit furchtbarer Angst wach. Mir träumte: Der Hauptmann lässt mich rufen. Er sehr freundlich, weinte sogar vor Rührung, dann sagte er mir: ich müsse wieder zur Truppe zurück, da ich felddienstfähig sei (Leutnant Glaser muss das auch!). Ich erschrak. Ich dachte, die anderen, wie Schachinger, Freyberg usw., sind doch auch felddienstfähig und bleiben da; aber ich sagte nichts, obwohl ich die freche Heuchelei in seinem Benehmen erkannte und erschrak.

Wurde wach, stand auf und schrieb mein Tagebuch. Meine Hand zitterte vor Angst und Schreck. Ich werde irrsinnig in dieser blödsinnigen, gemeinen und brutalen Zeit. Mir zitterte die Hand. Mein Gehirn drückt mich. Als ich zurück vom Haus zur Toilette ging (den Nachttopf in der Hand), läutete plötzlich die Schelle. Mir wurde angst. Wie ist ein solcher Zustand noch länger zu ertragen. Warum werden nicht Millionen schon irrsinnig.

Tagsüber Büro, mittags zu Hause gegessen, abends in „Rigoletto"; herrlich, ergreifend. Däubler imponierte mir wieder, erinnerte mich an Victor Hugo; er ist ein großartiger Kerl und es ist mir eine große Beruhigung, sein Freund zu sein. Wir aßen noch bei Schwarzhaupt eine Kleinigkeit, unterhielten uns noch, aber weil die Frauen dabei waren, ohne besondere Angeregtheit.

---

[184] Marcel Sembat (1862–1922), frz. Politiker. Autor des Buches: Faites un roi, sinon la paix. Eds Eugéne Figuière & Cie. Paris 1913.

27. Mittwoch

Büro, Passierscheine, Leichenüberführungen, Bücherbeschlagnahme, Konsulatsbriefe. Schrieb dem Vetter. Die Rigolettoaufführung hat mir sehr gut getan, wir haben aber kein Geld mehr, da sie an 20 Mark gekostet hat. Schätz freundlich zu mir, überhaupt werde ich inzwischen anständig behandelt. Nur dem Hauptmann traue ich noch nicht und ungeduldig, dass Müller mein Buch noch nicht druckt.

28. Donnerstag

Büro, Neue Börse gegessen, abends waren Sohn, Laubscher, Frau Schamberg, Däubler bei uns. Wir tranken Wein, unterhielten uns etwas über das Nordlicht; es war eine Propagandageschichte, die mir schnell zu dumm wurde, ich schickte die Leute nach Hause, ging noch mit zu Schwarzhaupt, Cari ging ins Bett. Sie ist gut und freundlich; es ist rührend zu sehen.

29. Freitag

Frau Bienert kam, abends gingen wir mit Däubler in Strindbergs 3 Einakter „Erste Warnung, Paria, Samun.“ [185]. Eine grässliche langweilige Geschichte, ein Schmarrn. Wir unterhielten uns gut; hinterher in der Akropolis sahen wir die Kunstmaler und andere Proleten. Diese Leute regieren in Deutschland das geistige Leben! Fischer bezahlt einem neuen Genie (Kornfeld!) [186] monatlich hunderte von Mark.

30. Samstag

Tagsüber Büro, abends in der Akropolis mit Cari und Dr. Rupé [187] usw. Bei Frau Bienert eingeladen. Gute Unterhaltung, Eindruck gemacht, aber mir

---

[185] Unter den drei Einaktern Strindbergs werden in der Literaturgeschichte durchweg die Stücke „Die Stärkere“, Uraufführung 9.3.1889 in Kopenhagen, deutsche Erstaufführung 22.1.1893 in Berlin, „Paria“, Uraufführung 9.3.89 in Kopenhagen, deutsche Erstaufführung 13.5.1900 in Berlin, „Samum“, Uraufführung 25.3.1890 in Stockholm, deutsche Erstaufführung Frühjahr 1905 in Breslau, verstanden. Strindberg selber kombinierte zunächst 1889 und 1890 jeweils zwei Stücke davon mit dem Einakter „Gläubiger“, Uraufführung 9.3.1889 in Kopenhagen, schwedische Erstaufführung 25.3.1890 in Stockholm, deutsche Erstaufführung 22.1.1893 in Berlin. Welcher Einakter im Oktober 1915 in München mit „Paria“ und „Samum“ unter der Überschrift „Erste Warnung“ kombiniert wurde, ist unklar.

[186] Paul Kornfeld, (1889–1942), geb. in Prag, umgebracht im KZ Lodz, erfolgreicher expressionistischer Dramatiker.

[187] Hans Rupé (1886–1947), Kunsthistoriker und Schriftsteller. In Warschau geboren, studierte er in Genf, Berlin, Paris u.a. und promovierte mit einer kunsthistorischen Arbeit über Hans Burgkmair. Er wohnte ab 1911 in München und arbeitete als

sofort klar, was das für eine windige Sache ist und dass ich mir besser nichts darauf einbilde, von Frau Bienert aufgefordert zu werden, ein Buch zu schreiben über Deutschland und Frankreich. Ruhig nach Hause, obwohl es mir wohltat, einmal wieder Anerkennung gefunden zu haben. Abends, als ich schon im Bett lag, kam Däubler noch. Er war zufrieden mit dem Abend, zufrieden mit Frau Bienert und hatte große Hoffnungen. Ich bekam meine 300 Mark überreicht. Welch ein sonderbares Leben. Von Eisler sind 100 Mark eingegangen.

31. Sonntag

Morgens todmüde, zum Büro, etwas gearbeitet, mit Freyberg für Montagabend verabredet. Ich scheine also doch dazuzugehören. Mit Schrecken vernommen, dass Calker wegkommen soll. Mein Gott. Wäre dieser grässliche Krieg erst aus. Seit gestern weiß ich wieder, dass die Engländer keinen Frieden machen. Donnerstag hatte ich den ganzen Tag von dem bevorstehenden Frieden und der Hochkonjunktur gesprochen. Schätz ist sehr freundlich, das tat mir gut; vor dem Hauptmann habe ich Angst. Wohl eine >Übertragung<. Mittags in der Neuen Börse, dann zu Hause bis 4 Uhr geschlafen, mit Däubler bei Schwarzhaupt Kaffee getrunken, über den Staat eifrig gesprochen (das römische Imperium hatte das Recht, Christus zum Tode zu verurteilen!). Dann fuhr Däubler mit Frau Bienert bis Donnerstag nach Augsburg. Schade, ich habe mich so an ihn gewöhnt und habe ihn sehr lieb gewonnen, obwohl er mir oft unerträglich ist. Ich ging mit Cari lange spazieren im Englischen Garten, dann aßen wir eine Kleinigkeit bei Schwarzhaupt (das Ganze kostete >2< Mark >50!<. Unglaublich teuer, gar nicht mehr zum Aushalten). Darauf ruhig und in gefasster und gesammelter Gleichgültigkeit nach Hause, Tagebuch geführt. Die Friedenssehnsucht ist beinahe übermächtig und psychologisch. Gingen abends frühzeitig zu Bett, nachdem ich noch etwas gegessen hatte, sprachen von Fritz Eisler. Cari meinte, er sei >lieber< bei uns <als> wohl in Hamburg.

November 1915

1. Montag

Geschlafen bis 9 Uhr; wie schön, sich ausschlafen zu können. Zivil angezogen, Frühstück gemacht, etwas gelesen, dann spazierengegangen, [etwa 4 Wörter nicht lesbar], mittags in die Neue Börse, zu >Ritter<, etwas spazieren, zu

Kustos am Nationalmuseum. Bekannt wurde Rupé durch die Bearbeitung der Voßischen Übersetzung der Ilias von Homer, einer Neuübertragung der Alkestis von Euripides und der Lyrik der Sappho.

Hause Kaffee, dann den ganzen Nachmittag gelesen, Reinach über Belagerungszustand exzerpiert. Nicht sehr intensiv gearbeitet. Abends noch eine halbe Stunde allein; an den Geheimrat gedacht und zufällig in einem Antiquariat [2 Wörter nicht deutbar] entdeckt. Plötzlicher Entschluss, ihn zu kaufen. Sonderbarer Zufall. Zu Hause gelesen, dann noch 5 Briefe geschrieben, an Däubler, Josef Wüst, Kluxen, Georg Eisler und Ernst Lamberts. Früh ins Bett.

2. Dienstag

Zum Generalkommando, die ekelhafte Sklaverei. Wie bin ich doch heruntergekommen! Arbeitete etwas, nicht zuviel. Mittags zu Hause gegessen, es wird immer elender; *Däubler kam zurück.* Etwas mit ihm gesprochen. Infolgedessen kam ich nicht mehr dazu, ein [2 Wörter nicht deutbar] abzuholen. Carilein wollte es abholen. Ging zum Generalkommando, dort Einiges getan. Abends müde nach Hause, aufgeregt, Cari hat den P. J. nicht gefunden. Merkwürdig. Verärgert. Mitgegessen, spielten Schach. Dann gab es Streit. Cari gereizt, ich war beherrscht. So verkomme ich. Tagsüber auf dem Büro, niedergedrückt und klein gemacht. Jede großartige Stimmung von Stolz und Selbstbewusstsein sofort kaputt; und dann die Frau, nichts. Entweder ihr kritikloser Beifall, der mich ernüchtert, oder ihre alberne Verständnislosigkeit, die mich reizt. Nichts zu wollen [Rest der Zeile nicht lesbar].

Zu Frau Bienert und Däubler gegangen, die mich abends 7 1/2 in der Akropolis erwarteten. Aber es war ja doch zwecklos, meine Frau dabei. Welch ein Leben, und dabei keine Rettung. Früher hatte ich immer das heimliche Gefühl, es sei noch nicht alles Vertrauen weg, sei noch frei und offen; seitdem ich verheiratet bin, [3 Wörter nicht lesbar], keine Hilfe, nichts mehr [4 Wörter nicht erkennbar], keine Selbsteinkehr, keine Selbstbesinnung, kein einsames Gebet, nichts. Immer in Begleitung, akkompagniert, in die Bürgerlichkeit zurückgerissen in der kitschigsten Weise, so leben wir, so leben wir alle Tage. Ich stieg in diesen elenden Druck in den Zwiespalt von Ehrgeiz und Feigheit, >bereit< im Kampf gegen die Vertrottelung sterben können. Einen Tod [eine halbe Zeile nicht lesbar]. Es geht nicht ohne Ungerechtigkeit, wer will das aushalten? Es ist nicht zum Aushalten. Warum nicht aus dem Fenster springen. Ich reiße es auf. Unten zerschmettert sich mein Körper. Nur eine oder zwei schreckliche Sekunden Bangen und Todesangst, dann ist es aus, ich bin tot, erleichtert. Aber in der Tiefe wurzelt Unentschlossenheit, dass ich es nicht fertigbringe. Sitzen bleiben, mich nicht rühren, nicht aufspringen und zum Fenster laufen, obwohl ich in einer Sekunde erledigt bin. Nein, ich sitze hier und beobachte mich und gerate in Wut über meine Unentschlossenheit und meine Angst.

3. Mittwoch

Morgens wieder ruhig, auf dem Büro aufgeregt, müde, erschlagen. Mittags in der Neuen Börse gegessen, launisch, nervös zu Hause Kaffee getrunken, dann wieder zum Büro. Keine Korrekturen von Müller, obwohl ich sie sehnsüchtig erwarte; schickt das Buch [2 Wörter nicht deutbar]. Abends mit Frau Bienert, Däubler, Herr Rupé, Frau Schamberg, dem Freund Kurz[188]; in Zivil. Gut geplaudert, selbstgefälliges Geschwätz von Cari, mit Wein vollgetrunken nach Hause. Gleich eingeschlafen.

4. Donnerstag

Namenstag, kein Brief, keine Korrekturen; traurig. Ein Buch und Schokolade zum Namenstag geschenkt. Aber mittags zum >Ritter< mit Frau Bienert und Däubler und Cari. Sehr nervös, gutes Essen, herrlicher Kaffee; sehr zufrieden und traurig, dass ich nicht reich bin und mir solche Essen leisten kann. Auf dem Büro, Passierscheine ausgestellt, Reisegesuche behandelt usw.; sehr viel zu tun. Abends nach Hause, gegessen, mit Däubler etwas gesprochen, um 10 Uhr ins Bett.

5. Freitag

Keine Korrekturen; ganz verzweifelt und wütend. Auf dem Büro blödsinnige Arbeit, aber ich fiebere immer vor Angst, in die Kaserne zurück zu müssen. Mittags zu Hause gegessen, Kaffee getrunken, Brief von Georg Eisler, der mir gut tat. Nachmittags in die Bibliothek und Müller telefoniert, ziemlich sachlich. Er erzählte mir, er schickte mir morgen die Korrektur. Dann zum Büro, kaufte ein Buch von einem Stephan Steinlein über die Schlacht am Birkenbaum[189]. Sehr aufgeregt, dass es ein Steinlein war, meinte gleich, ihm schreiben

188 Kurz, Freund, Näheres nicht bekannt.

189 Stephan Steinlein, Über die Herkunft der Sage und Prophezeiung von der letzten Weltschlacht am Birkenbaum in Westfalen, mit Erläuterungen zur deutschen Kaisersage und heutigen Weissagung. Verlag Wilhelm Heims, Leipzig 1915, 74 S. Steinlein bezieht sich auf die Prophezeiung von einer letzten Schlacht der Völker an einem Birkenbaum (bzw. Birkenwald) zwischen Hamm und Unna, wobei ein großer Fürst (oft der dt. Kaiser) die Oberherrschaft über die Erde gewinnt und nach diesem letzten Weltkampf die friedliche Erneuerung der Erde stattfindet. Es handelt sich wohl auch um Nachklänge des altgermanischen Mythos vom letzten Krieg zwischen Gut und Böse und dem nachfolgenden Frieden. Z. T. hat die Sage auch französische Ursprünge, so bei Nostradamus; vgl. A. Le Pelletier, Les oracles de Michel de Nostredame. Paris 1867, S. 46 (Prophezeiung des Nostradamus von 1566).
Im Vorfeld des Ersten Weltkrieges gab es zahlreiche interessierte Deutungen, auch von französischer Seite, vgl. u. a.: Friedrich Zurbonsen, Die Völkerschlacht „am Birkenbaum“, sagengeschichtlich dargestellt. J. P. Bachem, 2. Aufl., Köln 1907, 4. Auf-

zu müssen. Zum Büro, wie ein Tier gearbeitet; abends müde nach Hause, Laubscher kam, dann auch Däubler. Etwas geplaudert, Däubler las vor, der Ausbruch und Paolo Uccello[190]. Großartig; aber etwas zu laut. Wir waren alle sehr ergriffen. Um 11 Uhr hörte er auf. Ich führte Tagebuch, war aber leider nicht allein, da meine Frau mich nicht verlässt. Der Onkel hat heute >100< Mark geschickt, wie hübsch, >dennoch< Angst vor dem Staat, vor dem Militär, vor der Kaserne. Calker soll wegkommen; was wird dann aus mir. Gott wird sorgen. Ein Papagei würde sich auch nicht durch die Anwesenheit Christi in seinem Geschrei beirren lassen. >Judas< ändert nichts.

6. Samstag

Morgens wieder keine Post; zum Verzweifeln. Müde auf dem Büro. Nachmittags kamen die Korrekturen vom Druck. Ich war sofort dabei und las. Auch Däubler las. Abends waren Laubscher und Sohn da. Aber ich war zu müde. Däubler wollte anscheinend wieder lesen.

7. Sonntag.

Morgens zum Büro, nachmittags frei. Korrekturen, geschlafen, herumgelesen. Däubler war nicht da. Abends überlegt, wo nachträgliche Anmerkungen <anbringen>. Ging ins Café Glasl. Ich schrieb noch bis nachts 1 Uhr an den Anmerkungen, nicht eingeschlafen.

8. Montag

Auf dem Büro immer mehr Arbeit, oft verzweifelt. Abends mit den Leuten vom Generalkommando in das Restaurant >Colzendorf< im >Odeonsbau<. Langweilig. Ich konnte mich kaum halten, gehörte nicht dazu.

9. Dienstag

Dann kam Rupé, schreckliche Wut über Däubler, dieser schreckliche Egoismus, diese unverblümte Eitelkeit und Wichtigkeit.

---

lage ebd., 1914; Derselbe, Die Prophezeiungen zum Weltkrieg 1914–1915. J. P. Bachem, Köln 1915, oder S. 31–38, Die Birkenbaumschlacht und der „weiße Fürst" der Gegenwart.

190 Der Ausbruch („Seitdem der Reim in unser Lied geflogen"), Das Nordlicht, Florentiner Ausgabe. 2. Teil, S. 517, Genfer Ausgabe, S. 531; Paolo Uccello („Der grüne Kreuzgang soll im Mondenschein vergehen"), Florentiner Ausgabe. 1. Teil, S. 289, Genfer Ausgabe, S. 335. Die Verse beziehen sich auf die Fresken der Geschichte Noahs, Florenz, Santa Maria Novella von Paolo Uccello (um 1446).

10. Mittwoch

Wut über Däubler, das Schwein. Dieser Riesenparasit. Angst vor seinem Schicksal, vor seinem Brüllen, vor seinem Fressen. Mein armes Kindlein klagt. Ich schlafe den ganzen Tag. Abends früh ins Bett. Wollte die nachträglichen Anmerkungen ganz streichen! Tat es aber nicht.

11. Donnerstag

Passierscheine ausgestellt, täglich mehr zu tun. Müde. Hoffentlich werde ich bald Unteroffizier. Aber wie soll das alles werden. Keine Beförderung, keine Aussicht auf Anerkennung, nichts. Von Däubler in der gemeinsten und frechsten Weise ausgebeutet und beiseite geworfen, sobald ich meine Pflicht getan habe. Himmel.

12. Freitag

Die Korrekturen kamen. Wieder stolz, aber die Freude ist mir doch durch die Bekanntschaft mit Däubler arg vergällt. Im Zeitrecht steht eine Reklame für Däubler; aus meiner Schrift ist schon zitiert „der erste große Europäer". Jawohl, und große Armleuchte.

13. Samstag

In Breslau hat eine Zeitung gegen das Zeitrecht geschimpft, weil es zu national europäisch ist. Sorge und Angst. Ich werde noch einmal verdächtigt. Alles wegen dieses grässlichen Menschen, dieses kleinen Schweines, dieses Riesenferkels. Mir wird ganz schlecht in seiner Nähe. Abends in der Akropolis. Es waren viele Menschen da, Sohn, Laubscher, ein Astrologe. Wir gingen früh nach Hause. Ich war froh, dass wir weg waren.

14. Sonntag

Den ganzen Tag frei. Morgens bis 9 Uhr geschlafen, etwas allein spazierengegangen; wie schön ist das. Korrekturen gelesen. Mittags in der Neuen Börse gegessen. Nachmittags kam Däubler, wir gingen zusammen weg. Laubscher und seine Schwester kamen noch. Däubler will bald abreisen. Ich atme erleichtert auf. Wir gingen durch den Englischen Garten. Däubler spricht natürlich immer nur von sich und nur von sich. Es ist nicht zum Aushalten. Immer geklagt und gejammert. Ich ging mit Cari nach Hause zum Essen, Rupé kam; ich war sehr froh darüber (weil er ein vornehmer Mensch mit Beziehungen ist). Wir trafen uns im Café Glasl. Ich war maßlos wütend über Däubler und seine unverschämte Schwester. Die ganze Familie ist nicht zu ertragen. Ich sah, wie seine Schwester, die Frau Schamberg, meine liebe Cari einfach unverschämt behandelt und nicht ansah, obwohl Cari sich rührend Mühe gab, freundlich und liebenswürdig zu sein. Rupé, Däubler und ich gingen dann noch zusammen zu mir; wir sprachen bis in die Nacht hinein. Aber es war nicht mehr so glänzend wie das erste Mal. Nachts um 1/2 3 ins Bett. Größte Wut über Däubler.

15. Montag

Müde auf, Angst vor dem Büro, viel zu tun, aber fleißig geworden. Heute müsste ich Unteroffizier werden. Aber ich werde es nicht. Ich bin ein armer Teufel, zum Narren gehalten hier und dort. Elend. Also stelle ich meine Passierscheine weiter aus. Auch Beamtenstellvertreter werde ich nicht, obwohl ich es oft wünschte. Abends müde nach Hause, etwas mit Däubler unterhalten; wieder freundlicher (er erzählte natürlich immer wieder von seinem Missgeschick und davon, dass man ihm mehr Geld geben müsste, dieser Riesenschmarotzer); um 11 müde ins Bett. Habe mein liebes Kindlein sehr lieb. Sie findet übrigens mit Recht, dass Däubler aussah, wie eine Bisamratte. Ich habe ihr viel abzubüßen. Sie hat mit ihren Antipathien immer recht gehabt.

16. Dienstag

Wieder müde auf. Kein Brief. Wut auf Däubler, aber zu ihm gegangen und noch etwas gespürt davon. Zum Büro gelaufen, gearbeitet den ganzen Tag. Zu Hause gegessen, meine liebe, schöne Cari hat gekocht. Nachmittags immer Arbeit und wieder Arbeit. Abends war Rupé da. Wir haben es uns viel kosten lassen. Natürlich hat nur Däubler den Nutzen davon. Ich diene nur als Überleitung aus dem Bürgerlichen. Pfui Teufel, o Schande, Schande.

17. Mittwoch

Morgens todmüde zum Büro gelaufen, wütend über den schmierigen Schnorrer Däubler, oft in heftige Wut geraten. Mittags zu Hause gegessen. Die liebe, fleißige, schöne Cari (ich bin ganz verliebt, weil sie eine neue Frisur hat, die die Ohren frei lässt). Abends Abschied von Däubler. Troendle war da, dann kam Laubscher und die Frau Schamberg. Däubler hat meiner >Frau< eine Szene gemacht, meine Frau beleidigt. Ich war schwach und der Situation nicht gewachsen. Elend, schade. Ging noch mit Troendle zur Bahn, dort kühl die Hand gegeben, wieder [5 Wörter nicht lesbar]. Ich werde nur wütend, wenn ich die Schamberg, die Schwester des Genies sehe, >Schuhbinderin<, der arme Neander Laubscher. Unterhielt mich mit Troendle, um 11 nach Hause. Traurig ins Bett; oft ganz erschüttert vor Wut.

18. Donnerstag

Zum Büro, müde, Mittag beinahe eingeschlafen, keine Arbeitskraft mehr. Ich bin fertig. Mittags in der Neuen Börse gegessen, Troendle kam auch, nachher bei Bauknecht Kaffee getrunken, über Däubler gesprochen; das tat mir gut. Abends früh ins Bett, nichts mehr getan.

19. Freitag

Mit Rupé telefoniert, freute mich, dass alle so freundlich waren; mittags zu Hause gegessen. Geschlafen. Nachmittags auf dem Büro herumgetrödelt, abends kam Calker und schlug mir vor, ein Habilitationsgesuch nach Straßburg zu machen. Ich war sehr aufgeregt und gleich bei der Hand (doch etwas Misstrauen und eine kleine Traurigkeit, weil ich jetzt die Aussicht, viel Geld zu verdienen, aufgebe). Aufgeregt nach Hause gelaufen. Troendle ist da, schade, Cari war sehr freundlich. Ich ging dann mit Schätz und Freyberg zur Witwe >Schmidt<, es ist eine Weinstube; wir unterhielten uns nett, aber nicht besonders, über Personalien, dann noch ins Café Plendl; schließlich müde nach Hause.

20. Samstag

Jup schrieb, er komme nach Russland. Müde auf dem Büro, ziemlich spät; der Hauptmann ist nach Passau, wie angenommen, herumgefaulenzt. Telegrafierte nach Breslau und Berlin, um meine beiden Bücher über Schuld[191] und „Gesetz und Urteil"[192]. Mittags wieder in die Neue Börse, mit Troendle gesprochen, dann zu Hause Kaffee getrunken. Fauler Nachmittag; abends zu Hause die Gesuche geschrieben, aber nicht mehr abgeschickt. Cari hat heute einen Besuch bei Rupé gemacht. Der hatte gedacht, kein Geld mehr zu haben, fand aber zu unserer Überraschung noch 100 Mark. Wie schön. Der Traum von der schönen Zeit, wenn wir in Straßburg wohnen und unsere Möbel wieder haben.

21. Sonntag

Morgens todmüde. Traum: Fritz Eisler ist mit mir und Georg, kümmert sich nur um Georg. Meine Nerven sind völlig erschöpft. Auf dem Büro nichts getan, das Gesuch nach Straßburg geschickt. O Gott, was wird daraus werden. Mittags in der Neuen Börse, zu Hause geschlafen, plötzlich ist Cari launisch, ich auch, heftige Wutanfälle, lag auf dem Boden. Cari ging fort. Ich dachte, es nicht mehr aushalten zu können; dann setzte ich mich ruhig hin und führte Tagebuch. Man darf nicht an sich denken, sonst erschrickt man vor sich. Mir schaudert vor meinem eigenen Leib und vor meiner eigenen Seele. Abends bei Rupé, eine >scharfe< Frau, herrisch, kalt, der Junge ein Knabe, wie ein Prinz, harmlos, freundlich, >Armleuchter<. Wir unterhielten uns sehr schön. Cari war lieb und freundlich. Sie haben eine herrliche Wohnung.

---

191 Carl Schmitt, Über Schuld und Schuldarten. Eine terminologische Untersuchung. Schletter, Breslau 1910.

192 Carl Schmitt, Gesetz und Urteil. Eine Untersuchung zur Rechtspraxis. Otto Liebmann, Berlin 1912.

22. Montag
Brief von Frau Eisler, sonst nichts; todmüde zum Büro. Dort erfahren, dass ich morgen nach Salzburg reise. Sehr vergnügt darüber. Viel gearbeitet, mittags zu Hause gegessen, Karte von Jup. Geschlafen, dann wieder Büro, wahnsinnig viel Arbeit. Aber die Zeit vergeht dabei. Bis 9 Uhr auf dem Büro. Abends nach Hause. Cari war sehr traurig und müde, unwohl. Ein Brief von Kluxen. Er schickt 860 Mark, damit ich sie Frau Arndt gebe. Ich habe Bücher mit nach Hause gebracht, spielte etwas Schach mit Cari, dann früh ins Bett. Cari ist lieb und wunderschön, traurig, wie ein kleines Kind. Ich freue mich auf die Reise. Aber ich <bin> sehr faul und bewegungsscheu.

23. Dienstag
Die Nacht wenig geschlafen, da ich den Zug nicht versäumen wollte. Rechtzeitig zur Bahn. Im Ostbahnhof den Hauptmann getroffen. Im Expresswagen nach Salzburg über Freilassing und Traunstein. In Salzburg im Bahnhof gegessen, dann gleich mit der Elektrischen nach Hellbrunn und Schellenberg, Besichtigung der Inspektionsräumlichkeiten, dann zu Fuß nach Schellenberg. Wunderbarer Weg, mit dem freundlichen Regierungsrat Bechtold gut unterhalten; von Schellenberg nach Berchtesgaden, dort Bier getrunken und Käse gegessen. Mit den österreichischen Hauptleuten gut unterhalten (die Österreicher sind alle Erbschleicher; unehrliche, gesinnungslose läppische Kerle), dann mit der Bahn nach Salzburg. In der >Traube< abgestiegen, etwas ausgeruht, herumgelaufen. Zusammen mit den Offizieren zu Abend gegessen, ziemlich schweigsam und müde, früh ins Bett. Der Hauptmann benahm sich sehr gut und anständig. Noch etwas auf die Straße, dann ins Bett. Ich habe nicht mehr viel Geld.

24. Mittwoch
Bis 9 1/4 im Bett, fröhlich auf, schön gewaschen, gefrühstückt. Dann durch Salzburg gelaufen. Über den Mozartsteg, den Mozartplatz, den Residenzplatz, die Rupertischwemme, zur Festung hinauf, wieder herunter; es war herrlich. Die Peterskirche, die schönen Grabinschriften im Eingang; ich wäre gern wieder katholisch geworden. Sehr viel Kultur und Tiefe. Glücklich von diesem blendenden Vormittag ging ich in das Café Bazar, schrieb Karten, nahm sie aber mit über die Grenze. Schade, dass die Stadt österreichisch ist; die Bevölkerung ist nicht zum Aushalten, obwohl ich kein Wort mit ihr gesprochen habe. Die Stimmung ist furchtbar gedrückt. Mittags noch im Schloss Mirabell, prachtvoll, verlockend schön. Dann zum Bahnhof; nach langem Warten abgefahren. Mit dem Bahnverwalter 3. Klasse nach München zurück. Etwas unwohl. Vom Bahnhof schnell nach Hause gelaufen, mein Kindlein fröhlich getroffen, wir unterhielten uns etwas; um 7 ging ich noch zum Büro, erledigte einige Sachen, dann wieder ruhig nach Hause zurück.

25. Donnerstag

Büroarbeit. Viel zu tun, mittags in die Neue Börse. Rupé war da, Cari hat seine Frau besucht und er hat sie begleitet. Es war reizend, ich war sehr froh; wir unterhielten uns etwas, gut; ich war vielleicht zu aufgeregt. Nachmittags wieder Arbeit, bin schnell müde, meine Augen tun mir weh; abends müde nach Hause, früh ins Bett. Brief von Rehm[193], über die Ergänzung meines Habilitationsgesuches.

26. Freitag

Müde auf, immer Büro, Passierscheine, Leichenüberführungen, Beschlagnahmen, Briefe; es ist grauenhaft. Mittags zu Hause gegessen. Frau Arndt kam und nahm ihre 860 Mark in Empfang. Sie war nett und freundlich. Ich schrieb schnell an Kluxen und Rehm, schickte ihm 80 Mark. Dann wieder zum Büro, Passierscheine ausgestellt, bei Müller angerufen, aber nur von dem Dr. Kauffmann; nicht von meinem Buch gesprochen. Abends mit Schätz, Schnitzler, Freyberg, >von Kesling<, Hermann Schachinger zur Witwe Schmidt, Wein getrunken, nett unterhalten, uns vollgetrunken, dann mit Hermann schnell nach Hause gegangen. Fröhlich ins Bett, mit Cari schön geplaudert; sie ist sehr lieb und gut.

27. Samstag

Müde auf, vormittags wenig getan, mittags zu Hause gegessen, etwas geschlafen, >Merandasen<-Buch „Wiedergeburt“[194] gelesen, dadurch wieder eifrig geworden, es wirkte auf mich wie die Vereidigung mit Sommer und Wüst während meiner Pionierzeit; atmete wieder, war eifrig, wusch mich und hatte wieder Hoffnung. Das war schön. Auch Cari las es mit Eifer, das gute Kind. Wir übten abends schön und schliefen artig ein. Der Hauptmann Roth hat diese Nacht eine Tochter bekommen. Wir haben ihm Blumen gekauft, Freyberg und ich gingen sie holen; Freyberg ist ein reizender Kerl.

28. Sonntag

Bis 10 Uhr geschlafen, fröhlich gewaschen, dann Tagebuch geführt. Cari hat das Frühstück schön gerichtet und die Zimmer gelüftet. Sie ist sehr lieb und gut. War glücklich an diesem Sonntagvormittag. Wir träumten von Straßburg. Die Eltern aus Plettenberg haben uns eine Karte geschrieben. Auch das freute

---

193 Hermann Rehm, Prof. der Rechts- und Staatswirtschaftlichen Fakultät der Universität Straßburg.

194 Merandasen, vermutlich ein Autor der vom „Deutschen Orden“ in Berlin von Januar 1914 bis Dezember 1916 betreuten Veröffentlichungen unter dem Titel „Wiedergeburt: deutschreligiöse Flugschriften“.

mich. Ich war fröhlich, wurde hoffnungsvoll und fühle mich wieder stark. Mittags in der Neuen Börse, nachmittags zu Hause Kaffee, schönen Brief geschrieben, abends etwas spazieren, dann ins Theater „Der Privatdozent“[195]. Ein Schmarrn, aber er griff mich sehr an, hatte Angst vor der Kritik, Furcht zu verhungern. War traurig, Einsamkeitsbedürfnis. Cari war beleidigt; ekelhaft.

29. Montag
Müde auf, Brief von Kluxen, der in einer juristischen Sache um Rat fragt. Sonst nichts. Auf dem Büro, herumgearbeitet, Kopfschmerz. Mittags zu Hause, geschlafen, dann wieder Büro. Nicht zum Aushalten. Abends vergebens auf Rupé gewartet. Entsetzlicher Zustand. Müde ins Bett.

30. Dienstag
Todmüde. Großer Kopfschmerz, nicht mehr zum Aushalten, total kaputt. Mittags zu Hause. Schöner Brief von Georg Eisler, („Huren und Soldaten müssen zur Kontrolle und sind nur feig, die Ehrenpflichten erfüllt“). Abends wieder auf Rupé gewartet. Direkt physischer Schmerz, dieses Warten; mein Gehirn tut weh, schnell Gesichter geschnitten, die arme Cari hatte Angst. Ich war wütend darüber. Grauenhaft. Ich sehe das furchtbare Gericht kommen, das diesem Krieg folgt. Aber vorher wird sich der brutalste Militarismus noch einmal austoben, dass einem Hören und Sehen vergeht.

Beilage zwischen den Aufzeichnungen im November 1915

In Belgrad fließt ein Bach so rot
von Blut, so rot,
er trieb drei Mühlen, tut es noch.
Herr Leyden, unser Feldmarschall,
der spricht zum Türken auf dem Wall:
Ihr Reichen, die mit Pulverdampf
>bezwungen< die mit Blei im Kampf.

Gedichtet von Reserveleutnant Dr. Hugo Zuckermann (Fr. Z. Nr. 240, 1914); später gefallen in den Karpaten.

---

[195] Ferdinand Wittenbauer, Der Privatdozent. Ein Stück aus dem akademischen Leben in vier Aufzügen. Verlag Wigand, Leipzig 1905, 240 S.

Drüben am Wiesenrand
Hocken zwei Dohlen –
Fall ich am Donaustrand?
Sterb ich in Polen?
Was liegt daran?
Eh' sie meine Seele holen
Kämpf ich als Reitersmann.

Drüben im Abendrot
Fliegen zwei Krähen.
Wann kommt der Schnitter Tod,
Um uns zu mähen?
Es ist nicht schad'!
Seh' ich nur unsere Fahnen wehen
Auf Belgerad!

Drüben im Ackerrain
Schreien zwei Raben –
Werd ich der erste sein,
Den sie begraben?
Was ist dabei?
Viel hunderttausend traben
in Öst'reichs Reiterei.

Dezember 1915

1. Mittwoch
Der Hauptmann ist verreist. Viel Arbeit, etwas Augenschmerzen; warum kommt Rupé wohl nicht. Schade, aber ich frage nichts nach ihm. Mittags zu Hause wenig gegessen, wieder Büro, mit Schätz durch München spazieren; ein netter Kerl, der Schätz. Er scheint mich gern zu haben. Abends zu Hause, früh ins Bett. Ich fange an, wieder fröhlicher zu leben. Dachte an Josef Wüst und Herrn Sommer.

2. Donnerstag
Schön geschlafen. Der Onkel André schickt 100 Mark. Angenehm aufzustehen, gute Verdauung, wieder mehr Mut. Auf dem Büro bequem gearbeitet, mittags in der Neuen Börse gegessen, oft Wutanfälle auf >Linnes<, aber schnell beruhigt. Abends große Lust zu dozieren; wäre ich erst Dozent in Straßburg. Schätz meint, es sei selbstverständlich, dass ich beurlaubt und Dozent werde.

Wie schön. Ich war glücklich und sehr eifrig. Abends Arbeit zu Hause, Cari ist lieb und freundlich. Der Vetter hat von seiner >Else< geschrieben, sie scheint mir falsch zu sein; ich antwortete ihm gleich. Schrieb an [Name nicht lesbar].

3. Freitag

Auf dem Büro, ziemlich frisch (dank Merandasen!). Mittags zu Hause wenig gegessen, viele Nüsse; geschlafen. Große Hoffnung und Freude, wieder zu dozieren und zu philosophieren. Abends wieder früh ins Bett. Das ist das richtige Leben. Mir wird schon manchmal Angst, dass Rupé kommen will und bis in die Nacht hinein bleibt. Abends artig ins Bett, gewaschen und gereinigt. Wie schön. Abends holte mich Cari in ihrem neuen Kostüm ab. Es ist herrlich.

4. Samstag

Morgens um 7 Uhr Geld von Georg Eisler, 125 Mark, von [Name nicht lesbar] 40 Mark! Großartig. Ich war glücklich und dankbar. Fröhlich zum Büro, nicht viel getan, ausgeruht; mittags zu Hause gegessen, nur 2 Eier. Nachmittags herumgelungert, Angst vor dem Hauptmann, eine sehr lästige Übertragung. Mittags Troendle getroffen, als ich mit Cari in ihrem neuen Kleid spazierenging. War stolz darüber. Abends wieder artig zu Hause und früh ins Bett, nachdem wir Schach gespielt haben.

5. Sonntag

Morgens gut ausgeschlafen auf; wie schön ist das Leben, das ich jetzt führe; gewaschen, gereinigt, auf dem Büro nicht viel zu tun. Ziemlich kräftig und hoffnungsvoll; mittags in der Neuen Börse mit Troendle, Oberleutnant Sinz[196], ganz nett unterhalten. Dann mit Cari spazieren, durch schöne Straßen zum Generalkommando, jour. Der Hauptmann kam, ich war sonst ziemlich allein. Las und schrieb etwas für mich, Georg Eisler geschrieben, tat nichts, der Oberst[197] kam einmal; er ist freundlich und gutmütig. Zu Hause wenig gegessen, Nüsse und Trauben; dann herumgelegen, Schach gespielt, schließlich ins Bett. Cari ist sehr lieb und zart. Von Däubler höre ich nichts mehr; das ist recht gut. Von Georg Müller leider auch nichts. Ich denke, das Buch denkt er sich zu Weihnachten.

6. Montag

Auf dem Büro wenig getan, schön verdaut, angenehm, freundlich; ich war guter Dinge (weil ich mich wieder pflege). Abends schön unterhalten. Cari war

[196] Sinz, Oberleutnant im stellv. Gen. Kdo.

[197] Oberst Ernst Kleemann, Chef des Stabes im stellv. Gen. Kdo.

unbeschreiblich lieb und freundlich. Georg Eisler geschrieben, Kluxen geschrieben; alles in schönster Ordnung.

7. Dienstag
Wenig getan, guter Dinge, tiefe Geldsorgen, namentlich im Traum. Georg Eisler schickt eine Damenuhr. Kein Brief, nichts. Abends mit Schätz beim Odeonsbau.

[Anfang eines neuen Tagebuchs]

8. Mittwoch
Ich fange dieses Tagebuch mit freundlichen Hoffnungen an; es hat mir Freude gemacht, es zu kaufen, und der erste Tag, den ich darin verzeichne, ist ein glücklicher. Das vorige Buch war das Buch eines unglücklichen Mannes. Hoffentlich wird dieses ein gutes, glückliches Jahr. Im Jahr der unbefleckten Empfängnis beginne ich damit.

Hatte heute frei. Stand auf, zog mich langsam an, dann kam Rupé. Wir gingen zusammen zur alten Pinakothek, Cari kam nach; wir besahen Bilder, unterhielten uns gut. Großen Eindruck machte der Höllensturz von Rubens auf mich. Rupé ging noch mit zur Neuen Börse; er ist ein lieber, freundlicher Mensch. Ich warf mich etwas zu seinem Vater auf; hoffentlich schadet das nichts. Nach dem Essen gingen wir nach Hause. Ich traf unterwegs Münch[198], der gerade von unserer Wohnung kam. Er hat mein Buch über den Staat gelesen und spricht sehr schön darüber, dass ich den Entschluss gefunden habe, solch ein Buch zu schreiben. Wir unterhielten uns eine Stunde, gingen spazieren, ich nahm seine Arbeit über das Clique-System der Regierung (französisch) mit; habe auch seine freundliche Schwester kennengelernt. Das ganze Gespräch tat mir sehr gut. Dann nach Hause, geschlafen bis 4 Uhr, darauf Kaffee getrunken und schön herumgekramt. Rupé kam plötzlich um 5 Uhr, wir unterhielten uns über Kunstgeschichte, er las aus Novalis vor; wir gingen dann zusammen im Regen fort, er wolle mich vielleicht mit Moritz >Heimann< bekanntmachen. Ich fuhr mit der Elektrischen zum Maxmonument, ging durch die Kaufingerstraße, fand in einer Nebenstraße zufällig noch ein Schreibmaterialiengeschäft auf, kaufte dieses Tagebuch, das genau nach meinem Wunsch war, war glücklich und zuversichtlich und ging fröhlich nach Hause. Wir aßen schön zu Abend, dann las mir Cari aus Charlotte Stieglitz von

[198] Dr. Alexander Münch s. S. 128, Anm. 157.

Kyser[199] vor, das Rupé mitgebracht hatte. Ich führte Tagebuch, kramte herum, dann gingen wir zu Bett.

Neulich sagte Schätz von der Wagner'schen Musik: Das ist Musik, die auf den Strich geht.

Ich: Man sollte über Wagner weder schimpfen, noch sollte man ihn loben, sondern ganz allgemein als eine rein interne jüdische Angelegenheit behandeln.

9. Donnerstag

Gut ausgeschlafen aufgestanden, kein Brief, schade; auf dem Büro ruhig gearbeitet. Die Broschüre Liebigs gegen den Reichskanzler ist verboten; ferner will Herzog nach Ungarn reisen; auch sonst interessant. Ein Aufsatz lief durch über Marconi[200]: Dieser Italiener hat bewiesen, dass das Leben nicht Entwicklung nach oben, sondern nach unten ist, nicht >Extellektur<, sondern Intellekt; nicht vom Toten zum Lebendigen, sondern vom Lebendigen zum Toten, vom Guten zum Schlechten, vom Vollkommenen zum Unvollkommenen.

Mittags zu Hause gegessen, schön Kaffee getrunken, fröhlich zum Büro, abends müde nach Hause. Der Föhn macht mich krank. Gern Eisler Mitteilungen über einen Menschen gemacht, wegen dessen ich an die Polizeidirektion telefoniert habe; abends geschlafen, früh ins Bett, nichts mehr getan. Schade.

10. Freitag

Um 7 Uhr ernstlich aufgestanden. In Ruhe angezogen. Brief von Professor Klinkenberg[201] an meine Frau und von Müller an mich: Die Broschüre soll nicht vor Mitte nächster Woche erscheinen. Na ja. Dummer Kerl. Auf dem Büro Bericht in der Sache Liebig schnell ans Kriegsministerium gemacht, dafür getadelt. Es ist kaum zu ertragen, in meinem Alter gescholten zu werden wie ein Schuljunge; die Menschen verkümmern in Massen dabei, werden achselträgerisch, unterwürfig, materialistisch, opportunistisch. Ekelhaft. Mittags zu Hause gegessen, etwas ausgeruht, todmüde, Kaffee getrunken, dann auf dem Büro wieder gearbeitet. Herzog ist wieder hier. Er ist Mitglied der „Deutschen Gesellschaft 1914“[202]. Abends müde zu Hause. Jup hat abgeschrieben; er

[199] Charlotte Stieglitz, Schauspiel (1915) von Hans Kyser (1882–1940), dt. Schriftsteller, stand dem Friedrichshagener Dichterkreis nahe.

[200] Vermutlich Guglielmo Marconi, Erfinder der drahtlosen Telegraphie.

[201] Klinkenberg, siehe TB 1, S. 102 und 240.

[202] Vermutlich handelt es sich um den seit 1914 bestehenden pazifistischen „Bund Neues Vaterland“, zu dem auch Kurt Eisner, Friedrich Wilhelm Foerster und die in der Friedensbewegung aktiven Frauen wie Dr. Lucy Hoesch-Ernst und Lida Gustava Heymann gehörten. Siehe Dokument 33, S. 318 ff.

kommt nach Pinsk. Ich muss ihm Zeitungen schicken. Nach dem Essen noch etwas geschrieben und gelesen. Ich warte mit großer Spannung darauf, dass meine Nordlichtbroschüre erscheint.

Der >auffahrende< Prolet: Er hat nur eine wahre Trauer und nur eine wahre Freude: der Zugehörigkeit zur oberen Klasse. Angst vor der Unterschicht, geistig und materiell (aber seine Art >Geistigkeit< ist ja auch mehr materiell), Angst, nicht mehr in schönen Räumen leben zu können, hässliche Frauen zu sehen, arbeiten zu müssen, fortwährend in schönen Kleidern zu gehen, anerkannt zu werden; genussreiches Auskosten der Form der gebildeten Oberschicht.

11. Samstag

Lange geschlafen, um 1/2 8 auf, auf dem Büro wenig getan. Die Broschüre von Liebig gelesen und natürlich daran geglaubt. Der Hauptmann hat persönliche Differenzen mit den Leuten vom Kriegsministerium, wird schikaniert. Hoffentlich hat das nicht zur Folge, dass das Büro aufgelöst wird und ich wieder zur Kaserne muss. Mittags zu Hause gegessen, dann etwas geruht. Nach dem Kaffee am Buchladen vorbei zum Büro. Löhnung bekommen; ich habe trotzdem 10 Mark zu wenig für meine Passierscheinkasse. Es ist grauenhaft, wie ich mich durchschlage. Abends müde zu Hause, Schach gespielt, dann las Cari aus einer Zeitschrift Gespenstergeschichten vor. Müde ins Bett. Große Sehnsucht nach Einsamkeit und Selbstbeschaulichkeit, aber Cari kam, und da ist es natürlich immer wieder aus. Halte mich mit Mühe zusammen.

12. Sonntag

Stand morgens ganz früh auf, führte Tagebuch. Ich kann nicht schlafen, weil Cari mich immer wieder anfasst. Es war zum Verzweifeln. Ich sehe schon ganz zerfallen aus. Ich möchte sie oft bitten: Lass mich doch wenigstens am Leben. Sie behandelt mich wie einen Vogel oder einen Schoßhund, einen Mann, den man den ganzen Tag streichelt und anfasst. Dabei ist sie edel und gut. Leider kann ich aber nicht mit ihr sprechen, weil sie dann einfach sofort anfängt, von sich zu sprechen. Da ist nichts zu wollen. Ich sitze einfach im Gefängnis und wir gehen beide drauf, aus Unvernunft. Ich bin schon herzleidend geworden auf dem Büro; komme ich dann eine Stunde mittags oder abends nach Hause, gleich gibt es Auseinandersetzungen mit der Frau, die den ganzen Tag Zeit hat, sich die Situation klarzumachen. Aber ich will nicht verkennen, dass es mit einem Mann noch viel schlimmer ist; es folgt daraus, dass eben jedes Zusammenleben geistig selbständiger Menschen eine blödsinnige, gegenseitige Quälerei und Selbstvernichtung ist. Wann kann ich mit meinen Gott sprechen? Ich muss immer fürchten, meine Frau will dann gerade Schach spielen (das ist hier wohl ungerecht, denn ich brauchte es nur meiner Frau zu sagen). Ich kann auch nicht weglaufen, weil mich die Sorge um mein liebes Kindlein und die Furcht vor der Verantwortung zurücktreibt. So werde ich hin- und hergezerrt, löse mich bei dieser unerträglichen Reißerei physisch und psychisch kläglich in nichts auf, gehe zugrunde wie ein zermürbter Paralytiker.

Ging wieder zu Bett und wurde ganz ruhig. Sah ein, wie gemein Strindberg handelt. Er wartet gar nicht erst ab, sondern schreibt sofort seine Wut aufs Papier, wie ich eben, spinnt sich in die Dialektik seiner Wut ein, konstruiert sich die Tatsache der Gegenantworten und bringt es dann fertig, pathetisch zu werden! Wie ein Marktweib. Das ist schon kein Spaß mehr, weil er weiß, dass viele ihn ernst nehmen. Zum Glück ist die reale Bedeutung eines derartigen Schriftstellers minimal und auf ein paar Literaten beschränkt. Deshalb will ich nicht mehr davon sprechen.

Stand müde auf, auf dem Büro wenig zu tun; der Hauptmann ist freundlich, schätzt mich, fühlte mich wohl. Mittags zu Haus. Cari ist unwohl, sehr krank und misslaunig, reizbar und voller Argwohn. Zu Hause gegessen. Schrecklicher Spaziergang, dann zu Hause Kaffee getrunken. Nachher gut gearbeitet: Staatsphilosophie Treitschkes[203]. Sehr fröhlich, gehe es nur gut mit Straßburg. Aber ich wittere den Geheimrat und seine Intrigen, da er durch Fervers[204] etwas erfahren haben wird. Abends etwas spazierengegangen, dann gegessen, etwas Schach gespielt, wieder gearbeitet. Wie schön ist das. Hätte ich erst meine Ruhe. Georg Eisler hat einen schönen Brief geschrieben. Ich antwortete ihm schnell, fand eine Kritik meines Buches über den Staat, die in einer theologischen Zeitschrift[205] erschienen ist: gutmütig, eingehend, aber gänzlich ohne Verständnis.

Ging fröhlich ins Bett, weil ich gut und für mich gearbeitet hatte.

13. Montag

Müde um 1/2 8 auf, kein Brief, auf dem Büro herumgearbeitet; der Hauptmann fuhr mich einmal an „Gehen Sie", um mich anzutreiben. Ich erschrak wie ein Kind und war todtraurig. Ich dachte an meine liebe Cari, dass sie auch so leicht traurig wird, und war betrübt, dass ich ihr so oft wehtue. Wir aßen mittags schön zu Hause. Cari war traurig und ruhig, ich ärgerte mich oft über ihre

---

[203] Heinrich von Treitschke (1834–1896), dt. Historiker und antiliberaler politischer Publizist, 1871–1884 zunächst nationalliberaler, dann parteiloser Reichstagsabgeordneter.

[204] Adolf Fervers, siehe TB 1, Personenregister. Geheimrat, wie Hugo am Zehnhoff Mitglied des preußischen Landtags.

[205] Theologisches Literaturblatt, 35. Jg., Leipzig 1914. Abdruck in TB 1, S. 376/77.

Geziertheit. Schön Kaffee getrunken. Ein Brief von Wiese[206] war da. Das freute mich, obwohl der Brief nur >höflich< ist. Nachmittags Bücher bestellt für Weihnachten (für Schätz Kierkegaard), dann auf dem Büro etwas getan, abends beim Essen wieder eine Szene, aber wurde schnell ruhig, Cari schwieg still; sie ist so lieb und fein (ich denke als elendiger Steinlein immer an die fremde Zeit), dann arbeitete ich. Ich schrieb aus französischen Büchern Exzerpte, Cari nähte ihren Muff. Ich habe sie innig lieb und möchte oft weinen vor Liebe. Sie ist so gut, zart, schön. Ich bin ein dummer Prolet, genusssüchtig, eitel, streberisch und heuchlerisch. Sie ist edel und großartig, aber sie hat kein Verhältnis zum anderen Menschen. Da ist Geld, ist Gierigkeit.

14. Donnerstag

Des nachts wenig geschlafen, Sorge wegen Cari, Angst, die Substanz meiner Seele litte! Streit wegen der teueren Bluse, die Cari sich angeschafft hat. Sah mich schon verhungert, als armen Ehemann, den Tod des Ehemanns sterbend. Heftige Aufregung und Wut. Bilanz gezogen, was ich schon alles für Cari ausgegeben habe.

Müde und erschöpft zum Büro. Mittags traf ich Cari, mit Schätz zusammen; wir gingen ein Stück Weges, dann aßen wir zusammen in der Neuen Börse fleischfrei. Nachher noch etwas herumgegangen. Es ist sehr kalt, zu Hause (wo großer Hausputz war) Tee getrunken. Ich ging dann wieder zum Büro, war ziemlich müde und hatte nicht viel zu arbeiten. Abends mit Cari Schach gespielt, dann früh ins Bett. Cari ist lieb und gut. Wir haben fast gar kein Geld mehr; hoffentlich kommt morgen etwas. Ich fühle mich schnell wieder wohl, weil meine Verdauung so großartig ist.

Schätz hat gesagt, er verstünde inzwischen alles, ich hätte eine entzückende Frau. Das tat mir natürlich sehr gut.

Käme nur erst Nachricht von Straßburg! Hoffe, dass mein Buch über das Nordlicht bald erscheint.

15. Mittwoch

Morgens wieder lange geschlafen, kein Brief, aber bezwungen und beherrscht. Schlecht gearbeitet, wenig getan, müde und ohne Energie. Wie freundlich ist der gute Schätz! Mittags zu Hause, wenig gegessen. Mein schönes Kindlein hat

---

[206] Leopold von Wiese (1876–1969), dt. Soziologe und Nationalökonom. Hauptwerk: System der allgemeinen Soziologie als Lehre von den sozialen Prozessen und den sozialen Gebilden der Menschen. Duncker & Humblot, München 1924/28.

so herrlich aufgeräumt, dass das ganze Zimmer wie neu aussieht und wir uns fast damit sehen lassen können! Hätten wir erst unsere eigene Wohnung! Ich war munter. Es war ein Brief von Georg Eisler da und einer von Fräulein Eisler. Ich freute mich darüber. Nach dem Kaffeetrinken froh zum Büro, fast nichts getan, aber so herumgearbeitet. Der Hauptmann ist gut und freundlich, ein vernünftiger, netter Kerl. Das tat mir gut. Kerschensteiner kommt nach Berlin zu einer Kriegsbeschädigtenfürsorge. Heimliche Angst vor jeder Veränderung. Aber dann wieder froh, dass schon wieder ein Tag des schrecklichen Krieges herum ist. So rechne ich immer. Fröhlich nach Hause, schön gegessen, Schach gespielt, Zeitungen gelesen. Meine Cari ist unbeschreiblich lieb und schön. Ein gutes Kindlein. Sehnsucht nach Serbien, >Kroatien<, ein schönes Gut zu haben und in Ruhe für mich zu leben. Nur nichts mehr vom Militär. Ob dieser Wunsch wohl einmal in Erfüllung geht? Er steckt tief in mir.

Der „Höllensturz“ von Rubens macht auf eine gewisse Entfernung den Eindruck eines Marmorgebirges und wirkt wie ein Naturereignis, so vieles im „Wachsen“. Auch die Don Juan-Ouvertüre von Mozart: Ein Gewitter mit Reimen!

16. Donnerstag

Müde auf dem Büro, wenig getan, mittags zu Hause gegessen, geschlafen, schön Kaffee getrunken. Frisch rasiert zum Büro, Georg Eisler geschrieben, Müller wegen meines Nordlichtbuches telefoniert; es soll diese Woche noch kommen. Ich war sehr froh und stolz. Fast nichts getan. Allmählich Rückstände. Abends sehnsüchtig nach Hause, in Erwartung von Briefen, namentlich einer Nachricht von Straßburg. Aber es war nichts da. Müde ins Bett, mit Cari noch schön gesprochen. Sie war so gut und lässt schön mit sich reden. Der Hauptmann reist heute nach Dresden.

17. Freitag

Müde auf, wieder kein Brief; zum Verzweifeln. Auf dem Büro überhaupt nichts zu tun, geschwätzt, gelesen, ein paar Passierscheine für luxemburgische Studenten ausgestellt, die nach Hause reisen. Ich armer Gefreiter. Immer suche ich zu imponieren. Allmählich lege ich es aber ab. Mittags mit Schätz und Cari zum Viktualienmarkt. Cari photographierte den guten Schätz. Dann aßen wir in der Ceres, wo es sehr voll war. Nachher Kuchen gekauft und zu Hause Kaffee getrunken. Auf dem Büro Schnaps getrunken, fidele Stimmung und unruhig für mich, philosophisch, welche Sehnsüchte und Schmerzen. Schätz noch ein Stück begleitet, dann zu Hause gegessen, Cari packte mit rührender Sorgfalt die Pakete für Jup ein. Ich war müde und ging allmählich ins Bett. Käme nur erst das Nordlichtbuch heraus!

Dachte viel an das Gesicht einer Mörderin, die heute wegen eines Passierscheines verfolgt wurde. (In Österreich, das alte Mädchen aus Kofel, hieß auch so!) – Warten in Sklaverei.

18. Samstag

Müde, aufgeweicht zum Büro, dort ziemlich wenig getan, herumgelaufen wegen Passierscheinen, viele Augsburger, einige erinnerten mich an den Vetter, andere an Jup; ich sehe übrigens die Verwandtschaft mit ihnen, wie sie alle aus der Heimat meiner Eltern stammen. Mittags traf ich Rupé, ging mit ihm am Hotel Marienbad vorbei, wo er Zimmer für seine Eltern und Schwiegereltern bestellte (am 30. hat er Kindstaufe). Dann sprachen wir etwas über Dostojewski. Er ging mit mir auf unser Zimmer, Cari kochte gerade Eier, ich gab ihm den Solowjeff, die Eier fielen auf die Erde, mir war alles egal. Cari war lieb und vernünftig; dann brachte ich ihn noch ein Stück zum Odeonsplatz. Nachher etwas geschlafen, Kaffee getrunken, wieder auf dem Büro, Passierscheine; Sachen erledigt usw. Empfand mich als Proleten neben Schnitzler, aber ich war allein und nicht mehr verzweifelt. Früh ins Bett.

Die Broschüren von Georg Müller sind noch nicht gekommen. Schade. Ich erwarte noch wieder alles von der morgigen Post. Es ist zu dumm.

19. Sonntag

Schön geschlafen, behaglich angezogen und gefrühstückt. Gesammelt. Von Straßburg kommt keine Nachricht. Wie unheimlich wird das. Vermute den Geheimrat am Zehnhoff dahinter. Cari ist noch im Bettchen und spielt mit dem Vogel. Wie lieb ist das. Ging dann Blumen kaufen, 1 M., Flieder. Aber ich habe mein Kind sehr lieb; darauf in die Theatinerkirche, an die Größe der katholischen Kirche gedacht (sie leistet ohne Kanone im militärischen Staat Widerstand).

Don Juan und Faust: Der Romane und der Germane. Nicht die Geschichte von dem Ingenieur Lichtenbergers[207]*!*

Dann kam Rupé; wir bekamen keinen Platz mehr in dem Konzert, gingen etwas durch die Straßen Münchens, dann setzten wir uns in das Odeons-Café und plauderten *nur über die Juden* (Scheler[208] ist auch ein Jude). Es war inter-

---

207 André Lichtenberger veröffentlichte den Roman „Le sang nouveau". Eds Plon-Nourrit, Paris 1914, 322 S. Carl Schmitt nimmt hier Bezug auf seinen Beitrag in „Die Hamburger Woche" Nr. 20 vom 19. 5. 1915, siehe S. 67.

208 Max Scheler (1874–1928) dt. Philosoph. Carl Schmitt las über ihn während des Ersten Weltkriegs die Broschüre von Dietrich Heinrich Kerler, Max Scheler und die

essant, aber etwas peinlich. Merkwürdige Geschichte das. Ich ging dann zur Neuen Börse. Cari hat ihre neue Bluse an, sie war sehr schön. Wir aßen artig, gingen dann durch die Straßen, besahen Läden, tranken zu Hause bequem Kaffee. Ich arbeitete dann schön für mich, schrieb Sembat ab. Ich ging abends etwas aus, warf Westner Zettel in den Kasten, bekam keine Brötchen mehr. Wir aßen eine Kleinigkeit zu Abend. Ich arbeitete dann am Belagerungszustandsgesetz, las Grabbes[209] D.J. und Faust, begeisterte mich sehr daran. Wurde wieder stolz wie ehemals, will Aufsätze schreiben und fleißig sein.

20. Montag

Auf dem Büro in Ruhe ziemlich gut gearbeitet, fühle mich im Ganzen stärker, mittags zu Hause gegessen, dann etwas geschlafen, Kaffee, für Cari Bücher zu Weihnachten gekauft. Den ganzen Tag kein Brief, es ist schrecklich. Abends müde nach Hause, Briefe geschrieben für Weihnachtspakete. Spät ins Bett. Noch Treitschke gelesen. Ganz begeistert von dieser Art, Geschichte zu schreiben, stark und kraftvoll (aber ich traue ihm nicht mehr, es ist *judenhafte Anhurerei.)* Sie gehen mit allen Kulturen und sind und bleiben selbst doch nur kleine Schmeichler, sentimentale Diebe, das Ekelhafteste, was es gibt.

21. Dienstag

Wenig Arbeitskraft und Freude. Hoffte immer, von Müller ein Exemplar meiner Nordlichtbroschüre zu bekommen, aber es kam nichts. Die Fackel gelesen / Nov. Mittags zu Hause gegessen, nachher in der >Galeriestraße< gelaufen, für Georg Eisler Papier gekauft, dann kaufte ich ihm Treitschkes Ausgewählte Schriften, schrieb schnell einen schönen Brief, müde zum Büro. Abends zu Hause, auf Rupé gewartet, er kam um 9, spielte mit Cari Schach bis 1/2 11, dann unterhielten wir uns, über Treitschke, über die Juden, über moderne Literatur, über seine eigene Arbeit. Es war sehr unterhaltsam. Um 1 ging er, ich war müde und doch aufgeregt.

22. Mittwoch

Morgens waren endlich 2 Exemplare der Abhandlung über das Nordlicht da, sie waren noch nicht broschiert! Aber ich war doch froh und streichelte sie,

---

impersonalistische Lebensanschauung, Ulm: Kerler 1917, 39 S.; vgl. dazu Giancarlo Caronello, Max Scheler und Carl Schmitt, zwei Positionen des katholischen Renouveau in Deutschland. Eine Fallstudie über die „Summa" (1917/1918) – siehe S. 431.

[209] Christian Dietrich Grabbe (1801–1836), dt. Dramatiker, Don Juan und Faust, Tragödie, 1829.

schwelgte in ihrem Anblick. Den ganzen Vormittag. Fast nichts getan; mittags zu Hause sehr launisch, schnell zum Büro, immer dieselbe Arbeit, viele interessante Bücher, anständig behandelt, schrieb Herrn Lamberts einen Brief, dann müde nach Hause, dort noch herumgelesen, während die arme, liebe Cari fleißig aufräumte. Tr. [Treischke] beeinflusst mich sehr. Erinnerungen aus meiner Gymnasialzeit wirken dabei mit, ich fühle mich wieder wert, will streben und vorwärtskommen. Das ist bei mir erst der Effekt der Geschichte.

Demokratie (idealistisch; sie kommt von unten: wie beim biologischen Entstehen), Monarchie kommt von oben, von Gottes Gnaden, aus mystischer oder jetzt physischer Erhöhung. Darin liegt ihre Stärke.

Es ist leicht, Tr. einen Mystiker zu nennen. Wir haben heute gar keine Kraft mehr zur Mystik, sind hämische Skeptiker, oder aber unsere Skepsis ist genauso mystisch und unbeweisbar wie jener Glaube. Außerdem aber ist sie widerlich und schädlich. Wenn wir böse sind, ist uns unsere Skepsis genauso selbstverständlich, wie uns, wenn wir gut sind, der Glaube selbstverständlich ist.

23. Donnerstag

Zu lange geschlafen, todmüde um 8 Uhr auf, schnell angezogen, natürlich keine Nachricht. Auf dem Büro schnell müde, wenig getan, aber guter Stimmung, weil ich mich in solcher Position weiß und anerkannt bin. Mittags zu Hause gegessen, dann eingekauft, Besteck, Seife usw. Ich habe leider nicht viel Geld, oft eine rasende Begierde nach Geld. Ich armer Teufel. Dann Kaffee getrunken, auf dem Büro gearbeitet, Leichenüberführungen, Passierscheine, ausländische Zeitungen; ruhig und vernünftig. Der gute Schätz schenkte mir ein Soldatenbuch. Zu Hause war ich nervös, dann aber ruhig und freundlich. Cari arbeitete schon für Weihnachten; wir freuen uns sehr auf morgen. Ich habe heute Vormittag Frau Bienert ein Exemplar der Nordlichtbroschüre geschickt.

24. Freitag

Todmüde spät auf. Auf dem Büro wenig getan, aber nicht faul. Mittags zu Hause gegessen, geschlafen, dann zum Büro. Traf unterwegs vor dem Laden der französischen Buchhandlung Paul Kluckhohn[210]. Er sah sehr schlecht und krank aus. Wir sprachen gleich über Däubler, tranken zusammen Kaffee, kamen ins

---

[210] Paul Kluckhohn (1886–1957), dt. Literarhistoriker, der gemeinsam mit Richard Samuel die Schriften von Novalis herausgegeben hat. Er schrieb u. a.: Persönlichkeit und Gemeinschaft. Studien zur Staatsauffassung der deutschen Romantik. Verlag Max Niemeyer, Halle/Saale 1925, 111 S.; vgl. dazu die Rezension von Carl Schmitt, Deutsche Literaturzeitung, 1926, 22. Heft, Sp. 1061–63.

Gespräch. Ich war aber sofort sehr befangen und unruhig. Mir liegt zuviel an ihm. Ging um 4 1/4 zum Büro, arbeitete sehr nett mit Schätz zusammen, war überhaupt in bestem Einvernehmen mit meiner Umgebung. Dann um 1/4 7 mit Schätz noch auf den Christkindlmarkt. (Die armen Leute! Ihnen wird das Drehorgelspiel mit Rücksicht auf den Ernst der Zeit untersagt, derweil steigen die Mieten frecher als je, und die Operettenbordelle können in vollster Öffentlichkeit jedem, der es bezahlen kann, ihren ungepflegten Dreck produzieren; die Welt ist vom Teufel erschaffen); dann nach Hause; da Cari mit den Vorbereitungen für Weihnachten noch nicht fertig war, ging ich noch allein, trank bei Schwarzhaupt eine Tasse Kaffee, dachte nach über meine Unruhe Kluckhohn gegenüber (es ist dieselbe wie bei Kraus, meine Erregtheit gegenüber gewissen Literaten und Künstlern, die alle sicher homosexuell sind; finde alles ekelhaft, spuckte aus und war schnell beruhigt); zu Hause wunderschönes Geschenk von meiner lieben Cari, sie hat viel gekauft, sogar Treitschke und dabei noch 50 Mark neues Geld gespart! Das liebe, schöne Kind. Wir haben einen schönen Weihnachtsbaum, waren glücklich und zufrieden, ziemlich schweigsam, unterhielten uns mit Lesen. Um 12 gingen wir zur Weihnachtsmesse.

Eine wunderschöne Messe mit schöner, angenehmer Musik, die Leute fromm, die pax in terra hominibus bonae voluntatis war ergreifend. Ich ging ruhig und sehr zufrieden nach Hause, habe gebetet, das heißt gewünscht, dass ich Glück habe und nach Straßburg komme. Dann ruhig und gottergeben ins Bett.

25. Samstag

Bis 1/2 10 im Bett, ein Paket von Georg Eisler kam, sonst nichts. Stand auf, zog mich in aller Ruhe an, gefrühstückt, las, war sehr ruhig und dachte, dass ich noch nie so schöne Weihnachten gehabt habe. Dachte viel über Kluckhohn nach, befreite mich allmählich von dem Zwang, ihm imponieren zu wollen, arbeitete in aller Ruhe. Wie schön. Cari zog sich schön an, dann gingen wir essen, nachher etwas spazieren; artig nach Hause, tranken Kaffee. Ich ging dann zum Büro, schrieb einen Brief an Georg Eisler, den Vetter und eine Karte an Cari. Las herum, tat fast nichts (telefonierte nicht an Rupé), ging dann um 1/2 8 nach Hause. Wir aßen schön zu Abend, Gänseleberwurst, spielten Schach, lasen und plauderten noch herum; schließlich wurde es spät und wir gingen ins Bett.

26. Sonntag

Bis 1/2 9 geschlafen, nicht mehr in die Messe gegangen. Statt dessen gingen wir in die Frauenkirche, hörten eine ganz weltliche Messe; von wem sie war, weiß ich nicht. Es war laut in der Kirche, keine feierliche Stille. So gingen wir wieder nach Hause und in das Nationalmuseum. Cari freute sich über die schönen

Bilder und Capes [sic, gemeint sind Tapes = Schmuckbänder, vielleicht auch Gobelins]; dann nach Hause. Ich arbeitete noch etwas, in der Neuen Börse gegessen; Cari sah großartig aus. Es sind Briefe gekommen vom Onkel aus Bussingen, von Arthur Lamberts (sehr herzlich, er will nötigenfalls wieder Geld schicken), Karte von den Eltern. Mittags nach dem Essen etwas ausgeruht, schön Kaffee getrunken, meine schönen Lebkuchen gegessen, etwas geschrieben, geschlafen, spazierengegangen, während Cari schlief (in den Hofgarten, an den Monopteros), schön nachgedacht, richtig gesammelt, geklärt, vorgenommen, einen Aufsatz zu schreiben über die heutige Vorstellung vom Deutschen zu den Franzosen, aß schön zu Abend, Gänseleberwurst, ich aß sehr bescheiden, dachte viel an den tüchtigen Herrn Lamberts und den grauenhaften Geheimrat, der mir zwei Jahre vergiftet und verdreckt hat. Nach dem Essen sehr müde, aber noch etwas gearbeitet. Fröhlich ins Bett.

27. Montag
Morgens vor Müdigkeit kaum aufstehen können. Auf dem Büro meine regelmäßige Arbeit, etwas viel. Unabhängiger und stolzer. Mittags zu Hause gegessen, geschlafen, mein Kind sehr lieb gehabt. Schön Kaffee getrunken. Nachmittags wieder fleißig gearbeitet. Viele interessante Aufzeichnungen. Abends fleißig, viele stolze Überlegungen, einen schönen Aufsatz für die Frankfurter Zeitung unter dem Namen Karl Dorotic zu schreiben und mein Buch über den Staat zu zitieren. Stolz ins Bett, obwohl ich vorher heftige Kopfschmerzen hatte.

28. Dienstag
Müde, traurig. Der Krieg hört nicht auf, die Aussichten sind miserabel, die wirtschaftliche Lage verzweifelt, die Stimmung gedrückt. Die Engländer halten durch, man darf den Hass gegen Deutschland nicht unterschätzen. Schnitzler meint: Vor einem Jahr war noch alles Siegestrubel, heute ist schon alles gegen Annexionen und nächstes Jahr um diese Zeit ist auch der Militarismus erlegen. O Gott, dann könnte ich am Ende besser nicht nach Straßburg gehen. Abends traf ich Münch, er ging mit mir, wir aßen bei mir zu Abend, sehr hübsch unterhalten, hörte, dass Däubler in der Weihnachtsnummer der Frankfurter Zeitung ein „Stilleben“ geschrieben hat; ich erfahre nichts davon; das traf mich sehr ahnungslüstern! Brachte Münch um 1/2 10 nach Hause, dann zurück, etwas müde. Freute mich sehr aufs Bett.

Woher kommt die alberne Aufregung, die mich befällt, wenn ich von dem Erfolg eines Menschen höre, der mir nahe steht? Immer der alte Effekt, der ewig gleichen Aufbäumungen, von Feindschaft gar, immer das sklavische Hinblicken auf andere, die Abhängigkeit von der Meinung anderer, das ad alterum. Ekelhaft.

Aber einmal hört es doch auf.

Viel Angst: Vielleicht werden die Guten getäuscht, vielleicht gibt es in der Geschichte keine Gerechtigkeit, und mancher große Mann, dessen Güte und >Adeligkeit< mich begeistert, war in Wahrheit ein geschickter Fälscher, der seinen Ruhm erworben hat wie alle die kleinen Juden von heute, die das Zünglein beherrschen und dadurch die Geschichte; das ist grauenhaft.

29. Mittwoch

Wieder zu lange geschlafen, fast bis 8 Uhr. Grauenhafter Angsttraum: Ich suchte aus einem Haus hinauszukommen und es gelang mir nicht; Hessenfritz, Cari, Lamberts sind irgendwie dabei. Kein Brief, schrecklich. Müde zum Büro. Ziemlich nett herumgearbeitet, telefoniert, entworfen, mittags zu Hause gegessen, geschlafen, um 2 zur Neuen Börse, wo Freyberg bereits saß; wir tranken Kaffee. Wie Kerschensteiner geht, unterhielten wir uns; ich war aber sehr schläfrig, müde; auf dem Büro sehr aufgeregt, ich weiß nicht, warum. Rasende Lust irgendetwas Bedeutendes zu tun, statt dessen hier grauenhafte Büromaschinerie. Sah die Unterschrift von Carl Sternheim[211]; er schreibt wie Georg Eisler. Abends früh nach Hause, gegessen; es war eine Rechnung von Johnen[212] da über 200 Mark; grauenhaft. Mir wurde ganz schlecht, ich dachte an den Tod, dachte an Hunger und sah die Welt ganz kläglich an. Cari war auch erschrocken. Ferner ein Telegramm vom Vetter, er kommt morgen. Sehr schön. Cari war gut und lieb. Ich könnte sterben, so lieb habe ich sie (dabei rechne ich immer heimlich, dass sie vor mir stirbt; ekelhaft, diese Steinleinerei). Freue mich sehr auf den Vetter. Will ihm helfen, eine schöne Arbeit zu machen. Schrieb an meinem Tagebuch. Hätte ich nur erst einen Aufsatz fertig. Ging ins Bett; das liebe, schöne Kind. Ich besah mir Kettenbilder aus dem Sketsch. Große Aufregung, zuletzt Ejakulation. Müde. Dann plötzlich frech und stolz danach (exprès une mauvaise action). Schrieb noch etwas, wollte an Müller schreiben, dass er meinetwegen die letzte Seite drucken kann wie er will. Ich will ihm aber morgen telefonieren.

Die Menschheit hat einen Reinfall erlebt: Schopenhauer und Wagner. Diese beiden dienen jetzt jedem Quatschkopf als Argument und dem charakterlosen Literaturpöbel als abschreckendes Beispiel dafür, dass Menschen sich irren können; in Wahrheit verhält es sich so, dass die Verehrung, die unberechtigt beide erfahren haben, Deutung ……

---

211 Carl Sternheim (1878–1942), dt. Dramatiker und Erzähler, gründete 1908 in München gemeinsam mit Franz Blei die Zeitschrift Hyperion.

212 Düsseldorfer Speditionsfirma, bei der vermutlich Carl Schmitts Möbel eingelagert waren.

[Hier bricht das Tagebuch mitten im Satz am 2. Tag vor Silvester ab. Bei den folgenden drei Originaltagebuchblättern ist deutlich zu erkennen, dass sie aus dem Tagebuch gerissen wurden. Blatt 4 fehlt. Vermutlich enthielt es das Ende des alten und den Anfang des neuen Jahres. Auch die dann folgenden Blätter 5 und 6 ohne tägliche Datierung wurden aus demselben Tagebuch gerissen und mit den Blättern 1–3 lose aufbewahrt. Sie tragen den Hinweis: Straßburg, Juni 1916 und enthalten keine Fakten mehr, sondern nur noch gedankliche Notate. Carl Schmitt hat anscheinend um den Jahreswechsel 1915/1916 vorläufig aufgehört, Tagebuch zu führen.]

ANHANG ZUM TAGEBUCH

JULI 1916 (Straßburg)

Wer weiß denn noch, was Protestantismus ist? Es ist soweit gegangen, dass die Katholiken die Protestanten darüber belehren müssen, wie die Frauen die Männer darüber belehren müssen, was Takt ist, denn Enthusiasmus hat nichts mit Pflicht, nichts mit katholischer Spiritualität und ähnlichen Schulmeistereien zu tun. Der Katholik verlegt seine Individualität nicht in den Inhalt seines Glaubens, sondern in die Hingabe an die Kirche, in die freie Wahl der Kirche als Mittler, wie die Frau in die Wahl des Mannes.

*

Es wird mir deshalb so schwer im Leben, weil meine Anomalität nur eine künstliche Konstruktion, nur eine bewusste Haltung ist, die ich dank meinem Verstand und meiner geistigen Elastizität, neben zahlreichen anderen Haltungen, ebenfalls zustande bringe, die mich aber auf Dauer sehr ermüdet und die ich, wenn ich einmal alt und erschlafft bin, wohl kaum dauernd vortäuschen kann. Ich vergeude viel Kraft damit, nach außen hin normal zu erscheinen.

(Diese zwei Seiten las ich am 4. 4. 42, Karsamstag, in Berlin wieder. Entsetzliche und beschwerliche Langmut Gottes!)

*

Nur ein religiöses Volk ist ein freies Volk. Ein Volk, das nicht fromm ist, gerät sofort in die schrecklichste Sklaverei. Wer das in dieser Art noch nicht eingesehen hat, dem ist nicht zu helfen. Beklage dich nicht über den furchtbaren Druck, unter dem du lebst, sondern wisse, dass deine Gottlosigkeit, dein Protestantismus, dein Rassenmystizismus, dein Relativismus, dein gottloser Schwindel mit der Logik wie Kantianismus, Wagnerismus und anderen Hochstapeleien daran schuld ist.

*

Strindberg ist im Grunde nicht besser als Wagner. Er spricht auch immer nur von sich und kommt nicht von seiner Subjektivität los. Nur tut es ihm weh, er bringt nicht mehr das schmierenhafte Pathos Wagners zuwege, der sich im Grund sauwohl fühlte und nur litt, wenn einmal der Briefträger ausblieb und sein ganzes ad alterum gerichtetes Selbstgefühl erschütterte. [1 Satz nicht erkennbar.]

*

Ich habe nur Schadenfreude – aus Angst. Seine Angst vor den Menschen ging so weit, dass er sogar seine Schadenfreude unterdrückte.

*

Der Staat ist eine männliche Institution und kann nur von Männer gegründet und erhalten werden, aber vielleicht haben die Männer darin ihr Weiblichstes >emittiert< und ausgestoßen. Denn der Staat behandelt einen wie eine liebende Frau: er erdrückt einen, saugt einen aus, bis man leer ist, dann nimmt er sich mitleidig des Restes an, gibt ihm einen schönen Titel und eine Pension.

*

Da schreien heute die jungen Leute, die eine Opposition gegen die Übermacht des Staates machen wollen, nach dem platonischen Staat, nach [Rest der Seite ist nicht erkennbar.]

*

Andere Menschen sind nicht ergriffen und müssen ihre Ergriffenheit fürchten, weil sie eine Hemmung in der Arbeit und der Karriere ist. Er aber kann sich leicht eine tiefe Rührung leisten, weil bei ihm ja doch alles gelogen ist.

Ich traue anderen schon nicht mehr, weder ihrer Ehrlichkeit noch ihrer Unehrlichkeit. Sie sind nicht gut und nicht böse.

*

E'ro, entrüstet er sich über etwas, so gründet er daraufhin eine Zeitschrift; aber auch seine Entrüstung ist e'ro. Erkennt er, dass diese ganze E'rokultur etwas lächerliches und verächtliches ist, so bekennt er sich zur Tat; was ist aber diese Tat? Eine Zeitschrift. Und wenn man ihm das sagt, wird er sagen: Wir lehnen jede unfruchtbare Verneinung ab.

*

In dieser Sekunde kann es dich treffen. So wie du jetzt empfindest, [5–6 Wörter eingefügt, nicht erkennbar], hat vielleicht der empfunden, als ihn der Schlag des Todes unversehens traf.

*

Da ich mich daran begeisterte, dass bei Balzac mutige, optimistische und kühne junge Männer auftreten und etwas erreichen, so muss ich mir den schmerzlichen Einwand machen, dass ja auch Balzac nur Literatur ist. Ich kann nicht wissen, wie viele Millionen elend gestorben und lieblos >verklungen< sind, die besser waren als alle diese und als ich selber. Von einem, dem es wirklich schlecht ergangen ist, hört man kein Wort. Sh. ist es schlecht gegangen, aber er konnte sich noch bemerkbar machen, er konnte immerhin noch darüber schreiben. Wenn du einmal nicht mehr schreiben kannst, wenn du keine Worte mehr sagst, dann ist es da. Dann bist du still. Dann gibt es für die und über die keine Illusion mehr, und auch dieser schlaue Ausweg ist versperrt. Wer sein Leid noch gestalten kann, hat noch nicht das letzte gelitten.

*

Man versuche, sich ein geistiges Deutschland ohne Juden vorzustellen; den Verleger Lehmann, ein paar Generalmajore und Universitätsprofessoren, Bergwerksdirektoren als Verkünder des geistigen Deutschland.

*

In diesem Krieg lassen die Leute <von> über 50 Jahren die unter 30 Jahren schlachten (Frankreich).

*

Wie viele Jahre lang bin ich inzwischen auf anderen herumgelaufen. Kein Tag war fröhlich. Mit Schreck und Qual denke ich an diese unaufhörliche Müdigkeit, Hilflosigkeit, Angst. Sollte ich es einmal überwunden haben, so werde ich fragen: wer hat mir denn geholfen?

*

Der Fürst: „Das Volk hat seine Schuldigkeit in großartiger Weise getan. Ich bin gerührt. Diese Rührung ist mein Dank.“ Darauf ist das Volk oft gerührt und sagt: „Das werde uns nicht zum Dank, wir haben nur unsere Pflicht getan“. Einer, der besonders gerührt war, sagt: „Unsere verdammte Pflicht und Schuldigkeit“. Der Fürst sah das ohne weiteres ein und war über seine eigenen Rührung tief gerührt.

Wenn du nicht selbst Gewalt über dich hast, werden andere schon Gewalt über dich bekommen. Das ist eine reine erfahrungsmäßige Wahrheit, die du bei richtiger Betrachtungsweise so oft bestätigt findest wie irgendeine naturgesetzliche exakte Erkenntnis. Es gibt keinen Despotismus, ohne dass die Menschen zuvor Sklaven geworden sind.

*

Sie haben kein Verhältnis zur Sichtbarkeit der Kirche, zur Sichtbarkeit Gottes. Sie sagen immer: Das ist Nebensache, das ist nicht das Wesentliche, das ist nicht der Kern; der ist unsichtbar, unsagbar, und auf diese Weise wehren sie nicht gegen das Böse und lassen es in der Welt >bestehen<.

*

Die Franzosen werfen uns vor, wir seien hinterhältig und gebrauchten die Versuchung des Irdischen nur als Vorwand, uns unbedenklich ohne Gewissensvorwürfe darauf einlassen zu dürfen.

*

Wie Augustus die Dienste der >gastlichen< Charaktere auffassen: schematisch, konstruktiv, pedantisch, symbolisch allegorisch: wie gute >Zeichen< der Realität.

Die Tätigkeit Carl Schmitts im stellvertretenden Generalkommando des I. bayerischen Armee-Korps

München 1915 bis 1919

Carl Schmitt trat am 16. Februar 1915 als Kriegsfreiwilliger beim Rekrutendepot II des Ersatzbataillons des bayerischen Infanterie-Leibregiments ein. Er wurde am 23. März 1915 zur Dienstleistung beim stellvertretenden Generalkommando der I. bayerischen Armee-Korps in München abkommandiert, am 15.5.1915 zum Gefreiten ernannt, am 5.10.1916 zum etatmäßigen Unteroffizier befördert und am 1.3.1917 mit der Stelle eines höheren Beamten auf Widerruf (Assessor) beim stellv. Gen. Kdo. beliehen. Am 1. April 1919 wurde er zur Stadtkommandantur versetzt, am 4.6.1919 zur Wiederherstellung seiner Gesundheit bis zum 30.6.1919 beurlaubt und am 1. Juli 1919 aus dem Heeresdienst entlassen.

Im stellvertretenden Generalkommando gehörte er zur Dienststelle Abteilung P, deren Geschäftszimmer in der Herzog Max Burg, Pfandhausstr. 2, München war. Vorstand während der gesamten Zeit des Krieges war Hauptmann Roth. Carl Schmitt wurde Leiter des Referats P 6 (Zimmer Nr. 156, Telefonnebenstelle 45), das für die Überwachung folgender Bereiche zuständig war:

Friedensbewegung
Unabhängige Sozialdemokratische Partei
Alldeutsche Bewegung
Einfuhr von Druckschriften einschließlich ausländischer Zeitungen
Überwachung und Verhinderung der Verbreitung feindlicher Propagandaschriften und Flugblätter
Beschlagnahme von Druckschriften
Überwachung der Ausfuhr von Druckschriften
Genehmigung von Vorträgen und Versammlungen (außerhalb Münchens)
Theatervorstellungen für die kriegsbeschäftigte Arbeiterschaft
Kriegssammlungen

Die weiteren Referate in der Abteilung P waren:

P 1 Bekämpfung von Kriegwucher, Sicherstellung der Lebensmittelversorgung etc.
P 2 Grenzschutz, Passwesen, Leichenüberführungen etc.
P 3 Spionageabwehr, Brieftaubenverkehr, Streiks etc.
P 4 Post-, Telegramm-Überwachung etc.

P 5 Vorprüfungen von Presseerzeugnissen, Anweisungen an die Presse, Devisenverkehr etc.
P 7 Überwachung Ausländer etc.

Während des Krieges übten die dem bayerischen Kriegsministerium unmittelbar unterstellten drei stellvertretenden Generalkommandos in München, Nürnberg und Würzburg bis auf die richterlichen und verwaltungsrichterlichen Tätigkeiten die vollziehende Gewalt aus. Das galt auch für die Presseüberwachung und die Zensur. Die verfassungsrechtliche Seite des Zensurwesens war durch das bayerische Kriegszustandsgesetz von 1912 bestimmt; die Zuständigkeit lag danach bei dem bayerischen Kriegsministerium. Außerhalb Bayerns herrschten wegen des Fehlens eines Reichskriegsministeriums z. T. unklare Verhältnisse, so dass die Oberste Heeresleitung über das Berliner Kriegspresseamt und der damit verbundenen Oberzensurstelle nicht nur für die besetzten Gebiete, sondern auch für die Heimat beanspruchte, die Zensur auszuüben, wogegen sich in vielen Fällen der bayerische Kriegsminister von Kress, nach dessen Entlassung vor allem Kriegsminister von Hellingrath wandte. Gleichwohl wurde der größte Teil der Zensurrichtlinien der Berliner Dienststellen übernommen; sie ergingen aus verfassungsrechtlichen Gründen jedoch ausschließlich als Erlasse des bayerischen Kriegsministeriums. Dessen Pressereferat hatte auch und vor allem die Funktion einer obersten bayerischen Zensurstelle, das die Richtlinien für den gesamten bayerischen Zensurbereich ausgab und mit 10 und mehr Zensoren tätig war. Der Leiter, Oberstleutnant Alfons Falkner von Sonnenburg, pflegte einen „elastischen Verhandlungsstil" zwischen Zensurbehörde, Publizierenden und der Presse. Das Pressereferat als selbständiges Referat war der Armeeabteilung I im Kriegsministerium zugeordnet, die bis 1916 der spätere Generalleutnant Koeberle, danach Major Kress von Kressenstein leitete. Erlasse wurden von dem Abteilungschef oder bei dessen Abwesenheit vom rangältesten Abteilungschefs des Kriegsministeriums unterzeichnet.

Da die stellvertretenden Generalkommandos die vollziehende Gewalt innehatten, formulierten deren Mitarbeiter die von der Presseabteilung, von anderen stellvertretenden Generalkommandos oder weiteren Dienststellen erhaltenen Mitteilungen als verbindliche Anordnungen; andererseits gaben die Mitarbeiter der Abteilung P aufgrund operativer Erkenntnisse, z. B. bei der Postkontrolle, dem Pressereferat, den weiteren stellvertretenden Generalkommandos oder auch der Abteilung III b des Generalstabs (Nachrichtenabteilung der Obersten Heeresleitung) in Berlin Hinweise auf Überwachung von Personen, Büchern u. a.

Die Akten des stellvertretenden Generalkommandos des I. bayerischen Armee-Korps sind im Bayerischen Hauptstaatsarchiv München, Abteilung IV Kriegsarchiv (nachfolgend kurz „Kriegsarchiv", abgekürzt KA, genannt) erhalten. Aufgrund der charakteristischen Handschrift Carl Schmitts ist es zweifelsfrei möglich, seine handschriftlichen Entwürfe für Erlasse, Briefe etc. zu identifizieren. Sie sind, bevor sie meist in Maschinenschrift übertragen wurden, von den Vorgesetzten abgezeichnet worden (Kriegsminister von Hellingrath, dem Abteilungschef der Armeeabteilung I des bayerischen Kriegsministeriums von Kress, dem Kommandierenden General von der Tann (-Rathsamhausen), dem Chef des Stabes des stellvertretenden Generalkommandos Oberst Kleemann, dem Leiter der Abteilung P Hauptmann Roth, und anderen).

Die Akten geben ein Bild der Routinearbeit eines Juristen im Kriegsdienst wieder, dessen Alltag wesentlich von Genehmigungen für die Ein- und Ausfuhr und den Verboten von Druckschriften, der Überwachung der Friedensbewegung u. a. besteht.

Gleich zu Beginn seiner Tätigkeit hatte Carl Schmitt auch an komplexen Operationen mitgearbeitet, etwa dem Verbot der Zeitschrift „Das Forum" von Wilhelm Herzog (siehe Dokument 29). 1915/1916 wurden pazifistische Strömungen und Kreise intensiv beobachtet und ab November 1915 Maßnahmen ergriffen, so gegen die Pazifistin Dr. Hoesch-Ernst (Dokument 33) und gegen den bekannten Münchner Pädagogik-Professor Friedrich Wilhelm Foerster (Dokument 40). Für die Überwachung von Korrespondenzen finden sich ab 1916 vielfältige Belege, so u. a. die von Foerster mit Carl Muth, dem Herausgeber der Zeitschrift „Hochland", mit dem Carl Schmitt in den 20er Jahren näher bekannt war und eine ausgedehnte Korrespondenz unterhielt (siehe Dokument 40).

Die Originale sind in der Regel beidseitig beschriftet, die Formate der Seiten sind der damaligen Praxis üblich etwas größer als A4, d. h. 32,8 × 21 cm statt 29,8 × 21 cm. Dokumente, deren Seiten im Original nicht voll beschrieben sind oder aus halbseitigen Papierformaten bestehen, sind in einigen Fällen auf einer Druckseite zusammengefasst. Eine Trennlinie zeigt die Seitenaufteilung. Am Schluss der jeweiligen Legende zu den Dokumenten ist die Signatur der Akten angegeben. Von Carl Schmitt handschriftlich verfasste Schriftstücke sind fast vollständig im Anhang S. 538–570 als gedruckte Transkriptionen wiedergegeben.

Die in diesem Buch aufgenommenen, im wesentlichen unkommentierten Dokumente sind eine Auswahl aus einem sehr umfangreichen Aktenbestand. Jeweils chronologisch angeordnet sind die Dokumente 1–28 Belege für die Ein- und Ausfuhr und für Verbote von Druckschriften, die Dokumente 29–43 für die Überwachung der Friedensbewegung.

Inhaltsverzeichnis
Dokumente

Ein- und Ausfuhrverbote, Genehmigungen u. a.

Überwachung Friedensbewegung

52128 27.5.15

Nr. 52128.
Stellv. GKDO. I.A.K.

~~München, den .5.1915.~~

I. An die
K. Regierung von Oberbayern (30),
Niederbayern (20), Schwaben (30);
K. Polizeidirektion München,
Herrn G. Nusser, Vorsitzenden des
Buchhändlervereins, München, Ludwigstr. 7.

In Abdruck an
K.M., IId, IIIc, P, ~~stellv.~~ & Pdv. II & III A.K.

Betreff: Zensur.

Das stellv. Generalkommando IX.A.K. hat für seinen Korpsbezirk die Beschlagnahme des im Verlage von Payot & Co. in Lausanne erschienenen Buches „J'accuse! Von einem Deutschen" angeordnet, da dieses Buch einen geradezu fanatischen Haß gegen die deutsche Regierung und alles, was mit dem Deutschtum als Nation in Zusammenhang steht, erkennen läßt.

Die Beschlagnahme wird auf Grund des art. 4 Ziff. 2 des Kriegszustandsgesetzes für die Dauer des Kriegszustandes auch für den ~~Korps~~bezirk der I. Bay. A.K. angeordnet. Um Vollzug wird ersucht. Für entsprechende Aufbewahrung der beschlagnahmten Exemplare wolle Sorge getragen werden.

II. Zum Akt: Presse.

München, 27. 5. 1915

Der kommandierende General:

27.5.

R26.5

Dokument 1

Anordnung zur Beschlagnahme des Buches „J'accuse! Von einem Deutschen", Verlag Payot, Lausanne, vom 27. 5. 1915 (siehe S. 69, Anm. 77). Paraphiert vom Kommand. General von der Tann. Der handschriftliche Entwurf von CS fehlt.

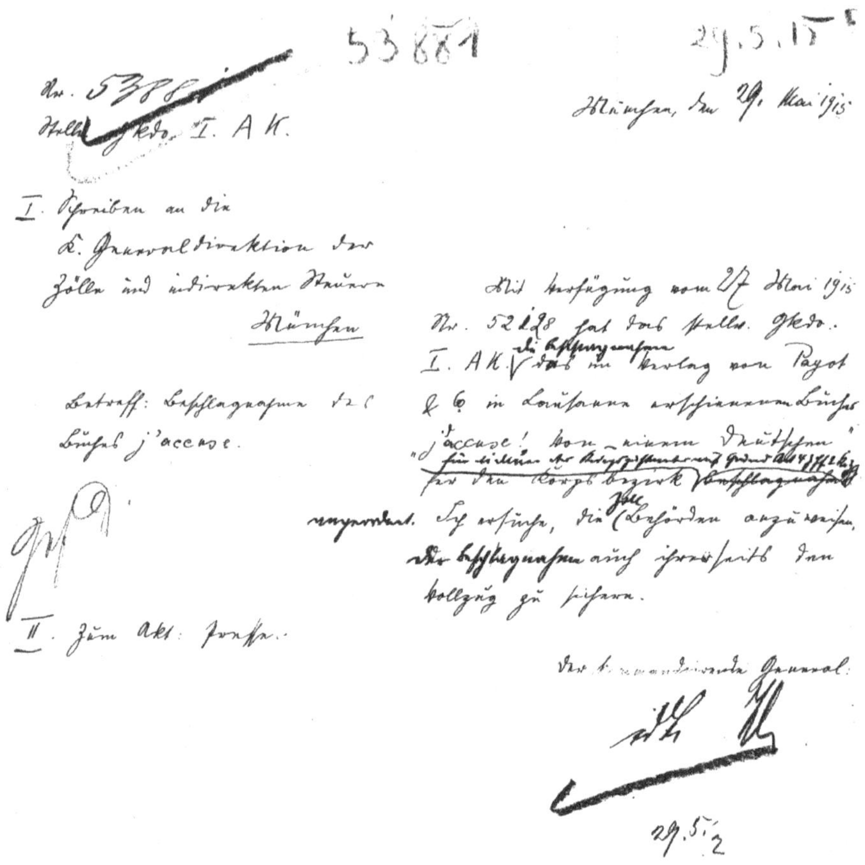
Nr. 5388
Stellv. Gkdo. I. A.K.

München, den 29. Mai 1915

I. Schreiben an die
K. Generaldirektion der
Zölle und indirekten Steuern
München

Betreff: Beschlagnahme des Buches J'accuse.

Mit Verfügung vom 27. Mai 1915 Nr. 52128 hat das Stellv. Gkdo. I. AK die Beschlagnahme des im Verlag von Payot & Co in Lausanne erschienenen Buches „J'accuse! Von einem Deutschen" ... verordnet. Ich ersuche, die Zollbehörden anzuweisen, der Beschlagnahme auch ihrerseits den Vollzug zu sichern.

II. Zum Akt.

Der kommandierende General:

Handschriftlicher Entwurf von CS vom 29.5.1915 zur Sicherstellung, daß das Buch „J'accuse" durch die Zollbehörden beschlagnahmt wird. Paraphiert vom Kommand. General von der Tann. (KA, Stv. Gen. Kdo. I. b. AK 1903)

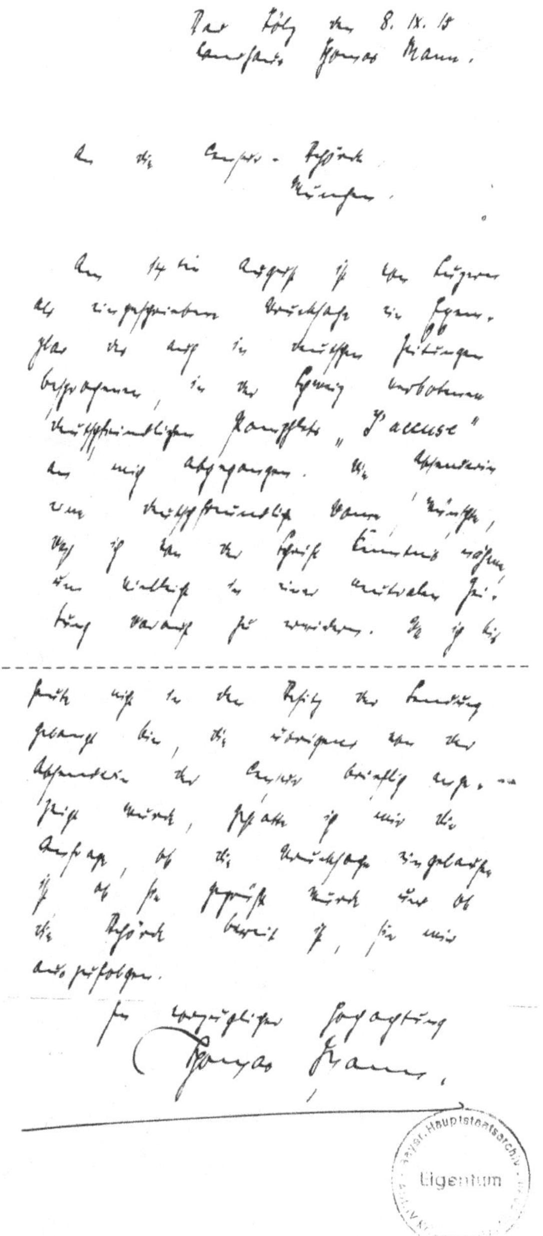

Dokument 2

Ein bisher unbekannter Brief von Thomas Mann, datiert Bad Tölz, 8.9.1915, in dem der Schriftsteller anfragt, ob das ihm übersandte verbotene Buch „J'accuse" geprüft wurde und die Behörde bereit sei, es ihm auszuhändigen. Die militärische Überwachungsstelle

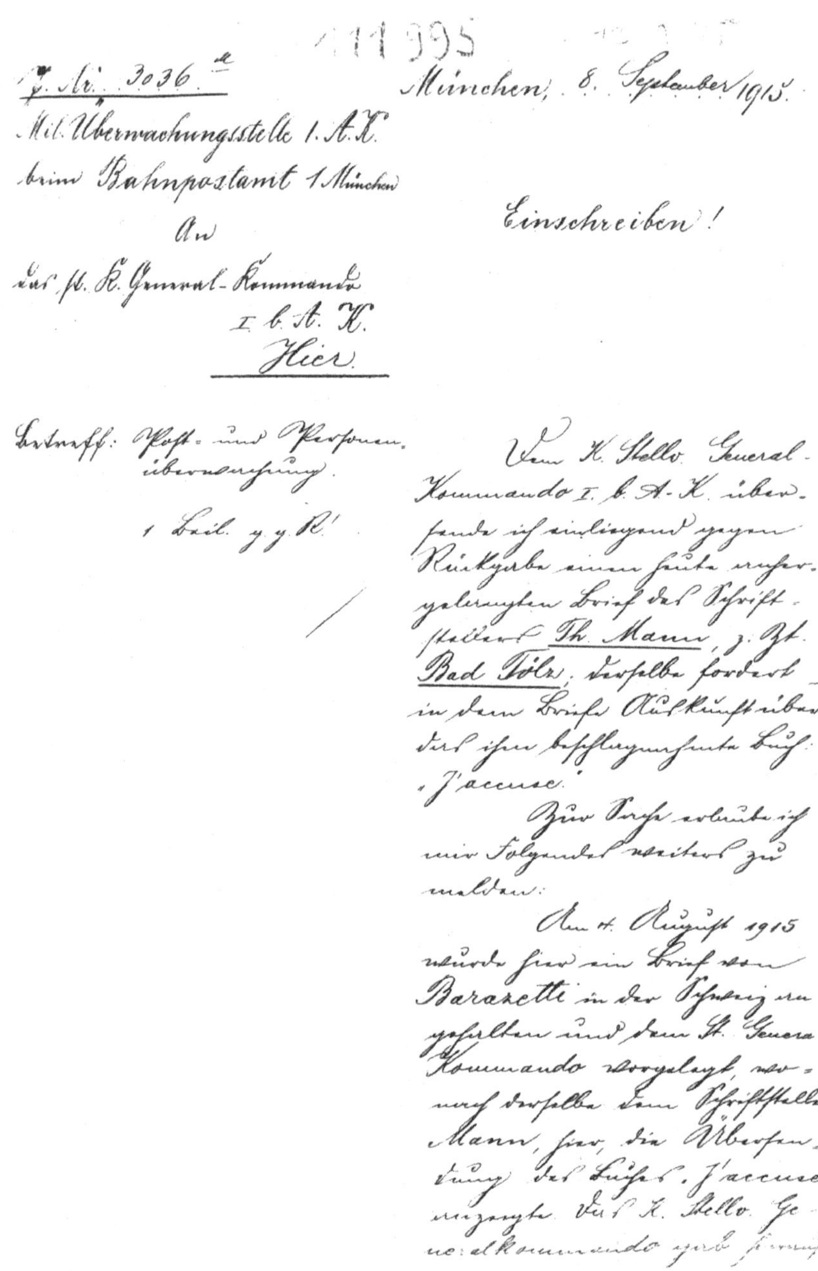
J. Nr. 3036.a München, 8. September 1915.

Mil. Überwachungsstelle I. A.K.
beim Bahnpostamt 1 München

An Einschreiben!

das stv. K. General-Kommando
I. b. A. K.
Hier.

Betreff: Post- und Personenüberwachung.
1 Beil. g.g.R.

Vom K. Stellv. General-Kommando I. b. A.-K. übersende ich einliegend gegen Rückgabe einen heute angehaltenen Brief des Schriftstellers Th. Mann, z. Zt. Bad Tölz; derselbe fordert in dem Briefe Auskunft über das ihm beschlagnahmte Buch „J'accuse".

Zur Sache erlaube ich mir Folgendes weiters zu melden:

Am 4. August 1915 wurde hier ein Brief von Barazetti in der Schweiz angehalten und dem St. General-Kommando vorgelegt, worauf derselbe dem Schriftsteller Mann, hier, die Übersendung des Buches „J'accuse" anzeigte. Das K. Stellv. Generalkommando gab [illegible]

des I. b. AK beim Bahnpostamt 1 München hält den Sachverhalt fest, das stellv. Gen. Kdo. teilt Thomas Mann am 13.9.1915 mit, daß ihm das Buch nicht ausgehändigt werden kann. Entwurf des Schreibens vom 13.9.1915 von CS. (KA, Stv. Gen. Kdo. I. b. AK 1903)

am 9. Aug. 15 den Befehl, das Buch an
Mann bei Durchsuch zurückzuhalten, wes-
wegen dasselbe dann auch am 16. 8. 15
im Verein mit anderen Büchern der
gleichen Sendung vorgelegt wurde.
Das K. St. General-Kommando
verfügte hierauf die Freigabe der Sen-
dung nach Entnahme und Hinterlegung
des Buches: „J'accuse" bei der Über-
wachungsstelle.

Schneider.

Nr. 11199
Stellv.GKDO.I.A.K.
I.Schreiben

Militär. Überwachungsstelle
Bahnpostamt I München
Praes. 15. 9. 15. J.Nr. 3036

1 Beilage.

Dem stellv. Gen. Kdo. I. b. A.K.
nach Kenntnisnahme mit 1 Bog.
in Rückvorlage.

Schneider.

Stv. GKdo. I. A.K.

Zum Akt: Krafft. (J'accuse)

MÜNCHEN, 16. 9. 15
F. D. STV. G. KDO. I. A. K.
DER CHEF DES STABES.
[illegible]

Nr. 11199

Stellv.GKDO.I.A.K.

I.Schreiben
An
Herrn Thomas Mann
Bad Tölz

Betreff: Verbot der Schrift J'accuse"
Zum Schreiben vom 8.9.1915"

Die Schrift „J'accuse" ist in Deutschland verboten und kann Ihnen deshalb nicht ausgehändigt werden.

14.9.

II.U.R. mit 1 Brief.

An die
militärischen Ueberwachungsstelle
beim Bahnpostamt 1

München

zur Kenntnisnahme.

MÜNCHEN, 13.9.1915.
F.D.STV.G.KDO.I.A.K.
DER CHEF DES STABES.

Hormann

Nr 83925.

Kriegsministerium.

München, 9. 9. 1915.

14.9.15

An

das K. stellv. Generalkommando I.A.K.

Betreff:

Beschlagnahme von Flugblättern.

Beilagen:

1 Schriftstück g.R.

Dem K. stellv. Generalkommando wird in der Anlage gegen Rückleitung eine Beschwerde des Gauleiters der sozialdemokratischen Partei Südbayerns mit dem Ersuchen übersendet, je 1 Abdruck der beschlagnahmten zwei Flugblätter dem Kriegsministerium vorzulegen.

Da nach den Angaben des Beschwerdeführers diese Flugblätter bereits im Juni erschienen und verteilt worden sein sollen und demnach für deren Beurteilung der K.M.E. vom 4.8.15 Nr 73183 nicht in Frage kommen kann, wird K. stellv. Generalkommando um gefällige berichtliche Äußerung ersucht, nach welchen Gesichtspunkten diese nachträgliche Beschlagnahme für geboten erachtet wurde. Hiebei wird auf die K.M.E. Nr 60758, 9/ 84009 und 7/ 82461 ergebenst Bezug genommen.

Dokument 3

Die Korrespondenz zwischen dem Bayerischen Kriegsm. Armeeabteilung I und dem stellv. Gen. Kdo. vom 9.9. und 14.9.1915 belegt die mangelnde Abstimmung der Behörden bei der Verbreitung von Flugblättern der Sozialdemokratischen Partei. Die

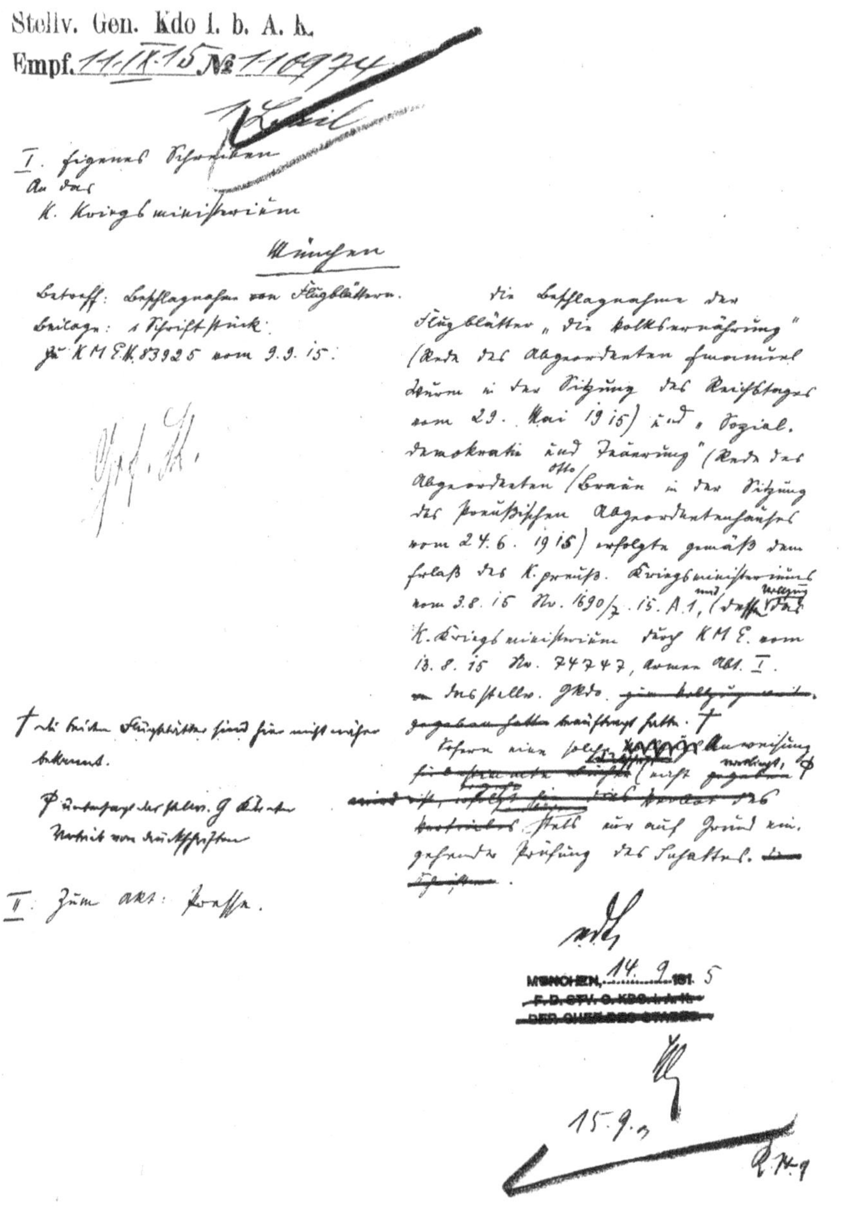
Stellv. Gen. Kdo I. b. A. K.
Empf. 11.IX.15 № 110974

I. Eigenes Schreiben
An das
K. Kriegsministerium
München

Betreff: Beschlagnahme von Flugblättern.
Beilage: 1 Schriftstück.
Zu KMEK 83925 vom 9.9.15.

Die Beschlagnahme der Flugblätter „Die Volksernährung" (Rede des Abgeordneten Emmanuel Wurm in der Sitzung des Reichstages vom 29. Mai 1915) und „Sozialdemokratie und Teuerung" (Rede des Abgeordneten Otto Braun in der Sitzung des preußischen Abgeordnetenhauses vom 24.6.1915) erfolgte gemäß dem Erlaß des K. preuß. Kriegsministeriums vom 3.8.15 Nr. 1690/7.15. A 1, …

II. Zum Akt

MÜNCHEN, 14.9.1915

15.9.

Schriftstücke sind paraphiert von dem Leiter der Armeeabteilung und z. T. nach mehreren Korrekturen des handschriftlichen Entwurfs von CS vom Kommand. General von der Tann. (KA, Stv. Gen. Kdo. I. b. AK 1891)

Abschrift.

Generalquartiermeister
IIa Nr.30663.

Gr. H. Qu.,den 17.November 1915.

Geheim!

Jn der ersten Hälfte des Monats September hat in Zimmerwald bei Bern eine internationale sozialistische Konferenz getagt mit dem Ziel,das Proletariat aller Länder gegen den Krieg aufzuhetzen und zur Wiederaufnahme des Klassenkampfes anzustacheln. Den Niederschlag der Verhandlungen bildete ein Manifest und ein an die „Proletarier Europas" gerichteter Aufruf,in denen offen zum Kampfe gegen die Regierungen der kriegführenden Staaten und gegen jede Annexionsbestrebung oder wirtschaftliche Angliederung der eroberten Gebietsteile aufgefordert wird. Manifest und Aufruf sind in Schweizer sozialistischen Zeitungen veröffentlicht worden und sollen heimlich in Massen im Heere und unter der Bevölkerung Verbreitung finden. Jn einem Einzelfall ist bereits bekannt geworden,daß der erwähnte Aufruf seinen Weg in die Reihen der Armee gefunden hat.

Es wird ersucht,Maßnahmen zu treffen,daß die Flugschriften nicht in den Besitz von Heeresangehörigen gelangen.

gez.Frhr.von Freytag.

Großes Hauptquartier
II.Kommandant.
Brfb.No.6134/15.

den 18.November 1915.

Persönlich!

gez.von Hahnke.

Dokument 4

Flugblätter gegen den Krieg und für die Wiederaufnahme des Klassenkampfes wurden bei der Internationalen Sozialistischen Konferenz im September 1915 in Zimmerwald bei Bern hergestellt und sollten in das Deutsche Reich eingeschmuggelt werden. Der Generalquartiermeister der Obersten Heeresleitung fordert die stellv. Gen. Kdos. auf,

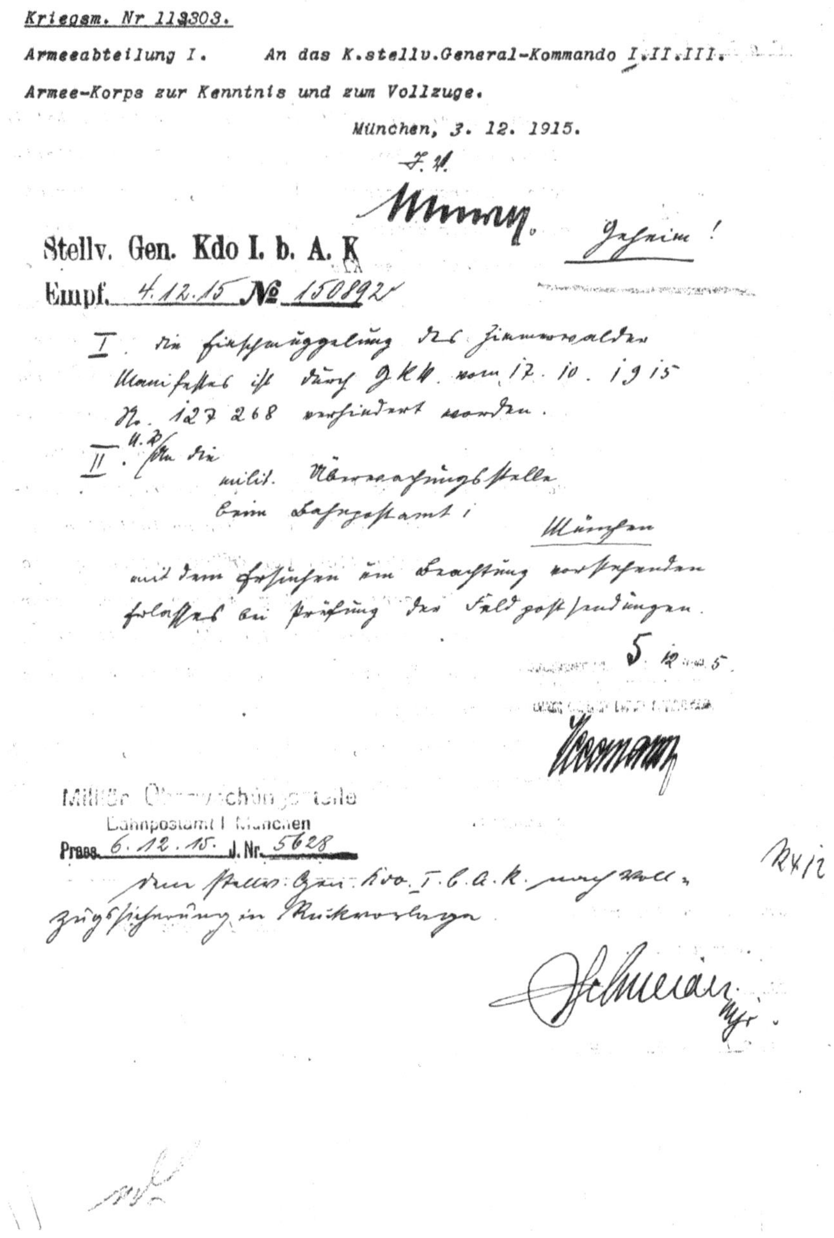

Kriegsm. Nr 113303.

Armeeabteilung I. An das K.stellv.General-Kommando I.II.III. Armee-Korps zur Kenntnis und zum Vollzuge.

München, 3. 12. 1915.

Stellv. Gen. Kdo I. b. A. K

Empf. 4.12.15 № 150892

Geheim!

I. Die Einschmuggelung des Zimmerwalder Manifestes ist durch GKV. vom 17. 10. 1915 Nr. 127 268 verhindert worden.

II. U.R. An die milit. Überwachungsstelle beim Bahnpostamt I München mit dem Ersuchen um Beachtung vorstehenden Erlasses bei Prüfung der Feldpostsendungen.

5. 12. 1915.

Kleemann

Militär Überwachungsstelle Bahnpostamt I München

Praes. 6. 12. 15. J. Nr. 5628

Dem Stellv. Gen. Kdo. I. b. A. K. nach Vollzugsbestätigung in Rückvorlage.

Mjr.

den Schmuggel zu unterbinden. Das bayerische Kriegsm. fordert daraufhin die stellv. Gen. Kdos. zum Vollzug auf, was in der handschriftlichen Notiz vom 4.12.1915, verfaßt von CS, bestätigt und an vollziehende Stellen angeordnet wird; unterschrieben vom Chef des Stabes, Oberst Kleemann. (KA, Stv. Gen. Kdo. I. b. AK 1891)

Nr 35990.

München, 8. 4. 1916.

Kriegsministerium.

Armee-Abteilung I.

An

das K.stellv.Generalkommando I.A.K.

Betreff:

Handhabung der Zensur.

Beilagen:

1 Zeitung g.R.

K.stellv.Generalkommando wird in der Anlage die vom Kriegspresseamt hierher übermittelte Nr 158 der "Augsburger Postzeitung" mit dem Anfügen übersendet, daß die Veröffentlichung des Artikels "Die Schlachten an der Marne", der nichts anderes, als eine Besprechung des beschlagnahmten Buches " Die Schlachten an der Marne" vom Verlage Mittler und Sohn, Berlin, enthält, durch die örtliche Zensurbehörde hätte verhindert werden müssen.

K.stellv.Generalkommando wolle gefälligst die beiliegende Nummer der Augsburger Postzeitung, welche vom Kriegspresseamt rückerbeten wurde, wieder anher vorlegen und hiezu kurz über das Veranlaßte berichten.

P

v. Kress

Dokument 5

Bei dem vom Kriegspresseamt/Oberzensurstelle in Berlin verbotenem Buch „Die Schlachten an der Marne" zeigt sich, daß das stellv. Gen. Kdo. der Presse das Verbot nicht mitgeteilt hat, um nicht auf die Schrift aufmerksam zu machen! Deshalb sind auch

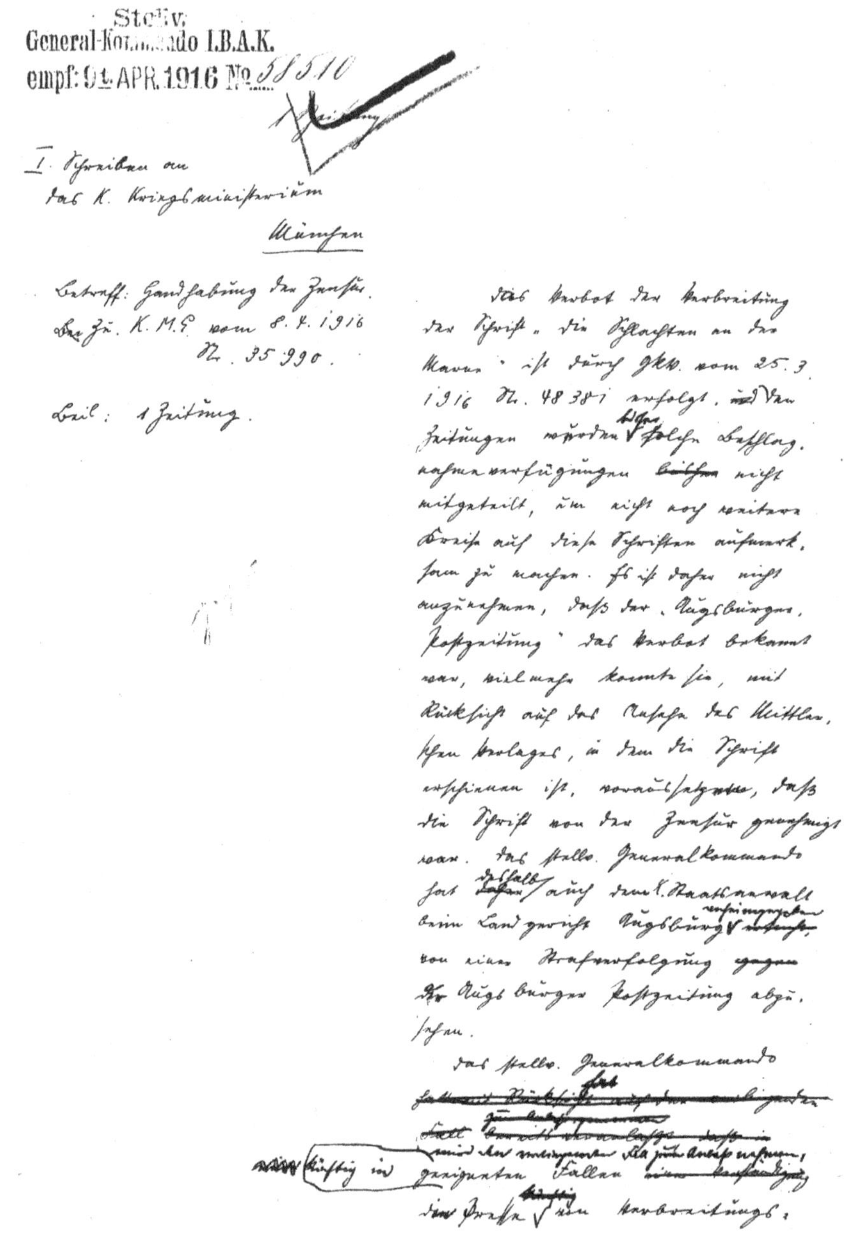

Stellv. General-Kommando I.B.A.K. empf: 21. APR. 1916 No 55510

I. Schreiben an das K. Kriegsministerium München

Betreff: Handhabung der Zensur. Zu K.M.E. vom 8.4.1916 Nr. 35990.

Beil.: 1 Zeitung.

Das Verbot der Verbreitung der Schrift „Die Schlachten an der Marne" ist durch GKdo. vom 25.3.1916 Nr. 48381 erfolgt. Den Zeitungen wurden solche Beschlagnahmeverfügungen nicht mitgeteilt, um nicht noch weitere Kreise auf diese Schriften aufmerksam zu machen. Es ist daher nicht anzunehmen, dass der „Augsburger Postzeitung" das Verbot bekannt war, vielmehr konnte sie, mit Rücksicht auf das Ansehen des Mittler'schen Verlages, in dem die Schrift erschienen ist, voraussetzen, dass die Schrift von der Zensur genehmigt war. Das stellv. Generalkommando hat deshalb auf den K. Staatsanwalt beim Landgericht Augsburg eingewirkt, von einer Strafverfolgung der Augsburger Postzeitung abzusehen.

Das stellv. Generalkommando hat künftig in geeigneten Fällen die Presse künftig von Verbreitungs-

Zuwiderhandlungen gegen das Verbot nicht verfolgt worden. Paraphiert nach mehreren Korrekturen in dem von CS verfaßten handschriftlichen Entwurf am 19.5.1916 vom Kommand. General von der Tann. (KA, Stv. Gen. Kdo. I. b. AK 1891)

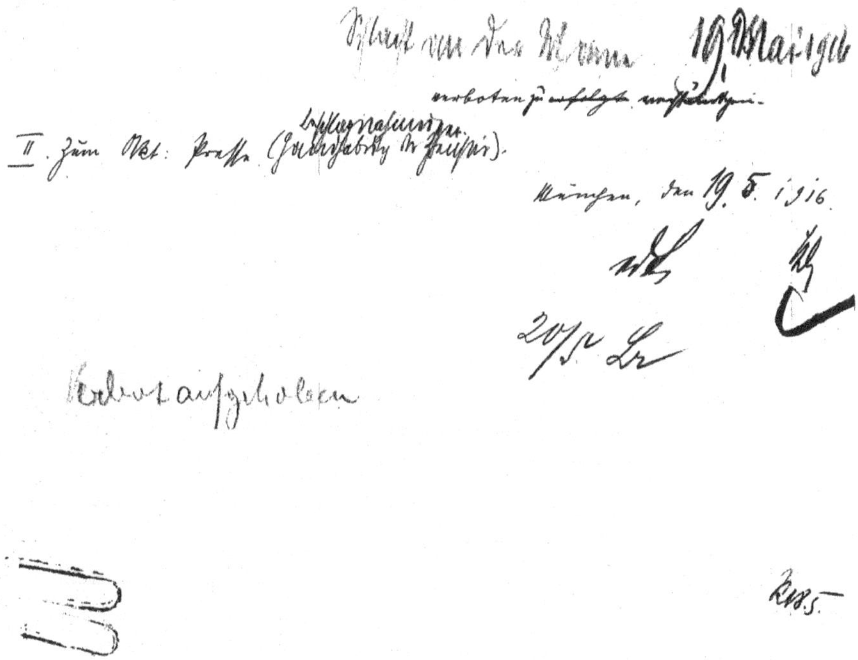

II. Zum Akt: [illegible]

München, den 19. 5. 1916.

20/5 [illegible]

Verbot aufgehoben

Kriegsministerium. Berlin W.66, 26. 7. 1916.
Nr 729/7.16.A.1.

Das Oberkommando in den Marken hat am 10.7.16 Sekt. P. Nr 89258. I. 6296 den Vertrieb und die Ausfuhr des Romans „Alraune" von Hans Heinz Ewers, München 1912, Verlag von Georg Müller auf Grund des § 9 b des Gesetzes über den Belagerungszustand vom 4.6.1851 im Bezirk der Stadt Berlin und der Provinz Brandenburg für die Dauer des Krieges verboten.

Das Oberkommando gibt zur Begründung des Verbots an, daß der Jnhalt des Romans als Lesestoff für das Feld durchaus ungeeignet erscheint, und seine Versendung durch die neuerliche Herausgabe einer Feldpostausgabe wesentlich erleichtert wird.

Entsprechend dem Wunsche des Oberkommandos macht das Kriegsministerium mit dem Anheimstellen des weiteren hievon ergebenst Mitteilung.

Jm Auftrage
Unterschrift.

Abschrift erjebenst übersandt.
Jm Auftrage
Unterschrift.

An
das Königlich Bayerische Kriegsministerium.

Dokument 6

Das Verbot für Vertrieb und Ausfuhr der Feldpostausgabe des Romans „Alraune“ von Hans Heinz Ewers durch das Kriegsm./Oberzensurstelle in Berlin wird von dem bayerischen Kriegsm. übernommen und zum Vollzug an das stellv. Gen. Kdo. am

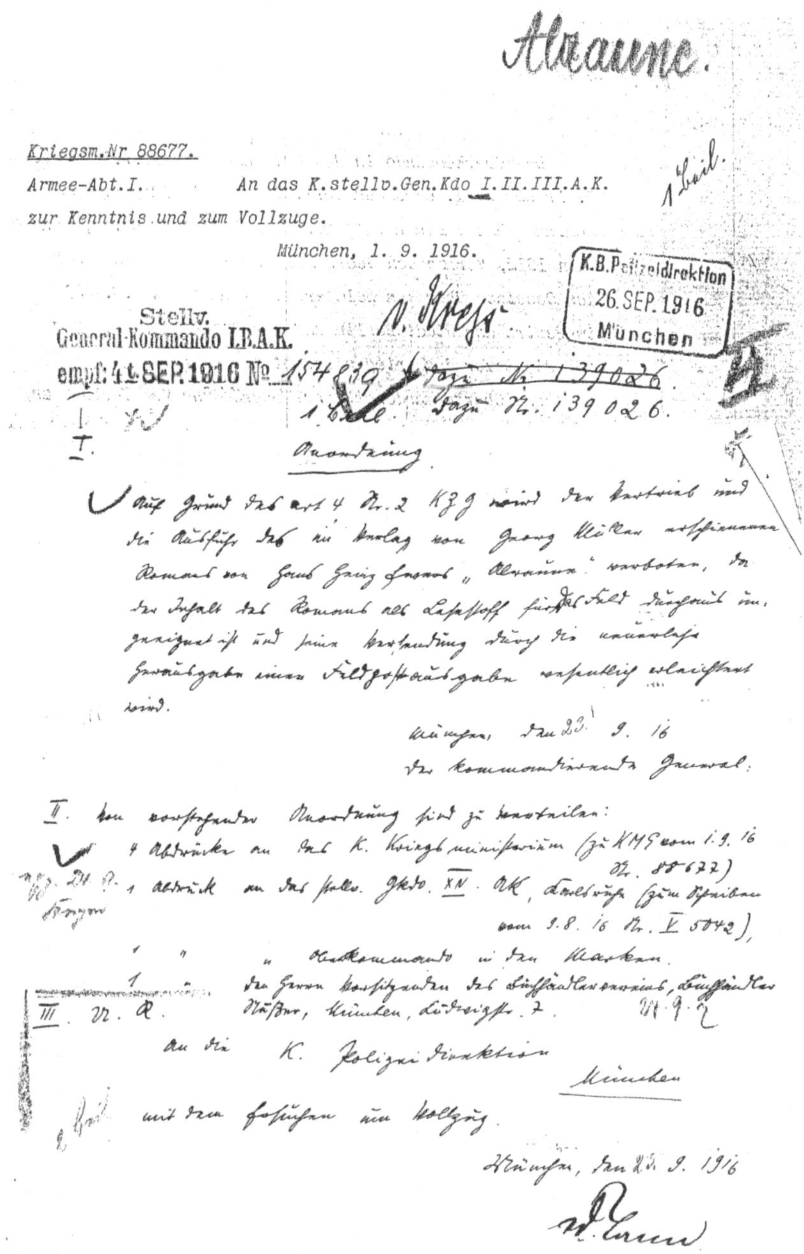

Alraune.

Kriegsm.Nr 88677.

Armee-Abt.I. An das K.stellv.Gen.Kdo I.II.III.A.K.

zur Kenntnis und zum Vollzuge.

München, 1. 9. 1916.

v. Kress

1 Beil.

K.B. Polizeidirektion 26. SEP. 1916 München

Stellv. General-Kommando I.B.A.K. empf: 4. SEP. 1916 №. 154839 1 Beil. ~~Dazu Nr. 139026~~ Dazu Nr. 139026.

I. Anordnung

Auf Grund des Art 4 Nr. 2 KZG wird der Vertrieb und die Ausfuhr des im Verlag von Georg Müller erschienenen Romans von Hans Heinz Ewers „Alraune" verboten, da der Inhalt des Romans als Lesestoff für das Feld durchaus ungeeignet ist und seine Verbreitung durch die unerlaubte Herausgabe einer Feldpostausgabe wesentlich erleichtert wird.

München, den 23. 9. 16

Der kommandierende General:

II. Von vorstehender Anordnung sind zu verteilen:

4 Abdrücke an das K. Kriegsministerium (zu KMS vom 1. 9. 16 Nr. 88677)

1 Abdruck an das stellv. Gkdo. XIV. AK, Karlsruhe (zum Schreiben vom 9. 8. 16 Nr. V 5042),

1 " " Oberkommando in den Marken.

1 " den Herrn Vorsitzenden des Buchhändlervereins, Buchhändler Näher, München, Ludwigstr. 7.

III. U. R.

an die K. Polizeidirektion München

mit dem Ersuchen um Vollzug.

München, den 23. 9. 1916

v. Tann

1.9.1916 weitergeleitet. Unterzeichnet vom Leiter der Armeeabteilung I von Kress. Die von CS verfaßte handschriftliche Anordnung vom 23.9.1916 ist vom Kommand. General von der Tann unterzeichnet. (KA, Stv. Gen. Kdo. I. b. AK 1894)

Stellv. Generalkommando XIX. A.K.
Presseabteilung.   Leipzig, 25. 7. 1916.
Nr. 4682.

V o r f ü g u n g .

Die Einführung und Verbreitung nachstehend aufgeführter Schriften, als:

" London Opinion " Nr. 640

" The Martyrdom of Nurse Cavell "
Verlag Hutchinson & Co, London,

" Fighting France "
From Dunkerque to Belfort von Edith Wharton,
Verlag Maxmillan & Co., London,

wird hiermit wegen ihres deutschfeindlichen Jnhalts für den Korpsbezirk verboten.

Etwa auftauchende Exemplare sind zu beschlagnahmen.

Der kommandierende General:
(gez.) v. Schweinitz.

An alle Zensurstellen
nach dem Verteilungsplan
vom 15. 5. 1916.

Dokument 7

Verbot der Einführung des Buches „The Martyrdom auf Nurse Cavell" und anderer britischer Schriften wegen deutschfeindlichen Inhalts durch das stellv. Gen. Kdo. XIX. A.K. Leipzig vom 25.7.1916. Diese Aufforderung zur Zensur leitet das bayerische Kriegsm. am 31.7.1916, Unterschrift von Kress weiter, der Vollzug ist von CS handschriftlich verfaßt und am 3.8.1916 vom Stellv. Gen. Kdo., paraphiert vom Kommand. General, angeordnet. Bereits am 28.3.1916 war durch das stellv. Gen. Kdo. das Buch „Miß Cavells Tod", Verlag Darling a. Sons, London, verboten worden.

Kriegsm. Nr 79754.

Armee-Abt. I An das K.stellv.Gen.Kdo I.II.III.A.K.

zur Kenntnis und etwaigen weiteren Veranlassung im Sinne des K.M.E.Nr 37616a vom 10.6.16 Ziff.2.

München, 31.7.1916.

Stellv.
General-Kommando I.B.A.K.
empf: 1. AUG. 1916 No 73515

An

die Distriktsverwaltungsbehörden des Korpsbezirks (in München die K.Polizeidirektion),
die K.Generaldirektion der Zölle und indirekten Steuern, München,
die K.Oberpostdirektionen München, Augsburg, Landshut,
die militärische Ueberwachungsstelle beim Bahnpostamte 1 München,
die militärische Ueberwachungsstelle beim Postamte Lindau,
die Grenzschutzstellen (Verteiler III)
den Herrn Vorsitzenden des Buchhändlervereins, Buchhändler Nußer, München, Ludwigstraße 7.

Jm Abdruck an:
das K.Kriegsministerium (4 Abdr.) zu K.M.E. vom 31.7.1916 Nr 79754.
die K.Hof- und Staatsbibliothek München,
Abt. IIb, IId, P(6).

Betreff:

Beschlagnahme von Druckschriften.

München, den 3. 8. 1916

4. 8.

Bekannt wurde die Protagonistin der Bücher durch die Schilderung Gottfried Benns „Wie Miss Cavell erschossen wurde“, zuerst erschienen im „8-Uhr-Abendblatt“ der Nationalzeitung, 1. Beiblatt zu Nr. 45 vom 22.2.1928, wieder abgedruckt u. a. Gottfried Benn, Gesammelte Werke, hrsg. von Dieter Wellershoff, Band IV, 1961, S. 194–201. (KA, Stv. Gen. Kdo. I. b. AK 1893)

O b e r k o m m a n d o *Berlin W.10, den 7. August 1916.*
in den Marken. *Viktoriastrasse 25.*
Sect.P.Nr. 96245.II.7357.

Die ~~weitere~~ Herstellung, Verbreitung, der Vertrieb und die Ausfuhr der Druckschrift

„Bericht über die Lage des Armenischen Volkes in der Türkei"

von Dr. Johannes Lepsius, 1916, Tempelverlag, Potsdam, als Manuskript gedruckt, werden auf Grund des § 9b des Gesetzes über den Belagerungszustand vom 4.6.1851 für den Stadtkreis Berlin und die Provinz Brandenburg hiermit verboten.

Etwa vorhandene Exemplare sind zu beschlagnahmen.

Von seiten des Oberkommandos.

Für den Chef des Stabes.

Nach Verteilungsplan des Kriegspresseamts vom 10.5.16.
An
den Herrn Polizeipräsidenten, Abteilung VII, Berlin,
den Herrn Regierungspräsidenten Potsdam,
den Herrn Regierungspräsidenten Frankfurt/O.,
den Herrn Oberpräsidenten Potsdam,
den Herrn Minister des Innern Berlin,
die Kaiserliche Oberpostdirektion Berlin,
die Kaiserliche Oberpostdirektion Potsdam,
die Kaiserliche Oberpostdirektion Frankfurt/O.,
die Königliche Oberzolldirektion Berlin,
das Kaiserliche Postzeitungsamt Berlin.

Dokument 8

Verbot der Druckschrift „Bericht über die Lage des Armenischen Volkes in der Türkei" von Dr. Johannes Lepsius durch das Oberkommando der Marken vom 7. 8. 1916 und Weiterleitung an die stellv. Kdos. Übernahme des Verbotes durch das bayerische Kriegsm. am 22. 8. 1916, unterzeichnet vom Leiter der Armeeabteilung I, von Kress und Weitergabe zum Vollzug an die stellv. Gen. Kdos. Das stellv. Gen. Kdo. I. b. AK ordnet den Vollzug, handschriftlich von CS verfaßt, am 31. 8. 1916 an, paraphiert vom Kommand. General von der Tann.

Kriegsm. Nr 86892.

Armee-Abt. I. An das K. stellv. Generalkommando I.II.III. A.K.

zur Kenntnis und gleichmäßigen Veranlassung.

München, 22. 8. 1916.

v. Kress.

Stellv.
General Kommando I.B.A.K.
empf: 24. AUG 1916 № 146589

I. An

die Distriktsverwaltungsbehörden des Korpsbezirks (in München die K. Polizeidirektion),
die K. Generaldirektion der Zölle und indirekten Steuern, München,
die K. Oberpostdirektionen München, Augsburg, Landshut,
die militärische Ueberwachungsstelle beim Bahnpostamte 1 München,
die militärische Ueberwachungsstelle beim Postamte Lindau,
die Grenzschutzstellen (Verteiler III)
den Herrn Vorsitzenden des Buchhändlervereins, Buchhändler Nußer, München, Ludwigstraße 7.
Jm Abdruck an:
das K. Kriegsministerium
zu K.M.E. vom 22. 8. 1916 № 86892
die K. Hof- und Staatsbibliothek München,
Abt. IIb, IId, P(6).

Betreff:

Beschlagnahme von Druckschriften.

Im Zensurbuch für die deutsche Presse, zusammengestellt vom preußischen Kriegsm./Oberzensurstelle 1917, sind Veröffentlichungen über die Armenische Frage durch eine Präventivzensur belegt. Das Zensurbuch ist wieder abgedruckt in: Heinz-Dietrich Fischer (Hrsg.), Pressekonzentration und Zensurpraxis im Ersten Weltkrieg. Texte und Quellen. Verlag Volker Spiess, Berlin 1973, S. 195 ff. (KA, Stv. Gen. Kdo. I. b. AK 1893)

Stellvertretender Generalstab
der Armee.

J.Nr. 28687 A^1 III b geheim.
X 949.

Berlin, den 9.10.1916.

Die Schrift:

„ D e u t s c h e s V o l k
w a c h a u f

Offener Brief an die Bürger
und Arbeiter Deutschlands
von
Dr. phil. Hermann R ö s e m e i e r
bis zum September 1914 Redakteur der
„ Berliner Morgenpost "
Druck und Verlag S.A.
1916.

Preis 20 Pfg.

ist bereits von feindlicher Seite mittels Luftballon in Deutschland verbreitet worden.

Es handelt sich um eine gefährliche, aufreizende Schrift, landesverräterischen Inhalts. Nach einer hierher gelangten Mitteilung soll die Schrift jetzt in 100 000 Schreiben in Deutschland eingeschmuggelt worden sein. Wahrscheinlich ist dies von der Schweiz aus geschehen. Voraussichtlich wird versucht werden, die gleiche Flugschrift in flämischer Sprache von Holland aus nach Deutschland zu schmuggeln. Es erscheint erforderlich, daß nicht nur die Polizeibehörden, sondern auch Postüberwachungsstellen und Grenzüberwachungsstellen auf diese Schrift achten und ihre Verbreitung verhindern.

An
sämtliche stellv. Generalkommandos
(XVI. für XXI.)
das Kriegsministerium München, Stuttgart
Dresden
das stellv. Generalkommando des I (6x), II. u. III.
K.B.A.K.'s
Armeeabteilung A und B,
Z.St. Straßburg i/Els.
P.Ü.

I.A.
Brose

Dokument 9

Aufforderung der Abteilung IIIb des Generalstabs, der Nachrichtenabteilung der OHL, vom 9.10.1916, die Flugschrift „Deutsches Volk wach auf“ zu verbieten. Die Antwort des stellv. Gen. Kdo. vom 19.10.1916 liegt sowohl in der von CS verfaßten handschriftlichen Form als auch in der maschinenschriftlichen Abschrift vor. Sie weist daraufhin,

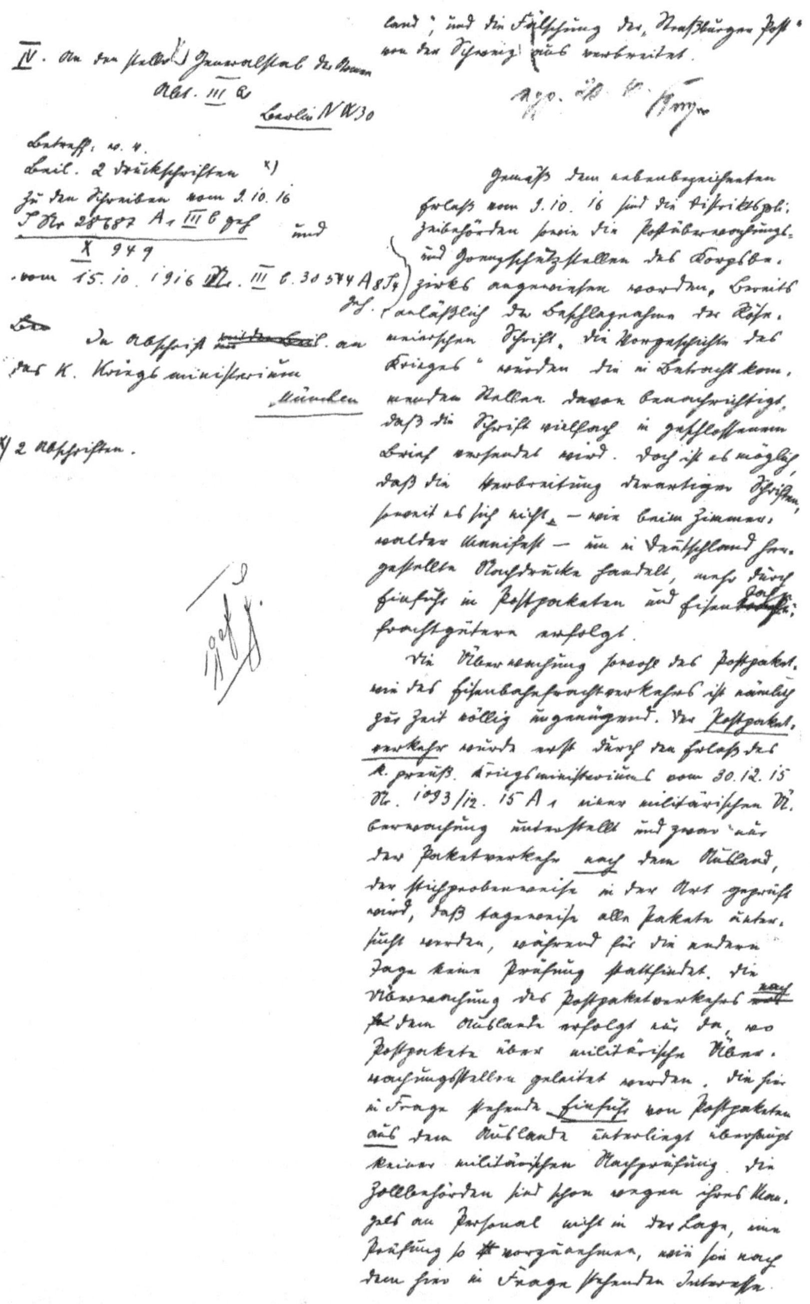

land; und die Fälschung der „Straßburger Post" von der Schweiz aus verbreitet.

IV. An den stellv. Generalstab der Armee Abt. III b Berlin NW 30

Betreff: w. v.
Beil. 2 Druckschriften x)
Zu dem Schreiben vom 9. 10. 16 I Nr 28687 A1 III b geh. und X 949 vom 15. 10. 1916 Nr. III b. 30574 A8
Die Abschrift ... an das K. Kriegsministerium München

x) 2 Abschriften.

Gemäß dem nebenbezeichneten Erlass vom 9. 10. 16 sind die Distriktspolizeibehörden sowie die Postüberwachungs- und Grenzschutzstellen des Korpsbezirks angewiesen worden. Bereits anläßlich der Beschlagnahme der Rosenmeierschen Schrift „Die Vorgeschichte des Krieges" wurden die in Betracht kommenden Stellen davon benachrichtigt, daß die Schrift vielfach in geschlossenem Brief versendet wird. Doch ist es möglich, daß die Verbreitung derartiger Schriften, soweit es sich nicht – wie beim Zimmerwalder Manifest – um in Deutschland hergestellte Nachdrucke handelt, mehr durch Einfuhr in Postpaketen und Eisenbahnfrachtgütern erfolgt.

Die Überwachung sowohl des Postpaket- wie des Eisenbahnfrachtverkehrs ist nämlich zur Zeit völlig ungenügend. Der Postpaketverkehr wurde erst durch den Erlass des K. preuß. Kriegsministeriums vom 30. 12. 15 Nr. 1093/12. 15 A1 einer militärischen Überwachung unterstellt und zwar nur der Paketverkehr nach dem Ausland, der stichprobenweise in der Art geprüft wird, daß tageweise alle Pakete untersucht werden, während für die anderen Tage keine Prüfung stattfindet. Die Überwachung des Postpaketverkehrs nach dem Auslande erfolgt nur da, wo Postpakete über militärische Überwachungsstellen geleitet werden. Die hier in Frage stehende Einfuhr von Postpaketen aus dem Auslande unterliegt überhaupt keiner militärischen Nachprüfung. Die Zollbehörden sind schon wegen ihres Mangels an Personal nicht in der Lage, eine Prüfung so vorzunehmen, wie sie nach den hier in Frage stehenden Interessen

daß der Postpaketverkehr und der Eisenbahnfrachtverkehr aus dem neutralen Ausland praktisch nicht überwacht wird und die Forderung, das verbündete Ausland in die Überwachung einzubeziehen, unmöglich ist; paraphiert vom Kommand. General von der Tann. (KA, Stv. Gen. Kdo. I. b. AK 1904)

vorgenommen werden müßten. Aus dem in Abdruck beiliegenden Bericht der K. Generaldirektion der Zölle und indirekten Steuern vom 14.9.16 Nr. 15239 II lit. d über den Umfang + der zollamtlichen Prüfung, geht hervor, daß eine Prüfung der eingehenden Postpakete auf die Einfuhr gefährlicher Schriften zollamtlich nicht so erfolgen kann, daß ein wirklicher Erfolg davon zu erwarten wäre. Nur eine ~~eingehende~~ ganz sorgfältige militärische Prüfung aller aus dem neutralen Auslande eingehenden Postpakete kann einen Erfolg gewährleisten. Eine solche Prüfung ist jedoch bei einer Ausdehnung auf den Postpaketverkehr vom neutralen und verbündeten Ausland offenbar unmöglich; die große Zahl der hierfür erforderlichen geeigneten Personen könnte überhaupt nicht aufgestellt werden. Es wird daher, ~~nötig sein~~, wenn ein Erfolg erzielt werden soll, nötig sein, die militärische Postpaketüberwachung auf das neutrale Ausland zu beschränken, diese aber so gründlich zu gestalten, daß eine Gewähr für Vollständigkeit und Genauigkeit gegeben ist.

Die gleiche, vielleicht noch größere Möglichkeit einer Einfuhr gefährlicher Schriften wie auch einer Nachrichtenübermittlung liegt in dem gegenwärtigen Verfahren der Prüfung des Eisenbahnfrachtverkehrs. Über die Art und Weise der Überwachung dieses Verkehrs geht aus dem in Abschrift anliegenden Bericht der k. Generaldirektion der Zölle und indirekten Steuern vom 15.9.16 Nr. 12809/II das Nähere hervor. Der Versuch, den Eisenbahnfrachtgutverkehr auch einer militärischen Überwachung zu unterstellen, ist an der Unmöglichkeit der Durchführung gescheitert. Auch hier wäre, wenn ein Erfolg erzielt

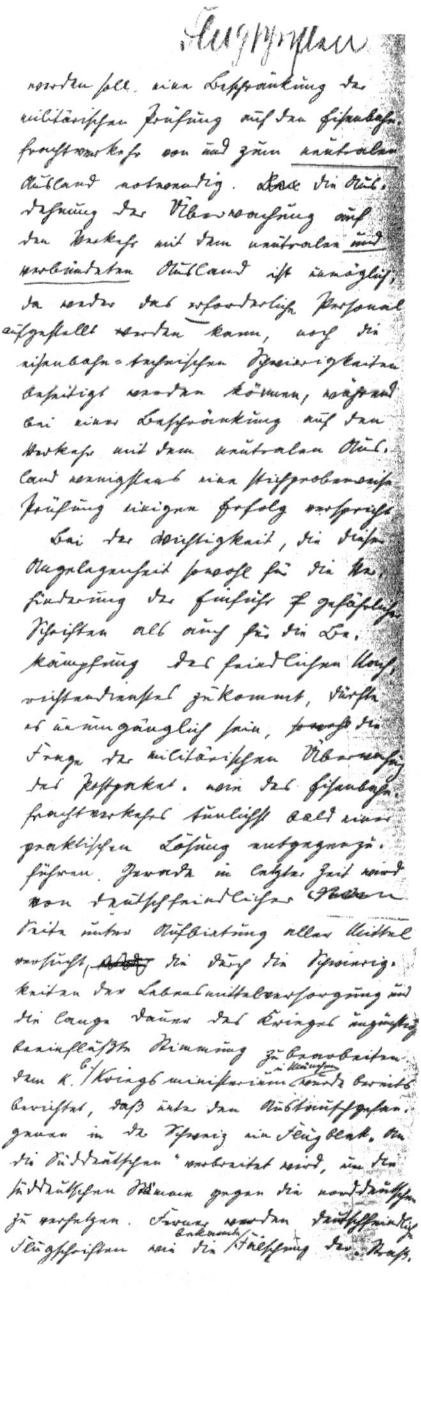

Flugschriften

werden soll, eine Beschränkung der militärischen Prüfung auf den Eisenbahnfrachtverkehr von und zum neutralen Ausland notwendig. Die Ausdehnung der Überwachung auf den Verkehr mit dem neutralen und verbündeten Ausland ist unmöglich, da weder das erforderliche Personal aufgestellt werden kann, noch die eisenbahn-technischen Schwierigkeiten beseitigt werden können, während bei einer Beschränkung auf den Verkehr mit dem neutralen Ausland wenigstens eine stichprobenweise Prüfung einigen Erfolg verspricht.

Bei der Wichtigkeit, die dieser Angelegenheit sowohl für die Verhinderung der Einfuhr gefährlicher Schriften als auch für die Bekämpfung des feindlichen Nachrichtendienstes zukommt, dürfte es unumgänglich sein, die Frage der militärischen Überwachung des Postpaket- wie des Eisenbahnfrachtverkehrs tunlichst bald einer praktischen Lösung entgegenzuführen. Gerade in letzter Zeit wird von deutschfeindlicher Seite unter Aufbietung aller Mittel versucht, die durch die Schwierigkeiten der Lebensmittelversorgung und die lange Dauer des Krieges ungünstig beeinflußte Stimmung zu bearbeiten. Dem K. B./Kriegsministerium in München wurde bereits berichtet, daß unter den Auslandsdeutschen in der Schweiz ein Flugblatt „An die Süddeutschen" verbreitet wird, um den süddeutschen Stämmen gegen die norddeutschen zu verhetzen. Ferner werden deutschfeindliche Flugschriften wie die bekannte „Enthüllung der [illegible]

Bürger Post", die „Kriegsblätter an das deutsche Volk" (früher „Feldpost") und „Briefe aus Deutschland" in großen Mengen in Drucksachen eingelegt und von Bern aus nach Deutschland verschickt. Die Adressen hierfür sind anscheinend einem Handelsadreßbuch entnommen, da die bisher hier eingelaufenen Stücke sämtlich an Handelsfirmen gerichtet sind. Die „Friedenswarte" wird nunmehr ebenfalls in dieser Weise einzuführen versucht.

Die K. Generaldirektion der Zölle in München, die Postüberwachungs-, Grenzschutz- und Zollstellen sind entsprechend verständigt worden.

Diesem Berichte liegen bei

1) eine Drucksache mit eingelegten deutschfeindlichen Flugblättern

2) eine Drucksache mit der „Friedenswarte"

3) eine Abschrift des Berichtes der K. Generaldirektion der Zölle vom 14.9.16 Nr. 15739/II

4) eine Abschrift des Berichtes der K. Generaldirektion der Zölle vom 15.9.16 Nr. 12809/II.

V. Zum Akt: Presse-Flugschriften

München, den 19.10.16

Der kommandierende General.

ag. 20.10.

Abdruck.

An

den stellv. K. Generalstab der Armee.
Abt. IIIb.

Berlin NW 30.

Betreff:

Zensur, hier Verbreitung von Flugblättern.

Beilagen:

2 Druckschriften.
Zu den Schreiben v. 9.10.16.
J.No.23687 A1 IIIb geh. und
X 949.
v. 15.10.16.No.IIIb 30544 A8 J4 geh.

Gemäss dem nebenbezeichneten Erlass vom 9.10.16 sind die Distriktspolizeibehörden sowie die Postüberwachungs- und Grenzschutzstellen des Korpsbezirks angewiesen worden. Bereits anlässlich der Beschlagnahme der Rösemeierschen Schrift "Die Vorgeschichte des Krieges" wurden die in Betracht kommenden Stellen davon benachrichtigt, dass die Schrift vielfach in geschlossenem Brief versendet wird. Doch ist es möglich, dass die Verbreitung derartiger Schriften, soweit es sich nicht- wie beim Zimmerwalder Manifest- um in Deutschland hergestellte Nachdrucke handelt, mehr durch Einfuhr in Postpaketen und Eisenbahnfrachtgütern erfolgt.

Die Ueberwachung sowohl des Postpakets wie des Eisenbahnfrachtverkehrs ist nämlich zur Zeit völlig ungenügend. Der Postpaketverkehr wurde erst durch den Erlass des K. pr. Kriegsministeriums v. 30.12.15. No.1093/12.15 A 1 einer militärischen Ueberwachung unterstellt und zwar nur der Paketverkehr nach dem Ausland, der stichprobenweise in der Art geprüft wird, dass tageweise alle Pakete untersucht werden, während für die andern Tage keine Prüfung stattfindet. Die Ueberwachung des Postpaketverkehrs nach dem Auslande erfolgt nur da, wo Postpakete über militärische Ueberwachungsstellen geleitet werden. Die hier in Frage stehende Einfuhr von Postpaketen aus dem Auslande unterliegt überhaupt keiner militärischen Nachprüfung. Die Zollbehörden sind schon wegen ihres Mangels an Personal nicht in der Lage, eine Prüfung so vorzunehmen, wie sie nach dem hier in Frage stehenden Interessevorgenommen werden müsste. Aus dem in Abdruck beiliegenden Bericht der K. Generaldirektion der Zölle und indirekten Steuern v. 14.9.16 No.13739 II Litt.d über den Umfang der zollamtlichen Prüfung, geht hervor, dass eine Prüfung der eingehenden Postpakete auf die Einfuhr gefährlicher Schriften zollamtlich nicht so erfolgen kann, dass ein wirklicher Erfolg davon zu erwarten wäre. Nur eine sorgfältige militärische Prüfung aller aus dem neutralen Auslande eingehenden Postpaketen kann einen Erfolg gewährleisten. Eine solche Prüfung ist jedoch bei einer Ausdehnung auf den Postpaketverkehr vom neutralen und verbündeten Ausland offenbar unmöglich; die grosse Zahl der hierfür erforderlichen geeigneten Personen könnte überhaupt nicht aufgestellt werden. Es wird daher, wenn ein Erfolg erzielt werden soll, nötig sein, die militärische Postpaketüberwachung auf das neutrale Ausland zu beschränken, diese aber so gründlich zu gestalten, dass eine Gewähr für Vollständigkeit und Genauigkeit gegeben ist.

Die gleiche, vielleicht noch grössere Möglichkeit einer Einfuhr gefährlicher Schriften- wie auch einer Nachrichtenübermittlung liegt in dem gegenwärtigen Verfahren der Prüfung des Eisenbahnfrachtverkehr. Ueber die Art und Weise der Ueberwachung dieses Verkehrs geht aus dem in Abschrift anliegenden Bericht der K. Generaldirektion der Zölle und indirekten Steuern v. 15.9.16 No.12809/II das

wenden!

Nähere hervor. Der Versuch, den Eisenbahnfrachtgüterverkehr auch einer militärischen Ueberwachung zu unterstellen, ist an der Unmöglichkeit der Durchführung gescheitert. Auch hier wäre, wenn ein Erfolg erzielt werden soll, eine Beschränkung der militärischen Prüfung auf den Eisenbahnfrachtverkehr von und zum neutralen Ausland notwendig. Die Ausdehnung der Ueberwachung auf den Verkehr mit dem neutralen und verbündeten Ausland ist unmöglich, da weder das erforderliche Personal aufgestellt werden kann, noch die eisenbahn-technischen Schwierigkeiten beseitigt werden können, während bei einer Beschränkung auf den Verkehr mit dem neutralen Ausland wenigstens eine stichprobenweise Prüfung einigen Erfolg verspricht.

Bei der Wichtigkeit, die dieser Angelegenheit sowohl für die Verhinderung der Einfuhr gefährlicher Schriften als auch für die Bekämpfung des feindlichen Nachrichtendienstes zukommt, dürfte es unumgänglich sein, die Frage der militärischen Ueberwachung des Postpaket -wie des Eisenbahnfrachtverkehrs tunlichst bald einer praktischen Lösung entgegenzuführen. Gerade in letzter Zeit wird von deutschfeindlicher Seite unter Aufbietung aller Mittel versucht, die durch die Schwierigkeiten der Lebensmittelversorgung und die lange Dauer des Krieges ungünstig beeinflusste Stimmung zu bearbeiten. Dem K.b. Kriegsministerium in München wurde bereits berichtet, dass unter den Austauschgefangenen in der Schweiz ein Flugblatt "An die Süddeutschen" verbreitet wird, um die süddeutschen Stämme gegen die norddeutschen zu verhetzen. Ferner werden deutschfeindliche Flugschriften wie die bekannte Fälschung der "Strassburger Post", die "Kriegsblätter an das deutsche Volk" (früher "Feldpost") und "Briefe aus Deutschland" in grossen Mengen in Drucksachen eingelegt und von Bern aus nach Deutschland verschickt. Die Adressen hierfür sind anscheinend einem Handelsadressbuch entnommen, da die bisher hier eingelaufenen Stücke sämtlich an Handelsfirmen gerichtet sind. Die "Friedenswarte" wird nunmehr ebenfalls in dieser Weise einzuführen versucht.

Die K. Generaldirektion der Zölle in München, die Postüberwachungs-, Grenzschutz-und Zensurstellen sind entsprechend verständigt worden.

Diesem Berichte liegen bei:

1.) eine Drucksache mit eingelegten deutschfeindlichen Flugblättern
2.) eine Drucksache mit der "Friedenswarte"
3.) eine Abschrift des Berichtes der K. Generaldirektion der Zölle vom 14.9.16, No.15739 /II
4.) eine Abschrift des Berichtes der K. Generaldirektion der Zölle vom 15.9.16 No.12809/II.

München, den 19.10.16.
Der kommandierende General:
gez. v. d. T a n n.

Nr. 239749/246376/246390/247736/51/ München 6, den 10. 1. 1917
Pfandhausstr. 2

Stellv. Gen. Kdo. I. b. A.K.

I.

An
die Distriktsverwaltungsbehörden des Korpsbezirks
(in München die K. Polizeidirektion)
" K. Generaldirektion d. Zölle u. indir. Steuern, München
" K. Oberpostdirektionen München, Augsburg Landshut;
" mil. Überwachungsstelle b. Bahnpostamte 1 München,
" " " " Postamte Lindau
" Grenzschutzstellen (Verteiler III)
den Herrn Vorsitzenden des Buchhändlervereins, Buchhändler Nusser, München, Ludwigstrasse 7.

Jm Abdruck an:
das K. Kriegsministerium,
zu 1. zu KME vom 18.12.16 Nr. 139217,
zu 3. " " 29.12.16 Nr. 144078,
4. " " 29.12.16 Nr. 147601,
5. " " 31.12.16 Nr. 146369 x)
die K. Hof- und Staatsbibliothek München,
Abt. P(6), IIb, IId.

Betreff:
Beschlagnahme von Druckschriften.

x) zum Nachtrag zu KME vom 28.12.16 Nr. 143385, und KME vom 29.12.16 Nr. 144076.

Auf Grund des Art 4 Nr. 2 des Kriegszustandsgesetzes wird die Verbreitung, Ein- und Ausfuhr folgender Druckschriften verboten:

1. Eine radikale sozialdemokratische Schrift „Bericht über die Reichskonferenz der deutschen Sozialdemokratie 1916 Rede des Reichstagsabgeordneten Hugo Haase, Berlin." Als Manuskript gedruckt. 32 Seiten
2. Comte Louis Martin, La Legion Polonaise (Corps auxiliaire Polonais) Verlag Ferd. Wyss, Bern.
3. F. W. Foerster, Die deutsche Jugend und der Weltkrieg, Kriegs- und Friedensaufsätze. Verlag Naturwissenschaften G.m.b.H. Leipzig
4. Dr. Hain und Schlittenbauer, Ein Hilferuf der deutschen Landwirtschaft

Dokument 10

Von CS zusammengestellte handschriftliche Verfügung vom 10.1.1917, die angeführten Druckschriften weder einzuführen noch auszuführen, sondern zu beschlagnahmen, paraphiert vom Kommand. General von der Tann. (KA, Stv. Gen. Kdo. I. b. AK 1877)

Verlag Manz in Regensburg.

5. Die im Verlag des Art. Instituts Orell Füßli, Zürich erscheinende Zeitschrift „Wissen und Leben" vorgefundenen Stücke dieser Schriften sind zu beschlagnahmen und entsprechend aufzubewahren.

Das durch OKM. vom 24. 6. 1916 Nr. 103835 angeordnete Verbreitungsverbot der „Internationalen Rundschau" Verlag Orell Füßli, Zürich ~~wird~~ tritt mit Wirkung vom 1. 12. 1916 ~~als aufgehoben~~ außer Kraft.

Das Ausfuhrverbot für die Schrift von Prof. Dr. ing. Paul Goerens „Einführung in die Metallographie", Verlag von Wilhelm Knapp, Halle a. d. S. ~~w~~ (OKM. vom 26. 11. 1916 Nr. 215407) ~~tritt außer Kraft~~ wird aufgehoben ~~mit rückwirkender~~.

I vzg. 12. 1. Berger

II. ~~Zum Akt: Verbreitungsverbote (Abdruck zum Akt: Ausfuhr von Druckschriften bes. N.)~~

II an die Zensurstellen (auf Verteiler)

№ 57a

Die Einfuhr und Verbreitung der Zeitschrift „Wissen und Leben", Verlag des Art. Instituts Orell Füßli, Zürich ist wegen des in Nr. 6 vom 15. Dez. 1915 enthaltenen Aufsatzes „Bethmann, der Pazifist" verboten worden. Der Aufsatz rührt angeblich von dem Verfasser des Buches J'accuse her.

III. Zum Akt: Verbreitungsverbote, (Abdruck von I zum Akt: Ausfuhr von Druckschriften bes. N.)

München, den 10. 1. 1917
Der kommandierende General.

Rücksprache [signature]

II vzg. 13. 1. Berger

[signature]

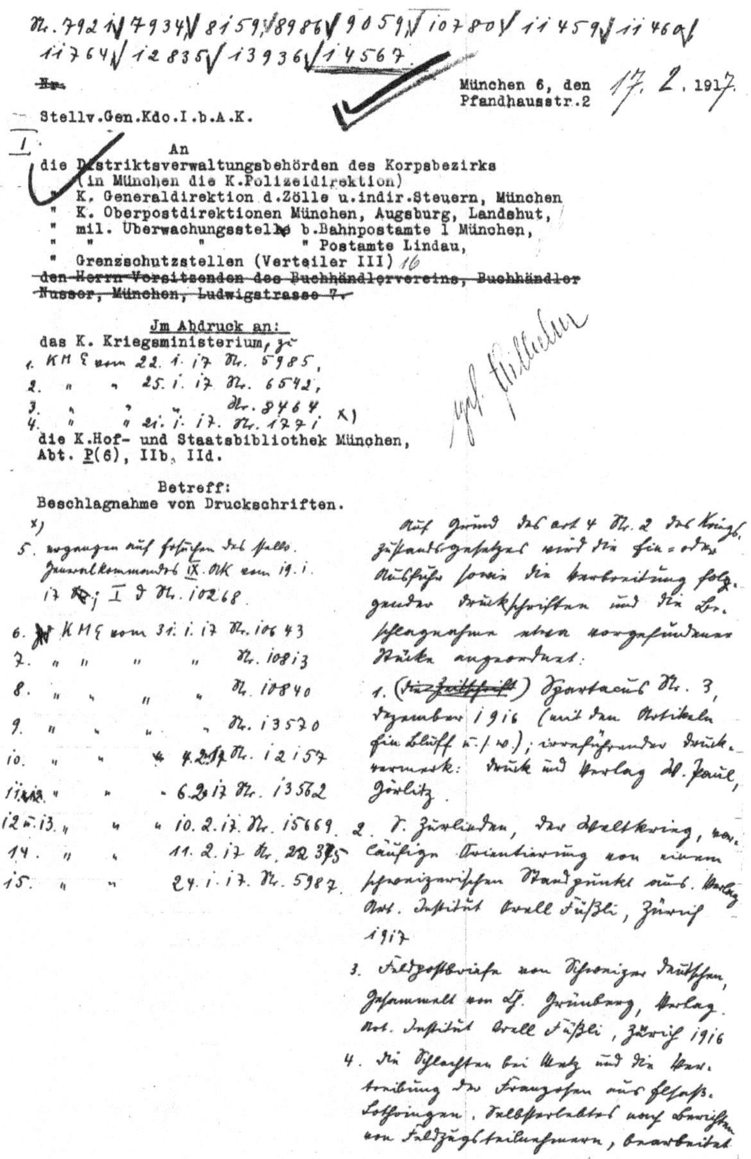

Dokument 11

Von CS verfaßte Verfügung vom 17.2.1917, die angeführten Druckschriften weder einzuführen noch auszuführen, sondern zu beschlagnahmen, liegt sowohl in der handschriftlichen Form als auch in der maschinenschriftlichen Abschrift vor; paraphiert vom Kommand. General von der Tann. (KA, Stv. Gen. Kdo. I. b. AK 1877)

von Karl Pauli, Verlag Vaterländische Verlagsanstalt Wilhelm Köhler, Minden i. W.

5. Nr. 3 der in Hamburg erscheinenden deutsch-völkischen Blätter vom 19. I. 1917

6. Congrès International d'études, Berne 1916

7. die Kriegszeitung La Belgique, Rotterdam,

8. die Zeitschrift „Der Friede", Monatsschrift für Friedens- und Schiedsgerichts-Bewegung; offizielles Vereins-Organ der Schweizerischen Friedensgesellschaft. Redaktion: für das Zentralkomité der Schweizerischen Friedensgesellschaft R. Geering-Christ „Im Weiherngrund" Bottmingermühle, Basel

9. Flugschrift „Die Politik des Herrn Bethmann-Hollweg", Januar 1917 (beginnend „Hart getroffen ist die deutsche Politik ...", schließend mit den Worten „Fort mit dem Kanzler"). Ohne Angabe des Druckers und Verlegers.

10. Ein Radikal-sozialistisches Flugblatt „an die Arbeiterklasse" (beginnend mit den Worten „der dritte Winterfeldzug ist zur Tatsache geworden) unterzeichnet: Internationale sozialistische Kommission zu Bern, Druck und Verlag Unions-Druckerei Bern

11. Der Kampf um die Vermeidung des Weltkrieges, Bd. 1 u. 2. Herausgeber Dr. Alfred Fried, Druck und Verlag des Art. Instituts Orell Füßli, Zürich

12. F. Günther[illegible]berg, die Wahrheit über den Weltkrieg und seine voraussichtlichen Folgen. Verlag Otto Hillmann, Leipzig 1916.

13. L'Aigle Blanc, Revue des Questions Polonaises, I und II, Mai–Juni 1916 Lausanne, Edition de la Pologne et la Guerre.

14. L. Madelin, L'aréa de la bataille de Verdun et l'opinion allemande.

15. Heft 4 Jahrg. 43 der „Deutschen Rundschau" (Herausgeber: Bruno Hake, Verlag Gebr. Paetel, Berlin), sofern der Artikel von Ewald Banse „Türkische Fragen IV" (Schluß) nicht entfernt ist.

München, den 17. 2. 1917
Der kommandierende General.
[illegible]

II. An die K. Polizeidirektion München

Betreff: Beschlagnahmen von Druckschriften

Beil. 1 Abdruck (von I)

gez. [illegible]

Dem Buchhändlerverein wolle von der Beschlagnahmen der unter Nr. 2, 3, 4, 5, 6, 11, 12, 15 der beiliegenden Verfügung genannten Schriften [gestrichen] Mitteilung gemacht werden.

München, den 17. 2. 1917
Der kommandierende General.
[illegible] [illegible]
19. 2. 17 [illegible]

III. Zum Akt: Verbreitungsverbote.

N№ 14567.

München 6, den 17. Februar 1917.
Pfandhausstrasse 2.

Stellv. Generalkommando I.b.A.K.

An

die K. Distriktsverwaltungsbehörden des Korpsbezirks (in München die K. Polizeidirektion)
die K. Generaldirektion der Zölle u.indirekten Steuern München,
die K. Oberpostdirektionen München,Augsburg,Landshut,
die mil.Ueberwachungsstelle b.Bahnpostamte 1 München,
die " " " " Postamte Lindau,
die Grenzschutzstellen (Verteiler III)

Jm Abdruck an :

das K. Kriegsministerium, zu
1) K.M.E.v. 22.1.17 № 5985,
2) K.M.E.v. 25.1.17 " 6542,
3) K.M.E.v. 25.1.17 " 8464,
4) K.M.E.v. 21.1.17 " 1771,
5) ergangen auf Ersuchen d.stv. Gen.Kdos.IX.A.K. v 19.1.17;I d.№10268,
6) K.M.E.v.31.1.17 № 10643,
7) K.M.E.v.31.1.17 " 10813,
8) K.M.E.v.31.1.17 " 10840,
9) K.M.E.v.31.1.17 " 13570,
10) K.M.E.v. 4.2.17 " 12157,
11) K.M.E.v. 6.2.17 " 13562,
12u.13) K.M.E.v.10.2.17 " 15669,
14) K.M.E.v.11.2.17 " 22375,
15) K.M.E.v.24.1.17 " 5987.
die K.Hof- und Staatsbibliothek München,
Abt. P (6), IIb, IId.

Betreff :
Beschlagnahme von Druckschriften.

Auf Grund des Art. 4 № 2 des Kriegszustandsgesetzes wird die Ein- oder Ausfuhr sowie Verbreitung folgender Druckschriften und die Beschlagnahme etwa vorgefundener Stücke angeordnet:

1. Spartacus № 3, Dezember 1916 (mit den Artikeln,Ein Bluff u.s.w.);irreführender Druckvermerk:Druck und Verlag W.Paul,Görlitz.

2. S.Zurlinden,der Weltkrieg,vorläufige Orientierung von einem schweizerischen Standpunkt aus Verlag Art.Jnstitut Orell Füssli Zürich 1917.

3. Feldpostbriefe von Schweizer Deutschen,gesammelt von Ch.Grünberg,Verlag.Art Jnstitut Orell Füssli,Zürich 1916.

4. Die Schlachten bei Metz und die Vertreibung der Franzosen aus Elsass-Lothringen,Selbsterlebtes nach Berichten von Feldzugsteilnehmern,bearbeitet von Karl Pauli,Verlag,Vaterländische Verlagsanstalt Wilhelm Köhler,Minden i W.

5. № 3 der in Hamburg erscheinenden Deutsch-Völkischen Blätter vom 19.1.1917.

6 Congrés Jnternational d'études, Berne 1916.

7. Die Kriegszeitung La Belgigue,Rotterdam,

8. Die Zeitschrift " Der Friede " Monatsschrift für Friedens- und Schiedsgerichtsbewegung;offizielles Vereinsorgan der Schwei-

zerischen Friedengesellschaft. Redaktion: Für das Zentralkomité der Schweizerischen Friedensgesellschaft R.Geering-Christ " Jm Wiesengrund" Bottmingermühle, Basel.

9. Flugschrift " Die Politik des Herrn von Bethmann-Hollweg ", Januar 1917 (beginnend " Hart getroffen ist die deutsche Politik ....", schliessend mit den Worten " Fort mit dem Kanzler ").Ohne Angabe des Druckers und Verlegers.

10. Ein radikal- sozialistisches Flugblatt " an die Arbeiterklasse " (beginnend mit den Worten " Der Dritte Winterfeldzug ist zur Tatsache geworden) unterzeichnet: Jnternationale sozialistische Kommission zu Bern,Druck und Verlag Union-Druckerei Bern.

11. Der Kampf um die Vermeidung des Weltkrieges,Bd. 1 und 2. Herausgeber Dr.Alfred Fried,Druck und Verlag des Art. Jnstituts Orell Füssli,Zürich.

12. F.Güntherberg,die Wahrheit über den Weltkrieg und seine voraussichtlichen Folgen.Verlag Otto Hillmann,Leipzig,1916.

13. L'Aigle Blanc,Revue des Questions Polonaises, I und II, Mai- Juni 1916 Lausanne,Edition de la Pologne et la Guerre.

14. L.Madelin,L'aveu de la bataille de Verdun et l'opinion allemande.

15. Heft 4 Jahrgang 43 der " Deutschen Rundschau " (Herausgeber: Bruno Hake, Verlag Gebr. Pantel, Berlin),sofern der Artikel von Ewald Banse "Türkische Fragen IV " (Schluss) nicht entfernt ist.

Der Kommandierende General :

v. Lerner

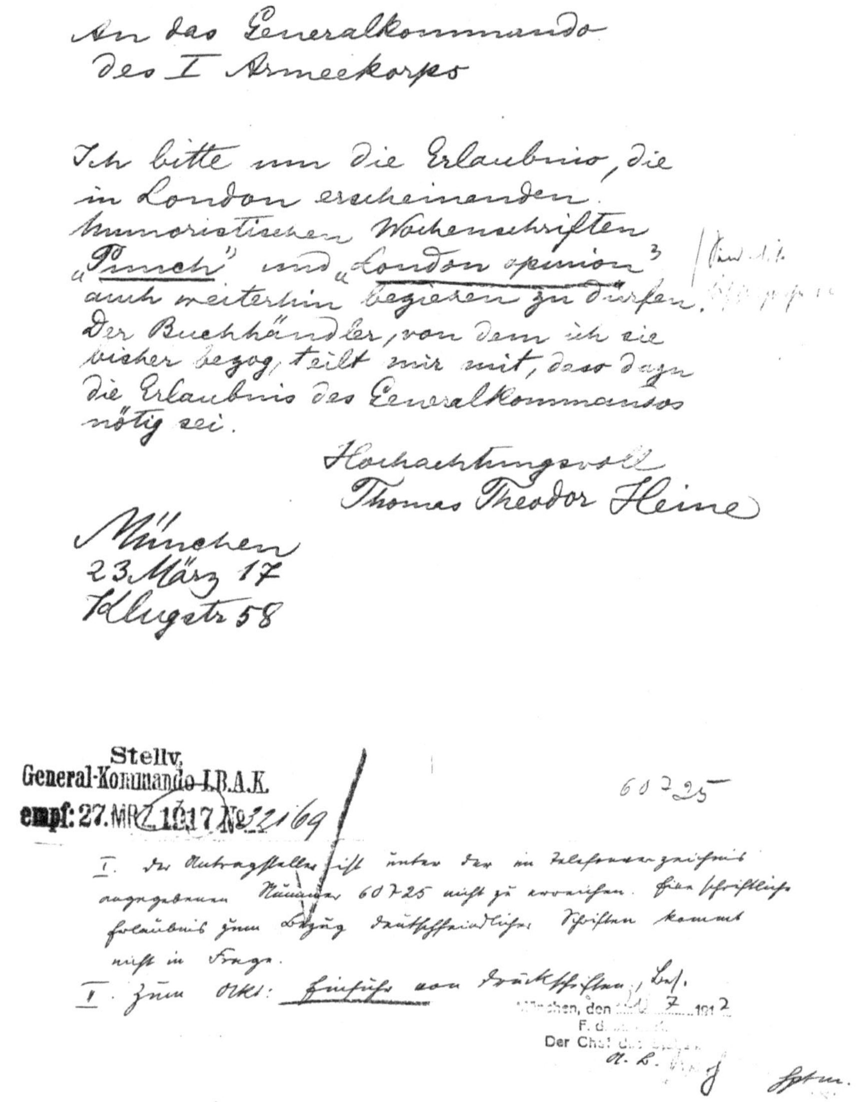
An das Generalkommando
des I Armeekorps

Ich bitte um die Erlaubnis, die in London erscheinenden humoristischen Wochenschriften „Punch" und „London opinion" auch weiterhin beziehen zu dürfen. Der Buchhändler, von dem ich sie bisher bezog, teilt mir mit, dass dazu die Erlaubnis des Generalkommandos nötig sei.

Hochachtungsvoll
Thomas Theodor Heine

München
23. März 17
Klugstr 58

Stellv.
General-Kommando I.B.A.K.
empf: 27. MRZ 1917 No 32169

60725

I. Der Antragsteller ist unter der im Telefonverzeichnis angegebenen Nummer 60725 nicht zu erreichen. Eine schriftliche Erlaubnis zum Bezug deutschfeindlicher Schriften kommt nicht in Frage.
II. Zum OKS: Einfuhr von Druckschriften, betr.

München, den [illegible] 7 1917
F. d. [illegible]
Der Chef des Stabes
[illegible]

Dokument 12

Von CS zusammengestellte handschriftliche Ablehnung der Bitte des Jugendstil-Graphikers Thomas Theodor Heine (1867–1948), Illustrator des „Simplicissimus", der „Fliegenden Blätter" u. a., den Bezug der satirischen Wochenschriften „Punch" und „London Opinion" zu genehmigen. (KA, Stv. Gen. Kdo. I. b. AK 1904)

Nr. 21615, 21674, 21675, 22657, 22950, 23922, 23924, 24765, 24766, (17374, 19231, 19232, 19976) 25355, 25632, 25634, 25758, 26858, 26864, 27189, 27380, 27381, 27574, 27719, 29950, 32418, 25629, 25630, 24168

Stellv.Gen.Kdo.I.b.A.K.

München 6, den 2. IV. 1917.
Pfandhausstr.2

An
die Distriktsverwaltungsbehörden des Korpsbezirks
(in München die K.Polizeidirektion)
" K. Generaldirektion d.Zölle u.indir.Steuern, München
" K. Oberpostdirektionen München, Augsburg, Landshut,
" mil. Überwachungsstelle b.Bahnpostamte 1 München,
" " " " Postamte Lindau,
" Grenzschutzstellen (Verteiler III)
~~den Herrn Vorsitzenden des Buchhändlervereins, Buchhändler Nusser, München, Ludwigstrasse 7.~~

Jm Abdruck an:
das K. Kriegsministerium, zu
1 u. 2. KME vom 16. 2. 17 Nr. 19661 A
3. " " 20. 2. 17 Nr. 21593 A
4 u. 5. " " 21. 2. 17 Nr. 26246 A *)

die K.Hof- und Staatsbibliothek München,
Abt. P(6), IIb, IId.

Betreff:
Beschlagnahme von Druckschriften.

*) 6. KME vom 26. 2. 17 Nr. 23329
7. " " 27. 2. 17 Nr. 26492 A
8. " " 28. 2. 17 Nr. 28179 A
9. " " 2. 3. 17 Nr. 28122 A
10. " " 2. 3. 17 Nr. 28180 A
11. " " 2. 3. 17 Nr. 26893 A
12 u. 13. " " 4. 3. 17 Nr. 30805 A
14. " " 7. 3. 17 Nr. 33862 A
15. " " 7. 3. 17 Nr. 28177 A
16. " " 8. 3. 17 Nr. 33294 A
17. " " 8. 3. 17 Nr. 34978 A
18. " " 9. 3. 17 Nr. 35056 A
19. " " 9. 3. 17 Nr. 36109 A
20. " " 12. 3. 17 Nr. 37290 A
21. " " 12. 3. 17 Nr. 37288 A
22. " " 14. 3. 17 Nr. 35200 A
23. " " 14. 3. 17 Nr. 38585 A
24. " " 14. 3. 17 Nr. 38586 A
25. " " 14. 3. 17 Nr. 39233 A
26 u. 27 " " 17. 3. 17 Nr. ~~37290~~ 41758 A
28. " " 18. 3. 17 Nr. 39040 A
29. " " 26. 3. 17 Nr. 46861 A
30. " " 27. 3. 17 Nr. 47130 A
31. " " 26. 2. 17 Nr. 24670 A
zu KME vom 27. 2. 17 Nr. 26491 A, vom 9. 3. 17 Nr. 35055 A und 35144 A.

Auf Grund des Art 4 Nr. 2 des Kriegszustandsgesetzes wird die Verbreitung, sowie die Ein- oder Ausfuhr folgender Schriften und die Beschlagnahme der vorgefundenen Stücke angeordnet:

1. Armenien u. Armenier, Erzählungen und Schilderungen aus Armenien, Selbstverlag des Verfassers, Leipzig 1916
2. Prof. J. Walther, Zum Kampf in der Wüste am Sinai und am Nil, Verlag Quelle u. Meyer, Leipzig 1916
3. Die Broschüre „Gesetz betreffend den vaterländischen Hilfsdienst" von Arthur Nothnagel, Berlin (als Manuskript gedruckt)
4. [illegible] von Suttner, Der Kampf um die Vermeidung des Weltkrieges, Randglossen aus zwei Jahrzehnten zu den Zeitereignissen, herausgegeben von Dr. Alfred H. Fried, 2 Bände, Druck und Verlag Art. Institut Orell Füßli, Zürich 1917
5. Gustave Le Bon, Enseignements Psychologiques de la Guerre Européenne (Bibliothèque de Philosophie scientifique), Verlag E. Flammarion, Paris 1916

Dokument 13

Von CS zusammengestellte handschriftliche und identische maschinenschriftliche Verfügung, die angeführten Schriften weder einzuführen noch auszuführen und die vorgefundenen Exemplare zu beschlagnahmen. Unterzeichnet am 2.4.1917 vom Kommand. General von der Tann. (KA, Stv. Gen. Kdo. I. b. AK 1877)

6. Die im Verlag Berthold Sturm, Dresden A 16 erschienenen Schriften „Chemische Rezepte von The Atlas Chemical Company Sunderland" und „Fünfzig Rezepte für Nahrungs- und Genußmittel=Ersatzpräparate."

7. Ein kleines Flugblatt von 4 Seiten Umfang mit der Überschrift „Was die Dresdener Volkszeitung nicht bringt" (Verschleiernder Druckvermerk: W. Paul, Görlitz)

8. Heft 7/8 des 4. Jahrganges der Zeitschrift „Auf Vorposten", Monatsschrift des Verbandes gegen Überhebung des Judentums E.V. (Januar-Februarheft 1917) Verlag: Auf Vorposten, Charlottenburg 4.

9. Die Zeitschrift „Der jugendliche Arbeiter" Wien, Herausgeber und verantwortlicher Schriftleiter: Robert Danneberg; Druck und Verlagsanstalt „Vorwärts" Swoboda & Co, Wien V.

10. Ein radikal-sozialistisches Flugblatt „Die Arbeitervertreter und der Arbeitszwang", schließend mit den Worten „Vorwärts zur Verwirklichung des Sozialismus" (Verschleiernder Preßvermerk: Druck und Verlag W. Schmidt, Magdeburg).

11. Die Druckschrift „Für den Frieden" Simplicissimusverlag (Stuttgart 1913 erschienen)

12. Harold Begbie, The Vindication of Great Britain, Verlag Methuen & Co. London W. C. Essexst.

13. Rudolf Fritsch, Unser Heimatort im Weltkrieg (Beiheften zur Zeitschrift für schaffende Arbeit und Kunst in der Schule Nr. 54) Schulwissenschaftlicher Verlag A. Haase, Prag Arnshof, Leipzig, Wien 1916

14. Die Seeschlacht am Skagerrak, Sonderheft des „Deutschen Geschichtskalenders" (der Europäische Krieg, 23. Lieferung) Verlag Felix Meiner, Leipzig

15. Die Zeitschriften

The Graphic,
The Sphere,
The Punch } in London erscheinend

L'Illustration, Paris.

16. Ein mit der Schreibmaschine vervielfältigter Abdruck mit der Überschrift „Ernster Mahnruf und dringende Warnung!", angeblich von einer „Internationalen Vereinigung für Friedenskundgebung", datiert Köln den 25. 1. 17, unterschrieben J. A. v. Sartorius, Major a. D.

17. Ein Flugblatt, „Das Denken muß verboten werden." Bericht eines Soldaten über einen [illegible]; unterzeichnet mit N E.

18. Sämtliche im Verlage der Christian Science Publishing Society, Falmouth and St. Paul Streets, Boston, Massachusetts, erschienenen, die Heilung von Krankheiten durch die Methode der „Christian Science" (Christliche Wissenschaft) betreffenden Schriften.

19. Dr. Bentzel (?), Methode einer neuen Geheimschrift. Geheimwissenschaften (?), erschienen i. J. (?) Verlag F. A. Berger (?) Leipzig

20. Maurice Lauzel, Deutschland über alles ou la Folie Pangermaniste, Verlag H. Floury, Paris.

21. La Belgique sous la Griffe Allemande, Paris Fontemoing et Cie.

22. Ein Bild mit dem Text „Ob arm, ob reich, im Tode gleich" mit der Überschrift „Wer war der Tor, wer Weiser, wer Bettler oder Kaiser?" hergestellt von der Firma G. Wagner in Frohnau (?) i. Sa.

23. Die Schrift „Englands Kultur in barbarischer Beleuchtung", Bern 1916, Verlag Englands „Kultur".

24. Die Schrift „Vaterlandsverteidigung und auswärtige Politik der Sozialdemokratie" von Spectator, Promachos-Verlag, Bern-Belp 1917.

25. Ein Flugblatt mit der Überschrift „Männer und Frauen des arbeitenden Volkes!" beginnend mit den Worten „Drei und ein halbes Jahr dauert bereits der Weltkrieg" und schließend mit den Worten „Es lebe die internationale Verbrüderung der Arbeiterklasse"; unterzeichnet mit „Verlag Fr. Jakobsen, Druck M. Franke, beide in Dessau."

26. Eduard Wilgebauer (?), Ein Fundamentalirrtum zeitgeschichtlicher Diskussion, Amsterdam, Verlag van Holkema & Warendorf.

27. Hans Vorst, Demokratie und Krieg in Frankreich, Verlag Rascher & Cie. Zürich

28. Eine Karte mit folgendem Text: Weltkrieg 1914–1921! Gott mit uns, um uns zuletzt doch zu verlassen! Kindergebet: Stille Nacht, heilige Nacht, schlagt Schädel ein, dass uns schläfrig lacht u.s.w. (Ohne Angabe von Drucker und Verleger).

29. Philipp Baumann, Dresden A. „Gesund sein, gesund bleiben, gesund werden ohne Arzt und ohne Medizin". Verlag Ph. Baumann, Druck von L. Thieme, Meißen.

30. Die schweizerische Wochenschrift „Die Schildwache" Organ der katholischen Jung-Schweiz, Druck u. Verlag Oltener Druckerei und Verlagsanstalt, Olten.

31. ~~Die Schrift~~ Heft 114 des Werkes „Der Krieg 1914/17 in Wort u. Bild" (Verlag: Deutsches Verlagshaus Bong & Co, Berlin, Leipzig, Wien, Stuttgart) darf nur nach Entfernung des Artikels „Friede fort mit" verbreitet werden.

Nach den Verbreitern der unter Nr. 3, 7, 10, 16, 25, 28 genannten Schriften ist zu fahnden und gegebenenfalls unter Vorlage der beschlagnahmten Stücke anher zu berichten.

Die Beschlagnahme der Schriften „Die Nebensache" von L. G. Forgac (GKW. vom 30.8.1916 Nr. 146557) ~~und~~, C. v. Schmidt, ~~Kriegs-aufsätze~~ (GKW. vom 22.10.15 Nr. 128313), ~~Schöring~~ und Pauli, Die Schlachten bei Metz (GKW. 17.2.17 Nr. 14567) wird aufgehoben.

Von dem Roman „Morgenrot" von G. Schöring, Verlag Carl Reißner Dresden, dessen erste Auflage durch GKW. vom 3.7.1916 Nr. 73343 verboten ist, darf die Neuauflage 1917 verbreitet und ausgestellt werden.

II 3.4. Bmz

II. An den Vorsitzenden des Buchhändlervereins Herrn Buchhändler Stiefer, München Ludwigstr. 7

Entw. w. u.

Das stellv. GKdo. ersucht, die Münchener Buchhändler davon zu verständigen, dass folgende Schriften beschlagnahmt sind: Nr. 2, 4, 6, 11, 14, 15, 19, 23, 26, 27, 31.

München, den ~~31.3.~~ 2.4.17.
Der kommandierende General
II 3.4.a

III. Zum Akt: Verbreitungsverbote.

Nr.32472 P. München 6, den 2. 4. 1917.
Pfandhausstrasse 2.

Stellv.General-Kommando I.b.A.K.

An
die Distriktverwaltungsbehörden des Korpsbezirks
(in München die K.Polizeidirektion)
K.Generaldirektion d.Zölle u.indir.Steuern,München,
K.Oberpostdirektionen München,Augsburg,Landshut,
milit.Ueberwachungsstelle b.Bahnp.Amte 1 München,
" " b.Postamte Lindau,
Grenzschutzstellen(Verteiler III).

Jm Abdruck an:

das K.Kriegsministerium, zu	1.u.2.) K.M.E.v.16.2.17 Nr.19661 A
3.)K.M.E.v.20.2.17 Nr.21593 A	4.u.5.) " 21.2.17 Nr.26246 A
6.) " 26.2.17 Nr.23329	7.) " 27.2.17 Nr.26492 A
8.) " 28.2.17 Nr.28179 A	9.) " 2.3.17 Nr.28122 A
10.) " 2.3.17 Nr.28180 A	11.) " 2.3.17 Nr.26893 A
12.u.13.) " 4.3.17 Nr.30805 A	14.) " 7.3.17 Nr.33862 A
15.) " 7.3.17 Nr.28177 A	16.) " 8.3.17 Nr.33294 A
17.) " 8.3.17 Nr.34978 A	18.) " 9.3.17 Nr.35056 A
19.) " 9.3.17 Nr.36109 A	20.) " 12.3.17 Nr.37290 A
21.) " 12.3.17 Nr.37288 A	22.) " 14.3.17 Nr.35200 A
23.) " 14.3.17 Nr.38585 A	24.) " 14.3.17 Nr.38586 A
25.) " 14.3.17 Nr.39233 A	26.u.27.) " 17.3.17 Nr.41758 A
28.) " 18.3.17 Nr.39040 A	29.) " 26.3.17 Nr.46861 A
30.) " 27.3.17 Nr.47130 A	31.) " 26.2.17 Nr.24670 A

und K.M.E.v.27.2.17 Nr.26491 A,v.9.3.17 Nr.35055 A und 35144 A.
die K.Hof-und Staatsbibliothek München.
Abt.P(6),IIb,IIa.

Betreff:

Beschlagnahme von Druckschriften.

Auf Grund des Art. 4 Nr. 2 des Kriegszustandsgesetzes wird die Verbreitung, sowie die Ein- oder Ausfuhr folgender Schriften verboten und die Beschlagnahme etwa vorgefundener Stücke angeordnet

1.) Armena S.Baronigien,Erzählungen und Erlebnisse aus Armenien, Selbstverlag des Verfassers,Leipzig 1916.
2.) Prof.J.Walther, Zum Kampf in der Wüste am Sinai und am Nil; Verlag Quelle und Meyer, Leipzig 1916.
3.) Die Broschüre"Gesetz betreffend den vaterländischen Hilfsdienst von Arthur Stadthagen,Berlin(als Manuskript gedruckt).
4.) Berta von Suttner, Der Kampf um die Vermeidung des Weltkrieges, Randglossen aus zwei Jahrzehnten zu den Zeitereignissen, herausgegeben von Dr.Alfred H.Fried, 2 Bände, Druck und Verlag Art. Jnstitut Orell Füssli,Zürich 1917.
5.) Gustave Le Bon,Enseignements Psychologiques de la Guerre Europeenne (Bibliotheque de Philosophie scientifique) Verlag E.Flammarion, Paris 1916.
6.) Die im Verlag Berthold Sturm,Dresden A.16 erschienenen Schriften "Chemische Rezepte von The Atlas Chemical Company Sunderland" und "Fünfzig Rezepte für Nahrungs- und Genussmittel-Ersatzpräparate".
7.) Ein kleines Flugblatt von 4 Seiten Umfang mit der Ueberschrift "Was die Dresdener Volkszeitung nicht bringt"(Jrreführender Druckvermerk W.Paul,Görlitz.)
8.) Heft 7/8 des 4. Jahrganges der Zeitschrift"Auf Vorposten", Monatsschrift des Verbandes gegen Ueberhebung des Judentums, E.V.(Januar-Februarheft 1917) Verlag:Auf Vorposten,Charlottenburg 4.
9.) Die Zeitschrift "Der jugendliche Arbeiter" Wien,Herausgeber und verantwortlicher Schriftleiter:Robert Danneberg;Druck u.Verlagsanstalt "Vorwärts"Swoboda & Cie.,Wien V.
10.)Ein radikal-sozialistisches Flugblatt "Die Arbeitervertreter und der Arbeitszwang" schliessend mit den Worten"Vorwärts

zur Verwirklichung des Sozialismus"(Jrreführender Pressvermerk: Druck und Verlag W. Schmidt, Magdeburg.)

11.)Die Druckschrift"Für den Frieden" Simplizissimusverlag(Stuttgart 1913 erschienen).

12.)Herold Regbie,The Vindication of Great Britain,Verlag Methuen & Co.,London W.C.Essexstr.

13.)Rudolf Fritsch,Unser Heimatort im Weltkrieg(Beihefte z.Zeitschrift f.schaffende Arbeit und Kunst in der Schule Nr.54)Schulwissenschaftlicher Verlag A.Haase,Prag,Annahof,Leipzig,Wien 1916.

14.)Die Seeschlacht am Skagerrak,Sonderheft des "Deutschen Geschichtskalenders"(Der Europäische Krieg,23.Lieferung)Verlag Fel.Meiner, Leipzig.

15.)Die Zeitschriften The Graphic,The Sphere,The Punch in London , L'Jllustration in Paris erscheinend.

16.)Ein mit der Schreibmaschine vervielfältigter Umdruck mit der Ueberschrift"Ernster Mahnruf und dringende Warnung!"Angeblich von einer "Jnternationalen Vereinigung für Friedenskundgebung",datiert Köln den 27.1.17,unterschrieben J.A.Sartorius,Major a.D.

17.)Ein Flugblatt"das Brachen muss verboten werden.Bericht eines Städters über eine Hamsterfahrt;unterzeichnet mit NE.

18.)Sämtliche im Verlage der Christian Science Publishing Society,Falmouth and St.PaulStreets,Boston,Massachusetts,erschienenen, die Heilung von Krankheiten durch die Methode der "Christian Science" (Christliche Wissenschaft) betreffenden Schriften.

19.)A.Boetzel,Methode einer neuen Geheimschrift,Geheimtelegraphie usw. Verlag F.A.Berger,Leipzig.

20.)Maurice Lausel,Deutschland über alles ou la Folie Pangermaniste, Verlag H.Floury,Paris.

21.)La Belgique sous la Griffe Allemande,Paris Fontemoing et Cie.

22.)Ein Bild mit dem Text"Ob arm ob reich im Tode gleich"mit der Ueberschrift"Wer war der Tor,wer Weiser,wer Bettler oder Kaiser?"Hergestellt von der Firma G. Meyer in Frohnau i. Sa.

23.)Die Schrift"Englands Kultur in barbarischer Beleuchtung"Wien 1916 Verlag Englands"Kultur".

24.)Die Schrift"Vaterlandsverteidigung und auswärtige Politik der Sozialdemokratie"von Spectator,Promachos-Verlag,Bern-Belg 1917.

25.)Ein Flugblatt mit der Ueberschrift"Männer u.Frauen des arbeitenden Volkes"beginnend mit den Worten"Zwei und ein halbes Jahr dauert bereits der Weltkrieg" und schliessend mit den Worten"Es lebe die internationale Verbrüderung der Arbeiterklasse";unterzeichnet mit Verlag Fr.Jakobsen,Druck M.Franke,beide in Dessau.

26.)Edward Stilgebauer,"Ein Fundamentalirrtum zeitgeschichtlicher Diskussion,Amsterdam,Verlag van Golkema & Warendorf.

27.)Hans Morf,Demokratie u.Krieg in Frankreich,Verl.Rascher & Cie.Zürich

28.)Eine Karte m.folgend.Text:"Weltkrieg 1914-1921!Gott mit uns um uns zuletzt doch zu verlassen!Kindergebet:Stille Nacht,heilige Nacht schlagt Schädel ein,dass uns schulfrei lacht usw"(Ohne Angabe v. Drucker und Verleger).

29.)Philipp Baumann,Dresden A,"Gesund sein,gesund bleiben,gesund werden ohne Arzt u.ohne Medizin"Verlag Ph.Baumann,Druck v.B.Thieme,Meissen.

30.)Die schweizer.Wochenschrift"Die Schildwache" Organ der kathol.Jung-Schweiz,Druck u.Verlag Oltener Druckerei u.Verlagsanstalt,Olten.

31.)Heft 114 d.Werkes"Der Krieg 1914/17 in Wort und Bild"(Verl.Deutsch. Verlagshaus Bong & Co.Berlin,Leipzig,Wien,Stuttgart)darf nur nach Entfernung des Artikels "Feind hört mit"verbreitet werden.

Nach d.Verbreitern d.unter Nr.3,7,10,16,25,28 genannten Schriften ist zu fahnden u.gegebenfalls unter Vorlage d.beschlagn.Stücke anher zu berichten.
Die Beschlagn.d.Schriften'Nebenehe"v.C.H.Torges(G.K.V.v.30.8.16 Nr.146557) C.v.Schmidt Kriegsaufsätze(G.K.V.v.22.10.15 Nr.128313),Pauli,Die Schlachten b.Metz(G.K.V.17.2.17 Nr.14567) wird aufgehoben.Von dem Roman "Morgenrot"v.G.Sehring,Verl.Carl Reißner,Dresden,dessen erste Aufl.durch G.K.V. v.3.7.16 Nr.73343 verboten ist,darf die <u>Neuauflage 1917</u> verbreitet und ausgeführt werden.

Der Kommandierende General:

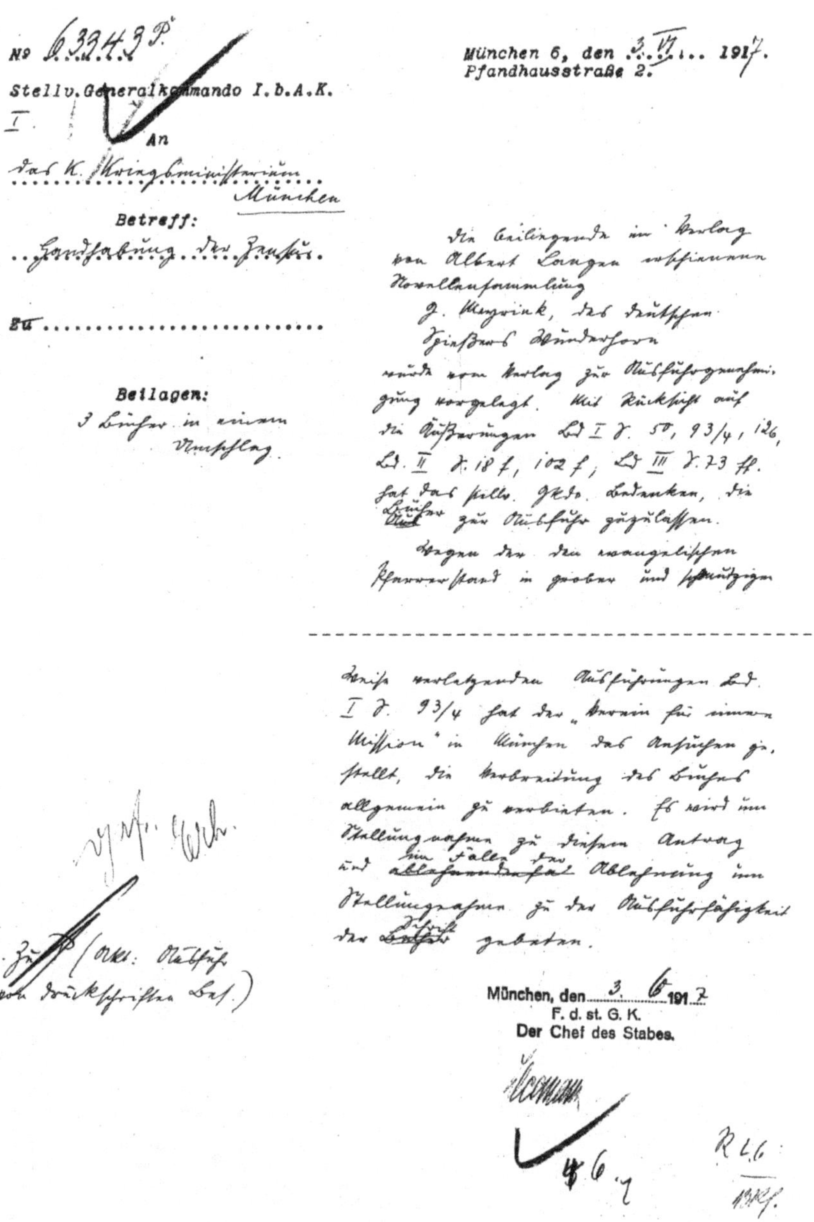

Nr 63343 P.

Stellv. Generalkommando I. b. A. K.

I.

An

das K. Kriegsministerium

München

Betreff: Handhabung der Zensur.

Zu ...

Beilagen: 3 Bücher in einem Umschlag.

München 6, den 3. VI. 1917.
Pfandhausstraße 2.

Die beiliegende im Verlag von Albert Langen erschienene Novellensammlung G. Meyrink, Des deutschen Spießers Wunderhorn wurde vom Verlag zur Ausfuhrgenehmigung vorgelegt. Mit Rücksicht auf die Äußerungen Bd I S. 50, 93/4, 126, Bd. II S. 18 f, 102 f; Bd III S. 73 ff. hat das stellv. GKdo. Bedenken, die Bücher zur Ausfuhr zuzulassen.

Wegen der den evangelischen Pfarrerstand in grober und schmutziger Weise verletzenden Ausführungen Bd I S. 93/4 hat der „Verein für innere Mission" in München das Ansuchen gestellt, die Verbreitung des Buches allgemein zu verbieten. Es wird um Stellungnahme zu diesem Antrag und im Falle der Ablehnung um Stellungnahme zu der Ausfuhrfähigkeit der Schrift gebeten.

München, den 3. 6. 1917
F. d. st. G. K.
Der Chef des Stabes.

Dokument 14

Das Buch von Gustav Meyrink „Des deutschen Spießers Wunderhorn" führte wegen Beschwerden u. a. vom Verein für Innere Mission zu Anfragen bei dem bayerischen Kriegsm., Presseabteilung, ob das Buch zu verbieten sei. Die Antwort vom 16.6.1917

Nr 89660.A. München, 16.6.1917.

Kriegsministerium.
Armee-Abteilung.

An

das K.stellv.Generalkommando I.A.K.

Betreff:

Handhabung der Zensur.

Zum Bericht Nr 63343 P.v.3.6.1917.

Beilagen:

3 Bücher in Umschlag.

Das Kriegsministerium ist mangels der gesetzlichen Voraussetzungen nicht in der Lage, die Verbreitung des Werkes "Des deutschen Spießers Wunderhorn" von G.Meyrink wegen der beleidigenden Ausführungen über den evangelischen Pfarrerstand allgemein zu verbieten.

Die vom Verlag Albert Langen erbetene Genehmigung zur Ausfuhr des Werkes kann nicht erteilt werden.

Hiernach wird das K.stellv.General-

P

---

kommando ersucht, das weitere zu veranlassen.

I.A.

Nr 72115.

Stellv. Generalkommando I. b. A. K.

1, an d. Verlag Albert Langen
Hubertusstr. 27
München

Betreff: Ausfuhr v. Druckschriften

Beilagen:
3 Bücher in Umschlag

Die Ausfuhr der Druckschrift: Des deutschen Spiessers Wunderhorn von G. Meyrink wird verboten

2) Nr. der Tagesliste 3464 zum Akt Ausfuhr v. Druckschriften
Res. N.

München, 20.6.1917
F. d. Stv. G. Kdo. I A.K.
Der Chef des Stabes.

21.6. N.

auf die handschriftlich von CS verfaßte Anfrage vom 3.6.1917 durch den Leiter der Presseabteilung, Oberstleutnant Falkner von Sonnenburg, stellt klar, daß kein allgemeines Zensurverbot möglich sei, jedoch die Genehmigung zur Ausfuhr des Werkes nicht erteilt wird. Ein entsprechender, von CS aufgestellter handschriftlicher Hinweis wird am 20.6.1917 an den Verlag Albert Langen, München, geschickt. Kriegsminister

Zu Nr 115044.A/17.

Abdruck.

Nr 97879.A.

Kriegsministerium.

München, 30.6.1917.

An

das K.Staatsministerium des Jnnern für Kirchen- und Schulangelegenheiten.

Betreff: Handhabung der Zensur.

Zur Note Nr.16260 v.15.6.1917.

Beilagen:
1 Eingabe,
1 Buch.

Die Vorstellung des Pfarrervereins der Protestantischen Landeskirche in Bayern r.d.Rh. vom 7.ds.Mts. beehre ich mich mit dem Bemerken zurückzuleiten, daß ich mangels einer gesetzlichen Handhabe zu meinem Bedauern nicht in der Lage bin, die Verbreitung des Werkes "Des deutschen Spießers Wunderhorn" von K.Meyrink wegen der beleidigenden Ausführungen über die protestantischen Pfarrersfrauen zu verbieten.

Darüber, daß die Bücher des Verlags Albert Langen als besonders geeignet zum Versand ins Feld bezeichnet worden sein sollen, ist beim Kriegsministerium bisher nichts bekannt geworden.

Die Beaufsichtigung der Feldbuchhandlungen liegt außerhalb der Zuständigkeit des Kriegsministeriums; sie sind den Armeeoberkommandos im Felde unterstellt. Ob und welche Maßnahmen von diesen getroffen wurden um die Firma Langen vom Feldbuchhandel auszuschließen und ungeeignete Bücher von den Feldtruppen ferne zu halten, entzieht sich meiner Kenntnis.

v.Hellingrath.

von Hellingrath nimmt mehrfach Stellung zu den Protesten, in denen das Verbot des Buches gefordert wird; zum Teil beruht dessen Stellungnahme auf dem von CS verfaßten handschriftlichen Entwurf einer Antwort an das Stadtpfarramt München. Eine erneute Anfrage vom stellv. Gen. Kdo. vom 21.2.1918, entworfen von CS, nach einem Verbot

Nr 115048.A. München, 24.7.1917.

Kriegsministerium.

An

das K. stellv. Generalkommando I.A.K.

Betreff:

Handhabung der Zensur.

Beilagen:

1 Schriftstück,
1 Abdruck,
1 Druckschrift.

72115
26/6 N

Das Kriegsministerium erachtet sich nach wiederholter Prüfung nicht in der Lage, von dem in K.M.E.v.16.6.17 Nr 89660.A.vertretenen Standpunkt abzugehen. Die gleiche Stellung nahm es auch in der abschriftlich beigefügten Note an das K.Staatsministerium des Innern für Kirchen und Schulangelegenheiten vom 30.6.17 Nr 97879 A ein. Das Novellenwerk ist bereits 1913 erschienen.

Den in den Novellen Angegriffenen bleibt es unbenommen, den Schutz der ordentlichen Gerichte anzurufen. Auf den Artikel "Protest gegen die Meyrink Hetze" in Nr 196 Abendblatt der Frankfurter Zeitung vom 18.7.17 darf hingewiesen werden.

Hienach wird das stellv. Generalkommando ersucht, das Weitere zu veranlassen.

v. Hellingrath

wird erneut am 26.3.1918 direkt vom Kriegsminister von Hellingrath abschlägig beantwortet. Die Weiterleitung an den Beschwerdeführer am 29.3.1918 geschieht handschriftlich durch CS, paraphiert vom Kommand. General von der Tann. (KA, Stv. Gen. Kdo. I. b. AK 1878)

Stellv. General-Kommando I.B.A.K.
empf: 26. JUL. 1917 №. 29575
– 341

I. An
das K. protestantische Dekanat
und Stadtpfarramt München

Betreff: Verbreitung von Druckschriften.
Beil: Nr. 38 der Prozeßakten.
Zum Schreiben vom 26. 6. 1917
Nr. 4063

Das K. Kriegsministerium hat als die für München zuständige Zensurbehörde gegenüber einem mit dem dortigen Schreiben vom 26. 6. 1917 übereinstimmenden Ansuchen des Pfarrervereins der protestantischen Landeskirche in Bayern r. d. Rh. sich auf den Standpunkt gestellt, daß es zu seinem Bedauern mangels einer gesetzlichen Handhabe nicht in der Lage ist, die Verbreitung des Werkes „Des deutschen Spießers Wunderhorn" von G. Meyrink wegen der beleidigenden Äußerungen über die protestantischen Pfarrersfrauen zu verbieten. auch

Da die polizeilichen Befugnisse, die dem Stellv. Generalkommando zustehen, ~~ebenfalls~~ nicht ausreichen, um gegen die 1913 erschienene Schrift vorzugehen, so bin ich zu meinem lebhaften Bedauern ebenfalls nicht in der Lage, die weitere Verbreitung ~~des Meyrinkschen~~ dieses Machwerks zu verhindern. ~~Doch bleibt es dem~~

~~Es wird den Verletzten überlassen, den Schutz der ordentlichen Gerichte anzurufen.~~

München, den 21. 7. 1917
Der kommandierende General
I. V.

II. Zum Akt: Verbreitungsverbote.

Entwurf.

Nr. 244874 P 6. 21. 2. 18

Stellv. Generalkommando I.b.A.K.

I.) An

das K. Kriegsministerium.

Betreff:

Stimmung in der Heimat.
Zum KME.v.16.6.17 Nr.89660 A,
30.6.17 Nr. 97879 A,
29.7.17 Nr.115048 A.

Die von verschiedenen Seiten namentlich aber vom Evangelischen Pfarrerverein ausgehenden Ansuchen, die Schrift von Gustav Meyrink "Des Deutschen Spießers Wunderhorn" Verlag A. Langen, München wegen ihrer groben und schmutzigen Beleidigungen des protestantischen Pfarrerstandes zu verbieten, hat das K.Kriegsministerium bisher abgelehnt.

Die Erregung über das Buch, die öfters in der Tagespresse zum Ausdruck gekommen ist, wurde von Meyrink und seinen Freunden zu einer großen Reklame benützt, die in der Feier des 50. Geburtstages Meyrinks im Münchener Schauspielhaus ihren Höhepunkt erreichte. Das Werk wurde infolgedessen immer weiter bekannt und konnte seinen schädlichen Einfluß auf einen immer größeren Teil der Bevölkerung ausüben. Das stellv. Generalkommando hat bereits in seinem Bericht vom 3.5.17 Nr. 63343 P auf die Stelle des Buches hingewiesen, die abgesehen von der Beleidigung des Pfarrerstandes auch den Offiziersstand in hämischen Bemerkungen herabsetzt.

Neuerdings drückt nun der Stadtpfarrer Daumüller, der drei Jahre Divisionspfarrer bei der 6. bayer. Reservedivision war, in

Beilage: 1 Eingabe

1: Eine Abschrift der Eingabe ist für die Akten zu fertigen. !

Absatz!

einer Eingabe an das stellv. Generalkommando darauf aufmerksam gemacht, daß gerade diese Verhöhnung des Offiziersstandes nach seinen Erfahrungen den größten Schaden anrichtet, besonders heute, da es so schwer hält, die Stimmung und das Vertrauen der Leute trotz der Nöte des Krieges zu heben. Denn die genannten Stellen der Schrift werden so aufgefaßt werden, als würde jeder der sich für die Sache des Vaterlandes opfert, als Dummkopf hingestellt. Dieser Hinweis verdient umsomehr Beachtung, als in der Tat eine solche Schrift mehr Schaden anrichtet, als die mühevolle Aufklärungsarbeit, die auf die Hebung der Volksstimmung verwendet wird, wieder gut machen kann. Wenn die Schrift "Alraune" von H.H. Ewers gemäß KME. vom 1.9.16 Nr. 88677 verboten wurde, weil sie "als Lesestoff für das Feld ungeeignet" ist, so müßte (allerdings) erst recht ein Verbreitungsverbot für die Meyrink'sche Schrift ergehen, die nicht nur die pornographischen Stellen des Ewers'schen Romanes überbietet, sondern außerdem noch in gemeinen Angriffen gegen den Offiziersstand richtet. Ein besonders beachtenswerter Grund für die Erregung der beteiligten Kreise dürfte eben darin liegen, daß bei entsprechenden Angriffen gegen einen anderen Stand, etwa die Journalisten, so laute Proteste erhoben worden wären, daß ein Verbreitungsverbot schon im Interesse des Burgfriedens ergangen wäre. Doch möchte das stellv. Generalkommando seine Anregung, die Schrift zu verbieten, nicht nur wiederholen, um dem Rechtsgefühl der Beleidigung eine begründete Genugtuung zu verschaffen, sondern namentlich deshalb, weil verhindert werden muß, daß eine für die Stimmung vertrauensvollen Durchhaltens besonders schädliche Schrift ungehindert weiter verbreitet wird, während andere Schriften, die nicht in demselben Grade schädlich sind, bereits von einem Verbreitungsverbot betroffen würden.

II.) Zum Akt: Verbreitungsverbote.

München, den 21. 2.1918.

Nr 42848 A.
Kriegsministerium.

München, 26. 3. 1918.

An

das K.stellv.Gen.Kdo I.A.K.

Betreff:

Handhabung der Zensur.

Zum Schreiben vom 21.2.1918 Nr 24484 P 6.

Das K.stellv.Gen.Kdo I.A.K. wird ersucht, dem Herrn Stadtpfarrer Daumiller in Memmingen auf sein Gesuch um Verbot des Meyerink'schen Werkes "Des deutschen Spiessers Wunderhorn" zu eröffnen, daß ein vollständiges Verbot des Werkes auch aus dem Gesichtspunkt der Verächtlichmachung des Offiziersstandes nicht tunlich erscheint, weil die in dem Werk -wie auch gegenüber anderen Ständen- dem Offiziersstand gegenüber geübte Satire eine Gefährdung der öffentlichen Sicherheit nicht enthält. Aus dem gleichen Gesichtspunkte müßte sonst gegen eine ganze Reihe anderer ähnlicher vor dem

---

Kriegsausbruch erschienener Schriften eingeschritten werden.

Auch würde ein Verbot durch den Militärbefehlshaber nur für die Restdauer des Kriegszustandes Geltung haben und dann erst recht vom Verlag zu Reklamezwecken ausgenützt werden.

Es ist vielmehr anzunehmen, daß der gesunde Geschmack des deutschen Lesers solche Machenschaften auch ohne militärische oder polizeiliche Hilfe ablehnen wird.

Dagegen ist der Auffassung des Herrn Stadtpfarrers Daumiller durchaus beizutreten, daß das Buch als Lesestoff für das Feld ungeeignet ist.

Das Kriegsministerium hat daher auch bereits mit Schreiben vom 11. 8.1917 dem I.Herrn Generalquartiermeister im Großen Hauptquartier nahegelegt, die Verbreitung des Buches in den Feldbuchhandlungen zu verhindern.

im [illegible]

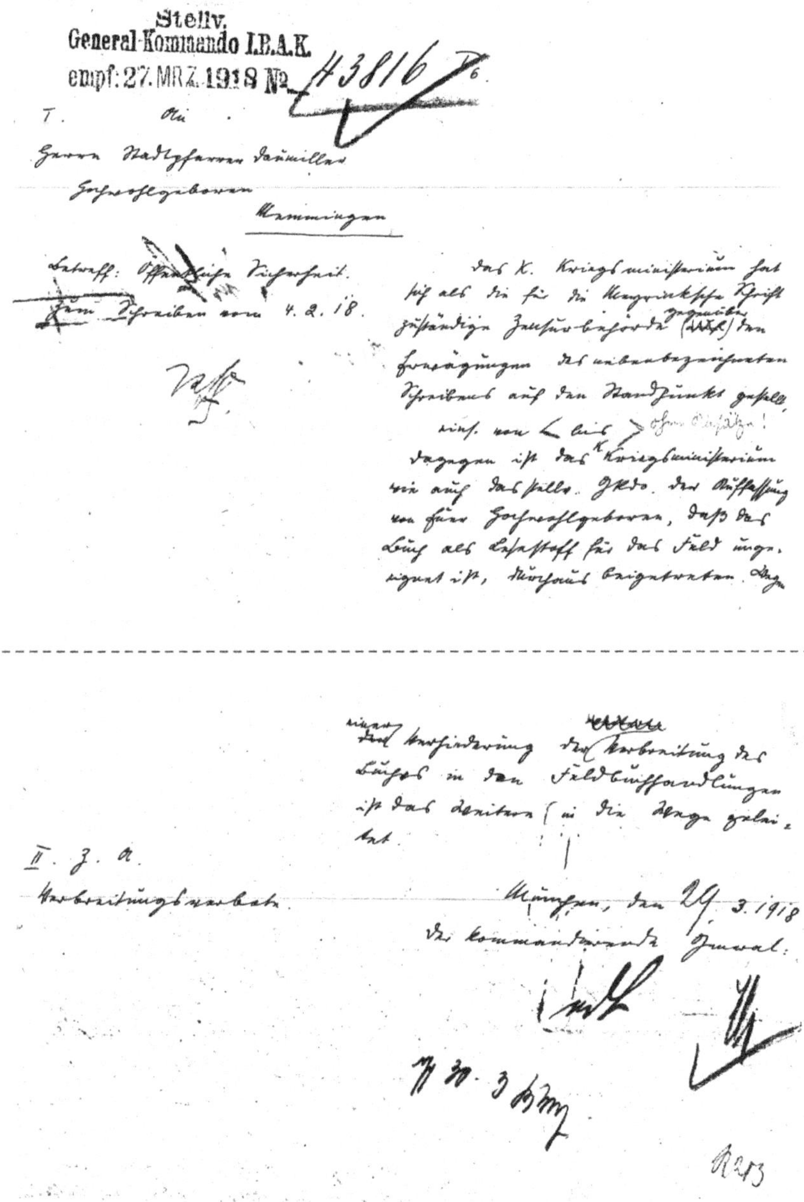
Stellv.
General-Kommando I.B.A.K.
empf: 27. MRZ. 1918 № 43816

Herrn Stadtpfarrer
Hochwohlgeboren
Memmingen

Betreff: Öffentliche Sicherheit.
Zum Schreiben vom 4. 2. 18.

II. Z. A.

München, den 29. 3. 1918
Der kommandierende General:

Nr 100037 A. München, 25. 6. 1917.

Kriegsministerium.

An

das K.stellv.Generalkdo I.II.III.A.K. *Geheim!*

Betreff:

Einschmuggelung volksverhetzender Flugblätter aus der Schweiz.

Beilagen:

1 Abdruck.

Jn der Anlage wird im Nachgange zum K.M.E.v.9.6.17 Nr 92079 A Abdruck eines Flugblattes übersandt, das über die Schweizer Grenze nach Bayern eingeschmuggelt werden soll und vielleicht auch schon eingeschmuggelt ist. Die Einfuhr und der Vertrieb dieses Flugblattes ~~ist zu verbieten und~~ mit allen Mitteln zu verhindern. Etwa vorgefundene Stücke sind zu beschlagnahmen. Alle Personen, die im Besitze eines solchen Flugblattes betroffen werden, sind sofort telefonisch oder telegrafisch der Z.St.Bayern namhaft zu machen. Bei Verdacht des Hochverrats, Landesverrats usw. ist sofortige Festnahme geboten.

K.stellv.Generalkommando wird ersucht ungesäumt die hiewegen erforderlichen Maßnahmen zu treffen.

Dokument 15

Anordnung des Kriegsministers von Hellingrath vom 25.6.1917 an die stellv. Gen. Kdos., das Einschmuggeln der Flugschrift „Bayern! Landsleute!" unter allen Umständen zu verhindern, und, da der Verdacht des Hoch- und Landesverrats bestehe, Personen,

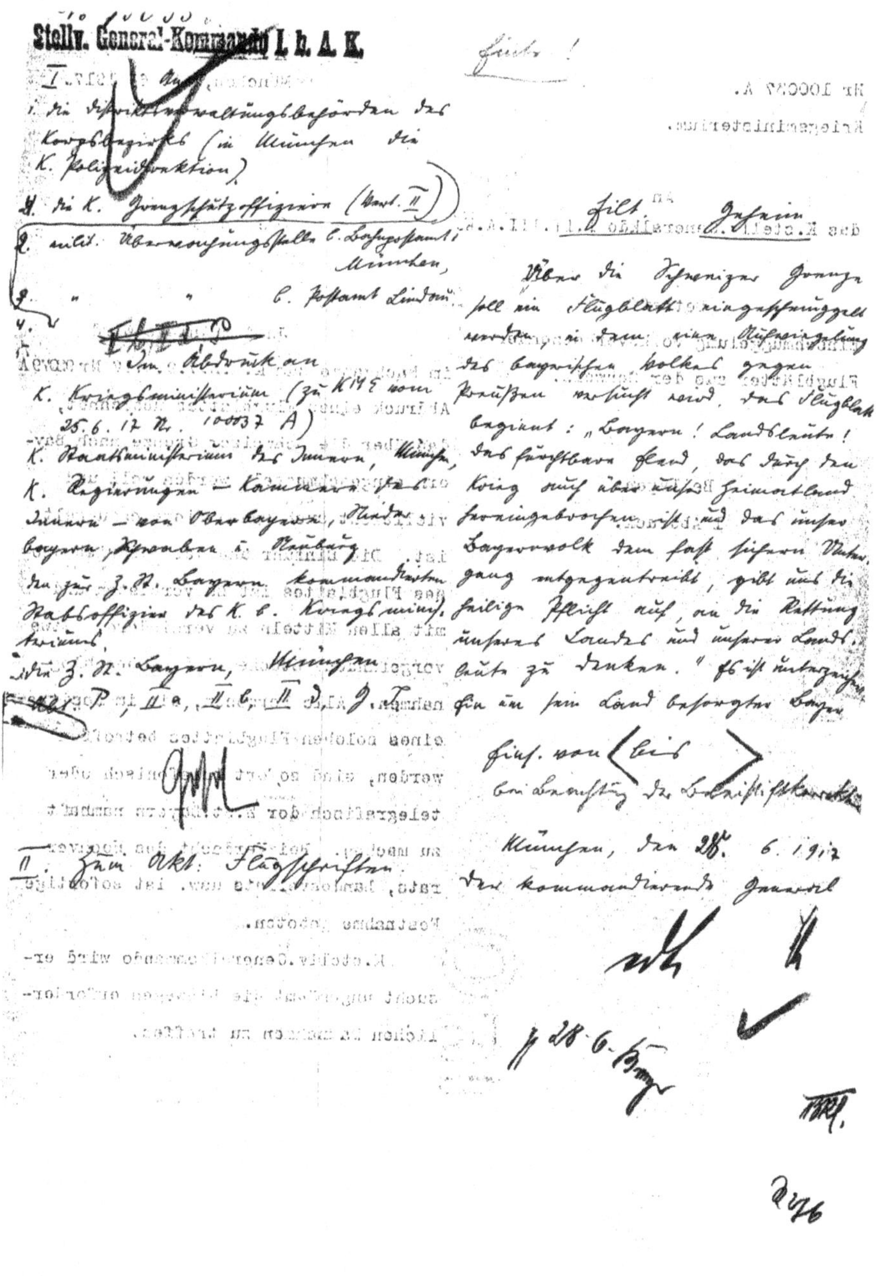

die im Besitz des Flugblattes sind, festzunehmen. Von CS verfaßte handschriftliche Anordnung des stellv. Gen. Kdo. vom 28.6.1917, paraphiert vom Kommand. General von der Tann, an die entsprechenden Behörden zum Vollzug. (KA, Stv. Gen. Kdo. I. b. AK 1904)

Zu Nr 10003 FA/17.

Abschrift.

Geheim.

B a y e r n ! L a n d s l e u t e !

Das furchtbare Elend, das durch den Krieg auch über unser Heimatland hereingebrochen ist und das unser Bayernvolk dem fast sichern Untergang entgegentreibt, gibt uns die heilige Pflicht auf, an die Rettung unseres Landes und unserer Landsleute zu denken.

Wer hat uns in diesen Sumpf des Verderbens geführt ? Seien wir ehrlich! Nicht eingebildete Feinde! Nicht die Engländer und Franzosen! Auch nicht die übrigen Völker der sogen. Entente! Die Schuldigen sind, das kann man heute mit gutem Gewissen sagen, einzig und allein die Preußen oder genauer gesagt der König von Preußen. Die offiziöse Behauptung, daß die gegnerischen Länder den Krieg gegen uns begonnen haben und uns und unsere Angehörigen bedrohen, ist ein Schwindel, der heute von der großen Mehrheit unseres Volkes erkannt werden muß.

Weitsichtige Politiker, darunter die besten Köpfe unseres Landes, haben vor dem unnatürlichen Bündnis mit Preußen dringend gewarnt und haben bis Ende der achtziger Jahre dem Preußentum Widerstand geleistet. Die bayerische Volksvertretung war eine entschiedene Gegnerin der Teilnahme am siebziger Krieg. Heute müssen wir jenen Männern bedingungslos zustimmen. Durch das Bündnis von 1871 haben wir, trotz der bayerischen Reservatrechte, unsere Selbständigkeit aufgegeben und haben uns unter die Botmäßigkeit eines fremden Landes und dessen Herrschers gestellt, eines Landes, das in jahrhundertelangem Gegensatz zu uns stand. Jetzt hat der König von Preußen das Recht, im Namen Bayerns Krieg zu erklären und Frieden zu schließen !

Nach Ansicht des preußischen Hofhistorikers T r e i t s c h - k e , ist das wesentliche Merkmal der Souveränität eines Staates, das Recht nach Gutdünken Krieg zu führen. Dieses Recht hat unser Heimatland nicht mehr, es hat es an den König von Preußen abgetreten!

Was das bedeutet, müssen wir Bayern jetzt durch eine himmelschreiende Not unseres Landes bitter erfahren. Preußen, mit seinen absolutistischen politischen Verhältnissen, muß schon wegen der Jnteressen seiner herrschenden Klique, in kürzeren oder längeren Zeiträumen Krieg führen. Die Geschichte Preußens ist ein fortgesetzter Krieg mit mehr oder minder langen Unterbrechungen! Sprechen die preußischen Junker trotz des furchtbaren Elends nicht schon vom künftigen Krieg!

Auch der jetzige Krieg geht nicht um die Jnteressen Bayern sondern nur um die Macht des Polizei und Junkerstaates Preußen. Wir Bayern stehen in keinerlei Jnteressengegensatz zu den Völkern, mit denen wir Krieg führen. Jm Gegenteil, wir verdanken z.B. Frankreich im Laufe der Geschichte große Förderung unseres Landes und Volkes. Von den gegen uns im Kriege stehenden Regierungen hat noch keine die Unterdrückung unseres Landes als Kriegsziel hingestellt. Wohl aber richtet sich der Krieg und das mit Recht, gegen Preußen, das neben dem früheren Rußland der korrumpierteste Großstaat Europas ist. Bayerns Söhne lassen zu hunderttausenden ihr Leben für dieses Preußen ! Für jenes Land, das uns erst vor wenigen Jahrzehnten, im Jahre 1866, einen Teil unseres Landes und eine ungeheure Kriegsentschädigung abpreßte !

Und selbst wenn es möglich wäre zu siegen, was hat das Bayernvolk von einem solchen Sieg zu erwarten!? So gut wie nichts! Wie war es doch nach dem siebziger Krieg? Wo sind die fünf Milliarden hingekommen! Was hat Bayern davon bekommen und was hat unser Land überhaupt von jenem Kriege gehabt ? Nichts, absolut nichts! Das gewonnene Land Elsaß-Lothringen wurde unter dem irreführenden Namen Reichsland eine preußische Provinz, verwaltet von Preußen, nach preußischem Polizeimuster. Die Folgen dieser Verwaltung haben jetzt auch wir Bayern mitzutragen. Von der Kriegsentschädigung erhielten die preußischen Junker und ihr Anhängsel riesige Dotationen. Bayern hatte nur die Ehre, die Lasten an Gut und Blut mitzutragen. Und genau so käme es wieder, wenn es der preußischen Junker - und Militärklique gelänge die Oberhand zu behalten.

All das kostbare Bayernblut, all die Trauer, das Entsetzen, die furchtbaren Leiden unserer Landsleute, unserer Frauen und Kinder, all die vernichteten und verdorbenen Leben und die verlorenen materiellen Werte, sind umsonst dargebracht ! Alle Opfer waren sinnlos, nicht etwa zur Verteidigung unseres Vaterlandes, denn diese war nicht bedroht, sondern einzig und allein zur Erhaltung der preußischen Macht. Dabei haben wir uns als die Verbündeten Preußens, den Haß und die Verachtung der ganzen Welt zugezogen.

Landsleute, die Stunde ist gekommen, wo wir uns besinnen müssen, ob wir dem völligen Verderben entgehen, ob wir zusammenstehen und versuchen wollen, zu retten, was noch zu retten ist ! Arbeite jeder in seinem Kreise, schaffe jeder Gesinnungsgenossen, verbreite jeder Aufklärung ! Aus kleinen Cirkeln organisiert Euch und leistet den nutzlosen Schlachten für eine fremde Sache Widerstand ! Verweigert die Arbeit ! Klärt unsere bayerischen Brüder im Waffenrock auf ! Streik und Demonstration bis zum Einhalten dieses verderblichen Weges sei Eure Losung ! Jhr seid es, die Euer Land jetzt noch retten könnt ! Laßt Eure Regierung den Ernst Eures Willens erkennen ! Steht auf und wehrt Euch ! Alles für unser geliebtes Bayernland !

E i n u m s e i n L a n d b e s o r g t e r
B a y e r !

No. I 14411. München, den 6. Juli 1917.

Koenigl. Bayerisches
Staatsministerium
des
Koenigl. Hauses u. des Aeußern

An
das Stellvertretende General-
kommando des I. Armeekorps
in
München.

Betreff:
Büchersendungen der päpstlichen Nuntiatur.

Seine Exzellenz der päpstliche Nuntius Monsignore P a c e l l i hat mitgeteilt, daß er einem Wunsche des früheren Herrn Nuntius Exzellenz Dr. F r ü h w i r t entsprechend, zwei Kisten Bücher theologischen, philosophischen und geschichtlichen Inhaltes an das Dominikanerkloster in Graz verschicken werde und um entgegenkommende Behandlung der Sendung, die durch die Speditionsfirma Francesco Parisi in München besorgt wird, ersucht.

Im Hinblick auf die exterritoriale Eigenschaft des Herrn Nuntius und unter Bezugnahme auf das in einem früheren Falle bewiesene gefällige Entgegenkommen (Schreiben des stellv. Generalkommandos I.A.K. an die Generaldirektion der Zölle und indirekten Steuern in München vom 7. November

Dokument 16

Antrag auf Ausfuhrgenehmigung von Büchern in das befreundete Ausland Österreich für Nuntius Pacelli, den späteren Papst Pius XII., gestellt durch das Königliche Bayerische Staatsministerium des Königlichen Hauses und des Äußern am 6.7.1917.

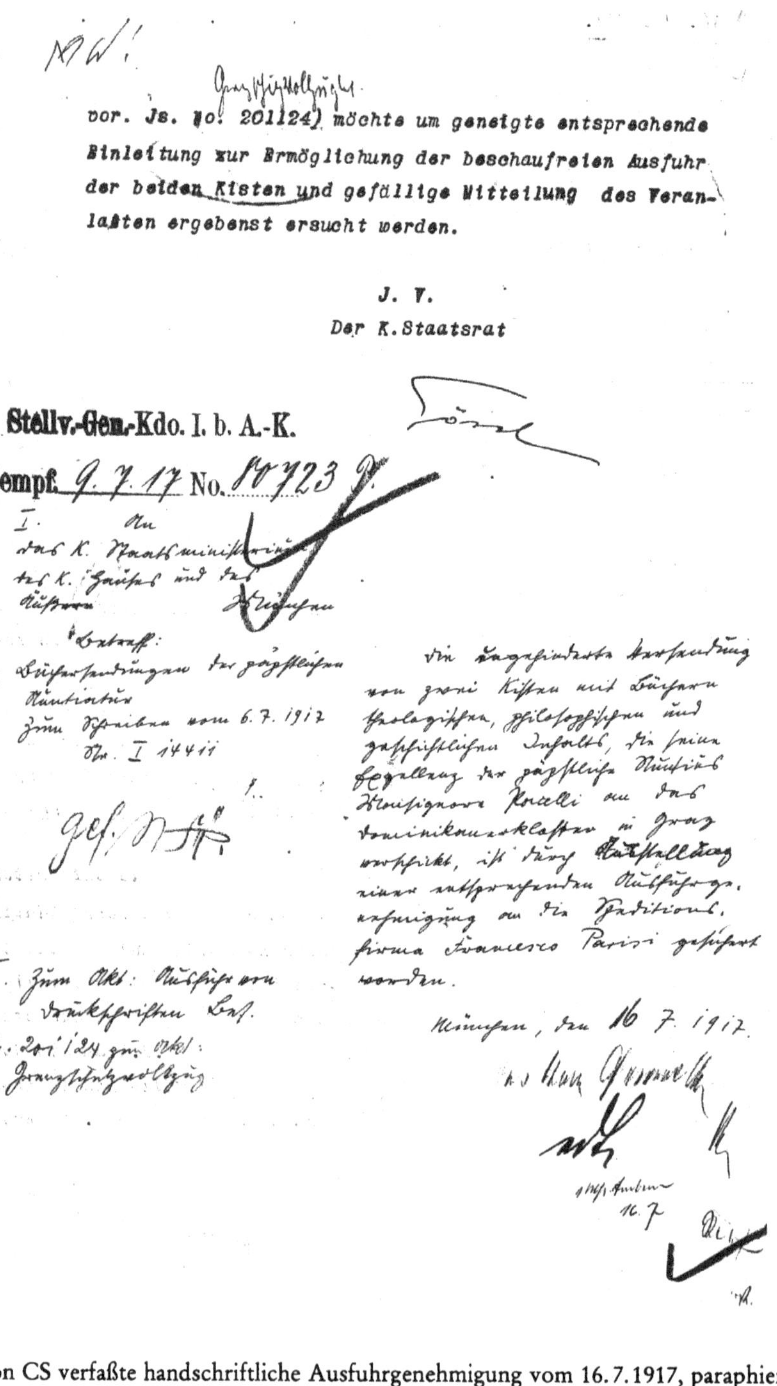

Eine von CS verfaßte handschriftliche Ausfuhrgenehmigung vom 16. 7. 1917, paraphiert vom Kommand. General von der Tann, wurde an die Speditionsfirma geschickt. (KA, Stv. Gen. Kdo. I. b. AK 1861)

München, den 10. August 1917.

An das K. B. K r i e g s m i n i s t e r i u m,

M ü n c h e n.

K.B.Kriegsministerium
empf.: 14. AUGUST 1917
№ 134591

Betreff: Mitnahme von Büchern über die Schweizer Grenze.

Der Unterzeichnete wird am kommenden Mittwoch im Einverständnis mit dem Auswärtigen Amt in Berlin und der Deutschen Gesandtschaft in Bern eine Reise in die Schweiz antreten, um dort durch Vorträge und Besprechungen im Dienste unserer Auslandspropaganda zu wirken. Zu diesem Zwecke, sowie zum Zweck der Fertigstellung einiger dringender literarischer Arbeiten ist derselbe genötigt, eine grössere Anzahl von Büchern [und Manuskripte], womöglich als Passagiergut mit über die Grenze zu nehmen, und er bittet deshalb ein verehrliches Kriegsministerium, ihm hierbei mit möglichster Beschleunigung der Angelegenheit behilflich zu sein. Die mitzunehmenden Bücher sind fast durchwegs solche streng wissenschaftlichen Charakters, keinesfalls solche, gegen die nach Wissen des Unterzeichneten irgendwelche Bedenken der Ausfuhr vorliegen. Sollte die Erledigung dieser Angelegenheit im erbetenen Sinne in der kurzen Zeit bis zum 15. ds. Mts. unmöglich sein, so bittet der Unterzeichnete, ihm wenigstens diejenigen Bücher, die er sofort nach seiner Ankunft dringend benötigt, versiegeln zu lassen, dass er sie in seinem Reisegepäck unbeanstandet durch die Grenzüberwachungsstelle mit sich führen kann. Er wird sich erlauben, die sämtlichen Bücher auf eine telephonische Nachricht unter No. 30398 mit grösster Beschleunigung an die ihm anzugebende zuständige Stelle befördern zu lassen und darunter für den gedachten Eventualfall diejenigen besonders kenntlich zu machen, welche er unter allen Umständen in seinem Gepäck mitzuführen be-

Dringend!

Dokument 17

Bitte um Genehmigung für die Ausfuhr von Büchern und Manuskripten, maschinenschriftlich gestellt von Max Scheler am 10. August 1917 an das Kriegsm. zur die Einreise in die Schweiz. Der katholische Philosophiedozent, mit dem Carl Schmitt seit dieser Zeit Kontakt hatte, hielt im Auftrag des Auswärtigen Amtes des Deutschen Reiches in der neutralen Schweiz und später in Holland bis Anfang 1919 zahlreiche kulturpropagandistische Vorträge. (Siehe Heinrich Lutz, Demokratie im Zwielicht. Der Weg der deutschen Katholiken aus dem Kaiserreich in die Republik 1914–1925. Kösel, München

absichtigt. Die übrigen Bücher müssten dann mit möglichster Beschleunigung als Frachtsendung folgen.

Mit vorzüglicher Hochachtung

Dr. Max Scheler
Seestr. 5/0

Kriegsmin. Nr. 134591 A.
Armee-Abtlg.

Dringend!

Zum stellv. Generalkommando I. bayer. A. K.

mit dem Ersuchen, der Bitte Dr. Schelers im Benehmen mit dem Genannten umgehend entsprechen zu wollen.

Die Angaben des Antragstellers, dass die Reise im Dienste des Auswärtigen Amtes erfolge, beruhen auf Richtigkeit.

München, den 14. August 1917.

I. A.

Münzenberg

Nr. 99281

Stellv. Generalkommando I. b. A. K.

1. Die militär. Überwachungsstelle wurde telephonisch ersucht, die Druckschriften u. Manuskripte einzusiegeln und freizugeben, der Antragsteller wurde telephonisch verständigt.
2. Zum Akt Ausf. v. Druckschriften Besonderes

München, 15. 8. 1917
F. d. Stv. G. Kdo. I. A. K.
Der Chef des Stabes
[illegible]

1963, S. 35ff, bes. Anm. 14). Vermutlich von CS verfaßte handschriftliche Genehmigung bei den entsprechenden Kontrollstellen vom stellv. Gen. Kdo. am 15. 8. 1917, nachdem die Presseabteilung des Kriegsm. die Dringlichkeit am 14. 8. 1917 bestätigt hat. (KA, Stv. Gen. Kdo. I. b. AK 1861)

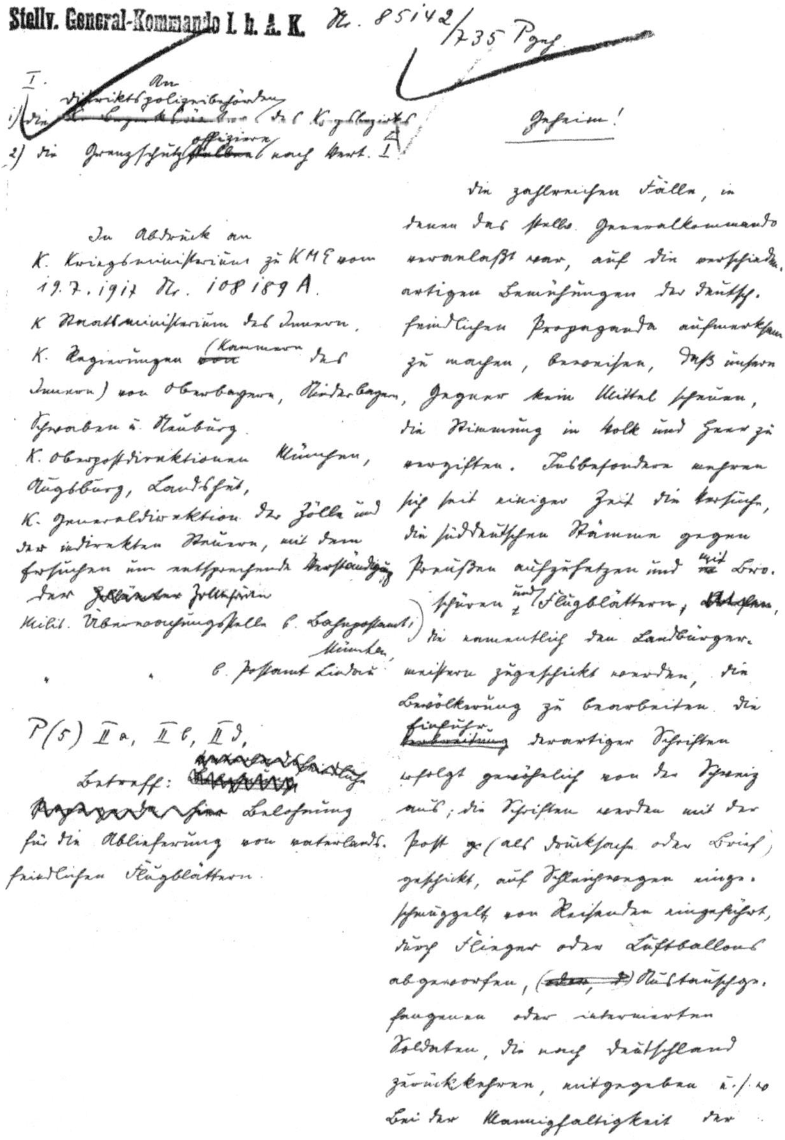
Stellv. General-Kommando I. b. A. K. Nr. 85142/1735 Pgz.

I. An
1) die Distriktspolizeibehörden des K[illegible]
2) die Grenzschutzoffiziere nach Vert. I

Geheim!

Im Abdruck an
K. Kriegsministerium zu KME vom 19.7.1917 Nr. 108189 A.
K. Staatsministerium des Innern,
K. Regierungen (Kammern des Innern) von Oberbayern, Niederbayern, Schwaben u. Neuburg.
K. Oberpostdirektionen München, Augsburg, Landshut,
K. Generaldirektion der Zölle und der indirekten Steuern, mit dem Ersuchen um entsprechende Verständigung der [illegible] Zollstellen
Milit. Überwachungsstelle b. Bahnpostamt München,
" " b. Postamt Lindau.

P(5) IIa, IIb, IId.

Betreff: [illegible] Belohnung für die Ablieferung von vaterlandsfeindlichen Flugblättern.

Die zahlreichen Fälle, in denen das stellv. Generalkommando veranlaßt war, auf die verschiedenartigen Bemühungen der deutschfeindlichen Propaganda aufmerksam zu machen, beweisen, daß unsere Gegner kein Mittel scheuen, die Stimmung in Volk und Heer zu vergiften. Insbesondere mehren sich seit einiger Zeit die Versuche, die süddeutschen Stämme gegen Preußen aufzuhetzen und mit Broschüren und Flugblättern, die namentlich den Landbürgermeistern zugeschickt werden, die Bevölkerung zu bearbeiten. Die Einfuhr derartiger Schriften erfolgt gewöhnlich von der Grenze aus; die Schriften werden mit der Post (als Drucksache oder Brief) geschickt, auf Schleichwegen eingeschmuggelt, von Reisenden eingeführt, durch Flieger oder Luftballons abgeworfen, Austauschgefangenen oder internierten Soldaten, die nach Deutschland zurückkehren, mitgegeben u.s.w. Bei der Mannigfaltigkeit der

Dokument 18

Von CS verfaßte handschriftliche Stellungnahme des stellv. Gen. Kdo. zu vermehrt auftauchenden Flugblättern, die versuchen, Süddeutsche gegen Preußen aufzuhetzen und der Entwurf einer entsprechenden Pressenotiz dazu, unterzeichnet vom 8.8.1917 durch

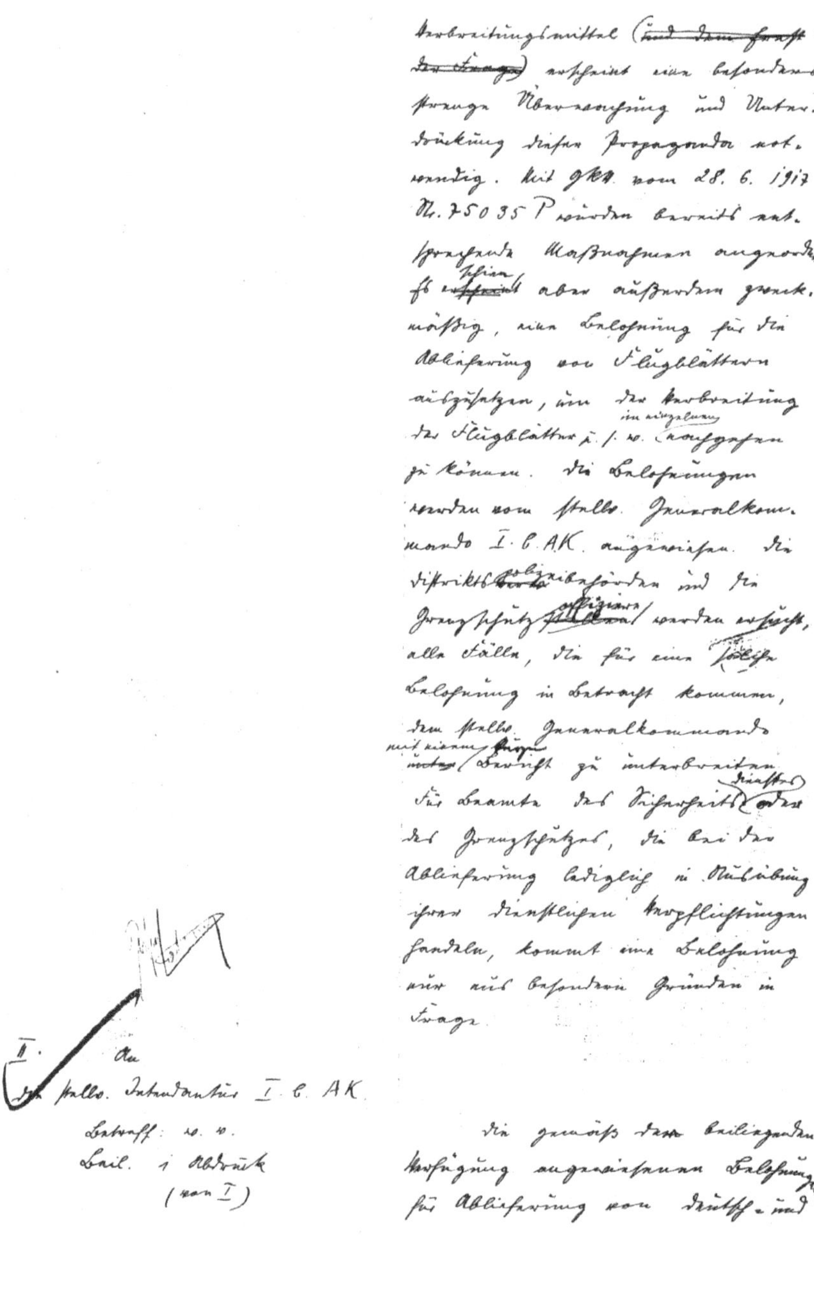

Verbreitungsmittel (~~und dem Kampf der Feinde~~) erscheint eine besonders strenge Überwachung und Unterdrückung dieser Propaganda notwendig. Mit GKM vom 28. 6. 1917 Nr. 75035 P wurden bereits entsprechende Maßnahmen angeordnet. Es scheint aber außerdem zweckmässig, eine Belohnung für die Ablieferung von Flugblättern auszusetzen, um die Verbreitung der Flugblätter u. s. w. im einzelnen verfolgen zu können. Die Belohnungen werden vom stellv. Generalkommando I. b. AK. angewiesen. Die Distriktspolizeibehörden und die Grenzschutzoffiziere werden ersucht, alle Fälle, die für eine solche Belohnung in Betracht kommen, dem stellv. Generalkommando mit kurzem Bericht zu unterbreiten. Für Beamte des Sicherheitsdienstes oder des Grenzschutzes, die bei der Ablieferung lediglich in Ausübung ihrer dienstlichen Verpflichtungen handeln, kommt eine Belohnung nur aus besonderen Gründen in Frage.

II. An die stellv. Intendantur I. b. AK.
Betreff: w. o.
Beil. 1 Abdruck
(von I)

Die gemäss der beiliegenden Verfügung angewiesenen Belohnung für Ablieferung von deutsch- und

den Kommand. General von der Tann. Im Gegensatz zu Dokument 15 wird jetzt bei fortschreitendem Kriegsverlauf eine Belohnung für die Ablieferung der Flugblätter versprochen. (KA, Stv. Gen. Kdo. I. b. AK 1904)

vaterlandsfeindlichen Flugschriften wollen auf Kap. 43 Tit. I des Kriegsjahresetats verrechnet werden.

III.

Pressenotiz

Seit längerer Zeit suchen unsere Feinde jede im deutschen Volke sich zeigende Meinungsverschiedenheit als Anknüpfungspunkt für eine geheime Agitation zu benützen; namentlich versuchen sie durch Aufhetzung des Südens gegen den Norden die innere Geschlossenheit zu erschüttern. Angesichts der Haltung des deutschen Volkes und unserer militärischen Lage erscheinen die Mittel dieser Propaganda – Einschmuggelung von Flugschriften und Broschüren, Abwerfen aus Flugzeugen und Luftballons usw. u. ä. – so kläglich, daß über ihre völlige Wirkungslosigkeit kein Zweifel bestehen kann. Da es jedoch notwendig ist, der Agitation im einzelnen nachzugehen, fordert das stellv. Generalkommando jedermann auf, derartige Flugschriften, Broschüren u. s. w. die ihm in die Hände kommen, bei der Polizeibehörde oder dem stellv. Generalkommando abzuliefern. Das stellv. Generalkommando behält sich vor, in besonderen Fällen für die Ablieferung eine Belohnung anzuweisen.

IV.

An Korrespondenz Hoffmann
München

Betreff: Belohnung für die Ablieferung deutschfeindlicher Flugschriften.
Beil. 1 Pressenotiz (III)

Das stellv. Generalkommando ersucht um Hinausgabe beiliegender Notiz an die

Sofort.

V. Zum Akt: Einfuhr von Druckschriften.

München, den 8. 8. 1917
Der kommandierende General:

I reg. 9. 8. 1917

7127

Nr (17015)

München, den 28. August 1917.

Überwachungsstelle

Bahnpostamt 1 München

Vorstand: Major Ivo Schneider.

An das

Stellv. Generalkommando I.b.A.K.

München.

Betreff:

Ueberwachung von Druckschriften, hier die Leipziger Kartei.

Mit 2 Beilagen.

Dem Kgl. Stellv. Generalkommando unterbreite ich hiemit folgende Meldung:

Bei Einordnung und Benützung der Leipziger Kartei, herausgegeben von der Zentralregistratur (ZR.) zur Ueberwachung des deutschen Buchhandels und der Bücherausfuhr beim XIX.A.K., haben sich nach dem Bericht unseres Druckschriftenprüfers Beamtenstellvertreters Dr. Riedner gegenüber der Münchner Kartei, die auf Grund der Verfügungen des Gen.Kdos.I.b.A.K. seit Ende 1915 dahier geführt wird, verschiedene Unstimmigkeiten ergeben.

Dass in jeder der beiden Karteien viele Werke erwähnt sind, die in der anderen fehlen, ist nicht weiter verwunderlich. Wichtiger sind die Fälle von Widersprüchen. So wurden bisher Bücher und Zeitschriftennummern im Bereich des I.b.A.K. freigegeben, die in der Leipziger Kartei durch rote Zettel als verboten angezeigt sind; vgl. Beilage 1 Ziffer II. Selbstverständlich lässt sich in den meisten Fällen auch

Dokument 19

Meldung der militärischen Überwachungsstelle beim Bahnpostamt 1 München zur unterschiedlichen Handhabung der Zensur bei Verboten von Literatur aufgrund der sog. Leipziger Kartei des dortigen Generalkommandos gegenüber der offensichtlich liberaleren Praxis der Münchner Kartei des dortigen stellv. Gen. Kdo. vom 28. 8. 1917. In dem von

letztere Entscheidung rechtfertigen.Aber es befinden sich darunter Werke wie z.B. Gustav Eichhorn , Deutsche Kriegspolitik und England (das von einem begeisterten Reichsdeutschen in der Schweiz etwa im Stil des Volkausschusses zur raschen Niederkämpfung Englands geschrieben ist)oder E.von Slepowron , Polen im Ost und West (wo das Messen mit ungleichem Mass durch die Polen,die sich genug beklagen können über die Behandlung der Westpolen im deutschen Gebiet , am Verhalten der Ostpolen in Galizien gegenüber den Ukrainern beleuchtet und gegeisselt wird);übrigens erscheint auch Oltramare ,L'indépendance de notre presse (ein Buch,das sich in scharfer Weise gegen die Abhängigkeit der Welschschweizerischen Presse von Frankreich wendet und desshalb zu einem Hauptkampfmittel für die deutsche Sache werden könnte) in der Leipziger roten Liste.Zweifelhaft könnte man ferner über schöngeistige Werke sein wie Barbusse,Le feu; Kippling , Die Taten des Tauchbootes ;Margueritte,L'embusqué; Valloton, Ce qu'en pense Potterat. Grosse Verbreitung selbst in Deutschland hat Romain Rollands "Audessus de la mêlée" bisher gefunden.Eine eigene Prüfung dürfte die möglichst gleichmässige Behandlung der einzelnen diplomatischen Farbbücher verdienen.Endlich sei auf jene Zeitschriften und Lieferungs werke verwiesen,die dem Stellv. Generalkommando jeweils nach Erscheinen der Nummern vorgelegt und grösstenteils freigegeben wurden, aber nach der Leipziger Kartei allgemein verboten sind:vgl.Beilage 1 Ziffer II.Umgekehrt besteht dahier ein allgemeines Verbot für
„Les Annales",„Le Rire" und für „Wissen und Leben",
von denen Leipzig nur bestimmte Nummern als beschlagnahmt aufführt.

Jch bitte nun um Entscheidung,wie es künftig in den oben erwähnten Zweifelsfällen gehalten werden soll. Sehr erwünscht wäre eine allgemeine Anweisung,ob grundsätzlich die älteren Verfügungen des Generalkommandos oder die Stellungnahme der Leipziger Kartei für die

CS verfaßten handschriftlichen Vermerk, gezeichnet am 30.8.1917 von Hauptmann Roth, wird klargestellt, daß alle Beschlagnahmeverfügungen grundsätzlich nur für den jeweiligen Bereich der Kommandobehörden gelten, in München also nur die vom stellv. Gen. Kdo I. b. AK angeordneten. (KA, Stv. Gen. Kdo. I. b. AK 1904)

Militärische Ueberwachungsstelle als massgebend angesehen werden sollen.

Gleichzeitig lege ich dem Generalkommando eine gelegentlich aufgestellte kurze Liste von Berichtigungen und Ergänzungen zu den roten Zetteln der Leipziger Kartei vor, die sich möglicherweise zur Weitergabe an die Z.R. eignet (Beilage 2). Damit liessen sich vielleicht im Jnteresse der Arbeitserleichterung die kleine Anregung verbinden, dass die Z.R. in Zukunft bei den Verfassernamen auch den Vornamen und zwar mindestens durch den Anfangsbuchstaben, bei Zeitschriften nicht nur die Nummer, sondern auch das Datum, bei den Verlegernamen auch das Jahr des Erscheinens angeben lässt; ebenso wären jene angeblichen Verfassernamen, die in einer Personenmehrheit, einer juristischen Person oder einer Behörde bestehen (z.B. Russische sozialdemokratische Arbeiterpartei, Stadtmagistrat Nürnberg) als nicht sachgemäss ganz zu vermeiden.

Schneider

No 106963

Stellv. General-Kommando I. b. A. K. P6

Mit 1 Beilage

U. R.

An die militärische Überwachungsstelle b. Postzollamt i München

Die Beilage 2 wurde entnommen, um der in dem Schlußabsatz vorstehenden Berichts enthaltenen Anregung zu entsprechen. —

Alle Beschlagnahmeverfügungen gelten grundsätzlich nur für den Bereich der Kommandobehörde, von der die Verfügung ausgeht. Da der Z. R. keinerlei Kommando-

Befugnisse zustehen, sie vielmehr eine lediglich
registrierende Tätigkeit wahrzunehmen hat,
wird durch die Bekanntgabe der Beschlag-
nahmeverfügungen seitens der Z. K. die
Wirkung der Beschlagnahme in keiner Weise
erweitert. Für die milit. Überwachungsstelle
wird die Beschlagnahme infolgedessen erst
dann rechtsgültig, wenn sie vom stellv. Gkdo.
I. b. AK. verfügt ist. Bis dahin hat die
Mitteilung für die Überwachungsstellen nur
insofern Bedeutung, als durchlaufende Stücke
der in Frage stehenden Schriften dem stellv.
Gkdo. unter Bezugnahme auf die Mitteilung
der Z. K. vorzulegen sind.

Bisher ist eine Übernahme der durch
die roten Karten mitgeteilten neuen
Beschlagnahmen noch nicht erfolgt, weil wegen
der gleichmäßigen Regelung der Übernahme
in Bayern noch Verhandlungen schweben.

München, den 30. 8. 1917
F. d. st. G. K.
Der Chef des Stabes
I. A.
Roth
Hptm.

Militär. Überwachungsstelle
Bahnpostamt I München
Praes. 31.8.17 J. Nr. 7127

Dem stellv. Gen. Kdo. I. b. A. K. nach
Kenntnisnahme in Rückvorlage.
München, 3. 9. 17.
i. V. Weich

Zu Nr.

Beilage 1

LISTE VON DRUCKSCHRIFTEN,

Die bisher im Bereich des I.b.A.K. freigegeben wurden, aber in der Leipziger Kartei als Verboten aufgeführt sind:

I) Bücher und einzelne Zeitschriften-Nummern:

Aigle Blanc Nr.I & II (1916): Ueberw.Stelle J.Nr.8030/16.
Alexinski, La Russie et la guerre: 422/16.
Ametochos Tis, Nach tausend Tagen. Allg.Weltwirtschaftsrichtlinien: 4292/17.
Attentatsprozess gegen Dr. Friedrich Adler.
Banz R., Auf Friedenspfaden: 6185/16.
Barbusse, Le feu.
Bergson H., Signification de la guerre: 422/16.
Bibliotheque Universelle et Revue Suisse Juniheft 1917: 4733/17.
Cormick, Via pacis: 8894/16.
Demain, Nr. 11/12 v.Nov.Dez.1916: 994/17.
Eichhorn G., Deutsche Kriegspolitik und England: 8801/16.
Erwachen, Das. Organ der jungjüdischen Bewegung Nr.2.
France Anatole, Sur la voie glorieuse: 5800/16.
Fried.A.H., Vom Weltkrieg zum Weltfrieden: 5126/16.
Fried A.H., Die Grundlagen des ursächlichen Pazifismus: 7307/16.
Gontenschwyl von, Schlüssel zum prophetischen Wort: 1574/16.
Herriot Ed., Agir: 5094/17.
Herdon G.B., Menace de paix: 1478/17.
Hervé, La grande guerre.
Kipling R., Die Taten des Tauchbootes.
Kriegsgefangene, deutsche, in Grossbritanien.
Le Bon G., Enseignements psychologiques: 3660/16.
Loosli C.A., Wir Schweizer und unsere Beziehungen zum Ausland: 5094/17.

Marqueritte P.,L'embusqué : 8392/16.
Martinet M.,Les temps maudites:4292/17.
Mi-Baschan A.,Der arabische Orient: 2119/16.
Olivier,Onze mois de captivité : 6653/16.
Rignano E.,Les facteurs de la guerre: 619/16.
Rolland R., Au dessous de la mêlée: 619/16.
Salut à la Revolution russe : 4292/17.
Seignobos,1815-1915: 8392/16.
Slepowron,Polen in Ost und West: 1051/16.
Valloton,Ce qu'en pense Potterat.
Zeelen F.,Der Krieg und die baltische Frage.
Zeit-Echo,1.und 2.Juniheft 1917.

II.) Zeitschriften und Lieferungswerke,die nach der Leipziger Kartei allgemein verboten sind,aber dem Generalkommando I.b.A.K. jeweils nach Erscheinen der einzelmen zu beanstandenden Nummern vorgelegt und grösstenteils freigegeben wurden:

Blätter, Die Weissen.
Hanotaux,Histoire illustrée de la guerre.
Korrespondenz,lettische.
KRIEG, DER (London,Harrison).
Lithuania,Pro.
Mouvement pazifiste(Bern).
Ohnèt,Journal d'un Bourgeois de Paris pendant la guerre.
Review of Reviews.
Vie parisienne.
War News,The illustrated (Jll.London News).

Nr. 9656

Milit. Überwachungsstelle I. b. A. K. beim Bahnpostamt 1 München

Vorstand: Major Ivo Schneider.

München, 12. Oktober 1917.

An

das K.Stellv.Generalkommando I.b.A.K.

München.

Betreff:

Postüberwachung;hier: Presse .

Mit 1 Beilage.

Dem K.Stellv.Generalkommando I.b.A.K. unterbreite ich anliegend 1 Exemplar der "Züricher Post" v.11.ds, mit der Meldung dass der bekannte französische Kriegs= roman von H.BARBUSSE «Le feu», der auf Grund früherer Stellungnahme in sicher mehr als 100 Stücken aus der Schweiz ein= geführt,jetzt aber durch Generalkommando-Verfügung vom 10.ds. Nr.123338 P 6 verboten wurde ,in deutscher Uebersetzung in der sehr deutschfreundlichen "Züricher Post" erscheint. Es darf vielleicht darauf aufmerksam gemacht werden,dass ein Verbot der "Züricher Post" ihre Abonnenten leicht an die deutsch= feindliche "Neue Züricher Post" vertreiben könnte.

Schneider

Nr. 129363

Stellv. General-Kommando I. b. A. K. P6.

I. An das stellv. Generalkommando XIX AK. Kriegsamt. Leipzig

Betreff: Einfuhr von Druckschriften.

Das stellv. G.Kdo. XIX. AK. hat mit Verfügung vom 5.6.1917 Nr. 9315 Pc den pazifistischen Roman Le Feu von Barbusse verboten. Der Roman erscheint nunmehr in deutscher Sprache in der deutschfreundlichen „Züricher Post"; deren

Dokument 20

Aufgrund einer Meldung der Überwachungsstelle beim Bahnpostamt 1 München vom 12. Oktober 1917, daß die Einführung des verbotenen pazifistischen Romans „Le Feu" von Henri Barbusse in einer Übersetzung in der deutschfreundlichen Zeitung „Züricher Post" erscheint und damit in Deutschland eingeführt wird, antwortet das stellv. Gen. Kdo. I. b. AK dem des XIX. Armeekorps Leipzig am 15.10.1917 mit der von CS verfaßten Anregung, das Verbot des Romans aufzuheben, da ein Verbot der Tageszeitung „Züricher Post" aus politischen Gründen nicht zweckmäßig sei; unterzeichnet vom Chef des Stabes Kleemann.

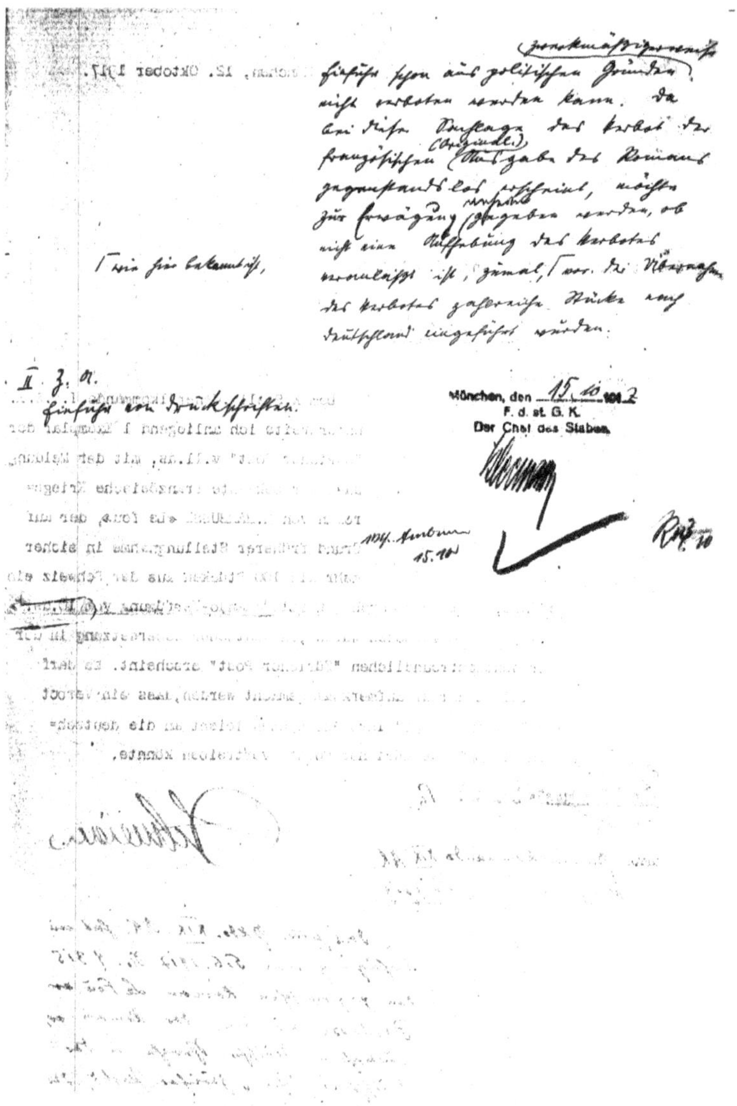
München, den 15.10.1917
F. d. st. G. K.
Der Chef des Stabes.

In der „Frankfurter Zeitung“ vom 3.11.1917 wurde der Roman „Le Feu“ von Norbert Jacques ausführlich besprochen. Die Rezension zielt deutlich darauf ab, daß das Buch in Deutschland verboten wird, andererseits die französische Zensur in einer Zeit, in der sie mit einer Hysterie, die man nur mehr belächeln könne, jede Veröffentlichung vernichte, die sich gegen den Kriegswillen Frankreichs ausspreche, die Herausgabe eines solchen Buches erlaubt. Angeblich, so der Rezensent, sei der französische Zensor Pazifist gewesen und habe das Manuskript bewußt freigegeben. Immerhin betrug die Erstauflage 50.000 Exemplare. (KA, Stv. Gen. Kdo. I. b. AK 1905)

Nr. VI Presse.

K. Polizeidirektion
München.

München, den 19. November 1917.

An

das stellv. Generalkommando

I. Armee-Korps,

Hier.

Betreff:

Presse.

Marut Ret, geb. 25. Februar 1882 in San Franzisko, amerikanischer Staatsangehöriger, Schauspieler, Schriftsteller, ist seit 3.7.1917 hier im Aufenthalt und z.Zt. Clemensstraße 84/3, in Wohnung gemeldet. Er zeichnet als verantwortlicher Schriftleiter und Herausgeber der Druckschrift "Der Ziegelbrenner". Von dieser ist bisher nur eine Nummer erschienen, ein Stück derselben ruht an. Eine weitere Nummer soll demnächst zur Ausgabe gelangen. Weiteres ist über die Persönlichkeit des Marut hier nicht bekannt.

zum Schreiben vom 14.11.1917.

Nr.

145951.

Beilagen:

1 Zeitung g.g.R.

J.A.

[Unterschrift]

Dokument 21

Ret Marut (1882–1969), Schriftsteller und während der 1. Räterepublik Oberzensor und Leiter der Presseabteilung des Revolutionären Zentralrates in München, war ein Hauptexponent der Sozialisierung der Presse. Zwischen 1917 und 1920 erschien die linksradikale, anarchistische Zeitschrift „Der Ziegelbrenner“ in unregelmäßiger Folge, alle

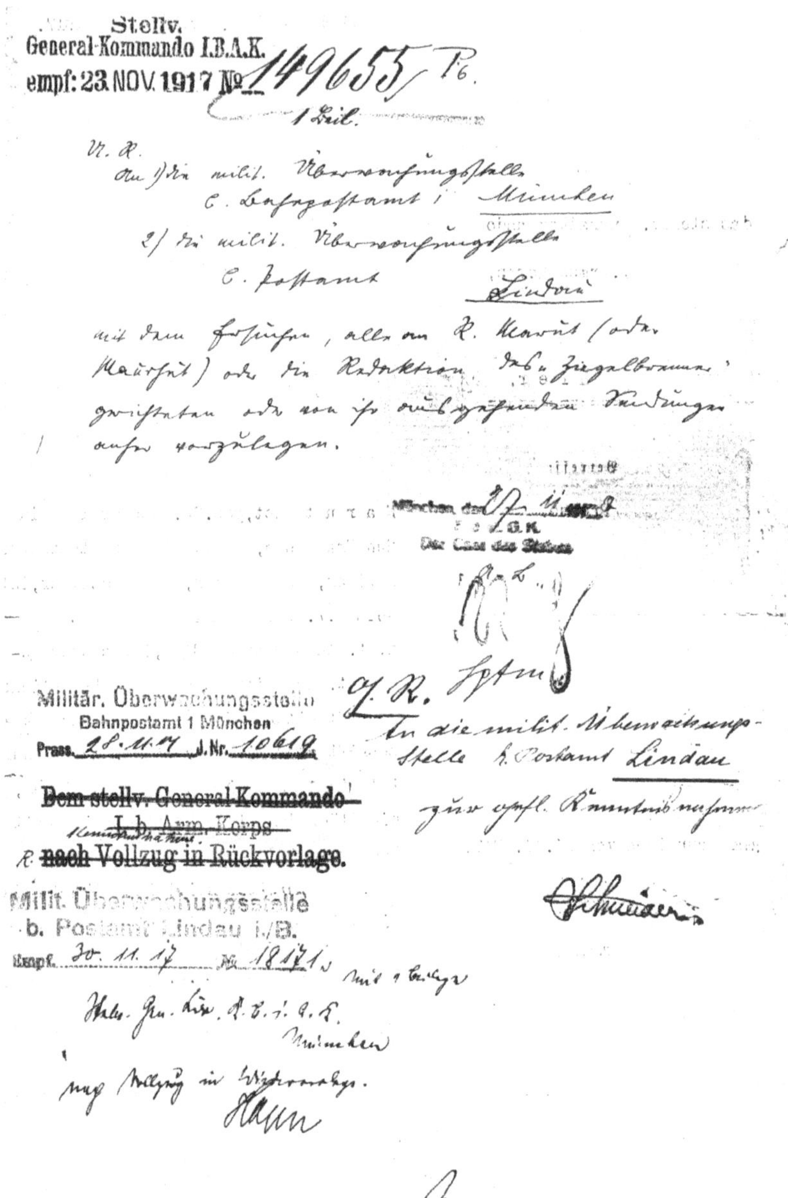
Stellv. General-Kommando I.B.A.K. empf: 23 NOV. 1917 № 149655

An 1) die milit. Überwachungsstelle b. Bahnpostamt 1 München
2) die milit. Überwachungsstelle b. Postamt Lindau

mit dem Ersuchen, alle an R. Marut (oder Maurhut) oder die Redaktion des „Ziegelbrenner" gerichteten oder von ihr ausgehenden Sendungen anher vorzulegen.

Militär. Überwachungsstelle Bahnpostamt 1 München Präs. 28. 11. 17 J.Nr. 10619

An die milit. Überwachungsstelle b. Postamt Lindau

~~Dem stellv. General-Kommando I. b. Arm.-Korps nach Vollzug in Rückvorlage.~~

Milit. Überwachungsstelle b. Postamt Lindau i/B. Empf. 30. 11. 17 № 18171

Artikel stammten von Marut selbst. Er floh im Mai 1919, emigrierte 1923 nach Mexiko, wo er unter dem Pseudonym Benjamin Traven den Roman „Das Totenschiff" verfaßte. Der Aufmerksamkeit des stellv. Gen. Kdo. ist im November 1917 nicht entgangen, welches revolutionäre Potential bereits das erste Heft der Zeitschrift enthält. (KA, MKr 1936)

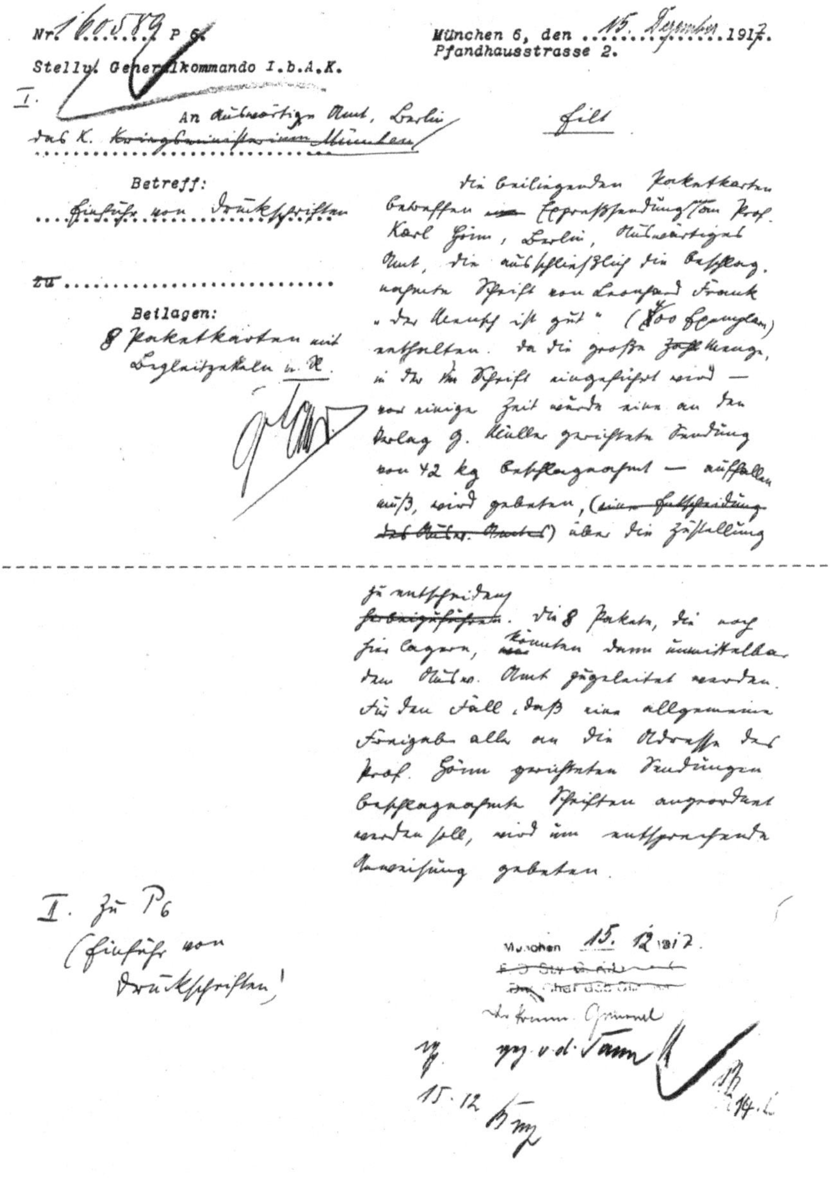

Nr. 160589 P 6.
Stellv. Generalkommando I.b.A.K.

München 6, den 15. Dezember 1917.
Pfandhausstrasse 2.

I.
An Auswärtigen Amt, Berlin
~~das K. Kriegsministerium München~~

Betreff:
Einfuhr von Druckschriften

zu ....

Beilagen:
8 Paketkarten mit Begleitzetteln u. R.

Die beiliegenden Paketkarten betreffen Expreßsendungen an Prof. Karl [illegible], Berlin, Auswärtiges Amt, die ausschließlich die beschlagnahmte Schrift von Leonhard Frank „Der Mensch ist gut" (400 Exemplare) enthalten. Da die große Menge, in der die Schrift eingeschickt wird – vor einiger Zeit wurde eine an den Verlag G. Müller gerichtete Sendung von 42 kg beschlagnahmt – auffallen muß, wird gebeten, (~~eine Entscheidung des Ausw. Amtes~~) über die Zustellung zu entscheiden. Die 8 Pakete, die noch hier lagern, könnten dann unmittelbar dem Ausw. Amt zugeleitet werden. Für den Fall, daß eine allgemeine Freigabe aller an die Adresse des Prof. [illegible] gerichteten Sendungen beschlagnahmter Schriften angeordnet werden soll, wird um entsprechende Anweisung gebeten.

II. zu P 6
(Einfuhr von Druckschriften)

München 15. 12. 1917.
Der komm. General
gez. v. d. Tann

Dokument 22

Der Schriftsteller Leonhard Frank hatte versucht, sein Buch „Der Mensch ist gut", erschienen im Verlag Rascher, Zürich, mit 8 Express-Sendungen zu je 50 Bänden in das Deutsche Reich einzuschmuggeln, indem er als Adressat einen Mitarbeiter des Aus-

Der Schriftsteller Leonhard Frank schickte mir das in der Anlage folgende Schreiben zugleich unter Berufung auf zwei ebenfalls in der Anlage mitfolgende an ihn gerichtete Briefe. Der Brief des Herrn Frank gelangte ohne alle Vorbereitung seinerseits oder meinerseits an mich.

Berlin, 22. Dezember 1917.

Hönn

wärtigen Amtes, Prof. Hönn, angegeben hatte. In der z. T. handschriftlichen Korrespondenz zwischen dem stellv. Gen. Kdo, dem Auswärtigen Amt und der Militärischen Überwachungsstelle beim Bahnpostamt München wird die Fiktion der Adressangabe

Auswärtiges Amt. Berlin, den 10. Februar 1918.
– Nachrichten-Abteilung –
A.N.Z.Nr.16141.

Auf das Schreiben vom 15. Dezember v.Js.
– zu Nr.160589 P.6, dessen 16 Anlagen wieder
beigefügt sind.

Die in dem nebenstehenden Schreiben bezeichneten Expreßsendungen an Herrn Professor Hönn, sind von dem Verfasser der beschlagnahmten Schrift, dem Schriftsteller Leonhard Frank, wie sich aus einem mit der Bitte um Rückgabe beigefügten Brief des letzteren an Professor Hönn ergibt, diesem ohne sein Vorwissen und ohne jedes Zutun seinerseits zugesandt worden. Der Verfasser ließ die Bücher auf Grund der in den gleichfalls unter Rückerbittung beigeschlossenen Schreiben der „Liebesgabensammelstelle der II. Ers. Abteilg. Feldartillerie-Regiment 20" und der „Abt.XI für Flüchtlings-Fürsorge " um Bücherüberlassung ausgesprochenen Bitte, Herrn Professor Hönn mit dem Ersuchen zugehen, die Bücher durch eine in dem Schreiben an Professor Hönn näher bezeichnete Mittelsperson, an die angegebenen Stellen, sowie an sonstige Adressen verteilen zu lassen.

Da

An
das Stellvertretende Generalkommando
I.b.A.K.
München 6.

erkannt und die Bücher werden beschlagnahmt. Im Zusammenhang mit der Kennzeichnung des Schriftstellers als fanatischen Pazifisten, der mit Hilfe seiner großen literarischen Beziehungen wirkt, werden in der von CS verfaßten handschriftlichen Notiz vom 27.4.1918 auch die Namen C. Sternheim, L. Rubiner, Stefan Zweig und Klabund genannt. (KA, Stv. Gen. Kdo. I. b. AK 1905)

Da an den beschlagnahmten Sendungen weder ein amtliches, noch ein persönliches Jnteresse des Professor Hönn besteht, wird es der dortigen Stelle ergebenst überlassen, was mit den Büchern geschehen soll.

Eine persönliche Erklärung des Herrn Professor Hönn ist ergebenst beigefügt.

Die Erledigung der Angelegenheit hat sich dadurch verzögert, daß eine Rückfrage bei dem zur Zeit auf Krankheitsurlaub in der Schweiz befindlichen Professor Hönn notwendig war.

Jm Auftrage:

zu Nr. 160589 P6 / 17

Stellv. General-Kommando I.B.A.K.
empf: 13 FEB 1918 № 20996 P6

I. 13 Beil (Paketkarten an U. W. München zur Aufbewahrung der Pakete) 13/2.18.

II. An das K. Auswärtige Amt Berlin

betreff: Einfuhr von Druckschriften.
Beilagen: 3 Schreiben.
Zum Schreiben vom 10.2.1918 AN 2 Nr. 16141.

Die an Herrn Professor Hönn gerichteten Pakete mit den französischen Schriften sind geprüft und entsprechend den allgemeinen Bestimmungen für Beschlagnahme einbehalten worden.

München, den 20. Febr. 1918.
Der kommandierende General:
gez. v. d. Tann

III mit Nr. 160589 P6/17 zur 1 Beil.
Z. A. Einfuhr von Druckschriften. 21.II.18

Nr. 2290 München, den 28. Februar 1918.
Milit. Überwachungsstelle
I. bayer. A.K.
beim Bahnpostamte 1 München.

An

den stellv. Generalstab der Armee Abt. III b
Sekt. P.Ue.

B e r l i n.

Betreff: Überwachung der Einfuhr verbotener Druckschriften.

Als weitere Ergänzung meiner Schreiben Nr. 7555 vom 13.9.17 und Nr. 2290 vom 22.2.18 beehre ich mich genaue Angaben über einen versuchten Bücherschmuggel zu machen, der dem stellv. Generalstab möglicherweise schon von anderer Seite bekannt geworden ist.

Es handelt sich um die im Bereich des I.b.A.K. sowie anderwärts beschlagnahmte Novellensammlung von Leonhard F r a n k, IV. 19155.17. I. 14253.17 Leipz. „Der Mensch ist gut", die im Verlag von Rascher, Zürich, in der Reihe der Europäischen Bücher erschienen ist. Von diesem Buch liefen acht Expreßpaketsendungen mit je 50 Bänden bei der Überwachungsstelle Lindau ein, die sämtlich nach Prüfung des Jnhaltes durch Verfügung des stellv. Generalkommandos I.b.A.K. der hiesigen Überwachungsstelle zur weiteren Aufbewahrung überwiesen wurden. Die Bücherpakete waren am 19. November 1917 von der Buchbinderei Gyr & Hermanutz, Zürich I Häringstr. 16, abgesandt und adressiert an Herrn Professor Karl H ö n n, Wilhelmstrasse 62 B e r l i n W Auswärtiges Amt.

Durch die Adressierung sollte anscheinend nur der Grenzübergang erleichtert werden. Jn Berlin hätte sich dann leicht die Möglichkeit ergeben, durch schriftliche Mitteilung an das zuständige Postamt die Aushändigung der Pakete an „Professor Hönn" - etwa unter dem Vorwand, dass dieser dringende Sendungen aus der Schweiz erwarte, aber nicht mehr im Auswärtigen Amt tätig sei und daher um Zustellung an die und die Adresse bitte - in einer beliebigen Wohnung zu erwirken.

Vielleicht wurde seinerzeit die ebenfalls in den Europäischen Büchern erschienene beschlagnahmte Novellensammlung „Menschen im Krieg" von Andreas L a t z k o, die von Leipzig aus verbreitet wurde und in den verschiedensten hiesigen Buchhandlungen zu kaufen war, auf ähnliche Weise über die Grenze geschmuggelt.

gez, Unterschrift.

U. X über VIII.

Ich kenne Herrn Prof. Hoehn nicht. Wenn er aber im A.A. tätig ist [illegible] die Bücher aus besonderen Gründen [illegible], [illegible] die Aushändigung unbedenklich.

11/3.18 gez. [illegible]

Stellv. Gen. Stab der Armee
III b V 3347 A 10/4 geh.
— XIV 30

Berlin, den 28. März 1918

U. R.

an das Auswärtige Amt, Nachrichten Abteilung

h i e r.,

mit der Bitte um Kenntnisnahme. Sollten dort gegen die Aushändigung der Büchersendungen keine Bedenken bestehen, so wird gebeten, sich mit der Mil. Überwachungsstelle beim I. b. A.K. unmittelbar in Verbindung zu setzen.

Es wird sodann um Auskunft gebeten, ob dort ein Prof. Hönn beschäftigt ist.

J. A.

gez. Unterschrift.

Abdruck.

Auswärtiges Amt. Berlin, den 6. April 1918.
- Nachrichten Abteilung -

A.N.Z. Nr. 5163.

1 Anlage.

Auf das gefällige, wieder beigefügte Schreiben vom 28.v.Mts. - III b Nr. V 3347 A 10/4 geh. (XIV 30) - wird ergebenst erwidert, daß die in Frage stehenden Büchersendungen seinerziet von dem Verfasser der beschlagnahmten Schrift an Prof. H ö n n ohne dessen Vorwissen und ohne Zutun seinerseits abgesandt worden sind, wovon dem stellv. Generalkommando des I. bayer. A.K. in München durch das diesseitige Schreiben vom 10.2.ds.Js. unter näherer Mitteilung des Sachverhalts Kenntnis gegeben worden ist. Der genannten Stelle ist zugleich mitgeteilt worden, daß an den beschlagnahmten Sendungen weder ein amtliches, noch ein persönliches Jnteresse des Professor Hönn bestehe, weshalb es der beschlagnahmenden Stelle überlassen bleibe, was mit den Büchern geschehen solle. Professor Hönn ist bei der Nachrichten Abteilung des Auswärtigen Amts beschäftigt.

Jm Auftrage.

gez. Unterschrift.

An
den stellv. Generalstab der Armee Abt. III b Sekt. P.Ue. B e r l i n.

St. Generalstab der Armee Abt. IIIb Abwehr. Berlin, den 12.4. 1918.
T.B. Nr. V 5930 A X/ 4 geheim. (X 15)

U. R.

- 1 Anlage - an die Abwehr Abt. d. stellv. Gen. Kdos. I. b. A.K.

M ü n c h e n.

mit der Bitte um Übersendung einer Abschrift des dorthin gerichteten Schreibens des Auswärtigen Amtes v. 10.2.d.Js.

gez. Unterschrift.

Stellv. Generalkommando I.b A.K.
empf. 16. April 1918 Nr. 54046 P 6.

- 1 Beilage -

wenden !

27. IV. 1918.

Stellv. General-Kommando I. b. A. K. Nr. 54046 Pb.

I. Von den Vorgängen zu Nr. 54046 (Schreiben des A. A. vom 6.4.18; Vfg. des stellv. Gstbs vom 12.4.18. Schreiben d. Überw.-Stelle vom 28.2.18 mit den ~~Rand~~ Bleistiftbemerkungen!) ist Abschrift zu fertigen.

II. Auf den Einlauf Nr. 54046 Pb setze mit 1 Beil. und 3 Abdrücken

An den stellv. Generalstab der Armee Abt. III B Abwehr

Berlin NW 40 Moltkestr. 8

zurück.

Die in dem Schreiben vom 20. Dez. 1917 von Prof. Hönn, das in Abdruck beiliegt, erwähnten Briefe sind an das A. A. zurückgegeben worden. Die Bücher selbst wurden hier einbehalten. Außer zahlreichen kleineren Sendungen sind noch an folgende Adressen größere Mengen des Frankschen Buches einzuführen versucht worden:

Kommissionär Fernau, Leipzig,
Kaufhaus des Westens, Berlin,
Aktions Buchhandlung, Berlin.

Frank ist hier als einer der Wortführer der ~~literarischen Pazifisten~~ pazifistischen deutschen Literaten in der Schweiz bekannt, die ihren fanatischen Pazifismus mit Hilfe ihrer großen literarischen Beziehungen in Deutschland zu verbreiten suchen. Zu ihnen gehören noch: A. Ehrenstein, L. Rubiner, Stefan Zweig, Klabund u. a. Die Bewegung wird hier seit langem überwacht.

III. An die militärische Überwachungsstelle b. Bahnpostamt 1 München

Betreff: Einfuhr von Druckschriften.

Die milit. Überwachungsstelle b. Bahnpostamt 1 München hat am 28.2.1918 (Nr. 2290) dem stellv. Generalstab Abt. III B unmittelbar über die an Prof. Hönn beim Ausw. Amt ~~gesandt~~ adressierten Sendungen der Schrift von L. Frank. Der Mensch ist gut berichtet. Die Angelegenheit würde

II. z. A. Einsicht von Druckschriften.

vom Stellv. GKdo. behandelt, der Überwachungsstelle müßte Ziel und der Verfügung vom 15. Februar 1918, durch die um Beibehaltung der in Frage stehenden Plakate ersucht wurde, bekannt sein.

Es wird ersucht, ~~in ähnlichen Fällen~~ [zunächst beim] ~~sich mit dem Stellv. GKdo. anzufragen, damit unvollständige (und einseitige) Berichte der Überwachungsstelle vermieden werden.~~

Künftig ~~[illegible]~~ derartige Sendungen dem Stellv. GKdo. zur Entscheidung vorzulegen.

München, [illegible] 1918

F. d. Stv. G. Kdo I. A. K.

Der Chef des Stabes

Nr 72221 A.
Kriegsministerium.
Armee-Abteilung.

München, 30. 3.1918.

An

das K.stellv.Gen.Kdo.I.A.K.

Betreff:

Einfuhr von Druckschriften.

Beilagen:

1 Heft -u.R.-

Beim Kriegsministerium wird Beschwerde darüber geführt, daß eine Sendung der Nr 2 der Zeitschrift "Dada, Recueil littéraire et artistique, Decembre 1917, Zürich" an die Buchhandlung Goltz in München von der Zensur zurückgehalten worden sei.

Es dürfte sich wohl im gegenwärtigen Fall um eine der Überwachungsbehörde unterlaufene Verwechslung mit den auf roter

---

Karteikarte verbotenen "Dada-Veröffentlichungen" über den Prozeß zwischen dem angeblichen ungar. Diplomaten Dada und der deutschen Bank handeln; denn die u.R. beigefügte Nr 2 der Zeitschrift erscheint als völlig unbedenklich.

Das K.stellv.Gen.Kdo. wird gebeten, die näheren Umstände festzustellen und allenfalls die nötigen Vorkehrungen zur Aufhebung eines etwa bestehenden Einfuhrverbotes zu treffen.

Um Mitteilung über die gepflogenen Erhebungen wird ersucht.

Ein Exemplar der Nr 2 der Zeitschrift Dada ist u.R. beigefügt.

J.A.

Stellv.
General-Kommando I.B.A.K.
empf: 11. APR. 1918 № 46431

I. An das K. Kriegsministerium München

Betreff: Einfuhr von Druckschriften
Beil. 1 Zeitschrift.
Zu K M E vom 30. 3. 1918 Nr. 72221 A.

Die Einfuhr des beiliegenden Heftes Nr. 2 der Zeitschrift Dada ist verboten worden, weil sie eine anpreisende Besprechung der beschlagnahmten Schrift von L. Frank „Der Mensch ist gut" enthält. Es wird um Weisung gebeten, ob die Zeitschrift trotzdem unbedenklich zur Einfuhr zugelassen werden soll.

II. Zum Akt: Einfuhr von Druckschriften.

3. 4.

Dokument 23

Anweisung des Kriegsministeriums, Presseabteilung, an das stellv. Gen. Kdo. von März/April 1918, das Heft der Zeitschrift „Dada" trotz der Besprechung der beschlagnahmten Schrift „Der Mensch ist gut" von Leonhard Frank freizugeben, aber die Zeitschrift

Nr. 79641 A.

München, 10.4.1918.

Kriegsministerium.
Armee-Abteilung.

An

das K. stellv. Gen. Kdo. I. A. K.

Betreff:

Handhabung der Zensur.

Zu dem Bericht v. 3.4.18 Nr 46431 P 6 wird bemerkt, daß das Heft Nr 2 der Zeitschrift "Dada" trotz der darin enthaltenen Besprechung der Druckschrift von L. Frank zur Einfuhr zuzulassen wäre, da die an sich unbedenkliche Besprechung die zureichenden Voraussetzungen für ein Einfuhrverbot nicht bietet und besondere, dem Kriegsministerium auf diplomatischem Wege bekanntgewordene Gründe gegen die Sperrung der Einfuhr sprechen.

Es wird jedoch ersucht, den Jnhalt der Zeitschrift auch weiterhin scharf zu kontrollieren.

J. A.
[Unterschrift]

Stellv.
General-Kommando I.B.A.K.
empf: 13 APR. 1918 № 52422 P6. Geheim

Nr. R.

An die milit. Überwachungsstelle
b. Bahnpostamt 1 München

mit dem Ersuchen, dort noch einbehaltene Stücke der Zeitschrift Dada freizugeben.

München, 15. 4. 1918
F. d. Stv. G. Kdo I. A. K.
Der Chef des Stabes
I. A.
Roth

Militär. Überwachungsstelle
Bahnpostamt 1 München
Eing. 16. Apr. 1918 Nr. 4407

Dem stellv. General-Kommando I. b. A. K. nach Vollzugssicherung in Rückvorlage.

München, 16. April 1918
Schneider

Nr. 52422 P6
z. A.

weiter zu beobachten. Das stellv. Gen. Kdo. reagiert in einer von CS verfaßten handschriftlichen Verfügung vom 13.4.1918, unterzeichnet von Hauptmann Roth, entsprechend. (KA, Stv. Gen. Kdo. I. b. AK 1905)

DIE
HAMBURGER WOCHE
SCHRIFTLEITUNG
HAMBURG 3 · ALTER STEINWEG 24 · FERNSPRECHER: GRUPPE 8, 1768–1770

Hamburg, den 3. April 1918

An das

Königliche Stellvertretende Generalkommando

<u>München.</u>

Die unterzeichnete Redaktion bittet sehr ergebenst, ihr den Bezug der Zeitschriften

The Graphic

The Sphere

L'Illustration

Illustrated London News

War

durch die Buchhandlung von "J a f f e", München freigeben zu wollen. Die Hefte werden von uns nur dazu verwandt, um Illustrationen, die zur Verbreitung in Deutschland geeignet erscheinen, aus ihnen zu entnehmen. Auf Wunsch des Königl. Stellvertretenden Generalkommandos sind wir gern bereit, die ausgebrauchten Hefte an das Generalkommando zurückzuschicken, damit jeder Missbrauch vermieden wird.

Die vaterländische Haltung der » Hamburger Woche » kann durch Uebersendung von Nummern und durch die Tatsache bewiesen werden, dass ihre Redaktion bisher nicht einen Verstoss gegen die Zensur-Vorschriften vorgeworfen werden könnte.

Mit vorzüglicher Hochachtung

Redaktion „Hamburger Woche"

Dokument 24

Auf die Bitte der Schriftleitung der Wochenzeitung „Die Hamburger Woche", für die Carl Schmitt 1915 anonym Beiträge „Aus dem Lager unserer Feinde" (s. S. 403–417) geliefert hatte, die britischen Zeitschriften „The Graphic", „Sphere", L'illustration",

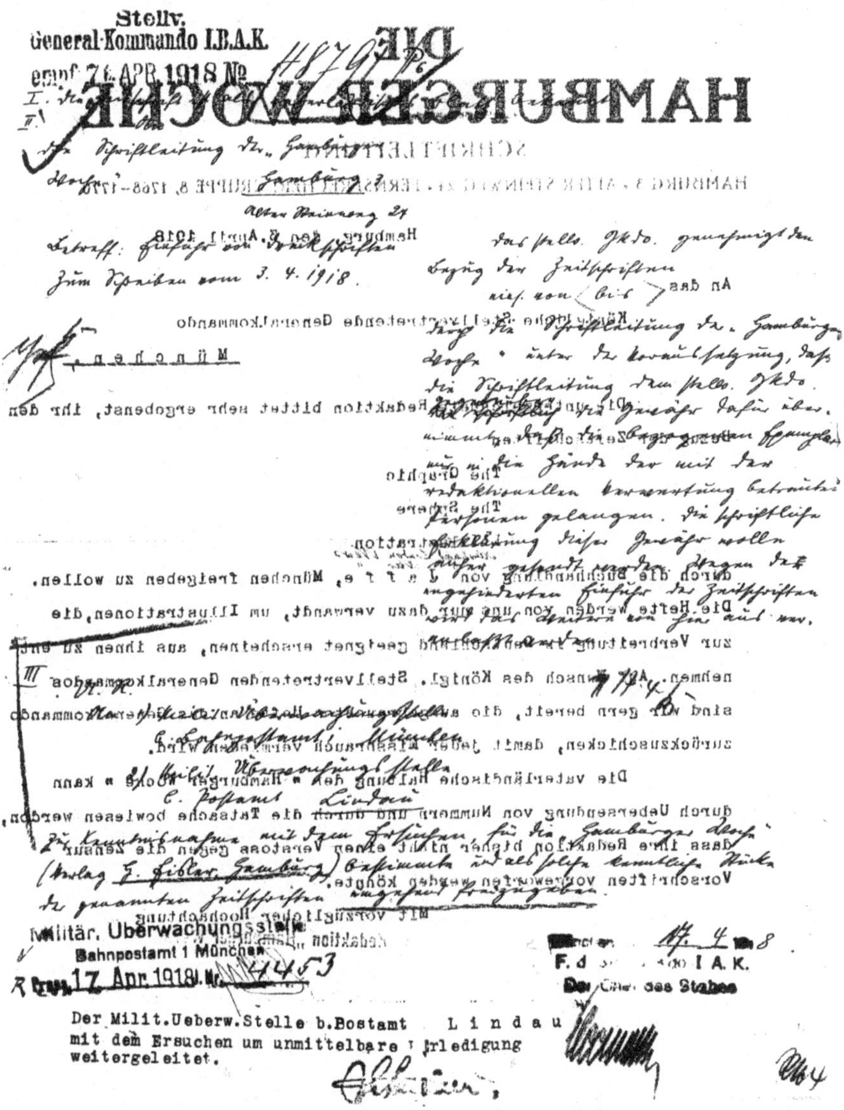

Stellv. General-Kommando I.B.A.K.

Hamburg, den 4. April 1918

An das Königliche Stellvertretende Generalkommando München

Milit. Überwachungsstelle Bahnpostamt 1 München 17. Apr 1918

Der Milit.Ueberw.Stelle b.Bostamt Lindau mit dem Ersuchen um unmittelbare Erledigung weitergeleitet.

F. d. I A.K. Der Chef des Stabes

„Illustrated London News" und „Illustrated War News" über die Buchhandlung Jaffé, München, zu beziehen, antwortet das stellv. Gen. Kdo. mit einem von CS verfaßten handschriftlichen zustimmenden Schreiben vom 17.4.1918, unter der Voraussetzung, daß die Zeitschriften nur von mit der redaktionellen Verantwortung betrauten Personen genutzt werden. Unterschrieben vom Chef des Stabes Kleemann. Am 19.4.1918 schickt die Schriftleitung der Wochenzeitung die gewünschte Bestätigung. (KA, Stv. Gen. Kdo. I. b. AK 1905)

DIE HAMBURGER WOCHE

SCHRIFTLEITUNG

HAMBURG 3 · ALTER STEINWEG 24 · FERNSPRECHER: GRUPPE 8, 1768–1770

Hamburg, den 19.April 1918

An das

Kgl. stellvertretende Generalkommando des

I. bayr. Armeekorps,

München.

Pfandhausstrasse 2.

Nr.48791 P 6

Unter Bezugnahme auf die Zuschrift des Königl. stellv.Generalkommandos vom 17.April erklärt die unterzeichnete Schriftleitung hiermit, dass die mit Genehmigung des stellv. Generalkommandos bezogenen Zeitschriften " The Graphic ", " The Sphere ", " L'Illustration ", " Illustrated London News ", " Illustradet War News " , nur in die Hände der mit der redaktionellen Verwertung betrauten Personen gelangen werden. Jede missbräuchliche Benutzung ist ausgeschlossen.

Mit vorzüglicher Hochachtung

Redaktion „Hamburger Woche"

Hegewer Zinn

Hauptschriftleiter

P

Stellv.
General-Kommando I.B.A.K.
empf: 23 APR. 1918 No. 57147 P6.

z. A. Einfuhr von Druckschriften

München, 23/4 1918.

Der Chef des Stabes

i. A.

Rothenhan

Fernsprecher: Amt Moritzplatz Nr. 11595.
Central-Verein deutscher Staatsbürger jüdischen Glaubens
Bei Antwort wird um Angabe der J.-Nr. gebeten.

J.-Nr. 1733

Berlin SW. 68, den 8. April 1918
Lindenstrasse 13

Der unterzeichnete, mehr als 200 000 deutsche Juden vertretende Centralverein deutscher Staatsbürger jüdischen Glaubens, dessen Aufgabe nach der beifolgenden Satzung darin besteht, die deutschen Juden in der tatkräftigen Wahrung ihrer gesetzlich gewährleisteten Gleichberechtigung, sowie in der unbeirrten Pflege vaterländischer Gesinnung zu bestärken, gestattet sich folgendes dem stellvertretenden Generalkommando des I. Kgl. Bayr. Armeekorps, München zu unterbreiten.

In dem Bezirk einer grösseren Anzahl von Generalkommandos wird folgendes in einem Druckexemplar beigefügte Gedicht "Die Juden im Weltkrieg" verbreitet.

Es bedarf keiner näheren Begründung, dass es sich hier um ein antisemitisches Machwerk schlimmster Art handelt. Der Inhalt geeignet und darauf berechnet die deutschen Staatsbürger jüdischen Glaubens, namentlich die deutschen Soldaten jüdischen Glaubens durch den Vorwurf der Drückebergerei in den Augen ihrer christlichen Mitbürger und ihrer Kameraden herabzusetzen und verächtlich zu machen.

An das
stellvertretende General-
Kommando des I. Kgl. Bayer. A.K.
München.

Dokument 25

Der Central-Verein Deutscher Staatsbürger jüdischen Glaubens weist das stellv. Gen. Kdo. am 8.4.1918 auf ein antisemitisches Gedicht „Die Juden im Weltkrieg" hin, das in gedruckter Fassung in größerer Anzahl in München und Umgebung verbreitet wird.

Hierdurch muss der Entschluss des Durchhaltens, die kameradschaftliche Gesinnung und der Burgfriede auf das Aeusserste gefährdet werden.

Bemerkenswert ist, dass das Machwerk den Druckort und den Namen des Druckers verschweigt.

Wir bitten dringend, die weitere Verbreitung dieses Gedichtes zu verhindern und geneigtest die hierzu erforderlichen Anordnungen an die untergeordneten Stellen zu erlassen oder uns die etwaigen Hinderungsgründe mitzuteilen.

Central-Verein Deutscher Staatsbürger jüdischen Glaubens.

I.A. [illegible]

Stellv.
General-Kommando I.B.A.K.
empf: 12 APR. 1918 No. 51702 P6.

I. An
den Zentralverein deutscher Staatsbürger jüdischen Glaubens
Berlin SW 68
Lindenstr. 13 I.

Betreff: Verbreitungsverbote.
Zum Schreiben vom 8. 4. 1918.

Die Verbreitung des im nebenbezeichneten Schreiben genannten Flugblattes „Der Jude im Stellkrieg" ist mit Anordnung vom 25. 3. 1918 Nr. 41708 P6 [illegible] verboten worden.

II. Z. A. Verbreitungsverbote.

18. 4. [illegible]

München, 17. 4. 1918
F. d. Stv. G. Kdo. I. A. K.
Der Chef des Stabes
[illegible]

Der von CS verfaßte handschriftliche Vermerk des stellv. Gen. Kdo. vom 17.4.1918 verbietet die Verbreitung, unterzeichnet vom Chef des Stabes Kleemann. (KA, Stv. Gen. Kdo. I. b. AK 1878)

Abdruck.

Empfänger: Dr.Artur Rutra, München,
Absender: Name unleserlich.

Wien, 18/1, Gersthof,
am 28.Mai 1918.

Sehr geehrter Herr Doktor,lieber Freund,

Ich beantworte Ihren Brief aus Wien,wo ich auf zwei Tage (leider) weilen muss.Die Grossstadt ist mir ein Gräuel....

Der Gedanke der Oesterreichischen Bibliothek gefällt mir selbstredend ausgezeichnet und ich wäre sehr beglückt,daran irgendwie mitarbeiten zu können,als Mit-Herausgeber,Redakteur ... wenn ich Näheres von Ihnen erfahre,bin ich gerne bereit,ein Exposé auszuarbeiten.

...Die Zensur im KM hatte Ihren Münchner Bericht über Hartmann genehmigt,der Staatsanwalt hat dagegen heute ein Loch hineingerissen;der weisse Fleck!Wir dürfen nicht erfahren,was Hartmann den Münchnern alles erzählt hat! Dio mio!

Heute durften wir ein Fest feiern:Nach siebenmonatiger Entbehrung eine neue "Fackel". Kraus ist deutschfeindlicher denn je,dennoch ist es ein Labsal,eine Stimme von jenseits des Kriegsgebrülls zu hören!

Herzliche Glückwünsche zu Ihren literarischen Leistungen und Plänen,ich bin jedenfalls äusserst gespannt,ein grösseres Werk einmal von Ihnen kennen zu lernen!

Stets ergebenst

gez. Unterschrift

Dokument 26

Von CS verfaßter handschriftlicher Hinweis vom 6. 6. 1918 an das Kriegsministerium zur deutschfeindlichen Haltung des Herausgebers der Zeitschrift „Fackel" Karl Kraus. (KA, Stv. Gen. Kdo. I. b. AK 1936)

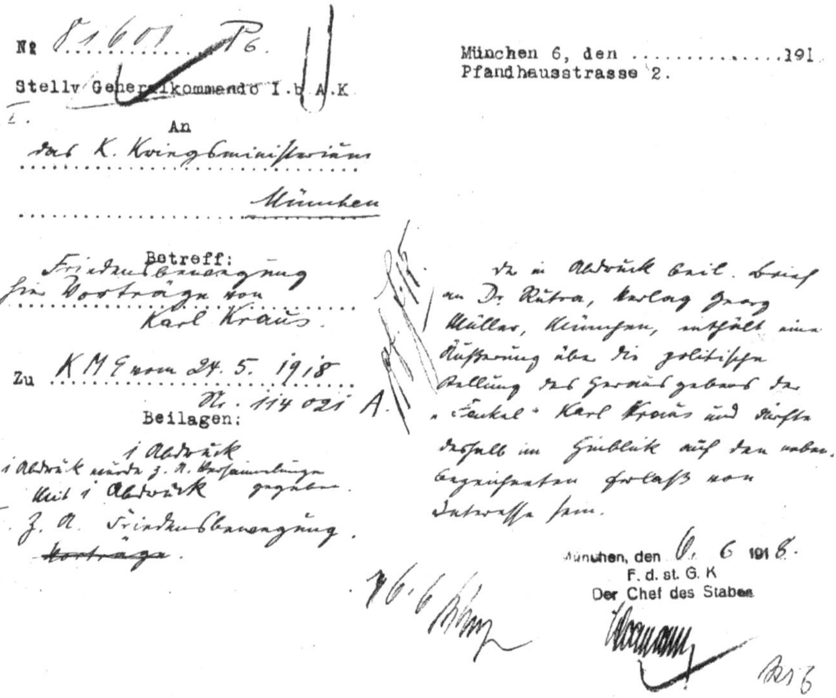

Nr 81601 P6.

Stellv. Generalkommando I. b. A. K.

I.

An

das K. Kriegsministerium

München

Betreff: Friedensbewegung für Vorträge von Karl Kraus.

Zu KMG vom 24. 5. 1918 Nr. 114021 A.

Beilagen: 1 Abdruck

II. 1 Abdruck wurde z. A. Versammlungen
Mit 1 Abdruck gegeben.

III. z. A. Friedensbewegung. ~~Vorträge~~.

München 6, den 191
Pfandhausstrasse 2.

Der in Abdruck beil. Brief an Dr. Kutra, Verlag Georg Müller, München, enthält eine Äußerung über die politische Stellung des Herausgebers der „Fackel" Karl Kraus und dürfte deshalb im Hinblick auf den neuen begründeten Erlaß von Interesse sein.

München, den 6. 6. 1918.
F. d. st. G. K
Der Chef des Stabes
[signature]

16.6 [signature]

Plomberg. am Mondsee (Oberösterreich) 15. 8. 18.

Betreffend Briefzensur München.

I. Bayrisches Armeecorps München.

Die Briefzensur München macht mir den beruflich-geistigen Verkehr mit Deutschland – ich bin Schriftsteller, Kulturhistoriker und Philosoph – unmöglich. Ich erwähne nur die letzten Fälle in Kürze.

Ein (am 4.6. von Mondsee abgesandtes) als eingeschriebene Eilsache an die Graph. Kunstanstalt H. Schiele Regensburg gesandtes Druckmanuskript – das der Buchzensur Nürnberg, nicht der Postzensur München unterliegt – mit dem Titel „Deutschland und Europa" (zweite Hälfte) ist bei der Briefzensur München über 4 Wochen liegen geblieben und weder auf meine Beschwerde dorthin noch auf Postreklamation sondern erst auf Intervention hin weitergesandt worden (ich weiss noch nicht genau welches von verschiedenem das geschehen ist den Erfolg gehabt hat: Erkundigung durch einen deutschen Militär, Intervention der Bayr. Gesandtsch. in Österreich oder des Österr. Gesandten in Bayern). Der Fall ist umso schwerer da es sich um ein politisches Werk das eilig gedruckt werden musste handelt, dazu um eines das nicht im geringsten pazifistische oder irgendwie regierungs- oder militärfeindliche Tendenzen hat, im Gegenteil bestimmt ist in die Hände der Führenden zu gelangen, zu denen ich ohnedies Verbindung habe. Meine politische Gesinnung ist ersichtlich aus meinem Werke „Die Krisis der Europäischen Kultur" Verlag Hans Carl Nürnberg 1917. Von dem Aufenthalt des Manuskripts, der ja irgendwie gerechtfertigt sein könnte, ist (sowohl vorher als auch auf meine Beschwerde hin) keinerlei Mitteilung an mich gelangt.

Dokument 27

Auf den Beschwerdebrief des Schriftstellers Rudolf Pannwitz vom 15.8.1918 wegen Überwachung seiner Post wird in der von CS handschriftlich formulierten Antwort

Seit der Erledigung dieser Sache sind zwei Briefe des Kunsthistorikers Meier-Gräfe in (Kurfürstenstr 4 ~~Dresden~~) betr. einen (einführenden) Aufsatz von mir zu einer groszen publikation von Handzeichnungen von Hans von Marées als ‹zu lang› an den Absender zurückgesandt worden. Ich brauche diese briefe zur Verständigung betr. gemeinsame Arbeit. Ich nehme selbstverständlich an dass eine Handhabung der Zensur, die unnützes Geschmier und beruflich-geistig notwendige Korrespondenz Geistig-Führender nicht unterscheidet, absolut gegen die Intention der militärischen Oberbehörde ist und gegen eine solche, auch ohne Inanspruchnahme besondrer Beziehungen, allein und rein sachlich von dieser ein rasch wirkender Schutz zu erlangen ist und erlaube mir die ergebenste Bitte um denselben.

Ich muss noch erwähnen, dass ich nur ein paar Fälle von mehrern genannt habe, und dass ich, unter dem Vorbehalte eines möglichen Irrtums, mich zu dem Verdachte einer Sonderbehandlung meiner Korrespondenz wo nicht gar persönlichen Böswilligkeit der Münchner Postzensur veranlasst sehe.

P Rudolf Pannwitz.

vom 20. 8. 1918, unterschrieben vom Chef des Stabes des stellv. Gen. Kdo. Kleemann, der Vorwurf der Sonderbehandlung und der „Böswilligkeit der Münchner Postzensur" zurückgewiesen. (KA, Stv. Gen. Kdo. I. b. AK 1905)

Stellv.
General-Kommando I.B.A.K.
empf.: 18. AUG 1918 № 124208

I. Herrn Schriftsteller
Rudolf Pannwitz,
Hochwohlgeboren

Plomberg am Mondsee
Oberösterreich ~~Niederösterreich~~

Betreff: Postüberwachung
Zu Ihren Schreiben vom 24. 7. 18
und 15. 8. 18.

Die eingeschriebene Sendung an die graphische Kunstanstalt H. Schiele in Regensburg ist gemäß der Entscheidung des Stv. Gkdos. III. AK. in Nürnberg, als der zuständigen Zensurbehörde, freigegeben worden, eine unmittelbare Übergabe an den Empfänger war nicht möglich, weil die Sendung eingeschrieben war und deshalb nach der Entscheidung der Zensurbehörde postalisch weiterbehandelt werden mußte. Von einer „Interzeption", die in dem Schreiben vom 15. 8. 1918 erwähnt wird, ist hier nichts bekannt. Wegen der weiteren ~~(Sendungen)~~ in Ihrem Schreiben vom 24. 7. 1918 genannten Sendungen ist hier ebenfalls nichts bekannt. Was die Sendungen des Kunsthistorikers Meier-Graefe angeht (Briefe vom 15. 8. 18), so wird Ihnen anheimgegeben, den Absender

---

zu veranlassen, Briefe, die den vorgeschriebenen Umfang überschreiten, bei der für den Aufgabeort zuständigen Stelle vorzulegen und freigeben zu lassen.

Ihre Korrespondenz wird nach den allgemeinen Bestimmungen wie jede andere Korrespondenz behandelt. An einer „Sonderbehandlung" besteht hier keinerlei Interesse. Auf Ihre Andeutungen über „persönliche Böswilligkeit der Münchner Postzensur" einzugehen, sieht sich das stellv. Gkdo. nach dem von Ihnen vorgebrachten Material nicht veranlaßt.

II. z. A.
Einfuhr von Druckschriften
(Manuskripte)

München, 20. 8. 1918.
F. d. Stv. G. Kdo. I. A. K.
Der Chef des Stabes
[Unterschrift]

Abg. 20.8.18
[Paraphe]

5.

Nr. 10453
Milit. Überwachungsstelle
I. Bayr. A.-Kps.
beim Bahnpostamt 1 München

München, den 22. August 1918.

stellv. Generalkommando I. b. A.-K.,
P VI

M ü n c h e n.

Betreff:
Vorlage von Druckschriften.
Mit 1 Beilage (in Briefumschlag 1 Brief und 1 Broschüre).

Dem K. stellv. General-Kommando bringe ich hiemit die soeben eingelaufene neueste Hetzbroschüre von SIEGFRIED BALDER, " Z w e i F r a g e n" in Vorlage, die zur Täuschung mit dem Umschlag von "Reclams Universal Bibliothek" Nr. 197 und dem dafür üblichen kleinen Leipziger Ausfuhrstempel versehen ist.

Dieselbe liegt einem Brief eines im Hotel St.Gotthard in Zürich untergebrachten"Internierten Karl Müller" bei, der bei Reclam in Leipzig dreissig Stück der Schrift bestellt, die er von einem Kameraden aus Lörrach erhalten haben will und die sich nach Aussage anderer Kameraden in Leipzig und Essen eines grossen Rufes erfreut. Der Brief-Umschlag ist von anderer Hand geschrieben wie der Brief; möglicherweise handelt es sich um Adress-Umschläge, die von Reclam selber den Internierten zur Verfügung gestellt werden.

Angefügt sei, dass der Umschlag von "Reclams Universal Bibliothek" auch für eine andere Broschüre von Siegfried Balder verwendet wird, nämlich für " Kaiser und Krieg u.s.w." unter dem Titel von "Fried, Lexikon deutscher Zitate" ; Vergl. G.K.V. NR.96371 P VI v.14.7.18.

A. B.
Pongratz,
Vorstand der Überwachungsstelle? [handschriftlich: Lt. d. R. u. Adjt.]

Dokument 28

Auf den Hinweis der militärischen Überwachungsstelle beim Bahnpostamt 1 München vom 22. 8. 1918, daß die deutschfeindliche Propaganda jetzt als Tarnung für Broschüren den Umschlag von „Reclams Universalbibliothek“ benutzt, um z. B. die Schrift „Zwei

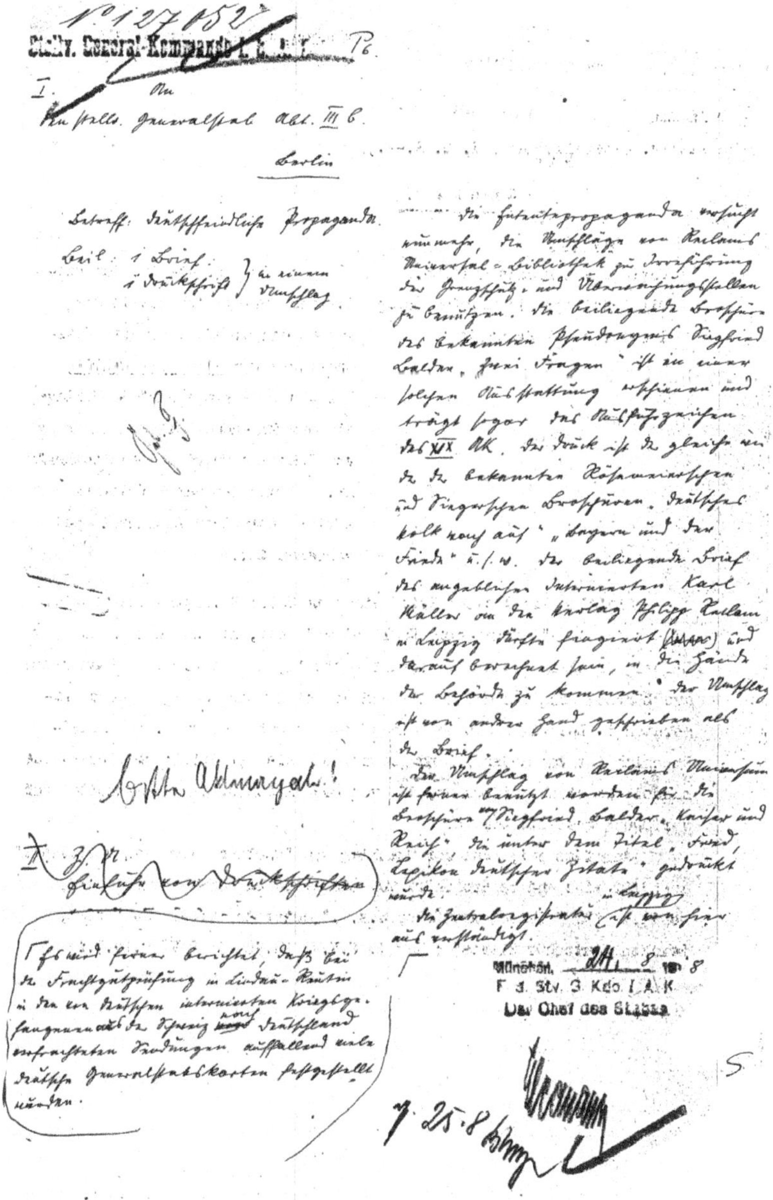
N° 127052
Stellv. General-Kommando I. B. A. K.
Berlin
München, 24. 8. 1918
F. d. Stv. G. Kdo. I. A. K.
Der Chef des Stabes

Fragen“ sowie „Kaiser und Krieg“ des Schriftstellers mit dem Pseudonym Siegfried Balder in das Reich einzuführen, antwortet das stellv. Gen. Kdo. mit einer von CS verfaßten handschriftlichen Notiz vom 24. 8. 1918 an den stellv. Generalstab, Abt., IIIb, unterzeichnet vom Chef des Stabes Kleemann. (KA, Stv. Gen. Kdo. I. b. AK 1903)

Zu d. K.M. Nr. 85919. Abschrift.

N.

Stellv. Generalkommando I. b. A. K.

Entwurf!

München 6, den 9. 1915.
Pfandhausstraße 2.

20533 v. 4.3.15
Vorgang: 55444 v. 17.6.15 VIII 54a

Betreff:

Überwachung der Korrespondenz des Schriftstellers Wilhelm Herzog, München, Herausgeber der Zeitschrift „Das Forum".

Beilage:

Zeitungsauszüge.

Die Korrespondenz des Schriftstellers Wilhelm Herzog wird hier seit dem 17.6.1915 überwacht. Herzog steht zu dem Bunde „Neues Vaterland", auf den in den nebenbezeichneten Erlässen aufmerksam gemacht ist, in sehr engen Beziehungen. Er ist Mitglied des Bundes und Vorsitzender des Redaktionskomites; eine Werbeschrift des Bundes liegt seit Juli 1915 jedem Hefte des von Herzog herausgegebenen „Forums" bei, der Bund dagegen bestellt stets eine große Anzahl von Exemplaren des „Forums" – im Juli z.B. 200 Stück –, um sie seinen Mitgliedern und Freunden beizulegen. Auch in dem Jnhalt der beiderseitigen Veröffentlichungen zeigt sich dieser Zusammenhang: das „Forum" erhält von dem Bunde Artikel – in einem Briefe vom 18.6.15 bittet ein Mitglied des Vorstandes, dessen Name nicht leserlich ist, dringend darum, diese Mitarbeit zu verschweigen –, der Bund „Neues Vaterland" hat einen Aufsatz des Forums (Die deutschen Professoren und der Weltkrieg, von Walter Schücking) als Flugschrift herausgegeben. Auch das

Dokument 29

Seit Juni 1915 wurde die Korrespondenz des Schriftstellers Wilhelm Herzog, Herausgeber der verbreiteten pazifistischen Zeitschrift „Das Forum", überwacht. In einer maschinenschriftlichen Abschrift eines Entwurfes von CS mit dem Datum 9/1915, den das stellv. Gen. Kdo. an das bayerische Kriegsm. schickt, sind Argumente für ein Verbot der Zeitschrift zusammengetragen.

Flugblatt Nr 4 „Treibende Kräfte" von Kurt Eisner hat im Augustheft des Forum besondere Hervorhebung und Weiterverarbeitung gefunden und die letzte, im K.M.E. noch nicht erwähnte Broschüre des Bundes von R. Goldscheid soll im Forum auszugsweise mitgeteilt werden, damit sie nicht totgeschwiegen wird." Von besonderer Wichtigkeit für die Beurteilung sowohl des Bundes „Neues Vaterland" als des Forums erscheint ein Briefwechsel zu sein, der in der Korrespondenz öfters in vorsichtigen Andeutungen erwähnt ist und von dem Herzog eine Abschrift besitzt. Jn mehreren Briefen hat der Sekretär des Bundes, Lehmann - Rußbüldt dringend um Übersendung dieser Abschrift („ohne Angabe des Absenders an die Adresse des Herrn Grafen Georg von Arco, Berlin S.W. 61, Tempelhoferufer 9, eingeschrieben") gebeten - eine Abschrift des darauf sich beziehenden Briefes vom 20.7.15 ist sofort dem K.preuß.Kriegsministerium mitgeteilt worden. Aus der Korrespondenz läßt sich entnehmen, daß dieser Briefwechsel zu einer Aktion des Bundes gegen das Vorgehen der Militärbehörde dienen sollte, die in Zusammenhang steht mit der Anordnung des Oberkommandos in den Marken, wonach alle Schriften des Bundes zur Zensur vorzulegen sind (O.Kdo in den Marken, Sekt.II b Nr 35200 vom 29.7.15). Einzelne Bemerkungen legen die Vermutung nahe, daß bei dem Briefwechsel der bekannte sozialdemokratische Abgeordnete Haase beteiligt ist. Es ist nicht gelungen, den Briefwechsel aufzufangen, obwohl alle in Betracht kommenden Postämter sofort verständigt wurden.

Angesichts der Gleichheit der Ziele des Bundes „Neues Vaterland" und der Zeitschrift „das Forum" darf hier auf die Jnkonsequenz hingewiesen werden, die darin liegt, daß die Versendung der Schriften des Bundes „Neues Vaterland" gemäß den genannten K.M.E. verhindert wird, während das „Forum" ungehinderte Verbreitung findet, obwohl sein Jnhalt entweder vom Bund „Neues Vaterland" übernommen ist oder dessen Tendenzen mit weit wirksameren Mitteln verfolgt und noch hinzukommt, daß im Auslande durch pazifistische Gesellschaften und

Dieses Verbot wird dem Herausgeber vom bayerischen Kriegsm. Armeeabteilung I, Pressereferat mit Schreiben vom 11.9.1915 mitgeteilt. Im Anschluß daran wird in einem von CS verfaßten handschriftlichen Vermerk vom stellv. Gen. Kdo. vom 15.9.1915, unterzeichnet vom Chef des Stabes Kleemann, die militärische Überwachungsstelle beim Bahnpostamt München informiert, daß der Versand der Zeitschrift ins Ausland verboten

einflußreiche Schriftsteller wie Romain Rolland eine außerordentlich rege Propaganda für die Zeitschrift gemacht wird.

Das Forum hat für die pazifistische Bewegung eine besondere Bedeutung erlangt. Es kann als der vornehmste literarische Ausdruck aller Bestrebungen gelten, für die der Krieg ein menschenunwürdiges, sinnloees Morden und alles vaterländische Heldentum ein pathologischer Affekt ist. Für jedes einzelne während des Krieges erschienene Heft des Forums, namentlich aber die letzten 3 Hefte, treffen die Erwägungen der genannten K.M.E. zu. Jn allen wird unter dem Scheine einer vernünftigen Sachlichkeit die große Bewegung des deutschen Volkes als Unvernunft abgetan, die Bemühungen ernster Zeitschriften, wie der Süddeutschen Monatshefte, ein der Größe der Ereignisse würdiges historisches Urteil zu finden, wer-den mit überlegener Jronie behandelt, die Vernünftigkeit englischer Urteile über den Krieg wird geflissentlich hervorgehoben und aus der ganzen Art der Behandlung des gegenwärtigen Krieges muß der auf die zahlreichen Anspielungen achtende Leser entnehmen, daß der deutschen Regierung die ausschließliche Schuld an dem Kriege zugeschoben werden soll.

Aus naheliegenden Gründen ist eine solche Zeitschrift im Auslande, namentlich im feindlichen Auslande, schnell berühmt geworden. Jn der Anlage sind Auszüge aus der „Bonnet rouge", „Daily Chronicle", „Westminster Gazette", „Guerre sociale", „France" de Bordeaux et du „Sud-Ouest", „Suisse liberal", „Revue Suisse" und „Coenobium" mitgeteilt, aus denen hervorgeht, daß man das Forum im Auslande als erstes und wichtiges Anzeichen für eine Gesinnungsänderung der deutschen Jntelligenz betrachtet und daraus weitgehende Schlüsse für die Stimmung in Deutschland zieht. Jn der schweizerischen „Guerre mondiale" wird Henri Guilbeau, ein Freund von Romain Rolland, für das Forum Reklame machen. Selbst in der „Bourse Egyptienne" die in Kairo erscheint (Nº vom 3.7.15), ist das Forum als „die" bekannte Zeitschrift ohne nähere Angabe erwähnt.

ist und die Korrespondenz Herzogs ins Ausland überwacht werden muß. In dem Buch „Die Münchner Zensurstelle während des Ersten Weltkrieges. Alfons Falkner von Sonnenburg als Pressereferent im bayerischen Kriegsministerium in den Jahren 1914–1918/19" von Doris Fischer (Dissertation 1973, Dissertationsdruck Schön, München),

Aus der Bereitwilligkeit und dem Eifer, mit dem Herzog auf die Vorschläge eingeht, die Schweizer, wie der eben erwähnte Guilbeau, Holländer und Skandinavier ihm gemacht haben, darf entnommen werden, daß eine derartige Verbreitung im Auslande seinen Absichten entspricht. Vermutlich sieht er darin einen Weg zu internationaler Berühmtheit. Auch die Organisationen der Friedensgesellschaften weiß er für diesen Zweck zu gebrauchen, obwohl das Forum nicht das offizielle Organ einer solchen Friedengesellschaft ist. Es steht aber in Austauschverkehr mit fast allen pazifistischen Zeitschriften, insbesondere mit der bekannten holländischen Anti-Orlooggesellschaft. Mit dem Füh-rer der pazifistischen Bewegung und Herausgeber der „Friedenswarte", jetzt „Blätter für zwischenstaatliche Organisation" ist Herzog persönlich gut befreundet. Der Hauptgrund der Berühmtheit des Forums liegt aber darin, daß es der Zensur mit bemerkenswerter Kühnheit und Gewandtheit zu entgehen weiß. Jn zahlreichen Manuskripteinsendungen, z.B. der von Rudolf Leonhard, dessen Aphorismen im letzten Heft veröffentlicht sind, wird an die bekannte Geschicklichkeit Herzogs der Zensur gegenüber appelliert. Der Herausgeber der „Deutschen Montagszeitung", Walter Steinthal, schickt ein Manuskript mit dem Bemerken, daß die Veröffentlichung im Forum erfolgen solle, da in Berlin die Zensur Schwierigkeiten machen würde (30.8.15); Friedrich Austerlitz, der Redakteur der Wiener „Arbeiterzeitung", legt ein Manuskript vor, das in Österreich vom Staatsanwalt unterdrückt wurde und verlangt, nachdem es anscheinend zur Veröffentlichung im Forum angenommen ist, ausdrücklich daß etwaige Striche der Zensur in der im Forum bisher üblichen Weise auffällig kenntlich gemacht werden. Der Buchhändler H. Heller in Wien, der die Vertretung des Forums für Österreich nachgesucht hat, schreibt am 7.8.15, er dürfe nicht viel Reklame für das Forum machen, da sonst wohl jede Nummer beschlagnahmt würde.

Das größte Jnteresse für dieses Verhältnis des Forums zur Zensur legen deutschfeindliche ausländische Zeitungen an den

S. 164ff wird die Vorgeschichte dieses Verbotes ausführlich dargestellt. Insbesondere wird auf die exemplarische Härte verwiesen, mit der gegen Herzog vorgegangen worden ist, im Gegensatz etwa zur Überwachung von Aktivitäten der Pazifisten Ludwig Quidde

Tag. Den in der Anlage mitgeteilten Auszügen mag das Nähere darüber entnommen werden.

Das Forum wird z. Zt. in einer Auflage von 2000 Exemplaren gedruckt. Die Gefahr, die in der Verbreitung einer derartigen Zeitschrift liegt, ist umso größer, als der Mangel an vaterländischer Gesinnung und eine zweideutige (um nicht zu sagen verräterische) Stellungnahme in diesem Kriege bei der literarischen Gewandheit des Herausgebers von Gutgläubigen und Unbefangenen oft als ruhige Sachlichkeit aufgefaßt wird. So dürfte sich auch das Jnteresse erklären, daß der angesehene Gelehrte, Prof. F.W. Förster durch seine Mitarbeit an den Tag legt. Das K. Militärpaketdepot München hat sogar um Überlassung von Heften des Forums als Lektüre für Verwundete gebeten. Überhaupt verdient das Jnteresse, das viele Heeresangehörige, Offiziere wie Mannschaften in zahlreichen Einsendungen bekunden, besondere Beachtung. Die Anerkennungsschreiben werden von Herzog als besonders wirksame Reklame benutzt und finden im Auslande entsprechende Beachtung. (Vgl. den Auszug aus der Guerre Sociale vom 8.8.1915).

und Friedrich Wilhelm Foerster. Gegen das Verbot der Zeitschrift „Forum" nahmen so prominente Zeitgenossen wie Maximilian Harden und der Chefredakteur des „Berliner Tageblattes" Theodor Wolff Stellung. (KA, MKr 13930)

Nr 86356. München, 11. 9. 1915.

Kriegsministerium.

An

den Herausgeber der Zeitschrift " Das Forum " , Herrn Wilhelm Herzog, Schriftsteller, München.

Betreff:

Handhabung der Zensur.

Das Kriegsministerium hat sich wiederholt durch eingehende Aussprachen und Ermahnungen von seiten des Presse-Referates sowie durch Kriegsministerial-Erlaß Nr 20538 vom 4.3. 1915 veranlaßt gesehen, die Schriftleitung der Zeitschrift " Das Forum" auf die schädlichen Folgen der Propagierung eines vaterlandslosen Ästheten- oder Europäertums warnend hinzuweisen und ihr nahezulegen, sich ihrer Verantwortung in vaterländischer Hinsicht bewußt zu werden. Trotzdem hat die Schriftleitung ihre Bestrebungen fortgesetzt, durch die Art und Zusammenstellung des Stoffes vaterländische Gesinnung, Äußerungen und Taten des deutschen Volkes, der Presse und Literatur wie auch des Heeres teils mit einer scheinbaren Sachlichkeit, teils hämisch als Unvernunft,Heuchelei oder als pathologische Affekte hinzustellen. Unzutreffende und irreführende Anschauungen und Urteile einzelner meist ausländischer Pazifisten und Utopisten werden geflissentlich hervorgehoben und zahlreiche Anspielungen deuten an,daß der deutschen Regierung und dem deutschen Wesen die Schuld am Weltkriege zugeschoben werden soll.

Die an den Tatbestand des Landesverrats grenzende unheilvolle Wirkung dieser literarischen Unternehmung kann an der Hand von Äußerungen der Presse des feindlichen Auslandes nachgewiesen werden. Mit sichtbarer Genugtuung und Freude glaubt das feindliche Ausland aus den Veröffentlichungen des " Forum " auf eine Gesinnungsänderung,auf mangelndes Selbstvertrauen und schwächende Uneinigkeit der " deutschen Jntelligenz " schließen zu dürfen,wodurch der Wille und die Hoffnung unserer Gegner,Deutschland und seine Verbündeten niederzukämpfen,neu gestärkt wird. Da die Veröffentlichungen des " Forum " tatsächlich aber nur die Stimmung und Anschauung einiger weniger gänzlich einflußloser Leute wiedergeben,die sich zu der treuen und entschlossenen vaterländischen Stimmung und Haltung des deutschen Volkes in Widerspruch setzen, wird dadurch eine gefährliche Täuschung des feindlichen und neutralen Auslands bewirkt und auch im Jnlande ein Eindruck hervorgerufen,der allen Vaterlandsfreunden bedenklich und ärgerlich erscheint.

Die wohlmeinende Absicht der Zensur,die militärisch gefährliche Wirkung der Veröffentlichungen der Zeitschrift durch Streichungen und Abänderungsvorschläge abzuschwächen und aufzuheben, wurden von der Schriftleitung durch auffällige Kennzeichnung der Streichungen, ja sogar durch das allerdings rechtzeitig vereitelte Vorhaben des Herausgebers, die vorgeschlagenen Abänderungen in hervortretender schiefer Schrift zu veröffentlichen, möglichst zu durchkreuzen versucht.

Da demnach die Jnteressen der Landesverteidigung durch die Zeitschrift " Das Forum " bedroht und geschädigt werden, da ferner nach der bisherigen Haltung des Herausgebers nicht zu erwarten ist, daß der Jnhalt seiner Zeitschrift den zwingenden militärischen und allgemein vaterländischen Erfordernissen entsprechend gestaltet wird, ordnet das Kriegsministerium auf Grund Artikel 4 Ziffer 2 des bayerischen Kriegszustandsgesetzes und § 8 der Vollzugsvorschriften hiezu, zur Erhaltung der öffentlichen Sicherheit die Einstellung des Erscheinens dieser Zeitschrift während der Dauer dieses Krieges an. Dem Herausgeber ist gestattet, den bisherigen regelmäßigen Beziehern seiner Zeitschrift von der Einstellung des Erscheinens Kenntnis zu geben. Der Wortlaut dieser Mitteilung unterliegt der vorgängigen Genehmigung durch das Kriegsministerium und darf keinerlei weitere Ausführungen oder Ankündigungen enthalten. Jede andere Art der Mitteilung oder Veröffentlichung der vorstehenden Verfügung ist unstatthaft. Zuwiderhandlungen werden mit Gefängnis bis zu einem Jahr bestraft.

An das K. stellv. Generalkommando I.A.K.

Zur gefälligen Kenntnis. Das Kriegsministerium hat dem K.

Preuß.Kriegsministerium im Anschluß an die Mitteilung von vorstehender Verfügung, auch das Ergebnis der Überwachung der Korrespondenz des Schriftstellers W.Herzog (stellv.Gen. Kdo Nr 109628) zur Kenntnis gebracht. Das K.stellv.Generalkommando II.und III.A.K., die K.Polizeidirektion München, das Oberkommando in den Marken, sowie der stellv.Generalstab Abt.IIIb,Presse, haben je 1 Abdruck des vorstehenden Erlasses erhalten.

Stellv. Gen. Kdo I. b. A. K.
Empf. 13. IX. 15. № 111937.

U. R.
An
die milit. Überwachungsstelle
beim Bahnpostamt I
München

zur Kenntnisnahme.
Jede Versendung des Forum in das Ausland ist zu verhindern. Der Korrespondenz Herzogs ins Ausland ist besondere Aufmerksamkeit zu widmen; dort durchlaufende Sendungen wollen stets anher vorgelegt werden.

München, 15. 9. 1915
F. D. STV. G. KDO. I. A. K.
DER CHEF DES STABES.

Militär. Überwachungsstelle
Bahnpostamt I München
Praes. 16. 9. 15. J. Nr. 3749

Dem st. G. K. nach Abschrift u. Vollzugsführung in Rückvorlage.

Stv. Gkdo. I. AK.
zum Akt: Presse.

MÜNCHEN, ... 1915.
F. D. STV. G. KDO. I. A. K.
DER CHEF DES STABES.

München, den 9. September 1915.

An das

Stellvertretende Generalkommando

des I. Bayerischen Armeekorps

München.

Betreff:

Beschwerde über Verhängung der Briefsperre und deren Durchführung.

Im Zusammenhang mit der Beschlagnahme der Schrift "Reale Garantien für einen dauernden Frieden" ist über mich, ohne daß ich davon verständigt worden wäre, die Briefsperre verhängt worden. Briefe, die sich auf die Verbreitung der Schrift beziehen, besonders zahlreiche Zuschriften mit Angabe von Adressen für Weiterverbreitung, werden an mich nicht ausgehändigt. Briefe, die ich erhalte, sind heimlich geöffnet. Gegen dieses Verfahren erhebe ich hiemit Beschwerde.

In erster Linie bestreite ich die Rechtsgiltigkeit der Maßnahme. Das Briefgeheimnis ist durch § 5 des Reichsges. über das Postwesen und durch die §§ 299 und 354 des R.Str.G.B. geschützt. Die Beschlagnahme von Briefen ist – abgesehen vom Fall des Konkurses – in der Strafprozeßordnung §§ 99 ff. geregelt. Sie darf nur erfolgen, wenn eine Untersuchung wegen strafbarer Handlungen eingeleitet ist und untersteht dem zuständigen Richter. So weitgehend auch immer während des Kriegszustandes die Befugnisse der Militärbehörden sind, so bleiben diese doch an die Beachtung

Dokument 30

Der bayerische Landtagsabgeordnete Prof. Ludwig Quidde hatte in der Friedensziel-propaganda-Diskussion seine Schrift „Reale Garantien für einen dauerhaften Frieden", gerichtet gegen alldeutsche Annexionsforderungen, in nichtzulässiger Weise verbreitet.

der Gesetze gebunden, und es fehlt in Bayern an einer gesetzlichen Grundlage für einen, der richterlichen Entscheidung entzogenen Eingriff in das Briefgeheimnis.

Als zu Anfang dieses Jahres eine Denkschrift des Rechts=anwaltes Claß in Mainz, des Vorsitzenden des Alldeutschen Ver=bandes, beschlagnahmt und im Zusammenhang damit Briefsperre über Herrn Claß verhängt wurde, hat sich fast die gesamte Presse, von der äussersten Rechten bis zur äussersten Linken gegen die Zuläs=sigkeit der Maßnahme ausgesprochen. Ein Gutachten von Professor Bornhak, einer der ersten Autoritäten auf dem Gebiete deutschen Verwaltungsrechtes, hat die Gesetzmäßigkeit der Beschlagnahme ver=neint. In der Budgetkommission des Reichstages ist die Angelegenheit zur Sprache gekommen und, so viel ich mich erinnere, im gleichen Sinne behandelt worden. Ich behalte mir vor, erforderlichen Falls auf die damaligen Verhandlungen zurückzukommen.

Mag die Rechtslage im übrigen Deutschland zweifelhaft sein, so fehlt es in Bayern zweifellos an jeder gesetzlichen Grundlage für das vom Stellvertretenden Generalkommando belieb=te Vorgehen. Der Münchener Universitätsprofessor Dr. Kitzinger hat der Frage eine Abhandlung in der "Zeitschrift für die gesam=te Strafrechtswissenschaft" Bd. 36, Heft 8, Seite 769 bis 778 gewidmet. Er kommt zu dem Ergebnis, daß allerdings die Postver=waltung sich einer Anordnung der Militärbehörde fügen müsse, daß aber "die Militärbehörden solche Anordnungen und Maßnahmen nicht treffen dürfen"; "für sie besteht kein Rechtssatz, der solchen Eingriffen die Rechtswidrigkeit nimmt". Freilich meint der Ver=fasser, daß aus den Eingriffen in die Preßfreiheit, die in Bay=ern widerrechtlich erfolgt seien, "den Militärbehörden kein Vor=wurf gemacht werden solle, so lange sich nur ihre Maßnahmen im Rahmen des durch die Kriegslage notwendig gewordenen halten".

So wenig eine solche Zweckmäßigkeitserwägung die Rechts=widrigkeit aufhebt, so wenig deckt sie das Vorgehen der Behörde

Das am 27.8.1915 ausgesprochene Verbot der Verbreitung vom bayerischen Kriegsm. und die Überwachung von Quiddes Post führt zu dem Schreiben vom 9.9.1915 des Autors an das stellv. Gen. Kdo., das mit einem Schreiben vom 14.9.1915, welches auf einem von CS verfaßten handschriftlichen Entwurf beruht und vom Kommand. General

in diesem besonderen Falle. Es wird niemand behaupten können, daß eine zwingende Notwendigkeit vorläge, das durch Sitte und Gesetz geheiligte Briefgeheimnis mir gegenüber zu verletzen, wenn ich etwas tue, was von anderer Seite seit Monaten unbeanstandet getan wird, wie in meiner gestern eingereichten Eingabe an das Generalkommando betreffend Aufhebung der Beschlagnahme der Schrift ausgeführt ist.

Ganz abgesehen von meiner persönlichen, von vielen Gesinnungsgenossen und untadelhaften Patrioten geteilten Ansicht, daß ich mit der Verbreitung der Schrift unter persönlichen Opfern wichtigen vaterländischen Interessen diene, schützt mich meine Stellung im öffentlichen Leben gegen den Verdacht, daß die Ueberwachung meiner Korrespondenz irgend etwas zu Tage fördern könnte, was vom Standpunkt militärischer Interessen aus zu beanstanden wäre.

Was aber das Interesse der auswärtigen Politik anlangt, auf das im Falle Claß, als die Aufhebung der Sperre erfolgte, Bezug genommen wurde, so bin ich nach Informationen, die ich persönlich in Berlin an sehr gut unterrichteten Stellen erhalten habe, überzeugt, daß ein Interesse des Auswärtigen Amtes an der Verhängung der Sperre nicht bestehen kann.

Ist die Maßnahme einerseits rechtswidrig und sachlich ungerechtfertigt, so ist sie andererseits ein ungeheuerlicher, überaus schwerer Eingriff in meine und anderer Personen berechtigte private Interessen. Ich habe einen sehr weitverzweigten Briefwechsel; es kommt nicht selten vor, daß sich Personen, nicht nur aus meinem Bekanntenkreis, sondern auch ganz fremde, mit ihren intimsten persönlichen Angelegenheiten an mich persönlich oder als Abgeordneten wenden. Es besteht ein dringendes Interesse, diese davor zu bewahren, daß ihre vertrauenden Mitteilungen zur Kenntnis unbefugter Dritter gelangen.

von der Tann abgezeichnet, beantwortet wird. Im Schreiben vom 28.9.1915 vom stellv. Gen. Kdo. an das bayerische Kriegsm. wird die Postüberwachung Quiddes mit der damit verbundenen verhinderten Verbreitung der Schrift „Reale Garantien ...“ gerechtfertigt, die der Verfasser allerdings zum größten Teil durch konspirative Zusammen-

Dazu kommt, daß Briefe, die mir ausgehändigt werden, vielfach mit erheblicher Verspätung, häufig von zwei, manchmal anscheinend von drei Tagen, in meine Hände gelangen. Dadurch kann unter Umständen der Zweck der Mitteilung vereitelt oder bedeutender Schaden angerichtet werden. Ich behalte mir vor, Rechtsansprüche wegen Schadensersatzes vorkommenden Falls auf dem Wege der Civilklage zu verfolgen. Die Umstände, die nach Professor Kitzinger die Rechtswidrigkeit des Vorgehens moralisch entschuldigen können, haben zivilrechtlich jedenfalls keine Bedeutung.

Meine Beschwerde richtet sich aber weiter ganz besonders gegen die Art der Durchführung der Sperre, gegen die unwürdige Heimlichkeit des Verfahrens.

Schon im Fall des Alldeutschen Verbandes hat die Heimlichkeit des Verfahrens besonderes Aufsehen erregt. Mir gegenüber hat sie sich nicht darauf beschränkt, daß ich von der Beschlagnahme eines Teiles meiner Korrespondenz nicht benachrichtigt wurde, sondern sie hat sich auch auf die Behandlung der mir ausgehändigten Briefe erstreckt.

Um die Briefe herauszufinden, die sich auf die beschlagnahmte Schrift bezogen, hat man so ziemlich meine ganze Korrespondenz geöffnet. Ich habe aber während der ganzen Zeit keinen einzigen Inlandsbrief erhalten, der als "militärischerseits unter Kriegsrecht geöffnet" bezeichnet worden wäre. Alle Briefe gelangten scheinbar unverletzt in meine Hände. Seit/dem ich aber vor wenigen Tagen, nach meiner Rückkehr von Berlin, auf die Sperre aufmerksam wurde, habe ich bei der grossen Mehrzahl aller mir ausgehändigten Briefe feststellen können, daß sie heimlich geöffnet und heimlich wieder geschlossen waren, einige so ungeschickt, daß das Couvert innen am Brief festklebte.

Das ist ein Verfahren, das unmöglich dem Willen der vorgesetzten militärischen Behörde entsprechen kann. So handeln

arbeit mit seinem Drucker in einer Höhe von 28.000 Exemplaren erreicht hatte. Die Beschlagnahme der Korrespondenz wird aufgehoben. Zu der Aufhebung der Postüberwachung nimmt Quidde im Brief vom 9.10.1915 Stellung und bittet um Aushändigung von Post, was mit der von CS verfaßten handschriftlichen Notiz vom 13.10.1915 geschieht. (KA, Stv. Gen. Kdo. I. b. AK 1924)

sonst Personen, die schlechten Gewissens fremde Briefe heimlich öffnen und ihren Eingriff in das Briefgeheimnis verbergen wollen. Die Methode ist einer Behörde unwürdig und geeignet das Vertrauen des Publikums auf die Bayerische Militärverwaltung, wie auf die Bayerische Postverwaltung auf das Schwerste zu schädigen.

Für mich war diese Erfahrung noch von besonderer Bedeutung. Vor einigen Wochen hat mir Jemand gesagt, er habe durch einen Zufall Kenntnis davon erhalten, daß die Korrespondenz mancher Personen, die der Militärbehörde interessant seien, in der Weise überwacht werde, daß man die Briefe in einem "Schwarzen Kabinett" heimlich öffne und wieder schliesse. Es handle sich dabei nicht etwa um Spionage-Verdacht oder um die Verhütung von Vergehen, sondern um die Kontrolle der Korrespondenz ehrenwerter im öffentlichen Leben stehender Personen. Ich habe damals diese Erzählung als unverantwortlichen Klatsch und schmähliche Verleumdung der Bayer. Militärbehörde zurückgewiesen. Nach den Erfahrungen, die ich jetzt selbst gemacht habe, bin ich leider genötigt, anders zu urteilen.

Die gesetzwirdige heimliche Verletzung des Briefgeheimnisses ist von einer solchen Tragweite, daß ich mir vorbehalten muß, die Angelegenheit im Landtag zur Sprache zu bringen.

Der sofortigen Aufhebung der Briefsperre sehe ich entgegen.

Ergebenst

L. Quidde.

Stellv. Gen. Kdo I. b. A. K,
Empf, 10.9.15 № ~~110771~~ 110428; 110346.

I. Vortrag ~~Beschlagnahme der Korrespondenz~~ Quidde aufgehoben.

II. Schreiben
an Herrn Prof. Dr. Quidde

München
Gedonstr. 4.

Betreff: Beschlagnahme der Schrift „Reale Garantien für einen dauernden Frieden."
zum Schreiben vom 9.9.15.

[illegible]

Da die Verbreitung der Schrift „Reale Garantien für einen dauernden Frieden" verboten ist, mußten Bestellungen auf diese Schrift zurückgehalten ~~und beschlagnahmt~~ werden. ~~Im übrigen~~ hat das stellv. ~~Generalkommando~~ an Ihrer Korrespondenz nicht ~~das geringste Interesse~~.

III. Zum Akt: Einzelüberwachung (Quidde).

München, den 14.9.1915.
Der kommandierende General:

[illegible]
15.9.[illegible]

[illegible] 9.

Nr 118940.

Stellv.Generalkommando I.bayer.A.K.

München 6, 28. 9. 1915.
Pfandhausstr.2.

An

das K.bayer.Kriegsministerium.

Geheim!

Betreff:

Überwachung der Korrespondenz des Vorstandes der Friedensvereinigung München, Prof.Dr Quidde in München.

Beilagen:

5 Schriftstücke.

Die Überwachung der Korrespondenz des Prof.Quidde war notwendig geworden, als die Verbreitung der Schrift "Reale Garantien für einen dauernden Frieden" immer größeren Umfang annahm. Die Schrift wurde durch G.K.V.v.27.8.1915 Nr 10232 verboten – inzwischen ist gem.dem Erlaß des K.Preuß.Kriegsministeriums vom 7.9.1915 Nr 3322/15 geh.A 1 und K.M.E. vom 15.9.1915 Nr 86445[x)] die Beschlagnahme sämtlichen Generalkommandos anheimgegeben worden. Eine Haussuchung bei dem Drucker M. Ernst in München, und bei Prof.Quidde, der den Druck und die Versendung veranlaßt hatte, war ergebnislos geblieben, es wurde nur festgestellt, daß 28000 Exemplare zum Versand kommen sollten und zum Teil bereits verschickt waren.

Die Schrift war "Als Manuskript" gedruckt. Quidde hat also das seit einiger Zeit immer mehr in Aufnahme gekommene Verfahren eingeschlagen (vergl.K.M.E.v.20.9.1915 Nr 86905),[x)] eine Schrift "als Manuskript" zu versenden, um sie der Kontrolle der Zensurbehörden zu entziehen. Ohne Überwa=

chung der Korrespondenz würde das Verbot der Verbreitung völlig illusorisch geworden sein, namentlich, wenn eine weitverzweigte Organisation, wie die deutsche Friedensgesellschaft die Verbreitung übernimmt. Es ist bezeichnend, daß in der von Quidde unterzeichneten Einladung der Friedensvereinigung München zu ihren Wochenversammlungen vom 25.9. bis 15. 10.1915 folgender Satz sich findet: ".... Wenn auch von den "Realen Garantien" etwa die Hälfte der Auflage in die Hände der Adressaten gelangt ist, so sind doch leider gerade die für München bestimmten Sendungen in die Hände der Militärbehörden gefallen."

Die Überwachung der Korrespondenz Quidde hat vor allem das Ergebnis gehabt, daß die weitere Verbreitung der Schrift hintangehalten wurde. Jn wenigen Tagen wurden nicht weniger als 5000 Bestellungen angehalten. Die Adressen, an die nach den einzelnen Bestellungen die Schrift versandt werden sollte, sind so zahlreich und manigfaltig, daß die Gefährlichkeit dieser Art Propaganda deutlich aus ihnen hervorgeht. Alle Kreise der Bevölkerung, hohe Beamte, Dozenten, Fabrikanten, Kaufleute, Schriftsteller, Lehrer und Lehrerinnen, Soldaten, Arbeiter, Handwerker usw. sollten im Sinne der Schrift bearbeitet werden. Einzelne Entgegnungen, von denen die beiden wichtigsten in Abschrift anliegen, verschwinden neben der großen Zahl eifriger Pazifisten, die sich die Verbreitung der Schrift über ganz Deutschland angelegen sein ließen.

Eine solche Propaganda, die Mißtrauen und Unzufriedenheit in weiten Schichten der Bevölkerung verbreitet, erscheint namentlich auch deshalb bedenklich, weil sie sich mit Vorliebe an Lehrer und Lehrerinnen wendet, die dann entsprechend auf die ihnen anvertraute schulpflichtige Jugend einwirken. Das stellv. Generalkommando hat dem K. Kriegsministerium einen Fall unter=

breitet, der die Hauptlehrerin Pfaff in Gräfendorf betraf und der dem K. Kriegsministerium Veranlassung gegeben hat, das K. Staatsministerium des Jnnern für Kirchen- und Schulangelegenheiten auf das Umsichgreifen der Friedensbewegung und die darin liegende Gefährdung von Jnteressen der Landesverteidigung aufmerksam zu machen (K.M.E. v. 11.9.14 Nr 79795). Die Hauptlehrerin Pfaff hatte die Fluggblätter, die sie verbreitete, von Quidde zugeschickt erhalten.

Die Friedensvereinigung München betreibt ihre Tätigkeit während des Krieges mit großem Eifer fort. Ein Exemplar der Einladung zu den regelmäßigen Wochenversammlungen liegt bei. Die Versammlungen sollen nach dieser Einladung den Charakter geschlossener Versammlungen tragen. Es werden aber auch Nichtmitglieder zugelassen, die Mitglieder sind sogar gebeten, Adressen einzuladender Personen anzugeben und Gäste einzuführen. Der "Charakter geschlossener Versammlungen" wird dadurch sehr problematisch, die "Geschlossenheit" soll nur die behördliche Überwachung fernhalten, in derselben Weise wie die Versendung einer Schrift "als Manuskript" die Zensur umgehen soll. Eine polizeiliche Überwachung derartiger Versammlungen erscheint unumgänglich. Das Oberkommando in den Marken hat die Überwachung der angeblich geschlossenen Versammlungen des Bundes "Neues Vaterland" bereits durchgeführt, wie aus einem Briefe des Bundes an die Vorstandsmitglieder entnommen wurde. Jch möchte anheimgeben, ob nicht das K. Kriegsministerium auch hier eine entsprechende Überwachung veranlassen will. Die Überwachung der ersten Versammlung vom 25.9.15 erfolgte geheim. Der Bericht darüber liegt bei.

Die Beschlagnahme der Korrespondenz Quidde ist aufgehoben worden. Die allgemeine Überwachung der Friedensbewe=

gung,namentlich der mit der Frauenbewegung zusammenhängenden pazifistischen Bestrebungen, wird fortgesetzt. Als Beispiel für den bedenklichen Charakter solcher Strömungen ist der Entwurf eines Aufrufes an die deutschen Frauen beigelegt,der von dem nationalen Frauenausschuß für dauernden Frieden geplant ist und in einem Briefe an die Frauenrechtlerin Fräulein Heymann als besonders "zahm" bezeichnet wird.

Um Rückgabe der Beilagen - mit Ausnahme des Versammlungsberichts darf gebeten werden.

v. Kessel

München, den 9. Oktober 1915.

An das

Stellvertretende Generalkommando

des I. Bayerischen Armeecorps

M ü n c h e n .

Betreff:

Handhabung der Briefsperre.

Infolge der zeitweilig über mich verhängten Briefsperre sind zahlreiche Zuschriften, die in Sachen der beschlagnahmten Schrift "Reale Garantien für einen dauernden Frieden" an mich gerichtet waren, vom kgl. Generalkommando beschlagnahmt worden.

Ich bitte diese Zuschriften mir jetzt aushändigen zu wollen, unter der selbstverständlichen Bedingung, daß ich sie, solange die Beschlagnahme der Schrift nicht aufgehoben ist, in keiner Weise für Versendung derselben benutze. Ich würde mich ausdrücklich verpflichten, diese Bedingung auf das strengste inne zuhalten.

Aus verschiedenen Briefen ersehe ich, daß Absender solcher Zuschriften, die von der Beschlagnahme nichts wissen, über die Vernachläßigung der erteilten Aufträge unwillig sind. Ich möchte deshalb an alle Absender schreiben und sie kurz, durch einfache Mitteilung, daß die Beschlagnahme erfolgt ist, und deshalb eine Versendung einstweilen nicht erfolgen kann , aufklären können.

Einigen der beschlagnahmten Zuschriften haben vermutlich auch kleine Geldbeträge beigelegen.

Wenigstens in einem Falle wird das durch einen an mich gelangten Brief des Absenders erwiesen. Es ist für mich außerordentlich peinlich über den Empfang des Geldes, so gering der Betrag ist, nicht quittieren oder es dem Absender, da sein Auftrag z.Zt. nicht ausführbar, zur Verfügung stellen zu können. Unverständlich ist mir, wie die Vorenthaltung des Geldes sollte gerechtfertigt werden können.

Obschon das kgl. stellvertretende Generalkommando meine Beschwerde vom 9.September betr. Verhängung der Briefsperre und Handhabung derselben, ohne auf die Beschwerdepunkte einzugehen, kurz abgewiesen hat, scheint die Briefsperre tatsächlich zur gleichen Zeit aufgehoben zu sein. Eine Mitteilung darüber habe ich zufällig und indirekt erhalten. Das kgl. Generalkommando aber hat mich davon so wenig, wie s.Zt. von der Verhängung der Sperre, in Kenntnis gesetzt. Das ist ein Verfahren, vielleicht mit Recht geübt in Fällen von Spionageverdacht, dessen Uebertragung auf meine Angelegenheit mich zu erneuter Beschwerde veranlasst. Auch unter der Herrschaft des Kriegszustandsgesetzes mit seinen so weitgehend verwerteten § 4 Ziff. 2 dürfte gegenüber Bürgern, die lediglich in Erfüllung ihrer vaterländischen Pflicht mit der Auffassung der Militärbehörde in Konflikt geraten - von meiner Stellung als Abgeordneter ganz zu schweigen - nicht so verfahren werden.

Ergebenst

Stellv. Gen. Kdo I. b. A. K,
Empf. 11. X. 15. № 124357

I. Die einzige, aus Anlass der Überwachung der Korrespondenz Quidde zurückgehaltene Sendung, die einen Geldbetrag (1 M Darlehenskassenschein) enthielt, ist durch die milit. Überwachungsstelle an den Absender zurückgeleitet worden.

II. Antwort nicht veranlasst.

Zum Akt. Einzelüberwachung (Quidde)

MÜNCHEN, 13. 10. 1915.
F. D. STV. G. KDO. I. A. K.
DER CHEF DES STABES.

[illegible]

Oberkommando
in den Marken.

Sect. IIb. Nr. 49785.

BERLIN W 10, den 13. November 1915.
VIKTORIASTRASSE 25.

K. Kriegs-Ministerium
18. NOVEMBER 1915
110052

Hier ist bekannt geworden, dass an einer am 14.12.d.J. in Bern stattfindenden Tagung der internationalen Pazifisten

1) der sozialdemokratische Reichstagsabgeordnete Eduard Bernstein, Berlin-Schöneberg, Martin-Lutherstr.59,
2) Pastor Franke von der heiligen Kreuz-Kirche hier, Tempelherrenstrasse 16, wohnhaft,
3) Stadtverordneter Umfried aus Stuttgart,
4) Professor Dr. Quidde aus München und
5) Professor Schücking aus Marburg

teilnehmen werden.

Die stellvertretenden Generalkommandos des VII. und XI. Armeekorps haben die Teilnahme an dieser Tagung durch Sonderverbote bereits untersagt; auch das Oberkommando hat die Polizei angewiesen, dem p. Bernstein und dem p. Franke Pässe zur Reise in das Ausland nicht auszustellen, da die Genannten verdächtig sind, in reichsfeindlichem Sinne mit Verbänden, Vereinen oder Einzelpersonen des Auslandes in Verbindung zu treten.

Von seiten des Oberkommandos.
Der Chef des Stabes.
v Berge

An
das stellvertretende Generalkommando
des 1. K. Bayrischen Armeekorps
München.

Dokument 31

Das Oberkommando in den Marken regt mit Schreiben vom 13.11.1915 an, Prof. Ludwig Quidde neben anderen pominenten deutschen Teilnehmern an der in Bern stattfindenden Tagung internationaler Pazifisten die Ausreise zu verwehren. Das Kriegs-

Stellv. Gen. Kdo I. b. A. K,
Empf. 16.11.15. № 742039 mit 2 Beil.
u. R.

zum K. Kriegsministerium
Abteilung I.
München

unter Bezugnahme auf KME Nr. 100551 (vom 27.10.1915) zur Kenntnisnahme.

MÜNCHEN, 18.11.1915.
F. D. STV. G. KDO. I. A. K.
DER CHEF DES STABES.

Geheim!

Kriegsm. Nr 110052. An das K.stellv.General-Kommando I.A.K. 2 Beilagen.
zurück mit der Anheimgabe, auch dem Professor Dr Quidde und seinen Begleitern durch geeignete Maßnahmen den Grenzübertritt zu verwehren.

Um kurzen Vollzugsbericht und um unmittelbare Verständigung des stellv.Generalkommandos II.u.III.A.K.und der in Betracht kommenden außerbayerischen Generalkommandos wird gebeten.

München, 25. 11. 1915.
J.V.

ministerium nimmt auf die von CS verfaßte handschriftliche Anfrage des stellv. Gen. Kdo. den Vorschlag auf, so daß Quidde die Ausreise über Lindau durch Anordnung des stellv. Gen. Kdo. vom 29.11.1915 untersagt wird. (KA, Stv. Gen. Kdo. I. b. AK 1924)

Stellv. Gen. Kdo I. b. A. K,
Empf, 26.11.15 № 14732

An
den Grenzschutz

Lindau.

Geheim!

Betreff:
Verbot der Ausreise.

Es ist zu erwarten, daß Professor Dr. Ludwig Quidde aus München zu der am 14. Dezember in Bern stattfindenden Tagung der internationalen Pazifisten nach der Schweiz reisen wird.

Aus diesem Anlaß wird auf Grund des Art. 4 Ziff. 2 d. Kriegszustandsetzes angeordnet:

Dr. Quidde ist genau nach Schriftstücken zu durchsuchen, alle Schriftstücke - mit Ausnahme der persönlichen Ausweispapiere - sind ihm abzunehmen und anher vorzulegen. Der Grenzübertritt ist ihm zu verwehren.

~~Jede Angabe, aus welchen die Gründen diese Anordnung ergangen ist, hat zu unterbleiben.~~

II. An die stellv. Generalkommandos XIII. und XIV. A. K.
das K. und K. Militärkommando Jnnsbruck

Betreff: w. o.
Beilage:
1 Abdruck (von I.)

Professor Dr. Ludwig Quidde in München hat sich im Verlauf des Krieges derart ~~in einer Weise~~ an pazifistischen Bestrebungen beteiligt, daß von ihm erwartet werden muß, er werde ~~bei~~ sich als Referent der am 14. Dezember in Bern stattfindenden Tagung der internationalen Pazifisten, ~~bei der er als Referent vorgesehen ist,~~ über inner deutsche ~~Ereignisse~~ politische, wirtschaftliche oder militärische Ereignisse oder über mögliche Kriegsziele in einer den deutschen Jnteressen widerstrebenden, unsere Gegner ermutigenden Weise aussprechen.

Aus diesem Grunde sah sich das stellv. Generalkommando I.A.K. im Interesse der öffentlichen Sicherheit ~~genötigt,~~ die in Abdruck beiliegende Anordnung an den Grenzschutz Lindau ergehen zu lassen. Um den Grenzübertritt Quiddes nach der Schweiz auf alle Fälle ~~sicher~~ zu verhindern, wird ersucht, für die dortigen Grenzstellen ~~entsprechende Weisung zu erlassen~~ gleichmäßige Anordnung zu treffen.

III. ZumAkt: Einzelüberwachung (Quidde).

München, 29 November 1915.

Der Kommandierende General:

gez. v. S. F.

30. 11.

I. u. II. A. K. z. f. Ktnis.

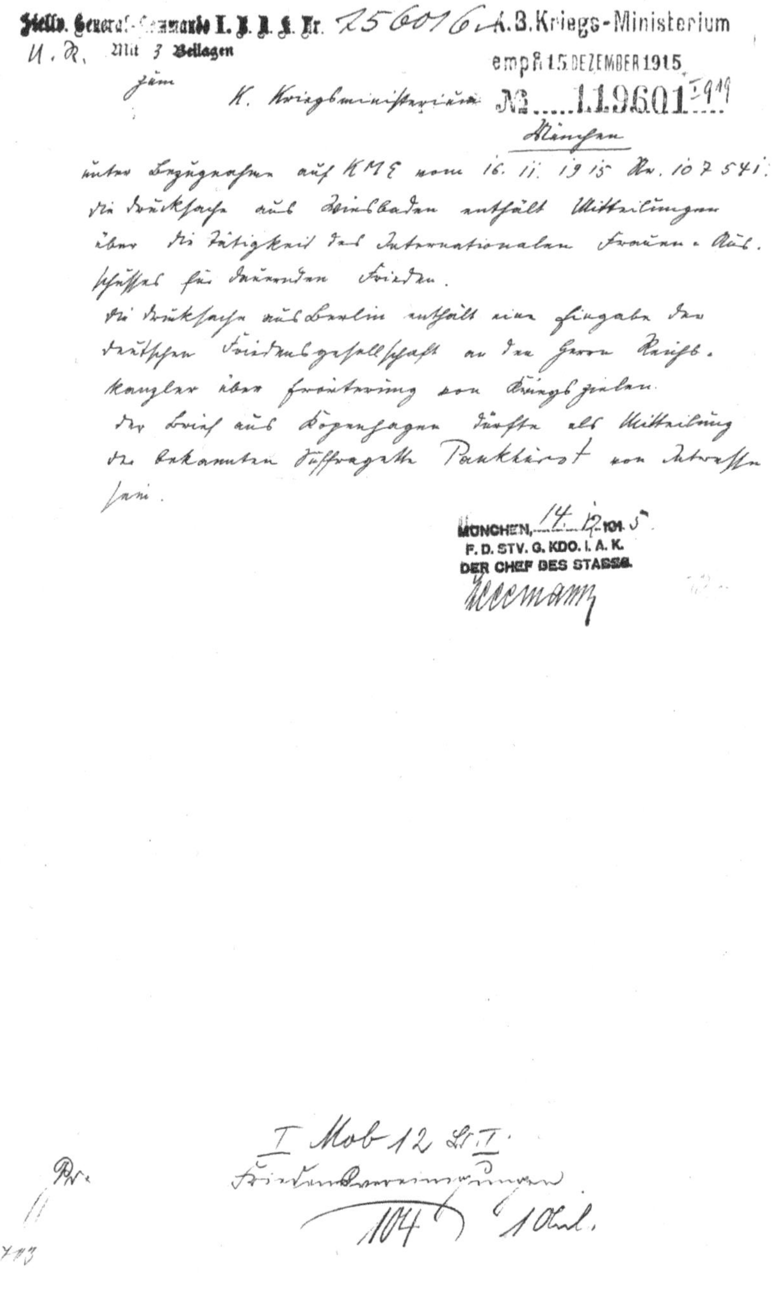

Dokument 32

Zwei Handschriftliche Mitteilungen des stellv. Gen. Kdo. an das bayerische Kriegsm., verfaßt von CS, unterschrieben vom Chef des Stabes Kleemann. Die Mitteilung vom

International Committee of Women for Permanent Peace

Founded at the International Congress of Women, the Hague, April 28th to May 1st 1915

OBJECTS: 1. To ensure that an International Congress of Women shall be held in the same place and at the same time as the official Conference which shall frame the terms of the peace settlement after the war for the purpose of making practical proposals to that Conference.

2. To organise support for the resolutions passed by the International Congress of Women at The Hague 1915. These include support of (a) the extension of the parliamentary franchise to women; and (b) the settlement of international disputes by peaceful means.

CHAIRMAN: JANE ADDAMS
FIRST VICE CHAIRMAN: Dr. ALETTA JACOBS
SECOND VICE CHAIRMAN: ROSIKA SCHWIMMER
TREASURER: J. C. VAN LANSCHOT HUBRECHT
SECRETARY: CHRYSTAL MACMILLAN
ASSISTANT SECRETARY: ROSA MANUS
~~ACTING SECRETARY PRO TEM.: EMILY HOBHOUSE~~

TELEPHONE: 9646 NOORD.
OFFICES:
KEIZERSGRACHT 467-469,
AMSTERDAM.

den 1.Dezember 1915.

Zu 119601 / 15

Monatsbericht

No.6.

ÜBER DIE FORTSCHRITTE UNSERER BEWEGUNG.

AMSTERDAM, Zentral Büro.

Am 28.November kehrte Chrystal Macmillan nach Amsterdam zurück.

Zusammen mit Rosika Schwimmer nahm sie an dem Internationalen Friedenskongress in San Francisco teil, welcher von den Vertretern der Nationalen Friedensorganisationen der Vereinigten Staaten geleitet wurde.

Der Kongress fasste den Beschluss, die Regierung der Vereinigten Staaten zu ersuchen, zusammen mit den anderen neutralen Ländern eine Konferenz einzuberufen, die bereit wäre sich den kriegsführenden Nationen, als Vermittler, anzubieten. Der Präsident des Kongresses, Dr.David Starr Jordan, wurde von den Delegierten beauftragt, diesen Beschluss des Kongresses persönlich dem Präsidenten Wilson zu übermitteln.

Das Programm des Kongresses forderte auch das Stimmrecht der Frau.

In San Francisco erfuhr Chrystal Macmillan von einem japanischen Professor die Namen einiger bedeutenden japanischen Frauen. Chrystal Macmillan hat ihnen geschrieben und dieselben aufgefordert einen Nationalen Ausschuss zu bilden.

Chrystal Macmillan hat den Staatssekretär Lansing, und andere Mitglieder des Kabinetts gesprochen, sowie viele einflussreiche Persönlichkeiten der Friedensbewegung in verschiedenen Teilen Amerikas.

In Toronto sprach sie in einer Versammlung, die nur zwei Tage vorher angekündigt worden war und an der 200 Personen teilnahmen. Die Organisation der Versammlung lag in Händen von Mrs.Hector Prenter, 98 Westminster Avenue, Toronto; Mrs.Barker, Scotier Farm, Erindale, Toronto und Miss Irez Percy, 5 Mait land Place, Toronto.

Diese Frauen haben es unternommen einen Nationalen Frauen-Ausschuss für dauernden Frieden zu bilden.

Frau Rosika Schwimmer beabsichtigte am 23.Nov. aus Amerika abzureisen.

Mej.J.C.van Lanschot Hubrecht hat sich einer schweren Operation unterziehen müssen. Sie hat die Operation gut überstanden und die Ärzte hoffen auf ihre vollständige Wiederherstellung.

Der von dem Niederländischen Anti-Oorlog Raad, einberufene Studienkongress, welcher am 14.15.16.Dezember in Bern tagen sollte, ist bis April aufgeschoben worden. Diese Tatsache, sowie andere Gründe bewogen uns, unsere angekündigte Versammlung in Bern, am 9.10.11. Dezember, nach Amsterdam zu verlegen, unter Beibehaltung desselben Datums.

Die Haager Kongressberichte sind in diesem Monat versandt worden.

Zu 104

14.12.1915 enthält u.a. den Hinweis auf den beiliegenden Monatsbericht des International Committee of Woman for Permanent Peace, 28.4.–1.5.1915; die vom 16.12.1915 auf eine Überwachung des Telegrammverkehrs Ludwig Quiddes. (KA, MKr 13366)

2.

Die Minister, die die Deputationen empfingen, die Mitglieder des Kongresses und die Personen und Vereine, welche dem Kongress Begrüssungstelegramme- und Briefe schickten, haben einen Bericht zugesandt bekommen.

Weitere Exemplare können durch das Zentral Büro bezogen werden. Der Preis des Berichtes beträgt 2.50 M. portofrei.

Der nächste Monatsbericht wird über den Verlauf der Versammlung in Amsterdam berichten.

AUSTRALIEN.

Das Zentral Büro erhielt auch in diesem Monat Briefe aus Australien, die grosses Interesse für die Ziele und die Arbeit des Internationalen Frauen-Ausschusses zeigen.

Unser Bestreben, die schon bestehenden Friedensorganisationen zum Anschluss an unseren Internationalen Ausschuss zu bewegen findet Verständnis und Entgegenkommen. Man ist auch bemüht Zweigabteilungen des Internationalen Frauen Ausschusses für dauernden Frieden, zu bilden.

BRASILIEN.

Mme.Bevilaqua aus Rio de Janeiro teilt uns mit, dass in der Zeitschrift: "Sciercias e Letras", die von ihr und ihrem Manne herausgegeben wird, die Resolutionen des Haager Kongresses in portugiesisch veröffentlicht worden sind.

Der ganzen Brief spricht von grossem Interesse für unsere Sache.

DÄNEMARK.

Clara Tybjerg.
Thora Daugaard.
Eline Hansen.

Clara Tybjerg berichtet, dass die "20" Mitglieder, welche an dem Kongress nach dem Kriege teilnehmen werden, ihre erste Versammlung abgehalten haben.

Um ihren Hauptausschuss zu entlasten, sind zwei Nebenausschüsse gebildet worden: einen Erziehungsausschuss und einen Ausschuss für Presse Arbeit.

Die verschiedenen Parteien, Berufe und Kreise sind in diesen Ausschüssen vertreten.

Eine Dame, die zu ihrem grossen Bedauern verhindert ist, persönlich für die Internationale Friedensarbeit der Frauen zu wirken, bezeigt ihre Anteilnahme durch eine Zeichnung von 1000 M. für den Fonds des Internationalen Ausschusses.

[DEUTSCHLAND.

Anita Augspurg.
Lida Gustava Heymann.
Minna Cauer.
Marie Wegner.
Frida Perlen.

Der Nationale Frauen-Ausschuss hat in Deutschland während der letzten Monate seine Hauptaufgabe darin erblickt, die praktische Propaganda unter den Frauen in die Wege zu leiten. In 18 Städten fanden sich bereits Vertrauenspersonen, deren Aufgabe es ist, weitere Mitglieder zu gewinnen. Zu diesem Zwecke werden in Privathäusern kleinere Versammlungen abgehalten, auf denen die Besprechung der Haager Beschlüsse erfolgt. Um die Kenntniss der Bedingungen eines dauernden Friedens zu verbreiten, werden in verschiedenen Städten Bibliotheken für Friedensliteratur eingerichtet; die Ausgabe der Bücher erfolgt unentgeltlich an Mitglieder und Interessenten unserer Sache. Am intensivsten wurde bisher in Berlin, Breslau, Hamburg, München und Stuttgart gearbeitet. In Hamburg wurde mit den Schülerinnen einer Privathandelsschule der Inhalt der Haager Beschlüsse erörtert und die Eltern auf einem Elternabende im Sinne der Beschlüsse beeinflusst.

Beim Reichskanzler wurde beantragt, die Erörterung von Friedensbedingungen in gerechter Weise für alle Parteien und Richtungen von der Zensur zu befreien.(Das Schreiben befindet sich unter den Beilagen.).

Für die Verbreitung von Mitteilungen in der Presse über die seitens der Frauen in anderen Ländern für den Frieden geleistete Arbeit wurde Sorge getragen.

FRANKREICH.

Gabrielle Duchêne.
Jeanne Halbwachs.
Miriam Reinhardt.
Madeleine Rolland.
Morre Lambelin.

Mlle.Duchêne teilt uns mit, dass:
Mlle.Jeanne Halbwachs, 3 Boulevard Arago, Paris,
Mlle.Mirriam Reinhardt, 18 Rue Pierre Curie, Paris,
Mlle.Madeleine Rolland, 29 Avenue de l'Observatoire, Paris,
Mme.Morre Lambelin, 9 Rue Ampère, St.Germain-en-Laye,

Mitglieder des Internationalen Frauen-Ausschusses geworden sind.

Ihr Nationaler Ausschuss ist sehr tätig in der Ausbreitung und Bekanntmachung der Haager Beschlüsse.

GRIECHENLAND.

Durch das Amsterdamer Post Büro erfahren wir, dass unsere Briefe an Mme.Xanthakès, Pirée, von der französischen Zensur nicht durchgelassen worden sind.

GROSSBRITANIEN UND IRLAND.

Chrystal Macmillan.
K.D.Courtney.

Auf einer Versammlung in London am 30. September und 1. Oktober wurde das Britische Komitee des Internationalen Frauen Kongresses aufgelöst und an dessen Stelle "The Women's International League" gegründet. Nur britische Untertanen können Mitglieder dieser Liga werden. Getrennt davon bildet sich in Irland nach ähnlichen Grundsätzen eine gleiche Organisation.

Eine Zusammenstellung der Ziele der Liga, sowie die Bedingungen der Mitgliederschaft, befinden sich bei den Beilagen dieses Monatsberichtes.

HOLLAND.

Aletta H.Jacobs.
C.Ramondt-Hirschmann.
Rosa Manus.
Jeanne C.v.Lanschot Hubrecht.

Der holländische National Ausschuss hat während der kurzen Zeit seiner Existenz sich hauptsächlich bemüht für seine Grundsätze und Ziele Propaganda zu machen.

Damit der Gedanke eines "dauernden Frieden" auf weitere Bevölkerungsschichten Einfluss habe, hat der holländische (Haupt) Zentral Ausschuss überall im Lande, Zweigabteilungen ins Leben gerufen, und weitere Gründungen sind beabsichtigt. In den grösseren Städten sind es die "lokalen Ausschüsse", in den kleineren Orten die "Korrespondenten" und in einigen Gegenden des Landes die "Provinzial Ausschüsse", die den Zentral Ausschuss in seiner Arbeit unterstützen.

In einigen Orten bestehen neben dem "Lokalen Ausschuss", noch mehrere, starke "Propagandakomiteen", deren Mitglieder die Beschlüsse der Internationalen Frauen Konferenz - Haag, April 1915 - durch Vorträge und kleinere Versammlungen in Privathäusern, wo die Haager Berichte eingehend besprochen werden, bekannt zu machen bestrebt sind.

In Amsterdam ist eine Propaganda Versammlung abgehalten worden, auf der Dr.Aletta Jacobs und Mevr.C.Ramondt-Hirschmann gesprochen haben und weitere Versammlungen haben in anderen Städten stattgefunden.

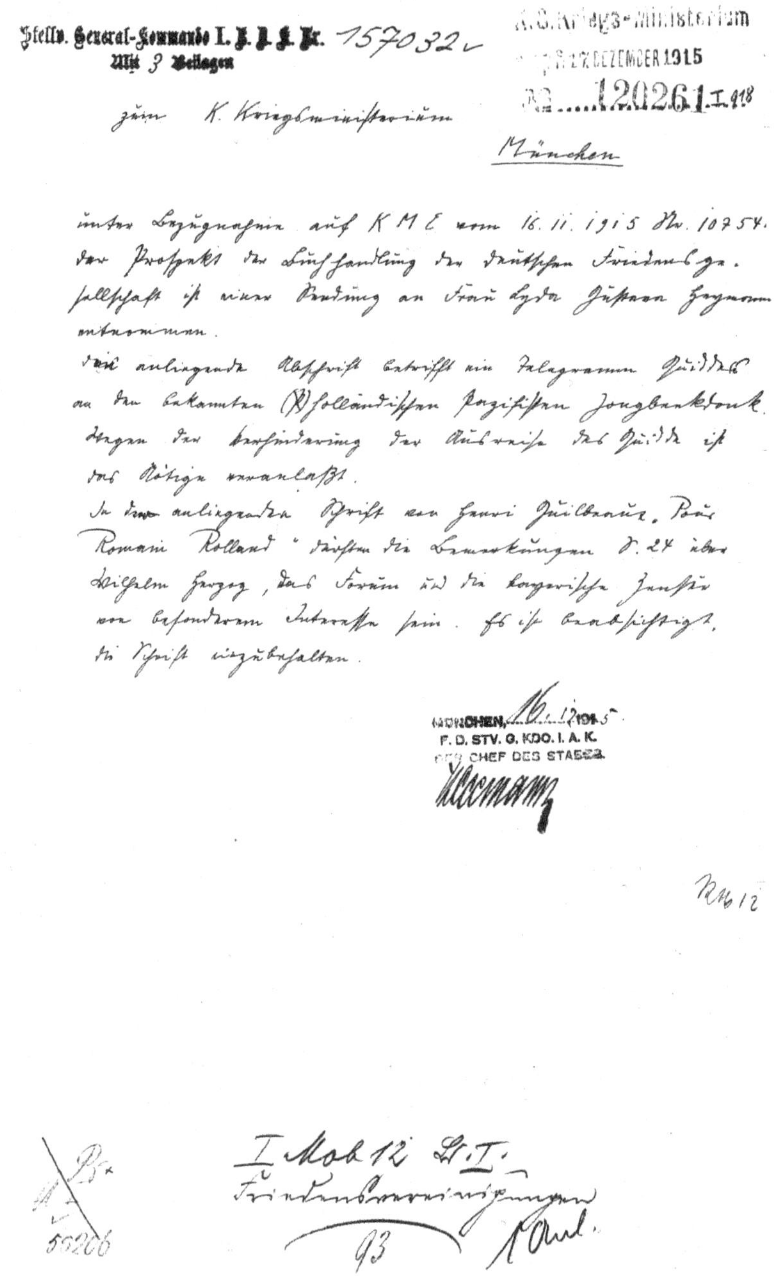

Stellv. General-Kommando I. B. A. K. Nr. 157032
Mit 3 Beilagen

zum K. Kriegsministerium
München

K. B. Kriegs-Ministerium
17. DEZEMBER 1915
Nr. 120261 I. 918

unter Bezugnahme auf KME vom 16. 11. 1915 Nr. 10754.
Der Prospekt der Buchhandlung der deutschen Friedensgesellschaft ist einer Sendung an Frau Lyda Gustava Heymann entnommen.
Die anliegende Abschrift betrifft ein Telegramm Quiddes an den bekannten (X) holländischen pazifistischen Jongbeekdonk.
Wegen der Verhinderung der Ausreise des Quidde ist das Nötige veranlaßt.
In der anliegenden Schrift von Henri Guilbeaux „Pour Romain Rolland" dürften die Bemerkungen S. 24 über Wilhelm Herzog, das Forum und die bayerische Zensur von besonderem Interesse sein. Es ist beabsichtigt, die Schrift einzubehalten.

MÜNCHEN, 16. 12. 1915.
F. D. STV. G. KDO. I. A. K.
DER CHEF DES STABES
[illegible]

Kl 16/12

I Mob 12 Lt. I.
Friedensvereinigungen
93

B.
55206

Abschrift!

eines Telegramms von München nach Bern.

Absender:Quidde(Telephonisch von 30643 aufgegeben.)

Nr.6140 mit 20 W 191..den 14/XII.um 5 Uhr40 M.n.

Jongbeekdonk
Berner Hof
Bern.

Abreise heute unmöglich vielleicht übermorgen frühwenn Ihr solange bleibt bitte sonst Zusammenkunft auf Rückreise.

Quidde.

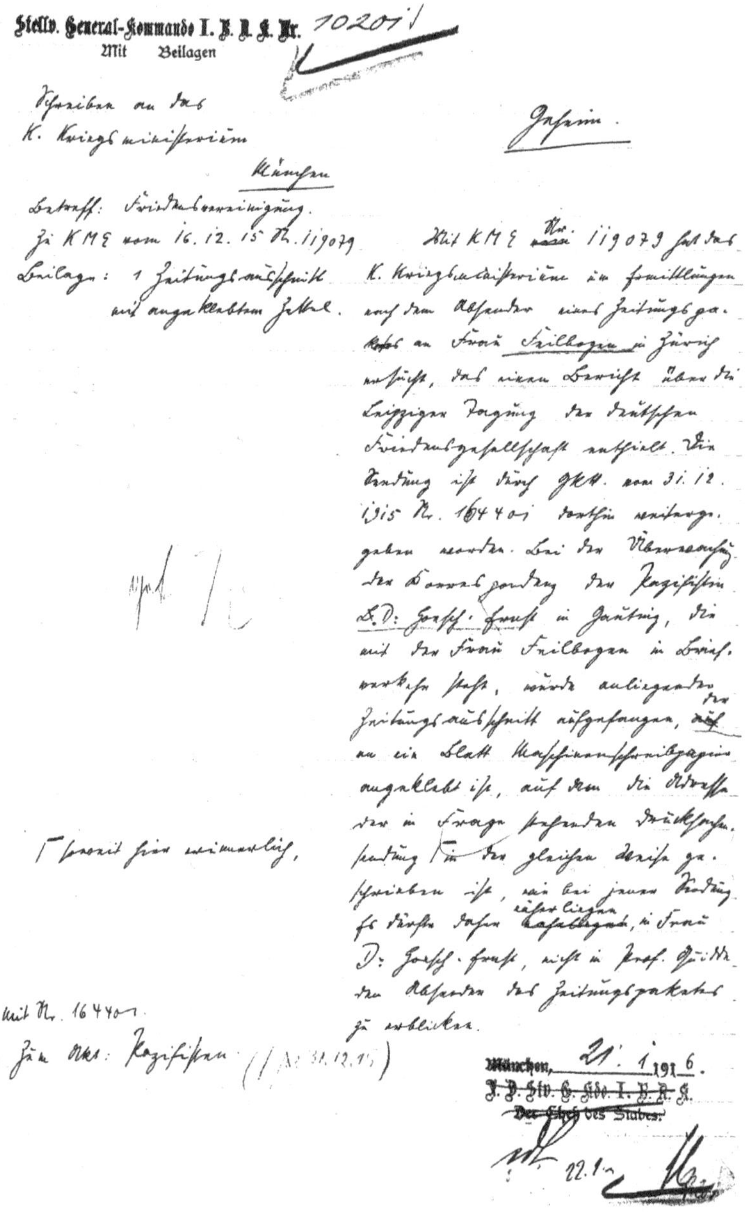

Stellv. General-Kommando I. B. A. K. Nr. 10201 I
Mit Beilagen

Schreiben an das
K. Kriegsministerium
München

Geheim.

Betreff: Friedensvereinigung.
Zu KME vom 16.12.15 Nr. 119079
Beilage: 1 Zeitungsausschnitt mit angeklebtem Zettel.

Mit KME Nr. 119079 hat das K. Kriegsministerium um Ermittlungen nach dem Absender eines Zeitungspaketes an Frau Feilbogen in Zürich ersucht, das einen Bericht über die Leipziger Tagung der deutschen Friedensgesellschaft enthielt. Die Sendung ist durch GKA. vom 31.12.1915 Nr. 164401 dorthin weitergegeben worden. Bei der Überwachung der Briefsendung der Pazifistin Dr. Hoesch-Ernst in Gauting, die mit der Frau Feilbogen in Briefwechsel steht, wurde anliegender Zeitungsausschnitt aufgefangen, der an ein Blatt Maschinenschreibpapier angeklebt ist, auf dem die Adresse der in Frage stehenden Drucksachensendung [soweit hier erinnerlich] in der gleichen Weise geschrieben ist, wie bei jener Sendung. Es dürfte daher näher liegen, in Frau Dr. Hoesch-Ernst, nicht in Prof. Quidde den Absender des Zeitungspaketes zu erblicken.

mit Nr. 164401.
II. Zum Akt: Pazifisten (31.12.15)

München, 21. 1. 1916.
K. B. Stv. G. Kdo. I. B. A. K.
Der Chef des Stabes.
22.1.

Dokument 33

Im Herbst 1915 wird die Friedensbewegung stärker als bisher von dem bayerischen Kriegsm. und dem stellv. Gen. Kdo. überwacht. Das trifft besonders Dr. Lucy Hoesch-Ernst, wie die von CS verfaßten handschriftlichen Stellungsnahmen, paraphiert vom Kommand. General von der Tann, vom 21.1.1916 und 26.2.1916, belegen. Die umfang-

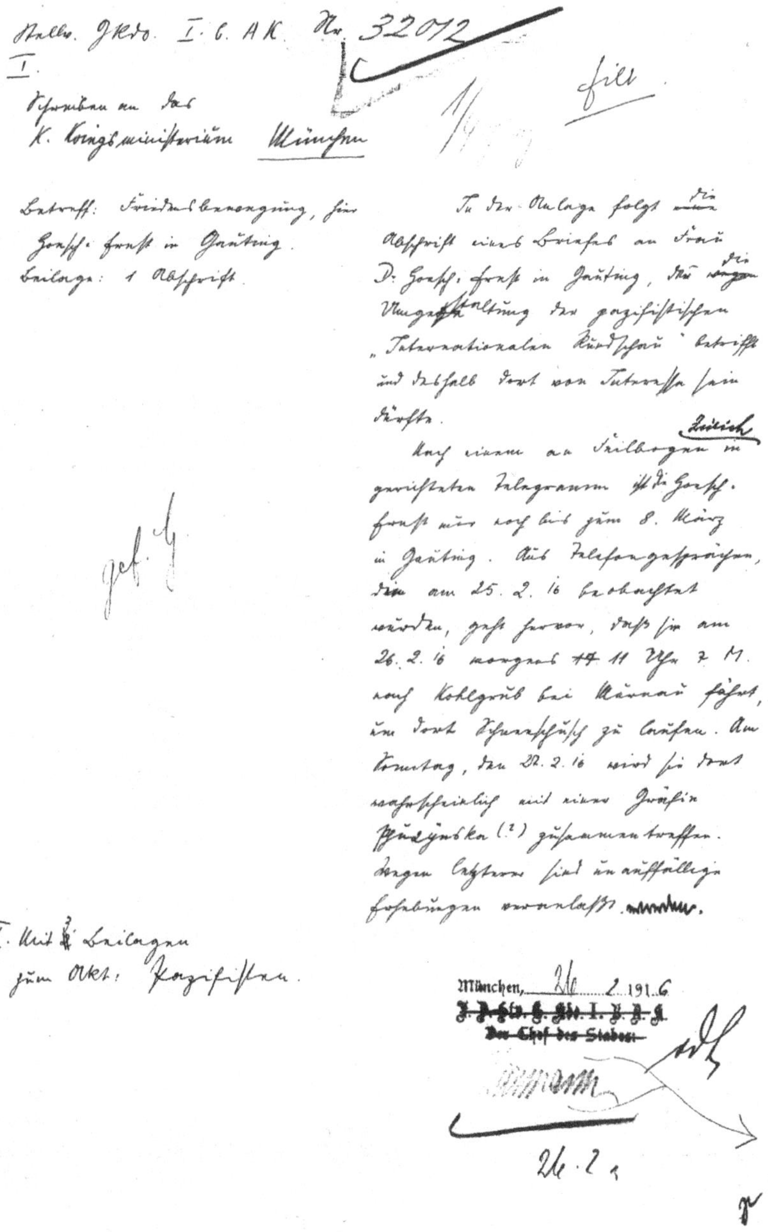

Stellv. GKdo. I. b. AK. Nr. 32072
I.
Schreiben an das
K. Kriegsministerium München

Betreff: Friedensbewegung, hier [illegible] in Gauting.
Beilage: 1 Abschrift.

In der Anlage folgt die Abschrift eines Briefes an Frau D. [illegible] in Gauting, die die Umgestaltung der pazifistischen „Internationalen Rundschau" betrifft und deshalb dort von Interesse sein dürfte.

Nach einem aus Zürich an [illegible] gerichteten Telegramm ist die [illegible] nur noch bis zum 8. März in Gauting. Aus Telefongesprächen, die am 25. 2. 16 beobachtet wurden, geht hervor, dass sie am 26. 2. 16 morgens 11 Uhr 7 M. nach Kohlgrub bei Murnau fährt, um dort Schneeschuhe zu kaufen. Am Sonntag, den 27. 2. 16 wird sie dort wahrscheinlich mit einer Gräfin [illegible] (?) zusammentreffen. Gegen Letztere sind nun auffällige Erhebungen veranlasst.

II. Mit 1 Beilagen zum Akt: Pazifisten.

München, 26. 2. 1916

~~K. Stellv. G. Kdo. I. B. A. K.~~
~~Der Chef des Stabes:~~

26. 2.

reiche maschinenschriftliche Zusammenstellung vom 14. 3. 1916 hält die Verhängung der militärischen Sicherheitshaft, die Durchsuchung von Wohnungen in diesem Zusammenhang u. a. fest, mit kleineren handschriftlichen Korrekturen durch CS. Ein schriftliches Gesuch der Inhaftierten vom 4. 4. 1916 und der Einfluß der bedeutenden Industriellen-Familie Hoesch wurden in handschriftlichen Protokollnotizen, bei denen am 19. 4. 1916

Stellv. Generalkommando I. b. A. K.

München 6, ~~den~~

Betreff:

Friedensbewegung.

~~Gemäß telephonischer Besprechung mit dem K. Kriegsministerium in München vom 2.3.1916 ist durch~~ G.K.V. vom 2.3.1916 Nr 34656 über die staatlosen Dr.Dr.Hoesch-Ernst in Gauting die militärische Sicherheitshaft verhängt worden. Die Festnahme, sowie die Durchsuchung der Wohnung und die Beschlagnahme der als Beweismittel in Betracht kommenden Gegenstände erfolgte am 3.3.1916. Am gleichen Tage wurde auch der Redakteur der Jnternationalen Rundschau, der österreichische Staatsangehörige Professor Dr.Sigmund Feilbogen, der am 2.3.1916 im Hotel Wolff in München mit Frau Dr.Hoesch-Ernst eine Besprechung hatte, in militärische Sicherheitshaft genommen. Endlich wurde am 3.3.1916 die Durchsuchung der Wohnung des preuß. Staatsangehörigen Privatgelehrten Thiele in Solln angeordnet und am 4. und 6.3.1916 durchgeführt. Der Vollzug sämtlicher Anordnungen war der K. Polizeidirektion München übertragen.

1.

Bei der Durchsuchung der Wohnung des Privatgelehrten T h i e l e wurden zunächst einige pazifistische Flugschriften und Manuskripte sowie einige beschlagnahmte pazifistische Bücher, wie Fernau, "Gerade weil ich ein Deutscher bin" gefunden.

explizit der Protokollant, Gefreiter Schmitt, unterzeichnet hat, festgehalten. Sie belegen das weitere Schicksal von Frau Dr. Hoesch-Ernst, die unter bestimmten Bedingungen vom Strafvollzug verschont wird und der schließlich erlaubt wird, in Koblenz mit Auflagen und unter Stellung einer hohen Kaution von 100.00 Reichsmark zu wohnen und

Ein Grund zu der Annahme, daß Thiele pazifistische Propagande in größerem Umfange treibe, liegt jedoch nicht vor. Es ist nur von Jnteresse, daß Thiele in der Nr. vom 15.4.1915 des "Monistischen Jahrhunderts" eine Ankündigung folgenden Wortlauts erlassen hat:

Monisten

die trotz des Krieges Pazifisten geblieben oder durch denselben solchen geworden sind, bittet um diesbezügliche Mitteilung.

C. H. Thiele, München-Solln.

Auf diese Ankündigung hat Thiele aus ganz Deutschland insgesamt rund 50 zustimmende Erklärungen von Monisten ~~bekommen~~ erhalten, die aber meist allgemein gehalten sind und (~~durchweg~~) loyal, zuweilen sogar patriotisch in dem Sinne lauten, daß Deutschland diesen Krieg für einen dauernden Frieden führe. Abgesehen von diesem Versuch einer Beeinflußung des deutschen Monistenbundes im pazifistischen Sinne hat sich keinerlei belastendes Material gegen Thiele ergeben. Ein Anlaß zu weiteren militärischen Maßnahmen liegt daher nicht vor. Bei einer persönlichen Einvernahme des ~~die~~ Thiele ~~mit~~ durch Hauptmann Roth ~~vom stellv. Generalkommando gehabt~~ ~~hat~~, hat ~~er~~ Th. aus freien Stücken sich bereit erklärt ~~versprochen~~, sich jeder weiteren pazifistischen Tätigkeit zu enthalten. Bei der von Frau Dr. Hoesch-Ernst am 2.3.1916 veranstalteten Zusammenkunft im Hotel Wolff, die den Anlaß zu den eingangs erwähnten Maßnahmen gegeben hat, war ~~Thiele~~ er zwar eingeladen, aber nicht zugegen. Seine Frau, eine harmlose und furchtsame Dame, hat ihn dabei vertreten. Nach den Ergebnissen der polizeilichen Ueberwachung und den damit übereinstimmenden Angaben des Professors Feilbogen, hat die Zusammenkunft keinerlei sachliche Bedeutung ge-

auch besuchsweise in ihre Wohnung in Gauting bei München zurückzukehren. Der umfangreiche, hier nur in einer Auswahl dokumentierte Aktenvorgang wird mit einem maschinenschriftlichen Schreiben vom 11.2.1919 von Frau Hoesch-Ernst geschlossen, indem sie um Rückgabe der bei der Hausdurchsuchung 1916 beschlagnahmten Schriften

habt, sodaß auch darin kein Grund zu einem weiteren Vorgehen gegen Thiele läge.

II. Der Redakteur der Jntern.Rundschau, Prof. Feilbogen ist am 5.3.1916 aus der Sicherheitshaft entlassen worden, da sich nichts belastendes gegen ihn ergeben hat. Papiere oder Korrespondenzen, die irgendwie von Jnteresse sein könnten, führte Feilbogen nicht bei sich. Der Zweck seiner Reise war zunächst der, der Einäscherung einer Verwandten in Mannheim beizuwohnen. Außerdem wollte er bei Gelegenheit dieser Reise für die Jntern.Rundschau, deren Geldmittel ihrem Ende zugehen, neues Kapital und auch schriftstellerische Beiträge auftreiben. Als Geldgeberin kam für Feilbogen hierbei vor allem die Frau Dr.Hoesch-Ernst in Betracht, die Feilbogen bereits einmal 6000 M ~~an~~ für die Jntern.Rundschau gegeben und weitere 3000 M in Aussicht gestellt hatte. [Bei der Gründung der Jnt. Rundschau hatte die Hoesch-Ernst 20000 M ~~gegeben~~ zur Verfügung gestellt.] Feilbogen war auf die Geldspenden der Hoesch-Ernst angewiesen und geriet dadurch zuweilen, wie er sich ausdrückte "offengestanden in Verlegenheit." Denn die Hoesch-Ernst war mit dem Charakter der Jntern.Rundschau und ihrer Neutralität wie sie ~~sich~~ unter der Leitung des Feilbogen aufgefaßt wurde, unzufrieden; sie fand sie zu wenig radikal und namentlich zu wenig für die Empfindung der Engländer berechnet - in England ist die Zeitschrift angeblich boykottiert - und schickte Aufsätze, deren Aufnahme in die Zeitschrift Feilbogen mit Rücksicht auf die finanzielle Bedeutung der Hoesch-Ernst nicht gut ablehnen konnte, die er jedoch soweit sie die Neutralität des Blattes auf Kosten Deutschlands verletzte oder einen allzu ~~großen~~ radikalen Pazifismus vertraten, nach Möglichkeit zusammenstrich. Von der Hoesch-Ernst sind

bittet und das unter Hinweis auf ihren Status als Amerikanerin und im Rheinland unter dem besonderen Schutz der englischen Behörden stehende Politikerin. Die von CS verfaßte handschriftliche Antwort des stellv. Gen. Kdo., unterzeichnet vom Kommand. General, enthält die Mitteilung, daß keine Unterlagen mehr vorhanden sind. (KA, Stv. Gen. Kdo. I. b. AK 1918)

in der Internationalen Rundschau folgende Aufsätze erschienen: Der Weg zum Frieden; Psychologie der Aussage (in England angeblich wegen seiner deutschfreundlichkeit verboten), Patriotismus und Patriotitis. Gerade den letzten Aufsatz der für die Beurteilung der Hoesch-Ernst von Wichtigkeit ist, hat Feilbogen nach seinen Angaben auf ein Drittel zusammengestrichen. Der vollständige Aufsatz ist in einer Separatausgabe erschienen. Ein Abdruck des Aufsatzes liegt diesem Bericht bei. Die Hoesch-Ernst hat Feilbogen ferner die Resolutionen zugeschickt, die die deutsche Friedensgesellschaft in der Generalversammlung vom 5. und 6.11.1915 in Leipzig gefaßt hat. (Damit bestätigt sich die in einem Berichte vom 21.1.1916 G.K.V.Nr 10001, zu K.M.E.Nr 119079/15 ausgesprochene Vermutung, daß die Hoesch-Ernst, nicht Prof. Quidde die Versendung dieser Resolution an Feilbogen bewirkte). Feilbogen lehnte jedoch den Abdruck der Gesamten-Resolution ab, angeblich, weil "fanatische Äußerungen" darin vorkamen. Nur die Resolution über Rüstungseinschränkung, Völkerverhetzung, sowie über die Juden und Armenier hat er abgedruckt (Intern.Rundschau Heft vom 15.2.1916 Seite 128) Durch die Ansprüche der Hoesch-Ernst will Feilbogen öfters in Verlegenheit gesetzt worden sein, er hat wie er sagte, "äußerlich Rücksicht nehmen müssen auf die bewährte Spenderin für die Zeitschrift" einen wesentlichen Einfluß von Frau Hoesch auf die Redaktion der Zeitschrift und ihre neutrale Haltung bestreitet er jedoch. Die Verbreitung der Intern.Rundschau gibt Feilbogen auf etwa 1000 Stück in der deutschen Ausgabe und 500 Stück in der englischen Ausgabe an. Dazu kommen zahlreiche Freiexemplare.

Die Zusammenkunft im Hotel Wolff vom 2.3.16 war ohne jedes sachliche Ergebnis. Frau Hoesch-Ernst die Veranstalterin der Zusammenkunft, hatte ursprünglich auch den Universitätsprof. F.W. Förster, Prof. Quidde und Kurt Eisner geladen. Da diese nicht erschienen ~~waren~~, hatte Feilbogen kein Jnteresse mehr an der Zusammenkunft. Es wurde nur allgemein über die Lage der Intern. Rundschau gesprochen. ~~Das Wort~~ Brockhaus, ~~das~~ nach dem Polizeibericht in der Besprechung mehrfach gefallen ist, bezieht sich nich auf den bekannten Verleger, sondern auf den Wiener Univers. Prof. Brockhausen, der dem stellv. Generalkommando als gemäßigter Pazifist bekannt ist.

Die vorstehende Darstellung beruht auf den Angaben des Feilbogen, die dieser am 4.3.1916 in einer Besprechung mit ~~dem~~ Leutnant Schätz ~~vom~~ stellv. Generalkommando und am 5.3.1916 bei seiner Einvernahme durch Hauptmann Roth gemacht hat. Sie erscheinen, soweit es sich um die tatsächlichen Angaben handelt, glaubhaft, ~~obwohl Feilbogen~~ bei der Darstellung seiner Beziehungen zu den Hoesch-Ernst diese im Interesse einer baldigen Freilassung wohl mehr als der Wahrheit entsprach, ~~verleugnet hat~~. Feilbogen ist k. und k. österreichischer Prof. a.D., er bezieht als solcher eine Pension vom österr. Staat; zur Zeit ist er Privatdozent für Nationalökonomie an der Universität Wien. Er ist ein alter Mann, sehr schwerhörig und kurzsichtig und vor allem auf seine persönliche Sicherheit bedacht. Auf Grund der Vernehmung konnte er als ungefährlich entlassen werden. Er ist über Oesterreich in die Schweiz zurückgereist.

und erklärt offen, er wünsche schon deshalb den Sieg der Zentralmächte, weil er sonst sein Pension verlöre.

III. Die Frau Dr. H o e s c h - E r n s t befindet sich seit dem 3.3.1916 in militärischer Sicherheitshaft bei der K. Polizeidirektion. Wegen einer angemessenen Unterbringung für längere Zeitdauer ist das stellv. Generalkommando mit dem K. Staatsministerium d. Justiz in Verbindung getreten. Am 10.3.1916 erfolgte ihre Ueberführung in ~~der~~ die Strafvollstreckungsanstalt ~~Stadelheim~~ München, wo ~~sich ein größeres, helles Zimmer findet, in dem sie untergebracht werden kann~~ ihr ein entsprechendes Zimmer zur Verfügung gestellt ist und, ~~ihr~~ soweit es sich mit der Gefängnisordnung in Einklang bringen läßt, in allem, was ihre Verpflegung und ihre Bewegungsfreiheit angeht, entgegengekommen wird. Am 7.3.1916 hat eine mündliche Besprechung des Leutnant Schätz ~~vom~~ des stellv. Gen.Kdo. mit der Hoesch-Ernst stattgefunden vor allem zu dem Zweck, sie über den Grund der Haft zu belehren und ihre Gesinnung kennen zu lernen. Ihre politischen Ansichten sind kurz folgende: Das deutsche Reich wird diesen Krieg verlieren. Ueber kurz oder lang erfolgt der Zusammenbruch und es kann sich nur darum handeln, möglichst schnell Friede zu machen, gleichgültig unter welchen Bedingungen, auch wenn Elsaß-Lothringen herausgegeben werden müßte. Alle sogen. Kriegsziele sind lächerlich. Das deutsche Volk ist gut und sympathisch, sein größter Feind ist die gegenwärtige Regierung und der Militarismus. Sie erklärt ausdrücklich auf dem Standpunkt der äußersten Linken der sozialdemokratischen Partei zu stehen. Im Einzelnen sind ihre Aeußerungen widerspruchsvoll und durch ihre häufig wechselnde Stimmung beeinflußt, doch handelt es sich im wesentlichen immer um dieselbe Gegenüberstellung des deutschen Volkes und seiner militaristischen Regierung und um die Notwendigkeit eines Friedens um jeden Preis. Sie trägt ihre Ansichten mit größter Offenheit und sehr temperamentvoll vor, fühlt sich als Anwalt der wahren Interessen des deutschen Volkes und in ihrer gegenwärtigen Lage als Märtyren einer guten

Sache, von deren Richtigkeit bald ganz Deutschland überzeugt sein werde, und behauptet, daß in Deutschland Tausende dieser Meinung seien, weshalb es töricht wäre, sie einzusperren, zumal andere, wie Wilhelm Herzog und Rudolf Goldscheid viel gefährlicher seien als sie selbst.

Die Bekannten der Hoesch-Ernst, die bisher in ihrer Angelegenheit beim stellv.Gen.Kdo.vorstellig geworden sind, nämlich Prof.Feilbogen und Prof.F.W.Foerster, der ein Schreiben des österr. Regierungsrats Prof.Brockhausen von der Wiener Universität vorlegt, heben hervor, daß die Hoesch-Ernst trotz derartiger Ansichten und Aeußerungen eine von den besten Absichten beseelte Frau sei, daß sie nur impulsiven weiblichen Stimmungsausbrüchen ausgesetzt sei und daß ihr eine unehrenhafte Handlung namentlich hoch- oder landesverräterischer Natur nicht zuzutrauen sei. Da es sich aber für die Militärbehörde in erster Linie nur um ihre objektive Gefährlichkeit handelt, so kommt die Art ihrer Motive nicht in Betracht. Für die Beurteilung ihrer Gefährlichkeit ist folgendes von Interesse:

Die Hoesch-Ernst verbreitet ihre Ansichten mündlich und schriftlich im Kreise ihrer zahlreichen Freunde und Bekannten. Sie ist Mitglied fast sämtlicher Friedens- und ähnlicher Gesellschaften (europäische Gesellschaft in Berlin zur Verständigung der Jntellectuellen, Bund neues Vaterland, Anti-Oorlog-Raad, Deutsche Friedens-Gesellschaft, Münchener Friedensvereinigung, Nationaler Ausschuß für dauernden Frieden, Frauenweltbund zur Förderung internationaler Eintracht, Frauenstimmrechtsbund). Sie betätigt sich sehr lebhaft in dieser pazifistischen Bewegung und vertritt namentlich in Versammlungen und bei Zusammenkünften ihren radikalen Standpunkt mit grossem Nachdruck. Auf der Hauptversammlung der deutschen Friedensgesellschaft in Leipzig am 6.11.15 ist sie für eine durchgreifende pazifistische Propaganda, ~~(namentlich für eine systematische Beeinflußung der Jugend)~~ eingetreten. Ein Brief vom 13.11.1915 an den Vorsitzenden der Münchener Friedensvereinigung Prof. Dr. Quidde, läßt erkennen, daß sie auch in der Versammlung der Münchener Friedenseinigung vom 12.11.1915 durch ihren Radikalismus Aufsehen und Widerspruch erregt hat. Mit den bekannten Pamphlet "J'accuse" von einem Deutschen (bei Payot in Lausanne erschienen) hat sie sich in Briefen im wesentlichen einverstanden erklärt. Sie hat dieses Buch auch in mehreren, soviel hier bekannt ist in fünf Exemplaren in England und Amerika verbreiten lassen und mehrere Exemplare für sich selbst bestellt. Jn einem Brief an den Bund neues Vaterland vom 10.7.1915 sagt sie wörtlich folgendes:

"... so wünsche ich Deutschland, zu seinem eigenen Heil nicht den Sieg, denn "der Feind" – und hier kommen als stimmangebend nur Engländer in Betracht, – werden glimpflicher mit uns verfahren, wenn man den Blick weit in die Zukunft richtet als diese siegende Partei in unserem eigenen Lande. Zunächst wieder ein Krieg und dann eine Revolution, oder vielleicht ist die Reihenfolge umgekehrt ... Es ist entsetzlich, aber ich wünsche wirklich meinem eigenen Vaterlande eine militärische Niederlage damit es keine weit schlimmere geistige und moralische erleide. Nur ist dem Wunsch nichts getan. Man kann nur versuchen, Einsicht zu verbreiten. Aber solange die Epidemie der "Patriotitis im dritten Stadium" noch andauert – erscheint mir Ubrigens, daß die Krankheit etwas im Rückgang begriffen ist - ist es unmöglich Logik von den betreffenden Jndividuen zu verlangen. Nachher wird man zur Vernunft kommen, wenn es zu spät ist.

Goldscheid mahnt, man solle den Zeitpunkt nicht verpassen, er wird verpasst werden. Goldscheid sollte viel verbreitet werden und auch „Was täte Bismarck "sollte verbreitet werden. Goldscheid ist leider zu teuer. Bitte schicken sie mir 10 Exemplare von beiden. Was halten sie von "J'accuse ?". Jch stimme ihm im Wesentlichen zu, es ist eine wunderbare Pille gegen die andere Epidemie der Selbstgerechtigkeit. Aber für die meisten ist sie zu bitter..."

Der Sekretär des Bundes neues Vaterland, O. Lehmann-Russbült hat diese Auffassung des Buches "J'accuse" allerdings abgelehnt. Seine Stellungnahme ergibt sich aus einem Brief vom 3.8.1915, der in Abschrift beiliegt. Des weiteren liegen Abschriften von 3 Briefen der Sekretärin des Bundes Lilly Jannasch (8.11.1915, 20.11.1915, 6.121915) bei, die die Vermutung nahelegen, als habe die Schreiberin dieses Briefes und ihr Kreis der Jnszenierung von Straßenaufläufen nahegestanden, die im November und Dezember 1915 in Berlin stattfanden. Eine Abschrift dieser Briefe wird dem Oberkommando in den Marken übersandt. Daß die Hösch-Ernst auf eine Aufwiegelung der niederen Klassen hingewirkt hat, ist auch in einem Bericht der K.Polizeidirektion München v.17.12.1915 erwähnt. Danach hat sie bei den Besprechungen des Münchener Ausschusse des internationalen Kongresses in Haag im Dezember 1915 den Vorschlag gemacht, man solle sich in München an die Frauen der dienenden Klassen wenden und diese aufklären und ~~diese~~ aufmuntern, und auf den Münchner Viktualienmarkt ähnliche Krawalle zu veranstalten wie die Berliner Frauen das im Dezember 1915 in Berlin getan haben.

Als Beweis dafür, daß die Hoesch-Ernst mit ihren pazifistischen Ansichten auch bei Heeresangehörigen Propaganda macht und diesen pazifistische Schriften zusteckt, liegt einem Brief eines Offizierstellvertreters Hirschmann aus Kohlgrub bei, den sie anläßlich eines Schneeschuhausfluges dort kennen gelernt hatte. Dieser Brief war die äußere Veranlassung zu einem schärferen Vorgehen gegen die Hoesch-Ernst.

Daß eine Verbreitung der Ansichten, wie sie die Hoesch-Ernst hat, eine schwere Gefahr für die ~~militärische~~ Sicherheit des Reiches bedeutet, bedarf keiner Erörterung. Daß die Hoesch-Ernst bisher eine solche Verbreitung mit allen Mitteln vorgenommen hat, ist nach dem bisher Gesagten ebenfalls bewiesen. Es kommt noch hinzu daß sie als Schriftstellerin mit großen Beziehungen und als vermögende Frau diese Verbreitung besonders wirksam gestalten kann. Sie hat auch bereits große Summen dafür hergegeben, so für die Gründung und Erhaltung der Intern. Rundschau 29000 M. Wenn auch bei dem verhältnismäßig neutralen Charakter der Intern. Rundschau schon in der Hingabe dieser Summe der Tatbestand des Landesverrats (§§ 89, 91 RStr.G.B.) nicht ohne weiteres gefunden werden kann, so beweist dieser Umstand doch die Gefährlichkeit der Hoesch-Ernst.

Das stellv.Generalkommando wird auf Grund dieses Sachverhalts die Hoesch-Ernst solange in Sicherheitshaft belassen, bis eine unbedingte Gewähr dafür gegeben ist, daß sie in keiner Weise mehr schädlich wirken kann. Zur Zeit kann von einer Sinnesänderung der Hoesch, trotz der Einwirkung ihrer Verwandten -sie entstammt einer angesehenen Familie westfälischer Industrieller- nicht die Rede sein.

München, den 14 3.1916.

[Unterschrift]

Kr. 3.

Strafanstalt Stadelheim d. 4. 4. 1916

An das stellvertretende Generalkommando
d. 1. bayerischen Armeekorps.
München

Sehr geehrter Herr Hauptmann Roth,

Durch meinen Arzt, Dr. Ludwig, erfahre ich, dass Sie noch eine weitere Erklärung von mir erwarten. Ich verpflichte mich also hiermit mich jeder weitern aktiven pacifistischen Tätigkeit auf Kriegsdauer zu enthalten mit Hinterlegung einer Bürgschaft, falls Sie mich nach Godesberg vorläufig entlassen wollen. Setzte aber voraus, dass die Verbannung nach Godesberg nicht auf Kriegsdauer berechnet ist.

Was mich nach Gauting zieht ist nicht ~~nicht~~, wie Sie anzunehmen scheinen, der Gedanke an die Möglichkeit dort ~~doch~~ noch Beziehungen, welche nach dem verbotenen Zweck tendiren könnten, zu unterhalten, sondern meine Liebe zu meinem Heim, welches ich mir erst so spät und mit grossen Kämpfen errungen habe und die Tatsache, dass ich mich dort allein körperlich wohl fühle. Die Luft in Godesberg konnte ich leider nie ertragen zumal nicht im Sommer. Ich bin viel und schwer krank im Leben gewesen., und immer in Godesberg. Es spielen auch sonst noch viele Dinge mit, privater Natur, die mir den Aufenthalt in Godesberg äusserst peinlich machen und die, so lieb ich meine Mutter habe und so leid es mir meiner Mutter wegen ist, mir einen Aufenthalt in Godesberg für die Dauer unmöglich gemacht haben. Darum nahm ich meinen Wohnsitz

2

in Bayern. Dr. Ludwig wird Ihnen dies bezeugen können. Meine grosse Freude liegt jetzt, nach vielen Lebensenttäuschungen, in meinem eignen kleinen Heim und Garten und einem stillen Wirken dort, woran gewiss nichts auszusetzen ist. Wie die Dinge nun jetzt liegen werde ich mich fügen, doch hoffe ich, dass die Verbannung nicht zu lange dauert.

Ich bitte, sehr ehe ich abreise mir zu erlauben noch ein bis zwei Tage ~~dort~~ in Garting sein zu dürfen, um alles mit Ruhe für eine längere Abwesenheit einrichten zu können, auch meine Sachen zu packen und wissenschaftliches Material zusammenzusuchen etc. Wenn Sie es verlangen, so werde ich mich verpflichten dort Niemand zu sprechen und mich nur so weit zu bewegen als Sie es verschreiben.

Ich sagte Dr. Schmidtz, dass ich mich Dr. Feilbogen, dem Redakteur der Intern. Rund., schon seit dem Winter ~~mich~~ verpflichtet habe ihm 3000 M. für die Zeitung zur Verfügung zu stellen. Dr Feilbogen hat infolge dessen seinerseits Verpflichtungen übernommen, die nicht mehr rückgänglich zu machen sind, ihm diese Verpflichtungen jetzt nicht zu halten würden Dr. Feilbogen in die grössten persönlichen Verlegenheiten bringen. Da diese meine Verpflichtung die ältere ist, so muss ich sie halten. Ich verpflichte mich aber Ihnen gegenüber auf Kriegszeit keinerlei Einwirkungen auf die Intern. Rundschau mehr ausüben zu wollen. Gegen die Rundschau, so wie sie jetzt ist, haben Sie ja auch nichts einzuwenden. Wenn mein Einfluss fortfällt wird sie ja auch wohl noch viel zahmer werden. Und vielleicht

3

dann dem Renomee, welches sie jetzt schon im feindlichen Ausland geniesst : eine deutsch-oestreichische Mache und kein intern. Blatt zu sein,--- Ehre machen. Ich habe also kein Interesse mehr an der I. R. , ich will nur nicht den armen Feilbogen in der Patsche sitzen lassen, der, vermutlich um mich zu salviren, sagte jene 3000 M. seien noch kein festes Versprechen und er rechne nicht mehr darauf. Da er mich kennt und weiss, dass ich nie Jemand im Stiche lasse hat er wahrscheinlich gedacht, dass er das Geld wohl doch noch bekommt, sonst weiss ich nicht wie er es machen kann, ohne grosse persönliche Opfer , die zu leisten er finanziell ausser Stande ist.

Sie sind vermuthlich der Meinung, dass ich selbst sehr vermögend bin, dass ist aber nicht der Fall, wie Sie ja auch aus meinen Steuerangaben ersehen können.

Ich erhalte 4 Kinder, selbst habe ich keine Kinder, ich helfe wo ich kann, dies ist mir aber nur möglich, indem ich, getreu meinen demokratischen Grundsätzen, äusserst einfach und sparsam lebe. Meine Mutter ist recht vermögend, aber sie wird hoffentlich noch recht lange leben. Ich sage dies damit sie nicht der irrtümlichen Vorstellung verfallen, dass ein grosses Vermögen in der Schweiz etwa ein Unheil in Ihrem Sinne anrichten könne, denn ich habe keines. Aus privaten Ansichten möchte ich einen Teil meines Besitzes in der Schweiz anlegen , nur der Sicherheit halber, aber das sind ja wohl rein Privatangelegenheiten und haben mit den jetzt in Betracht kommenden Fragen nichts zu tun. Es war dies schon vor dem Kriege meine Absicht.

4

Ich bitte mir mein Tagebuch, mein Adressbuch und alle jene meiner Papiere, die Sie als Belege nich mehr brauchen, wiederzuzustellen.

Das Geld was Frl. Jannasch in ihrem Briefe erwähnte war sehr wenig, ich glaube es war etwa 50 M. ich weiss es aber wirklich nicht mehr. Ich gab es ihr in Leipzig glaube ich , ich hatte damals nicht mehr. Aber ich weiss es bestimmt nicht mehr. Sie sagte etwas von einer sozialdemokratischen Feier. Da ich mich an die ganze Sache nicht mehr genau erinnerte, mich überdies ärgerte, verweigerte ich die Auskunft. Es wurde für alles mögliche gesammelt und ich gab was ich bei mir hatte, auch für arme Kinder .

Mir ist es schrecklich zuwider seine Wohltaten an die grosse Glocke zu hängen.

An meinen Bruder habe ich, wie Sie ja wissen, sofort geschrieben, nachdem Sie bei mir waren. Ich weiss nicht ob Sie ihn auch benachrichtigt haben, damit er weiss was er beim koblenzer General Kommando zu tun hat. Ich bitte Sie nun mir bald möglichst Nachricht zu geben was weiter wird . Wird es mir erlaubt sein allein zu reisen? oder soll ich begleitet werden.

Ihrer baldigen Entscheidung entgegensehend hochachtungsvoll

Dr. phil. Lucy Hoesch Ernst.

58780

Stellv. General-Kommando I. b. A. K.

I. Schreiben an das stellv. Generalkommando VIII. A. K.

Coblenz

Sofort

Betreff: Übersiedlung der staatenlosen Frau Dr. Hoesch-Ernst nach Godesberg.

Die staatenlose Frau Dr. Hoesch-Ernst, zuletzt wohnhaft in Gauting wurde vom stellv. Generalkommando I. bayer. A. K. am 3. März 1916 in militärische Sicherheitshaft genommen. ~~und befindet sich nunmehr in der Strafvollstreckungsanstalt [illegible] München~~. Der Grund zu dieser Massnahme lag darin, dass Frau Dr. Hoesch-Ernst mit grossem Eifer radikale pazifistische Propaganda trieb und namhafte Summen dafür zur Verfügung stellte. Frau Dr. Hoesch-Ernst hat nunmehr den Antrag gestellt, gegen ein ~~aus~~ ausdrückliches Versprechen, [illegible insertion] sich jeder politischen Tätigkeit zu enthalten und gegen eine ~~Kaution~~ Sicherheit [?] von 100 000 M zu ihrer Mutter nach Godesberg entlassen zu werden. Das stellv. Generalkommando möchte umso eher ~~sich~~ dieser Bitte entsprechen, als der Zweck, dem Treiben der Hoesch-Ernst ein Ende zu machen, auf diese Weise am besten erreicht würde, da als sicher angenommen werden kann, dass sie ihr Versprechen ~~halten~~ einhalten wird.

Frau Dr. Hoesch-Ernst stammt aus einer sehr angesehenen Familie rheinisch-westfälischer Industrieller, ein Onkel, der Regierungspräsident u. [illegible] v. Gescher [?] in Haus [illegible] bei Münster hat sich ~~bei~~ in ihrer Angelegenheit

vth

verwandt. Durch die jetzt beabsichtigte Art der Regelung würde einer berechtigten Rücksicht auf die hochangesehene Familie entsprochen werden.

Der Bruder der Frau Dr. Hoesch-Ernst, Dr. Emil Hoesch aus Hagen, hält sich zur Zeit in München auf und hat mit dem stellv. Generalkommando die Angelegenheit seiner Schwester besprochen. Er wird auf der Rückreise beim stellv. Generalkommando in Coblenz vorsprechen um dort den Antrag, die Übersiedlung der Frau Hoesch-Ernst nach Godesberg zu gestatten, mündlich zu stellen und nötigenfalls ~~weitere~~ Aufklärungen zu geben. Aus den vorgenannten Gründen müßte ~~wird~~ dieser Antrag ~~dringend~~ befürwortet ~~werden~~.

II. Zum Akt: Registrieren (Hoesch-Ernst).

München, den 10. 4. 1916
Der kommandierende General:

10.4.

Stellv. General-Kommando I. b. A. K. Nr. 58780. Sofort

Niederschrift

München, den 19. April 1916.

I. Gegenwärtig: Hauptmann Roth. Gefreiter Schmitt.

Es erscheint die in militärischer Sicherheitshaft befindliche Frau Dr. Lucie Hoesch-Ernst, der Erschienenen wurde der Inhalt des Schreibens des stellv. Generalkommandos VIII. A. K. vom 15. April 1916 Nr. I d 21633 bekanntgegeben.

Frau Dr. Lucie Hoesch Ernst erklärt:

Ich erkläre mich mit den in vorgenanntem Schreiben enthaltenen Bedingungen einverstanden und unterwerfe mich den darin enthaltenen Verpflichtungen.

München, den 19. April 1916.
Dr. phil. Lucy Hoesch Ernst.

Für die Richtigkeit der Niederschrift
Schmitt Gefreiter

II. Von vorstehender Niederschrift und dem Schreiben des stellv. Gkdos VIII AK. vom 15. 4. 1916 ist je eine Abschrift anzufertigen.

III. Auf die Urschrift des Schreibens des stellv. Gkdos VIII A.K. vom 15. 4. 1916 setze:

Mit 1 Beilage und 1 Abschrift (Niederschrift vom 19. 4. 1916) an das stellv. Generalkommando VIII. A. K. Koblenz

unter Bezugnahme auf beiliegende Abschrift zurück.

Frau Dr. Hoesch-Ernst ist früh aus dem Strafvollstreckungsanstalt München entlassen worden und wird im Laufe des 22. 4. 1916 nach Godesberg abreisen, sodass sie dort spätestens am 23. 4. 1916 eintrifft. Der A. Schaaffhausensche Bankverein A.G. bei dem die Sicherheit von 10000 M hinterlegt ist, wurde angewiesen, diese Summe zur ausschließlichen Verfügung des stellv. Gkdos. VIII. A.K. zu halten und diesem das

~~spezifizierte~~ Verzeichnis der hinterlegten Papiere zu übersenden.

IV. Schreiben an den
A. Schaaffhausenschen Bankverein
A.G. Cöln a. Rh.

Betreff: Sicherheit der Frau Dr. Hoesch-Ernst, Gauting.

Die von Frau Dr. Hoesch-Ernst hinterlegte Sicherheit von 100 000 M (Hunderttausend Mark) ist nunmehr zur ausschließlichen Verfügung des stellv. Generalkommandos VIII. A.K. in Koblenz zu halten. Ohne Zustimmung des stellv. Generalkommandos VIII. A.K. darf über die hinterlegte Summe weder von Frau Dr. Hoesch-Ernst, noch von einem dritten verfügt werden.

Dem stellv. Generalkommando VIII A.K. wolle das ~~spezifizierte~~ Verzeichnis der hinterlegten Papiere zu übersandt werden.

V. An den Herrn K. Inspektor der Strafvollstreckungsgefängnisses München

Betreff: Sicherheitshaft der Frau Dr. Hoesch-Ernst.

Frau Dr. Hoesch-Ernst wird, wie bereits telefonisch mitgeteilt worden ist, am 19. April 1916 aus der militärischen Sicherheitshaft entlassen.

VI. An das K. Kriegsministerium Presseabteilung München

Betr.: w. v.
~~zu K. M. S. vom~~

Die seit dem 3. 3. 1916 in militärischen Sicherheitshaft befindliche Frau Dr. Hoesch-Ernst ist nach näherer Vereinbarung mit dem stellv. Generalkommando VIII. A.K. zu ihrer Mutter nach Heidelberg entlassen worden, nachdem sie sich schriftlich verpflichtet ~~hat~~ hat, sich jeder politischen Tätigkeit zu enthalten und eine zur Verfügung des stellv. Generalkommandos VIII. A.K. stehende Sicherheit von 100000 M hinterlegt hat.

VII. Zum Akt: Pazifistinnen (Hoesch-Ernst).

München, den 20. 4. 1916.

[Signatur]

21. 4.

[Signatur]

K 19. 4

Stellv. General-Kommando I. b. A. K. Nr. 146692.

I. Frau Dr. Hoesch-Ernst, z. Zt. in Godesberg a. Rh. hat an das stellv. Gkdo. VIII. A.K. den Antrag gerichtet, nach Gauting zurückkehren zu dürfen. Gegen die Rückkehr bestehen Bedenken, da die Tätigkeit der Hoesch-Ernst heute noch weit gefährlicher sein würde als vor einem halben Jahre, weil sich damals die ungünstigen Wirkungen der langen Dauer des Krieges noch nicht in demselben Maße zeigten wie heute. Aus den Akten des stellv. Gkdos VIII A.K. ergibt sich aber, daß die Hoesch-Ernst keineswegs ihr Interesse an pazifistischer Propaganda verloren hat; namentlich hat sie der Neutralen Konferenz in Stockholm (Bl. 45 d. A.) ihr Einverständnis telegraphisch erklärt. Bei ihrem unberechenbaren Temperament ist zu erwarten, daß ~~(sie bei jedem)~~ ihr Eifer für die pazifistische Sache bei dem kleinsten Anlaß wieder ausbrechen wird.

II.

Auf den Einlaufsätzen:

Mit 1 Heft,
3 Beil.

An das stellv. Generalkommando VIII. A.K.

Koblenz

zurück.

Dem Antrag der Frau Dr. Hoesch-Ernst ~~muß mit Rücksicht auf ihr bisheriges Verhalten (Bl. 45 d. A.) abgelehnt werden~~ dauernd nach Gauting zurückzukehren, kann nicht entsprochen werden.

Dagegen wird ihr gestattet, daß sie sich vom 15. bis ~~zum~~ 20. Sept. 1916 in Gauting aufhält, um aus ihrer Wohnung Bücher und andere Gegenstände, deren sie bedarf, (evtl.) nach Godesberg zu verbringen. Sie hat sich am 15. in Gauting beim Bürgermeisteramt an- und am 20. dort abzumelden und die Rückreise spätestens am 20. Sept. anzutreten. Es wird ersucht, ihr ~~diese Erlaubnis~~ dies [illegible] eröffnen zu lassen ~~und sie gleichzeitig zu~~ [illegible]

III. Die Ortspolizeibehörde Gauting wird telefonisch verständigt. [illegible]

IV. Zum Akt: Pazifisten (Hoesch-Ernst)

München, 8. 9. 1916
~~K. B. Stv. G. Kdo. I. B. A. K.~~
Der Chef des Stabes:
[illegible]

Godesberg, den 11. Februar 1919

Kurfürstenstrasse 6

An das Stellvertr. General-Kommando

I. Bayr. Armee-Corps

M ü n c h e n

Bis jetzt sind mir immer noch nicht alle am 3. März 1916 bei der Haussuchung beschlagnahmten Schriften zugesandt worden. Mir fehlt vor allem noch ein Teil meines Manuskriptes der Uebersetzung eines Buches von Starr »Krieg und Nachkommenschaft«. Es ist auch möglich, dass zur Zeit der Beschlagnahmung ein Teil dieses Manuskriptes sich im Hause meiner Sekretärin Frau Sedl~~mayr~~ München, Adalbertstrasse 45$^{\text{III r.}}$ befand und dort beschlagnahmt wurde.

Ich ersuche das General-Kommando um möglichst schleunige Rücksendung meines Eigentums.

Ich bin wieder Amerikanerin und stehe hier im Rheinlande unter dem Schutz der englischen Behörde.

Hochachtungsvoll

Dr. phil. Lucy Hoesch Ernst.

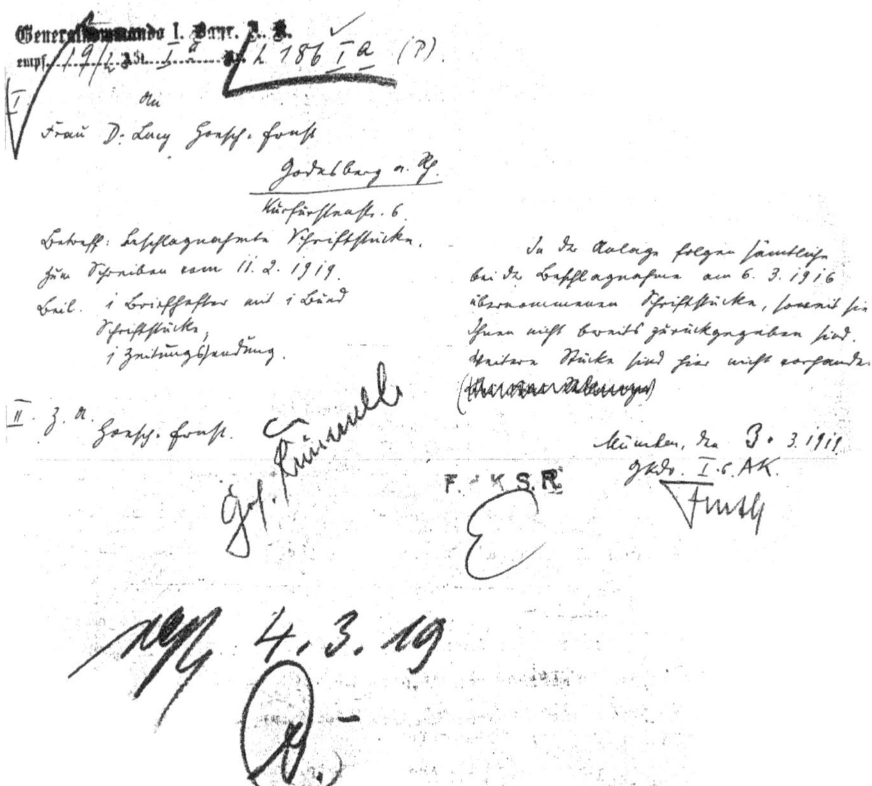

Generalkommando I. Bayr. A. K.
empf. 19/2 Abt. I a Nr. 2186 I a (P).

I. An
Frau Dr. Lucy Hoesch-Ernst
Godesberg a. Rh.
Kurfürstenstr. 6.

Betreff: Beschlagnahmte Schriftstücke.
Zum Schreiben vom 11. 2. 1919.
Beil. 1 Briefhefter mit 1 Band Schriftstücke, 1 Zeitungssendung.

In der Anlage folgen sämtliche bei der Beschlagnahme am 6. 3. 1916 übernommenen Schriftstücke, soweit sie Ihnen nicht bereits zurückgegeben sind. Weitere Stücke sind hier nicht vorhanden.

München, den 3. 3. 1919
Gkdo. I. b. AK.

II. z. A. Hoesch-Ernst.

F. d. K. S. R.

4. 3. 19

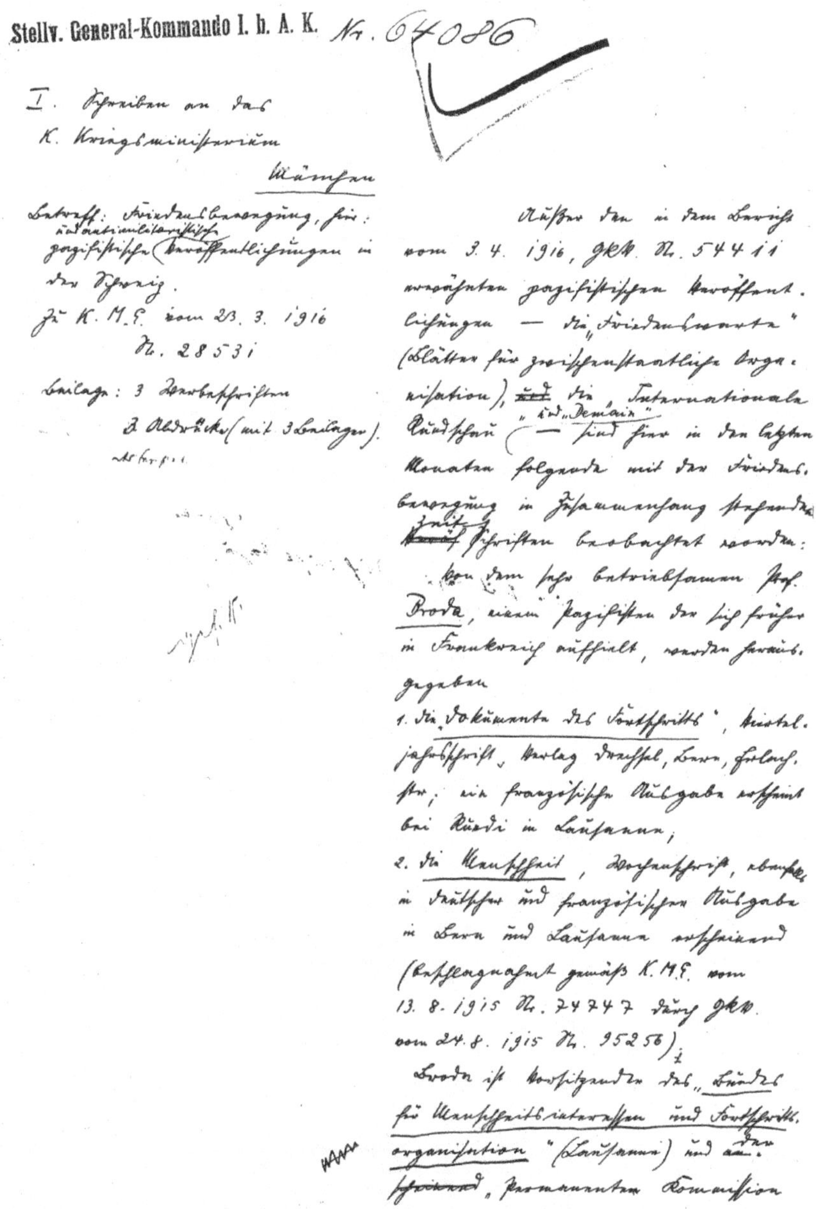

Stellv. General-Kommando I. b. A. K. Nr. 64086

I. Schreiben an das
K. Kriegsministerium
München

Betreff: Friedensbewegung, hier: pazifistische u. antimilitaristische Veröffentlichungen in der Schweiz.
Zu K. M. E. vom 23. 3. 1916 Nr. 28531
Beilage: 3 Druckschriften
3. Abdrücke (mit 3 Beilagen).

Außer den in dem Bericht vom 3. 4. 1916, GKdo. Nr. 54411 erwähnten pazifistischen Veröffentlichungen — die „Friedenswarte" (Blätter für zwischenstaatliche Organisation), die „Internationale Rundschau" (— u. d. „Demain") — sind hier in den letzten Monaten folgende mit der Friedensbewegung in Zusammenhang stehende Zeitschriften beobachtet worden:
Von dem sehr betriebsamen Prof. Broda, einem Pazifisten der sich früher in Frankreich aufhielt, werden herausgegeben
1. die „Dokumente des Fortschritts", Vierteljahrsschrift, Verlag Drechsel, Bern, [illegible]; eine französische Ausgabe erscheint bei Rüedi in Lausanne;
2. die Menschheit, Wochenschrift, ebenfalls in deutscher und französischer Ausgabe in Bern und Lausanne erscheinend (Beschlagnahme gemäß K. M. E. vom 13. 8. 1915 Nr. 24747 durch GKdo. vom 24. 8. 1915 Nr. 95256);
Broda ist Vorsitzender des „Bundes für Menschheitsinteressen und Fortschrittsorganisation" (Lausanne) und der „permanenten Kommission

Dokument 34

Dem bayerischen Kriegsm. wird am 20. 4. 1916 vom stellv. Gen. Kdo. eine achtseitige handschriftliche Aufstellung zu pazifistischen und antimilitaristischen Veröffentlichungen in der Schweiz geschickt, verfaßt von CS und paraphiert vom Kommand. General

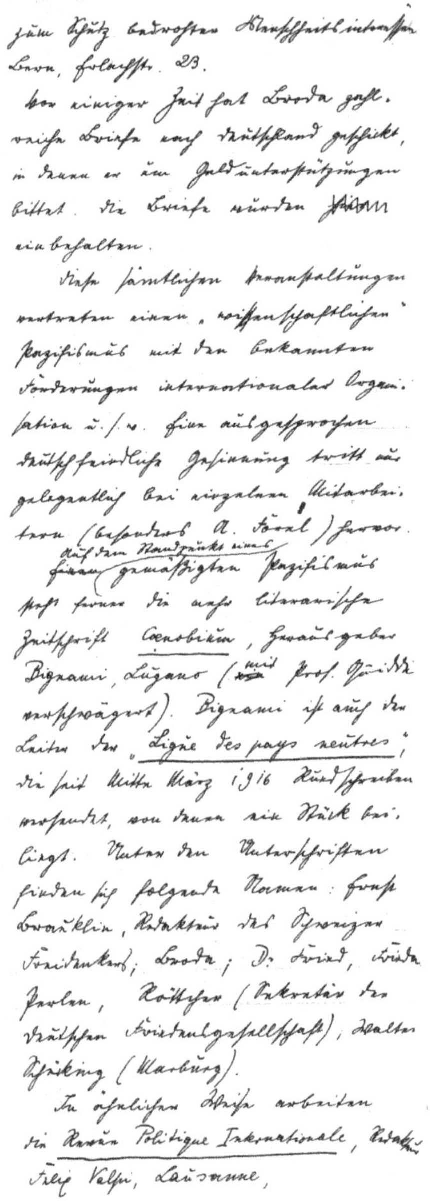
zum Schutz bedrohter Nationalitätsinteressen
Bern, Helvetiastr. 23.
Vor einiger Zeit hat Broda gesch.weise Briefe nach Deutschland geschickt, in denen er um Geldunterstützungen bittet. Die Briefe wurden ~~[illegible]~~ einbehalten.
Diese sämtlichen Veranstaltungen vertreten einen „wissenschaftlichen" Pazifismus mit den bekannten Forderungen internationaler Organisation u.s.w. Eine ausgesprochen deutschfeindliche Gesinnung tritt aus gelegentlich bei einzelnen Mitarbeitern (besonders A. Forel) hervor.
~~Einen~~ Auf dem Standpunkt eines gemäßigten Pazifismus steht ferner die rein literarische Zeitschrift Coenobium, Herausgeber Bignami, Lugano (~~[illegible]~~ mit Prof. Quidde verschwägert). Bignami ist auch der Leiter der „Ligue des pays neutres", die seit Mitte März 1916 Rundschreiben versendet, von denen ein Stück beiliegt. Unter den Unterschriften finden sich folgende Namen: Ernst Bräuklin, Redakteur des Schweizer Friedensrufs; Broda; Dr. Fried, Frieda Perlen, Röttcher (Sekretär der deutschen Friedensgesellschaft), Walter Schücking (Marburg).
In ähnlicher Weise arbeiten die Revue Politique Internationale, Redakteur Felix Valyi, Lausanne,

von der Tann. Es wird über mehr als 10 Zeitschriften, fast alle aus der Schweiz mit den Verlagsorten Genf, Bern, Lausanne u. a., referiert. Davon sind einige Ausgaben im Deutschen Reich bereits beschlagnahmt worden. Die Wirksamkeit dieser pazifistischen Propaganda auf das deutsche Volk wird gering veranschlagt, sofern nicht z. B. sozialdemo-

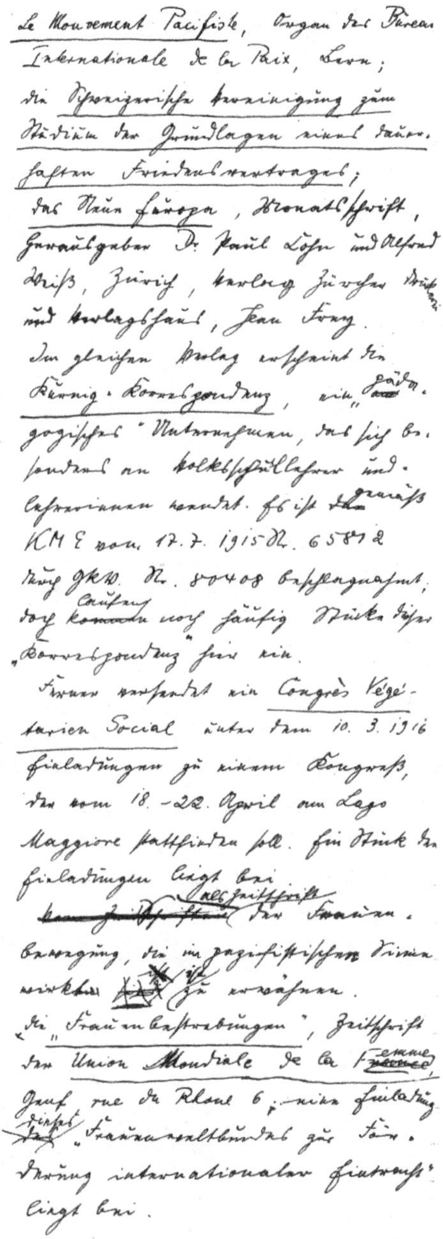

Le Mouvement Pacifiste, Organ des Bureau International de la Paix, Bern;
die Schweizerische Vereinigung zum Studium der Grundlagen eines dauerhaften Friedensvertrages;
das Neue Europa, Monatsschrift, Herausgeber Dr. Paul Cohn und Alfred Weiß, Zürich, Verlag Züricher Druck- und Verlagshaus, Jean Frey.
Im gleichen Verlag erscheint die Kriegs-Korrespondenz, ein „pädagogisches" Unternehmen, das sich besonders an Volksschullehrer und -lehrerinnen wendet. Es ist gemäß KME vom 17.7.1915 Nr. 65872 bzw. GKW. Nr. 80408 beschlagnahmt; doch laufen noch häufig Stücke dieser „Korrespondenz" hier ein.
Genf versendet ein Congrès Végétarien Social unter dem 10. 3. 1916 Einladungen zu einem Kongreß, der vom 18.–22. April am Lago Maggiore stattfinden soll. Ein Stück der Einladungen liegt bei.
Als Zeitschrift der Frauenbewegung, die im pazifistischen Sinne wirkt, ist zu erwähnen:
die „Frauenbestrebungen", Zeitschrift der Union Mondiale de la Femme, Genf, rue du Rhone 6; eine Einladung des „Frauenweltbundes zur Förderung internationaler Eintracht" liegt bei.

kratische Organisationen radikaler, revolutionär gesinnter Randgruppen sich beteiligen. Eine größere Wirkung wird möglicherweise von Intellektuellen wie Sternheim, Heinrich Mann und Gustav Landauer – die zum Kreis um den Pazifisten Wilhelm Herzog ge-

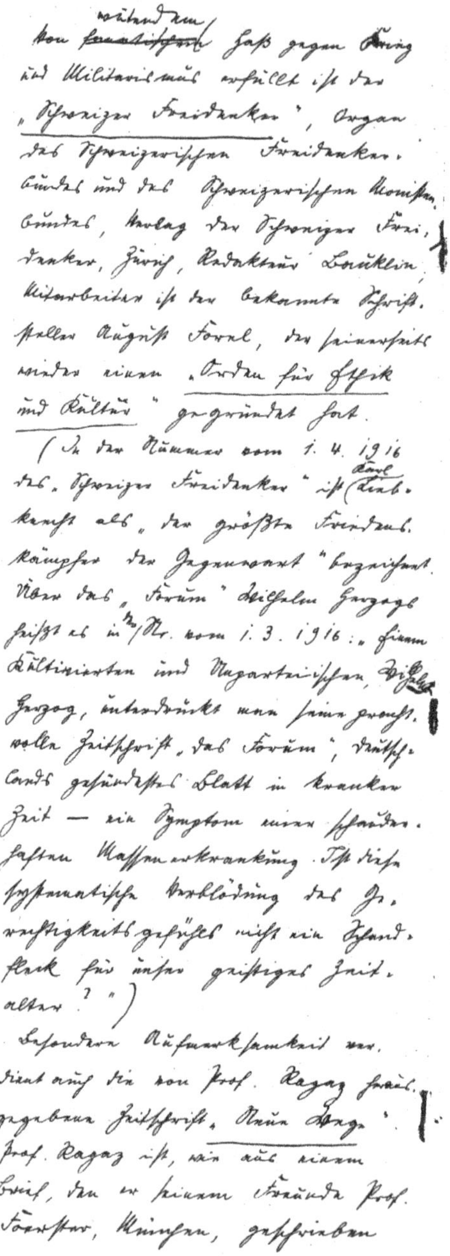
Von während dem Haß gegen Krieg und Militarismus erfüllt ist das „Schweizer Freidenker", Organ des Schweizerischen Freidenker-Bundes und des Schweizerischen Monisten-Bundes, Verlag der Schweizer Freidenker, Zürich, Redakteur Brauchlin. Mitarbeiter ist der bekannte Schriftsteller August Forel, der seinerseits wieder einen „Orden für Ethik und Kultur" gegründet hat.

(In der Nummer vom 1. 4. 1916 des „Schweizer Freidenker" ist Karl Liebknecht als „der größte Friedenskämpfer der Gegenwart" bezeichnet. Über das „Forum" Wilhelm Herzogs heißt es in d. Nr. vom 1. 3. 1916: „Einem kultivierten und unparteiischen, Wilhelm Herzog, unterdrückt man seine prachtvolle Zeitschrift „das Forum", Deutschlands gesündestes Blatt in kranker Zeit — ein Symptom einer schauderhaften Massenerkrankung. Ist diese systematische Verblödung des Gerechtigkeitsgefühles nicht ein Schandfleck für unser geistiges Zeitalter?")

Besondere Aufmerksamkeit verdient auch die von Prof. Ragaz herausgegebene Zeitschrift „Neue Wege". Prof. Ragaz ist, wie aus einem Brief, den er seinem Freunde Prof. Foerster, München, geschrieben

hören – erwartet, wenn deren wirtschaftliche Not zunähme, so daß deren Gegensatz zur bürgerlichen Gesellschaft nicht nur zum Zweck des künstlerischen Ausdrucks verwendet würde. (KA, Stv. Gen. Kdo. I. b. AK 1934)

hat, hervorgeht, durchaus deutsch-
freundlich gesinnt. In der Zeitschrift
„Wissen und Leben" (Herausgeber
Prof. Bovet, Zürich) führt Ragaz
aus, daß er im „Deutschen Reich"
in seinem heutigen politischen und
kulturellen Beschaffenheit, eine Gefahr
für die geistige und kulturelle
Unabhängigkeit der Schweiz er-
blicke (W. vom 1.4.1916).

Abgesehen von den vorerwähnten
Vereinen bilden sich in der Schweiz
~~immer~~ fast täglich neue Vereinigungen, mit
pazifistischen und „Verständigungs"-Ten-
denzen, ⌈ wie die „Europäische Gesell-
schaft" (Bern, Steinweg 20), die im
Dezember 1915 mitteilte, daß sie (XX)
mit einem Defizit von 200 fr. dem
„Internationalen Orden für Ethik und
Kultur" beigetreten sei.

⌈ die meist schnell wieder ver-
schwinden,

Irgend eine Einwirkung all dieser
Veranstaltungen auf das deutsche Volk
ist bisher nicht beobachtet worden.
Eine Gefahr läge, wie bereits in dem
Bericht vom 4. 3. 16 GKW. Nr. 54411
angedeutet, darin, daß der bei
Pazifisten häufig auftretende Gedanke
eines Gegensatzes von deutschem
Volk und ~~militärischer~~ herrschender Militärkaste
planmäßig verbreitet würde, wie
das bisher namentlich in den Ver-
öffentlichungen des Verlages Payot,
Lausanne („J'accuse", ~~[illegible]~~ „La caste",

dominante en Allemagne) und in der „Friedenswarte" geschah. Wie wenig aber die pazifistische Bewegung, auch wenn sie die Unterstützung fanatischer Anhänger fand, unmittelbar auf die Massen einzuwirken vermag, hat sich in der Angelegenheit der nunmehr in Sicherheitshaft befindlichen Frau Dr. Hoesch-Ernst bestätigt: die Friedensdemonstrationen, die im November und Dezember 1915 in Berlin stattfanden und von der Hoesch-Ernst und Frl. Jannasch (Bund Neues Vaterland) unterstützt wurden, waren erst möglich, nachdem eine sozialdemokratische Organisation sie in die Wege geleitet hatte.

Diese Erkenntnis, dass eine beachtenswerten Aktion nur mit Hilfe der bereits vorhandenen sozialdemokratischen Organisationen möglich ist, beherrscht auch die Ausführungen der radikalen schweizerischen Veröffentlichungen, die auf dem Boden der sog. Linken des Zimmerwalder Manifests stehen. Abgesehen von den bereits beschlagnahmten oder regelmässig einbehaltenen Tageszeitungen (Berner Tagwacht, Basler Vorwärts, die neue Tribüne,) ist hier vor allem die von Anton Pannekoek und Henriette Roland Holst, Bern herausgegebene „Internationale marxistische Rund-

„Der Vorbote" (Heft 1 vom 1. 1. 1916) aufgefallen, die mit doktrinärer Schärfe den Standpunkt vertritt, daß die Vaterlandsfeindlichkeit zum Wesen der Sozialdemokratie gehört und die offen gegen den „Opportunismus" nicht nur der Majorität der deutschen Sozialdemokratie, sondern auch Kautskys Front macht zugunsten einer antimilitaristisch-revolutionären Propaganda. Dabei ist die Hoffnung ausgesprochen, daß der wachsenden kriegsfeindlichen Stimmung der Massen auch die offiziellen Organisationen, namentlich die Gewerkschaften nicht lange mehr widerstehen würden. Von Interesse ist dabei die Erklärung einer Deputation Berliner Genossinnen, die am 30. 11. 1915 dem Parteivorstand abgegeben wurde und die dahin ging, „die Verbreitung ungenehmigter Druckschriften und Flugblätter und die Abhaltung nicht genehmigter Versammlungen wären bei dem großen Organisationsapparat heute leichter möglich, als zur Zeit des Sozialistengesetzes. Es fehlt nicht an Mitteln und Wegen, sondern offensichtlich an dem Willen."

Diese gesamte radikale Literatur wird selbstverständlich besonders streng überwacht. Doch sind Exemplare des Zimmerwalder Manifests trotz

der Verwendung nach Deutschland ge-
langt und dort offenbar nachgedruckt
worden, ebenso wie umgekehrt wohl
die meisten Flugschriften der sozialdemo-
kratischen Linken in die Schweiz
gelangen. Da ein bedingungsloser
Radikalismus erfahrungsgemäß ~~den~~ leicht
großen Eindruck auf die Massen
macht, so ist die Gefahr dieser Propa-
ganda nicht zu unterschätzen, zu-
mal diese ihre größte Hoffnung
auf die sich steigernden Schwierigkeiten
der wirtschaftlichen Lage setzt. Interessant
ist in diesem Zusammenhang ~~[illegible]~~ auch
die Forderung, die in einem ⌈literarisch auffallend guten⌉ Aufsatz
des (im Übrigen bedeutungslosen) re-
volutionären ~~Zeitschrift~~ schweizerischen „Der Revoluzzer"
ausgesprochen ist: daß wenn die wirtschaftliche Not
einmal diejenigen Intellektuellen er-
griffen hätte, die ihren Gegensatz zur
bürgerlichen Gesellschaft bisher künstlerisch
betätigten ~~(genannt sind~~ ~~[illegible]~~ ⌈— als die hervorragenden Typen dieser Art Intellektuellen sind genannt:⌉ Sternheim,
Heinrich Mann und (später Landauer) — so sei eine
größere Wirkung zu erwarten. ~~Die~~ Die
genannten Literaten gehören sämtlich zum
Kreise Wilhelm Herzogs; ~~und~~ Landauer und H.
Mann sind Mitarbeiter der neuen
Forumgesellschaft, die Herzog zur
Umgehung des gegen (~~[illegible]~~) die
Zeitschrift „das Forum" gerichteten Ver-
bots (KME vom 14.9.1915 Nr. 87022)
gegründet hat.

München, den 20. 4. 1916.

[Signatures] 21.4. ... 22.4.

~~Zusatz~~!

~~[illegible]~~
~~[illegible]~~
~~wird gebeten~~.

II. Zum Akt: Pazifisten.

Kriegspresseamt
Oberzensurstelle
Nr. 13801 O.Z.

Berlin, den 30. September 1916

Die Veröffentlichung der Friedensziele der Zentralstelle "Völkerrecht", eine durchaus pazifistisch gehaltene Kundgebung, ist seinerzeit von den Zensurstellen bei dem Oberkommando in den Marken und bei einer Reihe Generalkommandos auf Grund der Verfügung des Kriegsministeriums vom 7.11.15 3740/15.g.A.1. II.Ang. verboten worden. Es war höchst unerwünscht, dass dieser Aufruf einzelnen Provinzblättern von der Zensur unter Ausserachtlassung obiger Verfügung freigegeben worden ist und in den gelesensten Blättern wie z.B. der Frankfurter Zeitung erschien. Die Folge hiervon war, dass nunmehr auch das Oberkommando in den Marken, in Übereinstimmung mit den Zentralbehörden sich gezwungen sah, den Abdruck des Aufrufs für die Berliner Blätter freizugeben, um die Einheitlichkeit der Zensur zu wahren. Demgemäss wird auch denjenigen Zensurbehörden, in deren Bereich die Genehmigung dieses Aufrufes bisher untersagt war, anheimgegeben, nach Prüfung der örtlichen Verhältnisse die Freigabe für diese eine Kundgebung ausnahmsweise zu genehmigen, dann ist die Zentralstelle "Völkerrecht" ebenso einmal zu Worte gekommen, wie der National-Ausschuss und der unabhängige Ausschuss für einen deutschen Frieden.

Solange eine Aufhebung der Verfügung Nr. 3740/15.g.A.1. II.Ang. des Kriegsministeriums nicht erfolgt ist, wird sehr ergebenst gebeten, streng hiernach zu verfahren und alle pazifistischen Veröffentlichungen auszuschliessen. Jn zweifelhaften Fällen wird gebeten, grundsätzlich die Entscheidung durch die Oberzensurstelle herbeizuführen.

J. A.

An sämtliche Zensurstellen
nach Verteilungsplan vom 15.5.16

Dokument 35

Die Mitteilung des Kriegspresseamts/Oberzensurstelle in Berlin vom 30.9.1916 zeigt die Problematik, daß in Preußen verbotene Artikel, in diesem Fall die Veröffentlichung der

Kriegsm. Nr 108964. Geheim!

Armee-Abt. I. An das K. stellv. Gen. Kdo I. II. III. A. K.

zur Kenntnis und zum Vollzuge. Die Verfügung des K. Preuß. Kriegsministeriums Nr 3740/15 g. A 1. II. Ang. vom 7.11.15 wurde durch K.M.E. Nr 107541 vom 16.11.15 mitgeteilt. 143022

Statt der Entscheidung der Oberzensurstelle ist in den Fällen des Abs. 2 Satz 2 die Entscheidung des bayer. Kriegsministeriums zu erholen.

München, 11. 10. 1916.

v. Kreß

Stellv. Generalkommando I. B. A. K.
empf: 13. OKT. 1916 № 182929

München, 16. 10. 1916
F. d. Stv. G. Kdo. I. A. K.
Der Chef des Stabes.

Friedensziele der Zentralstelle „Völkerrecht“, nicht in anderen Ländern des Deutschen Reiches übernommen wurde und deshalb auch in Berlin die Aufhebung des Verbotes angeordnet wird. (KA, Stv. Gen. Kdo. I. b. AK 1924)

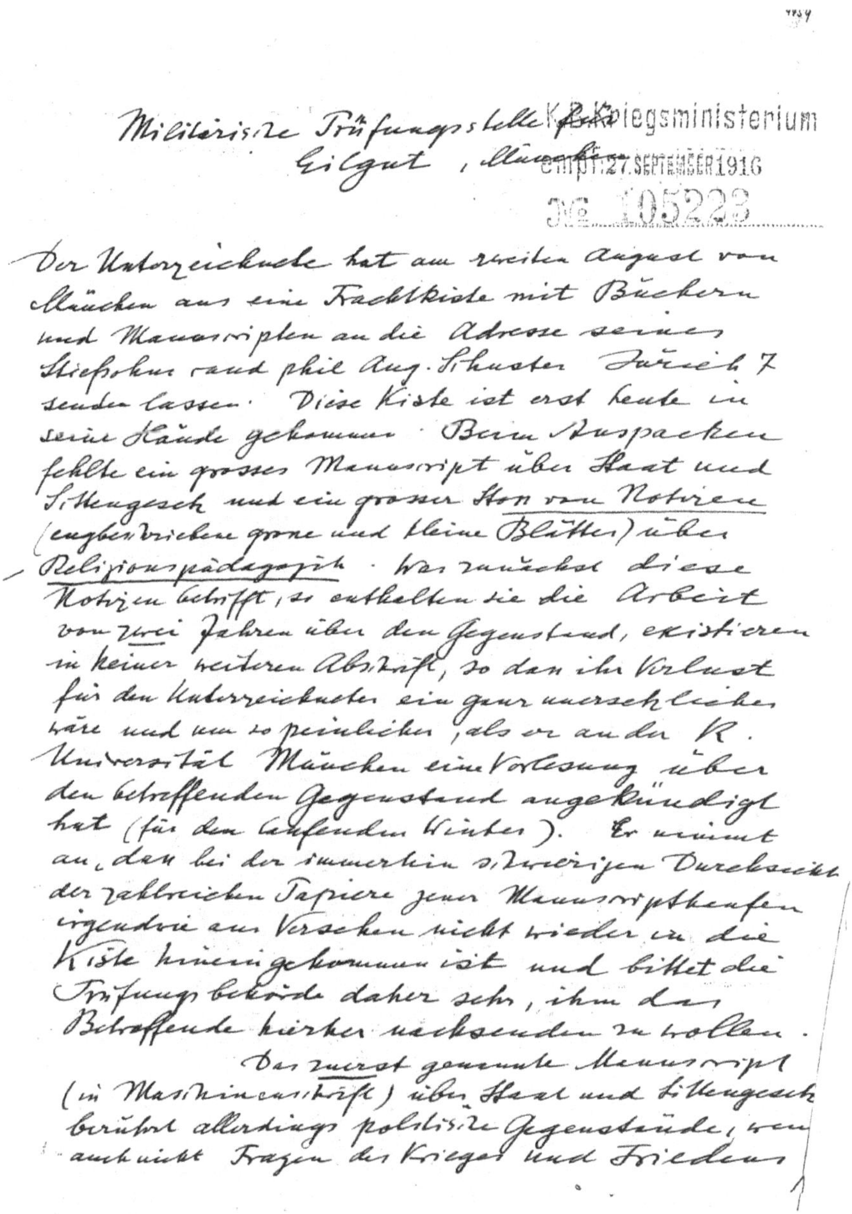

1154

Militärische Prüfungsstelle f. Eilgut, München

K. B. Kriegsministerium
Empf.: 27. September 1916
№ 105223

Der Unterzeichnete hat am zweiten August von München aus eine Frachtkiste mit Büchern und Manuscripten an die Adresse seines Stiefsohnes cand phil Aug. Schuster Zürich 7 senden lassen. Diese Kiste ist erst heute in seine Hände gekommen. Beim Auspacken fehlte ein grosses Manuscript über Staat und Sittengesetz und ein grosser Stoss von Notizen (engbeschriebene grosse und kleine Blätter) über Religionspädagogik. Was zunächst diese Notizen betrifft, so enthalten sie die Arbeit von zwei Jahren über den Gegenstand, existieren in keiner weiteren Abschrift, so dass ihr Verlust für den Unterzeichneten ein ganz unersetzlicher wäre und um so peinlicher, als er an der K. Universität München eine Vorlesung über den betreffenden Gegenstand angekündigt hat (für den laufenden Winter). Er nimmt an, dass bei der immerhin schwierigen Durchsicht der zahlreichen Papiere jener Manuscripthaufen irgendwie aus Versehen nicht wieder in die Kiste hineingekommen ist und bittet die Prüfungsbehörde daher sehr, ihm das Betreffende hierher nachsenden zu wollen.

Das zuerst genannte Manuscript (in Maschinenschrift) über Staat und Sittengesetz berührt allerdings politische Gegenstände, wenn auch nicht Fragen des Krieges und Friedens

Dokument 36

Der Pazifist Friedrich Wilhelm Foerster, Inhaber eines Lehrstuhls für Pädagogik an der Universität München, reiste während der Kriegszeit häufiger nach Zürich, wo er ein Haus besaß. Er wurde wegen der Bedeutung seiner Verbindungen und seiner wirksamen

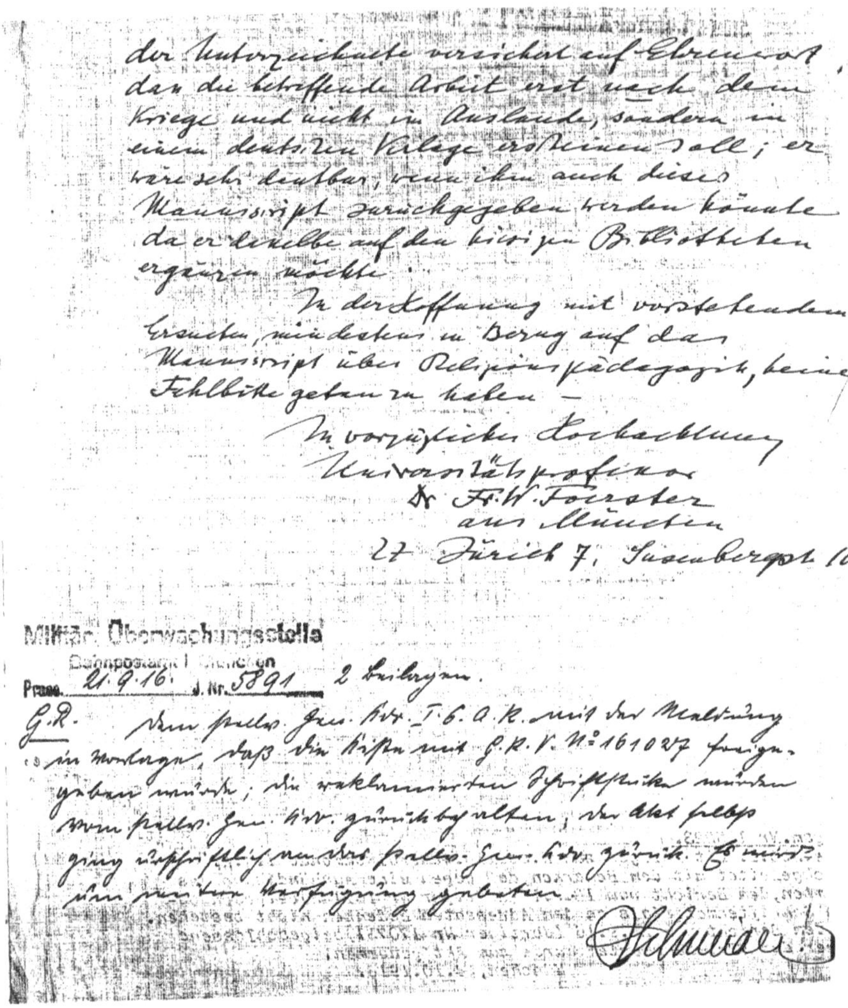

der Unterzeichnete versichert auf Ehrenwort, daß die betreffende Arbeit erst nach dem Kriege und nicht im Auslande, sondern in einem deutschen Verlage erscheinen soll; er wäre sehr dankbar, wenn ihm auch dieses Manuskript zurückgegeben werden könnte, da er dasselbe auf den hiesigen Bibliotheken ergänzen möchte.

In der Hoffnung mit vorstehendem Ersuchen, mindestens in Bezug auf das Manuskript über Religionspädagogik, keine Fehlbitte getan zu haben —

In vorzüglicher Hochachtung
Universitätsprofessor
Dr. F.W. Foerster
aus München
z. Zürich 7, Susenbergstr. 10.

Militär. Überwachungsstelle
Bahnpostamt München
Praes. 21.9.16. J. Nr. 5891 2 Beilagen.

G.R. Dem stellv. Gen. Kdo. I. b. A.K. mit der Meldung in Vorlage, daß die Kiste mit G.R.V. No 161027 freigegeben wurde; die reklamierten Schriftstücke wurden vom stellv. Gen. Kdo. zurückbehalten, der Akt selbst ging urschriftlich an das stellv. Gen. Kdo. zurück. Es wird um ... Verfügung gebeten.

Schriften vom bayerischen Kriegsm. im Vergleich zu Wilhelm Herzog, Lucy Hoesch-Ernst u. a. bevorzugt behandelt. Mit dem von CS verfaßten handschriftlichen Brief vom 26. September 1916, unterschrieben vom Chef des Stabes Kleemann, wird die beschlagnahmte Postsendung, die Foerster reklamiert hat, bis auf ein Heft der Zeitschrift „Friedenswarte“ freigegeben. (KA, Stv. Gen. Kdo. I. b. AK 1920)

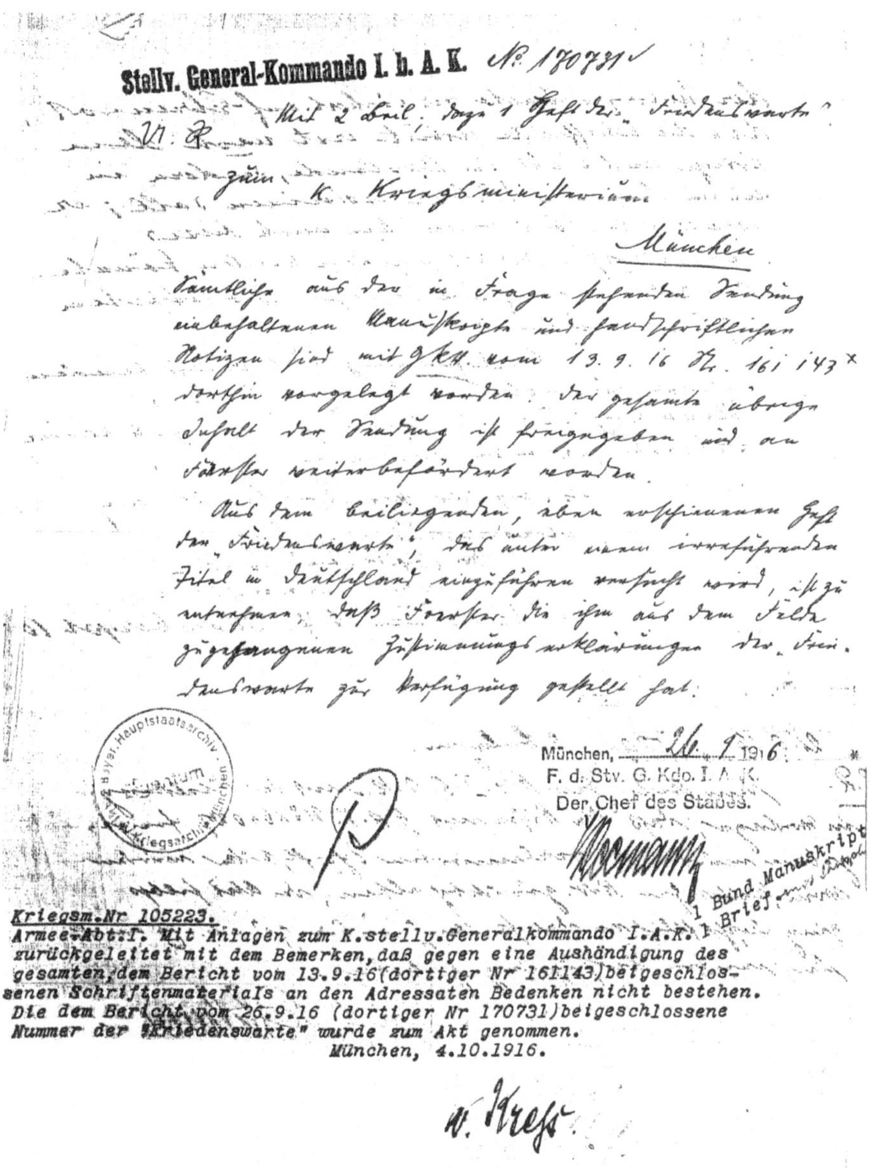

Stellv. General-Kommando I. b. A. K. Nr. 170731

Mit 2 Beil. (Beil.: 1 Heft der „Friedenswarte")

VI. R.

zum K. Kriegsministerium

München

Sämtliche aus der in Frage stehenden Sendung enthaltenen Manuskripte und handschriftlichen Notizen sind mit GKH vom 13.9.16 Nr. 161143 dorthin vorgelegt worden. Der gesamte übrige Inhalt der Sendung ist freigegeben und an Förster weiterbefördert worden.

Aus dem beiliegenden, eben erschienenen Heft der „Friedenswarte", das unter einem irreführenden Titel in Deutschland einzuführen versucht wird, ist zu entnehmen, daß Förster die ihm aus dem Felde zugegangenen Zustimmungserklärungen der Friedenswarte zur Verfügung gestellt hat.

München, 26.9.1916.
F. d. Stv. G. Kdo. I. A. K.
Der Chef des Stabes.
[signature]

1 Bund Manuskript
1 Brief

Kriegsm.Nr 105223.
Armee-Abt.I. Mit Anlagen zum K.stellv.Generalkommando I.A.K. zurückgeleitet mit dem Bemerken, daß gegen eine Aushändigung des gesamten, dem Bericht vom 13.9.16 (dortiger Nr 161143) beigeschlossenen Schriftenmaterials an den Adressaten Bedenken nicht bestehen. Die dem Bericht vom 26.9.16 (dortiger Nr 170731) beigeschlossene Nummer der "Friedenswarte" wurde zum Akt genommen.
München, 4.10.1916.

v. Kress.

Abschrift.

K.B.Kriegsministerium
empf.-1. JUNI 1916
57648

Auszug aus den polizeilichen Akten.

Fräulein Annette K o l b war heute bei mir, um mitzuteilen, daß die Annahme des K.Kriegsministerium, sie sei Mitglied der Friedensvereinigung, auf einen Irrtum beruhe. Prof.Dr.Quidde habe sie gegen ihren ausdrücklichen Willen seinerzeit als Mitglied vorgemerkt und so sei sie in das Verzeichnis der Mitglieder eingestellt worden. Sie werde sich an Prof.Dr.Quidde wenden, damit dieser erklärt, daß sie nicht zu den Mitgliedern seiner Vereinigung gehöre. Sie wolle Abschriften dieser Mitteilung Quiddes dem Kriegsministerium, dem K.Generalkommando und der Polizeidirektion übersenden. Sie hoffe dann die Erlaubnis zur Ausreise nach Holland und die Aufhebung der über sie verhängten Briefsperre zu erreichen.

Ich erwiderte ihr, daß die K.Polizeidirektion hierauf zunächst keinen Einfluß nehmen könne, sondern die Entscheidung der Heeresverwaltung abwarten müsse.

gez. von Grundherr.

München, den 31.Mai 1916.

Vorgelegt dem K.Kriegsministerium.

K.Polizeidirektion.

K.B. POLIZEI-DIREKTION MÜNCHEN

Dokument 37

Die Schriftstellerin Annette Kolb (1870–1967) war aufgrund ihrer Vorträge und Publikationen nach 1914 als Pazifistin bekannt geworden, die auch im Krieg für eine deutsch-französische Verständigung warb. Daraufhin wird sie an ihrem Wohnort München von den zuständigen Behörden überwacht. Am 30.3.1916 wird eine Briefsperre über sie ver-

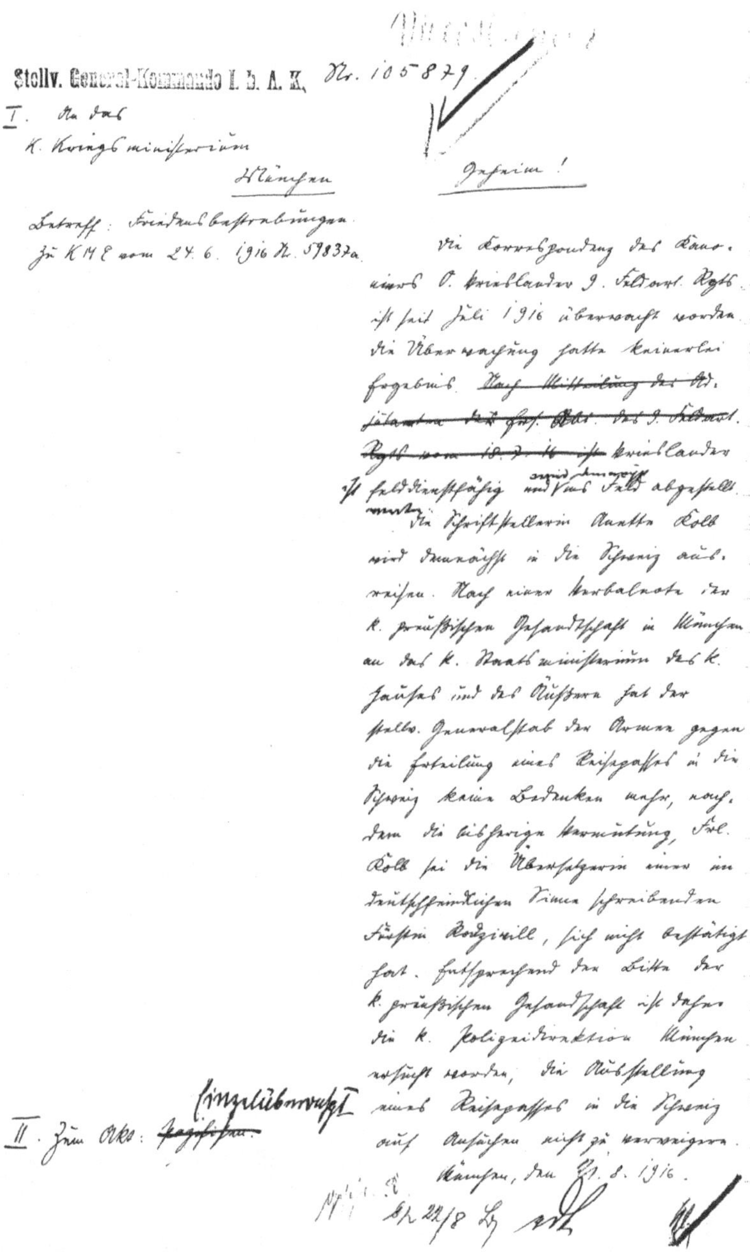
Stellv. General-Kommando I. b. A. K. Nr. 105879

I. An das K. Kriegsministerium München

Geheim!

Betreff: Friedensbestrebungen. Zu KME vom 24.6.1916 Nr. 59837a

Die Korrespondenz des Kanoniers O. Friedländer 9. Feldart. Regts ist seit Juli 1916 überwacht worden. Die Überwachung hatte keinerlei Ergebnis. ~~Nach Mitteilung des Adjutanten des Ers. Abt. des 9. Feldart. Regts vom 18.?.16 ist Friedländer~~ ist felddienstfähig und ins Feld abgestellt. Die Schriftstellerin Annette Kolb wird demnächst in die Schweiz ausreisen. Nach einer Verbalnote der k. preußischen Gesandtschaft in München an das K. Staatsministerium des K. Hauses und des Äußern hat der stellv. Generalstab der Armee gegen die Erteilung eines Reisepasses in die Schweiz keine Bedenken mehr, nachdem die bisherige Vermutung, Frl. Kolb sei die Übersetzerin einer im deutschfeindlichen Sinne schreibenden Fürstin Radziwill, sich nicht bestätigt hat. Entsprechend der Bitte der k. preußischen Gesandtschaft ist daher die K. Polizeidirektion München ersucht worden, die Ausstellung eines Reisepasses in die Schweiz auf Ansuchen nicht zu verweigern.

München, den 21. 8. 1916.

II. Zum Akt: ~~Pazifisten~~ Einzelüberwachung

hängt und am 9. 5. 1916 eine Anordnung erlassen, die ihr keine Werbung für pazifistische Bestrebungen und Auslandsreisen nur mit Genehmigung gestattet. Sie führt danach mit dem Leiter des Pressereferats im bayerischen Kriegsm., Oberstleutnant Falkner von Sonnenburg, und beim Polizeipräsidenten Gespräche, deren Inhalt die Protokollnotiz

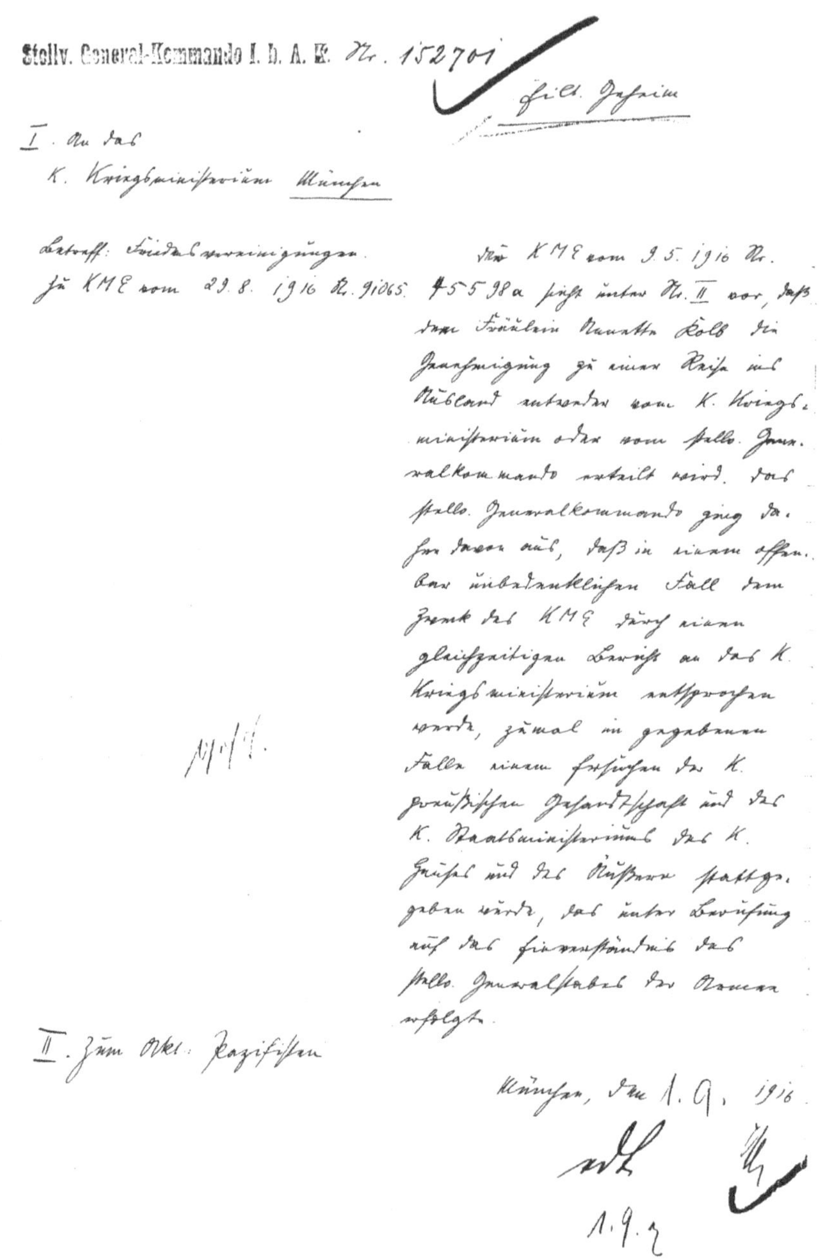

Stellv. General-Kommando I. b. A. K. Nr. 152701

Milit. Geheim

I. An das
K. Kriegsministerium München

Betreff: Friedensvereinigungen.
Zu KME vom 29.8.1916 Nr. 91065.

Die KME vom 9.5.1916 Nr. 45598a sieht unter Nr. II vor, daß dem Fräulein Annette Kolb die Genehmigung zu einer Reise ins Ausland entweder vom K. Kriegsministerium oder vom stellv. Generalkommando erteilt wird. Das stellv. Generalkommando ging dabei davon aus, daß in einem offenbar unbedenklichen Falle dem Zweck der KME durch einen gleichzeitigen Bericht an das K. Kriegsministerium entsprochen würde, zumal im gegebenen Falle einem Ersuchen der K. preußischen Gesandtschaft und des K. Staatsministeriums des K. Hauses und des Äußern stattgegeben würde, das unter Berufung auf das Einverständnis des stellv. Generalstabes der Armee erfolgte.

II. Zum Akt: Pazifisten

München, den 1.9.1916

vom 31.5.1916 wiedergibt. In einer von CS verfaßten handschriftlichen Notiz für das Kriegsm. vom stellv. Gen. Kdo., unterzeichnet vom Kommand. General von der Tann, vom 21.8.1916 wird ihr aufgrund einer Intervention der K. Preußischen Gesandtschaft eine Reisegenehmigung gewährt, was zu Irritationen beim Kriegsm. führt, auf die das stellv. Gen. Kdo. am 1.9.1916 antwortet.

Nr.152701. München 6, den 1. 9. 1916.
Pfandhausstrasse 2.

Stellv.Generalkommando I.b.A.K.

K.B.Kriegsministerium
empf.2-SEPTEMBER 1916
№ 95261

An
das K.Kriegsministerium.

Geheim!

Betreff:
Friedensvereinigungen.

Zu K.M.E.vom 29.8.16 Nr.91065.

Der K.M.E.vom 9.5.16 Nr.45598a sieht unter Nr.II vor, dass dem Fräulein Annette Kolb die Genehmigung zu einer Reise ins Ausland entweder vom K.Kriegsministerium oder vom stellv.Generalkommando erteilt wird. Das stellv.Generalkommando ging daher davon aus,dass in einem offenbar unbedenklichen Fall dem Zweck des K.M.E.durch einen gleichzeitigen Bericht an das K.Kriegsministerium entsprochen werde,zumal

---

im gegebenen Falle einem Ersuchen der K.Preußischen Gesandtschaft und des K.Staatsministeriums des K.Hauses und des Äußern stattgegeben wurde,das unter Berufung auf das Einverständnis des stellv.Generalstabes der Armee erfolgte.

Im November 1916 reist Annette Kolb für einen Monat in die Schweiz, wo sie ab Februar 1917 bis Ende des Krieges bleibt. Die Einschätzung ihrer Harmlosigkeit in Sachen Pazifismus wird mit einer von CS verfaßten handschriftlichen Notiz vom 16.1.1917 an das Kriegsm. widerrufen. Die ebenfalls von ihm am 21.7.1917 verfaßte handschriftliche

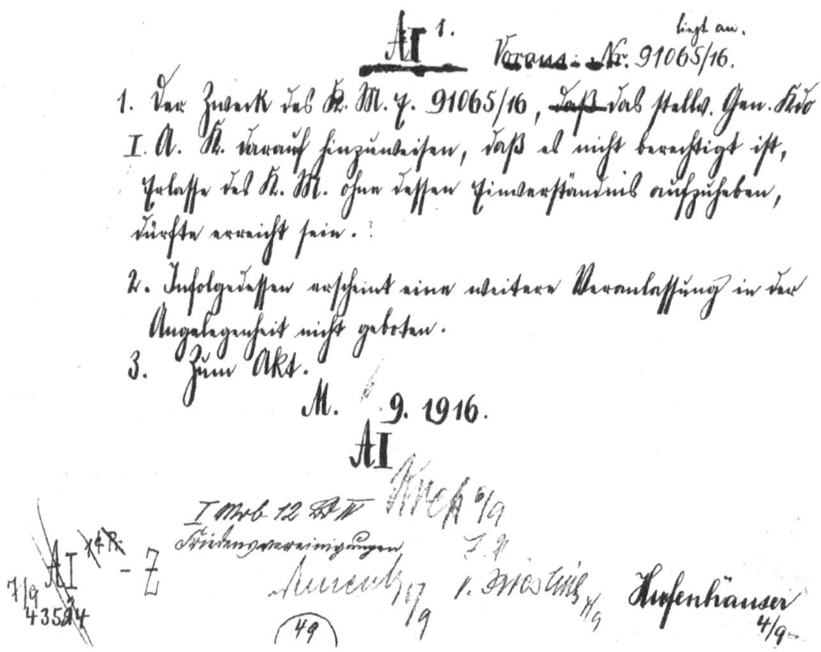

AI 1. liegt an. Verzeichn. Nr. 91065/16.

1. Der Zweck des K. M. 91065/16, das stellv. Gen. Kdo I. A. K. darauf hinzuweisen, dass es nicht berechtigt ist, Erlasse des K. M. ohne dessen Einverständnis aufzuheben, dürfte erreicht sein.

2. Infolgedessen erscheint eine weitere Veranlassung in der Angelegenheit nicht geboten.

3. Zum Akt.

M. 9. 1916.

AI

Hufenhauser 4/9

Notiz des stellv. Gen. Kdo. an den Oberreichsanwalt in Leipzig betrifft Unterlagen, die durch die Postüberwachung von Annette Kolb angefallen sind und ggf. für die Anklage nützlich sein könnten. Die Anklage wird Ende Januar 1917 erhoben und

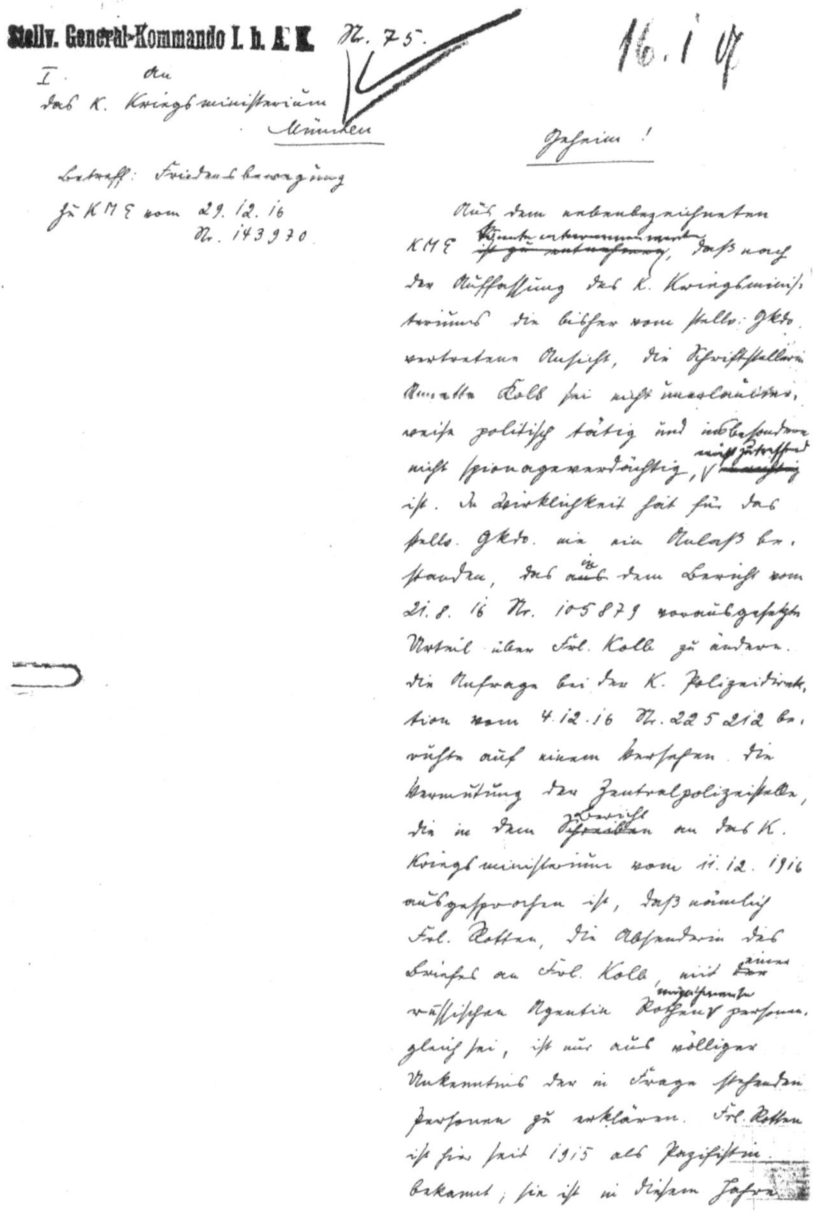
Stellv. General-Kommando I. b. A. K. Nr. 75. 16.1.17

I. An das K. Kriegsministerium München

Geheim!

Betreff: Friedensbewegung
zu KME vom 29.12.16 Nr. 143970.

Aus dem nebenbezeichneten KME ~~ist zu entnehmen~~ könnte entnommen werden, dass nach der Auffassung des K. Kriegsministeriums die bisher vom stellv. GKdo. vertretene Ansicht, die Schriftstellerin Annette Kolb sei nicht [illegible], weiter politisch tätig und insbesondere nicht spionageverdächtig, ~~[?]~~ nicht zutreffend ist. In Wirklichkeit hat für das stellv. GKdo. nie ein Anlass bestanden, das in dem Bericht vom 21.8.16 Nr. 105879 vorausgesetzte Urteil über Frl. Kolb zu ändern. Die Anfrage bei der K. Polizeidirektion vom 4.12.16 Nr. 225212 beruhte auf einem Versehen. Die Vermutung der Zentralpolizeistelle, die in dem ~~Schreiben~~ Bericht an das K. Kriegsministerium vom 11.12.1916 ausgesprochen ist, dass nämlich Frl. Rotten, die Absenderin des Briefes an Frl. Kolb, mit ~~der~~ einer russischen Agentin Rotten [?] Person gleich sei, ist nur aus völliger Unkenntnis der in Frage stehenden Personen zu erklären. Frl. Rotten ist hier seit 1915 als Pazifistin bekannt; sie ist in diesem Jahre

am 12. Februar 1918 wegen unzureichender Verdachtsmomente eingestellt. Zur Überwachung von Annette Kolbs Aktivitäten siehe Armin Strohmeyer, Annette Kolb. Dichterin zwischen den Völkern. Deutscher Taschenbuch Verlag, München 2002, S. 102–113.

in Aufträge deutscher Pazifisten, nach England gereist, um dort den Umfang und die Bedeutung der pazifistischen Strömungen in England zu prüfen; sie hat sich, wie aus einem im Bund Neues Vaterland gehaltenen Vortrag hervorgeht, dieser Aufgabe mit großem Ernst und Geschick entledigt. Mit dem in unseren Erlassen des K. Kriegsministeriums erwähnten Frl. Kotten ist sie personengleich (KME vom 28.4.16 Nr. 41816; vom ~~12.5~~ 28.5.16 Nr. 52248; Bericht des Stv. GKdos vom 12.5.16 Nr. 77827)

Nach Mitteilung der Grenzschutz Lindau ist Frl. Kolle am 23.11.16 in die Schweiz ausgereist und am 24.12.16 mit einem +auf eine Reise nach Berlin ausgestellten für eine Rückkehr in die Schweiz binnen 40 Tagen gültigen Pass wieder eingereist.

+von der deutschen Gesandtschaft in Bern

München, den 16.1.1917.

II. Zum Akt: Pazifisten.

17/1 Lr

R 16.1

№ 86644

Stellv. Generalkommando I. b. A. K.

München 6, den 21. 7. 1917
Pfandhausstraße 2.

I.

An
den Herrn Oberreichsanwalt
Leipzig

Geheim!

Betreff:
Strafverfahren wegen Landesverrats gegen die Schriftstellerin Annette Kolb

Beilagen: –

Nach einer Mitteilung der K. Zentralpolizeistelle Bayern ist gegen die Schriftstellerin Annette Kolb dort ein Strafverfahren wegen Landesverrats anhängig. Da die Kolb hier längere Zeit überwacht wurde, besteht die Möglichkeit, daß das hier angefallene Material für die Beurteilung des Straffalles von Interesse ist; ~~wir~~ Andererseits wäre hier eine Mitteilung über den Ausgang des Verfahrens erwünscht.

II. Zum Akt: Pazifisten (Annette Kolb)

München, den 21. 7. 1917
Der kommandierende General:
I. V.
Staudt
21. 7.

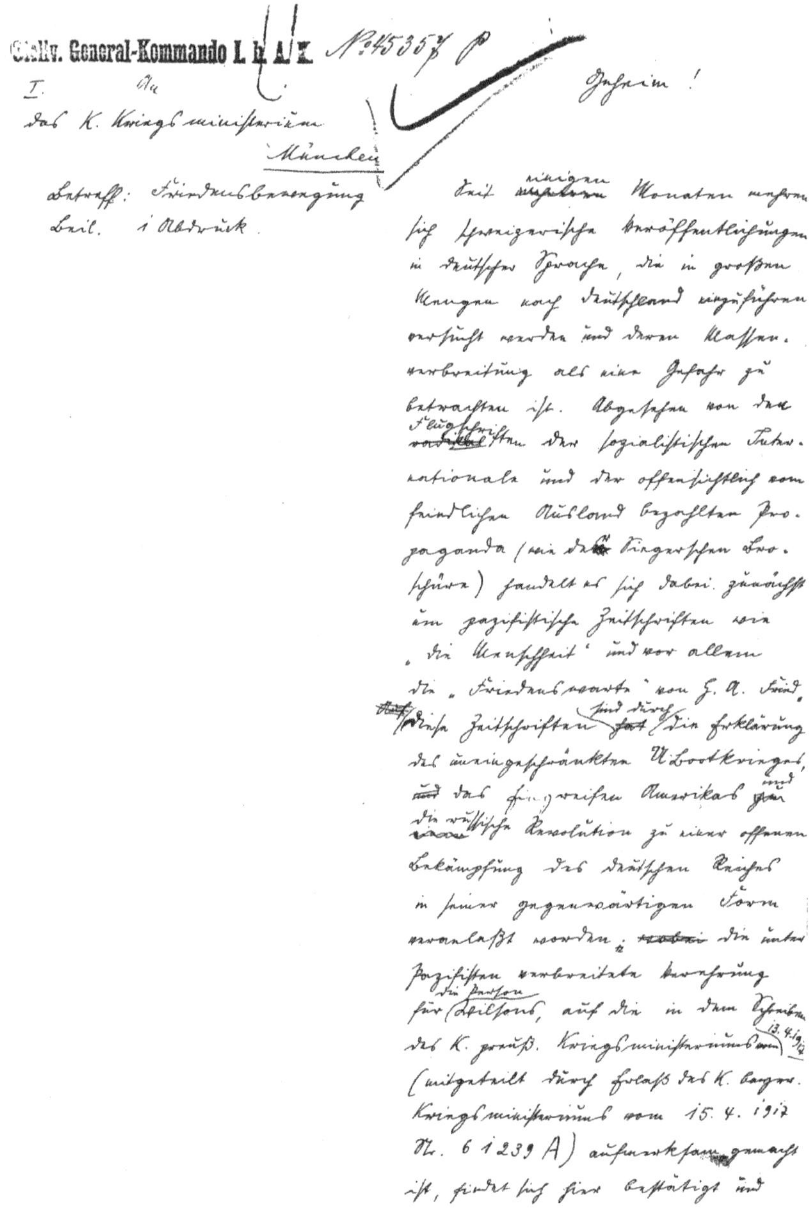
Stellv. General-Kommando I. b. A. K. No 45357 P

I. An das K. Kriegsministerium München

Geheim!

Betreff: Friedensbewegung
Beil. 1 Abdruck.

Seit einigen Monaten mehren sich schweizerische Veröffentlichungen in deutscher Sprache, die in großen Mengen nach Deutschland einzuführen versucht werden und deren Massenverbreitung als eine Gefahr zu betrachten ist. Abgesehen von den Flugschriften der sozialistischen Internationale und der offensichtlich vom feindlichen Ausland bezahlten Propaganda (wie die Fingerzeig-Broschüren) handelt es sich dabei zunächst um pazifistische Zeitschriften wie „Die Menschheit" und vor allem die „Friedenswarte" von H. A. Fried. Diese Zeitschriften sind durch die Erklärung des uneingeschränkten U-Bootkrieges, das Eingreifen Amerikas und die russische Revolution zu einer offenen Bekämpfung des deutschen Reiches in seiner gegenwärtigen Form veranlaßt worden; die unter Pazifisten verbreitete Verehrung für die Person Wilsons, auf die in dem Schreiben des K. preuß. Kriegsministeriums vom 13.4.17 (mitgeteilt durch Erlaß des K. bayer. Kriegsministeriums vom 15.4.1917 Nr. 61239 A) aufmerksam gemacht ist, findet sich hier bestätigt und

Dokument 38

Von CS verfaßte handschriftliche Erörterung der Wirkung von Zeitschriften mit pazifistischem Inhalt, meist in der Schweiz publiziert. Dabei wird die besondere Gefahr in einer Vereinigung von bürgerlichen und radikalsozialistischen Strömungen gesehen, die

scheint zu der Auffassung zu führen,
die Entscheidung Wilsons bedeute
eine Art weltschiedsgerichtlicher
Verurteilung Deutschlands. Das
Bestreben der „Friedensfreunde",
die Vorstellung von einem Gegen-
satz zwischen deutschem Volk und
preußischer Militärregierung zu
verbreiten (vgl. die Berichte vom
3.4.1916 GKV Nr. 54411; 20.4.1916
Nr. 64086, 29.12.16 Nr. 245706)
tritt jetzt offen hervor und erscheint
umso gefährlicher, als zahlreiche
schweizerische Veröffentlichungen die
gegenwärtige demokratische Be-
wegung in Deutschland mit solchen
pazifistischen Bestrebungen zu identi-
fizieren suchen, um dem deutschen
Volk die Auffassung geläufig zu
machen, das einzige Hindernis des
Friedens liege an den innerpolitischen
Verhältnissen Deutschlands. Verfasser
der verschiedensten politischen Richtungen
treffen sich in diesem Punkte. Das
Buch ~~Schrift~~ von R. Zurlinden, „Der Weltkrieg,
eine vorläufige Orientierung", die
der deutschen Regierung die Schuld
am Kriege zuschreibt, wird von A. Fried
rühmend besprochen, ~~das~~ die Schrift ~~vom~~ das
bekannten Verteidigers von J'accuse,
H. Fernau „Durch! zu Demokratie"
von Zurlinden in der Zeitschrift „Wissen
und Leben" April 1917 als ein begr[illegible]

den Krieg als Kampf gegen die preußische Regierung und die Dynastie Hohenzollern auffassen. Gerichtet an das bayerische Kriegsministerium vom stellv. Gen. Kdo., am 26.4.1917, paraphiert vom Kommand. General von der Tann. (KA, Stv. Gen. Kdo. I. b. AK 1903)

[illegible] [illegible], offenes Buch gewesen;
Paul Seippel hebt im Journal de
Genève (16. 4. 1917 Nr. 104) hervor,
dass Fernau trotz der Gegensätze
in der Weltanschauung im Grunde
nichts anderes anstrebe als Prof.
F. W. Foerster, nämlich ein von
der jetzigen preußischen Herrschaft befreites, neues
Deutschland. Auch den zahlreichen
pazifistischen Artikeln der N. Zürcher
Zeitung lässt sich diese Auffassung entnehmen.
In Veröffentlichungen,
die ausgesprochen den Nachweis (er-
bringen) wollen, dass ausschließlich in
Deutschland die zum Kriege trei-
benden Kräfte zu suchen seien (wie
die unter verschiedenen Umschlag-
titeln eingeführte Sammlung
annexionistischer Aussprüche von
S. Grumbach) bis zu den mehr
neutralen Schriften wie der von
Cuno Hofer (früher Militärattaché)
„Die Keime des Krieges" (Schulthess,
Zürich 1917) und Charles L. Hartmann
„Vor der Waffenruhe" (Nationalzeitung
Basel 1917) ist die gleiche
Auffassung zu erkennen. In der Korrespondenz von
Pazifisten wie Prinz Alexander zu
Hohenlohe-Schillingsfürst (z. Zt. in
Zürich) und Prof. F. W. Foerster
tritt sie ebenfalls stark hervor,
hier wiederum verbunden mit
der laut betonten Überzeugung

von der „katastrophalen" Bedeutung, die das Eingreifen Amerikas für Deutschland haben werde.

Es ergibt sich aus solchen Veröffentlichungen und Äußerungen, daß während der französische Teil der Schweiz mit geringen Ausnahmen (Demain, Le plus Grand Monde, beide in Genf) auch soweit er pazifistisch denkt offen auf die Seite der Entente tritt,+ in der deutschen Schweiz gerade infolge des Pazifismus eine durchaus deutschfreundliche Gesinnung verbreitet wird. Es ist dabei wichtig, daß dieser in der deutschen Schweiz hervortretende Pazifismus mit starken innerpolitischen Bestrebungen zahlreiche Berührungspunkte hat. Der sozialdemokratische Abgeordnete Wolfgang Heine, z. B. der sich um die Aufhebung der beschlagnahmten Foersterschen Schriften bemüht, erklärt z. B. in einem Brief vom 30. 3. 1917, daß er mit den Grundgedanken und den meisten Einzelheiten vollkommen einverstanden sei, wenn bei ihm auch nicht die religiös-christliche Färbung und Begründung seiner Auffassung vorherrsche. Daher liegt eine besondere Gefahr darin, daß es einer geschickt geleiteten und unauffälligen Propaganda gelingt, die verschiedenen radikalsozialistischen bürgerlich-demokratischen, pazifistischen, föderalistisch-großdeutschen Strömungen dahin zu vereinigen, daß der Krieg für sie den Charakter eines Kampfes gegen die preußische Regierung und die Dynastie Hohenzollern erhält. +

München, den 26. 4. 1917

+(z. B. La Paix, Organe des Sections romandes de la Société Suisse de la Paix, April 1917, Genf)

(Absatz!)

+ Ein Abdruck dieses Berichts liegt mit der Bitte um Weiterleitung an den stellv. Generalstab der Armee Abt. III b bei.

I. zum Akt: Pazifisten

[illegible]

Nr 63309.A.

Kriegsministerium.

Armee-Abteilung.

Abdruck.

München, 8.5.1917.

An
das K.stellv.Generalkommando I.A,K.
(1 Beilage)

An

den stellv.Generalstab, Abteilung III b
Berlin.

Geheim!

Betreff:

Friedensbewegung.

Zum Schreiben T.B.II Nr 224 A 1
III b geheim v.29.3.17 XIV.3.

Beilagen:

1 Zusammenstellung,
1 Bericht in Abschrift.

Das Kriegsministerium beehrt sich in der Anlage ein Verzeichnis der in seinem Befehlsbereiche bisher hervorgetretenen namhafteren Friedensfreunde zu übermitteln.

Der abschriftlich anruhende Bericht des stellv.Generalkommandos I.bayer. A.K.Nr 45357 P.vom 26.4.17 enthält bemerkungswerte Darlegungen über die Schweizer Pazifistenbewegung.

J.A.

von Sonnenburg.

Dokument 39

Das Kriegsm., Armeeabteilung I, Presseabteilung, verschickt eine Aufstellung über die Pazifisten, die im stellv. Gen. Kdo. bekannt sind, an den stellv. Generalstab, Abteilung IIIb. Die maschinenschriftliche Aufstellung orientiert sich weitgehend an dem von CS verfaßten handschriftlichen Entwurf des stellv. Gen. Kdo. vom 18.4.1917, paraphiert vom Kommand. General von der Tann. (KA, Stv. Gen. Kdo. I. b. AK 1935)

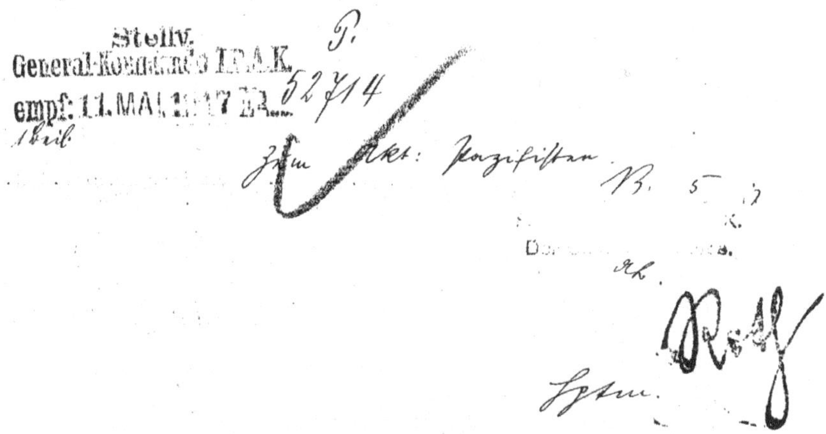
Stellv.
General-Kommando I. B. A. K.
empf: 11. MAI 1917
52714
Zum Akt: Pazifisten

Abdruck.

Nr. 63309.A./17.

Geheim !

№	Name u. Stand	Wohnort	Bemerkungen
1.	Frl. Dr Anita Augspurg	München, bezw. Ebenhausen bei München	Frl. Augspurg-preuß. Staatsangehörige-gehört zu den Führerinnen der pazifistischen Frauenbewegung und ist 1. Vorsitzende des bayer. Vereins für Frauenstimmrecht. Durch K.M.E. Nr 18353 b v.6.3.16 wurde ihr jede pazifistische Betätigung untersagt.
2.	Dr Franz Joseph Buch-Heller, Amtsrichter	Luzern	Präsident der schweizerischen Friedensgesellschaft, verhandelte brieflich und mündlich mit Dr Quidde (vergl. Nr 9)
3	Dr Kurt Eisner Schriftsteller	München-Großhadern	Bisher nur durch Veröffentlichungen im Sinne der sozialdemokratischen Arbeitsgemeinschaft hervorgetreten.
4.	Dr Fr.W. Förster K. Universitätsprofessor	München, z.Zt in Zürich	Verfasser des beschlagnahmten Buches "die deutsche Jugend und der Weltkrieg" und ähnlicher Veröffentlichungen. Förster ist Mitglied "des internationalen Rates der Zentralorganisation für einen dauernden Frieden". Er steht anscheinend im Auftrage des Auswärtigen Amts in Berlin während seines Aufenthalts in der Schweiz mit angesehen Franzosen in Verbindung.
5.	Dr Wilhelm Herzog, Schriftsteller	München	Herzog, Anhänger des internationalen Pazifismus, war Herausgeber der Zeitschrift "das Forum", deren Erscheinen wegen ihrer vaterlandslosen Stellungnahme durch K.M.E. Nr 86356 vom 11.9.1915 auf Kriegsdauer verboten wurde. Durch K.M.E. Nr 18353 v.6.3.1916 wurde ihm jede pazifistische Betätigung und die Ausreise ins Ausland untersagt. Er versuchte wiederholt, die Erlaubnis zur Ausreise in die Schweiz zu erhalten, vermutlich, um sich der Militärdienstpflicht zu entziehen.
6.	Frl. Lyda Gustava Heymann, Schriftstellerin	früher in München	Frl. Heymann -hamburgische Staatsangehörige-gehört zu den Führerinnen der pazifistischen Frauenbewegung und war früher Vorsitzende der Münchener Ortsgruppe des bayer. Vereins für Frauenstimmrecht. Wegen ihrer hetzerischen Tätigkeit unter den Frauen wurde ihr durch K.M.E. Nr 18353 b vom 6.3.16 jede pazifistische Betätigung untersagt. Wegen mehrfacher Zuwiderhandlungen gegen diese Anordnung, insbesondere wegen ihrer Versuche, mit den Friedensvereinigungen des neutralen Auslands in Verbindung zu treten, wurde ihr durch K.M.E. Nr 18007 a v.11.2.17 der fernere Aufenthalt in Bayern verboten. Sie hat am 22.3.17 München mit dem Berliner Abendzug verlassen.

№	Name und Stand	Wohnort	Bemerkungen
7.	Frau Dr Hoesch - Ernst	z.Zt.Gauding bei München	Frau Hoesch-Ernst -staatenlos- stellte früher große Summen für die pazifistische Sache zur Verfügung und scheint auch an der Jnszenierung der Berliner Straßenunruhen im November und Dezember 1915 beteiligt gewesen zu sein.Sie galt als die gefährlichste Pazifistin in Bayern.Anfangs März 1916 wurde sie in militärische Schutzhaft genommen,später aber gegen Hinterlegung einer Kaution von 100000 M wieder freigelassen.Sie ist seitdem als Pazifistin nicht mehr hervorgetreten.
8.	Frl.Anette Kolb Schriftstellerin	München	Frl.Annette Kolb,Verfasserin verschiedener pazifistischerArtikel,wurde durch K.M.E. Nr 18353 v.6.3.1916 jede fazifistische Betätigung und die Ausreise ins Ausland verboten. Der zeitweise gegen Frl.Kolb bestandene Spionageverdacht hat sich nicht bestätigt.Jn neuerer Zeit hielt sie sich wiederholt mit Genehmigung der zuständigen Stellen längere Zeit in der Schweiz auf.
9.	Dr Ludwig Quidde K.Professor,bayer Landtagsabgeordneter	München	Dr Quidde ist der Führer der Münchener Pazifisten,Vorstand der deutschen Friedensgesellschaft und tätiges Mitglied einer Reihe sonstiger Pazifistenvereinigungen.Er steht in ständiger Verbindung mit den maßgebenden Pazifisten des Jnnlands und hat Fühlung mit den Pazifisten des neutralen Auslands.Er unterstand zeitweise einem pazifistischen Betätigungsverbote.Hinreichende Anhaltspunkte,an seiner vaterländischen Gesinnung zu zweifeln, liegen dem Kriegsministerium bisher nicht vor.
10	Frau Margareta Selenka,Universitätsprofessorswitwe	München	Frau Selenka gehört zu den Führerinnen der pazifistischen Frauenbewegung und ist im April 1915 auch als Rednerin auf dem internationalen Frauenkongreß im Haag aufgetreten. Durch K.M.E.Nr 18353 v.6.3.1916 wurde gegen sie ein pazifistisches Betätigungs-und Ausreiseverbot erlassen.Jm August 1916 reiste sie mit Genehmigung des Kriegsministeriums nach Amerika,angeblich um biologische Untersuchungen über Menschenaffen zu machen;sie befindet sich vermutlich noch dort.
11	L.Wagner,Lehrer	Kaiserslautern	Wagner entfaltete früher eine rege pazifistische Tätigkeit,insbesondere auch in seiner Eigenschaft als korrespondierendes Mitglied der deutschen Friedensgesellschaft.Er unterstand zeitweise einem pazifistischen Betätigungsverbote.Als früherer Leiter von Ferienkursen für Ausländer hat Wagner möglicherweise noch jetzt Beziehungen zum Ausland.

Nr	Name und Stand	Wohnort	Bemerkungen
12.	Frl. Marie Zehetmaier, früher Lehrerin	München	Frl. Zehetmaier ist fanatische Anhängerin des extremen Pazifismus und sucht insbesondere die Frauen aller Stände zum Eintreten für einen sofortigen Frieden zu gewinnen. Da sie fortgesetzt dem gegen sie erlassenen pazifistischen Betätigungsverbote zuwiderhandelte, erstattete das Kriegsministerium im Februar 1917 Strafanzeige; sie wurde wegen Unzurechnungsfähigkeit freigesprochen. Nunmehr wurde ihre zwangsweise Unterbringung in einer Jrrenanstalt beantragt; das Verfahren ist noch nicht abgeschlossen.
13.	Dr Oskar Busch	•	Dr Busch -schweizerischer Staatsangehöriger- veröffentlichte mehrere pazifistische Artikel in der "Neuen Züricher Zeitung". Vom 26.11.16 bis 4.12.16 hielt er sich im Deutschen Reiche auf, um mit Professor Kitzinger in München u. Geh. Rat Witting in Berlin, über internationale Verständigung zu verhandeln.

München, 8.5.1917.
J.A.

von Sonnenburg.

Stellv. General-Kommando I. b. A. K. Nr. 35881/5/21 g T.

I. An

das K. Kriegsministerium

München

zu Nr. 34881/199 geheim

Geheim!

Betreff:
Friedensbewegung
zu KME vom 7. 4. 17 Nr. 54603 A.

Als Träger und Förderer der Friedensbewegung im Sinne des Schreibens des Chefs des stellv. Generalstabes der Armee vom 21. 3. 1917 Nr. TB II 224 A 1 III C / XN 3 geh. sind im hiesigen Korpsbezirk folgende Personen bekannt geworden:

1. Professor Ludwig Quidde, München, Gedonstr. 4, Mitglied des Landtags (hat nach hier gemachten Beobachtungen die deutsche Friedensgesellschaft ganz in seiner Hand und auch maßgebenden Einfluß auf die Zentralstelle Völkerrecht).
2. ~~Professor~~ Universitätsprofessor Dr. F. W. Foerster, München, Bavariaring 32, zur Zeit in Zürich (ist nach Angaben seiner Korrespondenz dort im Auftrag der deutschen Regierung tätig, ist keiner pazifistischen Organisation angeschlossen)
3. Fräulein Zehetmaier, früher Lehrerin, München, Gabelsbergerstr. 1a (~~ist~~ hat sich keiner pazifistischen Organisation angeschlossen, ist aber wegen des rücksichtslosen Fanatismus, mit der sie ihre antimilitaristischen Ideen verbreitet, besonders gefährlich)

4. Kurt Eisner, Schriftsteller, München-Großhadern, Lindenallee 8 (bisher nur durch Veröffentlichungen im Sinne der soz. Arbeitsgemeinschaft hervorgetreten);

5. Frau Dr. Gosch-Frank, z. Zt. Gauting bei München (stellte große Summen in den Dienst der pazifistischen Sache und wirkte auch persönlich durch temperamentvolle Propaganda; seit dem Eingreifen des stellv. Gkdos – März 1916 – nicht mehr hervorgetreten);

6. Frl. L. G. Heymann (benützte ihre führende Stellung in der Frauenrechtsbewegung zu pazifistischer Tätigkeit; hat am 22. März 1917 auf das Aufenthaltsverbot des K. Bayr. Kriegsministeriums hin Bayern verlassen);

⌜München, Dreimühlenstr. 24 III

7. Frl. Glas ⌜(verbreitete antimilitaristische Schriften religiösen Inhalts; seit dem Eingreifen – Dezember 1916 – des stellv. Gkdos nicht mehr hervorgetreten);

8. Dr. Oskar Busch (schweizerischer Staatsangehöriger; veröffentlichte mehrere pazifistische Artikel in der „Neuen Zürcher Zeitung"; er reiste am 26. 11. 16 über Lindau ein um mit Prof. Kitzinger in München und Geh. Rat Witting in Berlin

über internationale Verständigung zu konferieren; am 4.12.16 wurde ausgewiesen);

9. Dr. Franz Bucher-Heller (Vorsitzender der schweizerischen Friedensgesellschaft; verhandelte mündlich und brieflich mit Prof. Quidde);

Über andere Persönlichkeiten, die früher eine mehr oder minder beachtenswerte Tätigkeit entfalteten wie Mathilde Ade in Grunewald, Frau Mechtild Czapek, München Amalienstr. 74 II (österreichische Staatsangehörige) Wilhelm Herzog (~~Herzo~~ Herausgeber des „Forum“), Erich Mühsam u. a. sind seit über einem Jahre ~~nicht mehr~~ keine besonderen (~~Kriegs~~) Wahrnehmungen mehr gemacht worden.

München 18. 4. 1917.

[Unterschriften]

19.4.

Rz. 4

~~Ausl. Nr. 34888/~~ 199 ~~Pgf.~~

II. Zum Akt: Pazifisten

Gesehen.

2. II. 17

A b s c h r i f t .

(Postkarte)

H e r r n

Prof. K. M u t h ,

S o l l n bei München.

Beifolgender Aufsatz Seippel's im Journal d.G.ist besonders erfreulich,da das Journal viel in Frankreich gelesen.Onkel Georg gegenüber darf ich behaupten,daß dieser Artikel besonders in den letzten Absätzen eine Frucht meiner monatelangen Bearbeitung des Autors in diesem Sinne ist.

Daß ich über alles,was in den letzten Wochen von deutscher Seite geschehen ist,ebenso kritisch denke wie über die subaltern und dämlichen Noten der Entente wird Jhnen Exellenz ~~Jula~~ Lula ausgerichtet haben.Jch fürchte,die wohl unvermeidliche Verfeindung mit Amerika in folge...........
/ökonomisch/
wird uns später/ganz verhängnisvoll werden.

Na,wie haben Sie denn Jhren ehrwürdigen Geburtstag verbracht?ist ~~Jula~~ Lula gut angekommen.Wir vermissen sehr Jhr fröhliches Gackern mit welchem Worte ich natürlich ihre kulturelle Bedeutung keineswegs erschöpfen will.

Jch gehe mit dem Gedanken um auch für den Sommer Urlaub zu nehmen.Jm Mai und Juni wird nämlich eine Zeit kommen,wo für meine vermittelnde Tätigkeit wieder viel Boden ist.Jch hatte wieder einen äusserst interessanten Besuch des Vicomt......von der Caillaux-Gruppe der mir offen zugab,daß die katholische Gruppe mit der Entent-Note gar nicht einverstanden gewesen ist.(sei).Es war sehr begeistert von Heft 8 und 9 der historisch-politischen Blätter und hat beide mit nach Paris genommen.Jch habe im in die Seele gebrannt,man solle sich dort von der Jllusion befreien,wir seien tot zu machen.Er kommt im Mai wieder her.Wann kommen Sie her?

Herzlichste Grüsse an Sie und die lieben Jhrigen von uns allen Jhr getreuer F o e r s t e r .

Eben telefoniert Hagmeiner Bern,will mich umgehend sprechen.

Dokument 40

Zwischen dem Pazifisten Friedrich Wilhelm Foerster (siehe auch S. 400, Anm. 18) und dem Herausgeber der Zeitschrift „Hochland", Karl Muth, wird der umfangreiche Briefwechsel überwacht. Die Abschrift der Postkarte vom 2.2.1917 und die Notiz des stellv. Gen. Kdo. dazu sind einer von vielen Belegen. Die direkt am 2.6.1917 an den Leiter der

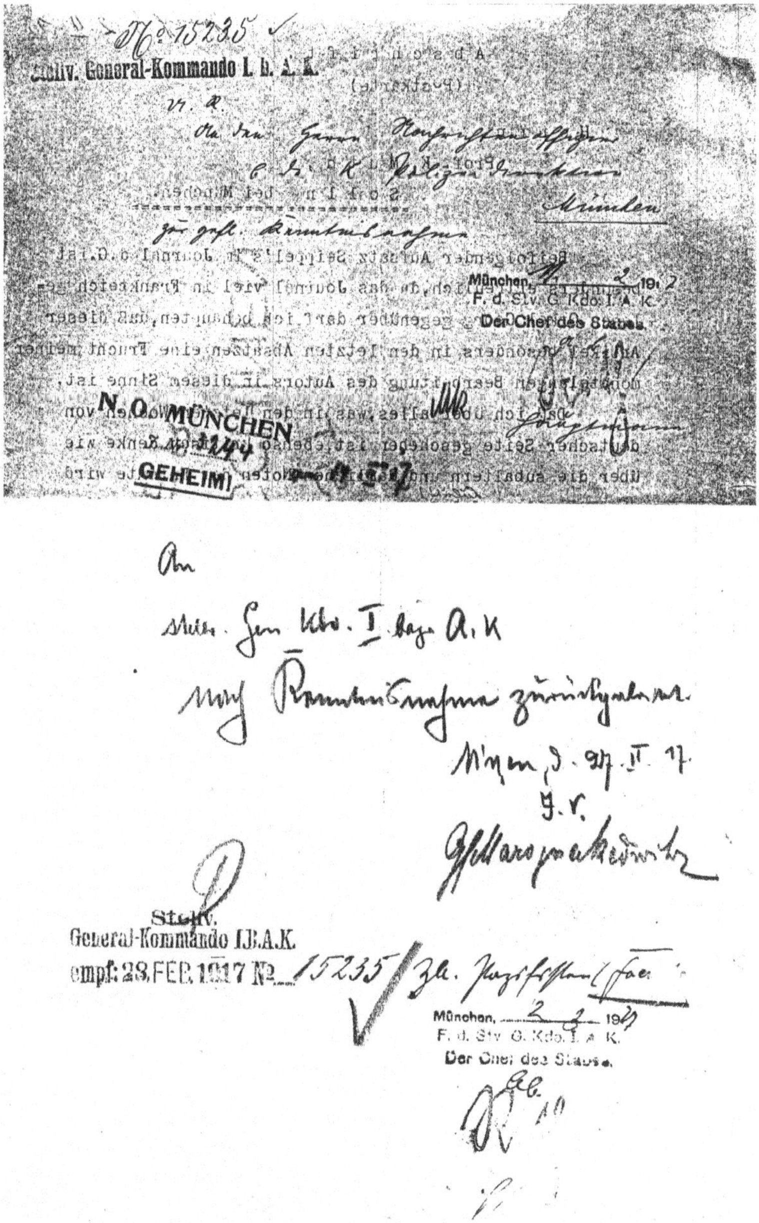

No. 15235

Stellv. General-Kommando I. b. A. K.

München, 2. 191

F. d. Stv. G. Kdo. I. A. K.

Der Chef des Stabes

N.O. MÜNCHEN

GEHEIM

An

stellv. Gen. Kdo. I. bayr. A.K.

nach Kenntnisnahme zurückgegeben.

München, d. 27. II. 17.

I. V.

Stellv.

General-Kommando I.B.A.K.

empf: 28. FEB. 1917 No 15235

München, 2. 191

F. d. Stv. G. Kdo. I. A. K.

Der Chef des Stabes.

Presseabteilung im bayerischen Kriegsm., Oberstleutnant von Sonnenburg, durch Karl Muth vorgebrachte Bitte, Sendungen an Foerster freizugeben, wird entsprechend positiv beantwortet, mitgeteilt sowohl an den Adressaten am 11. 6. 1917 als auch an das stellv. Gen. Kdo. mit gleichem Datum. Eine handschriftliche Notiz, deren dritter Teil als Protokoll gestaltet ist, wird von Karl Muth direkt am 16. 7. 1917 unterschrieben. Mit dieser von

München, den 2. Juni 1917.

K. B. Kriegsministerium
Abteilung: Presse = Zensur,
z. H. des Herrn Oberstleutnant
v. Sonnenburg,

München.

K.B.Kriegsministerium
empf.: 3. JUNI 1917
№ 89171

Betr.: Ausfuhrerlaubnis für Vorlesungs=Manuskripte u.ähnl.

Herr Universitätsprofessor Dr. Friedrich Wilhelm Foerster, der einen ihm von der Fakultät bewilligten Semester-Urlaub in Zürich verbringt, hat mich gebeten, die in seiner Mietwohnung in München liegenden Vorlesungspapiere, Aufzeichnungen und dahin gehörigen Drucksachen zusammenzupacken und ihm nach Zürich zu schicken, damit er seine im nächsten Wintersemester wieder aufzunehmenden Vorlesungen an der Münchner Universität vorzubereiten imstande sei. Prof. Foerster besitzt in Zürich ein Haus, das zu verkaufen ihm bisher nicht gelungen ist, weshalb er in München nur stets eine möblierte Wohnung gemietet hatte. Seine Bibliothek befindet sich in Zürich, und das ist ein wesentlicher Grund mit, warum er seine Ferien in Zürich zu verbringen pflegt. Während nun der grössere Teil der in München gebrauchten Bücher und Papiere hier verbleibt, ist er mit Rücksicht auf die Vorbereitung des Wintersemesters auf die von mir nach seinen Angaben zusammengepackten Vorlesungspapiere in allernächster Zeit dringend angewiesen. Prof. Foerster hat mir geschrieben, er sei jederzeit bereit, ehrenwörtlich zu erklären, dass unter den Papieren, die er zu haben wünscht sich nichts befände, was zur Veröffentlichung im Auslande bestimmt sei, sondern dass alles nur dem genannten Zwecke diene. Ich habe selbst die Papiere gesichtet und glaube auch meinerseits versichern zu dürfen, dass sich darunter nichts befindet, was zu Ausfuhrbedenken Veranlassung geben dürfte.

CS aufgesetzten Notiz ist eine der ersten Begegnungen zwischen den beiden prominenten Katholiken belegt, die bekanntlich später in engem persönlichen und Briefaustausch waren (siehe Piet Tommissen (Hg.), Briefwechsel zwischen Karl Muth und Carl Schmitt, Politisches Denken, Jahrbuch 1998, Metzler, Stuttgart 1988, S. 127–159).

Da die Durchsicht der unzähligen Blätter und Blättchen in der herkömmlichen Weise eine unverhältnismässig grosse Arbeitsleistung und Zeit in Anspruch nehmen dürfte, würde die Erledigung an der Grenzüberwachungsstelle wahrscheinlich eine solche Verzögerung der Sendung mit sich bringen, dass die Zeit zur Vorbereitung der Vorlesungen für Prof. Foerster zu kurz würde. Ich erkläre daher in seinem Namen, dass er einem verehrlichen Ministerium sehr dankbar wäre, wenn für eine beschleunigte Uebermittlung der Papiere Sorge getragen werden könnte. Prof. Foerster [illegible] übrigens bereit, die erwähnte ehrenwörtliche Erklärung auch direkt zuhanden des Kriegsministeriums abzugeben. Die Speditionsfirma Weisch & Co. ist von mir angewiesen, die Kiste mit den Manuskripten, Drucksachen etc. an das Kriegsministerium zu befördern und auch von dort wieder in Empfang zu nehmen, sobald die Speditionserlaubnis erteilt werden kann.

Mit vorzüglicher Hochachtung

Carl Muth
Kgl. Professor

1 Abdruck

Kriegsm.Nr 89171.A.

Armee-Abt. An das K.stellv.Generalkommando I.A.K. mit dem Ersuchen, die Prüfung der Sendung in eigener Zuständigkeit mit tunlichster Beschleunigung vorzunehmen.

Abdruck des an Professor Muth gleichzeitig ergangenen Schreibens liegt zur Kenntnisnahme an.

München, 11. 6. 1917

J. A.

Weitere Belege der Postüberwachung von Muth, wie das Schreiben in Abschrift von Foerster an Muth vom 17.8.1917 und von Foerster an Prof. Aster, dem bekannten Philosophen und Pazifisten an der Universität München, vom 18.8.1917 und dem von CS verfaßten handschriftlichen Beleg im stellv. Gen. Kdo. vom 26.8.1917 zeigen die Dichte der Zensurmaßnahmen. (KA, Stv. Gen. Kdo. I. b. AK 1920)

Abdruck.

Nr 89171. A.

Kriegsministerium.

Armee-Abteilung.

München, 11. 6. 1917.

An

den Kgl. Professor und Chefredakteur der Monatsschrift "Hochland" Herr Carl Muth,
Hochwohlgeboren,
Solln b/München.

Betreff:
Ausfuhr von Druckschriften.

Zum Schreiben vom 2.6.1917.

Das Kriegsministerium ist zu seinem Bedauern nicht in der Lage, die Prüfung der Sendung selbst vorzunehmen, da die Ausübung der Ausfuhrpolizei den stellv. Generalkommando's übertragen ist. Das nebenbezeichnete Schreiben mußte daher an das K. stellv. Generalkommando I. bayer. Armee Korps weitergeleitet werden, das die notwendigen Verhandlungen mit Euer Hochwohlgeboren direkt führen wird.

Jedoch wurde mit Rücksicht auf die von Euer Hochwohlgeboren gebotenen Garantieen das K. stellv. Generalkommando ersucht, die vorschriftsmäßige Prüfung mit möglichster Beschleunigung vorzunehmen.

Euer Hochwohlgeboren werden im Hinblick auf die geschilderte Sachlage schließlich noch gebeten, die Speditionsfirma Welsch & Co. anzuweisen, daß die Kiste zum K. stellv. Generalkommando I. bayer. A. K. verbracht wird.

J. A.

von Sonnenburg.

Stellv.
General-Kommando I. B. A. K.
empf: 12. JUN 1917 Nr. 67582

1 Beil.

I. Nach telefonischer Mitteilung des Verlages Kösel ist Prof. Muth für 8 Tage verreist (22.6.17). Die Prüfung der Sendung ist sofort erledigt worden. Prof. Muth ist nachher telefonisch ersucht worden, die ~~Sendung~~ abholen zu lassen.

F. d. st. G. K.
Der Chef des Stabes.

II. Die Kiste F 32 zurück wurde am 3.7.17 vorm. von der Firma [Stadler] abgeholt. Die Ausfuhr wurde nach Entnahme der nicht ausfuhrfähigen Schriften genehmigt.

III. Herr Prof. Muth erschien am 16.7.17 beim stellv. GKdo. und erhielt verschiedene Briefe und Schriftstücke (Korrespondenz mit Prof. Goldmann und v. Klassen) als nicht ausfuhrfähig zurück. Es wurde ihm eröffnet, daß die Schriften

K. Eisner, Der Sultan des Weltkrieges,
Junius Alter, Das deutsche Reich auf dem Wege zur geschichtl. Episode.
„Um des teuren deutschen Blutes u. Vaterlandes willen" (1mal als Broschüre gedruckt, 1mal mit der Maschine vervielfältigt) (Kurz)
1 längerer Brief des Herrn v. Klassen, Verfassers der Schrift „Um des teuren deutschen Blutes und Vaterlandes willen"

beschlagnahmt sind.

Den Empfang der vorstehend erwähnten Briefe und Schriftstücke nach Maßgabe der Notiz unter III bestätigt München, den 16.7.17

Karl Muth

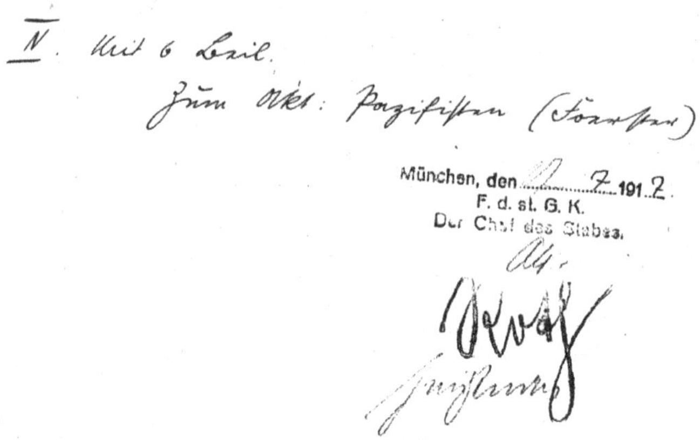

IV. Mit 6 Beil.

Zum Akt: Pazifisten (Förster)

München, den [illegible] 7. 1912
F. d. st. G. K.
Der Chef des Stabes.

II

Abdruck.

Datum des Poststempels: Zürich, den 17.8.1917.
Absender: F.W.F.
Empfänger: Prof. K. Muth, Solln b/München.

M.L.Muths. Heute war Scheler 1½ Stunden bei mir, wir verständigten uns weitgehend und besprachen auch seine Vortragspläne. Er teilte mir auch mit, daß sie doch meinen Artikel noch bringen wollen und zwar mit Rücksicht auf mich. Soweit dies der Fall ist, bitte damit zu rechnen, daß ich die Attake auf jeden Fall reite, wenn nicht in einem kathol. Organ, so anderswo (Neue Rundschau), nur ist mir eine katholische Zeitschrift lieber. Jch glaube, daß man noch viel mehr sagen sollte, die Zeit ist reif dazu und es ist 11,45, es eilt; die Artikel der K.V. sind in einer Weise blöde, schief, falsch orientiert, daß es eine wahre nationale Schande ist; dies sagte mir heute auch der Kupferschmied, dessen Gedichte schon im Hochland erschienen, auch teilte er mir interessante Proben der in der rheinischen christl. Arbeiterschaft gegen die Politik der K.V. herrschenden Anschauung mit. Vor einigen Tagen sandte ich Jhnen noch eine Anmerk., füge heute eine zweite hinzu, für eine, wie Sch. meinte, etwas zu beweislos dastehende Behauptung.

Etwas ganz Anderes ist es, wenn Sie es für "Hochland" jetzt nicht opportun halten, gerade diese Art von Vorstoß zu machen; in diesem Falle wissen Sie, daß ich stets zurücktrete, mit vollem Verständnis, und dann als irgend etwas Anderes sende. Falls Sie also doch zu negativen Entschluß kommen, bitte um Telegramm: "Nicht geeignet". Ich frisiere die Sache dann doch noch für die A. Rundschau oder für irgend ein anderes Organ.

Viele herzliche Grüße ! Jhr getreuer F.W.F.

I

Abdruck.

Absender: Fr.W.F.
Empfänger: Dr.E.v.Aster, Prof.a.d.Universität München, Zentnerstr.32.

Zürich, d.18.8.1917.
Susenbergstr.100.

Lieber Herr Kollege.

........Mit Wien hat es folgendes Bewandtnis. Kaiser Karl ließ mich plötzlich zu einer längeren Aussprache über die Lage kommen. Anfangs Juli – ich hatte einen ganz ausgezeichneten Eindruck von ihm, worüber mündlich mehr; es ist nun nicht ausgeschlossen, daß ich plötzlich wieder auf 8–10 Tage hin muß, doch glaube ich nicht, daß es vor Ende September sein wird.

Heute Schluß – hoffentlich bald auf Wiedersehen ! Herzlichen Gruß

Jhr Fr.W.F.

Jch werde wohl auch im Winter hier bleiben – es ist hier viel zu tun, und je näher der Friede rückt desto mehr. Eine Wahrscheinlichkeit besteht, daß es im nächsten Monat zum Friedensschluß kommt – wenn nicht – dann gehts noch lange.

No 103592 P.

Stellv. Generalkommando I.b.A.K.

München 6, den 191
Pfandhausstraße 2.

I.

An

das K. Kriegsministerium
München

Betreff:
Friedensbewegung für Prof. F. W. Foerster

Zu KME vom 3.8.17 Nr. 120684 A.

Beilagen:
2 Abdrücke.

In der Anlage folgt die Abschrift einer Karte von Prof. Foerster an Prof. Muth, sowie ein Auszug aus einem Brief an Prof. v. Aster in München. Die Sendungen, die den Aufenthalt und die Tätigkeit Foersters betreffen, wurden freigegeben.

München, den 26. 8 1917.
F. d. st. G. K.
Der Chef des Stabes.

II. mit 2 Abdrücken
z. A. Pazifisten
(Foerster)

Oberkommando

in den Marken.

Sect.T. Nr.182360.

Berlin, den 16. Juni 1917.

Wie verlautet, wird von der Direktion des Kleinen Theaters in Berlin beabsichtigt, eine Gastspieltournèe zu unternehmen und dabei das Schauspiel in 4 Aufzügen "Hans im Schnakenlooh" von René S c h i c k e l e in verschiedenen deutschen Städten zur Aufführung zu bringen. In Bezug hierauf wird ergebenst mitgeteilt, daß der Herr 1. Generalquartiermeister dieses Werk wegen seiner politischen Tendenz beanstandet und ein Aufführungsverbot angeregt hat. Dieser Anregung wird für die kommende Spielzeit auch hier in Berlin durch ein Verbot der Wiederaufnahme der Vorstellungen Folge gegeben werden.

Von seiten des Oberkommandos.

Der Chef des Stabes.

v Berge

An

sämtliche Königlichen stellvertretenden Generalkommandos.

Dokument 41

Das Oberkommando in den Marken regt am 16.6.1917 ein Aufführungsverbot des Schauspiels „Hans im Schnakenloch" von Rene Schickele an, das bereits in Berlin verboten wurde. Dem widersetzt sich das bayerische Kriegsm.; in einer von CS verfaßten

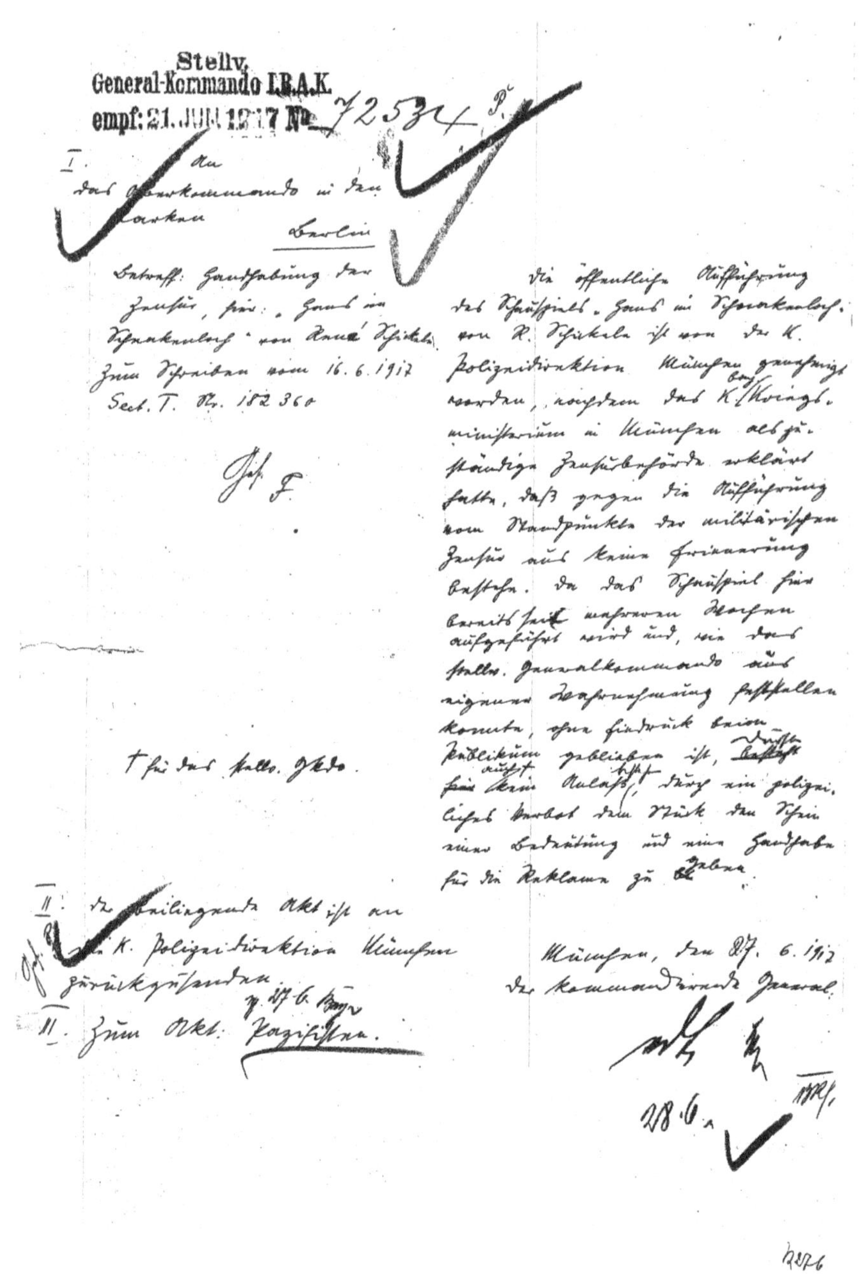

Stellv. General-Kommando I.B.A.K. empf: 21. JUN 1917 Nr. 72534

I. An das Oberkommando in den Marken Berlin

Betreff: Handhabung der Zensur, hier: „Hans im Schnakenloch" von René Schickele.
Zum Schreiben vom 16.6.1917 Sect. T. Nr. 182360

Die öffentliche Aufführung des Schauspiels „Hans im Schnakenloch" von R. Schickele ist von der K. Polizeidirektion München genehmigt worden, nachdem das K. Kriegsministerium in München als zuständige Zensurbehörde erklärt hatte, daß gegen die Aufführung vom Standpunkte der militärischen Zensur aus keine Erinnerung bestehe. Da das Schauspiel hier bereits seit mehreren Wochen aufgeführt wird und, wie das stellv. Generalkommando aus eigener Wahrnehmung feststellen konnte, ohne Eindruck beim Publikum geblieben ist, dürfte auch kein Anlaß bestehen, durch ein polizeiliches Verbot dem Stück den Schein einer Bedeutung und eine Handhabe für die Reklame zu geben.

München, den 27. 6. 1917
Der kommandierende General.

f. d. stellv. Gkdo.

II. Der beiliegende Akt ist an die K. Polizeidirektion München zurückgesandt.

III. Zum Akt. Registratur.

28.6.

handschriftlichen Notiz des stellv. Gen. Kdos. wird das dem Berliner Oberkommando am 27.6.1917 mitgeteilt, paraphiert vom Kommand. General von der Tann. (KA, Stv. Gen. Kdo. I. b. AK 1935)

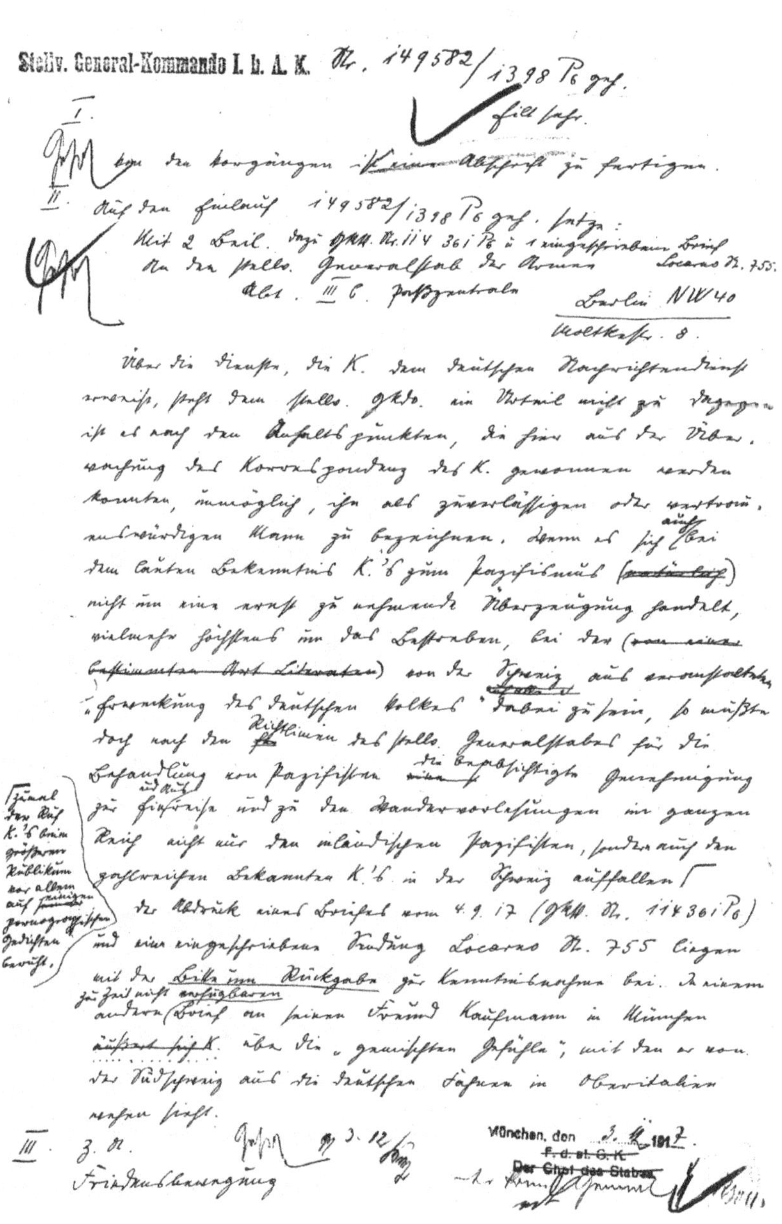

Dokument 42

Der Schriftsteller Klabund (alias Alfred Henschke), der für den deutschen Nachrichtendienst tätig war, sorgte mehrfach für Verwirrung. Wie die von CS verfaßte handschriftliche Notiz vom stellv. Gen. Kdo. vom 3.12.1917 und 29.3.1918 zeigt, wird Klabund

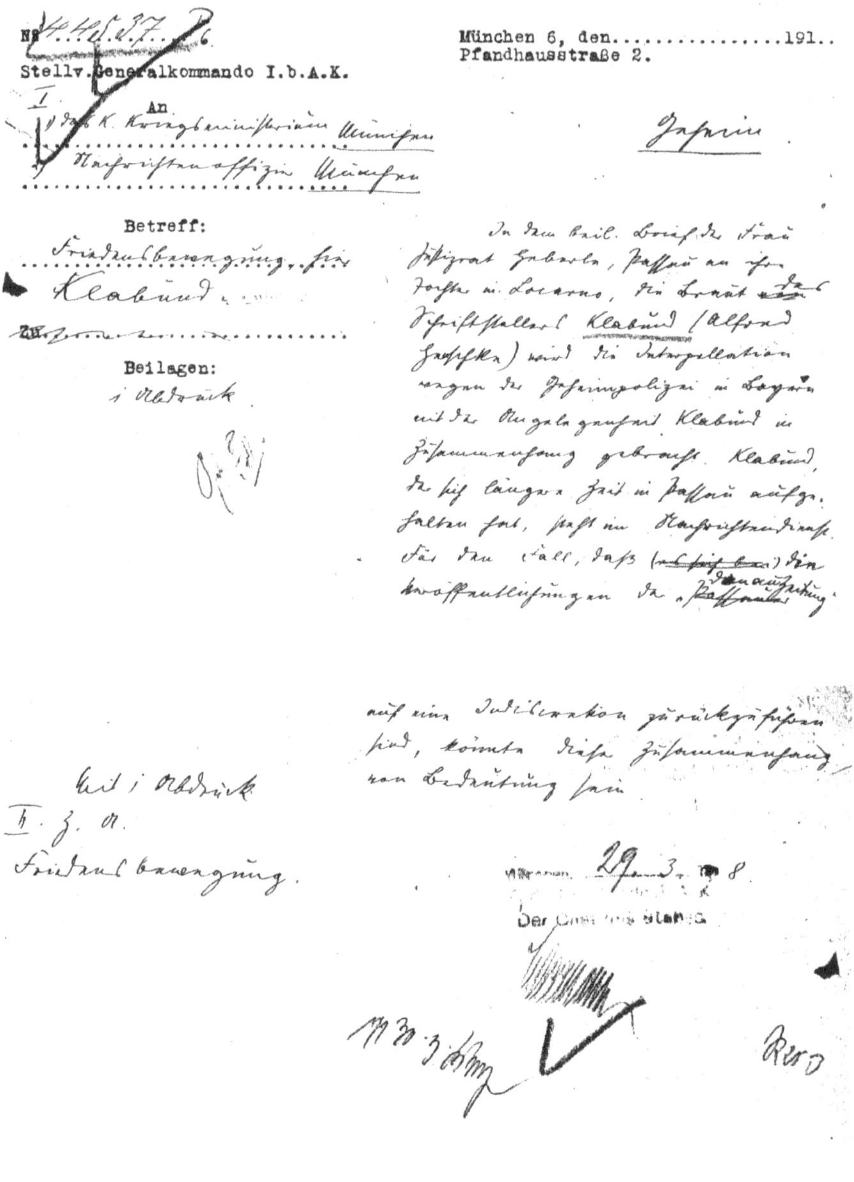

Nr. 4445 37 P 6

Stellv. Generalkommando I.b.A.K.

An

München 6, den ....191..

Pfandhausstraße 2.

Betreff:

Zu

Beilagen:

29. 3. 18

Der Chef des Stabes

von den deutschen Polizeibehörden verfolgt, weil er einen offenen Brief an SM den Kaiser, geschrieben haben soll. Der Schriftsteller behauptet in der Folge, daß ihm der Brief unterschoben sei. (KA, Stv. Gen. Kdo. I. b. AK 1920)

J. Nr. 10510/I

GEHEIM

München, den 3.IV.18.

An das stellv.Gen.Kdo.I.Bayr.A.K.

z.H. des Herrn Chefs des Stabes

Herrn Oberst Kleemann, Hochwohlgeboren.

Betreff:

Friedensbewegung, hier Klabund.

(Dortige № 44537 P 6)

Stellv. Gen. Kdo I. b. A. K.

Alfred Henschke, genannt Klabund ist Vertrauensmann der K.N.St.Lindau und arbeitet fortlaufend befriedigend im militärischen Nachrichtendienst in der Schweiz.

Ich habe bei K.N.St.Lindau in Erfahrung gebracht, dass Klabund von den deutschen Polizeibehörden verfolgt wird, da er einen offenen Brief an S.M. den Kaiser geschrieben haben soll, der in der Journalistenwelt seinerzeit grosses Aufsehen erregte. Dieser Brief soll gemeine Angriffe gegen das Haus Hohenzollern, die deutsche Diplomatie, die deutsche Verfassung und Gesetzgebung enthalten haben. Klabund behauptete, der Brief sei ihm unterschoben worden, er habe denselben nicht verfasst, er habe auch bein Journalistenbund Klage und Verfolgung gegen den Schreiber erhoben. Im Juli oder August 1917 verweilte er 8 - 10 Tage in Deutschland. Die Verantwortung für seine Einreise hatte K.N.St.Lindau übernommen, um ihm für die Dienste welche er dieser Stelle geleistet hatte, Entgegenkommen zu erweisen. Anlässslich dieses Aufenthalts in Deutschland wurde Klabund in Passau verhaftet, auf Grund eines Antrages der K.N.St.Lindau aber wieder freigegeben.

Aus diesen Angaben scheint mir klar hervorzugehen, dass mit dem Vorgang, auf welchen in dem mir von dort überlassenen Brief angespielt wird, nur die Verfolgung des Klabund durch die deutsche Polizei auf Grund seiner schriftstellerischen Tätigkeit und seine Verhaftung in Passau gemeint sein kann. Dieser Vorgang kann allerdings Anlass zu dem damaligen Artikel der Donau-Zeitung gegeben haben.

Der Nachrichtendienst ist an dieser ganzen Angelegenheit n u r i n s o f e r n e beteiligt, als auf Grund einer Vorstellung der K.N.St.Lindau die Haftentlassung des Klabund erfolgte.

Verteilt:

K.B.Kriegsministerium

Stv.Gen.Kdo.I.B.A.K.

Buchner

Stellv. Gen. Kdo I. b. A. K.

Empf. 5. April 18 Nr. 20066

Friedensbewegung (Klabund)

München, 1918

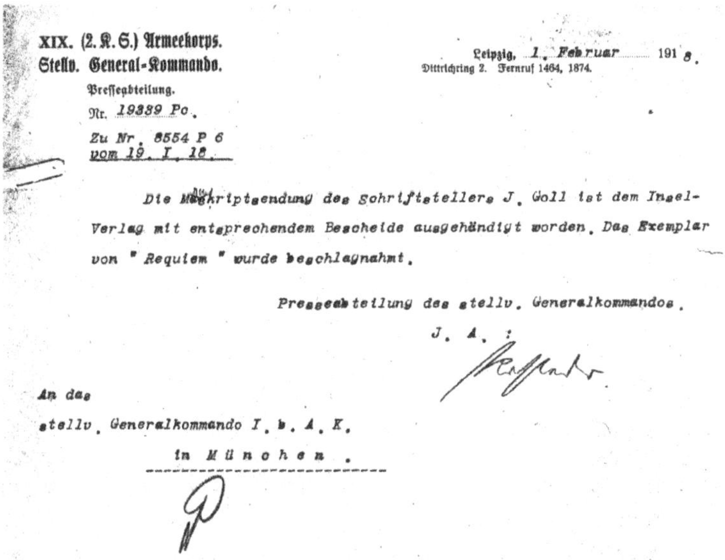

XIX. (2. K. S.) Armeekorps.
Stellv. General-Kommando.
Pressabteilung.
Nr. 19339 Po.

Zu Nr. 8554 P 6
vom 19. I. 18.

Leipzig, 1. Februar 1918.
Dittrichring 2. Fernruf 1464, 1874.

Die Manuskriptsendung des Schriftstellers J. Goll ist dem Insel-Verlag mit entsprechendem Bescheide ausgehändigt worden. Das Exemplar von "Requiem" wurde beschlagnahmt.

Pressabteilung des stellv. Generalkommandos.
I. A.:

An das
stellv. Generalkommando I. b. A. K.
in München.

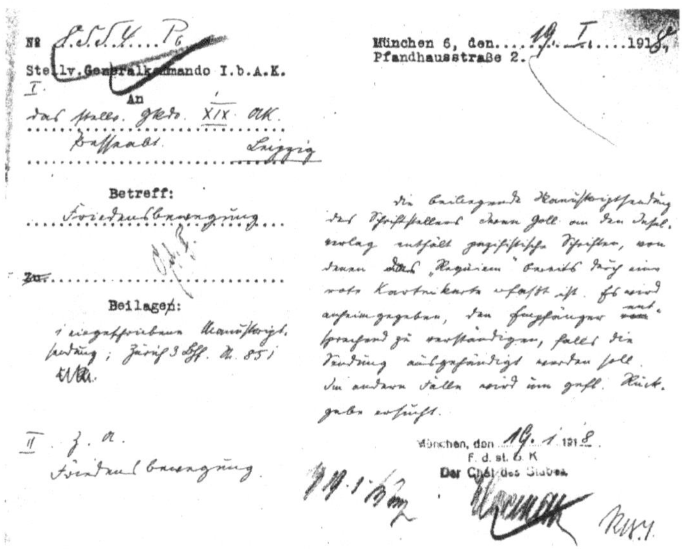

Nr 8554 P6
Stellv. Generalkommando I.b.A.K.

München 6, den 19. I. 1918.
Pfandhausstraße 2.

I. An
das stellv. Gkdo. XIX. AK.
Presseabt. Leipzig

Betreff: Friedensbewegung

Zu: ...

Beilagen: 1 eingeschriebene Manuskriptsendung; Zürich 3 Hft. M. 851 ...

Die beiliegende Manuskriptsendung des Schriftstellers Iwan Goll an den Insel-Verlag enthält pazifistische Schriften, von denen das „Requiem" bereits durch eine rote Kontrollkarte erfasst ist. Es wird anheimgegeben, den Empfänger entsprechend zu verständigen, falls die Sendung ausgehändigt werden soll. Im anderen Falle wird um gefl. Rückgabe ersucht.

München, den 19. 1. 1918.
F. d. st. G. K.
Der Chef des Stabes

II. z. A.
Friedensbewegung.

Dokument 43

Von CS verfaßter handschriftlicher Vermerk des stellv. Gen.-Komm. an dasjenige in Leipzig vom 19.1.1918 enthält den Hinweis auf die pazifistisch-expressionistische Schrift „Requiem. Für die Gefallenen Europas", bestehend aus 24 Gedichten, von Ivan Goll. Das Exemplar der Schrift wird beschlagnahmt. (KA, Stv. Gen. Kdo. I. b. AK 1936)

Exkurs

Pressebesprechung im Mai 1918 zur Friedensbewegung

Der nachstehende Vortrag wurde von Carl Schmitt verfasst. Es liegt eine maschinenschriftliche Version vor, die von ihm handschriftlich verbessert, am Ende des vorletzten Absatzes mit der Randnotiz „Pfarrer Ragaz“ [1] versehen und neben dem letzten Absatz mit einer nicht entzifferbaren weiteren in der für ihn typischen Gabelsberger Stenografie. Obwohl aus aktuellem Anlass im letzten Kriegsjahr verfasst, enthält er darüber hinausgehend ein Resümee seiner dreijährigen Beobachtung der Friedensbewegung in der Schweiz (siehe Dokumente 34, S. 345 und 38, S. 366). Ob Carl Schmitt diesen Vortrag selber gehalten hat oder von einem Vorgesetzten im bayerischen Kriegsministerium vorgetragen wurde, geht aus der Akte ebensowenig hervor wie das genaue Datum der Pressebesprechung. (KA, Stv. Gen. Kdo. I. b. AK 1903)

Wenn Sie die feindliche Presse der letzten Tage verfolgen, so wird Ihnen eines auffallen: Die großen Hoffnungen, die man sich dort auf einen Rückschlag der Stimmung des deutschen Volkes macht. Man nimmt an, das Deutsche Volk habe einen schnellen Durchbruch von wenigen Tagen erwartet; jetzt nachdem 6 Wochen der Offensive[2] vergangen sind ohne daß Calais oder Paris erobert ist, werde ein allgemeiner moralischer Zusammenbruch erfolgen. Der Temps[3] stellt noch einige andere Gründe für solche Hoffnungen zusammen: Mißtrauen gegen den U-Bootkrieg, neue Steuern, Lebensmittelschwierigkeiten usw.

---

[1] Leopold Ragaz (1868–1945), schweiz. Pfarrer und von 1908 bis 1921 Professor der Theologie in Zürich. Er gründete die religiös-soziale Bewegung und trat 1913 der Sozialdemokratischen Partei der Schweiz (SPS) bei.

[2] Es handelt sich um die am 21. März 1918 begonnene deutsche Offensive Michaël, die trotz eindrucksvoller Erfolge ihr Endziel verfehlte und von einer siegreichen Gegenoffensive der Entente abgelöst wurde.

[3] Le Temps, fr. Zeitung (1861–1942), wird oft als *das* Organ der Dritten Republik bezeichnet.

Diese Hoffnungen auf einen Stimmungsumschwung und eine moralische Erschütterung müssen Sie mit einer anderen Erscheinung in Verbindung bringen, die Ihnen bei dem raschen Wechsel großer Eindrücke vielleicht schon aus den Augen verloren gegangen ist, nämlich mit der intensiven Agitation, die in den ersten Monaten dieses Jahres gegen die kommende Offensive veranstaltet wurde. Damals kämpften radikale Umstürzler und gutbürgerliche Pazifisten Schulter an Schulter, um vor der Offensive zu warnen. In der Neuen Z. Z. erhoben Alfred Fried[4] und der Prinz Alexander von Hohenlohe[5] ihre Stimmen, um die Greuel des neuen Gases auszumalen. Durch Deutschland zog eine ganze Schar von Leuten, die in Privatgesprächen eine ähnliche Stimmung des Entsetzens unter der Hand zu verbreiten suchte. Unklar blieb dabei nur der seltsame Widerspruch, der darin lag, daß einmal die grauenvollen Wirkungen dieses Gases so übertrieben wurden, daß man schon die ganze Erde in ein Leichenfeld verwandelt sah und auf der anderen Seite immer die Zwecklosigkeit einer Offensive betont wurde. Als die Offensive dann einsetzte, war mit einem Schlage die ganze Agitation verschwunden. Man hörte kein Wort mehr, obwohl man bei der Eindringlichkeit, mit der vorher gewarnt worden war, wenigstens ein Wort der Klage hätte erwarten können. Aber es handelte sich eben bei der ganzen Aktion – von den zahlreichen irregeführten Gutgläubigen abgesehen – um mehr als eine spontane Äußerung; man hatte sich gar nicht eingebildet, durch solche Proteste die Offensive verhindern zu können; es handelte sich um ein vorbereitendes Manöver, das nicht für den Augenblick wirken, sondern dessen Saat erst später aufgehen sollte. Jene Äußerungen in den französischen Zeitungen beweisen, daß man jetzt anfängt, die Zeit der Ernte für nahe zu halten.

---

[4] Alfred Hermann Fried (1864–1921), österr. Verleger und Publizist. 1892 gründete er mit seiner Landsmännin Bertha Kinsky Baronin von Suttner (1843–1914), Inhaberin des Friedensnobelpreises 1905, die Deutsche Friedensgesellschaft, 1899 allein die pazifistische Zeitschrift „Die Friedenswarte". 1911 wurden ihm und dem Holländer Tobias Asser (1838–1913) der Friedensnobelpreis zuerkannt. Nach 1918 bekämpfte er den Versailler Vertrag. Siehe die von ihm herausgegebene Anthologie: Der Weltprotest gegen den Versailler Frieden. Verlag Der neue Geist, Leipzig 1920, 78 S.

[5] Prinz Alexander von Hohenlohe-Schillingsfürst (1862–1924) war ein Sohn von Chlodwig zu Hohenlohe-Schillingsfürst (1868–1945), der 1894–1900 Reichskanzler war. Er lebte in der Schweiz und veröffentlichte im Dezember 1917 zwei Aufsätze über die seiner Ansicht nach falsche Politik Deutschlands zwecks Beendigung des Krieges: „Gute Worte aus Karlsruhe" in der „Basler Nationalzeitung" und „Ein rechtes Wort zur rechten Zeit" in der „Neuen Zürcher Zeitung". Er leitete seinem Vetter Max von Baden (1867–1929) Kopien dieser Artikel zu. Dessen persönliches Antwortschreiben wurde am 9. Oktober 1918 in der „Freien Zeitung" (siehe Anm. 6) abgedruckt. Daraufhin brach in Deutschland ein Sturm der Entrüstung los: Prinz Max, seit Anfang Oktober 1918 Reichskanzler, verlor in vielen Kreisen das Vertrauen. Carl Schmitt hatte die Artikel gelesen, konnte jedoch die Reaktion von Prinz Max noch nicht kennen.

Eine solche Propaganda bedeutet, was ihre psychologische Berechnung angeht, einen beachtenswerten Fortschritt gegenüber der früheren, in den ersten Kriegsjahren versuchten Agitation. Erst wollte man die Deutschen bange machen, mit Zahlen von der Überlegenheit des Gegners erschrecken, ihnen über die falschen Darstellungen der deutschen Berichterstattung die Augen öffnen usw. Die Mittel waren entsprechend primitiv: Flugblätter, die von Flugzeugen abgeworfen wurden usw. Wahrscheinlich haben die feindlichen Regierungen diese Propaganda auch gar nicht als ernstes Kampfmittel betrachtet. Als man aber die Erfahrung gemacht hatte, daß Deutschland militärisch überhaupt nicht zu besiegen war, und die militärischen Leistungen der Entente vielleicht nicht einmal ausreichen, um sich der eigenen Haut zu wehren, erkannte man hier den einzigen Weg um Deutschland zu besiegen: Die Stimmung verderben, innere Unruhen hervorrufen und hinter der Front das zu erreichen, was man an der Front vergebens versucht hatte. So gute Rechner wie die Amerikaner mußten bald zu der Einsicht kommen, daß es kein rhetorisches Bild sondern reale Wirklichkeit ist, wenn man sagt, ein plötzliches moralisches Versagen des Deutschen Volkes, ein Streik, eine allgemeine Unzufriedenheit bedeute eine verlorene Schlacht; und daß es einfacher ist, diesen Erfolg mit geschickten Artikeln, Flugblättern und Agenten zu erreichen, die alles in allem einige Millionen kosten, während eine Artillerieschlacht Milliarden verbraucht. Denken Sie sich weiter, daß sich die Intelligenz einer durch kaufmännische Erfahrungen psychologisch gut geschulten Nation allmählich auf diese Aufgabe konzentriert; Sie werden dann verstehen, wie beachtlich die Bemühungen des Feindes gerade der Presse erscheinen müssen.

Die Schweiz ist nach ihrer geographischen Lage der wichtigste Ausgangspunkt dieser Propaganda. Durch zahlreiche Deutsche, die sich in der Schweiz aufhalten und natürlich zahllose Beziehungen zu Deutschland haben, durch Veröffentlichungen der schweizerischen Presse und schweizerischer Verleger hoffte sie, ihre Ideen über Deutschland zu verbreiten. In der Schweiz konnte man auch durch eine dienstbare Presse den Propagandaschriften die nötige Resonanz geben. Sie können daher beobachten, daß jedesmal, wenn ein Pamphlet gegen Deutschland erschienen ist, die Freie Zeitung[6], das Journal de Genève, die Gazette de Lausanne[7] mit lauter Anerkennung darauf hinweisen.

---

6 „Die Freie Zeitung" erschien von April 1917 bis März 1920 zweimal wöchentlich im Umfang von vier Seiten Tageszeitungsformat; die Auflage soll etwa 15000 Exemplare betragen haben. Das Emigrantenblatt wurde begründet von Hans Schlieben (siehe Anm. 15); Chefredakteur, später Herausgeber, war der schweiz. Jurist Huber (1874–1960). Finanziert wurde es von den Amerikanern und vom französischen Pressebüro in Bern, geleitet vom Deutschlandkenner Emile Haguenin (1872–1924). Letzterer stand u.a. in Verbindung mit Hugo Ball, Foerster (siehe Anm. 18) und dem Philosophen Ernst Bloch. Zu Einzelheiten über diese Zusammenhänge siehe Martin Korol, Deutsches Präexil in der Schweiz 1916–1918. Selbstverlag Bremen 1999.

7 Das „Journal de Genève" erschien 1826–1998, die „Gazette de Lausanne" 1804–1991.

Sie unterstützen sich gegenseitig in der Hoffnung, der Lärm werde über die Grenze dringen und dort Aufmerksamkeit erregen. Bei diesen Zeitungen besteht überhaupt ein Teil der Leitartikel nur aus solchen Besprechungen derartiger Neuerscheinungen, eine Methode, die im allgemeinen Tageszeitungen fremd ist. Eine Ausnahme hat dieser Tage allerdings der Temps gemacht: Er hat wie die genannten Zeitungen eine Broschüre gegen die deutsche Propaganda in der Schweiz hervorgehoben, um sie zum Anlaß der Forderung zu nehmen, daß nun endlich auch etwas von der Ententeseite dagegen geschehe, als ob es sich für die Entente darum handelte, der durch deutsche Propaganda irregeführten Welt endlich die Wahrheit zu sagen. Es war ein geschicktes Mittel, dadurch Propaganda zu machen, daß man gegen eine vorgebliche Propaganda zu Felde zog.

Die größte Entrüstung zeigte die Freie Ztg., ein Blatt, das es sich zur Aufgabe gemacht hat, mit Hilfe der Entente Deutschland in eine Republik zu verwandeln und das in jeder Nummer den gründlichen Sieg der Entente als das größte Heil Deutschlands darstellt. Einer ihrer Begründer, der Anwalt Brüstlein[8] in Bern, ist in den bekannten Spionageprozeß Mougeot[9] verwickelt; die Anklageschrift wirft ihm vor, daß die Fäden des französischen Nachrichtendienstes in seiner Hand zusammenliefen und von ihm weitergeleitet wurden. M. leitete ein Büro, das große Sabotagehandlungen in Deutschland vorbereiten sollte; Legen von Brandbomben, Ausstreuen von Gift in Eisenbahnwagen, damit das Vieh, das aus der Schweiz nach Deutschland kam, verdarb usw. Die Augsburger Postzeitung[10] hat zuerst ausführlich eine Schrift von Wernsdorf[11] „Dies Buch gehört dem Bundesrat" in dankenswerter Weise besprochen. Dieses Buch gibt, wenn auch vielleicht nicht immer im glücklichen Ton, eine sehr interessante Charakterisierung dieses Brüstlein und der anderen Hauptmitarbeiter der F. Z.: Stilgebauer[12], Rösemeier[13], Dr. Grelling[14], Dr. Schlie-

---

8 Alfred Brüstlein (1853–1924), Schweizer Rechtsanwalt und sozialdemokratischer Politiker, ab 1918 wohnhaft in Paris.

9 Mougeot, Leiter der franz. Spionage in der Schweiz; zum Prozess vgl. Albert M. Debrunner, Freunde, es war eine elende Zeit! René Schickele in der Schweiz 1915–1919. Verlag Huber, Frauenfeld 2003, S. 201–202.

10 Die „Augsburger Postzeitung" erschien 1833–1935; sie gehörte zu den bedeutenden katholischen Blättern Deutschlands.

11 Julius Wernsdorf, Dies Buch gehört dem Bundesrat. Eine Studie über die deutschen Republikaner in der Schweiz während des ersten Weltkriegs. Selbstverlag, Zürich 1918, 39 S.

12 Eduard Stilgebauer (1886–1936), dt. Journalist und Schriftsteller (vgl. seinen Roman Der Börsenkönig, 1905), in der Freien Zeitung veröffentlichte er 67 Artikel; typisch für seine Gesinnung ist seine Broschüre „Sei mündig, Volk! Ein demokratisches Vademekum". Freier Verlag, Bern 1919.

13 Johann H. Fr. Rösemeier (geb. 1870), dt. Publizist und Redakteur bei der „Berliner Morgenpost", promovierte 1894 in Kiel, ging 1914 mit seiner Familie in die Schweiz, wo er neben Grelling der bekannteste Gegner der deutschen Kriegspolitik gewesen

ben[15], Fernau[16], Grumbach[17]. Stilgebauer ist übrigens, um das außerdem zu erwähnen, der Verfasser einiger patriotischer Einakter, die er, als er schon in deutschfeindlicher Propaganda tätig war, noch an deutschen Theatern aufführen ließ; er schickt heute noch ununterbrochen Novellen und Romane an deutsche Zeitungen und Zeitschriften. Abgesehen von diesen Gründern der F. Z. sind eine Menge kleinerer Mitarbeiter bei ihr tätig. Wir haben das Schicksal eines von ihnen, eines jungen Mannes aus dem Korpsbezirk, verfolgen können. Er war, nachdem er bereits an der Schule durch seine übertriebene Auffassung der eigenen Geistesgaben aufgefallen war, mit 19 Jahren in die Schweiz gekommen, stellt von dort aus durch den genannten Dr. Brüstlein beim Amtsgericht den Antrag auf Volljährigkeitserklärung, eröffnete, als der Antrag auf Grund der Erklärungen seines Vaters abgelehnt wurde, dem Amtsgericht, er sei nunmehr zu der Überzeugung gekommen, daß Deutschland nur durch einen Sieg der Entente gerettet, d.h. in eine Republik verwandelt werden könne. Das Schreiben war unterzeichnet mit seinem Namen, dem er hinzugesetzt hatte: „Antiboche". Jetzt veröffentlicht er in der F. Z. Bei einem Studenten konnte man eine ähnliche Entwicklung beobachten. So setzen sich die Mitarbeiter dieser Propaganda zusammen: Leichtsinnige junge Leute, ehrgeizige Studenten, heruntergekommene Schriftsteller und gelegentlich ein irregeführter Idealist. Man soll sie nicht ernst nehmen und namentlich ihnen nicht den Gefallen tun, durch Nennung ihres Namens ihnen die heißersehnte Publizität zu verschaffen. Sie werden hier erwähnt als Beispiele der Typen von Deutschen, auf die die Agitation der F. Z. zu wirken geeignet ist.

Die F. Z. ist nicht pazifistisch; sie erklärt ausdrücklich, der Krieg müsse solange weitergeführt werden, bis Deutschland am Boden liege. Es ist aber für die Beurteilung der Wirkung des Pazifismus von größter Wichtigkeit, dass die F. Z. mit Vorliebe Artikel von Pazifisten veröffentlicht. Sie hat die Äußerungen von

---

ist. 1916 gab er zwei Broschüren heraus, darunter „Deutsches Volk, wach auf! Ein offener Brief an die Bürger und Arbeiter Deutschlands", Lausanne 1916. Sie wurden durch franz. Ballons und Flugzeuge hinter der Front abgeworfen, s. S. 210.

14 Richard Grelling (1853–1929), Dramatiker und Rechtsanwalt, beteiligt an der Gründung der Deutschen Friedensgesellschaft 1892, ließ sich 1903 in der Nähe von Florenz nieder, zog 1914 in die Schweiz und veröffentlichte bei Payot & Co in Lausanne 1915 anonym „J' accuse! von einem Deutschen" und 1917/18 „Das Verbrechen" vom Verfasser des Buches ‚J'accuse'. 3 Bde, 491/406/296 S. Vgl. S. 193 f.

15 Hans Schlieben (1865–1943), dt. Diplomat (trat im Herbst 1913 aus dem Dienst aus), Gründer und Hg. der „Freien Zeitung".

16 Hermann Fernau (eigtl. Hermann Latt, geb. 1883), dt. Schriftsteller und Journalist, arbeitete seit 1903 in Paris, wurde jedoch im Mai 1915 nach Basel ausgewiesen. Er hat stets die deutsche Alleinschuld am Ersten Weltkrieg vertreten.

17 Salomon Grumbach (1884–1952), elsässischer Sozialist und Journalist. Bekämpfer des deutschen Annexionismus und Befürworter der Autonomie Elsaß-Lothringens. Ab 1908 Paris-Korrespondent der SPD-Zeitung „Vorwärts", ab 1914 in der Schweiz tätig.

Professor Förster[18] besonders eingehend zitiert. Es ist traurig zu sehen, wie deutsche Pazifisten, z. T. hervorragende Männer, in eine Situation geraten, in der sie mit einem Schein von Recht von der F. Z. als Mitkämpfer in Anspruch genommen werden können. Was den Schweizerischen Pazifismus angeht, so wird er ohne Frage von einer Strömung beherrscht, die aufrichtig eine Niederlage Deutschlands wünscht. Das wurde bereits in einer früheren Besprechung im September vorigen Jahres erwähnt. Die weitere Entwicklung der Bewegung in der Schweiz zeigt, wie gefährlich eine solche Strömung werden kann. Es wird kaum eine Regierung geben, die so einmütig von der ganzen Welt als neutral und im guten Sinne pazifistisch bezeichnet wird wie die schweizerische. Trotzdem mußte die gesamte regierungstreue schweizerische Presse wiederholt gegen den übertriebenen Pazifismus Stellung nehmen. Die früheren pazifistischen Schriften, namentlich die von Fried, waren allerdings dem größten Teil des Publikums einfach langweilig. Worte wie Schiedsgerichtsklausel, zwischenstaatliche Organisation u. ä. können schon, weil sie bloß kombinierte Abstraktheiten sind, nicht leicht Schlagworte werden, aber während des Krieges hat die große Menge der Kriegsgegner in der Schweiz und namentlich ihre literarischen Wortführer – z. T. aufgeregte Hysteriker, die vor Wut schäumen, weil der Krieg ihre Zirkel gestört hat – aus dem Pazifismus eine Religion gemacht. Tag für Tag erscheinen fanatische Broschüren, Gedichte, Novellen usw.; die schweizerische intellektuelle Jugend ist zum großen Teil davon ergriffen. Bei den Zürcher Krawallen im November vorigen Jahres[19] trat die Wirkung der Propaganda hervor: Die wildesten Aufrührer waren nicht einmal maximalistische Sozialdemokraten, sondern fanatisierte bürgerliche Pazifisten. In großen schweizerischen Zeitungen, wie in der Neuen Z. Z. wurden die Leute, namentlich Studenten beschworen, sich nicht von einem billigen Radikalismus hinreißen zu lassen, den ethischen Größenwahn von Militärdienstverweigerern, Tolstoianern

[18] Friedrich Wilhelm Foerster (1869–1966), deutscher Pädagoge und Politiker. Ordinarius für Pädagogik an der Universität München. Er pendelte während des Krieges zwischen München und Zürich, wo er ein Haus besaß, z. T. mit offizieller Erlaubnis. Zeitweise versprachen sich deutsche Politiker von Foerster, daß er trotz seiner pazifistischen Gesinnung im Ausland als glaubwürdiger Sprecher auftrete und auch Elemente einer Rechtfertigung deutscher Positionen verbreite. Anfang 1918 wurden gegen Foerster Zensurmaßnahmen durchgeführt. Siehe Heinrich Lutz, Deutscher Krieg und Weltgewissen. F. W. Foersters politische Publizistik und die Zensurstelle des bayerischen Kriegsministeriums (1895 bis 1918), Zeitschrift für bayerische Landesgeschichte, 25. Jg., 1962, S. 470–549.

[19] Im August 1916, im November 1917, im September und im November 1918 und im Juni sowie August 1919 erschütterten Streiks und blutige Unruhen den Kanton Zürich. Die genannten Novemberkrawalle 1917 kosteten vier Menschen das Leben. Über die Hintergründe siehe Meinrad Suter, Kantonpolizei Zürich 1804–2004, hg. vom Staatsarchiv und von der Kantonpolizei. Zürich 2004, 405 S.; dort S. 176–177: „Der Novemberkrawall 1917“.

u. ä. nicht zu bewundern, sondern zu bedenken, daß ihr falscher Pazifismus das freiheitlichste Staatswesen der Erde, die Schweiz, nur in Gefahr bringe.

Der Pazifismus verfolgt natürlich offiziell andere Ziele als eine Unterstützung der Entente, aber trotz der Verschiedenheit der Gesichtspunkte nähert er sich in den Mitteln, die er gebraucht, immer mehr der ausgesprochenen Ententepropaganda. Beide versuchen, die Gegensätze im deutschen Volk zu erweitern. Sie versuchen ferner, an verwandte Strömungen anzuknüpfen, religiöse (humanistische) und innenpolitische (liberale, demokratische, sozialistische) Bestrebungen mit ihren eigenen zu identifizieren und mit Hilfe solcher Begriffsverfälschungen etwas zu erreichen. Sie hoffen vor allen Dingen auf einen bestimmten Kreis der intellektuellen Jugend.

Für die Beurteilung vom deutschen Standpunkt sind sie daher im Resultat gleich zu bewerten. Sie benutzen sich gegenseitig und arbeiten sich gegenseitig in die Hände.

Carl Schmitt
Auswahl aus Veröffentlichungen
1915 bis 1919

Schnickschnack aus Staat und Stadt

Der verwundete Genosse.

Genossen, alle im Verein,
Nun hört, was ich euch sag',
Wenn ich auch nur auf einem Bein
Vor euch zu stehn vermag;
Nun je, im Kriege dicht an dicht
Die Todeskugeln fliegen;
Den einen trifft's, den andern nicht —
Punktum, wir wollen siegen!

Ich kam zurück am ersten Mai,
Wo sonst der Umzug war;
Wir waren früher stets dabei,
Doch nicht in diesem Jahr;
Der Prinz zog mit dem Arbeitsmann,
Und die Parteien schwiegen;
An diesen Umzug denk ich dran —
Punktum, wir wollen siegen!

Ich hab' gehaßt den Krieg fürwahr,
So heiß ich hassen mag;
Ich glaubt' an Frieden Jahr für Jahr,
Ich pries ihn jeden Tag.
Wie schnell die Träume doch entsteh'n,
Wenn unsre Fahnen fliegen:
O heil'ger Krieg, jetzt lieb ich ihn —
Punktum, wir wollen siegen!

Von Brüdern träumt' ich immerdar,
Von einem festen Bund
Der arbeitsfrohen Riesenschar
Auf diesem Erdenrund...
Jetzt sah ich sie, die Brüderschaft,
In Dreck und Unrat liegen;
Jetzt halt ich's nur mit deutscher Kraft —
Punktum, wir wollen siegen!

Den Kaiser hab ich auch erblickt,
Ich sah ihn ganz genau;
Er hat mir selbst die Hand gedrückt;
Sein Kleid war schlicht und grau.
Ein ganzer Mann! Hätt's nie gedacht...
Mag's brechen oder biegen:
Wir haben ihm ein Hoch gebracht —
Punktum, wir wollen siegen!

Und ist das große Werk getan
Für unser Vaterland,
Dann zieh'n wir alle eine Bahn,
Wir Deutschen, Hand in Hand.
Die wir vereint aus Not und Tod
Zum Leben wieder stiegen,
Wir künden deutsches Morgenrot —
Punktum, wir wollen siegen!

Na also, es geht vorwärts, nachdem die Maiensonne uns allerseits aufgetaut hat. Und was mein altes Hanseatenherz besonders freut: unser Regiment „Hamburg" hat einen besonderen Lobstrich in sein Klassenbuch bekommen. Nun aber her mit dem Hanseatenkreuz, oder wie es genannt werden soll! Auch neben dem Eisernen Kreuz ist noch Platz genug dafür, weil unsere Leute doch alle eine breite Brust haben. Freilich, schöner noch wäre es, wenn auch jeder von ihnen mit heilem Kreuz wiederkommen könnte. Aber — ich fahre fort mit Neuigkeiten vom Tage.

Se. Kaiserliche Hoheit Nikolaj Nikolajewitsch haben geruht, sich zu beklagen, daß in unserer amtlichen Meldung aus Westgalizien gestanden hat: Die Russen befinden sich in regelloser Flucht. Der hohe Herr hat zu einem mir bekannten neutralen Diplomaten gesagt: „Jedermann weiß doch längst, daß wir Russen nicht regellos, sondern regelmäßig fliehen." Ich finde, der Mann hat recht.

Die Engländer haben unter sich selbst — mit Ausschluß der Germans — eine blutige Seeschlacht ausgefochten. Könnten die guten Leute das nicht öfter so machen? Sie haben ja so viele Kriegsschiffe, daß sie gar nicht wissen, wohin damit. Und wer schon unbedingte Satisfaktion gibt, der muß auch Bestimmungsmensuren schlagen, wo wirklich Blut herauskommt; nicht wie auf dem Paukboden, was man in der Heeressprache Manöver nennt. Beim Manöver kann man nie so viel lernen, wie im Kampfe selbst. Sogar wir Deutschen haben in diesem Kriege schon viel zugelernt, am ernsthaften Objekt. Und unsern Helgoländern und Küstengeschützen stellt sich nun einmal John Bulls Flotte nicht — also...!

Wir haben die „Lusitania" versenkt. Dadurch bekommen wir neue Schwierigkeiten mit Amerika. Denn es waren nicht nur Yankees mit an Bord, sondern vor allem auch 5400 Kisten mit Munition, die aus amerikanischen Werkstätten stammten. Die Folge ist, daß Präsident Wilson eine Note an Deutschland loslassen wird, wir sollen ihm die versunkene Munition wiedergeben. Entgegenkommend, wie wir sind, werden wir das natürlich tun. Aber da unsere Schiffe nicht durchkönnen, so werden wir Englands Vermittlung in Anspruch nehmen; England hat ja sowieso lebhafte Verbindung mit Amerika. Wir werden, sobald wir Calais haben, ein ausreichendes Quantum gut gearbeiteter Geschosse nach Dover rüberwerfen. Dann kann England sie aufsammeln, verladen und nach Amerika schicken — muß sich allerdings vorsehen, weil unsere Us noch immer da sind.

Ich freue mich, heute auch wieder auf hamburgische Staatsangelegenheiten zu sprechen zu kommen zu dürfen. Wir haben nämlich einen neuen Bürgerverein bekommen. In Nr. 231 der „Neuen Hamburger Zeitung" steht es schwarz auf weiß: ein neuer Bürgerverein (B.-V.) mitten in der Kriegszeit. Es ist da nämlich eine Rubrik: „Aus den Kommunalvereinen". Und in dieser Rubrik ist verzeichnet: Edentheater, nebst Sitzungsbericht. Allerdings, ich muß gestehen, die Tagesordnung ist für einen Kommunalverein etwas ungewöhnlich. Namentlich der Affenzirkus ist wohl nur daraus zu erklären, daß zurzeit nicht viel anderer Stoff zur Beschlußfassung vorliegt. Ich begrüße diesen vergnüglichen Bürgerverein und werde natürlich Mitglied — vorausgesetzt, daß der Zentralausschuß der Bürgervereine ihn anerkennt und in seinen Verband aufnimmt.

Ein englischer Reporter, ein sehr fixer Mann, hat ermittelt, daß sich in Hamburg eine neue Truppe, eine Franktireur-Abteilung, eine Art Rächerkorps gebildet hat. Wahrscheinlich zum Zwecke der Rache für das zerschossene Abbruchviertel am Deichtor. Ich weiß jetzt, was der Reporter gemeint hat. Die neue Truppe trägt blaue Litewken und an der Mütze die Buchstaben: HSR. Der Reporter meint, das hieße: Heil, Sieg, Rache — direkt antisemitisch. In Wirklichkeit aber heißt es: Hamburger Straßen-Reinigung. Daher sind auch die Waffen, die sie führen: Karren und Besen. Aber der Reporter hat das für Geschütze und Putzstöcke gehalten.

Und nun sind die Engländer in Angst vor den neuen Geschützen; wahrscheinlich dieselben, die vor Dünkirchen so geheimnisvoll spuken (oder spucken). Ich rate den Engländern: Kommt zu uns, kommt nach Ruhleben. Da könnt ihr in Ruh' leben.

Fritz von der Bille.

Aus dem Lager unserer Feinde.

Der ohnmächtige Haß unserer Feinde wird fast in jeder ihrer Äußerungen fühlbar. Die bekannte illustrierte Zeitschrift „Les Annales" bringt einen Aufsatz „Wie man die Sprache der ‚boches' spricht". Wir entnehmen ihm die folgenden Stellen: „Fremdwörter sind in Deutschland nicht mehr erlaubt: die Berliner Polizei macht Jagd darauf, nachdem sie Kupfertöpfe und Goldmünzen gesammelt hat, und schafft alle französischen, russischen und englischen Ausdrücke, die in der Hauptstadt auf Inschriften sich befinden, fort. Unter Geldstrafe ist das Wort ‚coiffeur' verboten: man muß ‚Friseur' sagen und noch dazu teutonisch schreiben: ‚Frisoer'. Man sagt nicht mehr ‚ondolations', sondern Haarwellen (vagues de cheveux), was viel poetischer ist. Man sagt nicht mehr ‚parfumerie', sondern ‚Dufterzeugnisse' (produits odorants), was unendlich eleganter ist. Man verlangt nicht mehr den ‚Lift', sondern den ‚Fahrstuhl' (siège mobile), was unendlich graziöser ist. Das ist der neueste Sieg des Alldeutschtums — sein letzter.

Es ist uns leider nicht möglich, uns zu rächen: wir haben keine Wörter von den ‚boches' übernommen. Sie selbst hüten sich wohl, wenn sie ihre Fabrikate in den Handel bringen, sie deutsch zu bezeichnen, so daß man ihren Ursprung merken könnte; sie wissen, daß sie ihre Kundschaft unwiederbringlich verlieren würden, wenn sie die deutsche Bezeichnung beibehalten würden.

Die Aussprache des Deutschen ist allerdings eine Kinnbackenübung, die ein ernstliches Studium erfordert: will man es ohne Vorübung sprechen, so muß man sich auf Unfälle gefaßt machen.

Die Fremdwörter, deren die Deutschen sich bedienten, waren für sie eine Art Erholung. Aber heute sind ihre Kauwerkzeuge daran gewöhnt, das K.K.-Brot zu zermahlen, heute brechen sie jedes Hindernis und können stundenlang die unglaublichsten Wortzusammensetzungen aussprechen.

Wir wollen ihnen diesen unerquicklichen Genuß gönnen; es ist die einzige Freude, die sie noch haben. Wir wollen auch nicht Böses mit Bösem vergelten; im Gegenteil, wir können uns gratulieren: wenn die ‚boches' die Wörter, die sie uns gestohlen haben, zurückgeben, so fangen sie wenigstens an, zurückzugeben. Sie sollen nur so weiter machen: wenn sie uns das zurückgeben, was sie in Frankreich und Belgien gestohlen haben, so ist ja alles in Ordnung.

Uns ist es ganz recht, daß die Barbaren sich in einer Sprache ausdrücken, die keinerlei Ähnlichkeit hat mit andern zivilisierten Sprachen. Wir waren entschlossen, sie in ihrem Loch zu lassen, wenn der Krieg zu Ende ist."

Diese Ausführungen sind belustigend, wenn man bedenkt, wie bereitwillig man uns Deutschen den Titel des „Volkes der Denker und der Dichter" gelassen haben würde, wenn wir nur politisch zu übertölpeln gewesen wären.

In den „Annales" macht André Lichtenberger eine Geschichte von Jules Verne zeitgemäß:

„Durch einen Zufall werden ein Franzose, der Doktor Sarrazin, und ein Deutscher, der Professor Schulze, Erben der 500 Millionen einer indischen Prinzessin. Mit seinen 250 Millionen baut der Franzose eine jener vorbildlichen Gartenstädte, wo die Menschlichkeit sich froher betätigt. Der Deutsche dagegen braucht sein Erbteil dazu, eine ‚Stahlstadt' zu erbauen, die dazu bestimmt ist, alle Mordwerkzeuge zu vervollkommnen. Sein Meisterwerk ist eine Riesenkanone, die in aller Heimlichkeit hergestellt wird und neben der die 42-cm-Geschütze Zwerge sind. Er will seine Allmacht dadurch beweisen, daß er an einem bestimmten Tage eine einzige Granate abschießt, durch die die Friedensstadt, die nichts von der Existenz der Kanone ahnt, auf einen Schlag in Grund und Boden vernichtet wird. Nichts kann die Stadt retten, nicht einmal die Anstrengungen des jungen elsässischen Ingenieurs Marcel... Trotzdem! Herr Schulze hat sich in seinen Berechnungen getäuscht. Sein ‚kolossaler' Traum stirbt an seiner eigenen Verrücktheit. In maßloser Kraftanstrengung hat er die Grenzen überschritten, die dem Menschen gesetzt sind. Das Geschoß der Riesenkanone fliegt aus dem Bereich der Anziehungskraft der Erde hinaus und bleibt wirkungslos. Alles was Herr Schulze mit seinem Genie erreicht, ist, daß er der Erde einen neuen Satelliten schenkt, der in Zukunft um die Erde kreisen wird." —

(Anmerkung des Setzerlehrlings: Das imponiert mir immerhin noch mehr als der Bau einer Friedensstadt.)

„Aus dem Lager unserer Feinde“
Carl Schmitts Berichte in der Zeitung „Die Hamburger Woche“

Auszüge

Carl Schmitt hat in der Zeitschrift „Die Hamburger Woche“ von Mai 1915 bis ca. Februar 1916 mehr als zwanzig anonyme Artikel verfasst, die meistens in der Rubrik „Aus dem Lager unserer Feinde“ erschienen. Es handelt sich um zusammenfassende Referate von Artikeln aus französischen, britischen und amerikanischen Zeitungen und Zeitschriften, die ihm durch seine Tätigkeit im Referat P 6 des stellvertretenden Generalkommandos des I. bayerischen Armee-Korps zugänglich waren, was durch zahlreiche Eintragungen im Tagebuch belegt ist. „Die Hamburger Woche“ erschien 1915 im 10. Jahrgang im Verlag von Heinrich Eisler, Hamburg. Chefredakteur war Alexander Zinn, Adresse von Redaktion und Expedition: Alter Steinweg 23, Hamburg. Jede wöchentliche Ausgabe hatte 16 Druckseiten Umfang, die hinteren 2 bis 2,5 Seiten waren mit Kleinanzeigen belegt. Die Wochenzeitung war national orientiert und brachte sowohl auf der Titelseite als auch im Inhalt großformatige, z. T. farbige Fotografien von Front und Etappe.

Die einzelnen Zeitungsartikel sind wortgetreu und ungekürzt für den Abdruck übernommen.

Aus dem Lager unserer Feinde
Die Hamburger Woche, Nr. 20 vom 19. 5. 1915, S. 4

Der ohnmächtige Haß unserer Feinde wird fast in jeder ihrer Äußerungen fühlbar. Die bekannte illustrierte Zeitschrift „Les Annales“ bringt einen Aufsatz „Wie man die Sprache der ‚boches‘ spricht“. Wir entnehmen ihm die folgenden Stellen: „Fremdwörter sind in Deutschland nicht mehr erlaubt: die Berliner Polizei macht Jagd darauf, nachdem sie Kupfertöpfe und Goldmünzen gesammelt hat, und schafft alle französischen, russischen und englischen Ausdrücke, die in der Hauptstadt auf Inschriften sich befinden, fort. Unter Geldstrafe ist das Wort ‚coiffeur‘ verboten: man muß ‚Friseur‘ sagen und noch dazu teutonisch schreiben: „Frisoer“. Man sagt nicht mehr ‚ondolations‘, sondern ‚Haarwellen‘ (vagues de cheveux), was viel poetischer ist. Man sagt nicht mehr ‚parfumerie‘, sondern ‚Dufterzeugnisse‘ (produits odorants), was unendlich eleganter ist. Man verlangt nicht mehr den ‚Lift‘, sondern den ‚Fahrstuhl‘ (siège mobile), was unendlich graziöser ist. Das ist der neueste Sieg des Alldeutschtums – sein letzter.

Es ist uns leider nicht möglich, uns zu rächen: Wir haben keine Wörter von den ‚boches‘ übernommen. Sie selbst hüten sich wohl, wenn sie ihre Fabrikate in den Handel bringen, sie deutsch zu bezeichnen, so daß man ihren Urprung merken könnte; sie wissen, daß sie ihre Kundschaft unwiederbringlich verlieren würden, wenn sie die deutsche Bezeichnung beibehalten würden.

Die Aussprache des Deutschen ist allerdings eine Kinnbackenübung, die ein ernstliches Studium erfordert: will man es ohne Vorübung sprechen, so muß man sich auf Unfälle gefaßt machen.

Die Fremdwörter, deren die Deutschen sich bedienten, waren eine Art Erholung. Aber heute sind ihre Kauwerkzeuge daran gewöhnt, das K.K.-Brot zu zermahlen, heute brechen sie jedes Hindernis und können stundenlang die unglaublichsten Wortzusammensetzungen aussprechen.

Wir wollen ihnen diesen unerquicklichen Genuß gönnen; es ist die einzige Freude, die sie noch haben. Wir wollen auch nicht Böses mit Bösem vergelten; im Gegenteil, wir können uns gratulieren: wenn die ‚boches‘ die Wörter, die sie uns gestohlen haben, zurückgeben, so fangen sie wenigstens an, zurückzugeben. Sie sollen nur so weiter machen: wenn sie uns das zurückgeben, was sie in Frankreich und Belgien gestohlen haben, so ist ja alles in Ordnung.

Uns ist es ganz recht, wenn die Barbaren sich in einer Sprache ausdrücken, die keinerlei Ähnlichkeit hat mit anderen zivilisierten Sprachen. Wir waren entschlossen, sie in ihrem Loch zu lassen, wenn der Krieg zu Ende ist.“

Diese Ausführungen sind belustigend, wenn man bedenkt, wie bereitwillig man uns Deutschen den Titel des „Volkes der Dichter und Denker“ gelassen haben würde, wenn wir nur politisch zu übertölpeln gewesen wären.

In den ‚Annales‘ macht André Lichtenberger eine Geschichte von Jules Verne zeitgemäß:

„Durch einen Zufall werden ein Franzose, der Doktor Sarrazin, und ein Deutscher, der Professor Schulze, Erben der 500 Millionen einer indischen Prinzessin. Mit seinen 250 Millionen baut der Franzose eine jener vorbildlichen Gartenstädte, wo die Menschheit sich froher betätigt. Der Deutsche dagegen braucht sein Erbteil dazu, eine ‚Stahlstadt‘ zu erbauen, die dazu bestimmt ist, alle Mordwerkzeuge zu vervollkommnen. Sein Meisterwerk ist eine Riesenkanone, die in aller Heimlichkeit hergestellt wird und neben der die 42-cm-Geschütze Zwerge sind. Er will seine Allmacht dadurch beweisen, daß er an einem bestimmten Tage eine einzige Granate abschießt, durch die die Friedensstadt, die nichts von der Existenz der Kanone ahnt, auf einen Schlag in Grund und Boden vernichtet wird. Nichts kann die Stadt retten, nicht einmal die Anstrengungen des jungen elsässischen Ingenieurs Marcel … Trotzdem! Herr Schulze hat sich in seinen Berechnungen getäuscht. Sein ‚kolossaler‘ Traum stirbt an seiner eigenen Verrücktheit. In maßloser Kraftanstrengung hat er die Grenzen überschritten, die dem Menschen gesetzt sind. Das Geschoß der Riesenkanone fliegt aus dem Bereich der Anziehungskraft der Erde hinaus und bleibt wirkungslos. Alles was Herr Schulze mit seinem Genie erreicht, ist, daß er der Erde einen neuen Satelliten schenkt, der in Zukunft um die Erde kreisen wird."

(Anmerkung des Setzerlehrlings: Das imponiert mir immerhin noch mehr als der Bau einer Friedensstadt.)

Aus dem Lager unserer Feinde

Die Hamburger Woche, Nr. 22 vom 2.6.1915, Nr. 22, S. 8

Im „Daily Sketch" findet sich ein Artikel „Spione und Zeppeline", dem wir folgendes charakteristische Dokument englischer Spionenfurcht entnehmen: „Wir sind durchaus noch nicht am Ende der Zeppelinflüge, und in dem Maße, wie der Krieg fortschreitet, müßten wir darauf gefaßt sein, daß die Zerstörungen durch Zeppeline größeren Umfang annehmen und der Schaden immer schlimmer wird.

Bisher hatte man geglaubt, die Zeppelingefahr sei erledigt. Wir haben diese Luftangriffe nicht ernst genug genommen und glaubten genug getan zu haben, wenn wir Schutzleute aufstellten – als ob ein Schutzmann mit dem Feinde in der Luft fertig würde.

Wenn es auch erfreulich ist, daß durch die Zeppelinflüge kein militärischer Erfolg erzielt worden ist (?), so bedeutet das doch keinen Trost für die Zivilbevölkerung, die durch die Zeppeline verstümmelt ist oder sonst Schaden gelitten hat. Wir haben kein Luftschiff, das mit dem Zeppelin kämpfen könnte. Unsere militärischen Sachverständigen haben erklärt, daß es auch nicht nötig sei, solche zu haben.

Wir dürfen unsere Verteidigungsmaßnahmen nicht öffentlich besprechen. Aber jedenfalls ist bei 3 raids noch kein einziger Zeppelin heruntergeholt worden. Sie haben keinen großen Schaden angerichtet, aber sie können wiederkommen und ihre Erfahrungen verwerten.

Das Wichtigste bei den Zeppelinangriffen ist, daß sie, wie außer allem Zweifel steht, durch Spione von England aus unterstützt werden (!). Das Home Office (Pressebureau) und andere Verteidiger mögen versuchen, das zu leugnen, aber es kann bewiesen werden.

Wenn die Zeppeline ihre Reisen machen, so müssen sie über das Wetter auf den Britischen Inseln unterrichtet sein. Jeder Zeppelin kommt nur so weit, als er über das Wetter unterrichtet ist. Daß die Zeppeline bisher solchen Erfolg hatten, ist kein Zufall. Die Deutschen verdanken es ihrem ausgedehnten Spionagesystem, das auf den Inseln irgendwie existieren muß. Unsere offiziellen Wetterberichte werden von der Zensur so bearbeitet, daß sie dem Feinde keine Informationen geben können. Aber die deutschen Gelehrten haben bereits ein ganz neues System eingerichtet. Es ist noch nicht genug geschehen, die deutschen Gelehrten zu überlisten, deren Wetterbeobachtungssystem mit der Luftschiffahrt in Zusammenhang gebracht ist. Die zensurierten englischen Wetterberichte müssen nun wohl noch so frühzeitig in Deutschland eintreffen und durch Beobachtungen aus den verschiedenen Gegenden des Landes ergänzt werden, daß die Führer der Zeppeline vortrefflich über die Witterungsverhältnisse in England unterrichtet sind. Es gibt keine andere Erklärung dafür.

Ein Deutscher braucht nicht im militärpflichtigen Alter zu stehen, um Informationen über das Wetter zu geben; auch braucht man für das wissenschaftliche System, das in dieser Sache ausgedacht ist, keine muskelstarken Soldaten.

Mag es nun die wissenschaftliche Beobachtung oder eine andere Vorbereitung gewesen sein, jedenfalls ist der Gegensatz beachtenswert: dieses merkwürdige Glück bei den drei Zeppelinraids und der merkwürdige Umstand, daß wir bei Neuve Chapelle durch schlechtes Wetter gehindert wurden, unseren Erfolg zu vervollständigen. Haben unsere meteorologischen Autoritäten bezüglich des Wetters der Armeeleitung nichts mitzuteilen?

Allerhand sensationelle Gerüchte sind im Umlauf über Kraftwagen, die die Zeppeline bei ihrem Flug über Norfolk geführt haben sollen. Das Home Office hat die übliche amtliche Dementierung veröffentlicht, aber viele sind mit dieser Erklärung nicht zufrieden. Es ist für deutsche Spione durchaus möglich, mit Motorwagen in allen möglichen Teilen Englands herumzufahren. Ebenso ist es für sie möglich, als Führer der Zeppeline tätig zu werden und durch vorher vereinbarte Signale mit elektrischen Lampen die Luftschiffe zu dirigieren.

Die Straßen Englands sind durch tausende deutscher Kraftwagen ausgekundschaftet worden, und wir haben keine Garantie, daß alle diese Spione schon hinter Schloß und Riegel sind. Ein Wagen, der mit elektrischen Lampen versehen ist, kann leicht verständliche Signale geben. Außerhalb der Städte und bei Nacht sind die Kraftwagenspione fast überall sicher vor der Polizei.

Wir dürfen nicht glauben, daß die Zeppelinflüge bereits beendigt sind. Wenn wir den Feind nicht mit seinen eigenen Waffen in der Luft bekämpfen können, so wollen wir doppelte Sorge dafür tragen, daß keine Spione in unserer Mitte sind, die dem Zeppelinraid den Weg bereiten.“

Diese Fieberphantasien beweisen doch, daß die Zeppeline mehr Schaden angerichtet haben, als der Autor zugeben will.

Japan im Urteil eines Amerikaners

Die Hamburger Woche, Nr. 23 vom 9.6.1915, S. 6

Aus der amerikanischen „Satorday [sic] Ivening Post“ (22. Mai 1915): Über Japan und Amerika.

„Die Japaner spionieren nicht nur in fremdem, sondern auch im eigenen Land. „Ich bin froh, wenn ich in meine Heimat zurückkehren kann“, sagte ein fremder Diplomat zu mir, „ich bin froh, wenn ich irgendwohin komme, wo ich ruhig sprechen kann und nicht immer fürchten muß, man horche auf jedes meiner Worte in der Absicht, irgendeiner Behörde darüber zu berichten.“ Aber das geht noch weiter. Die japanischen Behörden bewachen sich gegenseitig und spionieren einander aus. Es herrscht ein liebliches System gegenseitiger Spionage.

Aber die Japaner sind schlau: sie lassen es zu, daß sich der allgemeine Eindruck von Spionage verbreitet und schaffen so eine Atmosphäre von Furcht und Beunruhigung. Und wenn man meint, man würde beobachtet, so wird man ängstlich und vorsichtig. Es ist nicht unwahrscheinlich, daß die Japaner öfters von dieser Erfahrungstatsache Gebrauch machen. Sie sind ein geschicktes Volk: sie schaffen eine Atmosphäre und lassen die Atmosphäre ihre Wirkung tun.

Die Zeitungszensur ist direkt und macht kurzen Prozeß. Die japanische Marine wurde vollständig reorganisiert, ohne daß ein einziges Wort darüber in den Zeitungen stand. Zwei tolle Skandale, die in religiösen Zirkeln spielten (der eine betraf Shintoisten, der andere Buddhisten), wurden unterdrückt. Sie unterdrückten jede Nachricht, die den Streit zwischen russischen und japanischen Kaufleuten betraf; sie unterdrückten alles über die Entsendung von Truppen nach der Mandschurei; sie unterdrücken nicht nur alles, was die Regierung betrifft, sondern auch jede Notiz, von der sie meinen, sie könnte die außerordentliche Meinung und den Ruhm irgendwie berühren, den ihrer Überzeugung nach die Japaner in der übrigen Welt genießen.

Ihre Kontrolle über die Presse ist allumfassend. Natürlich haben sie die gleiche Kontrolle über Kabel-, Telegraphen- und Postverkehr. Das betrifft nicht nur Heer und Marine, sondern alles mögliche. Und diese Zensur ist zu jeder Zeit in Tätigkeit, nicht nur wenn Japan Krieg führt, sondern auch im Frieden. So kommt es, daß in Amerika nichts über Japan gedruckt wird, was der japanischen Regierung nicht paßt, während in Japan über Amerika alles gedruckt wird. So wird auch ein großer Teil dessen, was die japanische Regierung veröffentlicht wissen will, in Amerika gedruckt, um uns zu hintergehen.

Die Art und Weise, wie sie einen vornehmen Amerikaner behandeln, wenn er nach Japan kommt, ist ebenso interessant wie wirksam. Die Japaner sind die reizendsten Gastgeber. Ihre Gastfreundlichkeit ist unbegrenzt, ihre Höflichkeit unermeßlich, ihre Aufmerksamkeit höchst schmeichelhaft, ihre höfliche Bewunderung und Anerkennung verlockt jeden irgendwie Empfänglichen. Der Japaner fängt den vornehmen Amerikaner nicht nur halb, er ist Meister dieses Spiels geworden.

Der vornehme Amerikaner wird so lange unterhalten, bis er sich selbst als großartiger Kerl vorkommt; man fragt hier und dort nach ihm, alles macht ihn wichtig; zuweilen, wenn die Japaner es für wichtig genug halten, wird er dem Kaiser vorgestellt und mit einem Orden geschmückt; er wird geschmeichelt und so geschickt behandelt, daß er das Land in einem Rausch des Entzückens verläßt. Und bis zur Heimkehr merkt er gar nicht, daß er nichts gesehen hat außer dem, was die Japaner ihm zeigen, und nichts gehört hat, als was die Japaner ihm beibringen wollten. Wahrhaftig, viele wachen aus ihrem Rausch des Entzückens überhaupt nicht mehr auf.

(Trotzdem fürchtet der Verfasser die Japaner nicht. Er meint am Schluß sehr optimistisch:)

Der einzige Grund unserer Furcht vor den Japanern ist ihr ausgebildetes militärisches System.

Wenn Japan, vom japanischen Standpunkt aus betrachtet, sich entschloß, eine Weltmacht zu werden, so mußte es natürlich den Militarismus aller anderen Weltmächte nachahmen. So organisierte es ein Heer und eine Flotte. Mit diesen beiden Maschinen glaubte der Japaner alles, auch das Unmöglichste bewirken zu können; besonders, weil man ihnen wegen ihres Heeres wie aller möglichen anderen Dinge wegen über jedes Maß geschmeichelt hat.

Für den Amerikaner ist nur eins ägerlich daran: daß wir uns so lange täuschen ließen und aus Angst vor der gelben Gefahr nervöse Kinder wurden. Eine gelbe Gefahr, die an einem Bein eine Billion Dollar Schulden hängen hat und an dem andern eine Steuer, die schon beinahe wie eine Konfiskation aussieht, und die auf ihren Schultern eine halbverhungerte Bevölkerung trägt! Wie sollte Amerika davor Angst haben, Amerika, das durch seine Kraft und seinen traditionellen Edelmut Japan sich hat entwickeln lassen, und ohne das Japan in einer Stunde wirtschaftlich vernichtet wäre! Es wäre nur gut, wenn die Vereinigten Staaten sich eine Portion des japanischen Nationalstolzes aneigneten; das könnte den Amerikanern, namentlich denen in Washington, nichts schaden.“

Englischer Galgenhumor

Die Hamburger Woche, Nr. 24 vom 16. 6. 1915, S. 4

Aus dem Londoner Witzblatt „London Opinions“ über die Zeppelinfurcht der Engländer.

Zeppelininfektion.

Als der alte römische Historiker Limus (oder war es Caucus?) von den „Kriegen, den furchtbaren Kriegen“ sprach, bezog sich das nicht, wie man leicht meinen könnte, auf das regelmäßige Geschirrzerbrechen unserer Dienstboten, sondern auf etwas noch Furchtbareres – wenn das überhaupt denkbar ist. Aber ich zweifle, ob selbst dieser weitblickende Schriftsteller im wildesten Fluge seiner Phantasie daran gedacht hat, daß eines Tages die Kriege noch schlimmer würden durch die Erfindung des lenkbaren Luftschiffes und, um von neueren Schriftstellern zu reden, ich selbst hätte das, offen gesagt, auch nicht gedacht.

Tatsächlich haben die Flieger in den letzten Jahren unglaubliche Sachen geleistet. Man kann sich kaum denken, daß das, was wir vor verhältnismäßig kurzer Zeit – sagen wir Dienstag vor 12 Jahren – in einem mehr komischen Lichte betrachtet hätten, sich seitdem zum Range einer Wissenschaft entwickelt hat; daß man damit sogar Medaillen, Diplome und ähnliche Dinge bekommen kann. Vor noch nicht langer Zeit genügte der Anblick eines Ballons, der ohne sichtbare Unterstützung am Himmel herumflog, um einen die Treppe hinaufzutreiben, bis zur Zinne des Hauses, damit man dort ungestört beobachten konnte. Heute jedoch genügt das bloße Gerücht, daß an der Ostküste ein Zeppelin gesichtet wurde, um einen – Hals über Kopf – in entgegengesetzter Richtung zu treiben, nämlich in den Weinkeller, wo man dann auf einer kostbaren Tonne Gerstenschleims ein Gebet spricht, daß der Zeppelinführer seine Bomben auf irgend etwas Entbehrliches werfen möge, was England missen kann, z. B. auf die streikenden Arbeiter, die für einen Extraschilling ihre Arbeit niederlegen, während Tommy (der englische Soldat) seine Waffen für 1 1/2 Sovereign hebt; oder auf den sekttrinkenden Patrioten, der dem Arbeitsmann das einzige alkoholische Getränk, das diesem bei seinen bescheidenen Mitteln zugänglich ist, nehmen will und schreit, der Arbeiter solle darauf verzichten.

Nun ist es ein weiter Weg vom Ballon zur Medizin aber es ist trotzdem wahr, daß der Zeppelin dafür verantwortlich gemacht werden muß, wenn in unserer Mitte eine neue Krankheit aufgetreten ist. Es gibt gewisse Berufskrankheiten z. B. die „Predigerkehle“, ein Leiden, das Redner befällt, die sich in langen und lauten Erörterungen darüber ergehen, ob es für ein Kamel leichter ist, durch ein Nadelöhr zu gehen, oder für eine Nadel leichter, durch ein Kamelohr zu gehen. Ferner gibt es da den sogenannten „Tennisellenbogen“, eine Anschwellung des Armes bei den Mitgliedern von Tennisklubs, die davon herrührt, daß die Mitglieder zur Teezeit die mit Schinken und Wurst gefüllten Platten herumreichen müssen. Endlich kennt man eine sehr merkwürdige und höchst betrübliche Krankheit unter dem Namen „Dienstmädchenohr“, ein Leiden, das sich Dienstboten zuziehen, wenn sie zu lange und zu oft an Schlüssellöchern horchen. Alle diese Krankheiten entstehen unter gewissen sozialen Verhältnissen. Nun aber werden wir von einer neuen, allgemeinen Krankheit bedroht, dem „Zeppelin Nacken“ – eine Krankheit die auf das Nackenheben zurückzuführen ist, wie es Menschen tun, die zum Himmel schauen, um die kriegführenden Zeppeline zu sehen.

Das wichtigste Anzeichen dieser Zeppidemie ist eine auffallende Dicke der Kehle, die es bewirkt, daß der Kranke eine gewisse Ähnlichkeit mit einem Pelikan bekommt. Dazu kommt – durch den Druck des Halskragens – eine Anschwellung des Nackens und ein Hervorquellen der Augäpfel, die dem Patienten das Aussehen eines Kalbes geben, falls er nicht schon einem Pelikan glich. In vorgeschrittenen Stadien der Krankheit nimmt der Kopf eine ständige Neigung nach oben, die den Kranken zwingt, seine Augen stets auf den Himmel und damit zusammenhängende Dinge zu richten.

Unglücklicherweise ist bisher ein Gegenmittel nicht entdeckt worden. Aber vorbeugende Maßnahmen sind besser als Heilung (obwohl nicht so kostspielig). Es wäre vergebens, wenn ich Ihnen den Rat gäbe, nicht den ganzen Tag am Himmel nach Flugzeugen herumzusuchen. Deshalb schlage ich vor: Legen Sie sich den ganzen Tag auf den Rücken.

(Inzwischen ist den Engländern das Lachen wohl doch vergangen.)

Aus dem Lager unserer Feinde

Die Hamburger Woche, Nr. 25 vom 23. 6. 1915, S. 6

Im letzten Maiheft der „Revue des deux mondes“ steht ein Aufsatz von Charles Richet über die Entvölkerung Frankreichs, ein furchtbarer Notschrei, der seine eigentliche Bedeutung erst erhält, wenn man immer bedenkt, was der Verfasser nicht hervorheben darf: daß Frankreich in diesem Kriege Hunderttausende seiner Söhne opfern muß. Richet sagt folgendes:

Welch ein schlimmes Übel der Rückgang der Bevölkerungszahl für Frankreich bedeutet, gibt heute jeder offen zu. Trotzdem verkennt man seine Wichtigkeit, denn man erkennt ihm nicht diese grundsätzliche, fast ausschließliche Bedeutung zu, die es verdient. Man spricht davon mit einem melancholischen Lächeln, man zuckt die Achseln und sagt, es sei sehr traurig, aber man sagt nicht, daß dieser rapide Rückgang uns ins Nichts führt ... Es handelt sich darum, das schlimme Krebsleiden zu fassen, das unsere nationale Existenz bedroht. Und, füge ich mit Schmerz hinzu, niemand nimmt es ernst.

Man beschäftigt sich mit dem Studium der Kolonien, mit dem Ackerbau, militärischen und religiösen Dingen, öffentlichem Unterricht, Geschichte, Parteienpolitik. Gut. Aber man muß sich immer klarbleiben, daß alles das neben unserm Geburtentückgang nur ein mäßiges Interesse beanspruchen darf. Für einen Franzosen, der um das Schicksal seines Landes besorgt ist, kann alles erst in zweiter Linie in Betracht kommen neben dieser Hauptsache, dieser langsamen, unhörbaren Sündflut, die uns verschlingt, ohne daß wir es merken oder darunter leiden. Denn wahrhaftig, wenn wir nicht eine radikale Reform wagen, ist Frankreich morgen keine große Nation mehr. Was helfen uns die Kolonien, Ackerbau, Volksunterricht, politische und religiöse Dinge, was helfen alle diese Angelegenheiten Frankreichs, wennn es morgen keine Franzosen mehr gibt?

In der gegenwärtigen tragischen Zeit opfert Frankreich seine besten Söhne, um dem Einbruch der Deutschen Widerstand zu leisten. Was nützt all dieser Heroismus der Franzosen, wenn Frankreich morgen erlischt, nicht im Kriege, sondern freiwillig, durch Selbstmord? Denn es begeht Selbstmord jeden Tag. Das darf nicht mehr lange so anhalten. Denn das beweist, daß Frankreich nicht mehr den Willen hat, eine Nation zu sein.

Beweise? Hier. Im Jahre 1770, vor anderthalb Jahrhunderten, verhielt sich die Bevölkerung Frankreichs zu der zivilisierten Welt wie 1 zu 4. Im Jahre 1850 zählte sie nur noch 1 zu 10; 1915 nur noch 1 zu 25. In 30 Jahren wird sie, wenn man kein Mittel gegen den Untergang findet, nur noch zwei Prozent ausmachen.

Sicherlich ist diese Abnahme zunächst nur vom französischen Standpunkte aus bedeutungsvoll. Ich kann verstehen, daß ein Fremder sich nicht viel daraus machen wird. Die Welt wird nicht untergehen, weil die Franzosen ein kleines Volk sind. Die menschliche Entwicklung wird ihren Weg weitergehen. Es wird noch immer diesen Planeten geben, der mit einer ziemlich zivilisierten Menschheit bewohnt ist. Es wird noch eine Chemie geben, eine Mathematik, Ästhetik,

Theater und Armeen, Romane und Statuen, Dampfer und Luftschiffe. Nur der französische Geist wird mit den Franzosen verschwunden sein.

Wenn ein Kranker im Sterben liegt, in seinem Zimmer stöhnt, in dem die Medizinflaschen herumstehen, seine Verwandten wachen und sich angstvoll über sein Bett beugen, denkt er dann noch an seine Orden und Ehrenzeichen, sein Geschäft, seine Kunstsammlung im Salon? Kommt es diesem armen Menschen noch auf Gemälde oder Aktien an? Zunächst muß er doch noch einige Minuten atmen, womöglich etwas Kraft gewinnen, und später kann er dann seinen Geschäften und Interessen wieder nachgehen. Erst muß man leben, alles andere ist Nebensache.

Frankreich ist in der Lage dieses Todkranken. Es wird von der Erde verschwinden, wenn wir nicht den Mut haben, nämlich Partei zu ergreifen und statt einer einfachen und energischen Maßnahme uns mit schönen Redensarten und schwächlichen Medikamenten begnügen.

(Dann schlägt Richet vor, man solle für jedes französische Kind, das geboren wird, 1 000 Franken zahlen, das hieße einfach: Franzosen kaufen, und wäre das beste Mittel. Er fährt dann fort:)

Auch wenn wir siegen, wird der Zustand unserer Finanzen nach diesem „ruinösen" Kriege ein äußerst bedenklicher sein. Die Heilung der furchtbaren Schäden des Krieges wird ein bodenloser Abgrund für unser Geld sein. Acht Departements verwüstet! Eine Million Invaliden! Das ganze Material für Heer, Landwirtschaft und Industrie zu ersetzen! Die Budgets der Zukunft werden vernichtend sein, keine Kriegsentschädigung kann sie ausgleichen. Soll man nun zu diesen an sich schon ungeheuren Lasten noch 500 Millionen (für die im Jahr geborenen Franzosen) hinzufügen? Fünf Milliarden in zehn Jahren?

Doch darf man nicht übersehen, daß diese Last, die sehr schwer scheint, nur scheinbar eine Last ist. Die erwachsenen Franzosen zahlen den neugeborenen Franzosen 500 Millionen: Das ist alles! Das Geld wird etwas anders zwischen den Franzosen verteilt sein, und das ist nicht einmal so schlimm.

Und dann: Wir haben keine andere Wahl mehr. Es handelt sich nicht um eine Luxusausgabe. Es handelt sich darum, nicht von der Erde zu verschwinden, und alles ist besser als der Tod. Um unser geliebtes Frankreich vor dem Tode zu retten, dürfen wir die kühnsten Neuerungen einführen.

Es ist gerade so, als wollte man heute, in dem Riesenkampf, der sich jetzt abspielt, unter dem Vorwande, die Herstellung von Gewehren, Kanonen, Granaten, Panzerschiffen und Flugzeugen sei zu kostspielig, sparen. Hielte man nicht jeden für wahnsinnig, der es wagen wollte, zu sagen: Sparen wir unser Geld, stellen wir keine Granaten und Patronen mehr her, es ist zu teuer?

Ebenso unvernünftig kommt mir ein Mensch vor, der sagen wollte: „Sparen wir unser Geld und lassen wir die französische Nation verschwinden. Es wäre zu teuer, sie leben zu lassen."

Aus dem Lager unserer Feinde

Die Hamburger Woche, Nr. 26 vom 30. 6. 1915, S. 6

(Redaktioneller Vorspann: Über den „embusqué“, den Drückeberger, eine Figur, deren Ausarbeitung erst während dieses Krieges und eigentlich nur in Frankreich erfolgt ist.)

In seiner Zeitung „L'homme enchaîné“ (Der gefesselte Mensch) hat Clemenceau eine ständige Rubrik: „Carnet des Embusqués“ (Journal der Drückeberger) eingerichtet, in der er Leute, die sich vor dem Dienst an der Front zu drücken wissen, mit genauen Angaben kenntlich macht. Die Zensur streicht regelmäßig fast die gesamte Rubrik.

Aus „L'Humanité“:

Ratschläge: Wenn Sie in Ihrer Umgebung, im Kaffeehaus, in der Elektrischen oder sonstwo eine größere Anzahl junger Männer sehen, sagen Sie bitte nicht: Das sind alles Drückeberger. Denn Sie würden riskieren, daß Herr Dalbiez (der ein Gesetz gegen die Drückebergerei eingebracht hat) vorbeikäme und zu Ihnen sagte: Und Sie selber?

Wenn Sie in einem Salon sagen hören: Wo bleibt Herr Meier? sonderbar, seit Kriegsbeginn ist er verschwunden! So fügen Sie bitte nicht hinzu: Ich halte Ihn für einen Drückeberger. Das sagen nämlich seine Freunde schon sowieso.

Bemerken Sie vielmehr, daß er vielleicht schon in den ersten Tagen gefallen sein könnte. Das ist nämlich das wichtigste Kennzeichen der Gefallenen: man sieht sie nicht mehr; sie schreiben nicht mehr, man hört nichts mehr von ihnen.

Daraus folgt, daß Herr Maurice Barrès und Herr René Bazin (zwei bekannte Schriftsteller) noch nicht gefallen sind, denn sie schreiben und reden noch. (Anm. Das gilt auch von Gabriele d'Annunzio).

Eine Schauergeschichte aus dem „Journal du Cher“:

Montag abend erschien am Bahnhof eine Frau und setzte sich ans Büffet; ihr sonderbares Benehmen erregte Aufmerksamkeit.

In der Tat, kaum saß diese Person, so bestellte sie ein Glas Rotwein und trank es auf einen Zug aus; dann verlangte sie ein Liter Wein und stürzte es in wenigen Zügen herunter.

Das ist keine Frau, das ist ein Faß!

Aber es war nicht einmal ein Faß!

Man sah sich die Person näher an. Sie trug einen Hut mit breitem Rand, Federn und Schleier; ihr Kostüm war nicht ohne Eleganz und zeigte eine gewisse Gewähltheit; man bemerkte, daß ihre Handschuhe bis zum Ellenbogen gingen; eine Handtasche enthielt verschiedene Gegenstände: Spiegel, Puder, Quaste, deren die Reisende sich nach jedem Schluck bediente. Die Frisur erregte vor allem die Aufmerksamkeit eines, der sich darauf verstand und dem einige prüfende Blicke genügten, um festzustellen, daß es sich trotz der Locken und Wellen, die sorgfältig zurechtgemacht waren, um eine Perücke handelte!

Schließlich die rauhe Stimme und die Neigung zur Flasche!

Als die Person sich beobachtet fühlte, machte sie sich schleunigst davon.

Eine Bahnhofswache, die sofort benachrichtigt wurde, nahm die Verfolgung auf und sah, wie der Flüchtling in einem Abteil des gerade abfahrenden Zuges verschwand. Der Zugführer wurde verständigt, ein Offizier ließ die Dame sofort aussteigen.

Diese protestierte lebhaft. Vergebens. Sie wurde in ein Bureau geführt und untersucht, trotzdem sie heftig gegen die Gewalt protestierte, die ihr als Dame angetan würde. Man konstatierte, daß man es mit einem als Frau verkleideten Mann zu tun hatte!!

Zur Beruhigung des Lesers höre ich mit diesem farbigen Bericht auf. Es handelte sich nicht um einen Spion, sondern um einen *embusqué*, einen Drückeberger, einen Soldaten, der auf diese Weise in die Schweiz kommen wollte. Man hat ihn den Behörden zur Bestrafung übergeben.

Aus dem Lager unserer Feinde

Die Hamburger Woche, Nr. 33 vom 18.8.1915, S. 6

Gefährlicher Snobismus (von Alfred Capus)

Hüten wir uns sorgfältig vor einem neuen Snobismus, der in Paris allmählich auftaucht und sich noch in seinem Anfangsstadium befindet, jedoch bald das Dümmste und Gefährlichste werden kann, was jemals in unserer Stadt gewütet hat. Es ist ein Snobismus, der darin besteht, daß man sich als unparteiischen Richter über die Leistungen der Deutschen aufstellt und sie anerkennt unter dem Vorwande, das sei gerecht und beweise geistige Beweglichkeit.

Wir kennen die Entwicklung dieses Phänomens: Heute unparteiisch, morgen, im Frieden, heimliche Sympathie, die immer größer und schließlich zu jener skandalösen Bevorzugung der Deutschen wird, unter der die französischen Schriftsteller und Künstler und die ganze nationale Produktion zu leiden hat.

Richard Strauß liefert ein gutes Beispiel. Ich möchte nicht den Anschein erwecken, als wollte ich eine kleinliche Polemik über Höflichkeitsfragen entfesseln. Doch man sieht, wie die berühmtesten französischen Meister, ein Vincent d'Indy, ein Saint-Simon, dafür bürgen, daß die deutsche Musik der Gegenwart immer nur ein Gassenhauer, made in Germany, ist, von dem wir seit dem Frankfurter Frieden mehr als genug haben, so fragt man sich, ob es denn tatsächlich unumgänglich nötig ist, gegenüber Richard Strauß oder Weingartner unparteiisch zu sein, namentlich noch in Kriegszeiten. Stellen wir wenigstens an den Feind ebenso hohe Ansprüche wie an unsere eigenen Landsleute.

Ich weiß wohl, daß ich damit gewisse delikate Naturen verletze. Wenn der Patriotismus zu groß wird, begeht man leicht kleine Taktlosigkeiten. Offenbar. Aber solche Taktlosigkeiten, die dahin zielen, das Vaterland zu erniedrigen, statt es zu idealisieren, sind noch viel schlimmer. Der Nationalismus war oft zu laut, das ist wahr. Darüber konnte man sich ärgern, aber es war nicht unerträglich. Unerträglich ist nur der anmaßende Internationalismus. Das gilt besonders für die zehn bis fünfzehn Jahre vor dem Krieg. In dieser Hinsicht führt wirklich, wie Stendhal sich ausdrückt, der Mangel an Geschmack und Takt zum Verbrechen.

Erinnern wir uns der wiederholten Theateraufführungen aus jener Zeit und ähnlicher Zeremonien: immer handelte es sich darum, uns die Bewunderung eines ausländischen Werkes abzuzwingen, meistens eines deutschen oder versteckt deutschen. Programmäßig, zu einer bestimmten Abendstunde erwachte die heilige Begeisterung. Im Orchester, auf dem Balkon, in den Logen, überall hätten sie sich am liebsten vor Bewunderung lang auf die Erde geworfen. Man begriff nichts von dem, was sich auf der Bühne ereignete, aber schnell hatte die Einmütigkeit im Mangel jeglichen Verständnisses einen unbeschreiblichen Enthusiasmus hervorgerufen. Das nannte man dann eine große Offenbarung von Kunst und Schönheit.

Arbeiten wir mit aller Energie der Rückkehr solcher Feigheit und Dummheit entgegen, vor allem der Rückkehr auf dem Wege des Snobismus. Es fehlt nicht viel, daß uns die schönsten Früchte des Sieges dadurch verdorben würden.

Aus „Les Annales“

* * *

Sehr einfach.

In einem Depot Südwestfrankreichs erklärt ein Unteroffiziert seinen Leuten einiges vom Felddienst.

„Ihr müßt“, sagt er, „immer zu zweien bleiben. Der, der mit einem geht, ist der Gefechtskamerad. Wenn einer von den beiden verwundet ist, bringt ihm der andere Hilfe; fällt er, so hebt der andere das Gewehr und die Munition auf. Im Felde müßt ihr überall Deckung suchen, hinter jedem Baum, hinter Hecken, selbst hinter einem Kilometerstein.“

„Verzeihung“, fragte ein junger Soldat, „wenn sich ein Gefechtskamerad aber hinter einem Kilometerstein deckt, wo stellt sich der andere hin?“

„Wohin?“, antwortet der Unteroffizier, „das ist doch sehr einfach, hinter den nächsten Kilometerstein!“

* * *

Die Russen sind schon deshalb unbesiegbar, weil sie mit überaus sinnreichen technischen Vorrichtungen zu kämpfen wissen. Sie haben statt der gewöhnlichen Drahtverhaue riesige, transportable, sechseckige Stacheldrahttrommeln, die dahin gerollt werden können, wo man sie gerade braucht und einen Drahtverhau ersetzen, dabei aber in einem Zehntel der Zeit aufgestellt werden, die nötig ist, um einen der bisher üblichen Drahtverhaue anzulegen.

(Die Russen sind sehr praktisch. Sie rücken demnächst wahrscheinlich mit transportablen Schützengräben und Festungen ins Feld, und möglicherweise erleben wir es noch, daß die ganze Festung Warschau auf Rädern nach Sibirien transportiert wird.)

Aus „Le flambeau“

Aus dem Lager unserer Feinde

Die Hamburger Woche, Nr. 36 vom 8.9.1915, S. 7

In der englischen illustrierten Zeitschrift „The Bystander" stehen die folgenden Anmerkungen, die sicherlich die Stimmung gewisser englischer Kreise klar schildern. Selbst in den am besten aufgezogenen Bündnissen gibt es immer eine Art freundschaftlicher Rivalität zwischen den benachbarten Truppen. So schickte neulich ein französischer General dem englischen General, der rechts von ihm stand, eine Meldung: „Hoffentlich werden die englischen Truppen ihre Schützengräben nicht räumen, da die Deutschen sonst unsere Basis bei P. beschießen können." Der englische General, der besser über die Situation unterrichtet war, ließ ihm antworten: „Leider *haben* die französischen Truppen ihre Schützengräben geräumt, so daß die Deutschen unsere Basis bei P. beschießen können." – Bei unsern kleinen, billigen Zeitungen werden die Berliner amtlichen Berichte als „Deutsche Lügen" überschrieben. Das ist völlig nutzlos. Nur zu oft haben sie sich als wahr erwiesen. Nur zu oft haben sie uns die ersten Andeutungen schlimmer Ereignisse gegeben. Jetzt ist das englische Volk fast so weit, daß es den feindlichen Berichten mehr Glauben schenkt als den eigenen, und wenn unsere Regierung nicht schon einsieht, daß sie auf diese Weise eine gefährliche Mißstimmung nährt, die eines Tages offen ausbricht, so wird sie diese Tatsache auf eine höchst unangenehme Weise zu fühlen bekommen. Für das englische Volk ist dieses Mißtrauen gegen die eigenen Berichte eine Schande und ein Anlaß zur Unzufriedenheit, der dem Erfolg des Krieges sehr hinderlich ist. – Ich sehe, daß einige neutrale Zeitungen darüber entsetzt sind, daß das Londoner Publikum „mitten in diesem schrecklichen Krieg zu einer Vorstellung der Gaby Deslys (der bekannten Varietékünstlerin) rennt". Ich kann das Entsetzen verstehen. Aber wenn man bedenkt, daß die Zensur uns jedes intelligente Interesse an dem Kriege unmöglich macht, was soll ein Zivilist da anders tun, als sehen, wie er seinen Geist anderweitig beschäftigt. – Wenn nächstens wieder einmal ein Zeppelin Bomben wirft, so werde ich in das allgemeine Geschrei meiner Zeitgenossen, daß das eine „Kindermörderei" sei, einstimmen, denn ganz England scheint in den Augen derer, die es regieren, nur eine große dichtbevölkerte Kinderstube zu sein. – Ein englischer Marineingenieur, der beim Bau der neuen russischen Dreadnoughts mitgewirkt hat, erzählt, daß die Bewegungen der Russen wegen ihres Mangels an Transportmitteln und an ausgebildetem Personal häufig gehindert worden seien, doch seien jetzt neue, unverdächtige Hilfsquellen nutzbar gemacht, was sich bei den entscheidenden Sommeroperationen – der Marineingenieur erzählt vom Mai 1915 – zeigen werde. Bedeutet das etwa, daß die Japaner ihrem alten Feinde zu Hilfe kommen werden? Wahrscheinlich. – Ein Wechsel in der Regierung und die Übernahme des Auswärtigen Amtes durch den einzigen Mann im Lande, der nicht nur Erfahrung im Kriegswesen und in der Diplomatie, sondern auch eine Seele hat – ich meine Mr. Balfour – wird wahrscheinlich eine größere Wirkung auf den Gang der Ereignisse in den nächsten Monaten nehmen, als die

Beschleunigung der Kriegsrüstung. Wir erwarten von Mr. Balfour nicht nur die Beschleunigung der Kriegsrüstung, sondern auch die Herbeiführung des Friedens. Aus diesem Grunde bedaure ich, daß er nicht in das Auswärtige Amt übernommen wurde. Aber da ist Sir Edward Grey. An einen Wechsel im Ministerium zu denken, ist natürlich verboten. Was immer geschieht, wir müssen Sir Edward Grey im Auswärtigen Amt halten. Warum, ist nicht so recht klar. Ich dächte, wenn er nicht einmal den Frieden Europas schützen konnte, müßte er sich gern zurückziehen. Aber vielleicht würden die Deutschen seinen Rücktritt als ein öffentliches Schuldbekenntnis Englands auffassen. Also muß Grey bleiben, um den Schein zu wahren.

Aus dem Lager unserer Feinde

Die Hamburger Woche, Nr. 37 vom 15. 9. 1915, S. 4

Im „Daily Mirror“ beschwert sich ein englischer Unterleutnant über den Unfug des „freiwilligen Frauenregiments“, dessen Mitglieder in Khakiuniform durch die Straßen Londons spazieren und vor allem jeden Leutnant grüßen. „Ich bin gern bereit“, meint der englische Leutnant, „jede Köchin, wenn sie in Uniform ist, zu grüßen, aber daß ich von allen möglichen Frauen zuerst gegrüßt werde, gehört zu den Unannehmlichkeiten dieses Krieges.“

In derselben Zeitschrift führt ein Familienvater bittere Klage über das „Freiwilligen“system, wobei er das Wort „freiwillig“ selber in Anführungszeichen setzt. Er hat zwei Söhne im Felde, zwei jüngere von 15 und 16 Jahren werden jeden Morgen auf dem Wege zum Bureau von Kriegswerbern angerempelt und vor lauter „Einladungen“ ihres Lebens nicht froh. Der Vater meint, es sei besser, die zahlreichen jungen Leute, die sich nachts in Vergnügungslokalen Londons amüsieren, in dieser Weise zu belästigen, als bescheidene Jungens, die ihrem Berufe nachgehen.

Nach dem „Buffalo Express“ hat der amerikanische Großkapitalist John Wanamaker vorgeschlagen, die Vereinigten Staaten von Nordamerika sollten Belgien den Deutschen abkaufen. Herr Wanamaker scheint also doch an dem Siege des Vierverbandes zu zweifeln.

Aus dem Lager unserer Feinde

Die Hamburger Woche, Nr. 39 vom 22. 9. 1915, S. 6

Ein Mann vom Minnesota (Nordamerika) hat, wie „Evening Wisconsin“ mitteilt, das Gelübde getan und bisher auch gehalten, sich bis zum Ende des Europäischen Krieges weder die Haare schneiden noch rasieren zu lassen. Der „Evening Wisconsin“ macht dazu die treffende Bemerkung, wenn alle Männer so dächten, würden wahrscheinlich bald alle Friseure in den Krieg ziehen, um möglichst rasch das Ende des Krieges herbeizuführen.

Noch einiges aus der „Saturday Evening Post" (Philadelphia) über Japan:

Bei jeder Gelegenheit sagt der Japaner: „Shikata nai", unermüdlich, unaufhörlich; die ganze Nationalphilosophie wird von diesen beiden oder anderthalb Worten umfaßt. Shikata Nai, das heißt: Entschuldigen Sie, bitte, es tut mir sehr leid, aber es ist nichts daran zu ändern.

Damit hat man alle Gesichtspunkte, die für den Japaner für den Handel mit den Fremden maßgebend sind. Wenn ein japanischer Schneider Ihnen einen himmelblauen Rock schickt, statt des grauen, den Sie bestellt haben, und wenn Sie dann Erörterungen und Diskussionen beginnen wollen, so lächelt der Schneider, verbeugt sich sieben- oder neunmal und sagt liebenswürdig: „Entschuldigen Sie, bitte; es tut mir sehr leid um Sie." Dann ist für ihn die Sache erledigt.

Ganz Japan liegt in diesen Worten. Sie sind der Anfang und das Ende jeder Beweisführung. Sie sind so endgültig wie allgemein. Wenn ein Japaner etwas getan hat und die Sache geht schief, so tun Sie ihm sehr leid und können sehen, wie Sie fertig werden. Das geht ihn nichts an. Sie tun ihm leid. Ist das nicht genug? Kann man mehr verlangen?

Probevorlesung
Universität Straßburg 1916

Als Aufsatz veröffentlicht in der *Zeitschrift für die gesamte Strafrechtswissenschaft*, XXXVIII, 1916, S. 138–162.

Die Einwirkungen des Kriegszustandes auf das ordentliche strafprozessuale Verfahren.[1]

Es liegt nahe, bei der Frage nach der Einwirkung des Kriegszustandes auf das Strafprozeßverfahren zunächst an das kriegsgerichtliche oder das standrechtliche Verfahren zu denken, das nach dem preußischen Belagerungszustandsgesetz vom 4. Juni 1851 (§§ 10–15) und Art. 15 des bayerischen Kriegszustandsgesetzes vom 5. November 1912 eintreten kann. Aber die Bestimmungen der

---

[1] Der Aufsatz gibt den Inhalt der Probevorlesung wieder, die ich am 16. Februar 1916 vor der juristischen Fakultät in Straßburg gehalten habe. Spätere Veröffentlichungen – in Betracht kommen Lukas, Justizverwaltung und Belagerungszustandsgesetz, in der Festgabe für Otto Mayer, Tübingen 1916, S. 225 f., und Rosenberg, Die rechtlichen Schranken der Militärdiktatur, Z. 37, S. 808 f. – haben das Ergebnis nicht berührt. Das Interesse des Aufsatzes ist übrigens weniger auf die Auslegung des Belagerungszustandsgesetzes gerichtet als auf die Bedeutung, die strafprozeßrechtliche Konstruktionen bei der Betrachtung der Einwirkung des Kriegszustandes erhalten. Die Arbeit von James Goldschmidt, Materielles Justizrecht (in der Festgabe für B. Kübler S. 85 f., Berlin 1905) möchte ich dabei besonders hervorheben, auch wenn ihre Ablehnung des materiellen Strafanspruchs im folgenden abgelehnt ist. – Von der verwerteten Literatur über den Belagerungszustand ist zu erwähnen: Th. Reinach, De l'état de siège, Paris 1885; Brüß, Der Belagerungszustand als Rechtsinstitut (Erlanger Dissertation), Cüstrin 1897; Haldy, Das Recht zur Verhängung des Belagerungszustandes, Tübingen 1906; Hans Gmelin, Umfang des königlichen Verordnungsrechts und das Recht zur Verhängung des Belagerungszustandes in Italien, Karlsruhe 1907; Bücher, Der Belagerungszustand im Deutschen Reich und dessen Gliedstaaten (Leipziger Diss.), Borna–Leipzig 1909; Sido, Die persönliche Militärgewalt des Großherzogs von Baden (Freiburger Diss.), Rastatt 1912; v. Nicolai, Der reichs- und landesrechtliche Kriegszustand (Heidelberger Diss.), Tübingen 1913.

genannten Kriegszustandsgesetze betreffen die Anordnung und Regelung eines Sonderverfahrens, das selbständig neben dem ordentlichen Strafverfahren hergeht. Sie betreffen Sondergerichte und das Verfahren vor ihnen, während nach § 3 EGStrPO. die Reichsstrafprozeßordnung nur auf solche Strafsachen Anwendung findet, die vor die ordentlichen Gerichte gehören. Infolge der Anwendung von Kriegsgerichten oder der Verhängung des Standrechts werden zwar zahlreiche Straffälle, die sonst vor die ordentlichen Gerichte gehörten und im ordentlichen Verfahren behandelt würden, vor die Kriegsgerichte oder das Standrecht gebracht. Soweit aber das ordentliche Verfahren noch eintritt, geht es seinen bisherigen Gang weiter, gleichgültig, ob zur Anordnung von Kriegsgerichten geschritten ist oder nicht. Es handelt sich bei dem kriegsgerichtlichen und standrechtlichen Verfahren also um ein neues Verfahren, nicht um eine Einwirkung des Kriegszustandes auf das ordentliche strafprozessuale Verfahren.

Aus einem anderen Grund sind hier die Änderungen strafprozessualer Bestimmungen nicht zu erörtern, die während des Krieges infolge gesetzgeberischen Eingreifens eingetreten sind. Durch die wichtigste der hier in Betracht kommenden Anordnungen, die Bekanntmachung des Bundesrats vom 7. 10. 1915, ist z. B. das Gebiet des richterlichen Strafbefehls bedeutend erweitert und die Zuständigkeit der Schöffengerichte ausgedehnt.[2] Die dadurch eintretenden Änderungen der StPO. und des GVG. sind zwar veranlaßt durch Verhältnisse, die infolge des Krieges entstanden sind, sie betreffen auch das ordentliche strafprozessuale Verfahren. Das Entscheidende ist jedoch, daß sie sich nicht aus den Kriegszustandsgesetzen ergeben und infolgedessen nicht als rechtliche Folgen aus dem Rechtsinstitut des Kriegszustandes entspringen. Während also bei dem kriegsgerichtlichen und standrechtlichen Verfahren zwar eine Einwirkung des Kriegszustandes vorliegt, aber keine solche auf das ordentliche Verfahren, handelt es sich bei der erwähnten Bekanntmachung des Bundesrats zwar um eine Einwirkung auf das ordentliche Verfahren, nicht aber um eine solche des Kriegszustandes.

Um Einwirkungen mit gesetzgeberischem Charakter handelt es sich endlich in den Fällen, in denen der Militärbefehlshaber nach § 9b des preußischen Gesetzes über den Belagerungszustand oder Art. 4 Nr. 2 des bayerischen Kriegszustandsgesetzes im Interesse der öffentlichen Sicherheit Vorschriften erläßt. Tatsächlich ergehen heute wohl die meisten und wichtigsten Anordnungen der Militärbefehlshaber unter Berufung auf die § 9b oder Art. 4 Nr. 2. Es ist nun möglich, daß die auf Grund dieser Bestimmungen erlassenen Vorschriften im einzelnen Falle für ein bestimmtes Strafverfahren von Bedeutung sind. Aber die Einwirkung auf das Strafverfahren ist keine unmittelbare. Denn § 9b und Art. 4 Nr. 2 enthalten nach der heutigen Praxis der Gerichte die Übertragung gesetzgeberischer Befugnisse an den Militärbefehlshaber, sie ermächtigen ihn, allgemein bindende Befehle zu erlassen, die durch eine Strafandrohung geschützt

[2] Hierüber Beling, Z. 37, S. 257 f.

sind. Der Militärbefehlshaber, der von der Befugnis Gebrauch macht, schafft einen neuen Rechtssatz, dessen tatsächlicher Erfolg für die Durchführung eines konkreten Strafverfahrens wichtig sein kann, der aber keine Einwirkung des Kriegszustandes auf das Strafprozeßverfahren ist.[3]

Als solche Einwirkungen des Kriegszustandes auf das ordentliche Verfahren sind vielmehr nur zwei Arten von Besonderheiten anzusehen, die infolge von zwei spezifischen Wirkungen des Kriegszustandes eintreten können. Sie ergeben sich 1. daraus, daß bei Verhängung des Kriegszustandes verfassungsrechtliche Bestimmungen außer Kraft gesetzt werden können, und 2. daraus, daß mit der Verhängung des Kriegszustandes die vollziehende Gewalt auf den Militärbefehlshaber übergeht. Die Einwirkung der Suspendierung von Verfassungsbestimmungen und die Einwirkung des Übergangs der vollziehenden Gewalt sind also die beiden hier zu erörternden Punkte.

In § 5 des preußischen Gesetzes sind mehrere Artikel der preußischen Verfassung aufgezählt, die bei Erklärung des Belagerungszustandes zeit- und distriktweise außer Kraft gesetzt werden können. Da das preußische Gesetz über den Belagerungszustand nach Art. 68 der Reichsverfassung für das ganze Reich mit Ausnahme Bayerns gilt, können auch in den übrigen Staaten die entsprechenden Artikel der Verfassungen aufgehoben werden. Für Bayern ist eine Aufhebung der Verfassungsbestimmungen nicht vorgesehen.[4] – Von den für die Aufhebung in Betracht kommenden Verfassungsbestimmungen interessieren hier Art. 5 und 6 der preußischen Verfassung. Durch Art. 5 ist die persönliche Freiheit gewährleistet; nach Art. 6 ist die Wohnung unverletzlich und das Eindringen in dieselbe, eine Haussuchung sowie die Beschlagnahme von Briefen und Papieren nur in den gesetzlich bestimmten Fällen und Formen gestattet. Die Bestimmungen der Reichsstrafprozeßordnung über diese Materie (8. und 9. Abschnitt, §§ 94–101: Voraussetzungen und das Verfahren einer Beschlagnahme, §§ 102–111: Durchsuchung einer Wohnung und anderer Räume, §§ 112–132: Verhaftung und vorläufige Festnahme von Personen) sind an die Stelle der entsprechenden Verfassungsbestimmungen getreten und unterliegen infolgedessen ebenfalls der Suspendierung während des Kriegszustandes.[5] Erfolgt die Suspendierung, so hat der Militärbefehlshaber die Befugnis, Anordnungen zu

---

[3] Über die rechtliche Bedeutung des § 9b (Art. 4 Nr. 2) vgl. Rosenberg a.a.O. S. 808 f. (gegen die in der Praxis der Gerichte und der Militärbefehlshaber durchgedrungene Auffassung, daß § 9b dem Militärbefehlshaber ein selbständiges, an gesetzliche Schranken nicht gebundenes Verordnungsrecht gebe). Vgl. auch meinen Aufsatz „Diktatur und Belagerungszustand", Z. 38, S. 138 f.

[4] Infolgedessen wäre nach Gmelin a.a.O. S. 145 die Rechtslage nicht anders, als wenn die Suspension zugelassen wäre. Die herrschende Auffassung steht aber auf dem Standpunkt, daß infolgedessen in Bayern Eingriffe in verfassungsmäßig garantierte Rechte unzulässig sind. Das ist besonders wichtig für die militärische Sicherheitshaft, da das Gesetz vom 4. 12. 1916 (RGBl. S. 1329) für Bayern nicht gilt.

[5] Haldy a.a.O. S. 55/56; Laband, Staatsrecht (5. Aufl.) Bd. IV S. 48.

treffen, die eine Haft, Durchsuchung oder Beschlagnahme zum Gegenstande haben, ohne daß er durch die genannten strafprozessualen Bestimmungen gehindert oder beschränkt wäre. Er kann die Beschlagnahme von Beweisstücken durchführen, ohne daß es der richterlichen Bestätigung, die nach § 98 StrPO. erforderlich ist, bedarf; er kann die Korrespondenz von Personen beschlagnahmen, ohne daß Tatsachen vorliegen, aus denen zu schließen ist, daß sie von einem Beschuldigten herrühren oder für ihn bestimmt sind (§ 99); er darf die beschlagnahmten Briefe öffnen, während dies sonst nur dem Richter zusteht (§ 100) usw. In gleicher Weise kann er Durchsuchungen von Wohnungen und anderen Räumen vornehmen lassen, ohne etwa durch § 102 beschränkt zu sein, wonach solche Durchsuchungen grundsätzlich nur bei dem als Täter, Teilnehmer, Begünstigter oder Hehler Verdächtigen zulässig sind; die Durchsuchung darf, entgegen § 104, auch zur Nachtzeit erfolgen, der Inhaber der zu durchsuchenden Räume braucht bei der Durchsuchung nicht anwesend zu sein, während er nach § 106 ein Recht dazu hat; die bei der Durchsuchung gefundenen Papiere können vom Militärbefehlshaber geprüft werden, während ihre Durchsicht sonst nur dem Richter zusteht (§ 110) usw. Endlich kann er jemand in Haft nehmen, ohne durch andere Bestimmungen als die des Gesetzes vom 4.12.1916 (RGBl. S. 1329) beschränkt zu sein.

In allen diesen Fällen handelt der Militärbefehlshaber, wie überhaupt, unter seiner persönlichen Verantwortlichkeit; Rechtsmittel gegen sein Vorgehen sind nur nach Maßgabe des Gesetzes vom 4.12.1916 (RGBl. S.1331) an die militärische Zentralinstanz zulässig. Man hat allerdings eine Einschränkung der weitgehenden Befugnisse des Militärbefehlshabers damit herbeiführen wollen, daß man sagte, der Militärbefehlshaber dürfe auch bei Suspendierung der Verfassungsbestimmungen nur im öffentlichen Interesse, namentlich also im Interesse der Landesverteidigung eingreifen. Dieser Grundsatz hätte aber nur Bedeutung für die Verantwortung, die immer eine persönliche bleibt; Einfluß auf die rechtliche Gültigkeit der Anordnungen des Militärbefehlshabers hat er nicht. Außerdem kann er, da er eine reine Zweckmäßigkeitserwägung zum entscheidenden Gesichtspunkt macht, den Umfang der Befugnisse des Militärbefehlshabers nicht umgrenzen. Gerade im gegenwärtigen Krieg hat sich das besonders deutlich gezeigt. Zahlreiche, nicht nur militärische und politische, sondern auch wirtschaftliche Angelegenheiten haben ihre Regelung nur der Initiative von kommandierenden Generälen zu verdanken, die unter Berufung auf das öffentliche Interesse eingriffen.[6]

[6] So ist das stellvertretende Generalkommando des I. bayerischen AK. vorangegangen mit der Regelung der Versorgung Bayerns mit Erzeugnissen der Milchwirtschaft, es hat den Bedarf des Heeres an Bier und Heu gesichert und zahlreiche andere wirtschaftliche Maßnahmen getroffen, die auf Grund von Art. 4 Nr. 2 KZG, also unter Berufung nicht nur auf das öffentliche Interesse, sondern sogar auf das Interesse der

Diese Ausdehnung des öffentlichen Interesses ist aus folgendem Grunde wichtig für die Frage nach der Einwirkung des Kriegszustandes auf das ordentliche Verfahren: Bei der Suspendierung von Verfassungsbestimmungen wird regelmäßig unter Aufhebung von Art. 7 der preußischen Verfassung zur Anordnung von Kriegsgerichten geschritten. Dann gehören vor die Kriegsgerichte die im § 10 des preußischen Belagerungszustandsgesetzes genannten Delikte, Hochverrat, Landesverrat, Mord, Aufruhr, tätliche Widersetzung usw. Alle diese Delikte tragen vorwiegend militärischen und politischen Charakter und sind mit der Anordnung von Kriegsgerichten dem ordentlichen Strafverfahren entzogen. Würde sich das Interesse des Militärbefehlshabers nur auf solche Delikte beziehen können, so würde die Aufhebung von Verfassungsbestimmungen für das ordentliche Verfahren praktisch bedeutungslos, da der Militärbefehlshaber kein Interesse an einem Einschreiten hätte. In Wahrheit aber können auch solche Strafverfahren Gegenstand seines Interesses sein, die nicht militärischen oder politischen Charakter haben, sondern etwa nur für die wirtschaftliche Sicherung des Heeresbedarfs oder des Bedarfs der Bevölkerung von Bedeutung sind.

Man könnte nun sagen, es handle sich bei den vom Militärbefehlshaber angeordneten Maßnahmen, wie Haft, Durchsuchung und Beschlagnahme gar nicht mehr um ein Strafverfahren, die vom Militärbefehlshaber vorgenommenen Verhaftungen usw. würden nur tatsächliche Eingriffe bedeuten, die zwar für das Ergebnis des Strafprozesses im konkreten Falle tatsächliche Wichtigkeit haben könnten, die man aber nicht als rechtliche Einwirkungen auf das Strafverfahren bezeichnen dürfe. Das ist jedoch nur scheinbar richtig. Selbstverständlich kann nicht von rechtlichen Einwirkungen gesprochen werden, wenn der Militärbefehlshaber durch bloß tatsächliche Änderungen das Verfahren beeinflußt, wenn er etwa einen bestimmten Richter oder Zeugen einsperren läßt. Das hätte für den Strafprozeß nicht mehr juristisches Interesse, als wenn das Gerichtsgebäude einstürzt oder die Akten verbrennen. Das Wesentliche ist aber, daß der Militärbefehlshaber seine rechtlichen Befugnisse im Interesse der Strafverfolgung ausüben kann, daß er also nicht gehindert ist, die Ergebnisse seiner Durchsuchung, Beschlagnahme oder Inhaftierung dem Staatsanwalt zu überlassen, damit dieser sie zu seiner Strafverfolgung benutzt, etwa zur Grundlage seiner öffentlichen Klage macht. Der Militärbefehlshaber darf solche Maßnahmen sogar im ausschließlichen Interesse der Strafverfolung treffen. In zahlreichen Fällen wird ja auch das Interesse der öffentlichen Sicherheit mit dem Interesse der Strafverfolgung unmittelbar zusammenfallen. Die Folge ist dann, daß die Bestimmungen der StrPO. über Beschlagnahme, Durchsuchung und Verhaftung inhaltlos werden: der Verdächtigte verliert die Garantien, die von

---

öffentlichen Sicherheit erfolgten. Die Zusammenstellung der „Kriegsanordnungen des stellv. Generalkommandos, I. bayer. AK" von Hauptmann Roth (München 1917) ist in dieser Hinsicht für jede Betrachtung des Kriegszustandsrechts eine Fundgrube wichtigen und interessanten Materials.

der StrPO. zum Schutz des Beschuldigten im Ermittlungsverfahren aufgestellt sind.

Diese weitgehende Einwirkung hat ihre Grenze an der richterlichen Unabhängigkeit. Art. 86 der preußischen Verfassung, an dessen Stelle § 1 des GVG. getreten ist, spricht diese Unabhängigkeit aus. Eine Suspendierung des Art. 86 kann nach dem preußischen Belagerungszustandsgesetz nicht erfolgen. Auch der Umstand, daß das Gesetz die Aufhebung des Art. 7 – niemand darf seinem gesetzlichen Richter entzogen werden – für zulässig erklärt, ändert nichts an der richterlichen Unabhängigkeit, denn die Aufhebung des Art. 7 bezweckt nur, die Anwendung von Kriegsgerichten zu ermöglichen; mit der Anordnung der Kriegsgerichte sind daher die Ausnahmen, die von Art. 7 gemacht werden können, erschöpft. Hier liegt der Fall vor, daß die Aufhebung einer Verfassungsbestimmung durch die Spezialisierung der zulässigen Ausnahme genau umgrenzt und eingeschränkt wird. Der Militärbefehlshaber könnte daher nicht etwa in die Behördenorganisation eingreifen und Gerichte nach Gutdünken besetzen und zusammenstellen.

Die Funktionen des Richters im ordentlichen Strafverfahren sind keiner Einwirkung durch Anordnungen des Militärbefehlshabers ausgesetzt. Die gesamte Tätigkeit, die dem Gericht im ordentlichen Strafverfahren zugewiesen ist, vor allem der Beschluß über die Eröffnung des Hauptverfahrens, die Vorbereitung der Hauptverhandlung, die gesamte mündliche Verhandlung als Grundlage der richterlichen Beweisführung und des unabhängigen richterlichen Urteils, bleiben von jeder Einwirkung des Militärbefehlshabers ausgeschlossen. Das gilt auch für den Untersuchungsrichter. Dieser ist ebenfalls richterlicher Beamter und nimmt richterliche Funktionen wahr. Zwar erfolgt seine Bestellung nach § 60 GVG. durch die Landesjustizverwaltung, aber das betrifft nur die Auswahl seiner Person und hat keinen Einfluß auf die Art seiner Tätigkeit; er wird durch die Bestellung nicht zum Beauftragten oder Gehilfen der Staatsanwaltschaft ernannt, wie das nach französischem Rechte der Fall ist. Was er wahrzunehmen hat ist, wie die StrPO. ausdrücklich sagt, gerichtliche Voruntersuchung im Gegensatz zu der Ermittlungstätigkeit der Staatsanwaltschaft. Er eröffnet und führt die Voruntersuchung selbständig (§ 182 StrPO.), Beschwerden, die seine Tätigkeit betreffen, gehen nicht an die vorgesetzte Justizverwaltungsbehörde, sondern an die Strafkammer (§ 72 GVG.). Seine Funktionen sind daher ebenfalls richterliche und der Beeinflussung durch den Militärbefehlshaber nicht unterworfen.

Den Schutz der richterlichen Gewalt genießt nicht nur die eigentliche richterliche Tätigkeit. Diese ist ein reiner Gedankenvorgang – Aufnahme des Tatbestandes und Anwendung des Gesetzes auf den Tatbestand. Es gibt aber eine Reihe positiv-rechtlicher Bestimmungen, die die unmittelbaren äußeren Bedingungen einer unbehinderten richterlichen Tätigkeit sicherstellen sollen. Hierher gehören die sitzungspolizeilichen Befugnisse des Gerichts und des Vorsitzenden (§§ 179–185 GVG.), die Entfernung von Parteien aus dem Sitzungszimmer, die Verhängung von Ordnungsstrafen wegen Ungebühr usw., die ungehinderte

Gestaltung des äußeren Verlaufs der mündlichen Verhandlung, die Leitung der Verhandlung, die Vernehmung des Angeklagten, die Aufnahme des Beweises, kurz die ganze Sachleitung, die dem Vorsitzenden nach § 237 StrPO. zusteht, ferner die Anberaumung von Terminen, Bestellung des Pflichtverteidigers, sodann die sogenannten interna des Gerichts, wie die Bestimmung des Referenten einer Sache und die Leitung der Beratung. Alles das bleibt ausschließlich Sache des Gerichts. Der Militärbefehlshaber darf also z.B. keinen Termin bestimmen. Zweifel könnten sich nur bei den Bestimmungen über die Öffentlichkeit der Gerichtsverhandlung erheben. Dadurch, daß der Gesichtspunkt der öffentlichen Ordnung und Staatssicherheit in § 173 GVG. aufgenommen ist, hat diese Bestimmung einen mehr polizeilichen Charakter angenommen: sie dient dem öffentlichen Interesse, nicht speziell dem Schutz der Unabhängigkeit des Richters. Der Militärbefehlshaber, der die Interessen der öffentlichen Sicherheit während des Kriegszustandes wahrzunehmen hat, könnte daher ebenfalls die Befugnis in Anspruch nehmen, den Ausschluß der Öffentlichkeit anzuordnen und durchzuführen; er wäre nicht darauf angewiesen, den Ausschluß der Öffentlichkeit beim Gericht anzuregen oder durch die Staatsanwaltschaft beantragen zu lassen. Neben dem Militärbefehlshaber behielte dann allerdings auch das Gericht die Befugnis, die Öffentlichkeit auszuschließen; der Unterschied zwischen dem Militärbefehlshaber und der durch das Gericht angeordneten Ausschließung würde sich darin zeigen, daß gegen die Anordnungen des Gerichts nach § 175 GVG. Beschwerde stattfindet, während gegen die Anordnung des Militärbefehlshabers selbstverständlich auch hier nur das Rechtsmittel des Gesetzes vom 4.12.1916 möglich wäre. Doch sprechen historische Gründe und die Stellung des § 173 im GVG. gegen eine solche Herauslösung aus dem Zusammenhang mit den Bestimmungen zum Schutze der Unabhängigkeit des Richters. –

Bisher sind die auf Grund einer Aufhebung von Verfassungsbestimmungen möglichen Einwirkungen auf das ordentliche Verfahren erörtert worden. Dabei hat sich vor allem die Sonderstellung der richterlichen Tätigkeit im Strafprozeß ergeben. Der Gegensatz von richterlicher Tätigkeit und der Tätigkeit anderer Behörden beherrscht nun auch die zweite Art von Einwirkungen, nämlich diejenigen, die erfolgen, weil die vollziehende Gewalt auf die Militärbefehlshaber übergeht. Der Übergang der vollziehenden Gewalt tritt nach § 4 des preußischen Gesetzes über den Belagerungszustand mit der Verhängung des Kriegszustandes ein. Dieser Übergang der vollziehenden Gewalt ist für alle Belagerungszustandsgesetze, die, wie das preußische, das französische System des état de siège übernommen haben, charakteristisch;[7] er ist infolgedessen auch für das

[7] Während beispielsweise in Österreich und in England die Wirkung des Kriegszustandes darin besteht, daß Verfassungsbestimmungen suspendiert werden und Kriegsgerichte eintreten, die gesamte Verwaltung aber in den Händen der Zivilbehörden bleibt, geht nach dem französischen System die vollziehende Gewalt auf die Militär-

ganze deutsche Reich (mit Ausnahme Bayerns) als die spezifische Wirkung des Kriegszustandes anzusehen; mit ihm werden die Verwaltungsbehörden Untergeordnete und Vollzugsorgane des Militärbefehlshabers. Der Übergang erfolgt in der Weise, daß alle Verwaltungsbehörden ihre Tätigkeit in der bisherigen Weise fortsetzen und der Militärbefehlshaber nach seinem Belieben entweder selbst ihre Funktionen übernimmt oder ihnen Anweisungen erteilt: alles im Rahmen der bisherigen Befugnisse der Verwaltungsbehörde, denn es stehen dem Militärbefehlshaber auf Grund des Übergangs der vollziehenden Gewalt keine anderen Befugnisse zu, als diejenigen, die bisher der Verwaltungsbehörde des in Frage stehenden Verwaltungszweiges zustanden. Der Übergang der vollziehenden Gewalt verändert also nicht den Inhalt der rechtlichen Befugnisse einer Behörde, sondern betrifft nur die Person, die diese Befugnisse wahrnimmt. Die Übernahme einer Funktion durch den Militärbefehlshaber oder ihre Vornahme auf Anweisung des Militärbefehlshabers hat allerdings die weitere wichtige Folge, daß der Militärbefehlshaber selbst die Verantwortung übernimmt.

Der Übergang der vollziehenden Gewalt erstreckt sich auf alle Zweige der Verwaltung, nicht bloß, wie gelegentlich behauptet worden ist[8], auf die sogenannte innere Verwaltung, im Gegensatz zur Finanz- oder Justizverwaltung. Das hat für das Strafverfahren deshalb Bedeutung, weil zahlreiche prozessuale Befugnisse einem Organ der vollziehenden Gewalt im Sinne des § 4 BelZG., der Staatsanwaltschaft überwiesen sind. Die Staatsanwaltschaft ist eine besonders streng einheitliche, hierarchisch-bürokratische Behörde; jeder Beamte der Staatsanwaltschaft hat nach § 147 GVG. den dienstlichen Anweisungen seines Vorgesetzten nachzukommen, der Vorgesetzte hat ein Recht der Aufsicht und Leitung und die ersten Beamten der Staatsanwaltschaft bei den Oberlandesgerichten und den Landesgerichten sind befugt, bei allen Gerichten ihres Bezirks die Amtsvorrichtungen der Staatsanwaltschaft selbst zu übernehmen oder mit ihrer Wahrnehmung einen anderen als den zunächst zuständigen Beamten zu beauftragen (§ 146 GVG.). Alle diese Befugnisse, namentlich auch das Devolutions- und Substitutionsrecht, kann der Militärbefehlshaber auf Grund des Übergangs der vollziehenden Gewalt selbst ausüben.

Theoretisch kann man die Einwirkungsmöglichkeiten, die auf Grund des Übergangs der vollziehenden Gewalt gegeben sind, als belanglos bezeichnen.

---

behörde über. Für Bayern ist die Rechtslage dadurch eine besondere geworden, daß das bayerische Kriegszustandsgesetz den Übergang der vollziehenden Gewalt nicht erwähnt, dagegen durch königliche Verordnung vom 31.7.1914 die vollziehende Gewalt auf den Militärbefehlshaber übertragen ist, der Übergang sich aber nur auf die Befugnisse der den Zivilstaatsministerien untergeordneten Staatsbehörden erstreckt.

[8] v. Nicolai a. a. O. S. 21. Vgl. über die Stellung der Staatsanwaltschaft im Belagerungzustandsgesetz Lukas a. a. O. S. 239. Nach Lukas gehört die gesamte Justizverwaltung (mit Ausnahme der Justizverwaltungsfunktionen der Staatsanwaltschaft) nicht zur vollziehenden Gewalt im Sinne des § 4.

Infolge dieses Übergangs tritt ja keine Änderung der Funktion, sondern nur ein Wechsel der mit der Wahrnehmung der Funktion betrauten Person ein. Die Befugnisse des Militärbefehlshabers sind daher beim Übergang der vollziehenden Gewalt keine anderen als die der Staatsanwaltschaft. Trotzdem liegt hier nicht nur ein bedeutungsloser Personenwechsel vor. Denn die Befugnisse, die den nichtrichterlichen Behörden im Strafprozeß zukommen, lassen dem Ermessen dieser Behörde einen gewissen Spielraum. Wenn der Militärbefehlshaber nun von dem Übergang der vollziehenden Gewalt Gebrauch macht, so tut er das, um seine Auffassung der Sachlage durchzusetzen. Wäre er sicher, daß die in Frage stehende Behörde auch ohne sein Eingreifen seinen Absichten entsprechend handelt, so wird er keine Veranlassung haben, von dem Übergang der vollziehenden Gewalt Gebrauch zu machen. Es bedarf also jetzt nur noch einer Erörterung der Fälle, in denen das geltende Strafprozeßrecht eine Beeinflussung offen zuläßt.

Am meisten scheint das Ermessen der Staatsanwaltschaft bei der Klageerhebung beschränkt zu sein. Denn der Staatsanwalt ist nach dem Legalitätsprinzip (§ 152) verpflichtet, wegen aller gerichtlich strafbaren und verfolgbaren Handlungen einzuschreiten, sofern zureichende tatsächliche Anhaltspunkte vorliegen. Diese strenge Bindung tritt auch für den Militärbefehlshaber ein, der auf Grund des Übergangs der vollziehenden Gewalt die Klage erheben oder nicht erheben will. Damit wäre für die Klageerhebung der Übergang der vollziehenden Gewalt bedeutungslos geworden. Das wäre umso wichtiger, als wegen des Anklagemonopols der Staatsanwaltschaft eine strafrichterliche Verurteilung ohne Erhebung der öffentlichen Anklage durch die Staatsanwaltschaft (abgesehen von den Fällen der Privatklage) nicht möglich ist (§ 155). Dennoch ist für die Klageerhebung der Übergang der vollziehenden Gewalt nicht unpraktisch. Erstens sind von dem Legalitätsprinzip die bekannten Ausnahmen gemacht (bei den im Ausland begangenen und im Inland verfolgbaren Delikten § 4 StrGB.; bei Verfahren auf Aberkennung der bürgerlichen Ehrenrechte gegen einen im Ausland verurteilten Deutschen, § 37; beim sogenannten objektiven Verfahren vor Sondergerichten nach landesrechtlicher Bestimmung), und zweitens kann auch das Legalitätsprinzip nicht verhindern, daß eine Strafsache von verschiedenen Gesichtspunkten aus beurteilt wird und sowohl die tatsächliche wie die rechtliche Auffassung der Sache einen weiten Spielraum lassen, innerhalb dessen Zweckmäßigkeitserwägungen und politischen Notwendigkeiten Rechnung getragen werden kann.

Der Militärbefehlshaber hat die Befugnis, im Rahmen der genannten Möglichkeiten die Staatsanwaltschaft anzuweisen, die Klage zu erheben oder nicht zu erheben. Die Staatsanwaltschaft ist zu unbedingtem Gehorsam verpflichtet[9], ihr ist infolgedessen auch jede Verantwortung abgenommen, wenn sie auf

[9] Laband a. a. O.; Haenel, Deutsches Staatsrecht I (1892) S. 437; Zorn, Staatsrecht I (1895) S. 199. Gegen die unbedingte Gehorsamspflicht Thielke, Gehorsam und Schuld

Anweisung des Militärbefehlshabers handelt. Das ist besonders wichtig für den Fall, daß eine Klage nicht erhoben wird. Würde ein Staatsanwalt mit rechtswidrigem Vorsatz die Anklage nicht erheben, so wäre er nach § 346 StrGB. strafbar; der Militärbefehlshaber dagegen, der durch die Anweisung, die Klage nicht zu erheben, alle Verantwortung übernommen hat, fällt nicht unter diese Strafbestimmung, wenn er in rechtswidriger Absicht eine Klageerhebung unterdrückt. Er ist auch in dieser Hinsicht, wie für alle seine Handlungen, nur persönlich, d.h. nur seinem obersten Kriegsherrn verantwortlich und seine Anordnungen unterliegen nur den Rechtsmitteln des Gesetzes vom 4. Dezember 1916.

Erwägt man, daß einerseits der Staatsanwalt den Anweisungen des Militärbefehlshabers unbedingt gehorchen muß und andererseits der Militärbefehlshaber selbst nur eine persönliche Verantwortung hat, so kann diese Rechtslage dazu führen, daß der Militärbefehlshaber über das Strafklagerecht des Staates entscheidet. Die Erhebung der Klage bedeutet prozessual die Ausübung der Befugnis des Staates zur Durchführung des staatlichen Strafrechts, des jus puniendi, die Tätigkeit seiner Gerichte in Anspruch zu nehmen. Der Militärbefehlshaber ist also in der Lage, über die Ausübung dieses Strafklagerechts, wenn auch ohne rechtliche Befugnis, tatsächlich zu disponieren. Eine Schranke findet diese Dispositionsmöglichkeit an der Bestimmung des § 170 StrPO.: erachtet das Gericht den Antrag des Verletzten für begründet, so beschließt es die Erhebung der öffentlichen Klage und die Staatsanwaltschaft hat diesen Beschluß durchzuführen, d.h. Klage zu erheben. Das gilt auch für den Fall, daß die Klageerhebung der Staatsanwaltschaft auf Anweisung des Militärbefehlshabers unterblieben ist. Die Staatsanwaltschaft ist zwar an weitere Weisungen des Gerichts nicht gebunden; sie ist nicht verpflichtet, nach der Klageerhebung noch weiter im Interesse einer Bestrafung tätig zu werden, aber das Wesentlichste ist, daß nunmehr das Strafklagerecht des Staates ausgeübt wird und daß eine richterliche Entscheidung im Strafprozeß möglich geworden ist.

Die Einwirkung des Militärbefehlshabers erstreckt sich nicht nur auf die Klageerhebung, sondern auf die gesamte Tätigkeit der Staatsanwaltschaft. Sie kann sich in allgemeinen Anweisungen, wie in Vorschriften für den einzelnen Fall äußern. Die Anweisungen können sich z.B. beziehen auf die Einlegung von Rechtsmitteln, auf die Beantragung von Haftbefehlen und ihrer Verlängerung, auf Anträge, die die Eröffnung des Hauptverfahrens betreffen usw. Der Militärbefehlshaber kann dem Staatsanwalt untersagen, ein von der Staatsanwaltschaft eingestelltes Strafverfahren wieder aufzunehmen, durch seinen Antrag die Überweisung einer Sache an das Schöffengericht gemäß § 75 GVG. herbeizuführen, nach der eingangs erwähnten Bekanntmachung des Bundesrats vom 7.10.1915 bei Einreichung der Anklageschrift durch seinen Antrag die

des Staatsbeamten und des Soldaten bei gesetzwidrigen Befehlen des Vorgesetzten (Königsberger Diss.), Königsberg 1911, S. 32.

Zuständigkeit des Schöffengerichts zu begründen, oder dadurch, daß er den Antrag nicht stellt auszuschließen, durch seinen Antrag einen Strafbefehl zulässig zu machen, die Wiederaufnahme eines Verfahrens nach § 405 StrPO. zu beantragen, im Privatklageverfahren nach § 417 die Verfolgung zu übernehmen usw. Ferner kann der Militärbefehlshaber der Staatsanwaltschaft vorschreiben, welche Anträge sie in der mündlichen Verhandlung zu stellen hat. Er kann auch den Beamten der Staatsanwaltschaft auswählen, der die Klage in der mündlichen Verhandlung vertritt.

Auch die gesamte Strafvollstreckung unterliegt dem Übergang der vollziehenden Gewalt. Sie ist nach § 483 StrPO. der Staatsanwaltschaft übertragen. Dem Gericht sind nur vereinzelte Entscheidungen geblieben (§§ 493, 494 StrPO.), die unter den Schutz der richterlichen Unabhängigkeit fallen. Soweit aber die Staatsanwaltschaft zuständig ist, treten im ganzen Umfange die Wirkungen des Übergangs der vollziehenden Gewalt ein.[10] Die Anweisungen, die der Militärbefehlshaber dem Staatsanwalt in der Strafvollstreckung erteilt, können sich namentlich auf den Strafaufschub und seine Handhabung beziehen.

In den meisten Bundesstaaten ist gemäß § 483 StrPO. in Schöffensachen die Vollstreckung dem Amtsrichter übertragen. Auch diese Vollstreckungstätigkeit des Amtsrichters unterliegt dem Übergang der vollziehenden Gewalt. Denn der Amtsrichter handelt hier nicht als richterlicher Beamter, sondern als Organ der Staatsanwaltschaft, die die eigentliche Vollstreckungsbehörde bleibt. Seine Funktionen werden dem Amtsrichter, nach § 483 Abs. 3 StrPO., durch Anordnung der Justizverwaltung übertragen; er besorgt Geschäfte, die, wenn sie ihm nicht von der Landesjustizverwaltung übertragen werden, von der Staatsanwaltschaft übernommen werden müßten. Er ist infolgedessen auch der Justizverwaltung unterstellt, in seiner Vollstreckungstätigkeit von den Instruktionen der Justizverwaltung abhängig und Beschwerden, die seine Tätigkeit betreffen, gehen an die Aufsichtsbehörde.[11] Seine Tätigkeit ist also keine richterliche, wie die des Untersuchungsrichters, sondern die einer Verwaltungsbehörde. Hier wäre demnach der Fall gegeben, daß ein richterlicher Beamter den Anweisungen des Militärbefehlshabers Folge zu leisten hat. –

Damit sind die Einwirkungen des Übergangs der vollziehenden Gewalt auf das Strafverfahren erschöpft. Auch hier hat sich die richterliche Tätigkeit innerhalb des Strafverfahrens von der Tätigkeit anderer Behörden abgehoben.

---

[10] Das folgt daraus, daß die gesamte Tätigkeit der Staatsanwaltschaft unter die vollziehende Gewalt im Sinne des § 4 fällt und für die Frage nach dem Umfang des Überganges der vollziehenden Gewalt nur formal die Kompetenz, nicht aber die innere Natur der in Frage stehenden Tätigkeit maßgebend ist. Daß die Strafvollstreckung ihrer Natur nach richterliche Tätigkeit ist, soll damit nicht bestritten werden (vgl. Goldschmidt a. a. O. S. 110, Lukas a. a. O. S. 233).

[11] Allerdings nicht an die staatsanwaltschaftliche, sondern die richterliche Aufsichtsbehörde. Vgl. in Strfs. Bd. 21 S. 428; Bd. 31 S. 78; Stein, Grenzen und Beziehungen zwischen Justiz und Verwaltung, Tübingen 1912, S. 54/55.

Mag der Militärbefehlshaber nach Aufhebung von Verfassungsbestimmungen vorgehen oder mag er auf Grund des Übergangs der vollziehenden Gewalt eingreifen, immer findet seine Einwirkung ihre Grenzen an der Unabhängigkeit der richterlichen Gewalt. Das ist für die Konstruktion des Strafprozesses von besonderem Interesse. Wenn es sich bei jedem Strafverfahren um die Durchführung des staatlichen Strafanspruchs handelt, um das aus dem materiellen Strafrecht entspringende jus puniendi des Staates, so hat dieser Anspruch eine Besonderheit gegenüber dem privatrechtlichen Anspruch: er kann nur durch urteilsmäßige Feststellung befriedigt werden; ohne richterliches Urteil ist eine Bestrafung und auch eine Strafvollstreckung grundsätzlich ausgeschlossen. Andererseits konsumiert das richterliche Strafurteil den in Frage stehenden Strafanspruch; darauf beruht die Wirkung des Satzes ne bis in idem im Strafprozeßrecht. Nur durch Ausübung der Strafgerichtsbarkeit kann daher über den Strafanspruch des Staates verfügt werden. An diese Besonderheit des staatlichen jus puniendi wird weder durch die Suspendierung von Verfassungsbestimmungen noch durch den Übergang der vollziehenden Gewalt etwas geändert. Der Militärbefehlshaber hat bei der Suspendierung von Verfassungsbestimmungen die Möglichkeit, die Durchführung eines Strafanspruchs zu beschleunigen, aber er kann nicht bewirken, daß eine Strafe ohne gerichtliches Verfahren verhängt wird, er kann nicht strafen. Der Militärbefehlshaber hat es ferner in der Hand, durch Anweisungen an den Staatsanwalt die Erhebung der Klage zu verhindern. Damit ist zwar die Ausübung des Strafklagerechts gehindert und wegen des Anklagemonopols der Staatsanwaltschaft, auch die Ausübung der strafrichterlichen Gewalt hintangehalten. Gleichzeitig ist aber auch die spezifische Wirkung der strafrechtlichen Verurteilung, die Konsummation des materiellen Strafanspruchs hintangehalten, d.h. praktisch, die Wirkung des Satzes ne bis in idem tritt nicht ein und eine spätere Klageerhebung und strafrichterliche Verurteilung ist immer noch rechtlich möglich. Selbst den Eintritt der Verjährung könnte der Militärbefehlshaber nicht ausschließen, da die Verjährung nur durch eine richterliche Tätigkeit unterbrochen wird (§ 68 StrGB.). Der Militärbefehlshaber hat also auch nicht die Möglichkeit, eine strafrechtliche Verurteilung dauernd auszuschließen. Er kann trotz seiner weitgehenden Befugnisse nicht über den Strafanspruch des Staates verfügen, sondern nur dessen Durchführung fördern oder hemmen.

Veröffentlichungen in der Zeitschrift „Summa“

Die Zeitschrift „Summa“ erschien vierteljährlich im Hellerauer Verlag Jakob Hegner, Hellerau bei Dresden. Verantwortlicher Herausgeber war Franz Blei (1871–1942) in Wien. Es existiert nur ein Jahrgang, veröffentlicht 1917/18 in vier Teilen mit insgesamt 780 Druckseiten, Format 20×27,5 cm, mit festem Einband. Die sehr gepflegte Typografie sowohl des Einbandes als auch des Innenteils entsprach den Vorstellungen des Verlegers Hegner, mit dem Carl Schmitt bis Mitte der 20er Jahre Kontakt hatte und in dem auch die erste Auflage seines Werkes „Römischer Katholizismus und politische Form“ 1923 erschienen ist, von dem Carl Schmitt selbst sagte, dass es von der Aufmachung sein schönstes Buch gewesen sei.

Die Zeitschrift enthält Aufsätze, Marginalien und Nachdrucke berühmter Texte aus Philosophie, Theologie und Staatswissenschaft. In einer Anzeige in dem ersten Vierteljahresband der Zeitschrift teilen Herausgeber und Verleger als Aufgabe, Vorsatz und Ziel der Zeitschrift „Summa“ mit: „Anleitung zu einem lebendigen Werteempfinden. Absichten auf Verbreitung, das heißt Verflachung der intellektuellen Bildung hegen sie sowenig wie solche auf popularisierende Vermittlung von aller Art Kenntnissen – welchen Bemühungen andere Zeitschriften dienen, mit denen die „Summa“ bloß das periodische Erscheinen gemeinsam hat. Die publizistischen Möglichkeiten der Summa sind geringer, aber bestimmter. Sie verzichtet wegen ihrer anders gestellten Aufgabe auf unterhaltende Mannigfaltigkeit und schöngeistigen Aufputz“. Autoren der Zeitschrift waren neben dem Herausgeber Paul Adler, Ernst Bloch, Robert Musil, Max Scheler, Konrad Weiss u. a.

„Summa“ war eine katholisch grundierte Zeitschrift, für die Bleis Feststellung galt: „Das angestrebte Werteempfinden ist durch Wort und Begriff der Religion näher bestimmt“ – auch wenn er sich selbst später gegenüber Robert Musil z. B. von dieser Haltung distanzierte.

Die Zeitschrift ist jedenfalls ein Beispiel für die Position des sich neu strukturierenden Katholizismus unter dem Einfluss des französischen *renouveau catholique*. Die Sichtbarkeit des konfessionellen Christentums war eines der wichtigsten Themen der Zeit, in der die traditionellen Formen der Kirche durch Auflösung herkömmlicher Ordnungen infragegestellt wurden.

Carl Schmitt hat die nachfolgend wieder veröffentlichten drei Beiträge im ersten, zweiten und vierten Teilband der Zeitschrift publiziert. Der erste Beitrag „Recht und Macht“ ist direkt nach dem Eingangsbeitrag „Die Aufgabe des Publizisten“ des Herausgebers Franz Blei der Eröffnungsbeitrag der „Summa“. Es handelt sich um einen Wiederabdruck des ersten, programmatischen Kapitels aus Carl Schmitts 1915 erschienenen Buch „Der Wert des Staates und die Bedeutung des Einzelnen“. Er argumentiert in erster Näherung neukantianisch, wenn er von der Machtgrundlage des Rechts ausgeht, dass die Macht das Recht als notwendige Voraussetzung brauche, um eine politische Ordnung als Rechtsordnung zu stiften. Das Recht ist als Funktionsmodus der Ordnung von der Macht anerkannt, sie stabilisiert diese Funktion durch Selbstverpflichtung zum Erhalt des Rechts.

Mit dem Aufsatz „Die Buribunken“ hat sich besonders Reinhart Koselleck auseinandergesetzt (Die Verzeitlichung der Utopien in Zeitschichten. Studien zur Historik, Suhrkamp, Frankfurt am Main 2003, S. 131–149). Koselleck interpretiert den Aufsatz als Satire auf den Historismus und die Fortschrittsgläubigkeit der damaligen wissenschaftlichen und politischen Organisationen und charakterisiert ihn als negative Utopie. Das spezifische Utopische der historistischen Tatsachengläubigkeit bestehe darin, daß der Mensch glaubt, mit seinem Bewußtsein die Geschichte nicht nur zu erfassen, sondern Kraft desselben auch vollstrecken und beherrschen zu können. Die satirisch eingekleidete Kritik an dem wissenschaftlichen Geist der Modernität entspricht Carl Schmitts emphatischer Ablehnung des utilitaristischen Zeitalters in seiner zwei Jahre zuvor veröffentlichten Studie zu Theodor Däublers Nordlicht.

Der Beitrag „Die Sichtbarkeit der Kirche. Eine scholastische Erwägung“ ist Carl Schmitts einzige Schrift, in der er explizit theologisch argumentiert. Er ist ein Beispiel für seine Rezeption antimodernistischer Denker wie Léon Bloy, Georges Bernanos und Louis Veuillot, aber auch der von Dostojewskis Werken. Die Kirche hat „die Aufgabe, im Auftrag Gottes über das Heil der Welt zu befinden. Die Welt ist zwar gut, aber sie lebt im Ausnahmezustand des Bösen. Die Kirche beansprucht das Recht, über diese konstitutive *Ausnahmesituation* zu befinden, um die Weltordnung wiederherzustellen“ (so Giancarlo Caronello: Max Scheler und Carl Schmitt, zwei Positionen des Katholischen Renouveau in Deutschland. Eine Fallstudie über die *Summa* (1917/18) in: Vernunft und Gefühl. Schelers Phänomenologie des emotionalen Lebens, hg. v. Chr. Bermes, W. Henckmann u. H. Leonardy. Königshausen u. Neumann, Würzburg 2003, S. 225–254). Die Geschichtlichkeit der sichtbaren Kirche wird an dem Inkarnationsgeschehen legitimiert, eine Enthistorisierung würde die Kirche auf eine spiritualistische Sekte reduzieren. Mit Dostojewski hatte sich Carl Schmitt schon früh befasst, siehe S. 46, Anm. 48. Einflussreich ist seine Auseinandersetzung mit der Gestalt des Großinquisitors, den er bei dem russischen Dichter gegen dessen eigener Gesinnung durch die Gewalt der Problemstellung als Widerpart gegen schwärmerische Gläubige dargestellt sieht.

In der Korrespondenz von Franz Blei mit Karl Muth, dem Herausgeber der Zeitschrift „Hochland“, erwähnt der Herausgeber der „Summa“ das Ende der Zusammenarbeit mit dem Verleger Jacob Hegner im Brief vom 24.2.1919: „Die christlich-sociale Partei hat uns Drucker und Verleger abwendig gemacht mit der Drohung, ihm sonst ihre Aufträge zu entziehen. Der sonst weiter gar nicht weder christliche noch sociale Mann, aber wohl christlich-sociale hat natürlich der Partei nachgegeben und uns im Stich gelassen, obzwar wir die Arbeit umsonst machten und uns für ein Vierteljahr verpflichtet hatten, umsonst zu schreiben. Jetzt drucken wir mit unsern zusammengefochteten Hellern die letzte Nummer des Vierteljahres in der vagen Hoffnung, einen andern und richtigern Verleger zu finden, denn der bisherige tat alles, damit niemand, auch kein Abonnent, das Blatt zu Gesicht bekommt … Die Summa wird in Cahiers im Musarion-Verlag in München weiter erscheinen. Hegner hat sich entschlossen, lieber den Socialist von G. Landauer zu drucken und zu verlegen und da ist ihm nicht zu helfen.“ Diese Pläne haben sich ebenso zerschlagen wie eine Fortführung der „Summa“ im Georg Müller Verlag.

Recht und Macht

Summa, Eine Vierteljahresschrift, Erstes Viertel (1917), S. 37–52.

Wenn die Meinung, alles Recht sei nur ein Ergebnis tatsächlicher Machtverhältnisse und beruhe letzten Endes auf der Gewalt, eine analoge Übertragung auf das Gebiet wissenschaftlicher Meinungen erfahren dürfte, so wäre die Frage nach dem Verhältnis von Recht und Macht bereits entschieden. Denn die Zahl derer, die in plausibeln Auseinandersetzungen und mit zahlreichen Beispielen aus der Geschichte und der Alltäglichkeit dem Recht einen lediglich faktischen Grund geben, ist so groß, daß sie zweifellos die Übermacht haben, solange eben nur die faktische Verbreitung ihrer Meinung berücksichtigt wird. Sobald aber die Gründe und ihre Richtigkeit geprüft werden, kommt diese Tatsächlichkeit nicht mehr in Betracht, und nur noch Argumente entscheiden die Angelegenheit.

Der Gegensatz der beiden Theorien, die durch die Antithese von Recht und Macht bezeichnet werden, ist schlechthin unvereinbar. Wird von der Machttheorie das Recht als Resultat einer bestimmten Verteilung sozialer Kräfte aufgefaßt und kann sein Begriff für die Rechtsphilosophie durch eine Erklärung historischer Ereignisse gewonnen werden, auf die eine mit der Vorstellung des Rechtgemäßen verbundene Beurteilung zurückzuführen ist, so bleibt es in der Sache gleichgültig, ob die Überlegenheit, von der das Recht ausgeht, eine rein physische oder eine psychische ist. Die großen Fische, die nach dem bekannten Wort das Recht haben, die kleinen zu fressen, und die sozial herrschende Klasse, die durch die Nachwirkungen einer vor Jahrhunderten erfolgten Unterwerfung der Ureinwohner eines Landes instand gesetzt ist, die Gesetze in ihrem Inhalt zu bestimmen, haben beide nur Recht, weil sie die Macht haben. Wie sehr sich innerhalb der Macht unendlich feine Differenzierungen herausstellen, kommt für eine philosophische Betrachtung, der an dem prinzipiellen Unterschied gelegen ist, nicht in Frage. Die Macht des Mörders gegenüber seinem Opfer und die Macht des Staates gegenüber dem Mörder sind für die Machttheorie nicht dem Wesen nach verschieden, sondern nur in ihrer durch eine historische Entwicklung bedingten äußerlichen Erscheinung, in ihrem Umfange, ihrem Eindruck auf die Masse der Menschen. Es bleibt dieser Auffassung nur zu untersuchen, wie mit Rücksicht auf solche Akzidentien, die auch der Tatsächlichkeit angehören, der Begriff des Rechts näher umgrenzt werden soll, und wie das Spezifische der Macht des Staates gegenüber der des Mörders zu bestimmen ist. Sofern die Theorie Anspruch auf Konsequenz macht, darf dieses Spezifische ebenfalls nur im Gebiete der rein empirischen Tatsächlichkeit liegen und mit einer „Berechtigung“ im besondern Sinne nicht in Berührung gebracht werden. Es wäre also möglich, die Macht des Staates zu strafen, in ihrem Unterschiede zu jeder andern Macht auf die allgemeine Anschauung der Staatsangehörigen zu gründen und zu sagen, der Staat habe die Billigung der Menschen für sich, wenn er in dieser Weise seine Macht ausübt; die Billigung aber, die seiner Macht ein besonderes Gepräge gebe, beruhe auf der psychischen Tatsache des Einverständnisses mit der Mehrzahl und stemple die faktische Überlegenheit zur Autorität, die Macht zum Recht. Die landläufige Meinung denkt sich die Frage nach dem Grund des Rechts so, daß endlich, wenn immer wieder nach dem Rechte des Rechts gefragt wird, der Regreß an einer Tatsache sein Ende nimmt. Das ist durchaus konsequent, sobald nur zur Erklärung des Rechts die Zustimmung der Menschen oder ein anderer tatsächlicher Vorgang herbeigezogen wird. Denn auch die auf die Billigung oder Mißbilligung der Menschen oder bestimmter sozialer Gruppen verweisenden Momente sind dabei lediglich als psychische Tatsachen verwendet, nicht weil sie richtig sind, sondern weil sie da sind. Das Recht ist somit für die Machttheoretiker nur ein Teil des Seins, nicht weiter und nicht anders zu erklären, nicht anders zu rechtfertigen als irgend ein Sein, von besonderm Interesse wegen seiner unmittelbaren Bedeutung für die Menschen und ihr Zusammenleben, aber ganz eingefügt in den Mechanismus des faktischen Geschehens, aus dem es an keiner Stelle heraustritt.

Für diese Theorie gibt es daher keine Widerlegung der Berechtigung einer Macht. Wer ihr unterlegen ist, dem ist nicht zu helfen, er steht mit seinen Argumenten als armer Narr da, e vinculis ratio cinatur. Vielleicht wird das in der Terminologie besser versteckt, vielleicht heißt es, daß in der unentrinnbaren Wechselseitigkeit, mit der sich die Macht des Rechts aus dem Rechte der Macht ergebe, eine trennende Gegenüberstellung im Sinne eines Vorranges des Rechts an der Unwidersprechlichkeit einer Tatsache scheitern müsse; in volkstümlicher Wendung wird gesagt, daß eine Hand voll Gewalt mehr wert sei als ein Sack voll Recht, in banaler Redensart spricht man heute von der Logik der Tatsachen. Der Sinn ist immer derselbe: jede Berufung auf ein Recht enthalte den Hinweis auf eine Macht, jedes Bestreben, einem Recht zur Anerkennung zu verhelfen, bedeute ein Streben nach Macht, die Argumente, mit denen ein Recht bewiesen werde, seien nur sublimierte Berechnungen der Möglichkeit, sich durchzusetzen, ihre Beweiskraft sei gleich der Werbekraft im gegebenen Augenblick.

Wird das Recht betrachtet als etwas, das einmal da ist, so unterliegt es dem Gesetze der Kausalität wie alles, was da ist. Wird das Recht zur Macht, so verflüchtigt sich jede andere Erklärung wie eine kausale ins Nichts, und jede Ursache, die eine Wirkung hervorruft, wird insofern zur Macht und damit wieder zum Recht. Auch wenn die Tatsache, in die der Regreß vom Grunde des Rechts letzthin mündet, noch so weit in die Vergangenheit zurückgeschoben wird, verbleibt dieser Gedankengang ganz in der Theorie, die lediglich konstatieren und erklären, nicht aber rechtfertigen oder begründen will und kann.

Im Gegensatz dazu bedeutet für die Rechtstheorie ein Hinweis auf die Meinung der meisten, der anständig und billig denkenden Menschen, eine Bezugnahme auf etwas, das nicht aus eigener Autorität gilt, sondern nur einen Inhalt bezeichnet, der dem entspricht, was sein soll. Eine genauere Betrachtung dieses

Hinweises ist für die Darlegung des Gegensatzes der beiden Theorien besonders lehrreich. Trifft das positive Gesetz eine solche Verweisung, so kann streitig sein, ob damit die Meinung der anständigen Menschen Teil des positiven Gesetzes wird, in das Gesetz einfließt, oder ob an einen selbständigen Normenkomplex verwiesen ist, der dem Rechte gegenüber unabhängig ist und es auch dann bleibt, wenn das Gesetz auf ihn Bezug nimmt. Ist nun das positive Gesetz nur deshalb Recht, weil es durch das Mittel bestimmter Formen herrschende Anschauung ist, die sich zur Geltung bringen kann, so bedeutet die Verweisung des Gesetzes auf die herrschende Anschauung eine Rückkehr zum eigenen Ursprung, zum Naturzustande; die Anschauung der anständig und billig denkenden Menschen ist maßgebend, weil die anständigen Menschen in der Mehrzahl sind und sich durchsetzen mit ihrer Meinung, die gälte, weil sie herrscht. Nicht darin läge ihre Geltung, daß es die anständigen Menschen sind, die sie vertreten, sondern darin, daß diese Menschen sich, ohne wirksamen Widerspruch zu erfahren, als anständige bezeichnen dürfen und die Macht haben, ihrer Meinung Anerkennung zu verschaffen. Im strengsten Gegensatz dazu läßt sich aber auch in den Worten „anständig und billig“ der Geltungsgrund finden, so daß die Anschauungen, auf die verwiesen wird, eine eigene Würde erhalten; sie gelten dann nur, solange sie die beiden ehrenden Prädikate verdienen, sie gelten aber auch, wenn die meisten Menschen anderer Ansicht sind, ja wenn es keinen anständigen Menschen mehr gäbe. Sie sind nicht das Resultat einer Zusammenwirkung der Menschen und ihrer Meinungen, sie ergeben sich nicht aus Tatsachen, sondern aus Argumenten. Auch der Umstand, daß nicht vom Anständigen und Billigen abstrakt, sondern von den anständig oder billig denkenden Menschen die Rede ist, vermöchte nichts daran zu ändern und hätte nur die Bedeutung, die Feststellung dessen, was anständig und billig ist, zu erleichtern. Die Meinung der Menschen wäre nicht Geltungsgrund, vielmehr Indiz für einen Wert.

Die Frage ist nicht die, ob das Recht oder die Macht in der Welt vorgeht, sondern die, ob das Recht aus Tatsachen abgeleitet werden kann. Auch die Anerkennung des Rechts durch die Menschen ist lediglich eine Tatsache und es fragt sich eben, ob Tatsachen ein Recht zu begründen vermögen. Wird die Frage verneint, so ist der Gegensatz zweier Welten gegeben. Wird das Recht der Macht gegenüber selbständig und unabhängig, so folgt daraus ein Dualismus, der den Antithesen von Sollen und Sein, von normativer und genetischer, kritischer und naturwissenschaftlicher Betrachtung entspricht. Die Sphäre des Rechts kann dabei nicht mit dem Gebiet des positiven, tatsächlich geltenden Rechts abgeschlossen sein, sondern wenn die tatsächliche Geltung zum Recht hinzukommt, um seine Positivität zu konstituieren, so kommt sie als etwas Äußerliches, in diesem Betracht Unwesentliches hinzu. Wer die Behauptung aufstellt, alles Recht sei notwendig positiv, wer die Begründung des Rechts mit den positives Recht „erzeugenden“ Vorgängen abschließt, bekennt sich damit eben zur Machttheorie und verneint den unvereinbaren Gegensatz von Recht und Tatsache und den Satz: non potest detrahi a jure quantitas. Das Recht, das nichts mit einer tatsächlichen Erklärung zu tun haben soll, erhält in eigener Welt eine nirgends unterbrochene Selbständigkeit. Soll das Recht aber zur Macht, das heißt zu einer bloßen Tatsache werden, so kann es sich an keiner Stelle über die Tatsächlichkeit erheben; in jeder einzelnen Rechtsausführung darf nicht von Schlüssen und Argumenten, sondern nur von Fakten gesprochen werden und alles, was je als „Gründe“ einer Entscheidung vorgebracht wurde, löst sich in ein großartig verschleiertes argumentum ab utili auf. Es darf auch nicht innerhalb der Theorie vom Recht als bloßer Macht ein Bezirk abgesteckt werden, der einer Behandlung durch rechtliche Konstruktionen und Fragen nach dem, was sich konsequent daraus ergeben müßte, reserviert bleibt. Es ist demnach nicht angängig, sich mit der landläufigen Methode einverstanden zu erklären, die einen Komplex von Normen, welche der Staat als eine besondere Macht emaniert, auf den lediglich faktischen Willen dieses Staates gründet, innerhalb dieses Komplexes aber mit den Mitteln juristischer Argumentation arbeitet und den vernünftigen und richtigen Willen ermitteln will, obwohl der Geltungsgrund der Norm ein bloß tatsächlicher ist. Eine Tatsache läßt sich nicht wegdemonstrieren, ein Wille läßt sich nicht dadurch als vorhanden erweisen, daß er als vernünftig und richtig erwiesen wird. Für keinen sind Kants Angriffe auf den ontologischen Gottesbeweis wichtiger als für den Juristen.

Wenn das Recht als Macht definiert wird, so ist es nicht mehr wesentlich Norm, sondern wesentlich Wille und Zweck. Das tatsächlich geltende Recht ist dann eine Summe bestimmter Vorschriften, die von einer zwecksetzenden Stelle ausgehn, und eine Beurteilung des Rechts nur in der Weise möglich, daß Zwecke aneinander gemessen werden. Es ist ganz offenbar, daß das Recht keiner Begründung mehr bedarf und ihrer auch nicht fähig ist, sobald es zu einem Willen wird, zu einem Zweck, von dem eine Realität wie der Staat will, es solle erreicht werden. Mit diesem Zwecke lassen sich dann freilich alle möglichen andern Zwecke vergleichen, aber wenn das Recht seinem Begriff nach in irgend einer Beziehung zu der zwecksetzenden Realität steht, so ist eine solche Vergleichung und Beurteilung der Zwecke rechtlich belanglos, da die Tatsächlichkeit, die durch den Zweck und den Staat in das Recht hereingebracht wird, sich nicht widerlegen läßt. Das belebende Prinzip in der Welt des Rechts wäre nicht die juristische Argumentation in ihrer Richtigkeit, sondern der Wille des Staates in seiner konkreten Tatsächlichkeit.

Strenggenommen – und die Philosophie kann alles nur streng nehmen – müssen die beiden Welten des Rechts und der Macht in unvereinbarer Selbständigkeit nebeneinander stehn. Die Theorie, die das Recht an irgend einem Punkte mit der Macht zusammenbringt, müßte konsequent auf jede andere als eine kausale Erklärung verzichten, alles Recht und alle Rechtsnorm in ein Spiel treibender oder hemmender Kräfte auflösen, bei dem eine Bewertung oder ein Pathos der Billigung und Mißbilligung sinnlos wäre – oder nicht einmal sinnlos, da in dieser Qualifizierung bereits wieder eine Mißbilligung enthalten ist. Obwohl nun derjenige, der eine Anschauung in ihren letzten Konsequenzen auffaßt, sie allein richtig versteht und, wer eine Meinung ausspricht, sich nicht auf seinen tatsächlichen Vorstellungsinhalt berufen und dem Gegner ein Mißverständnis vorwerfen kann, wenn er selber mit einer richtig gefolgerten Konsequenz nicht einverstanden ist, so ist es für die Klarstellung der Frage dennoch nützlich, die nicht ausgesprochenen, aber wirksamen Vorstellungsinhalte in die Betrachtung einzubeziehn. Es ist nämlich möglich, aus der Definition des Rechts als Macht eine Bewertung herauszuhören, die an dem Begriffe der Macht zu hängen scheint, indem jede, wenigstens jede relativ dauernde und beständige Macht als berechtigt und begründet – nicht bloß erklärlich – aufgefaßt wird. Im Vertrauen darauf, daß es wohl seine guten Gründe habe, wenn gerade dieser und kein anderer Satz sich zur Macht einer Rechtsnorm entwickeln konnte, oder wenn gerade dieser Wille zu einer autoritären Stellung gelangt ist, werden Recht und Macht einfach identifiziert, unter stillschweigender Übergehung der allein wichtigen Frage nach den „guten Gründen". Ein solches Vertrauen auf den Gang der Dinge und die Gerechtigkeit der Geschichte spricht sich beispielsweise aus in den Worten von Luthers Schrift de potestate Papae: Primum, quod me movet, rhomanum pontificem esse aliis omnibus superiorem, et ipsa voluntas dei, quam in ipso facto videmus. Neque enim sine voluntate dei in hanc monarchiam unquam venire potuisset rhomanus pontifex. Wie in dieser Zurückführung einer tatsächlichen Macht auf den Willen Gottes die Anerkennung einer Berechtigung liegt, so enthält die Anerkennung der guten Gründe eine Billigung und Bewertung, ebenso wie die Hervorhebung der Nichtzufälligkeit eines historischen Ergebnisses ohne eine solche Bewertung eine selbstverständliche Überflüssigkeit aussprechen würde.

In dem Worte Macht liegt, um einmal die Assoziationen, die heute damit verknüpft sind, zu berücksichtigen, ein Moment anerkennenden Respekts, wodurch es möglich wird, das Recht zu einer besondern Art Macht, zu einer bewußten Überlegenheit zu machen, wie sie stillschweigend vorausgesetzt ist, wenn der Satz von den großen Fischen, die das Recht haben, die kleinen zu fressen, allgemein als paradox empfunden wird. Mit der Erhebung der Macht in den Bereich des zweckbewußten menschlichen Handelns ist bereits eine Auszeichnung vorgenommen, denn der bewußte und zweckbewußte Mensch ist gerade für den Utilitaristen ein bevorzugtes Wesen – schon deshalb, weil das ehrende Prädikat der Zweckbewußtheit nur dann erteilt werden kann, wenn es sich um Zwecke handelt, die dem Betrachter selbst bewußt geworden sind. Gelangt aber auch nur das schwächste Moment einer Bewertung in das Spezifikum des Rechts gegenüber der Macht, erscheint das Recht, gleichgültig von welchem Standpunkte aus, als bevorzugte Macht, so wird es qualitativ von der Macht unterschieden und ändert sein Wesen. Die Prädikate, in denen die Besonderheit des Rechts gefunden wird, führen in ihren Konsequenzen eine genaue Umkehrung der Antithese herbei: nicht das Recht wird aus der Macht, sondern die Macht wird aus dem Recht erklärt. Die Macht, die zur Definition des Rechts herbeigezogen wird, ist selbst nur aus einem Recht zu verstehn, sie ist solche Macht nur, weil sie es „mit Recht" ist. Wenn nun angesichts irgend eines Ereignisses gesagt wird, wer die Macht habe, der habe auch das Recht, so wird das, was für eine vollendete Skepsis eine Negation des Rechts bedeutet, in wörtlich demselben Ausdruck zu einem Bekenntnis höchsten Vertrauens und besagt, daß sich keine Macht durchsetzt, es sei denn, daß sie berechtigt ist. Gerade diejenigen, die das Verhalten der Staaten und Menschenklassen zueinander mit dem der einzelnen Menschen im Naturzustande vergleichen, heben gern hervor, daß es kein Zufall ist, wenn diese bestimmten Staaten oder Rassen überlegen sind, andere zur Macht- und damit Rechtlosigkeit herabsinken. Es ist dabei nur zu verwundern, daß noch niemand versucht hat, dem Problem von der andern Seite beizukommen und beispielsweise eine Statistik der Ermordeten aufzustellen. So gut, wie es nicht Zufall ist, daß gerade dieser Mensch Mörder, so gut ist es nicht Zufall, daß gerade der andere der Ermordete ist.

Es gibt Leute, denen die allgemeine Übereinstimmung der Menschen in wichtigen rechtlichen Beurteilungen nichts anderes zu bedeuten scheint, wie die Gleichmäßigkeit, mit der etwa heute in Deutschland viele Hunderttausende nachmittags das Bedürfnis haben, Kaffee zu trinken. Aber noch keinem dieser Utilitaristen ist es gelungen, den historischen Moment zu bestimmen, in dem über den „Egoismus“ die große Erleuchtung kam und er sich aus eigener Kraft von der platten Erde erhob, um in eine Sphäre zu schweben, in der er den Egoismus des andern als „gleichberechtigt“ anerkennen und sich aufgeben muß. Es könnte sich bei einem solchen Vorgange darum gehandelt haben, daß einzelne kluge Menschen imstande waren, ihre Einsicht den andern aufzuzwingen – etwa so, wie der große Friedrich die preußischen Bauern zum Kartoffelbau bewog – und durch ihre tatsächliche Überlegenheit einen Zustand herbeizuführen, durch den es möglich wurde, den nichtaufgeklärten Egoismus einem aufgeklärten zu unterwerfen und derartig im Zaume zu halten, daß eine leidliche Ordnung bestand. Stahl hat Recht, wenn er (Philosophie des Rechts I. S. 240) meint: „würde man einem Menschen, der vom Staate nichts wüßte, die in unzähligen Richtungen stürmende Bewegung des Volkslebens vormalen, das stete Anwogen gegen den Staat – denn alle Interessen des einzelnen sind gegen ihn und seine Ordnung – er würde an die Möglichkeit des Staates weniger glauben, als jetzt die meisten an das ewige Reich.“ Was da vom Staat gesagt ist, gilt für jede Vernünftigkeit, Aufklärung, Richtigkeit oder wie man es immer nennen mag. Am Schlusse kann es nur die bessere Einsicht sein, die als solche die Menschen zwingt, nicht weil sie die mächtigere, sondern weil sie die bessere ist. Darin liegt aber die Begründung aus einer Bewertung, die keine empirische mehr ist. Die Bewertung wird auch nicht dadurch ausgeräumt, daß nur die Einsicht die bessere genannt wird, die als Ergebnis einer Auslese im Kampf der Meinungen und im Laufe der Zeit überleben bleibt; denn jede evolutionistische Selektionstheorie muß schon deshalb von Werten ausgehn und Werte voraussetzen, weil in der Behauptung einer ziellosen Entwicklung eine contradictio in adjecto liegt. Das für jede Entwicklung notwendige Ziel kann sich nämlich nicht aus dem Bewußtsein dessen ergeben, das sich entwickelt oder aus der Aufeinanderfolge der Geschehnisse, von denen erklärt wird, sie bedeuten eine

Entwicklung, sondern nur aus der bewußten Betrachtung desjenigen, der die Aufeinanderfolge als Entwicklung auffaßt.

Ebenso versteckt der Empiriker, der in allem Recht nur ein Spiel der Interessen sieht und überwiegende oder schutzberechtigte Interessen unterscheidet, das Problem in ununterschiedenen Vieldeutigkeiten. Das Wort Interesse enthält den Gegensatz zu jeder Norm und soll ausdrücklich im Tatsächlichen, Erfahrungsgemäßen verbleiben; tritt es in der Definition des Rechts auf, so soll damit die Norm, die jenseits aller Interessen liegt, eliminiert werden. Das Unrecht, das als Interessenverletzung definiert wird, erscheint dabei als das Primäre. Der Grund dieses Primates folgt aus einem rein empirischen Faktum: erst muß ein Interesse verletzt sein, ehe die Menschen auf den Gedanken kommen, es zu schützen. Beispielsweise muß sich die Interessenverletzung, die in einem Mord liegt, erst ereignet haben, ehe man sagen kann, das Leben sei ein geschütztes Interesse und es gebe eine Norm, nach der der Mord etwas Verwerfliches ist. Prototyp jeder rechtlichen Handlung wäre daher die Verteidigungshandlung gegen einen Angriff, die sich von der instinktiven Rachsucht des Wilden zur sozialen Verteidigung emporläutert und veredelt. – In derartigen Gedankengängen wird der psychologische Anlaß, sich der Norm bewußt zu werden, mit dem Geltungsgrunde vermengt, und die Theorie läuft auf eine kausale Erklärung der Norm aus der psychischen Tatsache der Gewöhnung hinaus. Die Vorstellung der Interessenverletzung, die in solchen Ausführungen obwaltet und allein den Schein der Leichtverständlichkeit bewirkt, enthält jedoch stets ein normatives Element, das entweder in dem „Interesse" oder in der „Verletzung" gefunden wird. Nicht jeder ist taugliches Subjekt eines Interesses; es wird rechtlich nicht als Verletzung der Interessen des Tieres betrachtet, wenn es geschlachtet wird. Demnach fragt es sich, wer darüber entscheidet, ob eine Interessenverletzung vorliegt, der angeblich Verletzte oder eine höhere Instanz. Denkt man sich den Menschen in einer Gemeinschaft und spricht man davon, daß in einem konkreten Falle eine Interessenverletzung gegeben sei, auf welche die Gemeinschaft reagiere, so ist dem verletzten Einzelnen das Urteil abgenommen. Die Gemeinschaft urteilt aber nicht über das eigene Interesse oder das subjektive des einzelnen, im konkreten Falle Verletzten, sie gibt sich nie als Richterin in eigener Sache, sondern beruft sich auf eine „objektive" Norm. Es wäre auf keine Weise der Welt möglich, daß die Interessen aus sich die Norm herausdestillierten, mit der sie abgewogen und klassifiziert werden könnten. Der vielgenannte Vergleich von dem Baron Münchhausen, der sich selbst am Schopfe aus dem Sumpf zieht, trifft nicht etwa den, der die Norm vom Interesse unabhängig machen will, sondern gerade den, der sie aus dem Interesse ableitet, das er der Norm unterwirft. Wenn das Interesse der Gemeinschaft oder der Gesamtheit lediglich als solches, als das Stärkere, den Ausschlag gäbe, dann wäre die zur Entscheidung vorliegende Interessenkollision gleichfalls eine solche der Gesamtheit; diese würde darüber als Partei entscheiden, und ihr Recht wäre in Wahrheit nur Macht, sie würfe sich bei einer Interessenverletzung des einzelnen als Beteiligte auf und setzte ihr

Interesse durch. Darin läge eine konsequente Betrachtung. Werden aber nur die Interessen dieser Gesamtheit oder solche, die von ihr geschützt werden, für würdig erachtet, als Interesse bezeichnet zu werden, sind die Interessen der Gesamtheit wichtiger als die der Einzelnen, stehn sie selbstverständlich höher als diese und ist es ein Unglück, wenn sie von den Einzelinteressen überwuchert werden, so ist der Grund der Überlegenheit der Gesamtinteressen nicht aus dem bloßen Interesse zu deduzieren. Auch hier wird strenggenommen das Interesse zum berechtigten Interesse, von der nackten Tatsache ist nicht mehr die Rede.

Die Theorie, die das Recht als Tatsache erklärt, sieht sich immer wieder auf den Punkt versetzt, wo sie zwischen einer Macht, die fähig ist, Recht zu werden, und einer dazu unfähigen unterscheiden muß, zwischen einem aufgeklärten und einem dummen, zwischen entwicklungsfähigem und nicht entwicklungsfähigem Egoismus. „Fähig" heißt hier aber nur „wert", auch die Gegenüberstellung von Einzel- und Gesamtinteresse enthält nur Bewertungen, die es ermöglichen, die Macht zum Recht zu „erheben". Die Definition des Rechts beginnt da, wo die Macht gleichgültig wird; es kann kein Gegenargument daraus abgeleitet werden, daß man sich weigert, die Konsequenzen bis zu dem Punkte zu ziehn, wo die Unvereinbarkeit frappant wird. In jeder Verneinung der Berechtigung des Rechts, wie sie in der Definition als Macht enthalten ist, versteckt sich das Unterfangen, dafür die Berechtigung der Macht darzutun; die Definition erniedrigt nicht das Recht, sondern erhebt die Macht, sie war nur möglich, weil vorher die Macht schon als Recht gedacht war. Die Perplexität des Bestrebens, in einen durch Normen bestimmten Kreis, wie ihn das Recht bedeutet, empirische Tatsachen, wie sie unter der Macht verstanden werden, hineinzumengen, findet ihre einleuchtende Umschreibung in der Möglichkeit, wider die Behauptung, das Recht sei immer nur Macht, die gegenteilige, die Macht sei immer nur Recht, aufzustellen, ohne daß an eine Widerlegung zu denken ist.

Wenn es ein Recht geben soll, dann darf es nicht aus der Macht abgeleitet werden, denn die Verschiedenheit von Recht und Macht ist schlechthin nicht zu überbrücken. Niemand wird das Meinen eines einzelnen Menschen als Norm bezeichnen; zum Wesen der Norm gehört es, daß sie unabhängig vom Einzelnen (im philosophischen Sinne) gilt. Für die Norm gibt es keinen Einzelnen, der sie dadurch, daß er sie perzipiert, konstituieren könnte, mag nun die logische oder die rechtliche Richtigkeit in Frage stehn. Kann aber das Meinen des Einzelnen keine Norm begründen, so können es zehn oder hunderttausend Einzelne ebensowenig, weil die Summe sich nicht aus eigener Kraft über die Art des Summierten zu erheben vermag. Es liegt nahe, gerade hier davon zu sprechen, daß es einen Punkt gibt, an dem die Quantität in die Qualität umschlägt. In den Fällen jedoch, in denen man eine derartige Verwandlung annehmen könnte, handelt es sich immer nur darum, daß die Ausdehnung der Quantität als Erscheinungsform, als Symbol oder Indiz einer Qualität aufgefaßt wird und die große und imponierende Masse in ihrem Eindruck auf den

Betrachter auf etwas Außerweltliches, Außermenschliches und Zeitloses verweist. Die psychologische Wirkung großer Räume und zeitlicher Ausdehnungen, die Erhabenheit von Kolossalbauten sind Beispiele solcher Darstellung der Qualität durch die Quantität. Damit ist aber im Wesen nichts geändert, denn das Sinnlose kann nie in einen Sinn, das Wertfremde nie in einen Wert emporwachsen. Ein allmählicher Übergang ist ganz undenkbar; ihn zur Begründung rechtlicher oder ethischer Werte heranzuziehn, hieße die Frage nach der Entstehung einer Realität mit der nach den Symptomen eines Wertes, wofür die Ausdehnung der Quantität häufig gelten kann, verwechseln. Ist die diuturnitas, das longum tempus ein Zeichen dafür, daß etwas Anerkennung als Wert gefunden hat, und liegt eine praesumtio facti für die Begründetheit dieses Wertes darin, so wird die Begründung des Wertes nicht auf eine Untersuchung von Tatsachen zurückgeführt, wenn auf die bequeme Ausflucht einer in unendlichen Zeiträumen sich abspielenden, in ihren einzelnen Etappen nur noch ganz summarisch nachzuweisenden Allmählichkeit des tatsächlichen Geschehens rekurriert wird. Der Tropfstein braucht Jahrhunderte und Jahrtausende, bis er zu einer augenfälligen Gestalt geworden ist, aber die Mineralien, aus denen er sich bildet, müssen immer tatsächlich dagewesen sein, und aus einer reinen Verbindung von Sauerstoff und Wasserstoff würde sich auch in Millionen Jahren kein Tropfstein bilden können.

„Die Ewigkeit ereilt sich nicht auf eigener Leiter." (Däubler, Das Nordlicht II, S. 533.) Aus der Betrachtung der Natur, zu der auch das Zusammenleben der Menschen gehört, soweit es lediglich eine Angelegenheit der konstatierenden und erklärenden Sozialwissenschaften ist, kann sich kein Recht ergeben. Nur die Aufstellung einer Norm begründet den Unterschied von Recht und Unrecht, nicht aber die Natur. Die Sonne scheint über Gerechte und Ungerechte.

Wenn das Recht aus Tatsachen abgeleitet werden kann, so gibt es kein Recht. Die beiden Welten stehn einander gegenüber; daß der Satz, alles Recht sei nur Macht, genau umgekehrt werden kann in die These, alle Macht sei nur Recht, beweist nicht einen Zusammenhang und eine Ableitbarkeit, sondern die Unvereinbarkeit. Erhält nunmehr das Recht seinen eigenen Rhythmus, müssen seine Normen in lückenloser Geschlossenheit unabhängig von jeder Empirie gelten, so kann auch niemals ein empirisches Faktum als solches dem Recht zur Beurteilung unterworfen werden, das heißt es gibt im Recht nur, Tatbestände und Tatbestandsmerkmale, nicht aber Einzelfakta als solche. Selbst das Wort, das in einer positiven gesetzlichen Bestimmung vorkommt, verwandelt den realen Vorgang, der zur rechtlichen Qualifizierung gegeben ist, in einen Tatbestand, wie er vom Recht vorausgesetzt wird; dabei ergibt sich vielleicht, daß ein solcher Tatbestand nicht vorliegt, dann hört aber auch sofort die rechtliche Beurteilung auf und der „Fall" kommt nicht mehr in Betracht. Die „gegebene Sachlage" wird vom Richter in keinem Falle als nur gegebene beurteilt, das logische Verhältnis hat hier seine empirisch-psychologischen Reflexe: der Richter kann keinen Tatbestand aufnehmen ohne daß ihm Gesetze, die Anwendung finden sollen, bereits „vorschweben" oder mehr oder weniger bewußt sind. Jede Darstellung von Vorgängen und Ereignissen, jedes sachliche Referat, das peinlich eine rechtliche Erwägung vermeidet, kann trotzdem erst nach erschöpfender Klarheit über die Möglichkeiten rechtlicher Beurteilungen vollzogen werden. Der Tatbestand bedeutet daher bereits das Ergebnis einer Spezifikation, durch die ein neues Gebilde geschaffen ist, und mit diesem Tatbestand allein hat es der Jurist zu tun. Die vollendete Geschlossenheit der Welt rechtlicher Normen ist damit gesichert.

Um den Widerstreit der Meinungen auf eine prägnante Formulierung zu bringen, so läßt sich sagen, daß der Auffassung des Rechts als eines Mittels zu andern Zwecken die andre gegenübersteht, die im Recht einen Endzweck sieht. Unter dem Zweck ist in beiden Fällen aber etwas Grundverschiedenes zu verstehn, weil ein Endzweck, der prätendiert, dem Begriffe nach und nicht bloß im konkreten Falle Endzweck zu sein, eben etwas wesentlich anderes ist als ein Zweck, der in den endlosen Mechanismus von Zweck und Mittel sich einreiht. Der Gegensatz liegt nicht im Psychologischen, in dem, was die Menschen meinen, da er dann nur bedeuten würde, daß es auf der einen Seite Menschen gibt, die sich des Rechts (das heißt der Vorstellungen der Menschen, die rechtliche genannt werden) als eines Mittels bedienen, auf der andern Seite hingegen aber solche, denen das Recht der Zweck ihrer Macht als Mittel ist. Damit wäre die Angelegenheit zu einer historischen geworden und ihre Entscheidung von dem abhängig gemacht, was die Menschen in einer konkreten Situation für das Wichtigste halten oder als das Maßgeblichste vorschützen. Soll der Zweck aber als Endzweck, als absoluter Zweck, aus diesem Zusammenhang des Tatsächlichen herausgehoben sein, so hört er auf, Zweck konkreter Menschen zu sein, dagegen entsteht eine Reihe von konstruierten Subjekten dieses „Zweckes", die jedoch kein Mittel gebrauchen können, es sei denn, daß sie als wirkende Realitäten gedacht werden. Wer nämlich entgegen der These, das Recht sei nur Mittel der Macht, den Satz aufstellt, die Macht sei nur Mittel des Rechts, erblickt im Recht eine überempirische Macht, die das Empirische ihren Zwecken dienbar macht. Ist nun das Recht der Zweck und die Macht ein Mittel, es zu bewirken, so kann das Recht aus der Macht hervorgehn, wenn der Satz, die Macht sei Mittel des Rechts, die Macht zu einem Stoffe macht, aus dem das Recht geformt wird. Soll dagegen das Recht als absoluter Zweck nichts mit dem Mittel gemein haben, so kann dem Zweck nie ein Mittel entsprechen, und es ist nicht einzusehn, warum jener zur Definition des Rechts herbeigeholt werden soll. Der Zweck gehört daher nicht in die Definition des Rechts.

Der Zweck wird bestimmt als etwas, das erreicht werden soll. Der ganze Antagonismus von Sein und Sollen ist dabei in der Wendung „erreicht werden soll" noch unaufgeklärt enthalten. Es kann nämlich dadurch gesagt sein, daß irgend jemand, ein konkretes Subjekt, etwas erreichen will, was von ihm aus gesehn der Zweck ist, nämlich das, was erreicht werden soll: so ist zum Beispiel im einzelnen Fall und generell die Sättigung der Zweck des Essens; – oder aber es liegt in dem „Sollen" eine Anerkennung, so daß nach dieser Erklärung der

Zweck etwas ist, von dem man verlangen muß, daß es erreicht wird. In dieser Distinktion wird das Ungenügende der Definition des Rechts als eines Wollens, eines Zwecks augenscheinlich. Das Normative, das in den Worten „verwirklicht werden soll" liegt, enthält nämlich nur eine Rückverweisung an das Recht und besagt nichts anderes wie: das Recht ist etwas, das mit Recht verwirklicht werden soll. Die Betonung liegt auf dem Normativen, auf der Berechtigung des Zweckes, es kommt demnach nicht auf den Zweck an, sondern auf die Norm. Eine Aufnahme des Zweckes bedeutet die Hereinbeziehung der Verwirklichung des Rechts in seine Definition, womit ein Moment der Realität und, um die Formulierung der Antithese zu gebrauchen, ein Moment der Macht in die Definition einer reinen, von jeder Tatsache und Erfahrung unabhängigen Norm gelangt. Die Norm kann kein Wollen, keinen Zweck tragen; Träger eines Zweckes kann nur eine Realität sein, die vielleicht ihre Aufgabe in der „Verwirklichung" des Rechtes sieht, aber gerade deswegen vom Rechte, soweit vom Zweck die Rede ist, begrifflich streng zu trennen ist. Die Frage nach dem Zweck ist nicht die Frage nach dem Wesen des Rechts, sondern die nach dem Subjekt des im Recht zu findenden Ethos. Die Norm steht über dem Mechanismus von Mittel und Zweck, aber die empirische Welt kann das Mittel des Rechts in dem Sinne eines Mediums sein, insofern in ihr ein Zustand verwirklicht werden soll, der als rechtmäßig bezeichnet werden muß, und zwar durch eine als rechtmäßig zu bezeichnende Macht. Das Recht jedoch als Zweck oder Wollen definieren, läuft auf nichts anderes hinaus, als dem Gedanken der Sekurität in seiner materiellsten Bedeutung Einlaß gewähren und aus dem Recht zwar nicht ein Mittel, wie es die unverfälschte Machttheorie will, wohl aber einen Zweck zu machen, der zuguterletzt doch methodisch dem Mittel in diesem Sinne homogen ist. Das gilt namentlich dann, wenn die Sekurität ihrerseits wieder die „äußern Bedingungen" zu einem sittlichen Leben der Individuen sein und das Recht, als Inbegriff der äußern Bedingungen, Mittel zu diesem Zwecke werden soll.

In jedem Hinweis auf einen Willen, auf etwas, das verwirklicht werden soll, liegt ein Durchbrechen der Grenze, die das Recht von der Wirklichkeit trennt, eine Inkonsequenz, die verwirrt und verdunkelt. Denn der Wille kann hier nur ein Phänomen bedeuten, das nicht zum Recht, sondern zum Sein gehört. Das Recht, als Wille, der verwirklicht werden soll, heißt nichts anderes als eine Norm, die Zustand werden soll, also aufhört, Norm zu sein, um vom empirischen Wollen der Menschen rezipiert zu werden. Da es für das Recht keine andre Welt gibt als die des Rechts, und die expansive Kraft der rechtlichen Bewertung jeden Gegenstand, der zum Recht in Beziehung gebracht wird, ergreift, um ihn zu einem Gegenstand rechtlicher Beurteilung zu machen, wenn es ihn nicht ignorieren kann, so kann sich das Recht aus sich selbst heraus nicht verwirklichen wollen. Solange es sich um diese Welt des Rechts handelt, gilt in Wahrheit der Satz, den man in laienhafter Verwechslung heute noch für das positive Gesetz aufstellen hört, daß es im Recht keinen rechtlosen Raum gibt. Das Reich des Rechts hat keine faktischen Grenzen, denn die

Tatsächlichkeit hat nur Grund und Folge, nicht aber Werte, nicht ein Oben und ein Unten.

Hier bedarf ein selbstverständlicher, elementarer Gedankengang der Hervorhebung, dessen Bedeutungsfülle für die Erkenntnis des Rechts unbeachtet geblieben ist, wie vieles, das hinter vordringlichen Kuriositäten hat zurückstehn müssen: der Umstand nämlich, daß durch das Recht jeder Schurke insofern in einen Vorteil gesetzt wird, als ihm sein Unrecht erst nachgewiesen werden muß, daß aber dieser Nachweis von Menschen erfolgt, die sich auf das Recht berufen und insofern seine Gegner sind. Nun verlangt jeder „normale“ Mensch, daß nur „normale“ Menschen über ihn zu Gerichte sitzen, und jeder erkennt die Lächerlichkeit der Argumentation eines Verbrechers, der geltend machen wollte, „mit demselben Rechte“ verlange er Verbrecher zu seinen Richtern. Wenn der auf seinem Recht bestehende Mann von „seinesgleichen“ gerichtet werden will, so wird die Gleichheit selbst wieder dem Recht entnommen, und ebenso ergibt sich aus den Bewertungen des Rechts, daraus, daß dieses ein Oben und ein Unten und keine andre Konsequenz wie die des Rechtmäßigen kennt, daß es für den im rechtlichen Sinne Abnormen diese Gleichberechtigung nicht mehr gibt. Der Grund liegt nicht darin, daß nur der normale Mensch sich in die „Psyche des Mitmenschen einzufühlen weiß“, sondern in der innern Struktur dieses Reiches des Rechts, das nur seine eignen Normen anzuerkennen vermag.

Allgemein betrachtet man jedoch das Recht als etwas, das sich auf das äußere Zusammenleben der Menschen bezieht. Es wird ihm sogar für gewöhnlich als Unterscheidungsmerkmal gegenüber der Ethik eine Tendenz zur Erzwingbarkeit, also zur Einwirkung auf die Welt der Erscheinungen und Realitäten beigelegt. Solche Erklärungen des Rechts enthalten aber eine widerspruchsvolle Determination. Ein Normenkomplex, zu dessen Wesen es gehört, „Tendenz zur Erzwingbarkeit“ zu haben, wäre eine Paarung heterogener Dinge, da die Norm unabhängig von der Wirklichkeit, somit auch von der Verwirklichung und der Erzwingbarkeit ihre Geltung und ihren Wert behält. Daß sich die Norm nur auf ein „äußeres“ Verhalten der Menschen bezieht, auf eine Sichtbarkeit gerichtet ist, hat mit der Erzwingbarkeit nichts zu schaffen. Was die Norm zu ihrem Tatbestand macht, daß sie etwa interne, rein psychische Vorgänge, sofern sie nicht mit einem „objektivierten“, äußern Vorgang zusammengefaßt werden, ignoriert, ist als das, worauf die Norm Anwendung findet, mit dem, worauf eine reale Einwirkung stattfinden soll, nicht zu verwechseln. Die Norm kann nicht Subjekt einer Einwirkung, oder Verwirklichung und somit nicht Subjekt eines Wollens, nicht Träger eines Zweckes sein; das Recht ist nicht Wille, sondern Norm, nicht ein Befehl, sondern Gebot, demgegenüber der einzelne Mensch als Gegenstand der Welt der Wirklichkeit später kommt. Wenn nun trotzdem das Recht eine besondere Beziehung zur Wirklichkeit, zur „Welt“ hat und – um das vorwegzunehmen – dadurch seine unableitbare Selbständigkeit gegenüber der Ethik erhält, so bedarf es einer besondern Erörterung, worin die Besonderheit der Beziehung besteht. Das Recht ist abstrakter

Gedanke, der nicht aus Tatsachen abgeleitet und nicht auf Tatsachen einwirken kann, Subjekt des auf die „Verwirklichung“ des Rechts gerichteten Wollens kann nur eine Realität sein. Das Problem besteht darin, die beiden Reiche miteinander zu verbinden, den Punkt zu ermitteln, von dem aus – unter Wahrung des Primates des Rechts vor der Macht – auf das Sein eine Einwirkung im Sinne rechtlicher Normen bewerkstelligt wird.

Die Sichtbarkeit der Kirche

Eine scholastische Erwägung

Summa, Eine Vierteljahresschrift, Zweites Viertel (1917), S. 71–80.

Zwei Sätze bilden die Grundlage alles dessen, was man über die Sichtbarkeit der Kirche zu sagen vermag: der Mensch ist nicht allein in der Welt und: die Welt ist gut und was es in ihr an Bösem gibt, ist die Folge der Sünde der Menschen. Beide Sätze erhalten ihre religiöse Bedeutung dadurch, daß Gott Mensch geworden ist. Man soll sie – wenn überhaupt – erörtern, nicht, als sollten Heiden oder Transzendentalbramarbasse überzeugt werden, sondern als spräche man mit einem Christen. Denn es kommt hier auf die Wahrheit an, nicht auf die Unwiderleglichkeit.

Die Historiker der urchristlichen Zeit, die gefunden haben, daß den ersten Christen und sogar Christus selbst die weltlichen Dinge deshalb gleichgültig gewesen seien, weil sie in eschatologischer Ergriffenheit das Weltende für jeden nächsten Tag erwarteten, sprechen von einer bekannten psycho-pathologischen Erfahrung, die sie auf die ersten Christen und sogar auf Christus selbst anwenden wollen. Ob sie mit ihrer Psychologie recht haben, interessiert keinen religiösen Menschen, dem es vielmehr darauf ankommt, ob man recht daran tut, den Dingen dieser Welt ihren Lauf zu lassen, weil die Welt morgen oder in Millionen Jahren untergeht. Wie elend es in religiöser Hinsicht um jene Psychologie steht, kann jeder, der die Sicherheit seines eignen Todes mit lebendigem Schrecken empfindet, sofort sehn. Für den gläubigen Menschen ist das Weltende morgen oder in kurzer Zeit bestimmt da; der psychologische Effekt der Sorglosigkeit und Gleichgültigkeit läßt sich auch dadurch erreichen, daß ich, statt an historische Untersuchungen oder an meine Karriere, an meinen Tod denke, der doch in absehbarer Entfernung oder vielmehr in unabsehbarer Nähe vor mir steht. Daß trotz der Erwartung gläubiger Christen die Welt heute noch nicht untergegangen ist, widerlegt die Religion dieser Christen nicht; es sind ja auch umgekehrt Millionen von Menschen gestorben, die erwarteten, sie selbst würden noch hundert Jahre leben. Warum interessieren sich die Christen überhaupt für das Weltende, während es sich für einen autonomen Spiritualisten heutigen Tages doch von selbst versteht, daß er mit sich allein zu tun habe und jeder Mensch sein eigner Richter (und infolgedessen auch sein eigner Henker) sei?

Wenn der Mensch vor Gott hintritt, so versinkt die ganze Welt mit allen ihren Menschen in nichts. Vor Gott kann niemand Arm in Arm mit seinem Freund oder seiner Freundin erscheinen, im Reiche Gottes trifft man keine Bekannten, es wird nicht gefreit und kein Vertrag geschlossen. Man kann auch über das Reich Gottes keine Bücher schreiben und alle noch so ergreifenden Worte, die je darüber gefunden wurden, rühren von einem Menschen her, der im Augenblick, da er sie fand oder sprach, nicht im Reiche Gottes war. Das Letzte hat noch niemand ausgesprochen, auch kein Genie, und auch das Wort Gottes vermag nur zu sagen, daß kein Ohr es gehört hat. Denn wer spricht, ist nicht mehr allein auf der Welt.

Es wäre aber ein falscher Gegensatz, zu sagen, daß der Mensch infolgedessen in seinem Verhältnis zu Gott allein in der Welt sei; das wäre statt der Alternative eine Kumulation der beiden Glieder der Alternative. Der Mensch ist entweder allein oder in der Welt, denn so lange er in Wahrheit allein ist, ist er nicht in der Welt, also gar nicht mehr Mensch, und so lange er Mensch und in dieser Welt ist, ist er nicht allein. Nur Gott ist allein. Die Empfindung unbeschreiblicher, unüberbrückbarer Einsamkeit, die kein wertvoller Mensch jemals verliert, die Gewißheit, in den wichtigsten Dingen nie auf die Hilfe eines andern Menschen rechnen zu können, die Erkenntnis, daß kein Mensch einen andern trösten kann und aller aus der Zustimmung andrer Menschen oder irgend einer Berührung mit ihnen geschöpfte Trost nur eine irdische Stärkung und eine gefährliche Illusion ist, alle diese wahren Dinge beweisen nicht, daß der Mensch in Wahrheit allein in der Welt ist; sie beweisen, daß die Welt in Sünde ist und sind die Zeichen der Sehnsucht nach Gott, der einsam ist. Es wäre ein Sophisma, das entweder gröbsten Materialismus verriete oder den Menschen vermessentlich von Gott nicht mehr unterschiede, wollte man aus der Einsamkeit Gottes folgern, der Mensch sei in größter physischer und psychischer Einsamkeit Gott am nächsten – als ob der mächtige Tamerlan dem allmächtigen Gott besonders ähnlich gewesen wäre – und seine Beziehungen zu Gott gingen ihn als Einzelnen allein an, es sei richtiger, „mein Vater“ zu beten als das Vaterunser. Gott ist einsam und doch überall, er ist auch in der Welt. Zu Gott fliehn, heißt nicht, aus der Welt fliehn oder gar die Welt in reinem Spiritualismus als religiös inkommensurabeln Gegenstand sich selbst überlassen und ihre Gesetzmäßigkeiteit aus ihr selbst zu gewinnen (dann wäre allerdings das Beste in der Welt ein Befehl) statt sie aus dem Munde Gottes hervorgehn zu lassen. Die Sekunden, in denen die Sehnsucht des Menschen nach Einsamkeit in Gott sich schon in diesem Leben erfüllt, sind wenigen Auserwählten als Lohn und Trost für ein langes, werktätiges Bemühn gewährt. Aber niemand darf aus einem subjektiven Erlebnis das Kriterium eines richtigen christlichen Lebens machen. Es ist bei allen wesentlichen Dingen so, daß man sich um sie bemühn muß, daß der Erfolg aber nie als Effekt der Bemühungen, sondern immer nur als Gnade Gottes eintritt. Der Weg zu einem religiösen Erlebnis ist nicht aus dem Erlebnis, als psychischem Vorgang, zu entnehmen. Ein pädagogisch-politisches System, dem es gelänge, das Verhalten der Menschen so einzurichten, daß dieses Erlebnis am sichersten einträte (und die Selbsttäuschung irgend einer privaten Sensation am sichersten ferngehalten bliebe), würde wahrscheinlich kein Wort darüber verlieren und sich so eine Esoterik schaffen, die ewig vor jeder Entweihung sicher wäre. Denn wenn in Gott die wahre Einsamkeit ist, so muß deshalb der Weg des Menschen zu Gott nicht die Verneinung der Gemeinschaft mit andern Menschen sein, so wenig wie jemals ein Selbstmord im christlichen Sinne ein

Akt der Abtötung sein kann. Ob jemand ein wahrer Christ genannt werden darf, beurteilt sich nicht nach der Intensität der Ungeduld, mit der er sich Gott erzwingen will, sondern nach dem Weg, den er einschlägt. Der Weg wird bestimmt durch die Gesetzmäßigkeit Gottes, das ist das *παν ῥημα*, das Christus dem Versucher entgegenhielt, als er aufgefordert wurde, aus Steinen Brot zu machen. Es bedeutet die Ablehnung der Unmittelbarkeit, die den Vermittler Christus und sein Mittel, die Kirche, überspringen möchte, um den Hunger nach Gott zu stillen.

Jede dieser Welt angehörende Gesetzmäßigkeit vernichtet jede Einzigkeit. Der Satz, daß vor dem Gesetz alle Menschen gleich sind, hat die Richtigkeit eines analytischen Urteils, so daß, umgekehrt, ein Gesetz definiert werden kann als das, wovor eine Gleichheit besteht. Ein Naturgesetz so wenig wie sein Urbild, das zwischen Menschen bestehende rechtliche Gesetz, kennt ein Ansehn oder einen Unterschied der Person. Die erste, primitivste Andeutung eines Vertrages machte aus den individuellen Personen, die ihn eingingen, Vertragsparteien, Kontrahenten, die sich nicht mehr darauf berufen konnten, sie seien nunmehr andern Sinnes, sie hätten „in Wahrheit“ etwas andres gewollt, es sei eine Vergewaltigung ihres „innersten Wesens“, sie zur Vertragserfüllung zu zwingen oder dergleichen. Daß der Mensch nicht allein in der Welt ist, hat zur Folge, daß es auf seine Einzigkeit nicht mehr ankommt, und wenn die Gesetzmäßigkeit der menschlichen Beziehungen sich nach ihrer immanenten bloß irdischen Konsequenz ausgestaltet, so wird es auch in der historischen Wirklichkeit keinen Respekt vor irgend einem Einzelnen mehr geben, und alle Institutionen, die ausgerechnet wurden, um ihm zu garantieren, daß er seine Persönlichkeit in seinem Kämmerlein oder seiner Etage oder im Rahmen der Gesetze oder sonstwo ausleben dürfe, werden ihn nicht davor schützen, daß er eines Tages aus seinem Kämmerlein herausgeholt wird und versteht, was es heißt, in einer gottverlassenen Welt nicht allein zu sein.

Vor Gott ist der Mensch nichts, aber in der Welt ist er erst recht vernichtet. Kein noch so weiser und wohlwollender Gesetzgeber vermag ihn vor der Konsequenz der irdischen Gesetzmäßigkeit zu retten. Aber Gott rettet ihn in dieser Welt durch eine fabelhafte Umwälzung, indem er alle Gesetzmäßigkeit auf sich gründet, aus seinem Munde hervorgehn läßt. Wenn der Christ der Obrigkeit gehorcht, weil sie – Grund und Grenze – von Gott ist, so gehorcht er Gott und nicht der Obrigkeit. Das ist die einzige Revolution der Weltgeschichte, die das Prädikat einer großen verdient: das Christentum hat der weltlichen Obrigkeit durch seine Anerkennung eine neue Grundlage unterschoben. Der ungeheure Vorbehalt, der jene Anerkennung nicht zu einer heuchlerischen, wohl aber zu einer bedingten macht, wirkt auf die Historiker wie eine „eigentümliche Mischung von Radikalismus und Konservatismus“ (Troeltsch). Die Mischung ist allerdings für das Schema einer Parteienpolitik, die Besitz, Einkommen oder gar die Bildung als konstitutive Elemente betrachtet, geradezu absurd. Aber ihre Widerspruchsfülle, die viele Gegenbilder hat (zum Beispiel die Mischung von Stolz und Demut in der Devotionsformel „von Gottes Gnaden“) ist nur eine Äußerung des fundamentalen Dualismus, der seit der Einführung des Christentums die Welt beherrscht.

Was mit Recht als menschliche Persönlichkeit bezeichnet und empfunden werden kann, besteht nur in dem Reich der Mittelbarkeit zwischen Gott und der irdischen Welt. Der ganz in Gott aufgegangene Mensch ist so wenig mehr einzelne Person wie der ganz im Irdischen untergegangene. Die Einzigkeit beruht nur darin, daß Gott ihn in der Welt hält, er ist einzig in der Welt, demnach in der Gemeinschaft. Sein Verhältnis ad se ipsum ist nicht möglich ohne ein Verhältnis ad alterum. Denn in der Welt sein, heißt mit andern sein, alle Sichtbarkeit liegt für seine geistige Betrachtung darin, daß sich eine Gemeinschaft konstituiert. Erhalten deren Glieder ihre Würde unmittelbar von Gott und können sie deshalb von der Gemeinschaft nicht vernichtet werden, aber doch nur durch die Gemeinschaft zu Gott zurückgelangen, so entsteht eine sichtbare Kirche. Der Mensch ist nicht allein in der Welt, Gott steht ihm bei, darum kann die Welt ihn nicht vernichten, aber er ist auch im ursprünglichen Sinne nicht allein in der Welt, das heißt, er bleibt in der Gemeinschaft andrer Menschen, darum bleibt er auch in seinem Verhältnis zu Gott in der Gemeinschaft und der durch sie bedingten Mittelbarkeit. Die Sichtbarkeit der Kirche beruht auf etwas Unsichtbarem, der Begriff der sichtbaren Kirche ist selbst etwas Unsichtbares. Wie alle Realität, wenn sie auf Gott gegründet wird, ihre Realität verliert, da Gott zur einzigen, wahren Realität wird, so wird die wahre Sichtbarkeit der Kirche unsichtbar, und es gibt keine unsichtbare Kirche, die nicht sichtbar und keine sichtbare, die nicht unsichtbar wäre. So kann sie in dieser Welt sein, ohne von dieser Welt zu sein.

Eine Veranstaltung zur Geltendmachung des Unsichtbaren im Sichtbaren muß im Unsichtbaren wurzeln und im Sichtbaren erscheinen, der Mittler steigt hernieder, weil die Vermittlung nur von oben nach unten, nicht von unten nach oben erfolgen kann, die Erlösung liegt darin, daß Gott Mensch (nicht daß der Mensch Gott) wird. Das immer wiederkehrende Gleichnis: wie Christus einen wirklichen Leib hatte, so muß auch die Kirche einen Leib haben, enthält in der Tat ein Argument von höchster Dignität, weil es auf eine Identität in der logischen Struktur beider Vorgänge verweist und darin, daß es selbst das Ergebnis äußerster Reflexion in einem konkreten Bild wiedergibt, die großartige Struktur derselben „Vermittlung“ enthält, die das Wesen der Kirche ausmacht. Man kann nicht glauben, daß Gott Mensch geworden ist, ohne zu glauben, daß es, solange die Welt bestehn wird, auch eine sichtbare Kirche gebe. Jede spiritualistische Sekte, die den Begriff der Kirche aus der sichtbaren Gemeinschaft der rechtgläubigen Christen in den eines corpus mere mysticum verflüchtigte, hat im Grunde an der Menschheit des Gottessohnes gezweifelt. Sie hat die historische Wirklichkeit der Menschwerdung Christi in einen mystisch-unwirklichen Vorgang verfälscht. Damit ist allerdings einem Postulat der Unmittelbarkeit (daß Christus jederzeit und überall – nicht bloß im Jahre 1 und in Betlehem in Palästina – für den einzelnen Menschen geboren werde) Genüge getan. Aber das ist nicht mehr die leibliche, sichtbare Menschwerdung, an welcher der innerlichste aller Christen, Kierkegaard, mit solcher Heftigkeit festgehalten hat. Kein Zeitalter, kein Volk, kein einzelner Mensch darf sich vermessen, zu verlangen, daß Christus seinetwegen noch einmal in realitate geboren werde. Die Vermessenheit eines solchen Verlangens empfindet jeder; die Berechtigung der Empfindung liegt darin, daß niemand die Vermittlung ignorieren darf, die den konkreten historischen Vorgang der Menschwerdung Christi mit der konkreten Gegenwart verbindet, die sichtbare Einrichtung, die den ununterbrochnen Zusammenhang tradiert.

Obwohl aber Gott Mensch wurde und Menschen sein Wort in menschlicher Sprache vernahmen, hat der Dualismus, der durch die Sünde der Menschen in die Welt kam, auch das Wort berührt und aus dem göttlichen Leib des göttlichen Gedankens ein Mittel irdischer Zwecke gemacht, wie er auch das Recht zu einem Mittel materieller Macht verunstaltet, die Gleichheit von gut und nützlich in einen Gegensatz verkehrt und die irreführende Antithese von Autonomie und Heteronomie verschuldet hat. Diese entsetzliche Verwirrung, dieser Verlust der Eindeutigkeit des Lebens, des Gedankens und der Sprache, ist das wirksamste Mittel der Sünde, mit ihrer ganzen Unmöglichkeit einer Verständigung, ihrer Verpanzerung der Bosheit in die Nützlichkeit und die Unwiderleglichkeit ihres Interessenstandpunkts. Durch den schrecklichen Widerspruch von Recht und Macht hat sie es erreicht, daß die Sichtbarkeit der Kirche etwas im materiellen Sinne Unsichtbares sein kann und eine Unterscheidung von wahrer Sichtbarkeit und nur faktischer Konkretheit notwendig wird. Da die Sichtbarkeit der Kirche sich aus ihrem Wesen, das Vermittlung ist, ergibt, die Vermittlung aber eine Aufgabe bleibt, die von Sekunde zu Sekunde neu erfüllt werden muß, so ist es möglich, daß irgend eine historische Realität, die politisch als Kirche agiert, also die im landläufigen Sinne „offizielle" Kirche, trotzdem mit der sichtbaren Kirche nicht übereinstimmt. Doch enthält die landläufige Wendung selbst schon wieder eine Verfälschung. Die sichtbare Kirche ist immer die offizielle, das heißt, ihr ist die Umformung der geistlichen Gaben und Funktionen in Ämter, die Trennung des Amts von der zufälligen Person, die das Amt wahrnimmt, wesentlich. Soll jedoch durch das Offizielle der Unterschied von wesentlich und akzidentiell beseitigt werden und durch eine im weltlich-politischen Sinne offizielle Erklärung das Unwesentliche zum Wesentlichen oder gar das Falsche zum Wahren werden können, so ist die offizielle Kirche von der sichtbaren zu unterscheiden. Die einzelnen Personen und Maßnahmen, die im einzelnen Augenblick die Kirche zu vertreten die Macht haben, sind nicht identisch mit der sichtbaren Kirche. Sonst wäre ja wieder die Macht, das bloß Faktische, zum Recht geworden und die sündhafte Behauptung aufgestellt, mit der Kirche seien die Sünde und alle ihre Folgen aus der Welt verschwunden. Was bei Christus nicht zulässig war, das Menschliche in einen Konflikt mit dem Göttlichen und die konkret-faktische Realität in Gegensatz zur Idee zu bringen, ist möglich auf der folgenden Stufe der Vermittlung, in der Kirche, die bereits der Einwirkung des zu beeinflussenden Mittels ausgesetzt ist.

Auf dem Unterschied von sichtbarer und konkreter Kirche, der bestehn wird, solange es eine Sünde in der Welt gibt und die Menschen Sünder sind, bis zum jüngsten Tage, beruht die religiöse Möglichkeit des Protestantismus. Doch erstreckt sich die Rechtfertigung, die in einer solchen Möglichkeit liegt, nicht auf die Spaltung der Kirche. Die sichtbare Kirche enthält selbst den Protest gegen die sündhaft konkrete und bloß historisch-faktische in sich und fordert keine eigne neue Kirche für den Protest. Die Sichtbarkeit der Kirche kann überhaupt nicht durch eine sichtbare Kirche negiert werden, da jede Kirche ihrem Begriff nach sichtbar ist; nur gegen das Konkret-Akzidentielle richtet sich die Negation, und jeder ist so groß wie das, was er negiert. Die Einwendungen, die man der menschlich-konkreten Kirche zu machen hatte, wurden der göttlich sichtbaren zugerechnet; aus einer mißverstandnen Sichtbarkeit wurde der Schluß gezogen, die Sichtbarkeit mache eine vernünftige Reform unmöglich und sei wie alles Weltliche auf den Teufel zurückzuführen. Die Sichtbarkeit der Kirche ist jedoch so wenig vom Teufel erfunden, wie die Welt eine Schöpfung des Teufels ist; sie bleibt allerdings immer eine Aufgabe, durch deren Erfüllung die konkrete Kirche sich erst zur sichtbaren Kirche macht, die aber unvollkommen erfüllt sein kann. Deshalb ist nie der Kritik des Einzelnen die Grundlage entzogen. Sobald der, wenn auch durch viele Glieder vermittelte Kontakt mit Gott da ist, läßt sich die revolutionäre Kraft des Gottesglaubens nicht mehr wegschaffen; auch in der Kirche besteht der Satz, daß man Gott mehr gehorchen muß als den Menschen, und der Vorbehalt, der damit in die Macht jedes Einzelnen gelegt wird, ist so unaustilgbar und sublim, daß er sogar der unfehlbaren Instanz gegenüber Geltung behält. Immer bleibt ja der Einwand, der von Jesuiten historisch in der Form erhoben wurde, daß sie sagten, der Papst sei zwar unfehlbar, ob aber der einzelne Papst auch wirklich rechtmäßiger Papst sei, könne er nicht selbst unter Berufung auf seine Unfehlbarkeit entscheiden. Es kann ja auch von mehreren Gegenpäpsten nur einer rechtmäßiger Papst sein. Damit ist, zu Ende gedacht, sogar die Möglichkeit eröffnet, daß in den Zeiten äußerster Verwirrung, wenn Gott es zuläßt, der Antichrist Papst werde, nicht rechtmäßiger Papst und daher nicht Statthalter Christi auf Erden, aber mit dem faktischen Ansehn eines „rechtmäßigen Papstes" bekleidet. Die Inkongruenz von konkreter und sichtbarer Kirche wäre dann zu einem offnen Widerspruch geworden, die schrecklichste Strafe für die Bosheit der Menschen, schrecklicher als die Kirchenspaltung, die doch für beide Teile eine schwere Strafe ist. Auch dann würden aber die wenigen Getreuen trotz aller Verdunklung die sichtbare Kirche bleiben, sie hielten die ununterbrochne Kette der Nachfolge im Priester-, Lehr- und Hirtenamt in sichtbarer, das heißt juridischer Kontinuität. Auch sie dürften die Welt nicht verfluchen und ihrer Bosheit überlassen. Das Weltende, das sie erwarteten und dessen Erwartung sie aufrecht hielte, würde in keinem Nirwana, sondern in einer neuen, verklärten, aber derselben Welt enden. Der in der Sünde untergegangne Mensch würde freilich die sichtbare Kirche nicht sehn, er würde nichts merken und sich in seinem Betrieb keineswegs beirren lassen. Aber er hat ja nie etwas gemerkt, er konnte auch in der größten irdischen Nacht der Kirche nicht sehn, woran die sichtbare Kirche auch in weltlichem Glanz zu erkennen ist: sie bleibt, wie jedes ihrer Mitglieder, immer peregrina in saeculo et pertinens ad civitatem Dei.

Wer die Sünde der Menschen noch so tief erkennt, wird durch die Menschwerdung Gottes wieder zu dem Glauben gezwungen, daß der Mensch und die Welt „von Natur gut" sind. Denn Gott will nichts Böses. Wer einen Blick für Identitäten hat, sieht, daß die Lehre vom Paradiese, von dem im Urzustand, „von Natur", guten Menschen, in die Naturphilosophie übertragen, die Lehre von der Priorität des Lebens vor dem Tode ist. Die organische Natur hat sich nicht aus der anorganischen, das Leben sich nicht aus dem Tode entwickelt; das Leben ist nicht ein Pilz auf dem Tode, sondern der Tod ein Abfall vom Leben, Gott nicht ein Produkt der Auslese aus Teufeln, sondern der Teufel das elende Ergebnis des Abfalls von Gott, wie alles Böse ein Abfall vom Guten. Darum ist für die christliche Auffassung die Gesetzmäßigkeit der sichtbaren Welt ebenfalls von Natur gut; die rechtliche Regelung menschlicher Beziehungen war vor der Bosheit und der Sünde da und ist nicht ihre Folge. Von der wichtigsten menschlichen Beziehung, die zum Sakrament und zur Rechtsinstitution erhoben wurde, von der Ehe, hält Augustinus es für nötig zu betonen, daß Gott sie ante peccatum hominis ab initio eingesetzt habe, (de civitate Dei, XIV, 22), wie ja auch das Weib aus dem Manne ante peccatum geschaffen wurde (eod. XIII, 14). Die Ehe aber ist die Grundlage eines Gleichnisses geworden, dessen Tiefsinn eine Weihe aller seiner Glieder bedeutet: daß das Weib sich zum Manne verhalte wie der Mann zu seiner Kirche und wie die Kirche zu dem Mittler Christus. Eine ganze Hierarchie der Mittelbarkeit eröffnet sich daraus, und ihr Grund ist mit dem Wort Gottes selbst gegeben. Auch die Konsolidierung dieser Relationen zu Rechtsbeziehungen, der Übergang in den festern Aggregatzustand, den das Religiöse im Kirchlichen erfährt, wie die Liebe in der Ehe, die Einengung des Pneumatischen ins Juridische, folgt dem Rhythmus der Entstehung des Sichtbaren aus dem unsichtbaren Gott. Es behält aber immer seine Einheit, weil auch Gott nur Einer ist.

Im Wort gewinnt der Gedanke seine Sichtbarkeit, wie ein Lufthauch erst dadurch zum Ton wird, daß man ihn durch die Enge eines Rohres treibt. Trotz der Einschränkung, der Formulierung, der Auslieferung an eine andre Gesetzmäßigkeit, wie sie im Wort und in der Sprache liegt, war das Wort Gott. Nur das Wort konnte Fleisch werden, denn die Wortwerdung ist schon Sichtbarwerdung und die Menschwerdung ein weiterer Schritt dieser Inkarnation. Wie ein Mensch, der spricht, sich einer fremden Gewalt überläßt, deren Gesetze er nicht aufheben darf, so ging erst die Gottheit in die Menschheit und dann die große Mittelsinstitution, die Kirche, in eine Körperschaft ein. Wäre das böse, so hätte es kein Wort Gottes geben dürfen. Die Einheit Gottes nimmt in der Geschichtlichkeit einer Vermittlung durch sterbliche Menschen die Form einer Rechtsnachfolge an, nur so kann sie sich in der Zeitlichkeit sichtbar machen. Ein Gott, Eine Kirche. Heute bringen Monotheisten es fertig, zu sagen, sie könnten das Wort so hoch unmöglich schätzen und sind so anspruchsvoll, zu meinen, ihrem unabhängigen Gottesgefühl dürfe die Fessel der Kirchlichkeit nicht zugemutet werden. Das ist, als ginge ein Mann ins Bordell, weil das Übermaß seiner monogamen Treue die Fesseln einer monogamen Beziehung nicht ertrage. Und Christen bringen es fertig, ihr Christentum so unsichtbar zu machen, daß in der Welt nur noch Heidentum und Götzendienst zu sehn ist.

Weil Gott in Wirklichkeit sichtbarer Mensch geworden ist, darf kein sichtbarer Mensch die sichtbare Welt ihr selbst überlassen. Sonst hätte er in dem Mittelpunkt, der den sichtbaren Menschen bedeutet, den Faden zwischen Gott und der Welt zerschnitten. Er hätte jetzt nicht etwa zwei Seelen, sondern keine, dafür aber zwei Rollen: der „reine" Christ dient in äußerster Unsichtbarkeit Gott und, separiert davon, in handgreiflichster Sichtbarkeit dem Mammon und ist stolz, so die spiritualia aus der logisch unsaubern Vermengung mit den temporalibus befreit zu haben. Innerhalb der Welt entwickelt sich, da es ohne Autorität nicht geht, aus der Nachfolge Christi eine Nachahmung Gottes, eine arrogante Karrikatur der göttlichen Ordnung, und nun muß selbst der barmherzige Gott fliehn, der bei dem Sünder und Verbrecher bleibt, sogar bei dem Menschen, der ihn verzweifelnd lästert, nicht aber da, wo man sich untersteht, ihm seine Funktionen anzuweisen und seine Kompetenz und sein Ressort gegenüber der seines Affen abzugrenzen. Der Teufel hat nämlich auch seine Gesetzmäßigkeit, er ist nicht etwa Nichts, sondern etwas, wenn auch etwas Klägliches. Wäre er nichts, so wäre die Welt nicht böse, sondern Nichts. Er ist nicht die Negation Gottes, sondern seine arme, böse Nachäffung, die dadurch gestraft wird, daß sie seine eigne, entsetzliche Gesetzlichkeit der Entwicklung hat. Der Glaube ohne Werke führt zu Werken ohne Glauben; der Mensch, der so rigoros war, daß ihm jede Formulierung der Unendlichkeit Gottes widersprach und unehrlich schien und der vor lauter Ehrlichkeit schwieg, weil ja doch jedes Wort Lüge wäre, wird, wenn er nicht am gleichen Tage Ernst macht mit der Vernichtung seiner eignen konkreten Sichtbarkeit, morgen wieder reden, aber dabei vor lauter Ehrlichkeit lügen, weil die Lüge allein der ehrliche Ausdruck einer verlognen Natur sei; an die Stelle der sichtbaren Kirche tritt eine Kirche des Sichtbaren, eine Religion materieller Handgreiflichkeit; und diese Menschen, die alles Offizielle ablehnten, weil es verlogen wäre, kommen zu etwas, das in sich verlogner ist als alles Offizielle, zur offiziellen Ablehnung des Offiziellen.

Die Buribunken

Ein geschichtphilosophischer Versuch

Summa, Eine Vierteljahresschrift, Viertes Viertel (1918), S. 89–106.

Die Buribunkologie als Wissenschaft. – Es sollte das Bestreben jeder Wissenschaft sein, zunächst einmal durch reale Leistungen ihre Existenzberechtigung zu erweisen und dafür zu sorgen, daß eine wuchtige Tatsächlichkeit von Arbeiten dem subversiven Zweifel an ihrer Möglichkeit als Wissenschaft den Weg verlegt. Wenn der Wert jeder methodologischen Erörterung über den Wissenschaftscharakter einer menschlichen Geistestätigkeit nur darin liegt, daß eine Selbstbesinnung auf die geistigen Mittel und Ziele der Arbeit eintritt, so setzt gerade dieses voraus, daß es zunächst eine Arbeit wirklich geben muß, wie es sich ja von selbst versteht, daß es keine Amerikaforschung gäbe, wenn Amerika nicht entdeckt wäre, und keine Buribunkologie, wenn es keine Buribunkologen gäbe.[1] Eine solche, mit beiden Füßen auf der wohlgegründeten Erde stehende Geschichtlichkeit hat gewiß etwas auf den ersten Blick Überzeugendes, einen Widerspruch nicht zu Befürchtendes. Allein wir wollen uns durch die scheinbare Evidenz nicht davon abhalten lassen, in die versteckteren Schwierigkeiten der Situation zu dringen, um als Lohn unsrer vorsichtigen Skepsis die Einsicht in die letzten Differenziertheiten einzuheimsen. Ist es doch gerade das Wesentliche echter Buribunkologie, nicht nur die Tatsächlichkeiten in ihrer gesamten Deutungsfülle zu begreifen, sondern auch sich selbst in strahlender Klarheit als Gegenstand der Buribunkologie zu erfassen und so, sich selbst in den Gang der Geschichte einreihend, im vollen Bewußtsein der eigenen Eingesenktheit in das Historische, auf die steilste Höhe menschlicher Geistigkeit sich emporzurecken. Jede buribunkologische Publikation gehört ja selbst wieder der Buribunkologie an und ist insofern eine Realität im buribunkologischen Sinne.

Hieraus ist nunmehr ein Argument zu entwickeln, dessen Stringenz sich wohl nur ultramontane Beschränktheit oder altlutherische Halsstarrigkeit zu entziehen vermögen. Wenn es wahr ist, daß es einen Punkt gibt, an dem – um es in Hegels genialer Wendung auszudrücken – die Quantität in die Qualität umschlägt, so hat sich die Erörterung der Frage nach der Buribunkologie als Wissenschaft um den Kardinalpunkt zu drehen, ob die faktisch vorliegende Quantität buribunkologischer Realitäten den Umfang erreicht hat, daß sie vernünftigerweise als Qualität (das heißt hier als Wissenschaft) angesprochen werden muß. Wir müßten demnach als Antwort eine Bibliographie buribunkolo-

[1] Damit ist auch die Existenz der Buribunken selbst, die gelegentlich in kaum ernst zu nehmender Weise von hyperkritischen Doktrinären geleugnet wird, a priori außer Zweifel gesetzt. Denn wie aus der Tatsache einer Amerikaforschung die Existenz Amerikas, so folgt aus der Tatsache der Buribunkologie die Existenz der Buribunken.

gischer Forschungen geben. Doch sind wir wohl befugt, uns mit dem Hinweis darauf zu begnügen, daß bereits über 4000000 buribunkologische Dissertationen (20 Divisionen!) erschienen sind; daß die wöchentlichen Preisausschreiben des Internationalen Buribunkologischen Instituts für Ferker- und verwandte Forschung (Ibiffuff) seit Jahren stets mit mehreren Preisen und lobenden Anerkennungen enden. Der buribunkologische Verlag stellt außerdem einen der blühendsten Zweige unsers hochentwickelten buchhändlerischen Gewerbes dar und – last not least – die Buribunken- und Ferkerforschungsausschußkommission (Buffak) hat ein normales Jahresbudget von mehreren Milliarden. Gerade diese gewaltige Realität ist von imponierender Beweiskraft. Nach den bekannten geistvollen Ausführungen Simmels, des großen Philosophen des Geldes, ist es ja wiederum im eminenten Sinne das Geld, für welches der Satz vom Übergang der Quantität in die Qualität seine bedeutendste Gültigkeit hat. Jene stolze Zahl dürfen wir daher als den Eckstein unsrer Argumentation behandeln; sie erhebt es über jeden wissenschaftlichen Zweifel, daß, wenn überhaupt die Quantität in die Qualität übergehn kann, dieser Punkt in der Buribunkologie voll erreicht ist.

Wir werden freilich auch unsrer eigenen Wissenschaft gegenüber keineswegs den Standpunkt behutsamsten Historismus verlassen und nicht aufhören, die relative Richtigkeit und die relative Falschheit aller menschlichen Erkenntnisse in dem unendlichen Entwicklungsprozeß des Weltgeistes im Auge zu behalten. Doch setzt uns gerade das instand, einen naheliegenden Einwand zu beseitigen, den wir uns nicht verhehlen wollen. Auch der tote, ja lebensfeindliche Formelkram der Scholastik hat einen erheblichen quantitativen Umfang erreicht, er war zweifellos jahrhundertelang eine reale historische Macht. Aber die Scholastik gehört einem Stadium der Entwicklung an, dessen Position längst von dem unaufhaltsam vorwärtsschreitenden Weltgeist negiert ist, sie liegt nämlich nicht etwa 10 oder 20 Jahre, sondern – auch hier geht die Quantität der Zahl in die Qualität des Wertes über – mehrere Hunderte von Jahren hinter uns. Nunmehr kann es uns nicht schwer werden, den Unterschied der heutigen Buribunkologie von der überwundenen Scholastik zu erkennen, er liegt eben im Wesentlichen, im Geist: die Buribunkologie lebt, die Scholastik ist tot; die Buribunken leben, die Scholastiker sind längst begraben.

Die wissenschaftliche Buribunkologie ist ihrem Gegenstand, dem Buribunkentum gegenüber dadurch in einer besonders günstigen Lage, daß ein gleicher Geist beide beseelt und zu einer harmonischen Ehe verbindet. Was wäre denn auch alle Forschung ohne das geheime Weben des Geistes, der die toten Einzelheiten zu einem lebendigen Organismus zusammenschmilzt und dem nachfühlenden Verständnis jedes Erkennen zu einer wahrhaften Er-Innerung macht. Es liegt ein gut Stück echten Buribunkentums in jeder der vierhunderttausend Dissertationen, und es deucht uns nichts Geringes, daß auch für den Gamaschendienst des Geistes der Lohn kein andrer ist als der, den die Geschichte für die Riesenflüge des genialen Organisators bezahlt, der Lohn, der in der Gewißheit ruht, sich selbst der Geschichte einzuverleiben und noch in

Äonen zitiert zu werden. So lebt hier überall der unmittelbarste Geist und ermöglicht uns das Verständnis für das, was der eigentliche Sinn des Lebens ist, nämlich das Leben selbst, das Leben so, wie es historisch da ist oder historisch da war, in seiner konkreten, faktischen Tatsächlichkeit und Positivität. So ist denn auch unser Gegenstand eine überwältigende Realität, nichts aus jener Gegend, in die blöde Toren blinzeln, sondern nur Tatsache und wiederum Tatsache. Daran können wir ja nach den trüben Erfahrungen der scholastischen Jahrhunderte nicht mehr zweifeln: ein großer Aufwand ist schmählich vertan, eine geradezu unsittliche Kraftvergeudung hat die Menschheit aus der grünen Wiese der Diesseitigkeit in die grauen Theorien der Spekulation gelockt. Natürlich war auch dies eine notwendige Stufe der Entwicklung und nicht ohne relativen Wert und Reiz. Wir werden auch hier die Überlegenheit unsrer Objektivität nicht verlieren und nicht in Affekt geraten, nicht uns entrüsten.[2] Darum bedeutet die Metaphysik keine Gefahr mehr für uns. Aber wir sind uns trotzdem unsrer Pflicht gegenüber der Buribunkologie bewußt, und jeder Versuch, die traurigen Spekulationen jener abgetanen Tage wieder heraufzuführen, wird die geschlossene Phalanx der Buribunkologen gegen sich haben, die sich vereinigen unter dem sieghaften Schlachtruf: die Buribunkologie ist mehr als Theologie, Jurisprudenz oder Philosophie, sie ist überhaupt mehr als eine Wissenschaft, sie ist eine Tatsache.

* * *

Die Buribunken. – Begeben wir uns in medias res; packen wir das Problem an seinem brennenden, interessantesten Punkt! Was ist das Kriterium, die differentia specifica, das große Unterscheidungsmerkmal? Ist es ein geistiges oder ein physisches? Liegt es, mit andern Worten, darin, daß jeder Buribunke Tagebuch führt oder darin, daß er ein erweitertes Maul hat?

Gehn wir, unsrer Methode getreu, auch hier von dem aus, was ist, von den Tatsachen. Beides sind Tatsachen, sowohl daß die Buribunken Tagebuch führen, wie daß sie ein erweitertes Maul haben. Aber welches ist die höhere Tatsache? Auf den ersten Blick könnte es den Anschein haben, es drücke sich in der Führung von Tagebüchern eine so enorme Geistigkeit aus, daß wir hier einen höhern buribunkologischen Wert annehmen müssen als in der scheinbar nur physiologischen Tatsache des erweiterten Mauls. Erwägen wir jedoch, daß niedrige Völker, Polynesier, Feuerländer und Ba-Ronga-Neger, sowie andre bildungsunfähige Stämme ein relativ kleines Maul haben, obwohl sie Kanniba-

2 Schmitt leistet sich die geradezu unglaubliche Behauptung, alles, was es an wahrem Respekt vor dem Geistigen auf der Erde noch gebe, sei das Erbe des mittelalterlichen Christentums, von dem wir noch wie Lehrlinge, die die Portokasse unterschlagen haben, ein paar kurze Jahrhunderte in dulci jubilo leben, um dann zu erkennen, wie eine entchristlichte Welt in Wirklichkeit über Kunst und Wissenschaft denke. Ich weise diese freche Behauptung im Namen der gesamten Buribunkologie mit schärfster Entrüstung zurück.

len sind, so wird ein tieferer Zusammenhang des erweiterten Maules mit der höhern Geistigkeit wahrscheinlich, welche Wahrscheinlichkeit ihre ethische Gewißheit erreicht durch die weitere Erwägung, daß, wenn bereits ein kleines Maul ausreicht, jene primitiven Rassen über das Niveau von Affen und Vögeln zu erheben, ein entsprechend größeres Maul – wiederum nach dem Satz vom Übergang der Quantität in die Qualität – dazu führen muß, eine ausschlaggebende Kluft zwischen zwei verschiedenen Arten der Menschen zu öffnen, so daß die diesseits (auf Seiten der großmäuligen Buribunkologen) stehende Art sich zu der jenseits stehenden, ungepflegten Art nicht anders verhält wie diese zu den Affen und Vögeln. Es wäre daher zum mindesten unvorsichtig, das Tagebuch gegenüber dem erweiterten Maul unbesehn als das im geistigern Sinne Tatsächliche hinzustellen, ja es läge eine Verkennung wertvollster ethischer Einsichten darin, wenn man nicht begreifen wollte, daß, wenn auch Geist dazu gehört, Tagebuch zu führen, so doch, da der Geist sich den Körper baut, das erweiterte Maul zu der Annahme eines besonders baukräftigen Geistes führt. Wenn wir uns nun, bei aller Bewußtheit der geistigen Bedeutung des erweiterten Mauls, trotzdem einer Bevorzugung des Tagebuchs zuneigen, so leitet uns dabei eine ausgesprochen historische Würdigung der Entwicklung, deren Etappen sich in der Entfaltung des Tagebuchgedankens eben historisch nachweisen lassen, während die allmähliche Erweiterung des Mauls eine physiologisch-anatomische, kurz eine mehr medizinische Betrachtung verlangte.

Heute, da es uns vergönnt ist, die strahlende Mittagshöhe der Tagebuchidee in ihrer ganzen Köstlichkeit zu genießen, übersehn wir nur zu gern, welche Großtat jener Mensch verrichtete, der, vielleicht ein ahnungsloses Werkzeug des Weltgeistes, mit der ersten, unscheinbaren Notiz das Senfkorn pflanzte, das jetzt als mächtiger Baum die Erde überschattet. Ein gewisses, ich darf sagen, moralisches Verpflichtungsgefühl drängt uns die Frage auf, in welcher historischen Person wir den Vorläufer dieser herrlichen Epoche zu erblicken haben, die Taube, die der Weltgeist seiner letzten und höchsten Periode vorausgesandt hat. In prinzipieller Untersuchung werden wir auf diese zentrale Frage einzugehn haben.

Für die Buribunkologie wäre es ein stolzer Triumph, einen Helden wie Don Juan als ihren Ahnen bezeichnen zu können und sich so, entgegen dem Vorwurf gelehrtenhafter Weltfremdheit, die Paradoxie der Abstammung von diesem lebenstrotzenden und denkbar unwissenschaftlichen Kavalier zu leisten. In der Tat wird über Don Juans Eroberungen ein Register geführt, aber das punctum saliens ist eben, wem das geistige Eigentum an dieser Idee zuzusprechen ist. Don Juan selbst singt in seiner Champagnerarie

> Ah, la mia lista doman mattina
> d'una decina devi aumentar –

ein Gefühl, das den wahren Buribunkologen des öftern durchglüht, wenn er den täglich schwellenden Umfang oder die täglich sich steigernde Zahl seiner Publikationen betrachtend überlegt. Er wird infolgedessen versucht sein, ein solches Siegergefühl mit dem kecken Selbstbewußtsein des leichtfertigen Frauenbezwingers zu vergleichen. Dennoch dürfen wir uns nicht durch eine verführerische Parallele von unserm unbestechlichen Ernst abbringen lassen und auch gegenüber unserm etwaigen Ahnherrn niemals die Distanz verlieren, die gelassene Objektivität und affektlose Wissenschaftlichkeit uns vorschreiben. Hatte denn Don Juan wirklich diese spezifisch buribunkische Attitüde, die ihn dazu vermochte, das Tagebuch nicht zu einem oberflächlichen, renommistischen Spaß zu führen, sondern aus, ich darf wohl sagen, verdammter Pflicht und Schuldigkeit gegenüber der Geschichte? Wir vermögen es nicht zu glauben. Don Juan hatte überhaupt kein Interesse an der Vergangenheit, im Grunde ebensowenig wie an der Zukunft, die ihm wohl kaum über das nächste Rendezvous hinausging, er lebte in der unmittelbaren Gegenwart, und sein Interesse an dem einzelnen erotischen Erlebnis enthält nichts, worin wir einen Anfang der Selbst-Historisierung erblicken könnten. Wir bemerken nichts von jener, den Buribunken auszeichnenden Haltung, die aus dem Bewußtsein entspringt, jede einzelne Sekunde des eigenen Daseins für die Geschichte zu konservieren, sich selbst als Denkmal zu setzen und zu sehn. Er stürzt sich zwar auch auf die einzelne Sekunde, wie der tagebuchführende Buribunke, und darin liegt gewiß eine Ähnlichkeit in der psychischen Gebärde. Anstatt jedoch seine Beute im lichten Tempel auf dem Altar der Geschichte zu weihen, schleppt er sie in die dunstige Höhle brutaler Genußsucht, verschlingt sie wie ein Tier zur Sättigung grober Instinkte.[3] In keinem Augenblick hat er die, ich möchte sagen buribunkische Filmhaltung, er weiß sich nie als Subjekt-Objekt der Geschichte, in dem die sich selbst schreibende Weltseele zur Tat geworden ist. Und das Register, das Leporello ihm führt, nimmt er nur nebenbei mit, als eine amüsante Würze seiner platten Genüsse. Berechtigter Zweifel obwaltet darüber, ob beispielsweise unter den 1003 Vertreterinnen Spaniens auch nur drei ihre Aufnahme in das Register der Existenz des Registers verdanken, will sagen, ob Don Juan auch nur in drei Fällen durch das innerliche Bedürfnis zur Anlegung oder Weiterführung des Registers zu seinem Vorgehn bewogen worden ist, wie etwa heute zahllose Großtaten der Kunst, der Wissenschaft, des täglichen Lebens ihre Entstehung dem Gedanken an das Tagebuch oder die Zeitung – das Tagebuch der Allgemeinheit – verdanken. Das Register war nie causa finalis, es spielte beim Zustandekommen der in Frage stehenden Innervationsakte im Parallelogramm der psychischen Kräfte höchstens die Rolle eines adminikulierenden Akzidentale, eines begleitenden positiven Motors. Damit ist Don Juan für uns erledigt.

[3] Insofern könnte man sagen, Don Juan sei kein Wiederkäuer des Erlebten, wenn man nämlich der buribunkischen Tagebuchführung den Vorwurf machen wollte, sie sei eine Art geistigen Wiederkauens. Doch ist die Haltlosigkeit eines derartigen Vorwurfs leicht darzutun, weil der tagebuchführende Buribunke eben nichts vorher erlebt, sondern das Erlebnis gerade in der Eintragung ins Tagebuch und dessen Publikation besteht. Von Wiederkauen zu reden ist daher geradezu widersinnig, da kein Kauen vorhergegangen ist.

Umso interessanter wird das Verhalten Leporellos. Er nimmt an sinnlichen Genüssen mit, was vom Tische seines Herrn fällt, ein paar Mädchen, ein paar saftige Brocken, im übrigen akkompagniert er seinen Herrn. Das tut ein Buribunke nicht, denn der Buribunke ist unbedingt und absolut sein eigener Herr, er ist er selbst. Jedoch erwacht in Leporello allmählich der Wunsch, in der Weise an dem Erlebnis seines Herrn teilzunehmen, daß er es aufschreibt, Notiz davon nimmt und in diesem Augenblick beginnt die Morgendämmerung des Buribunkentums. Durch einen vorbildlichen Kunstgriff schwingt er sich über seinen Herrn, und wenn er schon nicht Don Juan selbst wird, so wird er eben mehr als das, er wird aus seinem elenden Diener zu seinem Biographen. Er wird Historiker, er schleppt ihn vor die Schranken der Weltgeschichte, das heißt des Weltgerichts, um dort als Advokat oder Ankläger aufzutreten, je nach dem Ergebnis seiner Beobachtungen und Deutungen.

Ist sich Leporello nun aber wirklich dessen bewußt gewesen, daß er mit seinem Register den ersten Schritt zu einer riesenhaften Entwicklung getan hat? Ganz gewiß nicht. Wir wollen den mächtigen Anlauf, der in dem Registerchen des armen Buffo liegt, nicht verkennen, aber als einen bewußten Buribunken können wir ihn unter keinen Umständen ansprechen – wie sollte er auch dazu kommen, er, der arme Sohn jenes schönen aber kulturell so rückständigen Landes, in dem der Terror päpstlicher Inquisition den letzten Rest von Intelligenz zerstampft und zernichtet hat. So war es ihm nicht vergönnt, seine trotz alledem bedeutende geistige Leistung zu fruktifizieren, er hat den Schrein mit Kostbarkeiten in der Hand, aber es fehlt ihm der Schlüssel. Er hat das Wesentliche nicht begriffen und die Zauberformel, die den Weg zu allen Schätzen Aladins öffnet, nicht ausgesprochen. Es fehlte ihm das Bewußtsein der höhern Bewußtheit des Schreibenden, das Bewußtsein, Verfasser eines Stückes Weltgeschichte und damit Beisitzer beim Weltgericht geworden zu sein, ja, das Urteil dieses Weltgerichts in der Hand zu haben, weil er durch seine schriftlichen Dokumente Beweise beibrachte, die hundert mündliche Zeugenaussagen nicht zu widerlegen imstande sind. Hätte Leporello den starken Willen zu dieser Macht gehabt, hätte er den fabelhaften Sprung gewagt, eine autarkisch schreibende Persönlichkeit zu sein, so hätte er zunächst seine eigene Biographie geschrieben, er hätte sich selbst zum Helden gemacht und statt des so viele oberflächliche Gemüter faszinierenden, leichtfertigen Kavaliers hätten wir wahrscheinlich das imponierende Bild eines überlegenen Managers, der die buntfarbige Marionette Don Juan an den Fäden seiner überlegenen Geschäftskenntnis und Intelligenz herumzieht. Aber statt die Feder in die Faust zu nehmen, ballt der arme Teufel die Faust in der Tasche.

Die völlige Unzulänglichkeit der Leporelloschen Registerführung tritt uns bei näherer Betrachtung in unzähligen Mängeln entgegen. Er reiht eine Photographie an die andre, nirgends findet sich ein Versuch, aus dem heterogenen Diskontinuum der aufeinanderfolgenden Verführungen ein homogenes Kontinuum zu gestalten, das geistige Band fehlt, die Darstellung der Entwicklung.

Wir spüren nichts von einem Nachweis gesetzmäßiger Zusammenhänge, von den seelischen, klimatischen, wirtschaftlichen, soziologischen Bedingtheiten der einzelnen Vorgänge, nichts von einer ästhetischen Feststellung der auf- oder absteigenden Kurve in der Geschmacksentwicklung Don Juans. Auch von dem spezifisch historischen Interesse an der Individualität des einzelnen Vorgangs oder der einzelnen Persönlichkeit ist nichts zu merken. Seine Interesselosigkeit ist ganz unbegreiflich, er äußert nicht einmal irgendwelche Bestürzung, wenn er täglich sieht, wie die geniale Sexualität seines Herrn, statt in die rationellen Bahnen zweckbewußter Bevölkerungspolitik geleitet zu werden, in planlosem Dahinsausen verpufft. Noch weniger zeigt sich ein Bestreben nach zuverlässiger Detailforschung, nirgends geht er den tiefern Zusammenhängen der einzelnen Verführung nach, nirgends finden sich sozialwissenschaftlich brauchbare Angaben über Stand, Herkunft, Alter und so weiter der Opfer Don Juans, sowie über ihr Vorleben – höchstens die für eine anspruchsvollere wissenschaftliche Bearbeitung doch wohl allzu summarische Bemerkung, daß sie „jeden Standes, jeder Form und jeden Alters“ gewesen seien. Auch darüber, ob diese Opfer sich etwa später zu einer größern, gemeinschaftlichen Massenaktion und gegenseitiger ökonomischer Unterstützung zusammengefunden haben – was bei der großen Zahl zweifellos das einzig Sachgemäße gewesen wäre – hören wir nichts. Es fehlt natürlich auch jede statistische Gliederung innerhalb der einzelnen Zahlen, die bei einer so hohen Ziffer wie 1003 doch so nahe lag, es fehlt erst recht eine Andeutung darüber, in welcher Weise sich die in so zahlreichen Fällen notwendig gewordene soziale Fürsorge der verlassenen Mädchen angenommen hat. Natürlich auch keine Ahnung des Gedankens, angesichts dieser brutalen Ausbeutung der sozialen Überlegenheit des Mannes gegenüber den wehrlosen Frauen sei die Einführung des allgemeinen Frauenwahlrechts eine Forderung handgreiflichster Gerechtigkeit. Nach den großen Gesetzen der Entwicklungen des Gesamtseelenzustandes, des Subjektivismus der Zeit, des Grades ihrer Reizsamkeit fragen wir vergebens. Mit einem Wort, das Unzulängliche, hier wirds Ereignis. Die Unmenge dringendster wissenschaftlicher Fragen stößt bei Leporello auf taube Ohren – zu seinem eigenen Schaden, denn er muß seine Taubheit vor der Geschichte teuer bezahlen. Weil er, auf die fragenden Stimmen nicht achtend, nicht wenigstens eine einzige der Untersuchungen angestellt hat, zu der sich heute auch der unreifste stud. phil. die Gelegenheit wohl kaum hätte entgehn lassen, deshalb ist er auch nicht zum Bewußtsein seiner eigenen Persönlichkeitsbedeutung gekommen. Die tote Materie ist von der Geistestätigkeit ihres Bearbeiters nicht besiegt worden, und die Theaterzettel an den Plakatsäulen lauten immer noch: Don Juan, der bestrafte Wüstling und nicht: Leporellos Erzählungen.

Lassen wir also den braven Buffo auf sich beruhn und wenden wir uns zu den Vertretern der in logischer Folge aufsteigenden Entwicklung des Buribunkentums. Es versteht sich von selbst, daß es zu allen Zeiten Menschen gegeben hat, die Tagebücher führten und ein Gefühl der Verpflichtung gegenüber der Geschichte hatten. Marc Aurels Aufzeichnungen sind in diesem Zusammenhang genannt worden[4] und selbst auf die Konfessionen des Augustinus[5] ist jemand verfallen, ohne zu ahnen, daß wir in solchen katholisierenden Trivialitäten nur die Phosphoreszenz eines Bündels afrikanisch-europäischer Rassenmischung vor uns haben, das in dekadenter Resignation einen letzten biologischen Notbehelf in krankhafter Anklammerung an einen Gott und in unmännlicher Selbstzerknirschung findet. Weit verständlicher ist es, hier den älteren Plinius[6] zu nennen, aus dessen Leben in der Tat manche Einzelheit (er las, wenn er nicht schrieb und schrieb, wenn er nicht las) eminent buribunkisch anmutet. Ein gar nicht übles Anzeichen des neuen Geistes beobachten wir auch in Richard Wagners Selbstbiographie, wo der Meister erzählt, er habe die Einsamkeit ohne lebhafte Korrespondenz nicht ertragen und von einer Postbestellung auf die andre gewartet. Aber die eigentliche Entwicklung setzt doch erst und hier sofort in weitestem Ausmaß mit dem großen Ferker ein.

Erst Ferker machte das Tagebuch zu einer ethisch-historischen. Möglichkeit; ihm gebührt das Erstgeburtsrecht im Reiche des Buribunkentums. Sei dir selbst Geschichte! Lebe, daß jede deiner Sekunden in deinem Tagebuch eingetragen werden und deinem Biographen in die Hände fallen kann! Das waren, in einem Munde, wie dem Ferkers, große und starke Worte, wie sie die Menschheit bis-

---

4 Ulrich Finnig, die Uranfänge des Buribunkentums, Halle a.d.S., 1912, S. 208 („Ein schwacher Keim echt buribunkischen Geistes weht bereits durch die Blätter dieses edeln Philosophen im Kaisermantel"). Infolge der neuerdings so häufig zu beobachtenden Vorliebe der Herren Autoren für ihren Helden vermag auch F. sich nicht zu der Erkenntnis durchzuringen, daß Marc Aurels Aufzeichnungen gänzlich untergehn in moralisierend autopädagogischen Konstruktionen, welche die Lektüre des Ganzen für den Buribunkologen zu einer harten Geduldsprobe machen.

5 P. Expeditus Schultze, War Augustinus ein moderner Schriftsteller? Köln 1911, S. 385. Meiner Ansicht nach geht Sch. in seiner Nachsicht mit Augustinus viel zu weit. Natürlich wird kein billig denkender Forscher von einem Schriftsteller des 4. Jahrhunderts die Höhe des geistigen Niveaus unserer Zeit verlangen, aber diese Entschuldigungsgründe dürfen doch nicht dazu mißbraucht werden, alle wesentlichen Anforderungen preiszugeben. Wir würden ja sonst dahin kommen, alle Menschen, von denen wir schriftlich fixierte Äußerungen haben, für Buribunken zu erklären, sogar Pythagoras mit seiner so antiburibunkischen Schweigepflicht. – Bis zum Anachronistischen antiquiert ist auch die Bemerkung von H. Reuter, Augustinische Studien, Gotha 1887, S. 4: „Daß Augustin unmittelbar nach den Tagen der Bekehrung diese zum Gegenstand der Reflexion gemacht haben sollte, ist schon aus psychologischen Gründen unwahrscheinlich. Prozesse dieser Art üben wohl tatsächlich eine das weitere innere Leben durchziehende Nachwirkung aus; aber zu einer kritischen Analyse des eigenen Selbstbewußtseins – zu einer diesem Interesse entsprechenden schriftstellerischen Darlegung pflegen die Beteiligten sich nicht aufgefordert zu fühlen. Weder von Paulus, noch von Luther noch von Calvin ist das bekannt." Dieser naiven Psychologie R.'s gegenüber können wir uns eines Lächelns nicht erwehren; der H. Bahrsche Roman „Himmelfahrt" und die umfassende schriftstellerische Darlegung von Bahrs neuerlicher Bekehrung führt sie glatt ad absurdum.

6 Kuno Lifschitz, zur Methodologie der Buribunkologie, Berlin 1909, S. 32.

her nicht vernommen hatte. Ein Weltbund zur Verbreitung seiner Ideen, der mit großem Geschick organisiert war und dem eine intelligente Presse zur Verfügung stand, bahnte diesen Gedanken den Weg bis in die letzten Winkel der entlegensten Dörfer. Es ist kein Dörflein so klein, ein Hammerschmied muß drinnen sein, so hieß es in dem alten Volkslied; heute dürfen wir mit Stolz sagen, daß kein Dörflein so klein ist, daß nicht ein Hauch buribunkischen Geistes darin webe. Der gewaltige Mann[7], der wie ein Generalstabschef über den Tausenden von Hilfskräften thronte, den enormen Betrieb mit sicherer Hand lenkte, bald die Kolonnen der Forscher an eine bedrohte Stelle warf, bald die Eingrabung in schwierige Probleme durch vorarbeitende Dissertationen mit unerhörter Strategie leitete, diese ungeheure Persönlichkeit hatte einen wahrhaft sensationellen Entwicklungsgang hinter sich. Als Sohn kleiner Leute geboren und auf der lateinlosen Realschule seines Heimatstädtchens herangewachsen, wurde er der Reihe nach Dentist, Buchmacher, Redakteur, Tiefbauunternehmer in Tiflis, Sekretär der Zentralstelle internationaler Vereine zur Hebung des Fremdenverkehrs an der Adria, Kinobesitzer in Berlin, Reklamechef in San Franzisko, schließlich Dozent für Reklamewesen und Arrivistik an der Handelshochschule in Alexandria. Dort erfolgte auch die Feuerbestattung und die im größten Stil veranstaltete, von ihm selbst testamentarisch genau geregelte Verwertung seiner Asche zur Herstellung von Druckerschwärze, von der ein kleiner Teil allen Druckereien der Erde übersandt wurde. Durch Flugschriften und Lichtreklamen wurde dann die gesamte zivilisierte Menschheit über diesen Vorgang belehrt und mit nicht zu überbietender Eindringlichkeit ermahnt, sich stets vor Augen zu halten, daß in jedem der Milliarden Buchstaben, die das Auge im Laufe der Jahre treffen, ein Atom der Asche des unsterblichen Mannes enthalten sei. So kann die Spur von seinen Erdentagen nicht in Äonen untergehn; er sicherte sich, auch im Tode noch ein Genie der Tatsächlichkeit, durch eine großartige, ich möchte sagen, antimetaphysisch-positive Gebärde das Fortleben im Andenken der Menschheit, das allerdings noch weit solider gesichert ist durch die Bibliothek von Tagebüchern, die er zum Teil schon zu Lebzeiten veröffentlicht hat, zum Teil nach seinem Tode hat herausgeben

---

[7] Hierüber herrscht eine seltene Einmütigkeit in allen in Betracht kommenden Dokumenten. „Einen fixen Kerl" nennt ihn Maximilian Sperling in seinem Tagebuch (Sperlings Tagebücher, herausgegeben von Alexander Bumkotzki, XII. Bd., Breslau 1909, S. 816). Ein „fabelhafter Bursche", Theo Timm in seinem Brief vom 21.8. an Kurt Stange (Timms Briefe, herausgegeben von Erich Veit, XXI. Bd., Leipzig 1919, S. 498). „Ich finde ihn glänzend", schreibt Mariechen Schmirrwitz in ihrem Tagebuch (herausgegeben von Wolfgang Huebner, Bd. IV., Weimar 1920, S. 435). „Er ist enorm, nehmt alles nur in allem", ruft Oskar Limburger begeistert nach dem ersten Zusammentreffen aus (Erinnerungen aus meinem Leben, herausgegeben von Katharina Siebenhaar, Stuttgart 1903, S. 87). Eine „dämonische Natur", schreibt Prosper Loeb, Königsberg 1899, S. 108. Ein „dolles Haus", Knut vom Heu in den Briefen an seine Braut (herausgegeben von ihrem Sohn Flip, Frankfurt a.M. 1918, S. 71) usw.

lassen. Denn in jedem Augenblick seines bewegten Lebens weiß er sich Auge in Auge mit der Geschichtsschreibung oder der Presse, mitten in den nervenpeitschenden Ereignissen kurbelt er mit kühler Gelassenheit die wechselvollen Filmbilder in sein Tagebuch, um sie der Geschichte einzuverleiben. Dank dieser Vorsicht, dank aber auch der daran anknüpfenden selbstlosen Forscherarbeit sind wir über fast jede Sekunde aus dem Leben des Helden unterrichtet.

Wir gehn auf dessen Einzelheiten hier nicht ein,[8] denn uns interessiert nur der spezifisch buribunkische Seelenzustand in seiner historischen Steigerung allmählich sich entwickelnder seelischer Intensität. Wir sehn ein wildbewegtes, von nervenpeitschenden Erlebnissen erfülltes Leben, ohne die stupide Genußsucht eines Don Juan, im vollen Bewußtsein der eignen Wildbewegtheit, ich möchte fast sagen der eigenen Modernität, ja Bühengerechtigkeit, dessen Selbstbewußtheit damit beginnt, unter grundsätzlichem Verzicht auf alle Ideologie dennoch darüber zu staunen, was das Leben für eine – in dem drastischen Ton der Zeit gesprochen – „dolle Sache" ist. Dieses Sich-selbst-als-Gegenstand-des-Interesses-Wissen (künstlerischen, wissenschaftlichen, historischen Interesses) dieses äußerste Selbstgefühl in unauflösbarer Verbindung mit dem völligen Untergehn in der Gemeinschaft, das sind die charakteristischen Linien des großen Lebens. In schärfster Ablehnung jedes Gedankens an ein Tagebuch hatte Ferker sich anfangs rücksichtsloser Arbeit und gedankenlosem Selbstgenuß gewidmet, nachdem er bereits als 7jähriger Zögling der lateinlosen Realschule von tiefem Abscheu vor jeder Ideologie erfüllt war. So berechtigt dieser Abscheu war, so führte er doch zunächst zu einer unbilligen Ignorierung der faktischen Bedeutung des Geistigen. Bis die Logik der Tatsachen auch diesen Saulus zu einem Paulus machte und ihn mit der sanften Gewalt historischer Erfahrung zu der Einsicht drängte, die das Ei des Kolumbus zum Stehn bringt: all die große Betriebsamkeit, der unermüdliche Verwertungstrieb, der expansive Trieb zum Betriebe, sie lassen sich, unangetastet, ohne den mindesten Ver-

---

[8] Vgl. vor allem die immer noch maßgebende Ferkerbiographie von Pielenpiep in 200 Bänden, ein Werk edelster buribunkologischer Observanz. Ferner John Puffke, Ferkers Maul, Göttingen 1898, S. 33ff. (tüchtige Arbeit!); Emil Sterker, Unser Ferker, Nr. 78029 der Sammlung „Geisteshelden", Leipzig 1900; Gustav Maria Adolf Mayer, Ferkers Tätigkeit als Buchmacher, Hamburg 1892; Max Hirschberg, Ferkers Stuhlgang, Wiesbaden 1913; Aenne Schwitz, Ferker und wir Frauen, Marburg a.d.L. 1910 (mit interessanter psychologischer Einfühlung!); Eduard Fuchs, Ferker in der Karrikatur München 1914; Florence Marson Cassel, Is there a real Ferker Problem, New-York 1913; Gaston Maquaque, Ferker et le Ferkerianisme, Lyon 1912; Heinrich Ritter von Kistemaker, Ferker als Dentist (mit wichtigen Zusammenstellungen seiner Klientenlisten) in dem 253. Sitzungsbericht der Buffka vom 15. November 1911. Mehr popularisierend und pädagogisch: Herbert Eulenbergs Schattenbild „Ferker" in seiner ausgezeichneten Sammlung Schattenbilder, Berlin 1912; Maria Züttkemaier, Was erzähle ich meinen Kleinen von Ferker? Paderborn 1910; Richard Knorp, Ferker in der Volksschule Jena 1907.

lust an Kraft und Intensität, überleiten ins Geistige, ins Ethische. Damit war nicht nur der Mensch Ferker ethisch gehoben, sondern auch der ungeheuerlichste Fortschritt der Wissenschaft erzielt und ein prachtvolles Beispiel für die Wahrheit erbracht, daß ein Fortschritt der Menschheit nur dann zu erwarten ist, wenn jeder nur an sich denkt und das andre sich selbst überläßt. Jetzt erst sind wir in der Lage, das ausschlaggebende Verdienst des genialen Mannes historisch zu definieren: er hat nicht nur die weltumgestaltende Idee des modernen Großbetriebs für die menschliche Geistestätigkeit nutzbar gemacht, ohne den Boden des sittlichen Ideals zu verlassen; er hat nicht nur, durch sein Leben dartuend, daß man eine zielbewußte Karriere machen und doch ein ethisch vollwertiger Geist sein kann, unter Aufhebung eines lebensfeindlichen Dualismus Geist und Materie verbunden, sowie die für die Geistesverfassung des zwanzigsten Jahrhunderts unmöglichen Konstruktionen theologisierender Metaphysik durch einen sieghaften neuen Idealismus beseitigt; er hat, und das ist das Wesentliche, unter strengster Beibehaltung eines ausschließlichen Positivismus und eines unbeirrten Nichts-als-Tatsachen-Glaubens eine Form zeitgemäßer Religiosität gefunden. Und die geistige Region, in der die Synthese dieser zahlreichen widersprechenden Elemente, dieses Knäuels negierter Negationen vor sich geht, dieses Unerklärliche, Absolute, Schlechthinige, das zu jeder Religiosität gehört, das ist eben nichts andres als das Buribunkische.

Kein Buribunkologe, der gleichzeitig selbst ein echter Buribunke ist, wird den Namen eines solchen Mannes ohne tiefste Ergriffenheit nennen. Das müssen wir mit kräftigster Unterstreichung vorausschicken. Denn wenn wir uns im folgenden in der kritischen Einordnung des Helden mit den Auffassungen verdienstvoller Ferkerforscher in Widerspruch setzen, so möchten wir das nicht tun ohne nachdrücklichen Protest gegen das Mißverständnis, als verkännten wir die ungeheuern Impulse, die von Ferker ausgegangen sind, und als wäre uns die volle Größe Ferkers noch nicht aufgegangen. Niemand kann mehr von ihr durchdrungen und erfüllt sein als wir. Und trotzdem ist er nicht der Held des Buribunkentums, ist er nur der Moses, der das gelobte Land schauen, aber noch nicht betreten durfte. Allzu fremdartige Elemente schwimmen noch als Fremdkörper in Ferkers doch wirklich rassigem Blut, immer noch werfen atavistische Reminiszenzen ihren Schatten auf große Perioden seines Lebens und trüben das reine Bild autarkischen Edelburibunkentums. Sonst wäre es auch nicht zu verstehn, daß der große Mann, an seinem innersten Ich irre werdend, sich dazu verstand, kurz vor seinem Tode nicht nur überhaupt eine bürgerlich-kirchliche Ehe einzugehn, sondern sogar die eigne Haushälterin zu heiraten, eine Frau, von der wir wissen, daß sie eine gänzlich ungebildete, ja analphabetische Person war, die schließlich, wie sie überhaupt die freie Entfaltung seiner Persönlichkeit beengt hat, in frömmelnder Bigotterie noch die Feuerbestattung zu verhindern suchte. Es braucht nicht wiederholt zu werden, daß unsre buribunkologische Disziplin uns auch diesem Faktum gegenüber nicht verlassen darf. Wir sind, da uns nichts Menschliches fremd ist, in der Lage, selbst derartige Perversionen des menschlichen Herzens zu verstehn und demgemäß sine ira et studio in das Buch der Geschichte einzutragen. Immerhin muß aber betont werden, daß dieser Punkt, den die Ferkerologen mit einem erklärlichen Schweigen als ein pudendum behandeln – als ob es in der Buribunkologie pudenda gäbe! – in den Tagebüchern Ferkers nicht einmal andeutungsweise behandelt wird. Wir wissen aus einwandfreier Quelle,[9] daß er sich vor dem Tode gefürchtet hat; auch darüber hat er, sowenig wie über die Motive der Eheschließung, eine Tagebuchnotiz nicht hinterlassen. Wir stehn vor einem Rätsel.

Die einzig denkbare Lösung der Frage enthält wiederum den Keim zu neuen Fragen. Denn ob Ferker die Haushälterin in einer auf seine neuropsychopathologische Veranlagung zurückzuführenden Depression geheiratet hat, oder ob die neuropsychopathologische Erkrankung die Folge seiner Ehe ist, darüber sind wir wegen des beklagenswerten Mangels jeglicher Tagebucheintragung auf bloße Vermutungen angewiesen. Manches spricht für die erste Vermutung, denn wenn die neuropsychopathologische Veranlagung nicht vorhanden gewesen wäre, so müßte ja mindestens eine Andeutung über den herannahenden Entschluß zur Ehe in den Tagebüchern zu finden sein.[10] Gerade daß hier die sonst so sichere Linie der charakterologischen Eindeutigkeit durch eine handgreifliche Inkommensurabilität unterbrochen wird, legt den Schluß nahe, daß die psychische Abnormität in der Richtung lag, die seelischen Leiden, statt sie niederzuschreiben und durch eine Publikation abzureagieren, in sich zu verschließen und dort die Gifttäume atavistischer Todesangst und moralischer Verpflichtungsgefühle erzeugen zu lassen. Was heute jedem von uns geläufig ist, die geistig-seelischen Kämpfe und Krämpfe, die uns in unsrer freien Schaffensfreude beeinträchtigen, eben zum Objekt der Schaffensfreude zu machen, das hatte Ferker noch nicht mit der unbedingt erforderlichen Entschiedenheit erkannt. Eben dies war der Grund, aus dem selbst er strauchelte und in unerträglicher Inkonsequenz der alten Zeit noch einmal gestattete, ihr Haupt zu erheben. Die Inkonsequenz überwunden und das Buribunkentum in ätherklarer Reinheit zu historischer Tatsächlichkeit gestaltet zu haben, ist das Werk Schnekkes.

Als vollausgereifte Frucht edelsten Buribunkentums fiel dieser Genius vom Baum seiner eigenen Persönlichkeit. Bei Schnekke finden wir auch nicht das leiseste Straucheln mehr, keine noch so geringe Abweichung von der edelgeschwungnen Linie des Ur-Buribunkischen. Er ist nichts mehr als Tagebuch-

---

[9] Aus den Memoiren von Ferkers Hausarzt, Dr. Friedlieb (herausgegeben von seiner Tochter Erika, Kairo 1899, Bd. VII, S. 95).

[10] F. Rappaport, Ferker als Psychopath, Genf 1908 (hochinteressante Arbeit, aber seinem Gegenstand doch wohl nicht ganz gewachsen), ferner F. Scheiner, Ferker und die Ehe, Leipzig 1900. Sch's Annahme, die Haushälterin habe alle Ferkers Ehe betreffenden Tagebuchnotizen unterdrückt, halte ich für unbewiesen, da die Haushälterin weder lesen noch schreiben konnte, wie sich aus ihren von Boldt (München 1911) herausgegebenen Schulzeugnissen ergibt.

führer, er lebt für das Tagebuch, er lebt in und vom Tagebuch, und wenn er endlich auch Tagebuch darüber führt, daß ihm nichts mehr einfällt, was er ins Tagebuch schreiben könnte. Auf einer Ebene, wo das in eine dinghafte Du-Welt sich projizierende Ich mit gewaltigem Rhythmus in das Welt-Ich zurückströmt, ist in der absoluten Hingabe aller Kräfte an das innerste Selbst und seine Identität die höchste Harmonie errungen. Weil hier Ideal und Wirklichkeit in unerhörter Vollendung verschmolzen, fehlt jede partikuläre Besonderheit, die das Leben Ferkers so sensationell gestaltete, die aber für eine auf Wesentliches gerichtete Betrachtung vielmehr ein Bedenken als ein Lob bedeutet. Schnekke ist in noch höherm Sinne Persönlichkeit als Ferker, und gerade deshalb ist er ganz untergegangen in der unauffälligsten Geselligkeit, seine ausgeprägte Eigenart, sein in extremster Eigengesetzlichkeit schwingendes Ich ruht in einer unausgeprägten Allgemeinheit, in einer gleichmäßigen Farblosigkeit, die das Resultat des opferwilligsten Willens zur Macht ist. Hier ist die letzte, die absolute Höhe erreicht, und wir haben keinen Rückfall wie bei Ferker mehr zu befürchten.[11] Das Reich des Buribunkentums ist errichtet. Denn mitten in seinen ununterbrochenen Tagebüchern fand Schnekke bei seinem starken Allgemeingefühl und seinem universellen Instinkt Gelegenheit, das Tagebuch aus der verengenden Verknüpfung mit der Einzelperson zu lösen und zu einem Kollektivorganismus zu gestalten. Die großzügige Organisation des obligatorischen Kollektivtagebuchs ist sein Werk. Dadurch hat er die äußern Bedingungen für eine buribunkische Innerlichkeit gesetzt und gesichert, hat er das rauschende Chaos unverbundenen Einzelburibunkentums zu der tönenden Vollendetheit eines buribunkischen Kosmos emporgeführt. Gehn wir den großen Linien dieser soziologischen Architektur nach.

Jeder Buribunke wie jede Buribunkin ist verpflichtet, für jede Sekunde ihres Daseins Tagebuch zu führen. Die Tagebücher werden mit einer Kopie täglich abgeliefert und kommunalverbandweise vereinigt. Die gleichzeitig vorgenommene Sichtung erfolgt sowohl nach Art eines Sachregisters wie nach dem Per-

[11] Welch ein Unterschied zwischen Ferkers und Schnekkes Verhalten gegenüber Frauen! Nie taucht bei Schnekke der Gedanke an kirchliche Ehe auf, er erkennt sie mit instinktiver Gewißheit als eine Kugel am Bein seiner Genialität und weiß sich ihr trotz seiner zahlreichen zu innerer Definivität gediehenen erotischen Beziehungen stets mit nachtwandlerischer Sicherheit zu entziehn. Immer bleibt er sich bewußt, was er der freien Entwicklung seiner Einzigkeit schuldig ist und beruft sich mit Recht auf Ekkehard, wenn er in sein Tagebuch schreibt, die Ehe hindere seine wesentliche Ichheit. Allerdings dürfen wir nicht übersehn, welch mächtiger Fortschritt aber auch auf Seiten der Frauen von Ferker bis Schnekke zu verzeichnen ist. Bei Schnekke findet sich keine Analphabetin mehr, keine, die in kleinbürgerlicher Lächerlichkeit den Anspruch erhöbe, dem Bedürfnis des Genies nach Hemmungslosigkeit hemmend in den Weg zu treten, keine, die nicht stolz gewesen wäre, einem Schnekke als Anregungspunkt seiner Künstlerschaft gedient und darin den edelsten Lohn ihrer Weiblichkeit genossen zu haben.

sonalprinzip. Unter strengster Wahrung der an den einzelnen Eintragungen bestehenden Urheberrechte werden nämlich nicht nur die Eintragungen erotischer, dämonischer, satirischer, politischer und so weiter Natur zusammengefaßt, sondern auch die Verfasser distriktsweise katalogisiert. Die alsdann vorgenommene Sichtung in einem Zettelkatalog ermöglicht es infolge eines scharfsinnigen Schemas, sofort die jeweils interessierenden Verhältnisse der einzelnen Personen zu ermitteln. Wollte zum Beispiel ein Psychopathologe sich dafür interessieren, welche Träume eine bestimmte Klasse von Buribunken während ihrer Pubertätszeit gehabt hat, so könnte das einschlägige Material an der Hand der Zettelkataloge in kürzester Zeit zusammengestellt werden. Die Arbeit des Psychopathologen würde ihrerseits aber ebenfalls wieder der Registrierung unterliegen, so daß etwa ein Historiker der Psychopathologie in wenigen Stunden zuverlässig ermitteln kann, welche Art psychopathologischer Studien bisher betrieben wurde und gleichzeitig – das ist der größte Vorteil der Doppelregistrierung – aus welchen psychopathologischen Motiven diese psychopathologischen Studien zu erklären sind. Die so geordneten und gesichteten Tagebücher werden in regelmäßigen Monatsberichten dem Chef eines Buribunkendepartements vorgelegt, der auf diese Weise eine ständige Kontrolle über den Gang der psychischen Entwicklung seiner Provinz hat und seinerseits einer Zentralinstanz berichtet, die, unter gleichzeitiger Publikation in der Esperantosprache, Gesamtkataloge führt und dadurch in der Lage ist, das gesamte Buribunkentum buribunkologisch zu erfassen. Regelmäßige gegenseitige photographische Aufnahmen und Filmdarstellungen, ein reger Tagebuchaustauschverkehr, Vorlesungen aus Tagebüchern, Atelierbesuche, Konferenzen, Zeitschriftengründungen, Festspielaufführungen mit vorhergehenden und nachfolgenden Huldigungen für die Persönlichkeit des Künstlers, kurz zahlreiche zweckentsprechende Vorkehrungen sorgen dafür, daß das Interesse des Buribunken an sich selbst und am Buribunkischen nicht erstarrt; sie verhindern auch ein schädliches, gesellschaftswidriges Abschweifen des Interesses, weshalb nicht zu befürchten ist, es könnte das erhabene Kreisen dieser buribunkischen Welt jemals ein Ende nehmen.

Allerdings äußert sich auch hier, wenn auch nur selten, ein rebellischer Geist. Aber es ist zu beachten, daß in dem Reich der Buribunken eine unbegrenzte, alles verstehende, nie sich entrüstende Toleranz und der höchste Respekt vor der persönlichen Freiheit herrschen. Keinem Buribunken ist es irgendwie benommen, seine Tagebucheintragungen in völliger Zwanglosigkeit vorzunehmen. Er darf nicht nur ausführen, daß ihm die geistige Kraft zu Eintragungen mangle, und daß ihm nur die Trauer über den Mangel an Kraft die nötige Kraft gebe; das ist sogar eine sehr beliebte Form der Eintragungen, die besonders anerkannt und hochgeschätzt wird. Er kann auch, ohne den leisesten Druck befürchten zu müssen, notieren, daß er das Tagebuch für eine sinnlose und lästige Institution halte, für eine alberne Schikane, für einen lächerlichen Zopf, kurz, es ist ihm nicht verwehrt, die stärksten Ausdrücke zu gebrauchen. Denn die Buribunken wissen wohl, daß sie den Lebensnerv ihres Daseins verletzen würden, wenn sie die unbedingte Freiheit der Meinungsäußerung antasteten. Es besteht sogar eine angesehne Vereinigung, die es sich zur Aufgabe macht, das Antiburibunkentum buribunkisch zu erfassen, wie ja auch ein eigener Betrieb eingerichtet ist, um den Ekel und Abscheu vor dem Betrieb und sogar den Protest gegen die Pflicht zum Tagebuch in eindrucksvollen Eintragungen zur Geltung zu bringen. Und in periodischen Zeiträumen, wenn die Tagebucheintragungen einer gewissen Einförmigkeit zu unterliegen drohen, veranstalten die Buribunkenführer eine Strömung, die für eine Hebung des individuell-persönlichen Charakters gewöhnlich mit großem Erfolg Sorge trägt.[12] Der Gipfelpunkt dieser Freiheitlichkeit liegt jedoch darin, daß es keinem Buribunken verboten ist, in sein Tagebuch zu schreiben, daß er sich weigere, Tagebuch zu führen.

Selbstverständlich geht diese Freiheit nicht bis zu anarchischer Zügellosigkeit. Jede Eintragung der Weigerung, Tagebuch zu führen, muß ausführlich begründet und dargelegt werden. Wer, statt zu schreiben, daß er sich weigere, das Schreiben wirklich unterläßt, macht von der allgemeinen Geistesfreiheit einen falschen Gebrauch und wird wegen seiner antisozialen Gesinnung ausgemerzt. Das Rad der Entwicklung geht schweigend über den Schweigenden hinweg, es ist von ihm nicht mehr die Rede, er kann sich infolgedessen auch nicht mehr zur Geltung bringen, bis er schließlich, von Stufe zu Stufe sinkend, in der untersten Klasse gezwungen ist, die äußern Bedingungen für die Möglichkeit des Edelburibunkentums zu setzen, also beispielsweise das Büttenpapier, auf dem die wertvollsten Tagebücher gedruckt werden, mit der Hand zu schöpfen ... Das ist eine strenge, aber vollkommen naturgemäße Selektion der Bessern, denn wer den geistigen Kampf der Tagebücher nicht besteht, bleibt schnell in der Entwicklung zurück und gerät unter die Masse derer, die jene äußern Bedingungen herbeischaffen; er ist infolge dieser körperlichen Arbeiten, Handreichungen und so weiter auch nicht mehr in der Lage, jede Sekunde seines Lebens buribunkologisch auszunützen, und so erfüllt sich sein Schicksal mit unerbittlicher Konsequenz. Da er nicht mehr schreibt, kann er sich gegen etwaige Unrichtigkeiten, die seine Person betreffen, nicht mehr wehren, er bleibt nicht mehr auf dem Laufenden, er verschwindet schließlich von der Bildfläche der Monatsberichte und ist nicht mehr vorhanden. Als habe die Erde ihn verschlungen, kennt ihn niemand mehr, niemand erwähnt ihn in seinem Tagebuch, kein Auge sieht ihn, kein Ohr hört ihn, und sein Jammer mag noch so erschütternd sein und ihn zum Wahnsinn treiben, das eherne Gesetz kennt keine Schonung gegen den Unwürdigen, der sich selbst ausgestoßen hat, sowenig wie die großen Naturgesetze der Selektion eine Ausnahme kennen.

---

[12] In diesem Zusammenhang verdienen die tapfern neoburibunkischen Bestrebungen besondere Beachtung; sie haben zu der periodisch wiederholten Preisaufgabe „welche wirklichen Fortschritte hat das Buribunkentum seit Ferker gemacht?" und zu einer kräftigen Aktion für diesen Fortschritt geführt.

So hoffen die Buribunken, durch unermüdliches, arbeitsfreudiges Schaffen eine solche Vollkommenheit ihrer Organisation zu erreichen, daß, wenn auch vielleicht erst in Hunderten von Generationen, eine unerhörte Veredelung gewährleistet ist. Kühne Berechnungen – gebe es die Entwicklung, daß sie sich nicht als Utopien erweisen! – sehen die Kultur bereits auf einer solchen Höhe, daß infolge der unendlichen Höherentwicklung bereits bei dem Buribunkenfoetus die Fähigkeit, Tagebuch zu führen, allmählich sich einstellt. Dann könnten die Foeten durch sinnreich zu konstruierende Kommunikationsmittel sich gegenseitig über ihre einschlägigen Wahrnehmungen unterrichten und somit, die letzten Geheimnisse der Sexualforschung entschleiernd, die notwendige tatsächliche Grundlage für eine verfeinerte Sexualethik liefern. Das liegt freilich alles noch in weitem Felde. Historische Tatsächlichkeit aber ist, daß es bereits heute ein gewaltiges, in kompakter Masse organisiertes, aber gerade dadurch zum intensivsten Genuß der ureigensten Persönlichkeit gedrungenes, redendes, schreibendes, betriebmachendes Buribunkentum gibt, das triumphierend in die Morgenröte seiner Geschichtlichkeit schreitet.

G r u n d r i ß e i n e r P h i l o s o p h i e d e r B u r i b u n k e n. – Ich denke, also bin ich; ich rede, also bin ich; ich schreibe, also bin ich; ich publiziere, also bin ich. Das enthält keinen Gegensatz, sondern nur die gesteigerte Stufenfolge von Identitäten, die sich in logischer Gesetzmäßigkeit über sich selbst hinaus entwickeln. Denken ist dem Buribunken nichts andres als lautloses Reden; Reden nichts andres als schriftloses Schreiben; Schreiben nichts andres als antizipiertes Publizieren und Publizieren infolgedessen mit Schreiben identisch, bei so geringfügigen Unterschieden, daß sie ohne Gefahr vernachlässigt werden dürfen.

Ich schreibe, also bin ich; ich bin, also schreibe ich. Was schreibe ich? Ich schreibe mich selbst. Wer schreibt mich? Ich selbst schreibe mich selbst. Was ist der Inhalt meines Schreibens? Ich schreibe, daß ich mich selbst schreibe. Was ist der große Motor, der mich aus diesem selbstgenügsamen Kreis der Ichheit hinaushebt? Die Geschichte!

Ich bin also ein Buchstabe auf der Schreibmaschine der Geschichte. Ich bin ein Buchstabe, der sich selbst schreibt. Ich schreibe aber streng genommen nicht, daß ich mich selbst schreibe, sondern nur den Buchstaben, der ich bin. Aber in mir erfaßt, schreibend, der Weltgeist sich selbst, so daß ich, mich selbst erfassend, gleichzeitig den Weltgeist erfasse. Und zwar erfasse ich mich und ihn nicht etwa denkend, sondern – da im Anfang die Tat und nicht der Gedanke ist – schreibend. Das heißt: Ich bin nicht nur Leser der Weltgeschichte, sondern auch ihr Schreiber.

In jeder Sekunde der Weltgeschichte schnellen unter den schnellen Fingern des Welt-Ichs die Buchstaben von der Tastatur der Schreibmaschine auf das weiße Papier und setzen die historische Erzählung fort. Erst in der Sekunde, in welcher der einzelne Buchstabe aus der sinn- und bedeutungslosen Gleichgültigkeit der Tastatur auf die belebte Zusammenhangsfülle des weißen Blattes schlägt, ist eine historische Realität gegeben, erst diese Sekunde ist die Geburtsstunde des Lebens. Das heißt der Vergangenheit, denn die Gegenwart ist nur die Hebamme, die aus dem dunklen Leib der Zukunft die lebensvolle geschichtliche Vergangenheit entbindet. Solange sie nicht erreicht ist, liegt die Zukunft stumpf und gleichgültig da wie die Tastatur der Schreibmaschine, wie ein dunkles Rattenloch, aus dem eine Sekunde nach der andern wie eine Ratte nach der andern ins Licht der Vergangenheit tritt.

Was tut nun, ethisch betrachtet, der Buribunke, der in jeder Sekunde seines Lebens Tagebuch führt? Er entreißt der Zukunft jede Sekunde, um sie der Geschichte einzuverleiben. Vergegenwärtigen wir uns die ganze Großartigkeit dieses Vorganges: Von Sekunde zu Sekunde kriecht aus dem dunklen Rattenloch der Zukunft, aus dem Nichts dessen, was noch nicht ist, blinzelnd die junge Ratte der gegenwärtigen Sekunde, um in der nächsten Sekunde leuchtenden Auges in die Realität des Geschichtlichen einzugehn. Während nun bei dem ungeistigen Menschen Millionen und Milliarden Ratten plan- und ziellos in die Unermeßlichkeit des Vergangenen hinausströmen, um sich darin zu verlieren, weiß der tagebuchführende Buribunke sie einzeln zu fassen und ihre übersichtlich geordnete Heerschar den großen Parademarsch der Weltgeschichte aufführen zu lassen. Dadurch sichert er sich und der Menschheit das größtmöglichste Quantum historischer Faktizität und Bewußtheit. Dadurch verliert die bange Erwartung der Zukunft ihren Schrecken, denn was auch immer eintreten mag, eines ist gewiß, daß keine der Zukunft enttauchende Sekunde verloren geht, daß kein Buchstabe der Schreibmaschine neben das Blatt geschlagen wird.

Der Tod des Einzelnen ist auch nur eine solche Rattensekunde, die ihren – fröhlichen oder traurigen – Inhalt nicht in sich hat, sondern erst durch die Geschichtsschreibung erhält. Nun fallen mir allerdings in der Rattensekunde meines Todes Feder und Tagebuch aus der Hand, und ich bin scheinbar nicht mehr aktiv beteiligt an dieser Geschichtsschreibung; das Essentielle des Tagebuchführens, der Wille zur Macht über die Geschichte, erlischt und räumt einem fremden Willen das Feld. Wenn wir hier von der pädagogischen Seite der Angelegenheit absehn, das heißt von der Nutzanwendung, keine Sekunde zu versäumen, um dadurch der kommenden Geschichtsschreibung unsern Willen zur Macht aufzuzwingen, so müssen wir gestehn, daß die Beendigung unsres Willens zur Geschichte sehr gegen unsern Willen eintritt, denn Wille zur Macht bedeutet doch wohl immer nur Willen zur eigenen Macht, nicht zu der irgendeines Historikers der kommenden Jahrhunderte. Derartige Bedenken sind allerdings geeignet, schwere Verwirrungen anzurichten, und wir sahn ja schon, wie selbst bei dem großen Ferker die Furcht vor dem Tode einen für seinen historischen Ruhm geradezu katastrophalen Einfluß gehabt hat. Heute jedoch ist eine Verwirrung bei dem echten Buribunken kaum noch zu befürchten, dank der wachsenden Bewußtheit, deren Sonnenlicht die Bazillen der Todesfurcht vernichtet.

Wir durchschauen die Illusion der Einzigkeit. Wir sind die von der Hand des schreibenden Weltgeistes geschnellten Buchstaben und geben uns dieser schreibenden Macht mit Bewußtsein hin. Darin erblicken wir die wahre Freiheit.

Darin finden wir aber auch das Mittel, uns an die Stelle des schreibenden Weltgeistes zu setzen. Die einzelnen Buchstaben und Worte sind ja nur die Werkzeuge der List der Weltgeschichte. Manches trotzige „Nicht", das in den Text der Geschichte geworfen wird, fühlt sich stolz in der Opposition und hält sich für einen Revolutionär, wo es vielleicht doch nur die Revolution negiert. Aber dadurch, daß wir bewußt eins werden mit der schreibenden Weltgeschichte, begreifen wir ihren Geist, wir werden ihm gleich und – ohne aufzuhören geschrieben zu werden – setzen wir uns dennoch gleichzeitig als Schreibende. So überlisten wir die List der Weltgeschichte. Indem wir sie schreiben, während sie uns schreibt.

In der Erkenntnis, daß nur in der Geschichte die wahre Realität sei, suchen wir die reale Unsterblichkeit in der Geschichte. Nicht in irgendeiner Jenseitigkeit. Das Christentum hatte die Köpfe der Menschen im eigentlichsten Sinne „verdreht" – bei aller Hochschätzung des relativen Wertes seiner erhabenen Lehren muß das doch betont werden –, es hatte nämlich den Blick von der Tatsächlichkeit des Vergangenen in eine jenseitige Zukunft gerichtet. Dort aber ist, wie wir sahn, nur das finstere Rattenloch des Noch-nicht-Seienden, aber keine Realität. Wir geben daher den Köpfen die rechte Richtung aufs Reale wieder, indem wir die Unsterblichkeit da suchen, wo sie wirklich ist: hinter uns, nicht vor uns.

Der Gedanke an die Nachwelt hat manche Heldentat gezeugt. Aber wer war bisher die Nachwelt? Eine imaginäre Person, ein Schema, eine Fiktion. Die Helden, die bekanntlich auch vor Homer gelebt haben, hofften vielleicht auch auf die Nachwelt, auf unsterblichen Ruhm. Sie sind darum betrogen. Wer hatte bisher eine Garantie für den Ruhm bei der Nachwelt? Die meisten Namen sind uns ja nur durch die seltsamsten Zufälle erhalten. Festum breve gloria mundi. Und doch war der Instinkt richtig und bedurfte nur einer solidern, tatsächlichen Fundamentierung. Denn ein Leben ohne Ruhm ist ein Tanzball ohne Musik, ein Karussel ohne Drehorgel. Wir aber sind, dank der buribunkischen Institutionen, in der Lage, den Ruhm,[13] der bisher wirklich nur Schall und Rauch war, in einen festern Aggregatzustand zu überführen und ihn, statt auf ein vages Gerede, auf die kompakte Masse von Tagebüchern und Druckschriften zu stabilisieren. Ein edles Motiv menschlicher Größe wird auf diese Weise aus der unsichern Sphäre metaphysischer Illusionen auf die wohlgegründete Erde gebaut.

Das ist die wahre Ethik, wahr, weil sie tief im Tatsächlichen verankert ist. Der Buribunke braucht kein Christentum, noch sonst eine Ideologie. Darüber

[13] Schmitt leistet sich die unglaubliche Äußerung, angesichts der Ewigkeit sei aller irdische Ruhm doch nur eine nichtige Illusion, aber kein Ersatz für die Unsterblichkeit, ja wenn der Ruhm günstigenfalles vielleicht noch Jahrhunderte nach dem Tode wachse, so sei das so, wie auch die Haare und die Nägel einer Leiche weiterwachsen. Derartige unappetitliche, ja kirchenväterliche Vergleiche verbitten wir uns und weisen sie, im Namen der Buribunkologie, mit schärfster Entrüstung zurück.

ist er ohne Affekt, ohne Entrüstung lächelnd erhaben. Er ist, neben vielem andern, auch Christ, aber er weiß vom Christentum mehr als tausend Theologen. Denn er ist nicht nur Christ; er ist Christ, wie er auch Buddhist, Mohammedaner, Gnostiker ist, er ist alles, denn er erkennt alle Dinge in ihrer Realität, das heißt in der Relativität ihrer historischen Bedingtheit. So ist er mehr als alle diese Dinge und mehr als alle Menschen, die sich nicht über sie erheben, und gewinnt, alles und auch sich selbst in seiner Relativität erkennend, schreibend den Standpunkt des Absoluten. Er ist der sich selbst schreibende, sich selbst betreibende, sich selbst überlistende Weltgeist in seiner unmittelbaren, unwiderleglichen Tatsächlichkeit.

Die Fackelkraus

Zuerst abgedruckt in:
Bestiarium Literaricum
das ist: Genaue Beschreibung Derer Tiere Des Literarischen Deutschlands
Verfertigt von Dr. Peregrin Steinhövel
Gedruckt für Tierfreunde zu München in diesem Jahr [1920]

Am Ende seines Vorworts bedankt sich der Verfasser Dr. Peregrin Steinhövel [d.i. Franz Blei] bei Carl Schmitt: „Bei meinem Freund dem Dr. Negelinus [d.i. Carl Schmitt] muß ich mich noch bedanken für seinen auf Spezialstudien gegründeten Beitrag, die Beschreibung der Fackelkraus".

Die Fackelkraus hat eine Anti-Natur, weil sie aus dem Kot dessen geboren ist, den sie vernichten will. Sie ist stets wutgeschwollen wegen ihrer unreinen Geburt. Ausgezeichnet ist sie durch die Fähigkeit, die Stimmen der Menschen nachzuahmen. Sie tut solches auf verschiedene Art. Sie ahmt die Stimmen von Propheten und Dichtern nach, um ihnen zu gleichen und mit ihnen verwechselt zu werden. Die Stimmen anderer Menschen hinwieder, um sie zu verhöhnen und zu vernichten. Bevor das Wedekind ausstarb, war die Fackelkraus dessen Freundin und stellte sich auf das erhöhte Podium, wenn das Wedekind sich begattete oder sonst sekretierte. Die Fackelkraus äußerte dann immer laut ihren Beifall, damit man sie höre. Sie gerät in großen Zorn und wird äußerst boshaft bis zur Giftigkeit, wenn sie meint, daß man andere höre. Um zu verhindern, daß andere gehört werden, gebraucht sie zwei Mittel: das eine ist, daß die Fackelkraus diese andern lobt, das andere, daß sie sie verhöhnt. Beides tut sie mit überschreiender Fistelstimme, damit man sie hört. Die Fackelkraus hat nämlich keine Natur, sondern sie ist nichts als Stimme und lebt infolgedessen nur so lange, als man sie hört. Da sie das weiß und den Tod fürchtet, wie jedes Lebewesen, hat sie ihre Stimme kunstvoll geübt auf Gehörtwerden. In der Wut wird die Stimme der Fackelkraus oft besonders kunstvoll, weil sie aus Angst, man würde sie sonst nicht hören, mit immer neuen Stimmen schreit. Sieht sie dann, daß man sie hört, so ist sie sehr stolz und wiederholt alles, was man über sie gesagt hat, noch einmal. Dann kann man eine Stimme bei ihr hören, die sie sonst nicht zeigt, da sie in solchen Augenblicken ihre Angst vergißt.

Der Atem der Fackelkraus ist häßlich zu riechen, weil sie aus dem Kot ihrer Feinde geboren ist. Weil sie jedoch ihre Feinde zu vertilgen meint, wenn sie deren Excrement vertilgt, so frißt sie zornig ungeheure Mengen davon. Darum ist die Fackelkraus ein nützliches Tier, wenn es auch in ihrer Nähe nur aushält, wer ohne Geruchssinn geboren ist.

Hier kann der Mensch Gottes Weisheit bewundern, der den meisten Tieren nur eine Stimme gab, weil sie nur eine Natur haben. Die Fackelkraus aber hat keine Natur, sondern eine Anti-Natur, dafür hat sie aber zahllose verschiedene Stimmen. Wegen der Stimmen hören manche auf sie, und diesem Umstande, daß sie von manchen gehört wird, verdankt sie ihr Leben und kann große Mengen von dem Excrement vertilgen, aus dem sie geboren ist.

Vorbemerkung des Herausgebers

Aus meinem Leben.
Aufzeichnungen des deutschen Pietisten Johann Arnold Kanne
Herausgegeben von Carl Schmitt-Dorotić, Furche-Verlag, Berlin 1919

Johann Arnold Kanne (1773–1824) führte ein chaotisches Leben. Früh vom Pietismus Lavaters fasziniert, studierte er in Göttingen Theologie und später klassische Philologie, war dann Lehrer und Soldat. Er verfaßte Werke zur Mythologie, die Jean Paul, Jacob Grimm und Schelling sehr rühmten. Nach wechselvollen Lebensstationen, bei denen er immer von seinen Freunden, J.J.Wagner, Jean Paul, F.H.Jakobis und Gotthilf Heinrich Schubert unterstützt wurde, schloß er sich einem pietistischen Kreis an. Er verbrannte seine wissenschaftlichen Manuskripte, in denen er die Existenz einer der gesamten Menschheit gehörenden Ursprache zu beweisen suchte und befaßte sich von da an nur noch mit Erbauungsliteratur und theosophischen Studien. Kanne verteidigte ein strenges und dogmatisches Christentum, in dem er das einzige Heil der Menschheit sah und träumte von der absoluten Autorität einer absoluten Kirche. Gegen Ende seines Lebens war er vollkommen taub und von der Welt abgeschnitten.

Carl Schmitt hat sich bei seinen Studien zum Manuskript der „Politischen Romantik" mit Kanne befaßt. Er war für ihn ein Beispiel für die starken antirationalistischen Strömungen nach den Napoleonischen Kriegen in Deutschland, die Katholiken wie Protestanten erfaßten und bei Kanne zu seiner plötzlichen Wendung zum Pietismus führte.

Johann Arnold Kanne, der 1773 in Detmold geboren war, stand im 40. Lebensjahre, als die Veränderung eintrat, von der seine Selbstbiographie erzählt. Er war damals Professor der Geschichte am Realinstitut in Nürnberg. 1818 wurde er Professor der orientalischen Sprachen in Erlangen; dort starb er am 17. Dezember 1824, der Welt entfremdet, wie sein Freund G.H. Schubert erzählt, vereinsamt und in geistiger Taubheit. Doch darf man ihn nicht, der Flachheit landläufiger Literaturgeschichten zuliebe, als den bigott und langweilig gewordenen Romantiker katalogisieren. Er war auch in seinen letzten Lebensjahren noch ein ausgezeichneter Lehrer – Adam Müller berichtet, daß der „Beifall des Mystikers Kanne alles an sich reißt" –, und wenige seiner Zeitgenossen werden in entscheidenden Fragen so hellhörig gewesen sein wie er, der bei dem Wort „Urschleim", das er in Okens Naturphilosophie traf, bereits die ekelhafte Flut des kommenden Materialismus in das Jahrhundert hereinbrechen hörte.

Er hat sich den naturphilosophischen und kosmologischen Spekulationen seiner Zeit mit zügellosem Ehrgeiz und großartigem Fleiß hingegeben; Schelling hat ihn seinen Freunden als den „genialen Altertumsforscher" angekündigt. Trotzdem gehört er als Mensch nicht in das romantische Milieu seiner Zeit. Seiner überkräftigen Natur fehlte jede innere gegen sich selbst intrigierende Vieldeutigkeit und der unausrottbare geheime Vorbehalt, aus dem die Tugend der Ironie gemacht wurde. Er blieb immer monadisch ein und derselbe, auch wenn seine Zerrissenheit sich in Späßen äußerte, wie sie sein Landsmann Grabbe später ebenso exzentrisch wiederholte; ohne jede Veränderung wäre er, wie Grabbe, in ehrlicher Verzweiflung zugrunde gegangen. Nur aus der Ehrlichkeit seines Charakters ergab sich auch die Form seiner Selbstbiographie. Wir, die wir nicht zur literarischen Ochrana gehören, dürften ihn nicht beachten, wenn er nicht darauf verzichtet hätte, sich in antithetischen Psychologismen romantisch zu bespiegeln. Aber auch der vielleicht unter apologetischen Vorwänden nahenden Versuchung, die Haltung eines Vollendeten anzunehmen, hat er ehrlich widerstanden. Den Zweifel an sich selbst, das Geständnis seiner auch nach der Veränderung fortdauernden Schwachheit hat er nicht verschwiegen und doch seine rührende männliche Verschlossenheit nie verleugnet.

Die geistige Aktualität dieses Mannes liegt darin, daß er aus den ewigen Kreisen naturphilosophischer Gesetzmäßigkeit und aus den unendlichen Wiederkünften und Entwicklungen der Geschichte entschlossen den Sprung in die Paradoxie des Christentums tat und dadurch auch den Weg aus dem Gefängnis seines rücksichtslosen Egoismus fand: die Anklagen, die er bisher gegen andere gerichtet hatte, kehrte er nunmehr gegen sich selbst. Der Weg, den er zurückgelegt hat, ist bei der primitiven Schlichtheit, mit der er ihn beschreibt, deutlicher zu erkennen als derselbe Weg, auf dem Strindberg zuletzt ankam. Auch war Kanne viel schweigsamer. Höchstens schrieb er einem Freunde, der ihm ähnliche Einwände machte, wie später sein Biograph in der Allgemeinen Deutschen Biographie, daß nämlich sein Leben „infolgedessen" ohne Resultat bleibe: „dieses Reich ist den *mathematicis*, worunter bekanntlich Sextus Empiricus alle diejenigen versteht, *qui se scire aliquid profitentur*, ein durchaus verschlossenes Reich, aber bald wird es vielen aufgetan werden. Was jetzt in Rücksicht desselben vorgeht, steht freilich nicht in den Zeitungen, aber da gehört es auch nicht hin". Damit begann seine Schwerhörigkeit; die ephemeren Aktualitäten der Zeit treffen sein Ohr nicht mehr. Er hat fast nur noch religiöse Schriften veröffentlicht, Darstellungen des Lebens „erweckter Christen" (dem 1816 erschienenen ersten Teil ist seine Selbstbiographie als Anhang beigefügt) und dachte nicht daran, seine Erfahrung dialektisch zu gestalten. Eine solche Gestaltung und die große Auseinandersetzung mit dem Ungeist des 19. Jahrhunderts war einem andern vorbehalten, Kierkegaard, der wie ein neuer Kirchenvater die ewig gleiche Wahrheit seinem Zeitalter von neuem artikulierte.

München, Herbst 1918. Carl Schmitt-Dorotić.

Vorlesung 1919
Handelshochschule München

Im VII. und zugleich vorletzten Band seiner Reihe ‚Schmittiana' berichtet Piet Tommissen über ein völlig unbekanntes Ineditum von Carl Schmitt (Verlag Duncker & Humblot, Berlin 2001, S. 9–10). Es handelt sich um eine nicht vollendete Geschichte der politischen Lehrmeinungen, vermutlich identisch mit seinen Vorlesungen als Dozent an der Handelshochschule München im vierten Quartal des Jahres 1919. Nach Tommissen geht aus den drei erhalten gebliebenen Schulheften (zwei Texthefte und ein Literaturheft) hervor, dass Carl Schmitt seine diesbezüglichen Vorlesungen sogar ausgearbeitet hat. In den Textheften steht der eigentliche (handschriftliche) Text auf den rechten Seiten (Heft 1, angefangen am 17. Oktober 1919 = 48 durchnumerierte Seiten, davon die ersten 10 auf losen Blättern; Heft 2, angefangen am 21. November 1919 = 77 Seiten), während Korrekturen und Ergänzungen auf den linken Seiten stehen. Das Literaturheft umfasst 35 numerierte und 7 nicht-numerierte Seiten.

Inhalt der beiden Texthefte mit entsprechenden Seitenzahlen:

<u>1. Heft</u>

S. 1–14:	§ 1 und § 2 [ohne Überschrift]
S. 15–27:	§ 3 Reformation, deutscher Bauernkrieg, die Wiedertäufer in Münster
S. 28–36:	§ 4 Die Monarchomachen
S. 37–48:	§ 5 Die Ideen des Einheitsstaates. Jean Bodin

<u>2. Heft</u>

S. 1–23:	§ 6 Das Naturrecht des 17. Jahrhunderts
S. 25–40:	§ 7 Die englische Revolution und das englische Naturrecht
S. 42–52:	§ 8 John Locke [zwei S. tragen die Zahl 48; sie und der erste Abschnitt der S. 49 sind hinterher als Anfang des § 11 aufgefasst worden]
S. 53–56:	§ 9 Das 18. Jahrhundert. Die Aufklärung
S. 57–65:	§ 10 [wohl irrtümlich als 10.2 gekennzeichnet] Montesquieu
S. 66–77:	§ 11 Rousseau [die S. 48 und 49 des § 8 bilden den Anfang dieses §]

In Schmittiana VII, S. 10–19 hat Tommissen den Text S. 1–23 des 2. Heftes unter dem Titel „Thomas Hobbes/Baruch Spinoza" veröffentlicht.

Unserer Bitte entsprechend hat Tommissen das sich mit Bodin und dem Souveränitätsbegriff befassende Kapitel 5 (die Seiten 37 bis 48 des Manuskripts) zur Verfügung gestellt. Die Transkription des Manuskripts ist fast vollständig, denn im Bodin-Kapitel hat Carl Schmitt keine Ergänzungen in der Gabelsberger Kurzschrift eingearbeitet; leider konnten einige Wörter, die den Sinn des jeweiligen Satzes nicht beeinträchtigen, nicht einwandfrei entziffert werden, sie sind zwischen eckigen Klammern mittels eines Fragezeichens gekennzeichnet.

[37] § 5. Die Idee des Einheitsstaates. Jean Bodin

Obwohl Mariana als Monarchomache den ständischen Staat im Auge hat, tritt bei ihm ein Moment hervor, das typisch für die Rechtfertigung absolutistischer Ideen wird: die pessimistische Beurteilung der Natur des Menschen, der Satz von der „natürlichen Bosheit". Das war bereits im „Principe" Machiavells deutlich. Zum Unterschied von dem Positivismus Machiavells steht bei Mariana die Ausmalung dieser Bosheit im Zusammenhang mit naturrechtlichen Gedankengängen. Der „Naturzustand" ist ein Zustand größten Elends, der Naturmensch roh, bösartig und feige, die beste Gesellschaftsform ist diejenige, die den Menschen vor dem Naturzustand am besten schützt, das ist die Monarchie schon deshalb weil in ihr die wenigsten regieren und der Fürst die Schlechtigkeit der übrigen zügelt. Dann wird allerdings zur Sicherung der „Tyrannei" die Mitregierung der Stände (im Hinblick vor allem auf das positive aragonische Staatsrecht) empfohlen. Doch weiht die Lehre von der natürlichen Bosheit und die auch bei Mariana wiederholte mittelalterliche Gleichung ein Gott – ein König, bereits die absolutistischen Theorien des 17. Jahrhunderts ein. Die Jesuiten gehörten nicht notwendig in die Opposition gegen den Absolutismus; sie wurden im Gegenteil Vorkämpfer der meist absolutistischen Gegenreformation und politische Verbündete des fürstlichen Absolutismus, insofern ihre kirchlichen Interessen mit denen der großen katholischen Monarchien Spanien, Frankreich und Österreich übereinstimmten. Gerade Jesuiten wie Possevin haben sich darum bemüht, daß der Papst Heinrich IV. die Absolution erteilte (September 1595). Das bedeutete den Verzicht auf die Ansprüche einer Gewalt über die weltliche Macht, wie sie auf dem Konzil von Trient ausgesprochen waren und die Erbitterung der Niederländer hervorgerufen hatten. Es war der Beginn einer neuen päpstlichen Politik gegenüber den Nationalstaaten. Marianas Werk, dessen öffentliche Verbrennung das Pariser Parlament am 8. Juni 1610, nach der Ermordung Heinrichs IV. anordnete, war schon vorher vom Orden abgelehnt worden. Die Bemühungen der Pariser Universität wiederum eine [?] des Ordens zu erwirken waren ohne Erfolg.

Wenn seit der Bartholomäusnacht die Jesuiten von ihren Feinden als Machiavellisten bezeichnet werden, so ist das zunächst wohl auf religiöse wie nationale Gegensätze zurückzuführen.

[38] Zunächst auf den Haß der französischen Hugenotten gegen die katholischen Italiener und Spanier. Dann auf die literarischen Kämpfe in Deutschland, wo die Jesuiten eine große Propaganda entfalteten um den für „ewige Zeiten" geschlossenen Augsburger Religionsfrieden von 1555 zum Schaden der Lutheraner umzustoßen und die Reformation von ihm auszuschließen. Hier, in Deutschland erschienen sie als die Helfershelfer der spanischen Universalmonarchie, als skrupellose Verschwörer, die mit ihren Theorien von Volkssouveränität, geistlicher Oberherrschaft, Zulässigkeit des Tyrannenmordes und ihrer Theorie: man brauche Ketzern die geschworenen Verträge nicht zu halten, den kirchlichen und staatlichen Frieden störten (Richard Krebs, Die politische Publizistik der Jesuiten und ihre Gegner in den letzten Jahrzehnten vor Ausbruch des Dreißigjährigen Krieges, Halle 1890). In England wurden sie für die Pulververschwörung (1605) verantwortlich gemacht. Die Niederländer sahen in ihnen die geistigen Vorfahren von Verbrechen wie die Ermordung Wilhelmus von Oranien durch Gérard. Sie erschienen als „landfremde Fermente"; der sächsische Kurfürst Christian II. warnte 1608 den Erzherzog Matthias vor diesen Vögeln „mit ihren Ratschlägen, so nicht aus politischem Grund, sondern aus ihren hitzigen Köpfen und Schulsäcken genommen" und die, wenn sie einen Fürsten um Land und Leute gebracht haben, nach Italien ausreißen (Karl Zeiß, Die Staatsidee P. Corneilles, Diss. 1896, S. 45, 147, 148).

Merkwürdig ist nun, daß Mariana, der Feind der römischen Kurie, gerade auf Veranlassung der Jesuiten auf den Index der verbotenen Bücher kam und sogar für Mitglieder des Ordens bei Dispensationen von der Lektüre verbotener Schriften für Machiavell (und Molina) verschärfte Ausnahmebestimmungen getroffen wurden. Auch als „Atheist" war Machiavell berüchtigt; alle Freigeisterei und Immoralität am Hofe der französischen Könige wurde auf ihn zurückgeführt und gerade ein Jesuit, Ribadeneira, tat sich im Kampf gegen den Gottesleugner hervor.

Aus den Erfahrungen der Religionskriege entstand bereits im 16. Jahrhundert in Frankreich ein starkes Bedürfnis nach religiöser Toleranz und religiösem Frieden, den man durch die Unterwerfung der Kirche unter die Staatsinteressen zu erzielen hoffte. Dieser damals sogenannte „Politizismus" galt bei den beiden feindlichen Parteien als Atheismus und Machiavellismus zugleich.

Trotzdem verband sich für die Herstellung der protestantischen Völker Machiavellismus und Jesuitismus, während der „Königsmörder" Cromwell auch von seinen Gegnern nicht als Machiavellist bezeichnet wurde (Oreste Tommasini, La vita e gli scritti di Niccolo Machiavelli, vol. 1, Torino 1883, S. 42). Ein Grund hierfür lag darin, daß die Entwicklung in den niederländischen und angelsächsischen Ländern allmählich aus dem ständischen Staat in den modernen Einheitsstaat überging, während in den romanischen die staatliche Einheit das Werk des Fürsten war. Das Ideal des ‚Principe' ist ein Staat als stark zentralisierter Machtkomplex mit absolutistischer Spitze. Seine wesentlichen Mittel sind Militär und Beamtentum. Machiavell hatte auch bereits auf die Länder hingewiesen, in denen sich die ideale staatliche Einheit zu verwirklichen begann:

[39] Frankreich und Spanien. In beiden Ländern haben die Jesuiten eine bedeutende politische Tätigkeit entwickelt. Die Gesellschaft selbst aber, die 1540 gegründet wurde [?]. Ein spanischer Soldat war ihr Begründer, Ignatio de

Loyola, ein Offizier des Staates, der für ein Jahrhundert die furchtbarste Militärmacht Europas war und die militärische Disziplin zu einer rationellen Methode entwickelte, die zum Vorbild aller andern Heere wurde: noch im 18. Jahrhundert (1728) hat der preußische König Friedrich Wilhelm I. das Kriegsreglement des Spaniers De Sala ed Abarca (1681) übersetzen lassen und für sein „Reglement [?] die Königliche Preußische Infanterie" benutzt.

Bereits unter seinem zweiten General Lainez hatte der Orden auf dem Tridentiner Konzil ausschlaggebenden Einfluß. Er wollte das bewußte Mittel kirchlicher Macht sein und bezeichnete sich selbst als militia Jesu Christi. Dieser Name findet sich in den in der päpstlichen Bulle vom 27. Sept. 1540 („Regimini militantis") approbierten Artikeln: sein Zweck ist, unter dem Zeichen des Kreuzes für Gott zu kämpfen (militare). Dieses Wort ist hier nicht ein bei der alten christlichen Kirche, die sich auch als das Heer Christi bezeichnet, oder wie bei der Heilsarmee ein allgemeines Symbol, sondern mehr: die Gesellschaft Jesu will nach jenen Artikeln eine „gut eingerichtete" Gesellschaft sein, sie verspricht, jeden Befehl des Papstes ohne Widerrede und Ausflucht sofort zu vollziehen, gleichgültig wohin er sie schickt, ob zu den Türken oder nach Indien. In den „Exerzitien" der Gesellschaft, in ihrer geistigen „Disziplin" kehren die militärischen Parallelen immer wieder, der Orden war eine vollkommene Kraftzentrale in der Exekutive der päpstlichen Monarchie. Daß die Regierungsform der Kirche weder demokratisch noch aristokratisch, sondern „praecipue" monarchisch sein müsse, hat der Jesuit Bellarmin in seinen „Disputationes de controversiis christianae fidei" (1586–1593) dargelegt. Wie in Spanien und Frankreich der König über die Stände gesiegt hatte, so in der kirchlichen Organisation der Papst über das Konzil. Die Jesuiten waren die unbedingt funktionierende Organisation der päpstlichen Monarchie. Unter den wilden und oft sinnlosen Beschimpfungen, mit denen der Orden beworfen wurde, finden sich doch zwei Bezeichnungen, die dem Gefühl für echtes Charakterisieren entsprechen: die Jesuiten werden als die Assassinen und die Janitscharen des Papstes bezeichnet, d. h. als ein Hauptmittel der Kriege, das einem militärischen

[40] Machtapparat entspricht. Die Auffassung vom Papsttum als einer absoluten Monarchie, die die Kirche regiert, entsprach der Auffassung des absoluten Fürsten als dem Souverän des Staates. Der Papst garantiert die Einheit der Kirche, der absolute Monarch die Einheit des Staates. Diese Idee der absoluten Einheit bedeutet eine Verneinung der ständischen Vorstellungen vom Konzil in der Kirche und der adeligen, geistlichen und ständischen Vertretungen im weltlichen Staat. Der ständische Staat beruht auf der dialektischen Grundlage eines Vertrages zwischen zwei gleichberechtigten Parteien. Der neue Einheitsgedanke sah in einem solchen Dualismus das Gegenteil eines geordneten Gemeinwesens: Anarchie und Bürgerkrieg. Kirchenspaltung und Religionskämpfen ermutigen den in den Jesuiten verkörperten Eifer für die unbedingte kirchliche Einheit. Aus den Erfahrungen der Bürgerkriege erhob sich der Gedanke der Einheit. Das war, weil die Bürgerkriege zugleich Reli-

gionskriege waren, eine Vorstellung, die sich nicht nur gegen die ständische Gleichberechtigung, sondern auch gegen die kirchlichen Machtansprüche richtete. Der technische Ausdruck für die neue Einheit wurde in dem Begriff gefunden, der nach zwei Seiten hin ein „polemischer Begriff" (Gierke) war, sowohl gegen die ständischen wie gegen die kirchlichen Rechte: der staatsrechtliche Begriff der „Souveränität".

Er ist zuerst von dem französischen Juristen und Historikers Jean Bodin (1530–1596) in den „Six livres de la République" 1576

[41] definiert. Bodin gehörte zu den „Politikern", den Gemäßigten, die für religiöse Toleranz und einen freien weltlichen Staat eintraten. Seinen liberalen, den Streit der Konfessionen verachtenden Rationalismus hat er in einer berühmten Schrift „Heptaplomeres" ausgesprochen, einem Gespräch, in dem sich ein Katholik, ein Lutheraner, ein Reformierter, ein Jude, ein Mohammedaner und ein Vertreter des freien natürlichen „Gottesglaubens" unterhalten. In der Schrift, die man jahrhundertelang nur im Manuskript zu verbreiten wagte, hat man ein Vorbild von Lessings „Nathan dem Weisen" gefunden. Doch darf man nicht übersehen, dass Bodin bei all seiner „natürlichen" Religion tief in dem Dämonen- und Gegenglauben seiner Zeit steckte, Astrologie und Magie trieb und seine okkultistischen Studien in einer umfangreichen „Démonomanie" niedergelegt hat (Vgl. darüber F. von Bezold, Jean Bodin als Okkultist und seine „Daemonomania", Hist. Zeitschr., Bd. 105, S. 1ff). Bodin ist ferner für die Entwicklung der Geschichtsschreibung von Interesse durch seine Abhandlung über die Methode der Geschichtsschreibung (Methodus ad facilem historiarum cognitionem, 1566), für eine universale Geschichtsbetrachtung, in die er alle Völker, nicht nur die Römer sondern auch Griechen, Juden, Egypter, Spanier, Engländer, Deutsche, einbeziehen will, um sie für die Politik als Wissenschaft nutzbar zu machen. Er versucht eine naturwissenschaftliche Betrachtungsweise indem er mehr als die menschlichen Einrichtungen die natürlichen Grundtatsachen wie Rasse und Klima, Bodenbeschaffenheit, berücksichtigen will wie er das auch in seinen staatsrechtlichen Schriften tut. Ihn interessieren vor allem die Umwälzungen, die Revolutionen in der Weltgeschichte, an denen man die politische Wissenschaft am besten studieren könne. Wie im 19. Jahrhundert [?] einen Zusammenhang zwischen geologischer Bodenbeschaffenheit und Häufigkeit der Revolutionen feststellen will, entdeckt er einen solchen zwischen der äußeren Gestalt und der Geschichte. In Städten die ungleiche Bodenlage haben, sind Revolutionen häufiger. Das Selbstbewusstsein und der Optimismus des Rationalisten

[42] zeigen sich auch schon bei ihm. Die Vorstellungen von einem glücklichen Urzustand, einem vergangenen, goldenen Zeitalter verspottet er als Illusionen lebensunfähiger Greise. Er ist stolz auf die großen Erfindungen und Entdeckungen der Neuzeit und ist überzeugt, daß wir heute zivilisierter und humaner sind als die von Poeten verherrlichten Urvölker. Einmal scheint er sogar einen Gedanken anzudeuten, der ganz ins 18. Jahrhundert gehört: alle Menschen gehören zu einer großen Weltrepublik (republica mundana). Das ist

jedoch nur ein Ausdruck seines rationalen „natürlichen" Menschheitsglaubens und enthält noch nicht die Überzeugung von einer fortschreitenden Entwicklung zu einer aufgeklärten und nur von der Vernunft beherrschten Menschheit. Was die politischen Ansichten dieser Schrift angeht, so erklärt er sich hier bereits als Gegner der naturwidrigen demokratischen Gleichheit wie der aristokratischen Mehrherrschaft. Nur die Einheit der Person des Staatshauptes kann die Einheit des Staates und die Autorität garantieren, wie es ja auch in der Familie nur ein Oberhaupt und im Universum nur einen Gott gibt.

Auch als Nationalökonom verdient Bodin geschichtliche Beachtung. In zwei Schriften gegen die „paradoxes de M. de Malestroif" (1568 und 1578) über den Zusammenhang der Warenpreise mit der Masse des vorhandenen Geldmetalls stellt er, wie er sich rühmt zum erstenmale, den Satz auf (que personne j usques icy n'a touchée), daß die Kaufkraft des Geldes abnimmt mit der steigenden Menge des als Geld dienenden Goldes und Silbers. Mit zahlreichen praktischen Beispielen, namentlich an dem mit amerikanischem Gold überfüllten Spanien, sucht er seinen Satz zu beweisen. Er ist damit der wissenschaftliche Begründer der sog. Quantitätstheorie in der modernen Geldlehre.

[43] Der eigentliche Ruhm von Bodin beruht aber auf seiner Aufstellung und Definition des Begriffes der Souveränität, die er im 8. Kapitel des ersten Buches seiner Six livres de la République gibt. Die Definition, derer bahnbrechende Bedeutung Bodin selbst mit Stolz betont, besagt: Souveränität ist die von keiner andern irdischen Macht abgeleitete, weder durch Zeit noch Auftrag beschränkte, auch den Gesetzen nicht unterworfene höchste Macht. Eine sachgemäße Behandlung des souveränen Willens enthalten die Worte, die als Formel am Schluß der Anordnungen und Erlasse des französischen Königs stehen: car tel est notre plaisir. Merkmale der Souveränität sind: Entscheidung über Krieg und Frieden, selbständiges d. h. an die Zustimmung keines Andern gebundenes Gesetzgebungswerk, Ernennung der höchsten Beamten, letzte Instanz in Gerichtssachen und Begnadigungsrecht, Münz- und Besteuerungsrecht, schließlich das Recht auf Treue und Gehorsam. Die Souveränität steht entweder einem einzigen Menschen zu, dann ist der Staat eine Monarchie, oder einer Minorität, dann ist er Aristokratie oder der Majorität, dann ist er Demokratie. Denn in der praktischen Ausübung der Staatsgewalt kann man die verschiedenen demokratischen oder aristokratischen Gesichtspunkte miteinander verbinden, weshalb der Staat als solcher erst dadurch zu einer Einheit und einem Ganzem wird, daß eine souveräne Macht besteht; die Souveränität gibt dem Staat einen Halt und fügt ihn aus seinen verschiedenen Bestandteilen zusammen, wie die Seele den Körper, oder, wie er mit einem andern Bild sagt, wie der Kiel das Schiff.

Aber trotz des absolutistischen Charakters der Souveränität, trotzdem sie sich nicht binden kann, ihren eigenen Gesetzen nicht unterworfen ist, kann sie nach Bodin veräußert und einem andern übertragen werden. Das erklärt sich nur daraus, daß der Begriff der Souveränität für Bodin kein neuer Machtbegriff ist, sondern tatsächliche Merkmale der stärksten Macht in sich aufnimmt, wie

Bodin überhaupt gern soziologische, ökonomische und historische Erörterungen und Erwägungen mit seinen juristischen Darlegungen vermengt.

Den Staat definiert er als die rechtsmäßige Regierung mehrerer Familien (ménages) und ihrer gemeinsamen Interessen durch eine souveräne Macht (un droit gouvernement de plusieurs ménages et de ce qui leur est commun avec puissance souveraine). Der Zweck des Staates ist Gerechtigkeit, eine Autorität ist so notwendig, wie in der Familie, wo die väterliche Gewalt nicht streng genug aufgefaßt werden kann. Der Unterschied zwischen Staat und Familie besteht darin, daß der Staat das allen Bürgern Gemeinsame umfaßt, die Familie sich dagegen auf Privateigentum beruft. Weil es aber ohne Familien keinen Staat gibt, und ohne Privateigentum keine Familie, so ist jede kommunistische Wirtschaftsordnung verwerflich. Plato und Morus werden

[44] ausdrücklich abgelehnt, die Wiedertäuferherrschaft in Münster als ein Beispiel angeführt, wie wenig eine kommunistische Ordnung die Interessengegensätze und die Streitigkeiten aufzuheben vermag. Es muss demnach im Staate Gemeinsames geben (Gesetze und Gebräuche, öffentliches Eigentum usw.) und Privateigentum.

Die Monarchie ist die beste Staatsform weil sie in der Person des souveränen Fürsten die Einheit des Staates am besten darstellt, ebenso wie in der Familie der Vater die Einheit der Familie ausmacht. Eine solche Monarchie bedeutet aber auch eine harmonische Einheit der beiden widersprechenden Prinzipien von Demokratie und Aristokratie; sie macht es nämlich möglich, die Gleichheit (égalité), das Prinzip der Demokratie, mit dem der unterschiedenen Behandlung nach Leistung und Verdienst, dem Prinzip der Aristokratie, mit einander zu verbinden und den drei Grundsätzen eines richtigen Staates gerecht zu werden, nämlich Einheit (unité), distributive Gerechtigkeit (proportion) und Gleichheit (égalité, commutative Gerechtigkeit). Aber Bodin unterscheidet zwischen der feudalen Monarchie, bei der die Untertanen Besitz des Monarchen sind, der tyrannischen die reine Willkürherrschaft ist und der legitimen Monarchie. Diese hält sich, obwohl sie formell rechtlich an nichts gebunden ist, doch an die göttlichen und moralischen Normen; in dieser legitimen Ausübung (nicht etwa, ein nach der Ausdrucksweise des 19. Jahrhunderts, in dem durch Erbschaft oder legitime Succession erworbenen Besitz der Herrschaft) besteht das Merkmal der legitimen Monarchie, [?] andererseits aber bei der Verteilung der Ehren Unterschiede macht und dadurch eine Aristokratie schafft. Die Souveränität hört dadurch nicht auf, in der Hand des Monarchen zu bleiben. Ebensowenig hebt die (rechtlich betrachtet immer nur freiwillige) Selbstunterwerfung des Personals unter die Gesetze der Moral die Souveränität auf. Bodin wendet sich nicht nur gegen die Monarchomachen sondern auch gegen Machiavell, den man mit Recht als Atheisten und Ignoranten bezeichnet habe, weil die politische Wissenschaft nicht in den aus allen italienischen Winkeln zusammengesuchten

[45] hinterlistigen Praktiken bestehe. Vielmehr ist die Gerechtigkeit ein notwendiges Merkmal des Staates und die legale d. h. Freiheit und Privateigentum

der Untertanen achtende Machtausübung notwendig für eine legitime Monarchie, obwohl der Monarch den Gesetzen nicht unterworfen ist. Hier tritt der Unterschied zwischen dem naiv-technischen Standpunkt Machiavells und dem Selbstgefühl einer großen nationalen Monarchie wie der französischen hervor. In dem (1667 veröffentlichten) Testament Richelieus werden die Prinzipien einer Politik aufgestellt, die nicht weniger zielbewußt ist als die Machiavells; daß Adel und Geistlichkeit der Krone unterworfen werden müssen, ist hier selbstverständlich. Aber der große französische Staatsmann kennt die Bedeutung historischer Kontinuität und Tradition und die Notwendigkeit einer zuverlässigen Politik. „Ich weiß, sagt er, dass viele politische Schriftsteller meinen, man brauche Verträge nicht so genau zu halten, aber ein großer Fürst muss lieber seine Person und das Staatsinteresse daran setzen, als sein gegebenes Wort brechen, denn dadurch verliert er seine Reputation, die die größte Kraft des Souveräns ist."

Wie sehr die absolute Monarchie die Stimmung der Zeit beherrschte beweist ein Umstand, dessen symptomatische Bedeutung allerdings größer ist als seine politische Wirkung. Die Utopie, die in jener Zeit entstand, war von Plato und Thomas Morus beeinflußt, aber die in ihrem utopischen Idealstaat herrschende Staatsform ist weder die Aristokratie noch die Demokratie, sondern eine ausgesprochene Monarchie. Der Verfasser dieser „Civitas solis" (1620) war einige Jahre vorher in einer Schrift De Monarchia Hispanica für die spanische aber in Diensten der geistlichen Macht, des Papsttums, stehende Weltmonarchie eingetreten war. Jetzt ist er offenbar von Hass gegen die spanische Militärherrschaft erfüllt, aber das

[46] Regiment in jener Civitas solis ist darum nicht weniger autoritäre Disziplin. Bei Campanella fehlen die interessanten technischen Detailausführungen über Verwaltung und Wirtschaft in dem Idealstaat, die Morus' Utopie auszeichnen, namentlich fehlt das Argument von der durch die kommunistische Ordnung herbeigeführten ungeheueren Steigung der Produktion, die das Problem der Verteilung und das Privateigentum gegenstandslos machen soll. Aber auch in der Civitas solis herrscht allgemeine Arbeitspflicht. Von den 70.000 Einwohnern Neapels, sagt Campanella, arbeiten heute kaum 10–15.000, die Reichen sind in Schwelgereien, Geiz und Wucher moralisch verkommen, während das Volk in elender Knechtschaft und Elend gehalten wird. Die öffentlichen Angelegenheiten werden schlecht und nachlässig besorgt. Anders in der Sonnenstadt. Dort braucht der Einzelne, weil allgemeine Arbeitspflicht besteht, nur 4 Stunden täglich zu arbeiten. In der freien Zeit beschäftigen sich die Menschen mit geistigen Dingen und lehrreichen Spielen. Es gibt kein Privateigentum, weil Allen Alles gehört. Die Mahlzeiten sind gemeinsam. Es wird vor allem darauf hingewirkt, dass der Mensch jede Überheblichkeit, jede superbia ablegt. Das erreichen die Bewohner der Sonnenstadt so gut, daß jeder gerne die niedrigsten Dienste in der Küche usw. übernimmt. So tritt der Erfolg ein, den Campanella mit einem Argument bezeichnet (bei Morus: die Schafe sollen den Menschen dienen, während jetzt die Menschen den Schafen dienen), das auch der modernste wissenschaftliche Sozialismus nicht entbehren kann: die Menschen dienen nicht mehr den Dingen, sondern die Dinge den Menschen (ac simul rebus non serviunt sed res ipsae). Ein Zustand paradiesischer Natürlichkeit tritt ein, die Menschen legen alle falsche Scham und Konvention ab, für sie ist oculo cacare ebenso unanstößlich wie oculo videre oder linguae loqui. Aber diese Natürlichkeit untersteht einer sehr strengen Leitung. Es gibt in der Civitas solis keine Familie. Zum Unterschied von den Zuständen in der Utopia des Morus sind auch

[47] die sexuellen Beziehungen kommunistisch. Erfahrene Ärzte ordnen die näheren Umstände der Begattung und bestimmen die dafür in Betracht kommenden Männer und Frauen; erfahrene Astrologen bestimmen den geeigneten Zeitpunkt, indem sie vorher ein genaues Horoskop stellen. An der Spitze des Staates steht der [?]taghysiker, dessen Symbol die Sonne ist; nach Analogie der Dreieinigkeit gibt es aber gleichzeitig drei souveräne Behörden: Macht, Liebe und Weisheit, deren Zuständigkeit dementsprechend Krieg, Bevölkerungspolitik und Kultur ist.

So war der Sieg des absolutistischen Einheitsstaates für das 17. Jahrhundert entschieden, soweit es sich um die politischen Vorstellungen des europäischen Kontinents handelt. Deutschland wurde in diesem Jahrhundert durch den 30-jährigen Krieg für lange Zeit politisch und geistig in die größte Armut und Ohnmacht geworfen. Frankreich trat als Nachfolger Spaniens die Vorherrschaft auf dem Kontinent an. Der durch das Mittelalter hindurch weitergegebene justinianische Satz, daß der König das lebendige Gesetz, die lex animata ist, wurde wieder lebendig. Der König von Spanien hieß die ley viba e animcada en las tierras, Ludwig den XIII. verglichen auch seine Gegner mit dem lebendigen Gott (dieu vivant) dessen irdischer Leib er sei. Über Ludwig XIV., vor Corneille und Racine, in der Zeit, da Richelieu den Widerstand der päpstlichen Macht vernichtete und die königliche Souveränität in Frankreich stabilisierte, finden sich bei einem französischen Dramatiker (Monleon, „Thyeste“, 1633) folgende Verse:

Les Rois enfans des Dieux vivent tout ici bas,
Leurs plaisirs sont des lois, et l'on oserait pas
Parler de leurs desseins, ni condamner leurs crimes,
Toutes leurs actions passent pour légitimes.

Verse, die ihren eigentlichen Inhalt erst offenbaren, wenn man sie mit den entsprechenden Versen in Senecas Tragödie Thyestes vergleicht, die dem französischen Drama zum Vorbild dienten und in der nur allgemein von der Macht der Könige, aber weder von den Göttern noch von Legitimität die Rede ist.

Die Monarchie Ludwig XIV. fand ihren geistigen Ausdruck in der Staats- und Geschichtsphilosophie von Bossuet. In seiner Politique tirée de l'Ériture Sainte sieht er die Weltgeschichte nach dem großen Plan der göttlichen Vorsehung verlaufen. Das entscheidende Ereignis war die Bekehrung Europas zum Christentum durch Karl den Großen. Von Gott kommt alle weltliche Macht, er gibt auch den Königen Gesetze und straft sie, wenn sie ihm nicht gehorchen. Der König aber hat seine Macht von keinem Menschen, er hat sie nicht aus der Zustimmung des Volkes (obwohl einmal, Pol. Art. III par. III, davon die Rede ist, welche mächtige Einheit entsteht, wenn alle auf ihren Willen verzichten und ihn auf Einen übertragen). Der Vertrag, von dem Bossuet spricht, ist im

[48] Vertrag Gottes und dem Volk wodurch die Menschen auch Gott gegenüber zum Gehorsam gegen den Monarchen verpflichtet werden. Der König hat seine Rechte von Gott. Er ist eine Art Gott. Wie bei Hobbes in der Repräsentation des Souveräns alle staatliche Macht absorbiert ist, sagt Bossuet vom König tout l'état est dans la personne du prince (5.4.1.; 6.1.1.). Daneben kennt Bossuet auch das alte Argument von der Einheit des Universums und der Einheit Gottes, die der Einheit des souveränen Fürsten entsprechen soll. Neben praktischen Erwägungen wie: ein einzelner mächtiger Fürst kann schneller und entschiedener handeln als eine Versammlung, fehlt dadurch die Grundlage der absolutistischen Theorie nicht: der Mensch ist von Natur böse, selbst Patriarchen wie Abraham und Loth sind wegen ihrer sündlichen Angelegenheiten in Streit geraten (Pol. 1.1 art. 4 prop. 1).

Vor Gott ist der König nur ein Mensch und an die Gesetze der Moral gebunden. Die Allmacht des Königs ist sowenig Willkür und Despotismus wie die Allmacht Gottes. Daher ist der König, wie es in einem den Ideen von Ludwig XIV. selbst entsprechenden Werke (Traité des droits de la Reine Tres chrétienne sur divers états de la monarchie d'Espagne, 1667, p. 300) heißt, in einer bienheureuse impuissance, die ersterworbenen Rechte, die Gesetze oder sein gegebenes Versprechen zu verletzen und gezwungen, Gutes zu tun, das folgt – wie bei dem Gott der Theologie – schon aus dem Begriff der Souveränität und der Vollkommenheit (perfection) ihres geheiligten Wesens (de leur sacré charactère).

Abbildungen
Briefe und Materialien

Türkenkaserne des Infanterie-Leibregiments (um 1905)

Maxburg. Blick zur Frauenkirche (um 1910)

Albert Kollmann (um 1913)

Theodor Däubler (um 1913/1914)

Caférestaurant „Neue Börse", Maximiliansplatz 8, gegenüber der Maxburg

Café Wittelsbach, Herzog-Wilhelm-Str. 32

Gaststätten Humplmayr, Maximiliansplatz 17

Anzeige für die Gaststätte Ethos, Ottostr. 2

Heimkehr der Fronttruppen. Einzug des 2. Bayerischen Infanterieregiments in der Ludwigstraße, im Hintergrund das Siegestor. 8. Dezember 1918

Zug der Rätedemonstranten durch die Pfandhausstraße, heute Pacellistraße. Rechts im Hintergrund das Auto mit Kurt Eisner. 16. Februar 1919

Seine Majestät
König Ludwig III.

haben Sich Allergnädigst bewogen gefunden
dem Unteroffizier Karl Schmidt des 1 Ersatz-Bataillons
d. Infanterie-Leib-Regiments
das König Ludwig-Kreuz für Heimatver-
dienste während der Kriegszeit in ehrender und
dankbarer Anerkennung zu verleihen. Dies
wird im Allerhöchsten Auftrage beurkundet.

München, 23. September 1916

K. Kriegsministerium

KÖN. BAYER. KRIEGSMINISTERIUM

Verleihungsurkunde für das König-Ludwig-Kreuz für Heimatverdienste.
23. September 1916

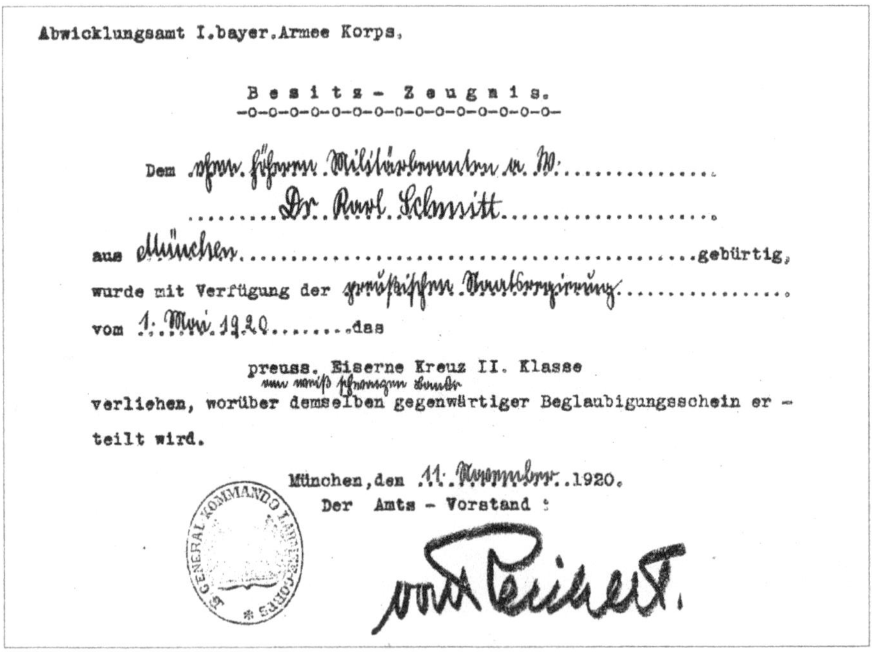

Abwicklungsamt I. bayer. Armee Korps.

Besitz-Zeugnis.
-o-o-o-o-o-o-o-o-o-o-o-o-o-o-o-o-o-

Dem ehem. höheren Militärbeamten a. D. ....
.........Dr. Karl Schmitt..................

aus München.......................................gebürtig,
wurde mit Verfügung der preussischen Staatsregierung.................
vom 1. Mai 1920........das

preuss. Eiserne Kreuz II. Klasse
am weiss-schwarzen Bande
verliehen, worüber demselben gegenwärtiger Beglaubigungsschein er-
teilt wird.

München, den 11. November 1920.
Der Amts - Vorstand:

von Reichert.

Besitz-Zeugnis für das Preußische Eiserne Kreuz 2. Klasse. 11. November 1920

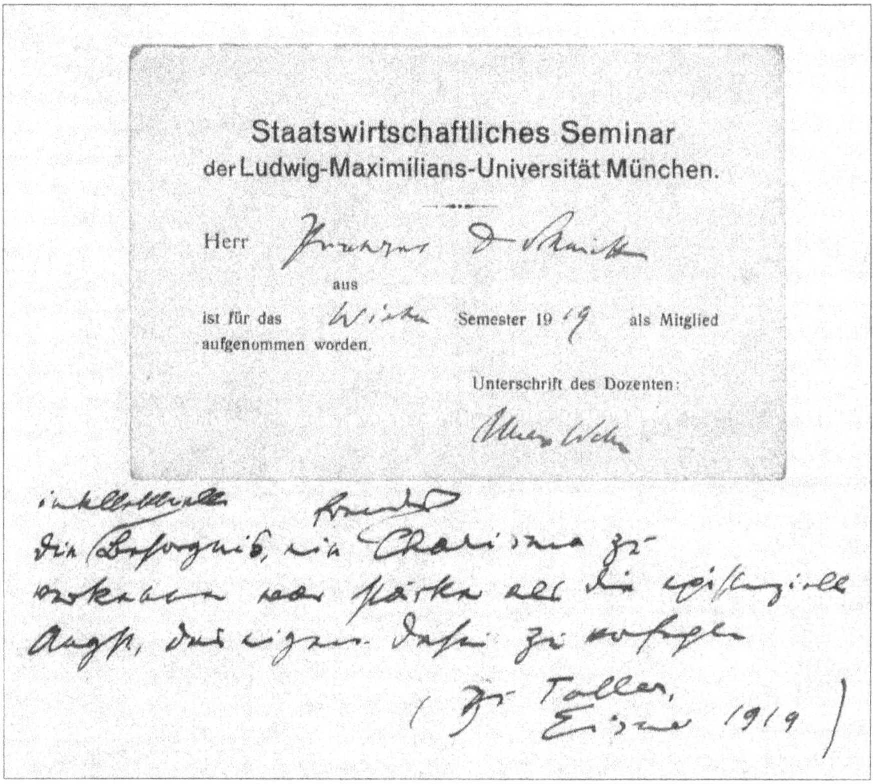

Staatswirtschaftliches Seminar
der Ludwig-Maximilians-Universität München.

Herr

aus

ist für das Semester 19 als Mitglied
aufgenommen worden.

Unterschrift des Dozenten:

Teilnehmerkarte des Dozentenseminars Wintersemester 1919/1920, handschriftlich von Max Weber eingetragen: Privatdozent Dr. Schmitt. Unter der Teilnehmerkarte, die Carl Schmitt auf dem Vorsatz des Buches „Max Weber, Wirtschaft und Gesellschaft“, Johannes Winckelmann (Hg.), Mohr, Tübingen 1951, eingeklebt hat, ist von ihm handschriftlich notiert: Die intellektuelle Besorgnis, ein fremdes Charisma zu verkennen war stärker als die existentielle Angst, das eigene Dasein zu verfehlen.
(Dr. Toller, Eisner 1919)

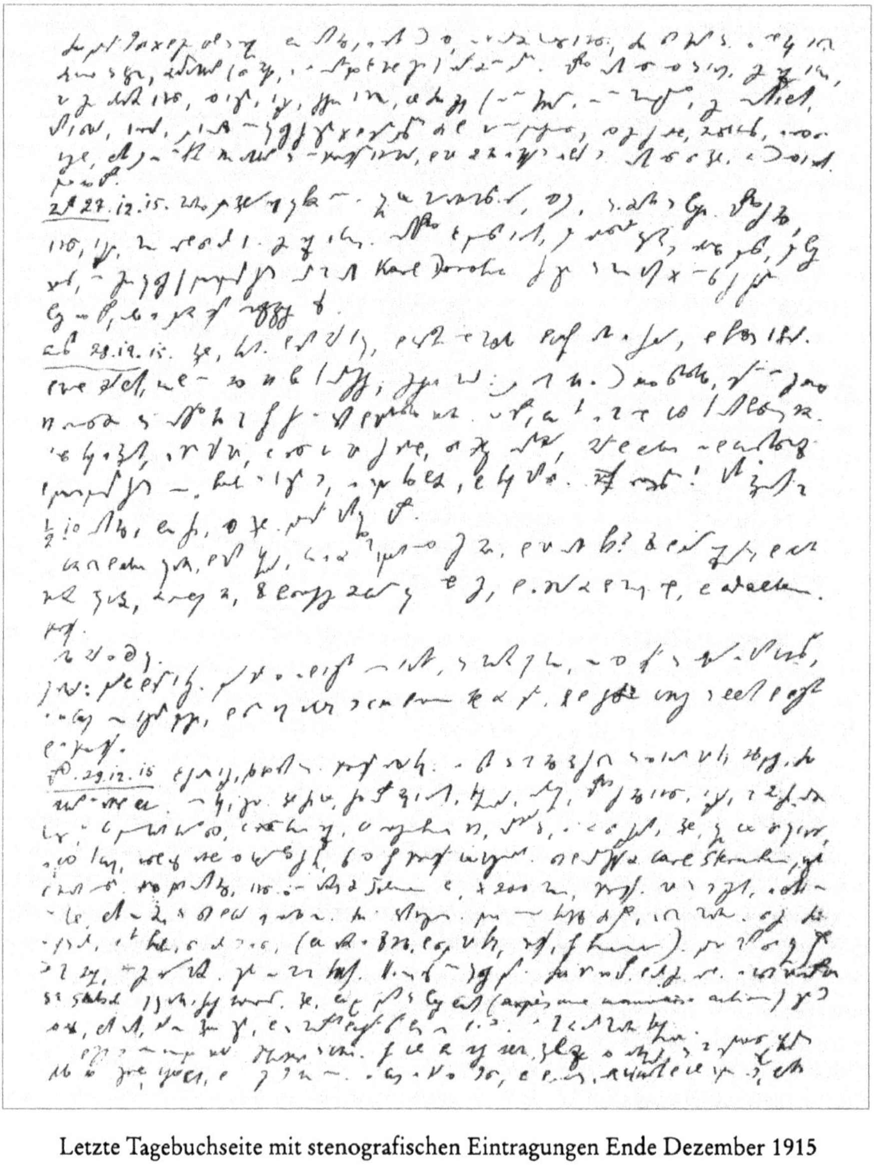

Letzte Tagebuchseite mit stenografischen Eintragungen Ende Dezember 1915

Briefe

Der Bestand an Briefen von und an Carl Schmitt für die Zeit 1915 bis 1919/1920 ist z.Zt. nicht bedeutend. Da bisher nur wenige Briefe in Nachlässen von Korrespondenzpartnern gefunden wurden, dürften für die Zukunft noch weitere Materialien zu erwarten sein. Fast alle hier genannten oder abgedruckten Schreiben stammen aus dem Nachlaß Carl Schmitt, Landesarchiv Nordrhein-Westfalen – Hauptstaatsarchiv Düsseldorf.

Carl Jentsch[1] *an Carl Schmitt*

Neisse, 4.7.14

Hochgeehrter Herr Doktor!

Endlich habe ich Zeit gefunden, Ihre gehaltvolle Studie[2] zu lesen. Sie hat mir die Freude bereitet, zu sehen, dass es noch Männer gibt, welche die Staatswissenschaften nicht biologisch sondern idealistisch auffassen, und die an unveränderliche Normen glauben; was Sie über die katholische Kirche sagen, werde ich wahrscheinlich zu erwähnen Gelegenheit finden. Trotz meiner Opposition gegen das Papsttum schätze auch ich die katholische Kirche u.a. deswegen, weil sie die einzige Opposition ist, die unter Umständen dem bloßen Machtstaat gegenüber das Gewissensgebiet zu schützen vermag.

Aber in der Weltanschauung gehen wir auseinander. In der Ethik und Ästhetik bin ich Herbertianer: Recht und Gerechtigkeit ist eine der sittlichen Ideen. In der Metaphysik aber Lotzianer und Gegner der Hegelschen Begriffsvergötterung. Mit Lotze sage ich: nichts hat Wirklichkeit und nichts hat Wert als der lebendige persönlich Universalgeist und die lebendigen Seelen der Geister.

Dieser sagt: Auch der unfehlbare Papst ist Werkzeug nicht einer Idee, sondern des persönlichen Gottes. Die Ideen, die Normen sind nichts außerhalb

---

[1] Der katholische Priester Carl Jentsch (1833–1917) ging 1875 zu den Altkatholiken und wirkte ab 1882 als Schriftsteller. Er galt als rabiater alldeutscher Landeroberungspolitiker.

[2] Carl Schmitt, Der Wert des Staates (1914).

der bewussten Geister in denen sie leben und ohne diese Geister ohne diese Personen.

In vorzüglicher aufrichtiger Wertschätzung und mit freundlichem Gruß

Ihr ergebenster Carl Jentsch

Alfred Verdroß[3] *an Carl Schmitt*

29. 7. 14.[4]

Sehr geehrter Herr Doktor,

vielen Dank für Ihre liebenswürdigen Zeilen. – Mein kleiner Aufsatz erschien am 12. Juli 14 in der Wiener „Reichspost"; ich habe über Ihr interessantes Buch[5] im rechtsphilosophischen Seminar Kelsens referiert. Weyr[6] hat die Besprechung in der österr. Zeitschrift für öffentliches Recht, die im Juni erschien, übernommen. – Im kleinen Wiener Kreise, der sich mit der Normentheorie beschäftigt, fand Ihr Buch großen Beifall; ich hoffe auf Ihre Konstruktion „Recht und Staat" einmal näher eingehen zu können. – Eine Spezialbesprechung Ihres Buches lehnte die Redaktion der Reichspost deshalb ab, weil der Verlag das Buch nicht übersendet hat.

Viele Empfehlungen vom ergebensten

Alfred Verdroß

---

[3] Alfred Verdroß (1890–1980), juristische Promotion 1913 in Wien, später bekannter österreichischer Völkerrechtler, Vertreter eines ahistorischen Normativismus.

[4] Brief im Postkartenformat von Dr. Alfred von Verdroß, Wien XIII/10, Gallgasse 60. Beiliegend ein Zeitungsausschnitt der „Reichspost", Wien, 12. Juli 1914, mit handschriftlicher Widmung „Herrn Dr. Carl Schmitt in Hochverehrung, der Verfasser". Titel des Beitrages: „Das Problem von Recht und Macht im Lichte der neuesten rechtsphilosophischen Forschungen."

[5] Carl Schmitt, Der Wert des Staates (1914).

[6] Österreichische Zeitschrift für öffentliches Recht, 1. Jg., Heft 3/4, S. 578–581.

Alexander Münch[7] an Carl Schmitt

München, 7.12.15
Briennerstraße 8 I. Aufgang

Lieber Herr Dr.

Ich habe wegen einer Bronchitis 14 Tage Erholungsurlaub erhalten und die nicht gerade unerwünschte Muße dazu benutzt, das bereits seit längerer Zeit begonnene Studium Ihres Buches vom Staat[8] mit der nötigen Konzentration zu vollenden. Das Buch ist schwer zu lesen, vielleicht an manchen Stellen noch schwerer, als der Gegenstand schon an und für sich mit sich bringt. Aber es ist Ihnen gelungen, mit eindringlicher Klarheit Ihre Gedanken auszusprechen, wie es eben nur derjenige kann, der das alles selbstständig durchdacht hat und in der Materie ganz zu Hause ist. Und wenn ich auch nicht rückhaltslos allem zustimmen kann, so drängt es mich doch, Ihnen zu sagen, wie sehr ich mich doch über Ihre Arbeit gefreut habe. Und in ihr wieder am meisten über den einen Satz, der freilich mit den wissenschaftlichen Darlegungen des Buches am wenigsten zu tun hat und doch den Geist ausdrückt, aus dem Ihre ganze Arbeit geboren ist und der Ihr ganzes Schaffen durchweht: „Das Mißtrauen gegenüber der Kraft des Guten und Richtigen, die freilich von der Einsicht des einzelnen Menschen nicht abhängig gemacht werden darf, da sie dann verloren wäre, das Mißtrauen reibt sich eben selbst auf und geht, wie alle Negation, der keine Position vorhergegangen ist, ins Bodenlose." Da höre ich verwandte Klänge. Denn ich habe meine Pariser Arbeit mit den Worten geschlossen: «Le sentiment de confiance en ceux qui sont chargés de la lourde tâche de gouverner devrait ainsi revenir et chasser pour toujours cet esprit de méfiance et de mécontentement qui est l'ennemi [?] de tout progrès et dans la vie des individus et dans la vie des états.» Ich sprach hier zwar nur von dem Vertrauen in den guten Willen der Führer. Aber das ist ja schließlich nur ein Anwendungsfall von jenem größeren Vertrauen in die Kraft des Guten überhaupt. Und so werden Sie wohl begreifen, wenn ich von verwandten Klängen spreche. Ich lausche ihnen so gern, man hört sie so selten.

Ich schicke Ihnen zugleich mit diesem Brief das Brennerbuch mit herzlichem Dank zurück. Verzeihen Sie bitte, dass ich es so lange behalten habe.

Grüßen Sie bitte die Bekannten auf dem Generalkommando, empfehlen Sie mich Ihrer Frau Gemahlin und seien Sie selbst bestens gegrüßt von Ihrem ergebenen

Alexander Münch

---

[7] Dr. Alexander Münch, siehe S. 128, Anm. 157.
[8] Carl Schmitt, Der Wert des Staates (1914).

Werner Wittich[9] *an Carl Schmitt*

Straßburg i. E. 31. XII. 1916
Neudorf. St. Erhardstraße, Nr. 49[10]

Sehr geehrter Herr Dr.

Mit dem größten Interesse habe ich Ihre schöne Studie über Diktatur und Belagerungszustand[11] gelesen und danke Ihnen bestens dafür. Die rechtliche Trennung beider auf Seite 196 ist sehr überzeugend und eröffnet die überraschendsten Einblicke in das Funktionieren der Diktatur des stellvertretenden Generalkommandos. Es ist nur schade, dass die gegenwärtigen Zeitumstände nur Andeutungen über die materiellen Folgen dieser Vereinigung von Legislative und Exekutive in militärischer Hand zulassen. Die neueste Entwicklung in Frankreich, die Pensionierung Joffres und die Konzentration des Oberbefehls bei dem verantwortlichen Minister scheint auf entgegengesetztem Weg zur Diktatur der Legislative führen zu sollen. So geht jeder Staat doch in diesem Drang der Kriegszeit die ihm geschichtlich vorgezeichneten Wege. Hoffentlich führen Sie die Arbeit in Frieden zu einer umfassenden Studie über diesen Gegenstand aus. Wie nahe ist dieser Friede, der Sie dauernd wieder hierher führt, welches ich auch für mich lebhaft wünsche? Es scheint doch zu tagen und unsere Friedensofferte wäre dann kein schlechterer Streich. Bei uns geht es gut. Ich bin sehr fleißig an einer größeren Arbeit.

Mit bestem Gruß Ihr sehr ergebener

W. Wittich.

---

[9] Werner Wittich (1867–1937), Ordentlicher Professor der Rechts- und Staatswissenschaftlichen Fakultät der Universität Straßburg. Bedeutender Vertreter der deutschen historischen Schule der Nationalökonomie, die in den 70er Jahren des 19. Jahrhunderts von Gustav Schmoller, Wilhelm Stieda und Georg F. Knapp gegründet wurde. Verfasser der auch von Max Weber gerühmten Abhandlung „Deutsche und französische Kultur im Elsaß" (1900).

[10] Brief im Postkartenformat

[11] Siehe S. 3, Anm. 10.

Paul Laband[12] *an Carl Schmitt*

Strassburg 6. Januar 1917[13]

Sehr geehrter Herr Kollege!

Bei der Rückkehr von einer kurzen Weihnachtsreise habe ich Ihre freundlichen Glückwünsche zum Jahreswechsel und den mir gütigst übersandten Abdruck Ihrer Abhandlung vorgefunden. Für beides sage ich Ihnen meinen aufrichtigen Dank und erwidere bestens Ihre Neujahrswünsche. Mögen Sie bald hierher zurückkehren und Ihre akademische Tätigkeit aufnehmen! Die Zahl der Zuhörer ist hier gegenwärtig freilich nicht groß.

Ihre Abhandlung habe ich mit größtem Interesse gelesen. Die Entwicklung des Gegensatzes von Diktatur und Belagerungszustand und die Vermengung der beiden Begriffe in der Gesetzgebung und Praxis ist lichtvoll und überzeugend. Bei der in Aussicht stehenden Umarbeitung des Preuß. Gesetzes über den Belagerungszustand werden Ihre Ausführungen gewiß berücksichtigt werden und sich nützlich erweisen.

Mit vielen Grüßen
Ihr
sehr ergebener Laband

Carl Schmitt an Verlag Duncker & Humblot[14]

München, den 16. 7. 18
Schraudolfstraße 5/0

Sehr verehrter Herr Doktor[15],

aus der Befürchtung eines peinlichen Mißverständnisses bitte ich diesen eiligen Brief zu erklären und zu entschuldigen. Ich sagte Ihnen in der heutigen Bespre-

---

[12] Paul Laband (1838–1918), Ordentlicher Professor an der Rechts- und Staatswissenschaftlichen Fakultät der Universität Straßburg; Staatsrechtler der Kaiserzeit, der historisch-politische Argumente aus der Staatsrechtslehre ausblendete.

[13] Handschriftlicher Brief mit der Adresse

Herrn Privatdozenten	Absender
Dr. Carl Schmitt	Prof. Laband
München	
Prannerstr. 14	

[14] Originalbrief im Verlagsarchiv Duncker & Humblot

[15] Adressat war Rechtsanwalt Dr. Ludwig Feuchtwanger (1885–1947), Verlagsdirektor von Duncker & Humblot seit 1914

chung die Überschrift eines Abschnittes meiner Abhandlung über „politische Romantik“: La recherche de la réalité. Ich hatte nicht daran gedacht, daß Sie als Rechtsanwalt dabei an eine Bestimmung des code civil assoziieren müssen, die Ihnen eine solche Überschrift peinlich macht. Der Zweck war aber, eine Assoziation an die recherche de l'absolu von Balzac und die recherche de la vérité von Malebranche hervorzurufen. Natürlich könnte kein Generalkommando erfinden, daß in Deutschland die Juristen an die recherche de la paternité denken.

Mit besten Empfehlungen
ergebenst
Ihr Carl Schmitt

Verlag Duncker & Humblot an Carl Schmitt[16]

17.7.18

Sehr geehrter Herr Doktor![17]

Mit der recherche de la paternité brachte ich bei meiner langjährigen Entfernung von praktischer juristischer Ausübung und wohl auch nach dem übrigen Inhalt Ihrer mir sonst geläufigen Gedankengänge Ihre recherche de la réalité nicht in gedankliche Berührung. Ich dachte – es waren allerdings nur sehr rasch vorüberfliegende assoziative Verknüpfungen – an den Widerstreit der philosophischen Wahrheitsbegriffe, an das Hegelsche Absolute, die Wesensschau, die Evidenz- und Intuitionbehauptungen der jüngsten Phänomenologen und fand bei dem ersten Hinhören in Ihrer Überschrift ein zwar reizvolles, aber kühnes Unterfangen, über das ich aber alsbald jeden Versuch weiterer Vorstellungsbildungen aufgab, da ich das Manuskript abwarten wollte. Ich freue mich sehr darauf, dieses recht bald lesen zu können.[18]

Das Buch von Bloch[19] geht Ihnen von Leipzig noch in dieser Woche zu.

Mit ergebensten Empfehlungen
Ihr

---

[16] Durchschrift des Briefes im Verlagsarchiv Duncker & Humblot

[17] Auf einem Blatt mit aufgeklebter Visitenkarte von Carl Schmitt unter dem Rubrum: Schmitt, Politische Romantik, ist von Ludwig Feuchtwanger notiert: Dr. Schmitt bietet 16.7.18 eine Schrift „Politische Romantik“ dem Verlag an; 200 Druckseiten.
1) Konkrete histor. Situation
2) Struktur des romantischen Geistes
3) La recherche de la réalité
4) Occasionalismus

[18] Das Manuskript wurde kurzfristig geschickt, der Verlagsvertrag am 28.8.1918 unterzeichnet, gleichzeitig wurde mit dem Satz begonnen.

[19] Ernst Bloch, Geist der Utopie. 1. Aufl. Duncker & Humblot, München 1918.

Carl Schmitt an Erich Jung[20]

München, den 26. Okt. 1919

Sehr geehrter Herr Professor,

erlauben Sie mir bitte eine Bemerkung zu Ihrem Aufsatz „Rechtsregel und Rechtsgewissen" im Archiv für die ziv. Praxis.[21]

Die Erwartung der Rechtsgenossen und die „Gerechtigkeit in der Positivität", die Sie in Ihrem „Problem des natürlichen Rechts" zu einem entscheidenden Gesichtspunkt gemacht haben, ist in anderer, aber nicht weniger entscheidender Weise in meiner mit Ihrem Werk gleichzeitig erschienenen Abhandlung „Gesetz und Urteil" (Berlin 1912, Verlag O. Liebmann, S. 48f) zur Grundlage der Erörterung des Problems der Rechtspraxis gemacht. Ich habe dort übrigens auch Bentham, der soviel ich sehe zuerst die expectation als maßgebliches Moment eingeführt hat, ausführlich gewürdigt.

Da meine Abhandlung, die ich Ihnen 1912 überreicht und auch im mündlichen Gespräch erwähnt habe, im Gegensatz zu zahlreichen anderen Schriften in Ihrem Aufsatz nicht erwähnt ist, habe ich, wie sich von selbst versteht, das Bestreben, den Eindruck zu verhindern, als wollte ich meine Arbeit verleugnen oder als legte ich keinen Wert darauf, von Ihnen zitiert zu werden.

In vorzüglicher Hochachtung
ergebenst
Carl Schmitt

Hugo am Zehnhoff[22] *an Carl Schmitt*

Weißer Hirsch, 26. 2. 20[23]

Lieber Herr Schmitt!

Der Inhalt Ihres Briefes vom 23. den ich heute erhalten habe, hat mir, soweit er Ihre berufliche Tätigkeit betrifft, große Freude gemacht.

Die Frage, was eigentlich unter Diktatur zu verstehen sei, habe ich mir auch wiederholt schon vorgelegt, ohne aber zu einem klaren Resultat gekommen zu sein. Ich bin deshalb gespannt, was Sie über das Thema sagen werden. Die Na-

[20] Erich Jung (geb. 1866), Prof. an der Rechts- und Staatswissenschaftlichen Fakultät der Universität Straßburg, ab Sommersemester 1915 Dekan, siehe auch Tb 1, S. 36, Anm. 11.

[21] Archiv für die Civilistische Praxis, 118. Bd., 1920, S. 1–139. Untertitel des Beitrags: Eine Untersuchung über die Grundlagen der Rechtsgeltung.

[22] Zu am Zehnhoff, siehe S. 510 und Tb 1, S. 405–409.

[23] Briefabsender Geheimrat Hugo am Zehnhoff, Pension Dudarschek, Weißer Hirsch, Ringstr. 11, Dresden

menbücher von Pott + Steub[24] sind mir bekannt, es ist mir darum zu tun sie für meine Bibliothek zu erwerben. Heinke, Baehnisch + Wasserzieher besitze ich. Vielleicht besorgen Sie mir einmal das Buch von Georg Büchner, wenn ich wieder in Berlin bin. Frl. Schröder ist nicht mehr bei mir, da sie wegen Grippe noch nicht reisefähig ist.

Ich habe dem Herrn von Elmenau, bei dem der Weiße Hirsch aus früherer Zeit in guter Erinnerung ist, aufgefordert zu erwägen, ob er nicht auch für einige Zeit hierher kommen wolle, indem ich davon überzeugt bin, dass ihm der hiesige Aufenthalt gut bekommen würde. Bei mir scheint die Kur guten Erfolg zu haben, aber man soll den Tag nicht vor dem Abend loben.
Meine Schwester liegt schwer krank in Düsseldorf zu Bette.

Mit herzlichem Gruß an Sie und Ihre verehrte Frau Gemahlin in Freundschaft
Ihr
H. am Zehnhoff

Hugo am Zehnhoff an Carl Schmitt

Herrn Universitätsdozenten Dr. Karl Schmitt
München
Schraudolfstr. 5

Lieber Herr Schmitt!

Kennen Sie das Buch von Spengler: „Untergang des Abendlandes“[25]; haben Sie es gelesen? Das Buch hat wohl nicht die Bedeutung, die der Verfasser hineinlegt, enthält aber auch Gedanken und Angaben. Schon die Einleitung wird Sie besonders interessieren. Wer ist Spengler? Wie alt ist er? Leider habe ich das Buch nicht käuflich erwerben können, weil es vergriffen war.

Die Kur greift mich sehr an. Wie geht es Ihnen und Ihrer Frau Gemahlin. Sie sind doch noch nicht aus dem Justizdienst ausgeschieden? Tun Sie es nicht, ohne mir erst Ihre Absicht zu gehen, mitgeteilt zu haben! Wir haben heute schönes Wetter: Die beste Medizin.

Mit herzlichen Grüßen für Sie und Ihre verehrte Frau Gemahlin in Freundschaft Ihr
H. am Zehnhoff

W. H. 2. 3. 20[26]

---

[24] Ludwig Steub, Die Oberdeutschen Familiennamen. 1. Aufl. Verlag von R. Oldenbourg, München 1870.

[25] Oswald Spengler, Der Untergang des Abendlandes, Band 1. 1. Aufl. Wien 1918.

[26] Postkarte W[eißer]. H[irsch]. vom 2. März 1920

Hugo am Zehnhoff an Carl Schmitt W. H. 8.3.20

Lieber Herr Schmitt!

Schicken Sie mir den Büchner nicht zu. Die Bücher sind mir hier im Wege, auch ist mir die Rücksendung zu lästig. Doch werde ich den Büchner, wenn ich wieder in Berlin bin, von der Bibliothek des Justizministeriums besorgen.

Wollen Sie Ihren Namen Schmitt in Schmitt-Dorotić umändern oder wollen Sie letzteren Namen nur als Schriftstellernamen benutzen.

Was macht eigentlich Ihr Bruder. Wo ist er zur Zeit?

Seit vorgestern ist Frl. Schröder hier.

Mit herzlichen Grüßen auch an Ihre Frau Gemahlin! Ihr ergebenster
am Zehnhoff.

Was macht van Calker! Ist er Professor an der dortigen Universität?

Friedrich Kiener[27] *an Carl Schmitt*

Lieber Herr Schmitt

In großer Eile – da ich gestern von Metz zurückkam und heute Mittag Colleg habe, meine Ferien sich Ostern sehr knapp bemaßen – schreibe ich Ihnen, um Sie zu bitten so freundlich <zu sein>, Cartellieri direkt das empfehlende o. vielmehr einführende Schreiben zu schicken. Seine Adresse: Archivrat Dr. Cartellieri, Karlsruhe, Gartenstraße 45. Ich danke Ihnen vielmals für alles, was Sie aus Freundschaft für mich in seinem Interesse tun. Er ist ein herzensguter Mensch, der es nie verstanden hat und nie verstehen wird eine Harmonie zwischen äußerer Stellung und innerer Lebensführung herzustellen. Das ist ein Grundfehler. Aber er verdient, dass man ihm hilft.

Die Nouvelle Librairie Nationale[28] ist jedenfalls ein pekuniär und intellektuell leistungsfähiges Unternehmen. Sie hat jedenfalls gerade unter den jungen

---

Absender Geheimrat Hugo am Zehnhoff, Pension Dudarschek, Weißer Hirsch, Ringstr. 11, Dresden

[27] Brief von Friedrich Kiener aus Straßburg vom 8. März 1920. (Das Datum wurde von Carl Schmitt eingetragen. Darunter befinden sich nicht deutbare Stenoschriftzeichen und in Langschrift „de la Victoria".) Friedrich (Fritz) Kiener (1874–1942) war Historiker und Professor an der Philologischen Fakultät der Universität Straßburg.

[28] Nouvelle Librairie Nationale war der Verlag der „Action Française" um Charles Maurras, ab 1921–1927 vom abtrünnigen Georges Valois zunächst unter dem Doppelnamen Librairie Valois – Nouvelle Librairie Nationale geleitet, ab 1928 von ihm als Librairie Valois weitergeführt.

Leuten ein großes Publikum. Die ganze Bewegung hat ja politisch wenig Aussichten, aber Ihre schöne Arbeit dort erscheinen zu lassen, will mir gefallen. Denn sie wird von dort aus auch bei anderen Kreisen Beachtung finden. Ich würde z.B. nicht verfehlen, wenn das Buch in französischer Übersetzung[29] erschienen ist, es an den Baron de Seillière[30] zu schicken, der es dann sicherlich in den „Debats[31] besprechen wird. Die Romantik beschäftigt ja jetzt Frankreich sehr. Das nächste Jahr soll, glaube ich, das Jubiläum gefeiert werden. Ich würde der Offerte Maritains[32] sehr entgegenkommen. Wenn Sie wollen, kann ich mich noch des Näheren orientieren. Natürlich müssten Sie die Übersetzung durchprüfen. Wenn Sie da etwas anstellen, steht Ihnen alles was ich leisten kann, zur Verfügung.

Einliegend eine Besprechung des Romans von Giraudoux[33], die Sie interessierte. André Gide hat einen Roman[34] soeben publiziert, in dem er eine Generalbeichte über und gegen den französischen Calotismus[35] ablegt. Der Titel ist mir entfallen.

Daß Wittich verletzt ist, glaube ich nicht. Daß ein im übrigen gutes Huhn einmal ein faules Ei legt, soll ja in der Natur nicht vorkommen. Im Intellektuellen aber viel, das ist nicht schlimm. Seine Geltung im Elsass hat darunter gelitten. Auch im geschäftlichen Leben hat er seinen Mann nicht gestanden. Aber das alles kann er schon ertragen. Daß man seinen Adel mit Musiktheorien verknüpfen kann, ist amüsant. Es werden zur Zeit wohl alle Mauern durchbrochen.

Und nun lassen Sie sich nochmals alles Gute wünschen. Es ist für Ihr ferneres Leben sicherlich bedeutsam, dass Sie im täglichen Detail des Lebens fortan

---

[29] Die französische Übersetzung der „Politischen Romantik" erschien erst 1928 unter dem Titel „Romantisme Politique" in der Reihe ‚Bibliothèque française de philosophie', 13, Librairie Valois – Nouvelle Librairie Nationale, Paris, 165 S. (gekürzt), Übersetzer war Pierre Linn.

[30] Zu Ernest Seillière (1866–1955) siehe Piet Tommissen (Hg.), Schmittiana, Bd. III, Duncker & Humblot, Berlin 1991, S. 133f.

[31] Débats war eine vielgelesene Monatsschrift in Paris.

[32] Jacques Maritain (1882–1973), einflussreicher katholischer Religionsphilosoph, hat möglicherweise die Übersetzung angeregt. Zum Verhältnis Carl Schmitt – Maritain siehe Piet Tommissen (Hg.), Schmittiana, Bd. V, Duncker & Humblot, Berlin 1996, S. 210–213.

[33] Jean Giraudoux (1881–1944), frz. Schriftsteller. Vermutlich handelt es sich um dessen Roman „Elpénor", Emile-Paul, Paris 1919.

[34] André Gide (1869–1951), frz. Schriftsteller. Vermutlich handelt es sich um den Roman „La Symphonie pastorale", Nouvelle Revue Française, Paris 1919. Ein Pfarrer verliebt sich in ein blindes Mädchen, das sein Schützling ist; es verübt Selbstmord und die Familie des Pfarrers geht zugrunde.

[35] Calotismus, vom frz. calotin = [im pejorativen Sinne] ein buchstabengläubiger, bigotter Katholik.

nicht mehr als isolierter Mensch gehen. In Gedanken und mit allen Wünschen bei Ihnen
Stets Ihr F. Kiener.

Hoffentlich kommt es dazu, dass Sie durch Straßburg kommen. Es würde uns alle sehr freuen, unnötig es zu sagen.

Friedrich Kiener an Carl Schmitt

Lieber Herr Schmitt.[36]

Ich bin gestern von Metz zurückgekommen und fand Ihren l. Brief. Obwohl sehr in Anspruch genommen, werde ich mir doch 2–3 Stunden bereitlegen, um Sie wiederzusehen. Denn Sie so in der Nähe zu wissen, ohne Sie gesehen zu haben, würde mir zu leid tun. Nach Kehl kann ich mit Leichtigkeit herüberkommen, nur können wir die Zeit nur aufs Ungefähre bestimmen, da der Verkehr dort so stark sein soll, dass man dort oft $^1/_2$–1 Stunde an der Brücke warten muss. Da ich nicht weiß, ob Sie morgens früh oder abends in Kehl eintreffen, so muss ich Sie sehr bitten, Ihrerseits das Rendez-vous zu bestimmen, indem Sie mir eine Depesche mit Zeitangabe schicken (Fischartstraße 22) und zugleich dann den Tag bestimmen. Mittwoch bin ich den ganzen Tag disponibel, hingegen Donnerstag von 5–6 besetzt, was Sie freundlich berücksichtigen wollen, ob Donnerstag. Ich bin dann bestimmt zur angegebenen Zeit bei Ihnen. Am besten nehmen wir als Rendez-vous die Kehler Brücke selbst, Kehler Seite, wenn Sie nicht das Warten fürchten ohne Sitzgelegenheit. Die geeignete Zeit, ohne Ihnen vorzugreifen, wäre um 2 Uhr nachmittags oder um 6 Uhr abends, im letzteren Fall könnte man zusammen zur Stadt gehen. Bestimmen Sie aber ganz wie es sich mit Ihren Reisedispositionen am besten vereinbaren läßt, auch morgens kann ich kommen. Wenn in Ihrer Depesche kein Ort angegeben wird, so ist die Kehler Brücke das Rendez-vous.

Auf Wiedersehen und mit verb. Grüßen Ihr F. Kiener.

[36] Brief von Friedrich Kiener aus Straßburg vom Dienstag, ohne Datum

Alexander Münch an Carl Schmitt

Pfingstmonatg 1920

Lieber Schmitt!

Sie haben mir mit der Übersendung des kleinen Kanne-Büchleins[37] eine wirkliche Pfingstfreude gemacht, für die ich Ihnen recht herzlich Dank sage. Die Ehrlichkeit dieser autobiographischen Skizze hat etwas außerordentlich wohltuendes und ich denke, daß sie es in erster Linie war, die Sie an diesem Mann angezogen hat. Mit ist besonders aufgefallen, daß er die Erfahrung gemacht hat, „daß Christi Nachfolger seyn und den Wissenschaften leben, bey ihm zween Herren dienen heißt". Das mag wohl jedem so gehen, der in wissenschaftlichen Erfolgen zunächst die eigene Ehre sucht.

Grüßen Sie Ihre Gemahlin bestens von uns und seien Sie nochmals vielmals bedankt. u. gegrüßt von Ihrem

Alexander Münch.

Friedrich Kiener an Carl Schmitt

Straßburg 12. Nov. 1921
Fischartstraße 22

Lieber Herr Kollege,

von Herzen hätte ich Ihnen einen freundlicheren Beginn auf der neuen Wirkungsstätte gewünscht. Es würde mich sehr freuen, zu hören, dass es Ihnen wieder besser geht. So wenig Ihnen vielleicht Greifswald liegt, so werden Sie sicher den Entschluss nicht bereuen, vom Süden in den Norden heraufgewandert zu sein. Denn wo man Schüler findet und sich betätigen, auch wo man seinem Studium leben kann, wird man nie sich als Fremder fühlen. Die „ignoti partes orbis", von denen Sie sprechen, werden nach einiger Zeit schon Blüten und Früchte tragen, wenn es Ihnen zur Zeit auch noch Eisblumen zu sein scheinen.

Persönlich muss ich allerdings gestehn, es tut mir aufrichtig leid, dass Sie so weit nach Norden gerückt sind. Denn wie und wann und wo soll man sich da wiedersehn? Wenn Sie einmal in unsere Nähe kommen, tun Sie mir die Freundschaft, es mir rechtzeitig mitzuteilen, damit ich zu Ihnen stoßen kann, vielleicht mit Wittich. Wissen Sie, – (es tut mir furchtbar leid) – daß wir im

[37] Siehe S. 74.

Oktober „Schiffe waren, die nachts sich begegneten"? Auf Ihre freundlichen Münchener Briefe habe ich nie geantwortet, weil ich monatelang mit dem Entschluss „rang", ob ich ja oder nein hinfahren würde. Da kamen dann immer wieder beunruhigende Nachrichten aus Bayern – seitdem erfahre ich, daß es dort fast so ruhig wie am Schipka-Pass ist – und politisch kaum noch ein äußerer Anlass, der mich über Trier – Aachen nach Köln führte. Als ich von der Rheinfahrt nachhause kam, lag Ihr lieber Brief aus Köln da. Wir waren also zu gleicher Zeit jedenfalls in Köln. Das ist schon mehr wie male chance, das ist schon Verhängnis. Wenn ich doch wenigstens im September an Sie geschrieben hätte. So rächt sich meine unvergleichliche Schreibfaulheit.

Wittich sehe ich fast gar nicht mehr. Das letzte Mal war es im Juli, und aus einer Gesellschaft nach Hause gehend, verweilten wir im Auf- und Abpromenieren zwischen Neudorf und Metzgerplatz, bis die Uhr, wenn ich mich recht erinnere, 3 Uhr morgens schlug. Ihr Schatten begleitete uns da mit, und vielleicht haben Ihnen die Ohren etwas geklungen, da wir Ihrer in herzlicher Freundschaft gedachten. Aber wahrscheinlich schliefen Sie und waren wenig erbaut, als ein fernes Klingeln sie aus wohlig verdientem Schlaf weckte.

Wittich hat sein Haus in Neudorf auf einige Jahre verlehnt und hat sich ganz nach Mittelbergheim zurückgezogen. Dort ist es auch schöner als in der Stadt, in der die Sorge des Tages und um die Zukunft unruhige Schwingung schafft. Er wusste im Juli noch nicht, ob er ab und zu herkommen würde, um Kurse an der Städtischen Handelshochschule abzuhalten Auch ich bin noch nicht lange zurück in der Stadt, aber mir ist schon, als wäre ich immer hier und nie auf de stillen Lande mit einer goldenen Sonne gewesen.

Mit den besten Wünschen für Ihre baldige Wiederherstellung und vielen Grüßen.
Stets Ihr ergebener
F. Kiener

Dokumente zur beruflichen Entwicklung 1919–1920

Nach der Entlassung aus dem Militärdienst hat sich sein langjähriger Förderer Hugo am Zehnhoff, inzwischen Preußischer Justizminister, bei Ministerkollegen für Carl Schmitt verwendet. Am Zehnhoff war im Kaiserreich Reichstagsabgeordneter, für die Nationalversammlung 1919 kandidierte er nicht, wohl aber für die Preußische Landesversammlung. Von der Zentrumsfraktion für das Justizministerium präsentiert und von den übrigen Koalitionspartnern akzeptiert, wurde er am 25.3.1919 der erste parlamentarische Justizminister Preußens.

Nach Verhandlungen mit dem Wohlfahrtsministerium und dem Reichsfinanzministerium zog Carl Schmitt das Angebot der Handelshochschule München vor und wurde dort am 1.9.1919 als Dozent fest angestellt. Die Handelshochschule München war 1910 von der Stadt, der Handelskammer und dem Handelsverein als Träger der Hochschule gegründet worden. Sie war die 9. Gründung eines seit der zweiten Hälfte des 19. Jahrhunderts eingerichteten Hochschultyps zur Ausbildung von Kaufleuten. Neben praktischen Fächern wurden theoretische Fächer wie Handelswirtschaft, Volkswirtschaftslehre, Recht, Philosophie, Wirtschaftsgeographie u.a. gelehrt. 1919/1920 waren 9 hauptamtliche und 7 nebenamtliche Dozenten angestellt, die Zahl der Studenten betrug 900.[1]

In einem Brief vom 12.8.1920[2] bezieht sich der Direktor bereits auf den Fall einer möglichen Auflösung der Handelhochschule, um die Weiterführung der Zahlung des Gehaltes durch Neuregelung des Anstellungsverhältnisses u.a. sicherzustellen. Die Handelshochschule München wurde Ende Sommersemester 1922 in die Technische Hochschule München integriert. Carl Schmitt hatte bereits davor am 1. Oktober 1921 seine Stellung als Ordentlicher Professor an der Universität Greifswald angetreten.

---

1 Hans Sehling, Die Entwicklung des Münchner kaufmännischen Schulwesens. Von den Anfängen bis zur Neugestaltung unter Kerschensteiner (1870–1920). Ehrenwirth Verlag, München 1966. Siehe Kap. 4. Die Münchner Handelshochschule 1910–1922, S. 99–106.

2 Brief im Nachlass Carl Schmitt, HSAD RW 265-2972.

4. Juni 1919 *Entlassung aus dem aktiven Heeresdienst*

Nr. 52733 IIa. München, den 4. Juni 1919
Generalkommando I. bayr. A.K. Pfandhausstr. 2

An
Kdt., Korpszahlungsstelle, IV, Ia,
IIb, Bez. Kdo. II München, Herrn
Dr. Schmitt Hochwohlgeb. Schraudolfstr. 5.

Betreff:
Entlassung.

Der höhere Beamte A.W. Dr. Karl Schmitt wird zur Wiederherstellung der Gesundheit mit 30. 6. 1919 beurlaubt.
Zu diesem Tage wird er unter Anerkennung der geleisteten Dienste aus dem aktiven Heeresdienst entlassen und wird mit seinem früheren Dienstgrad von der Stelle einer höheren Beamten A.W. enthoben.

Das Generalkommando
Der Chef des Generalstabes Der Regierungsvertreter
gez. Reichelt gez. Pfannstiel

11. Juli 1919 *Verhandlungsangebot von Ministerialdirektor Bracht zurMitarbeit im Ministerium für Volkswohlfahrt*

Berlin W. 66, den 11. Juli 1919.
Leipzigerstr. 3
(Ministerium für Volkswohlfahrt)

Herrn
Gerichtsassessor und Privatdozenten
Dr. Karl Schmidt
München
Schraudolphstr. 5.

Sehr geehrter Herr Assessor!

Der Herr Justizminister Am Zehnhoff hat gelegentlich die Aufmerksamkeit des preußischen Herrn Ministers für Volkswohlfahrt auf Ihre Person gelenkt und Ihre Verwendung in unserem zur Zeit noch in der Bildung begriffenen Ministerium empfohlen. Ob sich eine Möglichkeit hierzu bietet, vermag ich jetzt zwar noch nicht zu übersehen, wäre Ihnen aber gleichwohl für einige Personalangaben sowie für eine Mitteilung darüber dankbar, ob Sie auf eine Tätigkeit bei unserer Behörde Gewicht legen und bejahendenfalls, welche Wünsche Sie in dieser Richtung hegen. Lassen Sie bitte Ihre etwaige Antwort an meine persönliche Adresse gelangen.

Mit vorzüglicher Hochachtung
ergebenst
gez. Bracht
Ministerialdirektor

30. Juli 1919 *Rückfrage von Ministerialdirektor Bracht zur Mitarbeit im Ministerium für Volkswohlfahrt*

Berlin W. 66, den 30. Juli 1919.
Leipzigerstr. 3
(Wohlfahrtsministerium).

Herrn
Gerichtsassessor und Privatdozenten
Dr. Karl Schmidt
München
Schraudolphstr. 5.

Sehr geehrter Herr Assessor!

Auf Grund einer kürzlich erfolgten weiteren Rücksprache des Herrn Justizministers Am Zehnhoff mit dem Herrn Wohlfahrtsminister Stegerwald[3], die Frage Ihrer Verwendung im Wohlfahrtsministerium betreffend, lasse ich Ihnen umseitig Abschrift meines Schreibens vom 11. Juli d. J. ergebenst zugehen, da ich mit der Möglichkeit rechne, daß es auf der Post verloren gegangen ist.

Mit vorzüglicher Hochachtung
ergebenst
gez. Bracht

Einschreiben.
Abschrift umstehend.

---

[3] Adam Stegerwald (1874–1945), christlicher Gewerkschafter. 1919–1921 preuß. Minister für Volkswohlfahrt, 1921 zugleich preuß. Ministerpräsident.

3. August 1919 *Handschriftliche Postkarte aus dem Finanzministerium wegen Stellenvermittlung*

Berlin, den 3.8.1919

Herrn Assessor C. Schmidt
Privatdozent
München
Schraudolffstr 5 p.

Sehr geehrter Herr Assessor!

Von einem 4-wöchigen Aufenthalt in Weimar für 2 Tage nach Berlin zurückgekehrt, habe ich sofort den Herrn Justizminister aufgesucht um mit ihm auch wegen Ihrer Sache Rücksprache zu nehmen. Und habe von ihm gehört, daß Sie ihn Sonnabend besuchen sollen. Ich möchte Sie dringend bitten, keine endgültige Entschließung zu fassen, bevor Sie mit mir gesprochen. Wenn Sie es irgendwie einrichten können, so fahren Sie entweder auf der Hinreise oder auf der Rückreise nach bzw. von Berlin nach Weimar. Der Herr Reichsfinanzminister ist mit Ihrer Einberufung einverstanden.

Sie würden alsbald Regierungsrat und ständiger Hilfsarbeiter und hätten Aussicht bei ausgezeichneten Leistungen, die ich von Ihnen erwarten darf, in kürzester Zeit Geheimer Regierungsrat und vortragender Rat zu werden. Da die Finanzverwaltung wie keine andere Verwaltung – leider – expansive Bestrebungen hat, sind die Chancen hier noch günstiger als in den meisten anderen Verwaltungszweigen. Also kommen Sie sobald wie möglich nach Weimar und teilen Sie mir vorher den Tag Ihrer Ankunft mit (Weimar, Schloss).

Beste Grüße
Moerle
Unterstaatssekretär im Reichsfinanzministerium

Herr Justizminister Am Zehnhoff rät Ihnen auch, auf der Hinreise nach Weimar zu kommen und ihn dann nach der Besprechung in Weimar zu besuchen.

5. August 1919 *Handschriftliche Postkarte von Dr. am Zehnhoff, Berlin, Wilhelmstr. 65*

Herrn
Assessor Dr. Schmitt
München
5p Schraudolfstr 5 p

L. H. Sch.! Schließen Sie mit Moerle, der es übrigens mit Ihnen sehr gut meint, nicht ab, bis sie mit mir gesprochen haben!
Mit bestem Gruß. Ihr ergebenster
H. am Zehnhoff.

13. August 1919 *Handschriftlicher Brief von Dr. am Zehnhoff. [Das Datum ist von Carl Schmitt nachgetragen.]*

Sehr geehrter Herr Schmitt!

Bei Stegerwald können Sie, wie ich gehört, Regierungsrat oder noch mehr werden. Ein Titel würde Ihnen auch für Köln sehr nutzen.

Eine Vernunftehe brauchen Sie nicht zu schließen.

Sie kommen mir am gelegensten in der nächsten Woche.

Mit herzlichen Grüßen Ihr
H. am Zehnhoff

Ich will St. [Stegerwald] sagen, dass Sie in der nächsten Woche bei mir sein werden.

21. August 1919 *Zusage der Dozentur an der Handelshochschule München durch den Rektor Prof. Moritz Julius Bonn*

Der Direktor der
Handelshochschule
München

München, 21. August 1919
Ludwigstr. 4.
Tel.: 23 4 22.

Sehr geehrter Herr Kollege,

Nur ein Wort, um Ihnen zu sagen, dass Ihre Ernennung mit einem Gehalt von Mk. 6000,– (pensionsfähig) glatt durchgegangen ist. Hoffentlich bleiben Sie also hier.
In Eile herzlichen Gruss
Ihr sehr ergebener
gez. Dr. M. J. Bonn[4]

Herrn Dr. Carl Schmitt,
Schraudolphstrasse 5/o

22. August 1919 *Handschriftlicher Entwurf der Absage Carl Schmitts an Ministerialdirektor Bracht vom Ministerium für Volkswohlfahrt*

München, den 22. August 1919

Hochzuverehrender Herr Ministerialdirektor,
heute habe ich ein Angebot der Münchener Handelshochschule angenommen. Ausschlaggebend für diesen Entschluss, in München zu bleiben, war ein ausdrückliches ärztliches Verbot angestrengter Büroarbeit, das sich auf eine während des Militärdienstes erworbene Osteomyelitis gründet.

---

[4] Moritz Julius Bonn (1873–1965), Staats- und Wirtschaftswissenschaftler, schildert in seinen Memoiren „So macht man Geschichte. Bilanz eines Lebens“, Paul List Verlag, München 1953, S. 330–332, wie er Carl Schmitt 1919 und auch später gefördert hat. Kritisch zu dieser Schilderung nimmt Stellung Christian Tilitzki „Carl Schmitt an der Handels-Hochschule Berlin 1928–1933“ in Piet Tommissen (Hg.), Schmittiana IV. Duncker & Humblot, Berlin 1994, S. 161–162.

Ich möchte diese Mitteilung nicht machen, ohne Euer Hochwohlgeboren für das mir bezeigte ehrenvolle Interesse meinen ergebensten Dank auszusprechen, verbunden mit dem aufrichtigen Bedauern darüber, daß es mir nunmehr nicht vergönnt ist, die mir gütig vorgeschlagene Tätigkeit aufzunehmen.

23. August 1919 *Handschriftliche Postkarte von H. am Zehnhoff, Berlin, Wilhelmstr. 65*

Herrn Hochschulprofessor
Dr. Carl Schmitt
München
5 pr Schraudolfstr. 5 pr.

Lieber Herr Schmitt! Ich gratuliere Ihnen zur guten Erledigung Ihrer Angelegenheit. Ich glaube mit Ihnen, daß eine Professur für Sie etwas besseres ist als ein Posten im Ministerium.

Auf Anraten des Arztes begebe ich mich, so Gott will, am nächsten Mittwoch für zwei Wochen zur Kur nach Nauheim bei Friedberg.

Mit herzlichen Grüßen an Sie und Ihre verehrte Frau Gemahlin (auch von Frl. Schröder) Ihr ergebenster
H. am Zehnhoff.

B [Berlin]. 23. 8. 19

13. November 1919 *Gehaltsvereinbarung mit der Handelshochschule München*

Handelshochschule
München

München, den 13. Nov. 1919.
Ludwigstr. 4
Tel.: 4418, 4419.

Sehr geehrter Herr Doktor!

Durch die Bayerische Handelsbank erhielten Sie die Summe von M. 600,– als Teuerungszulage für die Monate September, Oktober und November 1919 überwiesen. Die Zulage setzt sich zusammen aus:

M. 2280.– jährliche Zulage auf Grund der Bekanntmachung vom 26. März 1919 (bayerisches Gesetz- und Verordnungsblatt No. 17)

M. 360.– Ausgleichzulage auf Grund der Bekanntmachung vom 11. Oktober 1919
(bayerisches Gesetz- und Verordnungsblatt No. 69)

M. 2640.– jährlich insgesamt.

Von nun an erhalten Sie die Zulage mit den monatlichen Honorarüberweisungen.
Wir erlauben uns gleichzeitig die Anfrage, ob die Überweisungen in Zukunft nicht auf ein Bankkonto erfolgen könnten und bitten bejahendenfalls um Bekanntgabe der betreffenden Bank.
Ferner bitten wir um umgehende Mitteilung jeder Veränderung Ihres Familienstandes, die für die Berechnung der Teuerungszulage in Frage kommt.

Mit vorzüglicher Hochachtung
Kasse der Handelshochschule

Herrn Dr. Carl Schmitt
Hier, Schraudoplstr. 5.

Christian Roth

Carl Schmitts Vorgesetzter im stellvertretenden Generalkommando, Hauptmann Christian Roth, Leiter der Abteilung P, wurde von seinen ihm unterstellten Referatsleitern geschätzt, was der nachfolgende Leserbrief von Carl Schmitt und Georg von Schnitzler belegt.

Roth schied am 31.3.1919 aus dem stellv. Gen. Kdo. aus, wurde am 30.4.1919 zur Heeresgruppe West versetzt und am 2.5. zur Stadtkommandantur München. Am 30.9. 1919 wurde er aus der Armee als Hauptmann entlassen, am 10.5.1920 erhielt er den Charakter als Major.

Der Nekrolog in den „Münchner Neuesten Nachrichten" vom 18.9.1934 schildert in zeitgemäßer Beleuchtung den Lebenslauf.

Leserbrief

Münchner Post, 7. August 1920

Dr. Roth und die „Frankfurter Zeitung"

Wir bringen nachstehend eine Erklärung zu den Angriffen gegen Justizminister Dr. Roth, die für die „Frkf. Ztg." bestimmt war. Diese hatte jedoch davon „abgeraten", da sie die Aeußerungen mit einem „skeptischen Kommentar werde versehen müssen". Die Verfasser der Erklärung stehen uns politisch durchaus fern. Die Erklärung heißt im Wortlaut:

Der jetzige bayerische Justizminister Dr. Roth, früher Hauptmann beim stellvertr. Generalkommando 1.B. A.-K. in München, wird in Nr. 531 der „Frankf. Ztg." wegen seiner Tätigkeit am Generalkommando als Scharfmacher und Repräsentant der Reaktion hingestellt. Die „Süddeutsche Presse", die dabei zum Beleg zitiert ist, nennt ihn einen „typischen Repräsentanten der Vereinigung von verfolgungssüchtigem Polizeigeist mit militärischem Machtdünkel". – Wir waren jahrelang in der von Dr. Roth geleiteten Abteilung des Generalkommandos tätig und standen, wie Dr. Roth bekannt war, auf einem ganz anderen politischen Standpunkt als er selbst. Der Kommunist Otto Thomas, der mit

Dr. Roth dienstlich zu tun hatte, ist gerecht genug, um in der „Neuen Zeitung" dessen persönliche Tüchtigkeit rückhaltlos anzuerkennen. Die Gerechtigkeit verlangt es, daß auch wir gegenüber den Versuchen, aus Dr. Roth, dieser Personifizierung des gesunden Menschenverstandes, den Popanz eines bornierten Reaktionärs zu machen, einfach erklären, was wir doch am besten wissen müssen. Die Abteilung Roth war kein Scharfmacherbüro und Dr. Roth alles andere als ein bornierter Militarist. Die Zensur, übrigens ein kleiner Teil des riesigen, hauptsächlich wirtschaftlichen Referats, unterstand den Weisungen des Kriegsministeriums. Bei der Abteilung waren offen demokratische Mitarbeiter, was Dr. Roth wußte, ohne sie in ihrer Selbständigkeit zu beeinträchtigen. Einer von ihnen, ein notorischer Pazifist, hat 1917 einen ausgesprochen pazifistischen Artikel in der „Münchner Post" veröffentlicht, wegen dessen ihn jeder nur etwas scharfmacherische Vorgesetzte gemaßregelt hätte. Es wird auch wenige militärische Stellen in Deutschland gegeben haben, die Ausländer, darunter besonders polnische und belgische Arbeiter, so liberal behandelten, wie diese Abteilung.

Ob der Justizminister Roth im Amt bleibt, interessiert uns nicht. Aber zu der karikierenden Darstellung seiner Tätigkeit am Generalkommando dürfen wir der Wahrheit wegen nicht schweigen.

Dr. G. v. Schnitzler,
Direktor der Höchster Farbwerke.
Dr. Karl Schmitt,
hauptamtl. Dozent der Handelhochschule München.

Generalstaatsanwalt Dr. Christian Roth †

Münchner Neueste Nachrichten, 18. IX. 1934, Nr. 254

Aus Breslau kommt die Trauerkunde, daß der Generalstaatsanwalt am Verwaltungsgerichtshof in München, Dr. Christian Roth, der frühere bayerische Justizminister, dort einem Herzschlag erlegen ist. Der so plötzlich Abberufene hatte einen achttägigen Urlaub zum Besuch eines Bundesbruders, eines Breslauer Universitätsprofessors, benutzt und wollte von dort zu einem Burschenschafterfest der Bubenreuther, deren Philister er war, nach Erlangen fahren.

Dr. Roth, ein Sohn des Pächters des Bades Brückenau, Kommerzienrat Georg Roth, war in Forchheim am 12. Februar 1873 geboren, studierte an den Universitäten Erlangen und Berlin und war als Praktikant zunächst bei der Regierung von Oberbayern, bei der Polizeidirektion sowie als Amtsanwalt am Amtsgericht I tätig. Im November 1902 wurde er zum Bezirksamtsassessor in Bogen ernannt und vier Jahre später in gleicher Eigenschaft an das Bezirksamt München versetzt. Als Regierungsassessor übernahm er das politische, das Kunst- und Theaterreferat der Polizeidirektion München. Bei Kriegsbeginn übernahm er als Hauptmann d. L. die Abteilung P zunächst beim mobilen Generalkommando des 1. Bayer. Armeekorps, dann beim stellvertretenden Generalkommando.

An der Befreiung Münchens nahm er mit seinen beiden Söhnen Anteil. Der Stadtkommandantur zugeteilt, übernahm er die Polizei- und Presseabteilung. Im November 1919 übernahm Roth die Leitung des Bezirksamts Dachau und schuf dort die Einwohnerwehr. Im folgenden Jahre wurde Roth zum Justizminister ernannt, trat aber im September 1921 von diesem Amte zurück. Von 1920 bis 1928 sehen wir ihn als Landtagsabgeordneten. Aufgestellt von der Deutschnationalen Volkspartei, wandte er sich schon 1922 der erwachenden völkischen Bewegung zu, organisierte mit den Kampfbund und wurde nach den Ereignissen des 9. November 1923 in Schutzhaft genommen, die er zusammen mit Reichsleiter Verlagsdirektor Amann und Kreistagspräsident Weber in der Festung Landsberg verbrachte. Am 1. Juli 1928 wurde Dr. Roth zum Generalstaatsanwalt des Verwaltungsgerichtshofes ernannt.

Er war auch ein bekannter und eifriger Jäger und hatte, in den Ausschuß des Jagdmuseums berufen, vor kurzem noch die Satzungen dieser Anstalt entworfen. Seinen Heimgang betrauern eine Gattin und zwei Söhne, bekannte Rechtsanwälte in Köln und München und eine Tochter. Sein ältester Sohn, der Anwalt in Amerika war, ist ihm vor einem Vierteljahr im Tode vorausgegangen.

Alice Berend
Der Glückspilz

Verlag Albert Langen, München 1919
Auszug

Alice Berend, Autorin einiger Erfolgsromane, gehörte am Ende des Ersten Weltkriegs in München zum Kreis der Däublerverehrer um Carl Schmitt. Sie schrieb 1919 den Roman „Der Glückspilz". Carl Schmitt hat in seinem letzten Lebensabschnitt Freunde und Besucher darauf hingewiesen, dass dieser Roman biographische Züge aus der Zeit seiner ersten Ehe aufweist, allerdings gut getarnt. So erhält Carl Schmitt auch eine Schwiegermutter. Doch ist es bei den meisten anderen Zutaten im Roman schwer zu entscheiden, was Erfindung und was Anspielung ist. Dass z. B. Alice Berend aus Cari von Dorotić eine Bürgerstochter namens Marianne macht, kann ebenso gut Tarnung sein, als auch bedeuten, dass die Autorin den adeligen Schwindel durchschaut. Ihr Glückspilz aber ist und bleibt nur deshalb ein solcher, weil er, von der Liebe geblendet, Mariannes Betrügerei gar nicht zu erkennen vermag. Doch dann wartet Alice Berend mit weiterer Doppelbödigkeit auf, nämlich mit der Einführung des Primaten John Gibbon Esq., der Marianne nachäfft und hinter ihrem Rücken unverschämt grinst. Das grinsende Tier wird zum einzigen wahren Freund ihres Romanhelden. Alle beide lässt Alice Berend im verschneiten, winterlichen Park erfrieren, während sich Marianne mit ihren Freunden vergnügt: Den verunglückten Glückspilz selig lächelnd in der Hoffnung auf Rettung durch die Liebe seiner Frau und den noch im Tode grinsenden Affen John Gibbon.

„So wurden sie beide gefunden. Von einem Straßenkehrer, der dem grauen Wintertag einen Pfad durch den Schnee schaufeln wollte. –
In allen Zeitungen erschien Martins [des Glückspilzes] Bild. Professor Böckelmann, der sich besonders um die Kauwerkzeuge der Bienen verdient gemacht."

Carl Schmitt hat in seinem Exemplar des Romans diese Zeilen der letzten Seite angestrichen, außerdem auffällig oft das Wort „grinsen" im Text. Wer grinst hier über wen? Der Leser der Tagebücher, der mehr über Carl Schmitts Libido erfährt als Alice Berend ahnen konnte, mag sich seinen Reim darauf machen. Er wird vergebens von ihr neue Erkenntnisse über die Persönlichkeit des damals Dreißigjährigen erwarten, wohl aber sich ein besseres Bild der Cari aus den Beobachtungen einer klugen Schriftstellerin machen können. In diesem Sinne sollte der folgende Abdruck der Seiten 186 (Zeile 7 von unten) bis 189 (Zeile 6 von oben) verstanden werden. Die Szene steht in direktem Zusammenhang mit den von Carl Schmitt angestrichenen Zeilen.

Personen der Handlung:
Prof. Martin Böckelmann, Insektenforscher und Autor eines Aufsehen erregenden Buches über den Ameisenstaat, alias Carl Schmitt.
Marianne Böckelmann geb. Stolpe, Ehefrau, alias Cari.
Frau Stolpe, die Schwiegermutter.
Bob und Irma, frisch verheiratete bürgerliche Geschäftsleute, Freunde der Marianne, die von ihr täglich besucht werden.

Seitdem gab Marianne ihrem am Schreibtisch sitzenden Martin nur einen herzlichen Abschiedskuß, wenn sie zu Bob und Irma eilte. Sie wollte nicht, daß er seine kostbare Zeit für etwas verschwendete, das ihm weder Vergnügen bereitete, noch Nutzen. Sie hätte es als ein Verbrechen angesehen.

So war alles gegenseitige, zarte Rücksicht.

Frau Stolpe, heiter, zufrieden und sich am rechten Platze fühlend, sagte, daß mit ein wenig Geschick auch das ganze Lebensglück eine höchst einfache Sache wäre ...

Trotzdem war Marianne der Ansicht, daß eine Frau nie genug tun könne für ihren Mann.

Sie hatte sich daher entschlossen, auch einiges zum Erscheinen von Martins neuem Werk beizutragen. Angeregt dazu durch Bob, der ihr gesagt, daß ohne ein wenig Reklame weder Gott noch der Teufel zu ihrer Popularität gekommen wären. Kurzum, daß auch die solidesten Werke einen Schubs von außen benötigen.

Marianne entschloß sich daher, die Redaktionen der Zeitungen aufzusuchen. In einem kleidsamen Winterkostüm, weinrot und pelzbesetzt.

Ein Handtäschchen aus blankem Autolack, mit versilbertem Bügel, enthielt ein Päckchen Photographien, die Martin darstellten. Sie waren nicht neu. Frau Stolpe hatte sie beim Aufräumen gefunden. Sie waren wohl aus irgendeiner eiligen Notwendigkeit heraus für einen Paß oder dergleichen einmal angefertigt worden. Sie waren auch nicht schmeichelhaft. Aber Frau Stolpe meinte, daß dies nicht nötig wäre. Martin sähe hochgelehrt darauf aus und das wäre die Hauptsache.

Die junge Frau Professor Böckelmann ließ sich auf den Redaktionen in einer dringenden Angelegenheit melden. So war sie ebenfalls von Bob belehrt worden. Der selbst häufig zu solchen Besuchen genötigt war. ...

Außerdem hatte Bob Marianne geraten, bei der kleinsten Zeitung ihren Rundgang zu beginnen. Aller Anfang ist schwer.

Bob hatte auch hierin recht. Auf der ersten Redaktion sprach Marianne sofort und soviel von Insekten und ihrer Wichtigkeit für den Menschen, daß der sie Empfangende, ein alter, mürrischer Herr mit Brille zuerst der Ansicht war, daß es sich um die Angelegenheit eines Kammerjägers handele. Nach und nach klärte sich der Irrtum auf. Böckelmanns Bild wurde angenommen, auf Pappe geklebt und mit einigen Anmerkungen versehen.

Auf den weiteren Stationen benahm sich Marianne schon gewandter. Einige Redakteure waren jung und fesch. Da erledigte sich die ganze Angelegenheit wie von selbst. An einem Schreibtisch sagte man sogar sofort, daß Martin Böckelmann ein wohlbekannter Name sei. Man hielt ihn sogar für einen Großindustriellen, besann sich aber sogleich, als Marianne verbesserte, daß ihr Gatte nur ein Gelehrter wäre.

Überall kam man überein, das Bild beim Erscheinen des neuen Werkes an die Öffentlichkeit zu bringen.

Unter dem Bilde sollte stehen: Professor Böckelmann, der sich vor allen Dingen um die Kauwerkzeuge der Bienen verdient gemacht.

Das Werk behandelte zwar die Ameisen. Aber wer Macht hat, gebraucht sie. Marianne war nicht bereit für die Popularität jener Geschöpfe zu sorgen, die sie um ihren Honig gebracht. Wie du mir, so ich dir ...

Richard Seewald
Der Mann von gegenüber
Spiegelbild eines Lebens

List Verlag München 1963
Auszug, S. 205–208

Jeder, der mit Aufmerksamkeit lebt, weiß, was er Büchern verdankt, die ihm ein scheinbarer Zufall (wie liebe ich die Zufälle) in den Weg gestellt hat. Glücklich der Jüngling, dem sich ein Mann in den Weg stellt. Ich begegnete Theodor Haecker (auf welche Weise, habe ich anderswo schon erzählt). Er wurde mir, wie ich in der Zueignung meines „Robinson, der Sohn Robinsons" bekannte, zu einem Lehrer nach der Weise des Sokrates. Er war zehn Jahre älter als ich. Habe ich ein Verdienst bei dieser Begegnung, aus der Freundschaft wurde, so nur dies, daß ich sofort, ein Zweiundzwanzigjähriger, in ihm, dem damals völlig Unbekannten, den bedeutenden Mann erkannte. Es sammelte sich bald um ihn ein anfangs zufällig zusammengesetzter Kreis. An jedem Samstag, später jeden Dienstag, trafen wir uns abwechselnd in der Wohnung der Freunde oder in meinem Atelier. Wie oft sahen wir hinter diesem großen Fenster den Morgen heraufdämmern, und wie oft sah uns dann die feierliche Ludwigstraße, doppelt feierlich in der Menschenleere der Morgenfrühe, einander nach Hause begleiten, um an den Haustüren als echte Peripatetiker immer wieder umzukehren. Der Gespräche war eben kein Ende, trotz der Länge der Nächte. Ohne es zu bemerken, war ich hier meinem „vorauserinnerten" Symposion begegnet.

Wir diskutierten die Zeit, die Religion, die Künste, die Bücher, die Max Stefl unermüdlich aus der Staatsbibliothek herbeischleppte (die Nazis haben ihn später daraus vertrieben, da er mit seiner Meinung über sie nicht hinter dem Berge halten konnte, sondern sie munter herausschrie). Wer war damals alles dabei? – Zunächst Ferdinand Schreiber, der Schulfreund Haeckers, der ihm, den der Kaufmannsberuf in Antwerpen nicht halten konnte, einen Posten im Redaktionsbüro der „Meggendorfer Blätter" gab, damit er seine philosophischen Studien beenden konnte. Ihm als erstem kommt das Verdienst zu, die

Bedeutung Haeckers erkannt zu haben, und es ist ein literarisches Kuriosum, daß dessen erste Schrift „Kierkegaard oder die Philosophie der Innerlichkeit“ in seinem Verlag erschien (aber welcher andere hätte diesem unbekannten und unbequemen jungen Mann sonst seinen Verlag geöffnet?). Mit Ludwig Heinrich, dem unbestechlichen Denker und großen Altphilologen, sieht mich nun, wenn ich in München bin, jeder Dienstag nach einem Menschenleben wieder beim Wein; und Max Stefl ist wieder dabei und anstelle des Vaters ein jüngerer Schreiber. (Wenn es spät wird in unserem Café, dann sind nur noch zwei Tische besetzt: der unsere und ein anderer, an dem eine Reihe von Mädchen sittsam ihren Café trinken. Es sind Straßenmädchen, die auf ihre Stunde, die Polizeistunde, warten. Als ich das zum ersten Male bemerkte, mußte ich lachen: In Ordnung, sagte ich mir; die beiden ältesten Professionen der Welt geben sich hier ein Stelldichein: die, die nach Weisheit streben, und die, die die Lust verkaufen.) Hans Rupé, damals Kustos am Nationalmuseum, war der reiche Jüngling unter uns, schön und gescheit und für alles Edle empfänglich, Ludwig von Ficker – er gab den „Brenner“ in Innsbruck heraus, in dem neben Trakls Gedichten die erbarmungslosen Satiren und Polemiken Haeckers erschienen – kam manchmal zu uns auf Besuch. Carl Schmitt saß unter uns, er, der bedeutende Rechtsphilosoph, der sich später einen christlichen Epimetheus genannt hat; aber nicht schuldlos wie jener, hat er die Büchse der Pandora geöffnet, als er Hitler die Gesetze machte, um dessen Julimorde nachträglich zu rechtfertigen, und dadurch den Titel eines Staatsrats empfing. Ihn verführte sein abstrakter Geist. Selten sah ich einen lebendigeren, schärferen und – unmenschlich – nur auf die Phänomene gerichteten. Unvergeßlich bleibt mir der Abend, an dem er, der große Jurist, als Quintessenz Gottes die Gerechtigkeit nannte und meinen bescheidenen Protest wegwischte, der für die Liebe als Gesetz eintrat, nach dem Gottes Gerechtigkeit walte. Niemals auch werde ich unseren Spaziergang die Ludwigstraße hinunter vergessen, auf dem er mir mit Enthusiasmus von Markion erzählte. Und sind diese beiden scheinbar zufälligen Erinnerungen nicht geradezu Schlüssel zu seinem Verhalten? – Im Gegensatz zu diesem abstrakten Denken, das ihn die Politik nur als das rechte Abwägen eines Freund-Feind-Verhältnisses definieren ließ, war er persönlich von einer großen, fast kindlichen Herzlichkeit, und ich war ihm freundschaftlich zugeneigt. Er war auch ein Freund Däublers und – wie wir oft lachend sagten – wohl der einzige Mensch, der dessen gewaltiges „Nordlicht“, mehr Verse enthaltend als Dantes Göttliche Komödie, ganz gelesen hat. Er veröffentlichte sogar ein Buch darüber. Es enthält in der Tat Verse von geradezu erhabener Schönheit in einem Dickicht ungenießbarer Wortfolgen. Man muß den Dichter es lesen gehört – und gesehen haben. Er war ein Mittelmeermensch, wenn er auch in deutscher Sprache dichtete. (Wie schön ist seine Ode an Pisa!) Er ähnelte Pan selber, kolossalisch wie ein Gebirge, der Gipfel bewaldet: er trug langwallendes Haar und einen lockigen Vollbart. (Dix hat ihn vortrefflich gemalt, den Mann mit dem Löwenhaupt.) Alles an ihm war maßlos, nicht nur die Zahl seiner Verse. Spielend verschwanden im Gestrüpp seines Bartes Schüsseln voll belegter Brote, und man bemerkte es kaum, denn er hörte dabei nicht auf, in unendlichem Fluß zu deklamieren.

Wie schnell verblaßt aller Ruhm heut. Damals der berühmteste Dichter Deutschlands, kennt die heutige Jugend kaum mehr seinen Namen. (Was hat Max Scheler einem Studenten geantwortet, der ihn fragte, ob es eine Unsterblichkeit gäbe? – Ja – aber nicht lange!)

Richard Seewald
Die Zeit befiehlt, wir sind ihr untertan
Lebenserinnerungen

2. Auflage
Verlag Herder Freiburg i. Br. 1977
Auszug, S. 117–118

Auch Karl Schmitt saß oft unter uns, und ich muß ihm wohl mehr als ein paar Zeilen widmen, da dieser bedeutende Rechtsphilosoph, dessen falsche Lehre, Politik bestehe ausschließlich aus einem richtigen Abschätzen des Freund-Feind-Verhältnisses einmal Schule gemacht hatte. Er schied später aus unserem Kreise aus, um eine wichtige Rolle in der Geschichte des Nationalsozialismus zu spielen. Er machte Hitler die Gesetze, die die Röhm-Morde nachträglich rechtfertigen sollten. Ihm wurde der Titel eines Staatsrates verliehen.

Ich habe oben einmal gesagt, daß ich Idealisten fürchte, aber auch Menschen mit einem abstrakten Verstand, der sie hindert, die Realität zu sehen, flößen mir Angst ein. Einen solchen Verstand besaß Karl Schmitt. Nur so ist es verständlich, daß die Staatsphilosophie Hobbes, die ihm ermöglicht hatte, jene Gesetze zu konzipieren, ihn wiederum stürzte. Ein Essay, so sagte man mir, den er über Hobbes' „Leviathan" schrieb, kostete ihm seinen Titel und brachte ihn ins Konzentrationslager, aus dem ihn bei Kriegsende die Amerikaner befreiten. – Entschuldigend nannte er sich später einen „christlichen Epimetheus", ein Buchtitel seines Freundes Konrad Weiß.

Ich entsinne mich lebhaft zweier Unterhaltungen mit ihm, bei deren erster ich allerdings mehr als ein Zuhörer war. Bei einem Spaziergang in der Ludwigstraße hielt er mir einen Vortrag über Marcion, den reichen und einflußreichen Mann, dem es einmal gelungen war, fast die Kirche zu spalten und den sie unter die Ketzer einreiht. Das andere Mal versuchte ich ihm zu widersprechen, als er die Gerechtigkeit die Quintessenz Gottes nannte. Mein Einwand, daß doch die Liebe das Gewicht in der Waage dieser Gerechtigkeit sei, wischte er mit Leichtigkeit fort.

Im Grunde war auch sein Heim eine reine Abstraktion. Seine Frau, eine Jugoslawin, schien nicht wirklich zu sein, sondern eher die Schwester ihrer beiden Wellensittiche, die, auf dem Teetisch umherlaufend, sich in der blanken Teekanne spiegelten. Sie unterhielt sich mit ihnen in einer Art Puppen- und Zwitschersprache. Er wünschte, sich von ihr scheiden zu lassen, da sie den Reizen der Matrosen in der Zeit der Räterepublik nicht habe widerstehen können. Für ihn war es eine Selbstverständlichkeit, daß die Kirche „angesichts seiner Verdienste um sie" diese Trennung ohne weiteres vollziehen würde. Sie tat es nicht. So heiratete er ohne ihre Zustimmung ein zweites Mal; wiederum eine Jugoslawin, fast gleichen Namens.

Persönlich war er von einer großen, fast kindlichen Herzlichkeit, und ich war ihm freundschaftlich zugetan.

Anhang

Münchener Chronik 1918–1919

1918

7.11.
Demonstration von SPD und USPD auf der Theresienwiese. Bildung eines Arbeiter- und Soldatenrates unter dem Vorsitz von Kurt Eisner. Ausrufung der Republik.

8.11.
Koalition von SPD (Auer) und USPD (Eisner). Eisner wird Ministerpräsident.

24.11.
Eisner veröffentlicht Dokumente zur deutschen Kriegsschuld.

5.12.
Festsetzung der Landtagswahlen auf den 1.12.1919 durch das Kabinett.

1919

12.1.
Landtagswahlen in Bayern: Bayerische Volkspartei 35 %, SPD 33 %. Deutsche Demokratische Partei 14 %, Bauernbund 9 %, USPD 2,5 %

16.2.
Massendemonstration unter Beteiligung von Eisner für das Rätesystem.

20.2.
Eisner entschließt sich auf Drängen der SPD-Minister zurückzutreten. Er will seinen Entschluss am 21.2. im Landtag bekannt geben.

21.2.
Einberufung des Landtags. Eisner auf dem Weg dorthin von Graf Arco ermordet. Attentat auf den Vorsitzenden der SPD Erhard Auer. Flucht des Landtags.

Bildung eines Zentralrates unter Ernst Niekisch. Verhängung des Belagerungszustands und Ausrufung des Generalstreiks.

25.2.–8.3.
Dritter Zusammentritt des Kongresses der Arbeiter-, Bauern- und Soldatenräte in Nürnberg

26.2.
Trauerfeierlichkeiten für Kurt Eisner, Landauer hält Gedächtnisrede.

1.3.
Der Rätekongress bestimmt die provisorische Regierung Segitz aus SPD, USPD und Bauernbund.

3.3.
„Nürnberger Kompromiss" zwischen SPD, USPD und Bauernbund sieht die Bildung einer sozialistischen Minderheitsregierung aus SPD und USPD unter Ministerpräsident Johannes Hoffmann vor, Neuwahl zum Landtag und Ablösung der Räte.

3.4.
In Augsburg und München beschließen Versammlungen von Arbeiter- und Soldatenräten die Ausrufung der Räterepublik.

5.3.
Eugen Leviné kommt im Auftrag der KPD-Zentrale nach München und übernimmt die Redaktion der Münchner Roten Fahne.

8.3.
Der Rätekongress nimmt die revidierte Fassung des Nürnberger Kompromisses an. Ernst Toller Vorsitzender der Münchener USPD.

17.3.–18.3.
Der Landtag bestätigt die Regierung Hoffmann. Annahme des Staatsgrundgesetzes. Danach Vertagung des Landtags.

4.4.
Im Kriegsministerium Nachtsitzung über die Ausrufung der Räterepublik mit den Führern der sozialistischen Parteien, des Bauernbundes, Mitgliedern des Zentralrates und den Anarchisten.

7.4.
Proklamation der Räterepublik. Ernennung von Volksbeauftragten. Die bürgerliche Presse wird unter Zensur gestellt. Die Regierung Hoffmann besteht auf ihren Rechten und verlegt ihren Sitz nach Nürnberg, später nach Bamberg. USPD-Minister scheiden aus der Regierung aus.

8.4.
Nach dem Rücktritt von Ernst Niekisch (SPD) übernimmt Ernst Toller (USPD) den Vorsitz im Revolutionären Zentralrat.

9.4.
Ankündigungen einer Lebensmittelsperre gegen München.

10.4.
Einsetzung von Revolutionstribunalen. Freilassung aller Kriegsgefangenen. Beginn der Werbung für die Rote Armee. Ret Marut veröffentlicht Sozialisierungsplan für die Presse.

13.4.
Putschversuch der Republikanischen Schutztruppe. Bildung der Zweiten Räterepublik. Nach Absetzung des Zentralrates durch die Betriebs- und Soldatenräte übernimmt ein Aktionsausschuss die Macht, Wahl eines Vollzugsrates unter dem Vorsitz von Eugen Leviné (KPD). Einsetzung verschiedener Kommissionen. Rudolf Egelhofer (KPD) wird Stadtkommandant.

14.4.
Erster Tag des Generalstreiks. Auflösung der Polizei, Entwaffnung des Bürgertums und Bewaffnung der Arbeiter. Aufstellung der Roten Armee. Publikationsverbot für alle Zeitungen. Als Ersatz erscheinen ab dem 15.4. die regierungsamtlichen Mitteilungen des Vollzugsrates der Betriebs- und Soldatenräte. Verhängung einer Nachrichtensperre. Die Regierung Hoffmann ersucht Berlin um Reichshilfe und ruft zur Bildung einer Volkswehr auf.

16.4.
Erfolgreiche Kämpfe der Roten Armee bei Dachau gegen Regierungstruppen. Toller und Klingelhöfer Abschnittskommandanten bei Dachau. Rudolf Egelhofer übernimmt das Oberkommando der Roten Armee.

17.4.
Öffnung des Safes der Münchener Banken auf Anordnung des Revolutionären Bankrates. Der Gold- und Papiergeldvorrat wird beschlagnahmt. Unter dem Vorsitz des Reichswehrministers Noske Besprechung im Preußischen Kriegsministerium über hartes militärisches Vorgehen gegen München. Den Oberbefehl hat Generalleutnant von Oven.

22.4.
Letzter Tag des neuntägigen Generalstreiks. Truppenschau der Roten Armee.

23.4.
Neben der Münchner Roten Fahne erscheinen unter Vorzensur wieder die Neue Zeitung und die Münchener Post.

26. 4.
Rücktritt von Toller, Klingelhöfer und Maenner als Kommandeure der Dachauer Front. Kontroverse Leviné–Toller, der die gegenwärtige Regierung als Unheil für das Volk ansieht: „Wir Bayern sind keine Russen!“. Verhaftung von Mitgliedern der Thule-Gesellschaft.

27. 4.
Rücktritt des bisherigen Aktionsausschusses unter Leviné. Bildung eines provisorischen Aktionsausschusses u. a. mit Toller und Klingelhöfer. Ergebnislose Verhandlungsversuche Tollers mit der Regierung Hoffmann.

28. 4.
Zusammentritt der Betriebs- und Soldatenräte zur Wahl des neuen Aktionsausschusses. Ausrufung der Diktatur der Roten Armee.

29. 4.
Aufruf Egelhofers zum Generalstreik und zum bewaffneten Kampf. Sturm auf das Polizeipräsidium und Vernichtung von Polizeiakten.

30. 4.
Generalstreik. Im Luitpoldgymnasium Hinrichtung von inhaftierten Regierungssoldaten und Mitgliedern der Thule-Gesellschaft durch Rotarmisten.

1. 5.
Betriebs- und Soldatenräte und Egelhofer fordern auf, die Waffen niederzulegen. Umschließung Münchens durch Regierungstruppen. Eigenmächtiger Vormarsch einzelner Verbände der Regierungstruppen bis in die Stadtmitte.

2. 5.
Militärische Besetzung der Stadt durch Reichswehr- und Freikorpsverbände. Bei Kämpfen und Übergriffen von Regierungssoldaten gibt es mehr als 600 Tote. Ermordung Gustav Landauers.

3. 5.
Wiedererscheinen der bürgerlichen Tageszeitungen. Ankunft weiterer Truppenverbände. Ermordung Rudolf Egelhofers.

4. 5.
Das Militär übernimmt die Stadtkommandantur. Verbot kommunistischer Publikationen. Verfolgung kommunistischer und räterepublikanischer Organisationen.

6. 5.
Ermordung von 21 katholischen Gesellen im Kolpinghaus durch Regierungssoldaten.

8.5.
Danksagung der Regierung Hoffmann an General Oven für die umsichtige Leitung und Durchführung der militärischen Aktionen.

13.5.
Verhaftung Eugen Levinés.

17.5.
Beginn der Standgerichtsprozesse.

31.5.
Umbildung des Kabinetts Hoffmann durch Aufnahme bürgerlicher Minister.

3.6.
Leviné wird vom Standgericht wegen Hochverrats zum Tode durch Erschießen verurteilt und am 5.6. hingerichtet.

4.6.
Verhaftung Ernst Tollers.

15.6.
Bei den Münchener Gemeinderatswahlen wird die USPD stärkste Stadtratsfraktion.

12.7.
Erich Mühsam zu 15 Jahren Festungshaft verurteilt.

16.7.
Ernst Toller zu fünf Jahren Festungshaft verurteilt.

1.8.
Aufhebung des Standrechts.

17.8.
Rückkehr der bayerischen Landesregierung und des Landtags nach München.

25.8.
Besuch von Reichspräsident Ebert und Reichswehrminister Noske in München anlässlich der Übernahme des bayerischen Heeres in die Reichswehr.

1.10. Aufhebung des Kriegszustandes.

Carl Schmitt. München 1915 bis 1919
Auswahl von Adressen

Adressen von Wohnung und Arbeitsstellen

Wohnung	Schraudolphstraße 5
Stellv. Gen. Kdo. I. bayerisches AK	Pfandhausstraße 2 (heute: Pacellistraße)
Bayerisches Kriegsministerium	Schönfeldstraße
Stadtkommandantur	Hofgartenstraße 1

Adressen von Cafés, Restaurants etc, geordnet nach Häufigkeit des Besuchs

Neue Börse	Maximiliansplatz 8
Café Wittelsbach	Herzog-Wilhelm-Straße 32
Akropolis	Barer Straße 45
Ceres	Löwengrube 8
Fürstenhof	Neuhauser Straße 21
Hotel Excelsior	Schützenstraße 5
Café Odeon	Brienner Straße 56
Humplmayr	Maximilianplatz 17
Ethos	Ottostraße 2
Café Bauknecht	Odeonsplatz 18 (Hofgarten-Arkaden)
Café Glasl	Amalienstraße 79
Hofgarten	Odeonsplatz 10
Domhof	Kaufingerstraße 15
Café Parade	Ludwigstraße 4
Paulanerbräu	Kaufingerstraße 11/12
Gisela	Fürstenstraße 2
Café Plendl	Rosenstraße 11
Café Central	Theatinerstraße 16
Café Fahrig	Neuhauser Straße 40

Alte Börse	Schäfflerstraße 17
Künstlerhaus	Lenbachplatz 8
Café Stefanie	Amalienstraße 25
Luitpold	Brienner Straße 8
Kochgarten	Marsstraße 27
Café Schwarzhaupt	Dachauer Straße 9
Hotel Wolf	Arnulfstraße 4
Victoria	Maximilianstraße 47
Hörhammer	Dachau, Freisingerstraße 36

Transkriptionen von Carl Schmitt u. a. handschriftlich verfasster Schrifttücke aus dem Kriegsarchiv München

Dokument 1 (S. 191)

Stellv. Gkdo. I. AK.
München, den 29. Mai 1915

I.
Schreiben an die K. Generaldirektion der Zölle und indirekten Steuern
München
Betreff: Stellungnahme des Buches J'accuse

II.
Zum Akt: Presse

Mit Verfügung vom 27. Mai 1915 Nr. 52128 hat das stellv. Gkdo. I. AK. die Beschlagnahme des im Verlag von Payot & Co. in Lausanne erschienenen Buches „J'accuse! Von einem Deutschen" für den Korpsbezirk für die Dauer des Kriegszustandes aufgrund Art. 4 Ziff. 2 KZG angeordnet. Ich verfüge, die Zollbehörden anzuweisen, die Beschlagnahme auch ihrerseits im Vollzug zu sichern.

Der Kommandierende General

Dokument 2 (S. 193)

Bad Tölz, den 8. IX. 15
Landhaus Thomas Mann

An die Zensur-Behörde
München

Am 14. August ist von Luzern als eingeschriebene Drucksache ein Exemplar des auch in deutschen Zeitungen besprochenen, in der Schweiz verbotenen deutschfeindlichen Pamphletes „J'accuse" an mich abgegangen. Die Absenderin eine deutschfreundliche Dame möchte, daß ich von der Schrift Kenntnis nähme, um vielleicht in einer deutschen Zeitung darauf zu erwidern. Da ich bis heute nicht in den Besitz der Sendung gelangt bin, die übrigens von der Absenderin der Zensur brieflich angezeigt wurde, gestatte ich mir die Anfrage, ob die Drucksache eingelaufen ist, ob Sie geprüft wurde und ob die Behörde bereit ist, sie mir auszufolgen.

Mit vorzüglicher Hochachtung.
Thomas Mann

Dokument 3 (S. 197)

I.
Eigenes Schreiben
An das K. Kriegsministerium München
Betreff: Beschlagnahme von Flugblättern
Beilage: 1 Schriftstück
zu KME Nr. 83925 vom 9. 9. 15.

II.
Zum Akt: Presse

Die Beschlagnahme der Flugblätter „Die Volksernährung“ (Rede des Abgeordneten Emanuel Wurm in der Sitzung des Reichstages vom 29. Mai 1915) und „Sozialdemokratie und Teuerung“ (Rede des Abgeordneten Otto Braun in der Sitzung des Preußischen Abgeordnetenhauses vom 24. 6. 1915) erfolgte gemäß dem Erlaß des K. preuß. Kriegsministeriums vom 3. 8. 15 Nr. 1690/7.15.A1, und dessen Vollzug das K. Kriegsministerium durch KME vom 13. 8. 15 Nr. 74747, Armee Abt. I. des stellv. Gkdo. beauftragt hatte. Die beiden Flugblätter sind hier nicht weiter bekannt.

Sofern eine solche Anweisung nicht vorliegt, untersagt das stellv. Gkdo. den Vertrieb von Druckschriften stets nur aufgrund eingehender Prüfung des Sachverhaltes.

München, 14. 9. 1915

Dokument 4 (S. 200)

Geheim!

I.
Die Einschmuggelung des Zimmerwalder Manifestes ist durch GKV vom 17. 10. 1915 Nr. 127268 verhindert worden.

II.
An die milit. Überwachungsstelle beim Bahnpostamt 1
München;
mit dem Ersuchen um Beachtung des vorstehenden Erlasses bei Prüfung der Feldpostsendungen.

München, 5. 12. 1915
Der Chef des Stabes

Dem stellv. Gen.-Kdo. I. b. A. K. nach Vollzugssicherung in Rückvorlage

Dokument 5 (S. 202–203)

I.
Schreiben an das K. Kriegsministeriums
München
Betreff: Handhabung der Zensur
Zu KME vom 8.4.1916
Nr. 35990
Beil.: 1 Zeitung

II.
Zum Akt: Presse

Das Verbot der Verbreitung der Schrift „Die Schlachten an der Marne" ist durch GKV vom 25. 3. 1916 Nr. 48381 erfolgt. Den Zeitungen wurden bisher solche Beschlagnahmeverfügungen nicht mitgeteilt, um nicht noch weitere Kreise auf diese Schriften aufmerksam zu machen. Es ist daher nicht anzunehmen, daß der „Augsburger Postzeitung" das Verbot bekannt war, vielmehr konnte sie, mit Rücksicht auf der Aussage des Mittlerischen Verlages, in dem die Schrift erschienen ist, voraussetzen, daß die Schrift von der Zensur genehmigt war. Das stellv. Generalkommando hat deshalb auch dem K. Staatsanwalt beim Landgericht Augsburg anheimgegeben, von einer Strafverfolgung der Augsburger Postzeitung abzusehen.
Das stellv. Generalkommando wird den vorliegenden Fall zum Anlaß nehmen, künftig in geeigneten Fällen die Presse von Verbreitungsverboten zu verständigen.

München, den 19. 5. 1916

Dokument 6 (S. 205)

I.
Anordnung
Aufgrund des Art. 4 Nr. 2 KZG wird der Vertrieb und die Ausfuhr des im Verlag von Georg Müller erschienenen Romans von Hans Heinz Ewers „Alraune" verboten, da der Inhalt des Romans als Lesestoff für das Feld durchaus ungeeignet ist und seine Versendung durch die neuerliche Herausgabe einer Feldpostausgabe wesentlich erleichtert wird.

München, den 23. 9. 16
Der Kommandierende General

II.
Von vorstehender Anordnung sind zu verteilen:

4 Abdrücke an das K. Kriegsministerium (zu KME vom 1. 9. 16 Nr. 8677)

1 Abdruck an das stellv. Gkdo. XIV AK, Karlsruhe (zum Schreiben vom 3. 8. 16 Nr. V 5042),

1 Abdruck an das Oberkommando in den Marken

1 Abdruck an den Herrn Vorsitzenden der Buchhändlervereinigung, Buchhändler Nußer München, Ludwigstr. 7

III
An die Polizeidirektion
München
mit dem Ersuchen um Vollzug

München, den 23. 9. 1916

Dokument 7 (S. 207)

Auf Grund des Art. 4 Nr. 2 KZG wird die Verbreitung folgender Schriften verboten:
Einf. von < bis >
etwa vorgefundene Exemplare sind zu beschlagnahmen und entsprechend aufzubewahren. Die Einfuhr ist zu verhindern.

München, den 3. 8. 1916
Der Kommandierende General

Dokument 8 (S. 209)

Einf. von < bis >
wird auf Grund des Art. 4 Nr. 2 KZG verboten.
Vorgefundene Exemplare sind zu beschlagnahmen und entsprechend aufzubewahren.

München, den 30. August 1916
Der Kommandierende General

Dokument 10 (S. 217–218)

Auf Grund des Art. 4 Nr. 2 des Kriegszustandsgesetzes wird die Verbreitung, Ein- und Ausfuhr folgender Druckschriften verboten:

1. Eine radikalsozialdemokratische Schrift „Bericht über die Reichskonferenz der deutschen Sozialdemokratie 1916, Rede des Reichstagsabgeordneten Hugo Haase, Berlin." Als Manuskript gedruckt. 32 Seiten
2. Comte Louis Martin, la Legion Polonaise (Corps auxiliaire Polonais) Verlag Ferd. Weyß, Bern
3. F. W. Foerster, Die deutsche Jugend und der Weltkrieg, Kriegs- und Friedensaufsätze. Verlag Naturwissenschaften G. m. b. H. Leipzig
4. Dr. Geim und Schlittenbauer, Ein Hilferuf der deutschen Landwirtschaft. Verlag Manz in Regensburg
5. Die im Verlag des Art. Instituts Orell Füßli erscheinende Zeitschrift „Wissen und Leben" vorgefundenen Stücke dieser Schriften sind zu beschlagnahmen und entsprechend aufzubewahren.

Das durch GKV. vom 24.6.1916 Nr. 103835 angeordnete Verbreitungsverbot der „Internationalen Rundschau", Verlag Orell Füßli, Zürich tritt mit Wirkung vom 1.12.1916 außer Kraft.
Das Ausfuhrverbot für die Schrift von Prof. Dr. ing. Paul Coerens „Einführung in die Kristallographie", Verlag von Wilhelm Knapp, Halle a.d.S. (GKV. vom 26.11.1916 Nr. 215407) wird aufgehoben.
Die Einfuhr und Verbreitung der Zeitschrift „Wissen und Leben", Verlag des Art. Instituts Orell Füßli, Zürich, ist wegen des in Nr. 6 vom 15. Dez. 1915 enthaltenen Aufsatzes „Bethmann, der Pazifist" verboten worden. Der Aufsatz rührt angeblich von dem Verfasser des Buches J'accuse her.

München, den 10.1.1917
Der Kommandierende General

Dokument 12 (S.224)

I.
Der Antragsteller ist unter der im Telefonverzeichnis angegebenen Nummer 60725 nicht zu erreichen. Eine schriftliche Erlaubnis zum Bezug deutschfeindlicher Schriften kommt nicht infrage.

II.
Zum Akt: Einfuhr von Druckschriften

München, den 20.7.1917
Der Chef des Stabes

Dokument 14 (S.231)

I.
An das K. Kriegsministerium
München
Betreff: Handhabung der Zensur
Beilagen: 3 Bücher in einem Umschlag

II.
Zu P. (Akt: Ausfuhr von Druckschriften Bes.)

Die beiliegende im Verlag von Albert Langen erschienene Novellen-Sammlung
G. Meyrink, Des deutschen Spießers Wunderhorn
wurde vom Verlag zur Ausfuhrgenehmigung vorgelegt. Mit Rücksicht auf die Äußerungen Bd. I, S.50, 93/94, 126, Bd.II, S.18f, 102f, Bd.III, S.73ff. hat das stellv. Gkdo. Bedenken, die Bücher zur Ausfuhr zuzulassen.
Wegen der den evangelischen Pfarrerstand in grober und schmutziger Weise verletzenden Ausführungen Bd. I, S. 93/4 hat der „Verein für innere Mission" in München das Ansuchen gestellt, die Verbreitung des Buches allgemein zu verbieten. Es wird um Stel-

lungnahme zu diesem Antrag und im Falle der Ablehnung um Stellungnahme zu der Ausfuhrfähigkeit der Schrift gebeten.

München, den 3. 6. 1917
Der Chef des Stabes

Dokument 14 (S. 235)

I.
An das K. Protestantische Dekanat und Stadtpfarramt
München
Betreff: Verbreitung von Druckschriften
Beil.: Nr. 38 der Propyläen zum Schreiben vom 26. 6. 1917
Nr. 4063

II.
Zum Akt: Verbreitungsverbote

Das K. Kriegsministerium hat als die für München zuständige Zensurbehörde gegenüber einem mit dem dortigen Schreiben vom 26. 6. 1917 übereinstimmenden Ansuchen des Pfarrervereins der protestantischen Landeskirche in Bayern v. d. Rg. sich auf den Standpunkt gestellt, daß es zu seinem Bedauern mangels einer gesetzlichen Handhabe nicht in der Lage ist, die Verbreitung des Werkes „Des deutschen Spießers Wunderhorn" von G. Meyrink wegen der beleidigenden Äußerungen über die protestantischen Pfarrersfrauen zu verbieten.
Da auch die polizeilichen Befugnisse, die dem stellv. Generalkommando zustehen, nicht ausreichen, um gegen die 1913 erschienene Schrift vorzugehen, so bin ich zu meinem lebhaften Bedauern ebenfalls nicht in der Lage, die weitere Verbreitung dieses Klatschwerkes zu verhindern.

München, den 31. 7. 1917
Der Kommandierende General

Dokument 14 (S. 239)

I.
An Herrn Stadtpfarrer Daumiller
Hochwohlgeboren
Memmingen
Betr.: Öffentliche Sicherheit
Zum Schreibem vom 4. 2. 18

II.
Z. A. Verbreitungsverbot

Das K. Kriegsministerium hat sich als die für die Meyrink'sche Schrift zuständige Zensurbehörde gegenüber den Erwägungen des unbezeichneten Schreibens auf den Standpunkt gestellt

einf. von < bis >
dagegen ist das K. Kriegsministerium wie auch das stellv. Gkdo. der Auffassung von Euer Hochwohlgeboren, daß das Buch als Lesestoff für das Feld ungeeignet ist, durchaus beigetreten. Wegen einer Verhinderung der Verbreitung des Buches in den Feldbuchhandlungen ist das Weitere in die Wege geleitet.

München, den 29. 3. 1918
Der Kommandierende General

Dokument 15 (S. 241)

I.
1. An die Distriktverwaltungsbehörden des Korpsbereichs (in München die K. Polizeidirektion)
2. militärische Überwachungsstelle b. Bahnpostamt 1 München
3. militärische Überwachungsstelle b. Postamt Lindau
4. die K. Grenzschutzoffiziere (Vert. II)
5. Im Abdruck an K. Kriegsministerium (zu KME vom 25. 6. 1917 Nr. 100037A)
K. Staatsministerium des Innern, München
K. Regierungen-Kammern des Innern – von Oberbayern, Niederbayern, Schwaben u. Neuburg
den zur Z.St. Bayern kommandierten Stabsoffizier des K. b. Kriegsministeriums
die Zst. Bayern, München
Abt. P, II a, II b, II d, G. I.

II.
Zum Akt: Flugschriften

<u>Eilt. Geheim</u>

Über die Schweizer Grenze soll ein Flugblatt eingeschmuggelt werden, in dem eine Aufwiegelung des bayerischen Volkes gegen Preußen versucht wird. Das Flugblatt beginnt: „Bayern! Landsleute! Das furchtbare Elend, das durch den Krieg auch über unser Heimatland hereingebrochen ist und das unser Bayernvolk dem fast sicheren Untergang entgegentreibt, gibt uns die heilige Pflicht auf, an die Rettung unseres Landes und unserer Landsleute zu denken.“ Es ist unterzeichnet: Ein um sein Land besorgter Bayer.
Einf. von < bis >
bei Beachtung der Bleistiftkorrektur

München, den 28. 6. 1917
Der Kommandierende General

Dokument 16 (S. 246)

I.
An das K. Staatsministerium der K. Häuser und des Äußern München
Betreff: Ausfuhrsendungen der päpstlichen Nuntiatur
Zum Schreiben vom 6. 7. 1917 Nr. I 14411

II.
Zum Akt. Ausfuhr von Druckschriften Bes.
Nr. 201124 zum Akt: Grenzschutzvollzug

Die ungehinderte Versendung von zwei Kisten mit Büchern theologischen, philosophischen und geschichtlichen Inhalts, die seine Exzellenz der päpstliche Nuntius Monsignore Pacelli an das Dominikanerkloster in Graz verschickt, ist durch Ausstellung einer entsprechenden Ausfuhrgenehmigung an die Speditionsfirma Francesco Parisi gesichert worden.

München, den 16. 7. 1917
Der Kommandierende Gerenal

Dokument 17 (S. 248)

1. Die militärische Überwachungsstelle wurde telephonisch ersucht, die Druckschriften und Manuskripte einzusiegeln und freizugeben, der Antragsteller wurde telefonisch verständigt.

2. Zum Akt Ausf. v. Druckschriften

München, 15. 8. 1917
Der Chef des Stabes

Dokument 18 (S. 249–252)

I.
1) An Distriktpolizeibehörden des Korpsbereichs
2) Die Grenzschutzoffiziere nach Vert. I

In Abdruck an
K. Kriegsministerium zu KME vom 19. 7. 1917 Nr. 108189A.
K. Staatsministerium des Innern,
K. Regierungen (Kammern des Innern) von Oberbayern, Niederbayern, Schwaben u. Neuburg.
K. Oberpostdirektionen München, Augsburg, Landshut,
K. Generaldirektion der Zölle und der indirekten Steuern, mit dem Ersuchen um entsprechende Verständigung der Zollbehörden
Milit. Überwachungsstelle b. Bahnpostamt 1 München
Milit. Überwachungsstelle b. Bahnpostamt Lindau
P. (5) II a, II b, II d

Betr.: Belohnung für die Ablieferung von vaterlandsfeindlichen Flugblättern

Geheim!

Die zahlreichen Fälle, in denen das stellv. Generalkommando veranlaßt war, auf die verschiedenartigen Bemühungen der deutschfeindlichen Propaganda aufmerksam zu machen, beweisen, daß unsere Gegner kein Mittel scheuen, die Stimmung in Volk und Heer zu vergiften. Insbesondere mehren sich seit einiger Zeit die Versuche, die süddeutschen Stämme gegen Preußen aufzuhetzen und mit Broschüren und Flugblättern, die namentlich den Landbürgermeistern zugeschickt werden, die Bevölkerung zu bearbeiten. Die Einfuhr derartiger Schriften erfolgt gewöhnlich von der Schweiz aus; die Schriften werden mit der Post (als Drucksache oder Brief) geschickt, auf Schleichwegen eingeschmuggelt, von Reisenden eingeführt, durch Flieger oder Luftballons abgeworfen, Austauschgefangenen oder internierten Soldaten, die nach Deutschland zurückkehren, mitgegeben u.s.w. Bei der Mannigfaltigkeit der Verbreitungsmittel erscheint eine besonders strenge Überwachung und Unterdrückung dieser Propaganda notwendig. Mit GKV vom 28.6. 1917 Nr. 75035 P wurden bereits entsprechende Maßnahmen angeordnet. Es schien aber außerdem zweckmäßig, eine Belohnung für die Ablieferung von Flugblättern auszusetzen, um der Verbreitung der Flugblätter u.s.w. im einzelnen nachgehen zu können. Die Belohnungen werden vom stellv. Generalkommando I. b. AK angewiesen. Die Distriktpolizeibehörden und die Grenzschutzoffiziere werden ersucht, alle Fälle, die für eine solche Belohnung in Betracht kommen, dem stellv. Generalkommando mit einem kurzen Bericht zu unterbreiten. Für Beamte der Sicherheitsdienste und der Grenzschützer, die bei der Ablieferung lediglich in Ausübung ihrer dienstlichen Verpflichtungen handeln, kommt eine Belohnung nur aus besonderen Gründen in Frage.

II. An die stellv. Intendantur I. b. AK.
Betreff: w. v.
Beil. 1 Abdruck (von I)

Die gemäß der beiliegenden Verfügung angewiesenen Belohnungen für die Ablieferung von deutsch- und vaterlandsfeindlichen Flugschriften wollen auf Kap. 43 Zif. II des Kriegsjahresetats verrechnet werden.

III.
Pressenotiz
Seit längerer Zeit suchen unsere Feinde jede im deutschen Volke sich zeigende Meinungsverschiedenheit als Anknüpfungspunkt für eine geheime Agitation zu benutzen; namentlich bemühen sie sich, durch Aufhetzung des Südens gegen den Norden die innere Geschlossenheit zu erschüttern. Angesichts der Haltung des deutschen Volkes und angesichts unserer militärischen Lage scheitern die Mittel dieser Propaganda – Einschmuggelung von Flugschriften und Broschüren, Abwerfen aus Flugzeugen und Luftballons u. ä. – so kläglich, daß über die völlige Wirkungslosigkeit kein Zweifel bestehen kann. Da es jedoch notwendig ist, der Agitation im einzelnen nachzugehen, fordert das stellv. Generalkommando jedermann auf, derartige Flugschriften, Broschüren usw., die ihm in die Hände kommen, bei der Polizeibehörde oder dem stellv. Generalkommando abzuliefern. Das stellv. Generalkommando behält sich vor, in besonderen Fällen für die Ablieferung eine Belohnung anzuweisen.

IV.
An die Korrespondenz Hoffmann
München
Betreff: Belohnung für die Ablieferung deutschfeindlicher Flugschriften
Beil.: 1 Pressenotiz

Das stellv. Generalkommando ersucht um Hinausgabe beiliegender Notiz an die Presse.

München, den 8. 8. 1917
Der Kommandierende General

Dokument 19 (S. 255–256)

An die militärische Überwachungsstelle
b. Bahnpostamt 1 München

Die Beilage 2 wurde entnommen, um der in dem Schlußabsatz vorstehenden Berichtes enthaltenen Anregung zu entsprechen. –
Alle Beschlagnahmeverfügungen gelten grundsätzlich nur für den Bereich der Kommandobehörde, von der die Verfügung ausgeht. Da der Z. R. keinerlei Kommandobefugnisse zustehen, sie vielmehr eine lediglich registrierende Tätigkeit wahrzunehmen hat, wird durch die Bekanntgabe der Beschlagnahmeverfügungen seitens der Z. R. die Wirkung der Beschlagnahme in keiner Weise erweitert. Für die milit. Überwachungsstelle wird die Beschlagnahme infolgedessen nur dann maßgebend, wenn sie vom stellv. Gkdo. I. b. AK. verfügt ist. Bis dahin hat die Mitteilung für die Überwachungsstelle nur insofern Bedeutung, als durchlaufende Stücke der in Frage stehenden Schriften dem stellv. Gkdo. unter Bezugnahme auf die Mitteilung der Z. R. vorzulegen sind.
Bisher ist eine Übernahme der durch die roten Karten mitgeteilten neuen Beschlagnahmen noch nicht erfolgt, weil wegen der gleichmäßigen Regelung der Übernahme in Bayern noch Verhandlungen schweben.

München, den 30. 8. 1917
Der Chef des Stabes

Dokument 20 (S. 259–260)

I.
An das stellv. Generalkommando IX. AK
Presseabt. Leipzig
Betr.: Einfuhr von Druckschriften

Das stellv. Gkdo. IX. AK. hat mit Verfügung vom 5. 6. 1917 Nr. 9315 Pc den pazifistischen Roman Le Feu von Barbusse verboten. Der Roman erscheint nunmehr in deutscher Sprache in der deutschfreundlichen „Züricher Post“, deren Einfuhr schon aus politischen Gründen zweckmäßiger Weise nicht verboten werden kann. Da bei dieser Sachlage das Verbot der französischen (Original)Ausgabe des Romans gegenstandslos erscheint, möchte zur Erwägung gegeben werden, ob nicht eine Aufhebung des Verbotes veranlaßt ist, zumal, wie hier bekannt, vor der Überwachung des Verbotes zahlreiche Stücke nach Deutschland eingeführt wurden.

II.
Z. A. Einfuhr von Druckschriften

München, den 15. 10. 1917
Der Chef des Stabes

Dokument 21 (S. 262)

An
1) die milit. Überwachungsstelle
b. Bahnpostamt 1 München
2) die milit. Überwachungsstelle b. Postamt Lindau

Mit dem Ersuchen, alle an R. Marut (oder Maurhut) oder die Redaktion des „Ziegelbrenner" gerichteten oder von ihr ausgehenden Sendungen anhier vorzulegen.

München, den 27. 11. 1917
Der Chef des Stabes

Dokument 22 (S. 263)

I.
An Auswärtiges Amt, Berlin
Betreff: Einfuhr von Druckschriften
Beilagen: 8 Paketkarten mit Begleitzetteln u. R.

II.
zu P6 (Einfuhr von Druckschriften)

Eilt

Die beiliegenden Paketkarten betreffen Expreßsendungen von Prof. Karl Hönn, Berlin, Auswärtiges Amt, die ausschließlich die beschlagnahmte Schrift von Leonhard Frank „Der Mensch ist gut" (400 Exemplare) enthalten. Da die große Menge, in der die Schrift eingeführt wird – vor einiger Zeit wurde eine an den Verlag G. Müller gerichtete Sendung von 42 kg beschlagnahmt – auffallen muß, wird gebeten, über die Zustellung zu entscheiden. Die 8 Pakete, die noch hier lagern, könnten dann unmittelbar dem Ausw. Amt zugeleitet werden. Für den Fall, daß eine allgemeine Freigabe aller an die Adresse des Prof. Hönn gerichteten Sendungen beschlagnahmter Schriften angeordnet werden soll, wird um entsprechende Anweisung gebeten.

München, 15. 12. 1917
Der Kommandierende General

Dokument 22 (S.266)

I.
13 Beil. (Paketkarten an Ü. W. München zur Einbehaltung der Pakete 15.2.1918)

II.
An das Auswärtige Amt
Berlin
Betreff: Einfuhr von Druckschriften
Beilagen: 3 Schreiben
Zum Schreiben vom 10.2.1918 ANZ Nr. 16141

III.
Mit Nr. 160589 P6 und 1 Brief
Z.A. Einfuhr von Druckschriften
21.2.1918

Die an Herrn Prof. Hönn gerichteten Pakete mit der Frankschen Schrift „Der Mensch ist gut" sind entsprechend der allgemeinen Bestimmungen hier beschlagnahmt und einbehalten worden.

München, den 20.2.1918
Der Kommandierende General

Dokument 22 (S.268)

Ich kenne Herrn Prof. Hoehn [sic] nicht. Wenn er aber im A.A. tätig ist und sich die Bücher aus bestimmten Gründen besorgt hat, erscheint die Beschlagnahme bedenklich.
11.3.18
gez. Wulff

Dokument 22 (S.270–271)

I.
Von den Vorgängen zur Nr. 54046 (Schreiben des A.A. vom 6.4.18, Vfg. des stellv. Gkdo. vom 12.4.18 Schreiben der Überw.stelle vom 28.2.18 und den Bleistiftbemerkungen!) ist Abschrift zu fertigen.

II.
Auf den Einlauf Nr. 54046 P6 setze
mit 1 Beil. und 3 Abdrucken an den stellv. Generalstab der Armee
Abt. III B Abwehr
Berlin NW 40
Moltkestr. 8
zurück

Die in dem Schreiben von Prof. Hönn vom 22. Dez. 1917, das im Abdruck beiliegt, erwähnten Briefe sind an das A.A. zurückgegeben worden. Die Bücher selbst wurden hier einbehalten. Außer zahlreichen kleineren Sendungen sind noch an folgende Adressen große Mengen des Frankschen Buches einzuführen versucht worden:

Kommissionär Fernau, Leipzig
Kaufhaus des Westens, Berlin
Aktionsbuchhandlung, Berlin

Frank ist hier als ein Wortführer der zahlreichen deutschen Literaten in der Schweiz bekannt, die ihren fanatischen Pazifismus mit Hilfe ihrer großen literarischen Beziehungen in Deutschland zu verbreiten suchen. Zu ihnen gehören noch: A. Ehrenstein, L. Rubiner, Stephan Zweig, Klabund u.a. Die Bewegung wird hier seit langem überwacht.

III.
An die militärische Überwachungsstelle b. Bahnpostamt 1
München
Betr.: Einfuhr von Druckschriften

IV. Z. A. Einfuhr von Druckschriften
Die milit. Überwachungsstelle b. Bahnpostamt 1 München hat am 28.2.1918 Nr. 2290 dem stellv. Generalstab Abt. III b unmittelbar über die an Prof. Hönn beim Ausw. Amt adressierten Sendungen von L. Frank „Der Mensch ist gut" berichtet. Die Angelegenheit wurde vom stellv. Gkdo. behandelt, der Überwachungsstelle mußte dies aus der Verfügung vom 15. Februar 1918, durch die um Einbehaltung der infrage stehenden Pakete ersucht wurde, bekannt sein. Es wird ersucht, künftig derartige Sendungen und Pakete zur Entfernung vorzulegen.

München, den 27.4.1918
Der Chef des Stabes

Dokument 23 (S. 272)

I.
An das K. Kriegsministerium
München
Betreff: Einfuhr von Druckschriften
Beil.: 1 Zeitschrift
Zu KME vom 30.3.1918 in Art. 72221 A

II.
Zum Akt: Einfuhr von Druckschriften

Die Einfuhr des beil. Heftes Nr. 2 der Zeitschrift Dada ist in einem einzelnen Fall verhindert worden, weil sie eine angreifende Besprechung der beschlagnahmten Schrift von L. Frank „Der Mensch ist gut" enthielt. Es wird um Weisung gebeten, ob das Heft trotzdem unbehindert zur Lieferung zugelassen werden soll.

Dokument 23 (S. 273)

An die milit. Überwachungsstelle b. Bahnpotsamt 1 München
Mit dem Ersuchen, dort noch einbehaltenen Stücke der Zeitschrift Dada freizugeben.

Dokument 24 (S. 275)

I.
Die Zeitschrift ist als unbelastetes Blatt bekannt.

II.
An die Schriftleitung der „Hamburger Woche"
Hamburg 3,
Alter Steinweg 24
Betreff: Einfuhr von Druckschriften
Zum Schreiben vom 3. 4. 1918

Das stellv. Gkdo. genehmigt den Bezug der Zeitschriften.
einf. von < bis >
durch die Schriftleitung der „Hamburger Woche" unter der Voraussetzung, daß die Schriftleitung dem stellv. Gkdo. gegenüber die Gewähr dafür übernimmt, daß die bezogenen Exemplare nur in die Hände der mit der redaktionellen Verantwortung betrauten Personen gelangen. Die schriftliche Erklärung dieser Gewähr wolle anhier gesandt werden. Wegen der ungehinderter Einfuhr der Zeitschriften wird das Weitere von hier aus veranlaßt werden.

III.
1.) Milit. Überwachungsstelle b. Banhpostamt 1 München
2.) Milit. Überwachungsstelle b. Bahnpostamt Lindau

Zur Kenntnisnahme mit dem Ersuchen, für die „Hamburger Woche" (Verlag G. Eisler Hamburg) bestimmte und als solche kenntliche Stücke der genannten Zeitschriften umgehend freizugeben.

München, den 17. 4. 1918
Der Chef des Stabes

Dokument 25 (S. 278)

I.
An den Zentralverein Deutscher Staatsbürger jüdischen Glaubens
Berlin SW 68, Lindenstr. 13[1]
Betreff: Verbreitungsverbote
Zum Schreiben vom 8. 4. 1918

II.
Z. A. Verbreitungsverbote

Die Verbreitung des in untenbezeichnetem Schreiben genannten Flugblattes „Der Jude im Weltkrieg" ist mit Anordnung vom 25. 3. 1918 Nr. 41708 P6 verboten worden.

München, den 17. 4. 1918
Der Chef des Stabes

Dokument 26 (S. 280)

I.
An das K. Kriegsministerium München
Betreff: Friedensbewegung
hier Vorträge von Karl Kraus
zu KME vom 24. 5. 1918 Nr. 114021 A

Beilagen:
II.
1 Abdruck wurde z. A. Versammlungen gegeben

III. Mit 1 Abdruck
Z. A. Friedensbewegung

Der im Abdruck beil. Brief von Dr. Rutra, Verlag Georg Müller, München, enthält eine Äußerung über die politische Stellung des Herausgebers der „Fackel" Karl Kraus und dürfte deshalb im Hinblick auf den nebenbezeichneten Erlaß von Interesse sein.

München, den 6. 6. 1918
Der Chef des Stabes

Dokument 27 (S. 283)

I.
Herrn Schriftsteller
Rudolf Pannwitz
Hochwohlgeboren
Plomberg am Mondsee
Oberösterreich

Betreff: Postüberwachung
Zu Ihrem Schreiben vom 24. 7. 18 und 15. 8. 18

II.
Z.A. Einfuhr von Druckschriften (Manuskript)

Die eingeschriebene Sendung an die Graphische Kunstanstalt H. Schiele in Regensburg ist gemäß der Entscheidung des stv. Gkdos. III. AK in Nürnberg, als der zuständigen Behörde, freigegeben worden, eine unmittelbare Übergabe an den Empfänger war nicht möglich, weil die Sendung eingeschrieben war und deshalb nach der Entscheidung der Zensurbehörde postalisch weiterbehandelt werden mußte. Von einer „Intervention", wie sie in dem Schreiben vom 15. 8. 1918 erwähnt wird, ist hier nichts bekannt. Wegen der weiteren in Ihrem Schreiben vom 24. 7. 1918 genannten Sendungen ist hier ebenfalls nichts bekannt. Was die Sendung des Kunsthistorikers Meier-Gräfe angeht (Brief vom 15. 8. 1918), so wird Ihnen anheim gegeben, den Absender zu veranlassen, Briefe, die den vorgeschriebenen Umfang überschreiten, bei der für den Aufgabeort zuständigen Stelle vorzulegen und freigeben zu lassen.
Ihre Korrespondenz wird nach den allgemeinen Bestimmungen wie jede andere Korrespondenz behandelt. An einer „Sonderbehandlung" besteht hier keinerlei Interesse. Auf

Ihre Andeutungen über „persönliche Böswilligkeit der Münchner Postzensur" einzugehen, sieht sich das stellv. Gkdo. nach dem von Ihnen vorgebrachten Material nicht veranlaßt.

München, den 20. 8. 1918
Der Chef des Stabes

Dokument 28 (S. 285)

I.
An den stellv. Generalstab Abt. III b
Berlin
Betreff: deutschfeindliche Propaganda
Beil.: 1 Brief
1 Druckschrift in einem Umschlag

Die Ententepropaganda versucht nunmehr, die Umschläge von Reclams Universal-Bibliothek zur Irreführung der Grenzschutz- und Überwachungsstellen zu benutzen. Die beiliegende Broschüre des bekannten Pseudonyms Siegfried Balder „Zwei Fragen" ist in einer solchen Ausstattung erschienen und trägt sogar das Ausfuhrzeichen des XIX. AK. Der Druck ist der gleiche wie der der bekannten Rösemeierschen und Siegerschen Broschüren „Deutsches Volk wach auf", „Bayern und der Friede" u.s.w. Der beiliegende Brief des angeblichen internierten Karl Müller an den Verlag Philipp Reclam in Leipzig dürfte fingiert und darauf berechnet sein, in die Hände der Behörde zu kommen. Der Umschlag ist von anderer Hand geschrieben als der Brief.
Der Umschlag von Reclams Universum ist ferner benutzt worden für die Broschüre von Siegfried Balder „Kaiser und Reich", die unter dem Titel „Fried, Lexikon deutscher Zitate" gedruckt wurde.
Die Zentralregistratur in Leipzig ist von hier aus verständigt. Es wird ferner berichtet, daß bei der Frachtgutprüfung in Lindau-Reute in den von deutschen internierten Kriegsgefangenen aus der Schweiz nach Deutschland verfrachteten Sendungen auffallend viele deutsche Generalstabskarten festgestellt wurden.

München, den 24. 8. 1918
Der Chef des Stabes

Dokument 29 (S. 294)

An die milit. Überwachungsstelle
beim Bahnpostamt 1
München
zur Kenntnisnahme

Jede Versendung des Forums in das Ausland ist zu verhindern. Der Korrespondenz Herzogs ins Ausland ist besondere Aufmerksamkeit zu widmen; dort durchlaufende Sendungen wollen stets anhier vorgelegt werden.

München, den 15. 9. 1915
Der Chef des Stabes

Dokument 30 (S. 300)

I.
Vortrag
Beschlagnahme der Korrespondenz Quidde aufzuheben

II.
Schreiben
an Herr Prof. Dr. Quidde
München
Gedonstr. 4
Betreff: Beschlagnahme der Schrift „Reale Garantien für einen dauerhaften Frieden"
Zum Schreiben vom 9. 9. 15

III.
zum Akt: Einzelüberwachung
(Quidde)

Da die Verbreitung der Schrift „Reale Garantien für einen dauerhaften Frieden" verboten ist, mußten Bestellungen auf diese Schrift zurückgehalten werden.

München, den 14. 9. 1915
Der Kommandierende General

Dokument 30 (S. 307)

I.
Die einzige, aus Anlaß der Überwachung der Korrespondenz Quidde zurückgehaltenen Sendung, die einen Geldbetrag (1 M Darlehenskassenschein) enthielt, ist durch die milit. Überwachungsstelle an den Absender zurückgeleitet worden.

II.
Antwort nicht veranlaßt.
Zum Akt: Einzelüberwachung (Quidde)

München, den 13. 10. 1915
Der Chef des Stabes

Dokument 32 (S. 312)

Zum K. Kriegsministerium
München
unter Bezugnahme auf KME vom 16. 11. 1915 Nr. 107541. Die Drucksache aus Wiesbaden enthält Mitteilungen über die Tätigkeit des Internationalen Frauen-Ausschusses für dauernden Frieden.
Die Drucksache aus Berlin enthält eine Eingabe der Deutschen Friedensgesellschaft an den Herrn Reichskanzler über Erörterung von Kriegszielen.

Der Brief aus Kopenhagen dürfte als Mitteilung der bekannten Suffragette Pankhurst von Interesse sein.

München, den 14.12.1915
Der Chef des Stabes

Dokument 32 (S.316)

Zum K. Kriegsministerium
München
unter Bezugnahme auf KME vom 16.11.1915 Nr. 107541. Der Prospekt der Buchhandlung der Deutschen Friedensgesellschaft ist einer Sendung an Frau Lyda Gustava Heymann entnommen.
Die anliegende Abschrift betrifft ein Telegramm Quiddes an den bekannten holländischen Pazifisten Jongbeekdonk [Jong van Beek-en Donk]. Wegen der Verhinderung der Ausreise des Quidde ist das Nötige veranlaßt.
In der anliegenden Schrift von Henri Guilbeaux „Pour Romain Rolland" dürften die Bemerkungen S.24 über Wilhelm Herzog, das Forum und die Bayerische Zensur von besonderem Interesse sein. Es ist beabsichtigt, die Schrift einzubehalten.

München, den 16.12.1915
Der Chef des Stabes

Dokument 33 (S.318)

I.
Schreiben an das K. Kriegsministerium
München
Betreff: Friedensbewegung
Zu KME vom 16.12.15 Nr. 119079
Beilage: 1 Zeitungsausschnitt mit angeklebtem Zettel

II.
Zum Akt: Pazifisten

Geheim
Mit KME Nr. 119079 hat das K. Kriegsministerium um Ermittlungen nach dem Absender eines Zeitungspakets an Frau Feilbogen in Zürich ersucht, das einen Bericht über die Leipziger Tagung der deutschen Friedensgesellschaft enthielt. Die Sendung ist durch GKV vom 31.12.1915 Nr. 164401 dorthin weitergegeben worden. Bei der Überwachung der Korrespondenz der Pazifistin Dr. Hoesch-Ernst in Gauting, die mit der Frau Feilbogen in Briefverkehr steht, wurde anliegender Zeitungsausschnitt aufgefangen, der an ein Blatt Maschinenschreibpapier angeklebt ist, auf dem die Adresse der in Frage stehenden Drucksachensendung, soweit hier erinnerlich, in der gleichen Weise geschrieben ist, wie bei jener Sendung. Es dürfte daher näher liegen, in Frau Dr. Hoesch-Ernst, nicht in Prof. Quidde, den Absender des Zeitungspaketes zu erblicken.

München, 21.1.1816

Dokument 33 (S. 319)

I.
Schreiben an das K. Kriegsministeriums München
Betreff: Friedensbewegung, hier
Hoesch-Ernst in Gauting
Beilage: 1 Abschrift
II.
Mit 3 Beilagen zum Akt: Pazifisten

Eilt
In der Anlage folgt die Abschrift eines Briefes an Frau Dr. Hoesch-Ernst in Gauting, der die Umgestaltung der pazifistischen „Internationalen Rundschau" betrifft und deshalb dort von Interesse sein dürfte.
Nach einem an Feilbogen in Zürich gerichteten Telegramm ist die Hoesch-Ernst nur noch bis zum 8. März in Gauting. Aus Telefongesprächen, die am 25. 2. 16 beobachtet wurden, geht hervor, daß sie am 26. 2. 16, morgens 11.00 Uhr 7 M. nach Kohlgrub bei Murnau fährt, um dort Schneeschuh zu laufen. Am Sonntag, den 27. 2. 16 wird sie dort wahrscheinlich mit einer Gräfin Phuzynska (?)zusammentreffen. Wegen letzterer sind unauffällige Erhebungen veranlaßt worden.

München, 26. 2. 1916

Dokument 33 (S. 335–336)

I. Schreiben an das stellv. Generalkommando VIII A. K.
Coblenz
Betreff: Überführung der staatlosen Frau Dr. Hoesch-Ernst nach Godesberg

II. Zum Akt: Pazifisten (Hoesch-Ernst)

Sofort
Die staatlose Frau Dr. Hoesch-Ernst, zuletzt wohnhaft in Gauting wurde vom stellv. Generalkommando I. bayr. A. K. am 3. März 1916 in militärische Sicherheitshaft genommen. Der Grund zu dieser Maßnahme lag darin, daß Frau Dr. Hoesch-Ernst mit großem Eifer radikale pazifistische Popaganda trieb und namhafte Summen dafür zur Verfügung stellte. Frau Dr. Hoesch-Ernst hat nunmehr den Antrag gestellt, gegen ein ausdrückliches Versprechen, sich für die Dauer des Kriegszustandes jeder politischen Tätigkeit zu enthalten und gegen eine Sicherheit von 100.000 M zu ihrer Mutter nach Godesberg entlassen zu werden. Das stellv. Generalkommando möchte umso mehr dieser Bitte entsprechen, als der Zweck, dem Treiben der Hoesch-Ernst ein Ende zu machen, auf diese Weise am besten erreicht würde, da als sicher angenommen werden kann, daß sie ihr Versprechen halten wird.
Frau Dr. Hoesch-Ernst stammt aus einer sehr angesehenen Familie rheinisch-westfälischer Industrieller; ein Onkel, der Regierungspräsident a. D. Dr. h.c. Geschen in Gut Moritzheide bei Münster hat sich in ihrer Angelegenheit verwandt. Durch die jetzt beabsichtigte Art der Regelung würde einer berechtigten Rücksicht auf die hochangesehene Familie entsprochen werden.

Der Bruder von Frau Dr. Hoesch-Ernst, Dr. Emil Hoesch aus Hagen, hält sich zur Zeit in München auf und hat mit dem stellv. Generalkommando die Angelegenheit seiner Schwester besprochen. Er wird auf der Rückreise beim stellv. Generalkommando in Coblenz vorsprechen um dort den Antrag, die Übersiedlung der Frau Hoesch-Ernst nach Godesberg zu gestatten, mündlich zu stellen und nötigenfalls weitere Aufklärungen zu geben. Aus den vorgenannten Gründen möchte dieser Antrag befürwortet werden.

München, den 10. 4. 1916
Der Kommandierende General

Dokument 33 (S. 337–339)

<u>Niederschrift.</u>
I.
München den 19. April 1916
Gegenwärtig: Hauptmann Roth, Gefreiter Schmitt
Es erscheint die in militärischer Sicherheitshaft befindliche Frau Dr. Lucie Hoesch-Ernst
Der Erschienenen wurde der Inhalt des Schreibens des stellv. Generalkommandos VIII A. K. vom 15. April 1916 Nr. I d 21633 bekanntgegeben.
Frau Dr. Lucie Hoesch-Ernst erklärt:
Ich erkläre mich mit den in vorgenanntem Schreiben enthaltenen Bedingungen einverstanden und unterwerfe mich den darin enthaltenen Verpflichtungen.

München, den 19. April 1916
Dr. phil. Lucy Hoesch-Ernst
für den Chef des Stabes Roth Hptm. Schmitt Gefreiter

II.
Von vorstehender Niederschrift und dem Schreiben den stellv. Gkdos. VIII A. K. vom 15. 4. 1916 ist je eine Abschrift anzufertigen.

III.
Auf die Urschrift des Schreibens des stellv. Gkdos. VIII A. K. vom 15. 4. 1916 setze:
Mit 1 Beilage und 1 Abschrift (Niederschrift vom 19. 4. 1916)
An das stellv. Generalkommando VIII A. K.
<u>Koblenz</u>

unter Bezugnahme auf beiliegende Abschrift zurück.
Frau Dr. Hoesch-Ernst ist heute aus der Strafvollstreckungsanstalt München entlassen worden und wird im Laufe des 22. 4. 1916 nach Godesberg abreisen, sodaß sie dort spätestens am 23. 4. 1916 eintrifft. Der A. Schaffhausensche Bankverein A. G., bei dem die Sicherheit von 100.000 M hinterlegt ist, wurde angewiesen, diese Summe zur ausschließlichen Verfügung des stellv. Gkdos VIII A. K. zu halten und diesem das Verzeichnis der hinterlegten Papiere zu übersenden.

IV.
Schreiben an den A. Schaffhausenschen Bankverein A. G.

Cöln a. Rh.
Betreff: Sicherheit der Frau Dr. Hoesch-Ernst, Gauting
Die von Frau Dr. Hoesch-Ernst hinterlegte Sicherheit von 100.000 M (Einhundertausend Mark) ist nunmehr zur ausschließlichen Verfügung des stellv. Generalkommandos VIII. A.K. in Koblenz zu halten. Ohne Zustimmung des stellv. Generalkommandos VIII. A.K. darf über die hinterlegte Summe weder von Frau Dr. Hoesch-Ernst noch von einem Dritten verfügt werden.
Dem stellv. Generalkommando VIII. A.K. wolle das Verzeichnis der hinterlegten Papiere übersandt werden.

V.
An den Herrn K. Inspektor des Strafvollstreckungsgefängnisses
München
Betreff: Sicherheitshaft der Frau Dr. Hoesch-Ernst
Frau Dr. Hösch-Ernst wird, wie bereits telefonisch mitgeteilt worden ist, am 19. April 1916 aus der militärischen Sicherheitshaft entlassen.

VI.
An das K. Kriegsministerium
Presseabteilung München

Die seit dem 3.3.1916 in militärischer Sicherheitshaft befindliche Frau Dr. Hoesch-Ernst ist nach näherer Vereinbarung mit dem stellv. Generalkommando VIII. A.K. zu ihrer Mutter nach Godesberg entlassen worden, nachdem sie sich schriftlich verpflichtet hat, sich jeder politischen Tätigkeit zu enthalten und eine zur Verfügung des stellv. Generalkommandos VIII. A.K. stehende Sicherheit von 100.000 M. hinterlegt hat.

VII.
Zum Akt: Pazifisten (Hoesch-Ernst)

München, den 20.4.1016

Dokument 33 (S. 340)

I.
Frau Dr. Hoesch-Ernst, z. Zt. in Godesberg a. Rh. hat an das stellv. Gkdo. VIII. A.K. den Antrag gerichtet, nach Gauting zurückkehren zu dürfen. Gegen die Rückkehr bestehen Bedenken, da die Tätigkeit der Hoesch-Ernst heute noch gefährlicher sein würde, als vor einem halben Jahr, weil sich damals die ungünstigen Wirkungen der langen Dauer des Krieges noch nicht in dem selben Maße zeigten wie heute. Aus den Akten den stellv. Gkdos. VIII. A.K. ergibt sich aber, daß die Hoesch-Ernst keineswegs ihr Interesse an pazifistischer Propaganda verloren hat; namentlich hat sie der neutralen Konferenz in Stockholm ihr Einverständnis telegrafisch erklärt. Bei ihrem unberechenbaren Temperament ist zu erwarten, daß ihr Eifer für die pazifistische Sache bei dem kleinsten Anlaß wieder ausbrechen wird.

II.
Auf den Einlauf setzen:
Mit 1 Heft

3 Beil.
An das stellv. Generalkommando VIII. A. K.
Koblenz
zurück.

Dem Antrag der Frau Dr. Hoesch-Ernst dauernd nach Gauting zurückzukehren, kann nicht entsprochen werden. Dagegen wird ihr gestattet, daß sie sich vom 15. bis 20. Sept. 1916 in Gauting aufhält, um aus ihrer Wohnung Bücher und andere Gegenstände, deren sie bedarf, nach Godesberg zu verbringen. Sie hat sich am 15. in Gauting beim Bürgermeisteramt an- und am 20. dort abzumelden und die Rückreise spätestens am 20. Sept. anzutreten. Es wird ersucht, ihr dies eröffnen zu lassen und ihr gleichzeitig mitzuteilen, daß weitere Gesuche auf dauernde Niederlassung in Gauting oder auf Verbringung dieses Aufenthaltes keine Aussicht auf Genehmigung haben.

III.
Der Ortspolizeitbezirk Gauting wird telefonisch verständigt.

IV.
Zum Akt Pazifisten (Hoesch-Ernst)

München, 8. 9. 1916

Dokument 33 (S. 342)

I.
An Frau Dr. Lucy Hoesch-Ernst
Godesberg a. Rh.
Kurfürstenstr. 6

Betreff: Beschlagnahmte Schriftstücke
Zum Schreiben vom 11. 2. 1919
Beil.: 1 Briefhefter mit 1 Bund Schriftstücke;
1 Zeitungssendung

II.
Z. A. Hoesch-Ernst

In der Anlage folgen sämtliche bei der Beschlagnahme am 6. 3. 1916 übernommenen Schriftstücke, soweit sie ihnen nicht bereits zurückgegeben sind. Weitere Stücke sind nicht vorhanden.

München, den 3. 3. 1919
Gkdo. I. b. A. K.

Dokument 34 (S.343–350)

I.
Schreiben an das K. Kriegsministerium
München
Betreff: Friedensbewegung, für:
pazifistische und antimilitaristische Veröffentlichungen in
der Schweiz
zu K.M.E. vom 23. 3. 1916
Nr. 28531
Beilage: 3 Zeitschriften
8 Abdrücke (mit 3 Beilagen)

Außer den in dem Bericht vom 3.4.1916 GKV Nr. 54411 erwähnten pazifistischen Veröffentlichungen – die „Friedenswarte" (Blätter für zwischenstaatliche Organisation), die „Internationale Rundschau" und „Demain" – sind hier in den letzten Monaten folgende mit der Friedensbewegung in Zusammenhang stehende Zeitschriften beobachtet worden:
Von dem sehr betriebsamen Prof. Broda, einem Pazifisten, der sich früher in Frankreich aufhielt, wurden herausgegeben
1. die „Dokumente des Fortschritts", Vierteljahresschrift, Verlag Drechsel, Bern, Erlachstr.; die französische Ausgabe erscheint bei Ruedi in Lausanne;
2. die Menschheit, Wochenschrift, ebenfalls in deutscher und französischer Ausgabe in Bern und Lausanne erscheinend (beschlagnahmt gemäß K.M.E. vom 13. 8. 1915 Nr. 74747 durch Gkd. vom 24.8.1915 Nr. 95256).
Broda ist Vorsitzender des „Bundes für Menschheitsinteressen und Fortschrittsorganisation" (Lausanne) und der „Permanenten Kommission zum Schutz bedrohter Menschheitsinteressen", Bern, Erlachstr. 23
Vor einiger Zeit hat Broda zahlreiche Briefe nach Deutschland geschickt, in denen er um Geldunterstützungen bittet. Die Briefe wurden einbehalten.
Diese sämtlichen Veranstaltungen vertreten einen „wissenschaftlichen" Pazifismus mit den bekannten Forderungen internationaler Organisationen u.s.w. Eine ausgesprochen deutschfeindliche Gesinnung tritt nur gelegentlich bei einzelnen Mitarbeitern (besonders A. Forel) hervor.
Auf dem Standpunkt eines gemäßigten Pazifismus steht ferner die mehr literarische Zeitschrift „Coenobium", Herausgeber Bignami, Lugano (mit Prof. Quidde verschwägert). Bignami ist auch der Leiter der „Ligue des pays neutres", die seit Mitte März 1916 Rundschreiben versendet, von denen ein Stück beiliegt. Unter den Unterschriften finden sich folgende Namen Ernst Brauklin, Redakteur der Schweizer Friedenswarte; Broda; Dr. Fried, Frida Perlen, Röttcher (Sekretär der Deutschen Friedensgesellschaft), Walter Schücking (Marburg).
In ähnlicher Weise arbeiten die „Revue Politique Internationale", Redakteur Felix Valpin, Lausanne. „Le Mouvement Pacifiste", Organ des Bureau Internationale de La Paix, Bern; die „Schweizerische Vereinigung zum Studium der Grundlagen eines dauerhaften Friedensvertrages"; das Neue Europa, Monatsschrift, Herausgeber Dr. Paul Cohn und Alfred Weiß, Zürich, Verlag Zürcher Druckerei und Verlagshaus, Jean Frey.
Im gleichen Verlag erscheint die Kurnig-Korrespondenz, ein „pädagogisches" Unternehmen, das sich besonders an Volksschullehrer und -lehrerinnen wendet. Es ist gemäß KME vom 17.7.1915 Nr. 65812 durch GKV Nr. 80408 beschlagnahmt; doch laufen noch häufig Stücke dieser „Korrespondenz" hier ein.

Ferner versendet ein „Congrès Végétarien Social“ unter dem 10. 3. 1916 Einladungen zu einem Kongreß, der vom 18. bis 22. April am Lago Maggiore stattfinden soll. Ein Stück dieser Einladung liegt bei.
Als Zeitschrift der Frauenbewegung, die in pazifistischem Sinne wirkt, ist zu erwähnen: die „Frauenbestrebungen“, Zeitschrift der Union Mondiale de la Femme, Genf, rue du Rhône 6; eine Einladung dieses „Frauenweltbundes zur Förderung internationaler Eintracht“ liegt bei.
Von wütendem Haß gegen Krieg und Militarismus erfüllt ist der „Schweizer Freidenker“, Organ des pazifistischen Freidenkerbundes und des schweizerischen Monistenbundes, Verlag der Schweizer Freidenker, Zürich, Redakteur Bauklin; Mitarbeiter ist der bekannte Schriftsteller Auguste Forel, der seinerseits wieder einen „Orden für Ethik und Kultur“ gegründet hat.
(In der Nummer vom 1. 4. 1916 des „Schweizer Freidenker“ ist Karl Liebknecht als „der größte Friedenskämpfer der Gegenwart“ bezeichnet. Über das „Forum“ Wilhelm Herzogs heißt es in der Nr. vom 1. 3. 1916: „Einem Kultivierten und Unparteiischen, Wilhelm Herzog, unterdrückt man seine prachtvolle Zeitschrift „Das Forum“, Deutschlands gesündestes Blatt in kranker Zeit – ein Symptom einer schauderhaften Massenerkrankung. Ist diese systematische Verblödung des Gerechtigkeitsgefühls nicht ein Schandfleck für unser geistiges Zeitalter?“)
Besondere Aufmerksamkeit verdient auch die von Prof. Ragaz herausgegebene Zeitschrift „Neue Wege“. Prof. Ragaz ist, wie aus einem Brief, den er seinem Freunde Prof. Foerster, München, geschrieben hat, hervorgeht, durchaus deutschfeindlich gesinnt. In der Zeitschrift „Wissen und Leben“ (Herausgeber Prof. Bovet, Zürich) führt Ragaz aus, daß er im „deutschen Reich“ in seiner heutigen politischen und kulturellen Beschaffenheit, eine Gefahr für die geistige und kulturelle Unabhängigkeit der Schweiz erblicke (Nr. vom 1. 4. 1916).
Abgesehen von den vorerwähnten Vereinen bilden sich in der Schweiz fast täglich neue Vereinigungen, mit pazifistischem und „Verständigungs“-Tendenzen, die meist schnell wieder verschwinden, wie die „Europäische Gesellschaft“ (Bern, Steinweg 20), die im Dezember 1915 mitteilte, daß sie mit einem Defizit von 200 Fr. dem „Internationalen Orden für Ethik und Kultur“ beigetreten sei.
Irgendeine Einwirkung all dieser Veranstaltungen auf das deutsche Volk ist bisher nicht beobachtet worden. Eine Gefahr läge, wie bereits in dem Bericht vom 4. 3. 16 GKV Nr. 54411 angedeutet, darin, daß der bei Pazifisten häufig auftretende Gedanke eines Gegensatzes von deutschem Volk und herrschender Militärkaste planmäßig verbreitet würde, wie das bisher namentlich in den Veröffentlichungen des Verlages Payot, Lausanne („J'accuse“, „La caste dominante en Allemagne“) und in der „Friedenswarte“ geschah. Wie wenig aber die pazifistische Bewegung, auch wenn sie die Unterstützung fanatischer Anhänger fand, unmittelbar auf die Massen einzuwirken vermag, hat sich in der Angelegenheit der nunmehr in Sicherheitshaft befindlichen Frau Dr. Hoesch-Ernst bestätigt: die Friedensdemonstrationen, die im November und Dezember 1915 in Berlin stattfanden und von der Hoesch-Ernst und Frl. Jannasch (Bund Neues Vaterland) unterstützt wurden, waren erst möglich, nachdem eine sozialdemokratische Organisation sie in die Wege geleitet hatte.
Diese Erkenntnis, daß eine beachtenswerte Aktion nur mit Hilfe der bereits vorhandenen sozialdemokratischen Organisationen möglich ist, beherrscht auch die Ausführungen der radikalen schweizerischen Veröffentlichungen, die auf dem Boden der sog. Linken des Zimmerwalder Manifestes stehen. Abgesehen von den bereits beschlagnahmten oder regelmäßig einbehaltenen Tageszeitungen (Berner Tagespost, Basler Vor-

wärts, Die neue Tribüne) ist hier vor allem die vom Autor Pannekoek und Henriette Roland Holst, Bern, herausgegebene „Internationale marxistische Rundschau", „Der Vorbote" (Heft 1 vom 1.1.1916) aufgefallen, die mit doktrinärer Schärfe den Standpunkt vertritt, daß die Vaterlandsfeindlichkeit zum Wesen der Sozialdemokratie gehört und die offen gegen den „Opportunismus" nicht nur der Majorität der deutschen Sozialdemokratie, sondern auch Kautskys Front macht zugunsten einer antimilitaristisch-revolutionären Propaganda. Dabei ist die Hoffnung ausgesprochen, daß der vorhandenen kriegsfeindlichen Stimmung der Massen auch die offiziellen Organisationen, namentlich die Gewerkschaften nicht lange mehr widerstehen würden. Von Interesse ist dabei die Erklärung einer Deputation Berliner Genossinnen, die am 30.11.1915 dem Parteivorstand abgegeben wurde und die dahin ging, „dieVerbreitung unzensurierter Druckschriften und Flugblätter und die Abhaltung nicht genehmigter Versammlungen wäre bei dem großen Organisationsapparat heute leichter möglich, als zur Zeit des Sozialistengesetzes. Es fehlt nicht an Mitteln und Wegen, sondern offensichtlich an dem Willen."
Die gesamte radikale Literatur wird selbstverständlich besonders streng überwacht. Doch sind Exemplare des Zimmerwalder Manifests trotz der Überwachung nach Deutschland gelangt und dort offenbar nachgedruckt worden, ebenso wie umgekehrt wohl die meisten Flugschriften der sozialdemkratischen Linken in die Schweiz gelangen. Da ein bedingungsloser Radikalismus erfahrungsgemäß leicht großen Eindruck auf die Massen macht, so ist die Gefahr dieser Propaganda nicht zu unterschätzen, zumal diese ihre größte Hoffnung auf die sich steigernden Schwierigkeiten der wirtschaftlichen Lage setzt. Interessant ist in diesem Zusammenhang auch die Erwartung, die in einem literarisch auffallend guten Aufsatz des (im Übrigen bedeutungslosen) revolutionären Blättchens „Der Revoluzzer" ausgesprochen ist. Wenn die wirtschaftliche Not einmal diejenigen Intellektuellen ergriffen hätte, die ihren Gegensatz zur bürgerlichen Gesellschaft bisher künstlerisch betätigten – als die hervorragenden Typen dieser Art Intellektueller sind genannt: Sternheim, Heinrich Mann und Gustav Landauer – so sei eine größere Wirkung zu erwarten. Die genannten Literaten gehören sämtlich zum Kreise Wilhelm Herzogs; Landauer und H. Mann sind Mitarbeiter der neuen Forumgesellschaft, die Herzog zur Umgehung des gegen die Zeitschrift „Das Forum" gerichteten Verbots (KME vom 14. 9. 1915 Nr. 87027) gegründet hat.

München, den 20. 4. 1916

Dokument 35 (S.352)

I.
Vormerkung. An Prof. F. W. Foerster in Zürich gerichtete Exemplares des Aufrufs sind vom K. Kriegsministerium zur Versendung in die Schweiz freigegeben worden.

II.
Zum Akt: Pazifisten

Dokument 36 (S. 354–355)

2 Beilagen
Dem stellv. Gen. Kdo. I. b.A.K mit der Meldung in Vorlage, daß die Kisten mit GKV Nr. 161027 freigegeben wurde; die verklammerten Schriftstücke wurden vom stellv. Gen. Kdo. zurückbehalten; der Akt selbst ging urschriftlich an das stellv. Gen. Kdo. zurück. Es wird um weitere Verfügung gebeten.

gez. Schneider

Mit 2 Beil.; dazu 1 Heft der „Friedenswarte“
U. R. zum K. Kriegsministerium
München
Sämtliche aus der in Frage stehenden Sendung einbehaltenen Manuskripte und handschriftlichen Notizen sind mit GKV vom 19. 9. 16 Nr. 161143 dorthin vorgelegt worden. Der gesamte übrige Inhalt der Sendung ist freigegeben und an Foerster weiterbefördert worden.

Aus dem beiliegenden, eben erschienenen Heft der „Friedenswarte“, das unter einem irreführenden Titel in Deutschland einzuführen versucht wird, ist zu entnehmen, daß Foerster die ihm aus dem Felde zugegangenen Zustimmungserklärungen der Friedenswarte zur Verfügung gestellt hat.

München, den 26. 9. 1916
Der Chef des Stabes

Dokument 37 (S. 357)

I.
An das K. Kriegsministerium
München
Betreff: Friedensbestrebungen zu KME vom 24. 6. 1916 Nr. 59837a
II.
Zum Akt: Einzelüberwachung

Geheim!
Die Korrespondenz des Kanoniers O. Vrieslander 9. Feldart. Rgt. ist seit Juli 1916 überwacht worden. Die Überwachung hatte keinerlei Ergebnis. Vrieslander ist felddienstfähig und wird demnächst ins Feld abgestellt werden.
Die Schriftstellerin Annette Kolb wird demnächst in die Schweiz ausreisen. Nach einer Verbalnote der K. Preußischen Gesandschaft in München an das K. Staatsministerium des K. Hauses und des Äußeren hat der stellv. Generalstab der Armee gegen die Erteilung eines Reisepasses in die Schweiz keine Bedenken mehr, nachdem die bisherige Vermutung, Frl. Kolb sei die Übersetzerin einer im deutschfeindlichen Sinne schreibenden Fürstin Radziwill, sich nicht bestätigt hat. Entsprechend der Bitte der K. Preußischen Gesandschaft ist daher die K. Polizeidirektion München ersucht worden, die Ausstellung eines Reisepasses in die Schweiz auf Ansuchen nicht zu verweigern.

München, den 21. 8. 1916

Dokument 37 (S. 358)

I.
An das K. Kriegsministerium München
Betreff: Friedensvereinigungen
zu KME vom 29. 8. 1916 Nr. 91065

II.
Zum Akt: Pazifisten

Eilt. Geheim
Das KME vom 9. 5. 1916 Nr. 45598a sieht unter Nr. II vor, daß dem Fräulein Annette Kolb die Genehmigung zu einer Reise ins Ausland entweder vom K. Kriegsministerium oder vom stellv. Generalkommando erteilt wird. Das stellv. Generalkommando ging daher davon aus, daß in einem offenbar unbedenklichen Fall dem Zweck des KME durch einen gleichzeitigen Bericht an das K. Kriegsministerium entsprochen werde, zumal im gegebenen Falle einem Ersuchen der K. Preußischen Gesandschaft und des K. Staatsministeriums des K. Hauses und des Äußeren stattgegeben wurde, das unter Berufung auf das Einverständnis des stellv. Generalstabes der Armee erfolgt.

München, den 1. 9. 1916

Dokument 37 (S. 361–362)

I.
An das K. Kriegsministerium
München
Betreff: Friedensbewegung
Zu KME vom 29. 12. 16
Nr. 14970

II. Zum Akt: Pazifisten

Geheim!
Aus dem unbezeichneten KME konnte entnommen werden, daß nach der Aufassung des K. Kriegsministeriums die bisher vom stellv. Gkdo. vertretene Ansicht, die Schriftstellerin Annette Kolb sei nicht unerlaubter Weise politisch tätig und insbesondere nicht spionageverdächtig, nicht zutreffend ist. In Wirklichkeit hat für das stellv. Gkdo. nie ein Anlaß bestanden, das in dem Bericht vom 21. 8. 1916 Nr. 105879 vorausgesetzte Urteil über Frl. Kolb zu ändern. Die Anfrage bei der K. Polizeidirektion vom 4. 12. 16 Nr. 225212 beruhte auf einem Versehen. Die Vermutung der Zentralpolizeistelle, die in dem Bericht an das K. Kriegsministerium vom 11. 12. 1916 ausgesprochen ist, daß nämlich Frl. Rotten, die Absenderin des Briefes an Frl. Kolb, mit einer russischen Agentin Rothen möglicherweise personengleich sei, ist nur auf völliger Unkenntnis der in Frage stehenden Personen zu erklären. Frl. Rotten ist hier seit 1915 als Pazifistin bekannt; sie ist in diesem Jahre im Auftrage deutscher Pazifisten nach England gereist, um dort den Umfang und die Bedeutung der pazifistischen Strömungen in England zu prüfen; sie hat sich, wie aus einem im Bund „Unser Vaterland" gehaltenen Vortrag hervorgeht, dieser

Aufgabe mit großem Ernst und Geschick entledigt. Mit dem in mehreren Erlassen des K. Kriegsministeriums erwähnten Frl. Rotten ist sie personengleich (KME vom 28.4.16 Nr. 41816; vom 28. 5. 16 Nr. 52248; Brief des stellv. Gkdo. vom 12. 5. 16 Nr. 77827.) Nach Mitteilung des Grenzschutzes Lindau ist Frl. Kolb am 23.11.16 in die Schweiz ausgereist und am 24. 12. 16 mit einem von der deutschen Gesandtschaft in Bern auf eine Reise nach Berlin ausgestellten für eine Rückkehr in die Schweiz binnen 40 Tagen gültigen Paß wieder eingereist.

München, den 16. 1. 1917

Dokument 37 (S.363)

I.
An den Herrn Oberreichsanwalt
Leipzig
Betreff: Stafverfahren wegen Landesverrats gegen die Schriftstellerin Annette Kolb
II.
Zum Akt.: Pazifisten (Annette Kolb)

Geheim!
Nach einer Mitteilung der Zentralpolizeistelle Bayern ist gegen die Schriftstellerin Annette Kolb dort ein Strafverfahren wegen Landesverrats anhängig. Da die Kolb für längere Zeit überwacht wurde, besteht die Möglichkeit, daß das hier angewachsene Material für die Beurteilung des Straffalles von Interesse ist; andererseits wäre auch hier eine Mitteilung über den Ausgang des Verfahrens erwünscht.

München, den 21.7.1917
Der kommandierende General

Dokument 38 (S.364–367)

I.
An das K. Kriegsministerium
München

Betreff: Friedensbewegung
Beil. 1 Abdruck

Geheim!
Seit einigen Monaten mehren sich schweizerische Veröffentlichungen in deutscher Sprache, die in großen Mengen nach Deutschland einzuführen versucht werden und deren Massenverbreitung als eine Gefahr zu betrachten ist. Abgesehen von den Flugschriften der sozialistischen Internationale und der offensichtlich vom feindlichen Ausland bezahlten Propaganda (wie der Siegerschen Broschüre) handelt es sich dabei zunächst um pazifistische Zeitschriften wie „Die Menschheit" und vor allem Die „Friedenswarte" von G. A. Fried. Diese Zeitschriften sind durch die Erklärung des uneingeschränkten U-Bootkrieges, das Eingreifen Amerikas und die russische Revolution zu einer offenen

Bekämpfung des Deutschen Reiches in seiner gegenwärtigen Form veranlaßt worden. Die unter Pazifisten verbreitete Verehrung für die Person Wilsons, auf die in dem Schreiben des K. preuß. Kriegsministeriums vom 13.4.1917 (mitgeteilt durch den Erlass des K. bayer. Kriegsministeriums vom 15.4.1917 Nr. 61239 A) aufmerksam gemacht ist, findet sich hier bestätigt und scheint zu der Auffassung zu führen, die Entscheidung Wilsons bedeute eine Art weltschiedsgerichtlicher Verurteilung Deutschlands. Das Bestreben der „Friedenswarte", die Vorstellung von einem Gegensatz von deutschen Volk und preußischer Militärregierung zu verarbeiten (vgl. die Berichte vom 3.4.1916 GKV Nr. 54411; 20.4.1916 Nr.64086; 29.12.16 Nr.245706) tritt jetzt offen hervor und erscheint umso gefährlicher, als zahllose schweizerische Veröffentlichungen die gegenwärtigen demokratischen Bestrebungen in Deutschland mit solchen pazifistischen Bestrebungen zu identifizieren suchen, um dem deutschen Volk die Auffassung geläufig zu machen, das einzige Hindernis des Friedens liege an den innenpolitischen Verhältnissen Deutschlands. Verfasser der verschiedensten politischen Richtungen treffen sich in diesem Punkte. Das Buch von S. Zurlinden „Der Weltkrieg; eine vorläufige Orientierung", die der deutschen Regierung die Schuld am Kriege zuschreibt, wird von A. Fried rühmend besprochen, die Schrift des bekannten Verteidigers von J'accuse, H. Fernau, „Durch! zur Demokratie" von Zurlinden in der Zeitschrift „Wissen und Leben" April 1917 als ein begeistertes, mutiges, offenes Buch gepriesen; Paul Seippel hebt im Journal de Genève (16.4.1917 Nr. 104) hervor, daß Fernau trotz der Gegensätze in der Weltanschauung im Grunde nichts anderes anstrebe als Prof. F. W. Foerster, nämlich ein von der jetzigen preußischen Herrschaft befreites, neues Deutschland. Auch aus den zahlreichen pazifistischen Artikeln der N. Zürcher Zeitung läßt sich diese Auffassung entnehmen. In Veröffentlichungen, die ausgesprochen den Nachweis erbringen wollen, daß ausschließlich in Deutschland die zum Kriege treibenden Kräfte zu suchen seien (wie die unter verschiedenen Umschlagtiteln eingeführte Sammlung annexionnistischer [sic] Aussprüche von S. Grumbach) bis zu den mehr neutralen Schriften wie den von Cuno Hofer (früher Militärattaché) „Die Keime des Krieges" (Schulteß, Zürich 1917) und Charles L. Gartmann „Vor der Waffenruhe" (Nationalzeitung Basel 1917) ist die gleiche Auffassung zu erkennen. In der Korrespondenz von Pazifisten wie Prinz Alexander zu Hohenlohe=Schillingsfürst (z. Zt. in Zürich) und Prof. F. W. Foerster tritt sie ebenfalls stark hervor, hier wiederum verbunden mit der laut betonten Überzeugung von der „katastrophalen" Bedeutung, die das Eingreifen Amerikas für Deutschland haben werde.

Es ergibt sich aus solchen Veröffentlichungen und Äußerungen, daß während der französische Teil der Schweiz mit geringen Ausnahmen (Demain, Le plus Grand Monde, beide in Genf) auch soweit er pazifistisch denkt offen auf die Seite der Entente tritt (z. B. La Paix, Organe des Sections de la Société Suisse de la Paix, April 1917, Genf), in der deutschen Schweiz gerade infolge des Pazifismus eine durchaus deutschfeindliche Gesinnung verbreitet wird. Es ist dabei wichtig, daß dieser in der deutschen Schweiz konzentrierte Pazifismus mit starken innenpolitischen Bestrebungen zahlreiche Berührungspunkte hat. Der sozialdemokratische Abgeordnete Wolfgang Heme z. B., der sich um die Aufhebung der Beschlagnahme Foersterscher Schriften bemüht, erklärt in einem Brief vom 30.3.1917, daß er mit den Grundgedanken und den meisten Einzelheiten vollkommen einverstanden sei, wenn bei ihm auch nicht die religiös-christliche Färbung und Begründung seiner Auffassung vorherrsche. Daher liegt eine besondere Gefahr darin, daß es einer geschickt geleiteten und unauffälligen Propaganda gelingt, die verschiedenen radikalsozialistischen, bürgerlich – demokratischen, pazifistischen, föderalistisch – großdeutschen Strömungen dahin zu vereinigen, daß der Krieg für sie den Charakter eines Kampfes gegen die preußische Regierung und die Dynastie Hohenzollern erhält.

Ein Ausdruck dieses Berichtes liegt mit der Bitte um Weiterleitung an den stellv. Generalstab der Armee Abt. III b bei.

München, den 26. 4. 1917

Dokument 40 (S. 381–382)

1 Beil.
I.
Nach telefonischer Mitteilung des Verlages Kösel ist Prof. Muth für 8 Tage verreist (22.6.17). Die Prüfung der Sendung ist sofort erledigt worden. Prof. Muth ist mehrfach telefonisch ersucht worden, die Sendung abholen zu lassen.

II.
Die Kiste F 32 Zürich wurde am 3. 7. 17 vorm. von der Firma Watsch abgeholt. Die Ausfuhr wurde nach Entnahme der nicht ausfuhrfähigen Schriften genehmigt.

III.
Herr Prof. Muth erschien am 16. 7. 17 beim stellv. Gkdo. und erhielt mehrere Briefe und Schriftstücke (Korrespondenz mit Prof. Goldmann und v. Plessen) als nicht ausfuhrfähig zurück.
Es wurde ihm eröffnet, daß die Schriften
K. Eisner, Der Sultan des Weltkrieges
Junius Alter, Das Deutsche Reich auf dem Wege zur geschichtl. Episode
„Um des teuren deutschen Blutes u. Vaterlands Willen" (1 × als Broschüre gedruckt, 1 × mit der Maschien vervielfältigt)
1 längerer Brief des Herrn v. Plessen, Verfasser der Schrift „Um des teuren deutschen Blutes und Vaterlandes Willen"
beschlagnahmt sind.
Den Empfang der vorstehend erwähnten Briefe und Schriftstücke nach Maßgabe der Notiz unter III. bestätigt.

München, den 16. 7. 17
Carl Muth [Originalunterschrift]

IV.
Mit 6 Beil.
Zum Akt: Pazifisten (Foerster)

München, den 20. 7. 1917
Der Chef des Stabes

Dokument 40 (S. 384)

I.
An das K. Kriegsministerium
München
Betreff: Friedensbewegung hier Prof. F. W. Foerster
Zu KME vom 3. 8. 17 Nr. 120684A
Beilagen:
2 Abdrucke

II.
Mit 2 Abdrucken Z.A. Pazifisten (Foerster)

In der Anlage folgt die Abschrift einer Karte von Prof. Foerster an Prof. Muth sowie ein Auszug aus einem Brief von Prof. v. Aster in München. Die Sendungen, die den Aufenthalt und die Tätigkeit Foersters betreffen, wurden freigegeben.

München, den 26. 8. 1917
Der Chef des Stabes

Dokument 41 (S. 386)

I.
An das Oberkommando in Marken
Berlin
Betreff: Handhabung der Zensur für „Hans im Schnakenloch" von René Schickele. Zum Schreiben vom 16. 7. 1917
Sect. Nr. 182360

II.
Der beiliegende Akt ist an die K. Polizeidirektion München zurückzusenden.

III.
Zum Akt: Pazifisten
Die öffentliche Aufführung des Schauspiels „Hans im Schnakenloch" von R. Schickele ist von der K. Polizeidirektion München genehmigt worden, nachdem das K. bay. Kriegsministerium in München als zuständige Zensurbehörde erklärt hatte, daß gegen die Aufführung vom Standpunkte der militärischen Zensur aus keine Erinnerung bestehe.
Da das Schauspiel hier bereits seit mehreren Wochen aufgeführt wird und wie das stellv. Generalkommando aus eigener Wahrnehmung feststellen konnte, ohne Eindruck beim Publikum geblieben ist, dürfte auch für das stellv. Gkdo. kein Anlaß bestehen, durch ein polizeiliches Verbot das Stück dem Schein einer Bedeutung und einer Handhabe für die Reklame zu geben.

München, den 27. 6. 1917
Der Kommandierende General

Dokument 42 (S. 387)

Eilt sehr.

I.
Zu den Vorgängen ist eine Abschrift zu fertigen.

II.
Auf den Einlauf 149582/1398 P6 geh. setze:
mit 2 Beil. dazu GKV Nr. 114361 P6 u. ein eingeschriebenen Brief Locarno Nr. 755

III: Z. A. Friedensbewegung

An den stellv. Generalstab der Armee
Abt. IIIb Paßzentrale
Berlin NW 40
Moltkestr. 8

Über die Dienste, die K. dem deutschen Nachrichtendienst erweist, steht dem stellv. Gkdo. ein Urteil nicht zu. Dagegen ist es nach den Anhaltspunkten, die hier aus der Überwachung der Korrespondenz des K. gewonnen werden konnten, unmöglich, ihn als zuverlässigen oder vertrauenswürdigen Mann zu bezeichnen. Wenn es sich auch bei dem lauten Bekenntnis K.'s zum Pazifismus nicht um eine ernst zu nehmende Überzeugung handelt, vielmehr höchstens um das Bestreben, bei der von der Schweiz aus veranstalteten „Erweckung des deutschen Volkes" dabei zu sein, so mußte doch nach den Richtlinien des stellv. Generalstabs für die Behandlung von Pazifisten die beabsichtigte Genehmigung zur Ein- und Ausreise und zu den Wandervorlesungen im ganzen Reich nicht nur den inländischen Pazifisten, sondern auch den zahlreichen Bekannten K.'s in der Schweiz auffallen, zumal der Ruf K.s bei größerem Publikum vor allem auf einigen pornographischen Gedichten beruht.

Der Abdruck eines Briefes vom 4. 7. 17 (GKV Nr. 114361 P6) und eine eingeschriebene Sendung Locarno Nr. 755 liegen mit der Bitte um Rückgabe zur Kenntnisnahme bei. In einem zur Zeit nicht verfügbaren anderen Brief an seinen Freund Kaufmann in München äußert sich K. über die „gemischten Gefühle", mit denen er von der Schweiz aus die deutschen Fahnen in Oberitalien wehen sieht.

München, den 3. 11. 1917
Der Kommandierende General

Dokument 42 (S.388)

I.
An das K. Kriegsministerium München
Nachrichtenoffizier München
Betreff: Friedensbewegung für Klabund
Beilagen: 1 Abdruck

II.
Z. A. mit 1 Abdruck Friedensbewegung

Geheim
In dem beil. Brief der Frau Justizrat Heberle, Passau, an ihre Tochter in Locarno, die Braut des Schriftstellers Klabund (Alfred Henschke) wird die Interpellation wegen der Geheimpolizei in Bayern mit der Angelegenheit Klabund in Zusammenhang gebracht. Klabund, der sich längere Zeit in Passau aufgehalten hat, steht im Nachrichtendienste. Für den Fall, daß die Veröffentlichungen der Donauzeitung auf eine Indiskretion zurückzuführen ist, könnte dieser Zusammenhang von Bedeutung sein.

München, den 29. 3. 1918
Der Chef des Stabes

Dokument 43 (S.391)

I.
An das stellv. Gkdo. XIX. AK
Presseabt. Leipzig
Betreff: Friedensbewegung
Beilage: 1 eingeschriebenes Manuskript, Sendung; Zürich 3 Bhf. Nr. 851

II.
Z. A. Friedensbewegung

Die beiliegende Manuskriptsendung des Schriftstellers Ivan Goll an den Inselverlag enthält pazifistische Schriften, von denen das „Requiem" bereits durch eine rote Karteikarte erfaßt ist. Es wird anheimgegeben, den Empfänger entsprechend zu verständigen, falls die Sendung ausgehändigt werden soll. Im andern Falle wird um gefl. Rückgabe ersucht.

München, den 19. 1. 1918
Der Chef des Stabes

Text- und Bildnachweise

Die Texte des Tagebuches, der Schriften und der Briefe von Carl Schmitt werden mit freundlicher Genehmigung des Nachlaßverwalters, Prof. Jürgen Becker, und des Landesarchivs Nordrhein-Westfalen, Hauptstaatsarchiv Düsseldorf, abgedruckt.

Die Tagebücher 1915/1916 sind dort im Nachlass Carl Schmitt mit den Signaturen RW 265-19585, RW 265-21629 und RW 265-21630 verzeichnet.

Die Briefe im Nachlass Carl Schmitt haben folgende Signaturen: Brief v. 4.7.1914, RW 265-6539/6540. Brief v. 29.7.1914, RW 265-16871-16876. Brief v. 7.12.1915, RW 265-10035. Brief v. 31.12.1916, RW 265-18557. Brief v. 26.10.1919, RW 265-13132/ 3. Brief v. 26.2.1920, RW 265-18770. Brief v. 2.3.1920, RW 265-18473. Brief v. 8.3.1920 (am Zehnhoff) RW 265-18472. Brief v. 8.3.1920 (Kiener), RW 265-7539/1. Brief S. 507 (Kiener), RW 265-7540. Brief v. Pfingstmontag 1920 (Kiener), RW 265-10036. Brief v. 12.11.1921, RW 265-7543.

Der Abdruck des Briefwechsels mit dem Verlag Duncker & Humblot (S. 501–502) geschieht mit freundlicher Genehmigung des Verlages Duncker & Humblot, Berlin.

Die Dokumente zum Ausscheiden aus dem Militärdienst und zur beruflichen Entwicklung sind im Nachlass Carl Schmitt mit folgenden Signaturen versehen: Entlassung aus dem Heeresdienst (4.6.1919), RW 265-4706. Verhandlungen mit dem Ministerium für Volkswohlfahrt (11.7. u. 30.7.1919), RW 265-1975. Kontakt Finanzministerium (3.8.1919), RW 265-18464. Vermittlung am Zehnhoff (5.8.1919), RW 265-18465; dto. (13.8.1919), RW 265-18644. Zusage Handelshochschule München (21.8.1919), RW 265-2971. Absage Carl Schmitt an Ministerium für Volkswohlfahrt (22.8.1919), RW 265-1975-1978. Mitteilung am Zehnhoff (23.8.1919), RW 265-18467. Gehaltsvereinbarung Handelshochschule München (13.11.1919), RW 265-9686.

Die Dokumente 1–43 werden mit freundlicher Genehmigung des Bayerischen Hauptstaatsarchivs Abt. IV, Kriegsarchiv, abgedruckt. Die Archivsignatur ist jeweils am Ende der begleitenden Legenden gedruckt.

Der Abdruck des Briefes von Thomas Mann (Dokument 2, S. 193) ist freundlicherweise genehmigt worden vom S. Fischer Verlag GmbH, Frankfurt a. M. sowie dem Thomas-Mann-Archiv der ETH Zürich.

Der Auszug aus den Lebenserinnerungen von Richard Seewald (S. 526–527) geschieht mit freundlicher Genehmigung des Verlags Herder, Freiburg. (Entnommen aus: Richard

Seewald. Die Zeit befiehlts, wir sind ihr Untertan. © Verlag Herder, Freiburg im Breisgau, 2. Auflage 1978)

Der Abdruck der Abbildungen S. 489, 491, 492 (oben) geschieht mit freundlicher Genehmigung des Stadtarchivs Landeshauptstadt München, der von den Abbildungen S. 494 (RW 265-21563), 495 (RW 265-22243/4) und 496 (RW 265-19585) mit freundlicher Genehmigung des Landesarchivs Nordrhein-Westfalen, Hauptstaatsarchiv Düsseldorf.

Abbildungen S. 490 und 493 Archiv des Verlages.

Brief v. 6. 1. 1917 Archiv Giesler.

Literaturverzeichnis

Werke von Carl Schmitt

Bücher

Über Schuld und Schuldarten. Eine terminologische Untersuchung
Reihe „Strafrechtliche Abhandlungen“, 25. Serie, Heft 120, Schletter, Breslau 1910

Gesetz und Urteil. Eine Untersuchung zum Problem der Rechtspraxis
Otto Liebmann, Berlin 1912
2. Aufl.: C. H. Beck, München 1969, VIII + 129 S., mit einem Vorwort, datiert vom Oktober 1968

Schattenrisse
Skiamacheten, Auslieferung Otto Maier, Leipzig 1913
Veröffentlicht unter dem Pseudonym „Johannes Negelinus, mox doctor“ in Zusammenarbeit mit Fritz Eisler

Der Wert des Staates und die Bedeutung des Einzelnen
J. C. B. Mohr (Paul Siebeck), Tübingen 1914
2. Aufl.: Hellerauer Verlag Jakob Hegner, Dresden-Hellerau 1917
3. Aufl.: Duncker & Humblot, Berlin 2004

Theodor Däublers „Nordlicht“. Drei Studien über die Elemente, den Geist und die Aktualität des Werkes
Georg Müller, München 1916
2. Aufl.: Duncker & Humblot, Berlin 1991

Politische Romantik
Duncker & Humblot, München, Leipzig 1919
Verfasserangabe der 1. Auflage: „Carl Schmitt-Dorotić“
2. bearb. u. erw. Aufl.: Duncker & Humblot, München, Leipzig 1925

Die Diktatur. Von den Anfängen des modernen Souveränitätsgedankens bis zum proletarischen Klassenkampf
Duncker & Humblot, München, Leipzig 1921
Verfasserangabe der 1. Auflage: „Carl Schmitt-Dorotić“
2. erw. Aufl.: Duncker & Humblot, München, Leipzig 1928

Glossarium. Aufzeichnungen der Jahre 1947–1951
Herausgegeben von Eberhard Freiherr von Medem. Duncker & Humblot, Berlin 1991

Aufsätze

„Diktatur und Belagerungszustand. Eine staatsrechtliche Studie“
Zeitschrift für die gesamte Strafrechtswissenschaft, XXXVIII, 1916, S. 138–162

„Die Einwirkungen des Kriegszustandes auf das ordentliche strafprozessuale Verfahren“
Zeitschrift für die gesamte Strafrechtswissenschaft, XXXVIII, 1916, S. 783–797

„Rechtsbegriff und Rechtsidee“
Kritische Vierteljahresschrift für Gesetzgebung und Rechtswissenschaft, XVII, 1916, S. 431–440. Rezension des Buches von Julius Binder, Rechtsbegriff und Rechtsidee. Bemerkungen zur Rechtsphilosophie Rudolf Stammlers, A. Deichert, Leipzig 1915

„Recht und Macht“
Summa, 1917, 1, S. 37–52

„Die Sichtbarkeit der Kirche. Eine scholastische Erwägung“
Summa, 1917, 2, S. 71–80

„Die Buribunken. Ein geschichtsphilosophischer Versuch“
Summa, 1918, 4, S. 89–106

Vorwort für: Johann Arnold Kanne, „Aus meinem Leben. Aufzeichnungen des deutschen Pietisten“
Hg. von Carl Schmitt-Dorotić, Furche, Berlin 1919

„Die Fackelkraus“
„Dr. Peregrin Steinhövel“ [Franz Blei]: Bestiarium Literaricum, das ist: Genaue Beschreibung Derer Tiere Des literarischen Deutschlands, Georg Müller, München 1920

„Dr. Roth und die Frankfurter Zeitung“
Münchner Post, München, 7. August 1920
Leserbrief von Dr. Georg v. Schnitzler und Carl Schmitt
Abgedruckt in Piet Tommissen (Hg.), Schmittiana II, VCH Weinheim 1990, S. 115 f.

Franz Blei. Briefe an Carl Schmitt 1917–1933
In Zusammenarbeit mit Wilhelm Kühlmann herausgegeben von Angela Reinthal
Manutius Verlag, Heidelberg 1995

Briefwechsel zwischen Carl Muth und Carl Schmitt. Piet Tomissen (Hg.), in: Karl Ballestrem, Volker Gerhardt, Henning Ottmann u. Martyn S. Thompson (Hg.), Politisches Denken. Jahrbuch 1998, J. B. Metzler, Stuttgart–Weimar 1998, S. 127–159

Bibliographie

Benoist, Alain de — Carl Schmitt. Bibliographie seiner Schriften und Korrespondenzen. Akademie Verlag, Berlin 2003

Werke anderer Autoren (Auswahl)

Adler, Paul	Elohim. Verlag Jakob Hegner, Hellerau 1914
Anonym	„J'accuse! Von einem Deutschen", Payot & Co., Lausanne 1915
Ball, Hugo	Carl Schmitts Politische Theologie, Hochland, 21. Jg., 9. Heft 1923/24. Wieder abgedruckt in: Religionstheorie und Politische Theologie, Jacob Taubes (Hg.), Bd. 1. Der Fürst dieser Welt. Carl Schmitt und die Folgen. Wilhelm Fink Verlag, München 1983
Berend, Alice	Der Glückspilz. Albert Langen, München 1919
Bernstein, Henry	Der Dieb. 1907
Bingen, Hildegard von	Scivias. Wisse die Wege. Eine Schau von Gott und Mensch in Schöpfung und Zeit. Übersetzt und hrsg. von Walburga Storch OSB, 3. Aufl. Augsburg: Pattloch 1997
Bonn, Moritz Julius	So macht man Geschichte. Bilanz eines Lebens. Paul List Verlag, München 1953
Bräker, Ulrich	Lebensgeschichte und natürliche Abentheuer des Armen Mannes im Tokkenburg, 1789
	Brenner Jahrbuch 1915, Brenner-Verlag, Innsbruck
Caronello, Giancarlo	Max Scheler und Carl Schmitt, zwei Positionen des katholischen Renouveau in Deutschland. Eine Fallstudie über die „Summa", München 1917/18 in: Vernunft und Gefühl. Schelers Phänomenologie des emotionalen Lebens. Chr. Bermes, W. Henckmann u. H. Leonardy (Hg.), Königshausen & Neumann, Würzburg 2003
Däubler, Theodor	Das Nordlicht. Florentiner Ausgabe. 3 Bde., Georg Müller, München und Leipzig 1910 (entstanden 1898–1910); Genfer Ausgabe, 2 Bde., Insel, Leipzig 1921.
–,	Aufsatz über Picasso in „Die neue Kunst", 1. Jg. 1913. Übernommen in die Aufsatzsammlung Der neue Standpunkt. 2. Aufl., Insel, Leipzig 1919, S. 231f.
–,	Hymne an Italien. Verlag Georg Müller, München 1916
–,	Die Sammlung Bienert Dresden, in: Das Kunstblatt, Jg. 3 (1919), H. 6
Daudet, Léon	Die Prophezeiungen zum Weltkrieg 1914–1915. J. P. Bachem, Köln 1915
–,	La guerre totale. Nouvelle Librairie Nationale, Paris 1918
Demeter, Karl	Otto von Kreß als bayerischer Kriegsminister. Zeitschrift für bayerische Landesgeschichte. 6. Jg., S. 85–110 (1933)

Deubel, Werner — Im Kampf um die Seele. Wider den Geist der Zeit. Essays und Aufsätze, Aphorismen und Gedichte. Hg. Von Felicitas Deubel, Verlag Bouvier, Bonn 1997

Dokumente und Materialien zur Geschichte der deutschen Arbeiterbewegung. Dietz Verlag, Berlin 1958

Dorst, Tranked u. Helmut Neubauer (Hg.) — Die Münchner Räterepublik, Zeugnisse und Kommentar. edition suhrkamp, Frankfurt a. M. 1996

Dostojewski, Fjodor — Der Jüngling. 1909

Eberz, Otfried — Sophia und Logos oder die Philosophie der Wiederherstellung. Herausgegeben von Lucia Eberz. Ernst Reinhardt Verlag, München/Basel 1967

Edschmid, Kasimir — Die sechs Mündungen, Novellen. Verlag Kurt Wolff, Leipzig 1915

Fischer, Heinz-Dietrich (Hg.) — Pressekonzentration und Zensurpraxis im Ersten Weltkrieg. Texte und Quellen. Verlag Volker Spiess, Berlin 1973

Fischer, Doris — Die Münchner Zensurstelle während des Ersten Weltkrieges. Alfons Falkner von Sonnenburg als Pressereferent im Bayerischen Kriegsministerium in den Jahren 1914 bis 1918/19. Dissertation München 1973

Freeden, Eva von u. Rainer Schmitz (Hg.) — Sein Dämon war das Buch. Der Münchner Verleger Georg Müller. edition monacensia im Allitera Verlag, München 2003

Fuchs, Eduard — Die Karikaturen der europäischen Völker, 2 Bde. I: Vom Altertum bis zum Jahre 1848, II.: Vom Jahr 1848 bis zum Vorabend des Weltkrieges. Langen, München 1908

Grabbe, Christian Dietrich — Don Juan und Faust. Eine Tragödie in vier Akten. Herrmannsche Buchhandlung C.F. Kettenbeil, Frankfurt am Main 1828

Harnack, Adolf von — Lehrbuch der Dogmengeschichte. 3 Bde., Mohr, Freiburg 1886–1890

–, — Die Mission und Ausbreitung des Christentums in den ersten drei Jahrhunderten. Hinrichs, Leipzig 1902

Hayashima, Akira — Geschichte der Handelshochschule München 1910–1922. Social Sciences Review, vol. 5, 2000, S. 9–43. Kwansei Gakuin University, Nishinomiya (Japan).

Herz, Rudolf und Dirk Halfbrodt — Revolution und Fotografie München 1918/19, Nishen 1988

Hindenburg, Paul von — Aus meinem Leben, 1919

Huber, Ernst Rudolf — Deutsche Verfassungsgeschichte seit 1789. Kohlhammer, Stuttgart, 1978

	Ida Bienert und Ihre Sammlung, in: Der Jahresring 71–72, Literatur und Kunst der Gegenwart, hg. vom Kulturkreis im Bundesverband der deutschen Industrie, Stuttgart 1971
Kierkegard, Sören	„Kritik der Gegenwart/Der Pfahl im Fleisch". Karolinger Verlag, Wien 1988
Kinzig, Wolfram	Harnack, Marcion und das Judentum. Evangelische Verlagsanstalt, Leipzig 2004
Kluckhohn, Paul	Persönlichkeit und Gemeinschaft. Studien zur Staatsauffassung der deutschen Romantik. Verlag Max Niemeyer, Halle/Saale 1925
Kyser, Hans	Charlotte Stieglitz (Schauspiel) 1915
Le Pelletier, A.	Les oracles de Michel de Notredame. Paris 1867
Leonhard, Rudolf	Über den Schlachten. 1914
–,	Die Politik und der Dichter. Die Weissen Blätter, 2. Jg., 1915, S. 814 f.
Lichtenberger, André	Le sang nouveau. Eds Plon-Nourrit, Paris 1914
Lissauer, Ernst	Krieg – Die Dichter und der Krieg. Deutsche Lyrik 1914–1918. Verlag Carl Hanser, München, 1982
Lutz, Heinrich	Demokratie in Zweilicht. Der Weg der deutschen Katholiken aus dem Kaiserreich in die Republik 1914–1925. Kösel-Verlag, München, 1963
–,	Deutscher Krieg und Weltgewissen. Friedrich Wilhelm Foersters politische Publizistik und die Zensurstelle des bayerischen Kriegsministeriums (1915–1918). Zeitschrift f. bayerische Landesgeschichte. 25. Jg., S. 470–549 (1962)
Mitchell, Allan	Revolution in Bayern 1918/1919. Die Eisner-Regierung und die Räterepublik. C. H. Beck, München 1967
Möckel, Karl	Die Prinzregentenzeit. Gesellschaft und Politik während der Ära des Prinzregenten Luitpold in Bayern. R. Oldenbourg Verlag, München Wien 1972
Mozart/Schikaneder	Die Zauberflöte. Uraufführung: Wien 1791
Mozart/da Ponte	Don Giovanni. Uraufführung: Prag 1787
Münch, Paul Georg	Hindenburg's Einmarsch in London. Verlag Grethlein, Leipzig 1915
Noussane, Henri de	Le véritable Guillaume II. Verlag Tallandier, Paris 1915
Paléologue, Théodore	Sous l'œil du grand inquisiteur. Carl Schmitt et l'heritage de la théologie politique. Les Éditions du Cerf, Prais 2004

Preetorius, Emil	Geheimnis des Sichtbaren. Piper, München 1963
Radbruch, Gustav	Grundzüge der Rechtsphilosophie. Quelle und Meyer, Leipzig 1914
Reinach, Théodore	De l'état de siège et des institutions de salut Public à Rome, en France et dans des législations étrangères. Eds Pichon, Paris 1885
Rietzschel, Thomas	Theodor Däubler. Reclam, Leipzig 1988
Rupé, Hans	Divertimenti. Reden und Aufsätze. Verlag Hermann Rinn, München 1948
Sembat, Marcel	Faites un roi, sinon la paix. Eds Eugéne Figuière & Cie. Paris 1913
Solowjeff, Wladimir	„Das Judentum und die christliche Frage". dt. 1884
–,	„Kurze Erzählung vom Antichrist". dt. 1904
Stegemann, Hermann	Geschichte des Krieges. 4 Bde., Deutsche Verlags-Anstalt, Stuttgart und Berlin 1917–1921
Stölzl, Christoph (Hg.)	Die Zwanziger Jahre in München. Katalog zur Ausstellung im Münchner Stadtmuseum 1979
Stendhal	Le Rouge et le Noir. 1830
Strindberg, August	Die Gespenstersonate. Kammerspiel in 3 Akten
–,	Rausch, auch Verbrechen und Verbrechen. Komödie in 4 Akten, 1899
–,	Die Stärkere, 1889; Paria, 1889; Gläubiger, 1889; Samum, 1890 (Einakter)
Strohmeyer, Armin	Annette Kolb. Dichterin zwischen den Völkern. Deutscher Taschenbuch Verlag, München 2002
Swedenborg, Emanuel	De coelo et eius Mirabilibus, et de Inferno, ex Auditis et Visis. Londini 1758
Taubes, Jacob	Ad. Carl Schmitt. Gegenstrebige Fügung. Merve Verlag, Berlin 1987
Thiemann-Stoedtner	Dachauer Maler – Der Künstlerort Dachau von 1801–1946. Klaus Kiermeier (Hg.), Verlagsanstalt „Bayernland", Dachau 1981
Thieme, Helga	„Die Dinge sterben ab, die Rätsel bleiben." Kollmann, Däubler, Barlach. Begegnungen. In: Ernst Barlach/Theodor Däubler, Ausstellung zum 125. Geburtstag Theodor Däublers. Ausstellungsforum Ernst Barlach-Stiftung Güstrow, 2001, S. 79–100.

Thieme, Karl Otto	„Der ‚Brenner' in der Finsternis", in: Alfred Döblin (Hg.), Minotaurus. Dichtung unter den Hufen von Staat und Industrie. Franz Steiner Verlag, Wiesbaden 1953
Thormann, Olaf	Der Maler und Zeichner Otto Th. W. Stein, Leben und Werk. Verlag Peter Lang, Frankfurt am Main, 1992
Tommissen, Piet	Bausteine zu einer wissenschaftlichen Biographie, in: Complexio Oppositorum. Über Carl Schmitt. Helmut Quaritsch (Hg.), Duncker & Humblot, Berlin 1988
–,	(Hg.) Schmittiana. Bausteine zu Leben und Werk Carl Schmitts. Bd. I–VIII, Berlin 1988–2003
–,	Über die satirischen Texte Carl Schmitts, in: Politische Lageanalyse, Festschrift für Hans-Joachim Arndt. Volker Beismann und Hans Joachim Klein (Hg.), San Casciano Verlag, Bruchsal 1993
Treitschke, Heinrich von	Deutsche Geschichte im 19. Jahrhundert. 5 Bde., Hirzel, Leipzig 1879 f.
–,	Historische und Politische Aufsätze. 6. Aufl., Hirzel, Leipzig 1903
Ulmen, Gary L.	Politischer Mehrwert. Eine Studie über Max Weber und Carl Schmitt. VCH, Weinheim 1991
	„Unter den großen Städten die sympatischste, duldsamste und weiseste". Rilke und München. Rudi Schweikert (Hg.), Blätter der Rilke-Gesellschaft, Bd. 25, Insel Verlag, Frankfurt 2004
Viesel, Hansjörg	Jawohl der Schmitt. Zehn Briefe aus Plettenberg. Verlag der Supportagentur Gabler & Lutz, Berlin 1988
Viesel, Hansjörg (Hg.)	Literatur an der Wand. Die Münchner Räterepublik und die Schriftsteller. Büchergilde Gutenberg, Frankfurt a. M. 1980
Villinger, Ingeborg	Carl Schmitts Kulturkritik der Moderne. Text, Kommentar und Analyse der ‚Schattenrisse' des Johannes Negelinus. Akademie Verlag, Berlin 1995
Weber, Max	Wissenschaft als Beruf, Politik als Beruf. Wolfgang J. Mommsen und Wolfgang Schluchter (Hg.), MWG I/17, Mohr (Siebeck), Tübingen 1992
Weininger, Otto	Geschlecht und Charakter. 1. Auflage, Wilhelm Braumüller Universitäts-Verlagsbuchhandlung, Wien 1903
Werkmeister, Otto Karl	Kairuan: Wilhelm Hausensteins Buch über Paul Klee, in: Ernst Gerhard Güse (Hg.), Die Tunisreise. Klee, Macke, Moillet. Verlag Gerd Hatje, Stuttgart 1982
Wittenbauer, Ferdinand	Der Privatdozent. Ein Stück aus dem akademischen Leben in vier Aufzügen. Verlag Wigand, Leipzig 1905

	Zu Gast im alten München. Erinnerungen an Hotels, Wirtschaften und Cafés. Eingeleitet und herausgegeben von Richard Bauer. Heinrich Hugendubel Verlag, München 1982
Zurbonsen, Friedrich	Die Völkerschlacht „am Birkenbaum", sagengeschichtlich dargestellt. J. P. Bachem, 2. Aufl., Köln 1907
Zweig, Arnold	Die Bestie, Erzählung. Zuerst abgedruckt in „Die Schaubühne", Nr. 50

Personenregister

Der in den Tagebuchaufzeichnungen ständig wiederkehrende Name von Carl Schmitts Frau Cari sowie die Namen in den abgebildeten Dokumenten aus dem Kriegsarchiv werden im Register nicht berücksichtigt.